Hamburger Studien zu Gesellschaften und Kulturen der Vormoderne

Band 21

Die Hamburger Beginen bei St. Jacobi im Kontext ihrer Handschriften und Kultur

Herausgegeben von
Barbara Müller und Monika E. Müller

Franz Steiner Verlag

Umschlagabbildung: Gedicht von dem „Beginchen von Paris", in: Cod. conv. 5 (fol. 110r) der Staats- und Universitätsbibliothek Hamburg

Bibliografische Information der Deutschen Nationalbibliothek:
Die Deutsche Nationalbibliothek verzeichnet diese Publikation in der Deutschen Nationalbibliografie; detaillierte bibliografische Daten sind im Internet über <http://dnb.d-nb.de> abrufbar.

Veröffentlicht im Franz Steiner Verlag, Stuttgart.

Layout und Herstellung durch den Verlag
Druck: Beltz Grafische Betriebe, Bad Langensalza
Gedruckt auf säurefreiem, alterungsbeständigem Papier.
Printed in Germany.
ISBN 978-3-515-13201-5 (Print)
ISBN 978-3-515-13207-7 (E-Book)
https://doi.org/10.25162/9783515132077

Editorial

In der Reihe *Hamburger Studien zu Gesellschaften und Kulturen der Vormoderne* haben sich geisteswissenschaftliche Fächer, die u. a. die vormodernen Gesellschaften erforschen (Äthiopistik, Alte Geschichte, Byzantinistik, Islamwissenschaft, Judaistik, Theologie- und Kirchengeschichte, Klassische Archäologie, Klassische und Neulateinische Philologie, Mittelalterliche Geschichte) in ihrer gesamten Breite zu einer gemeinsamen Publikationsplattform zusammengeschlossen. Chronologisch wird die Zeit von der griechisch-römischen Antike bis unmittelbar vor der Reformation abgedeckt. Thematisch hebt die Reihe zwei Postulate hervor: Zum einen betonen wir die Kontinuitäten zwischen Antike und Mittelalter bzw. beginnender Früher Neuzeit, und zwar vom Atlantik bis zum Hindukusch, die wir gemeinsam als „Vormoderne" verstehen, zum anderen verfolgen wir einen dezidiert kulturgeschichtlichen Ansatz mit dem Rahmenthema „Sinnstiftende Elemente der Vormoderne", das als Klammer zwischen den Disziplinen dienen soll. Es geht im weitesten Sinne um die Eruierung sinnstiftender Konstituenten in den von unseren Fächern behandelten Kulturen.

Während Kontinuitäten für die Übergangszeit von der Spätantike ins Frühmittelalter und dann wieder vom ausgehenden Mittelalter in die Frühe Neuzeit als zumindest für das lateinische Europa relativ gut erforscht gelten können, soll eingehender der Frage nachgegangen werden, inwieweit die Kulturen des Mittelalters im Allgemeinen auf die antiken Kulturen rekurrierten, sie fortgesetzt und weiterentwickelt haben. Diesen großen Bogen zu schließen, soll die neue Hamburger Reihe helfen. Es ist lohnenswert, diese längeren Linien nachzuzeichnen, gerade auch in größeren Räumen. Vielfältige Kohärenzen werden in einer geographisch weit verstandenen mediterranen Koine sichtbar werden, wobei sich die Perspektive vom Mittelmeerraum bis nach Zentralasien erstreckt, ein Raum, der für die prägende hellenistische Kultur durch Alexander den Großen erschlossen wurde; auch der Norden Europas steht wirtschaftlich und kulturell in Verbindung mit dem Mittelmeerraum und Zentralasien – sowohl aufgrund der Expansion der lateinischen Christenheit als auch über die Handelswege entlang des Dnepr und der Wolga.

Der gemeinsame Impetus der zur Reihe beitragenden Wissenschaftlerinnen und Wissenschaftler besteht darin aufzuzeigen, dass soziale Praktiken, Texte aller Art und Artefakte/Bauwerke der Vormoderne im jeweiligen zeithistorischen und kulturellen Kontext ganz spezifische sinn- und identitätsstiftende Funktionen erfüllten. Die Gemeinsamkeiten und Alteritäten von Phänomenen – die unten Erwähnten stehen lediglich *exempli gratia* – zwischen Vormoderne und Moderne unter dieser Fragestellung herauszuarbeiten, stellt das Profil der Hamburger Reihe dar.

Sinnstiftende Elemente von Strategien der Rechtsfindung und Rechtsprechung als Bestandteil der Verwaltung von Großreichen und des Entstehens von Staatlichkeit, gerade auch in Parallelität mit Strukturen in weiterhin kleinräumigen Gemeinschaften, werden genauso untersucht wie Gewaltausübung, die Perzeption und Repräsentation von Gewalt, Krieg und Konfliktlösungsmechanismen. Bei der Genese von Staatlichkeit spielen die Strukturierung und Archivierung von Wissen eine besondere Rolle, bedingt durch ganz bestimmte Weltvorstellungen, die sich z. T. auch in der Kartographie konkret niederschlugen. Das Entstehen von Staatlichkeit ist selbstverständlich nicht nur als politischer Prozess zu verstehen, sondern als Gliederung des geistigen Kosmos zu bestimmten Epochen durch spezifische philosophische Ansätze, religiöse Bewegungen sowie Staats- und Gesellschaftstheorien. Diese Prozesse der *longue durée* beruhen auf einer Vielzahl symbolischer Kommunikation, die sich in unterschiedlichen Kulturen der Schriftlichkeit, der Kommunikation und des Verkehrs niedergeschlagen hat. Zentrum der Schriftlichkeit sind natürlich Texte verschiedenster Provenienz und Gattungen, deren Gehalt sich nicht nur auf der Inhaltsebene erschließen lässt, sondern unter Berücksichtigung der spezifischen kulturellen und epochalen Prägung auch die rhetorische Diktion, die Topik, Motive und auktoriale Intentionen, wie die *aemulatio*, in Anschlag bringen muss. Damit wird die semantische Tiefendimension zeitlich weit entfernter Texte in ihrem auch symbolischen Gehalt erschlossen.

Auch die für uns teilweise noch fremdartigen Wirtschaftssysteme der Vormoderne harren einer umfassenden Analyse. Sinnstiftende Elemente finden sich auch und v. a. in Bauwerken, Artefakten, Grabmonumenten und Strukturen der jeweiligen Urbanistik, die jeweils einen ganz bestimmten Sitz im Leben erfüllten. Techniken der Selbstdarstellung dienten dem Wettbewerb mit Nachbarn und anderen Städten.

Glaubenssysteme und Kultpraktiken inklusive der „Magie" sind gerade in ihrem Verhältnis zur Entstehung und Ausbreitung des Christentums, der islamischen Kultur und der Theologie dieser jeweiligen Religionen in ihrem Bedeutungsgehalt weiter zu erschließen. Eng verbunden mit der Religiosität sind Kulturen der Ritualisierung, der Performanz und des Theaters, Phänomenen, die viele soziale Praktiken auch jenseits der Kultausübung erklären helfen können. Und im intimsten Bereich der Menschen, der Sexualität, den Gender-Strukturen und dem Familienleben gilt es ebenfalls, sinn- und identitätsstiftenden Elementen nachzuspüren. Medizinische Methoden im Wandel der Zeiten sowie die Geschichte der Kindheit und Jugend sind weitere Themengebiete, deren Bedeutungsgehalt weiter erschlossen werden muss.

Gemeinsamer Nenner bleibt das Herausarbeiten von symbolträchtigen Elementen und Strukturen der Sinnhaftigkeit in den zu untersuchenden Kulturen gerade im kulturhistorischen Vergleich zu heute.

Die Herausgeber

Vorwort

Die heutige Staats- und Universitätsbibliothek Hamburg zählt zu den ältesten Bibliotheken Deutschlands. Ihre Anfänge reichen zurück ins Jahr 1479, wie wir aus dem Testament Hinrich Murmesters wissen, der damals bestimmte, dass seine Bücher *ad honorem, necessitatem et utilitatem reipublicae Hamburgensis* zur öffentlichen Nutzung in die neu gegründete Stadtbibliothek eingehen sollten. Murmester war der erste Hamburger Bürgermeister, der an einer Universität studiert hatte – zunächst in Erfurt, dann 1461–1464 an der zur Stadtrepublik Venedig gehörenden Universität Padua.

Auch wenn ihr heutiger Name erst aus dem Jahr 1921 stammt, hatte die Bibliothek beinahe von Anfang an eine Doppelfunktion als öffentliche wissenschaftliche Bibliothek der Freien und Hansestadt Hamburg und als zentrale Bibliothek ihrer höheren Bildungseinrichtungen. Diese Doppelfunktion prägt die SUB bis heute – und kommt auch in ihren historischen Sammlungen zum Ausdruck.

Dies gilt in besonderer Weise auch für die Handschriftensammlung. Sie unterscheidet sich hinsichtlich ihrer Zusammensetzung und ihrer Provenienz grundlegend von den Sammlungen der meisten anderen großen Bibliotheken. Sie geht nicht auf das Sammel- und Repräsentationsinteresse von Fürsten oder auf die Säkularisierung großer Klosterbestände zurück, sondern spiegelt – auch in ihrer Vielfalt und Heterogenität – die Bedürfnisse und Interessen der Stadtgesellschaft wider. In ihr finden sich Zeugnisse der städtischen Kirchen und Klöster, ihrer liturgischen und musikalischen Bedarfe, aber auch von Schulen und Behörden, Organisationen und Institutionen, sowie Handschriften aus aller Welt, die von Kaufleuten und Forschungsreisenden nach Hamburg zurückgebracht wurden.

Die mittelalterlichen Handschriften machen in dieser Sammlung nur den kleineren Teil aus. Leider lassen sich als Folge von Bränden, Kriegsverlusten und kriegsbedingten Verlagerungen heute keine Bände mehr mit Sicherheit bis in die Anfangszeit der Bibliothek zurückverfolgen. Umso wertvoller sind die erhaltenen mittelalterlichen Quellen, deren Provenienz aus anderen Einrichtungen der Hansestadt eindeutig nachweisbar ist.

Einen besonderen Platz innerhalb der Handschriftensammlung hat daher die Büchersammlung, die der Stadtbibliothek 1875 vom Convent der „blauen Schwestern“ übergeben wurde. Dieses evangelische Damenstift stand in der Tradition des Hamburger Beginenkonvents und hatte bis zum Umzug nach Eilbek im Jahr 1867 seinen Sitz am mittelalterlichen Standort in der Steinstraße bei der Hauptkirche St. Jacobi.

Die 15 Bände der Signaturengruppe Cod. conv. – 14 vollständige Buchhandschriften sowie zahlreiche Fragmente, die unter der Signatur Cod. conv. 15 zusammengefasst wurden – und zwei Inkunabeln bilden nicht nur durch den Umfang der Sammlung, sondern auch durch die Kontinuität seiner Überlieferung einen herausragenden, in Norddeutschland einmaligen Bestand. Er ermöglicht Einblicke in die Spiritualität, Bildung und auch in den Alltag der Hamburger Beginen im ausgehenden 15. und frühen 16. Jahrhundert und wird in seiner Aussagekraft ergänzt durch Quellen aus dem Hamburgischen Staatsarchiv.

Die *Herren Bibliothekare* der Hamburger Stadtbibliothek wussten bereits Ende des 19. Jahrhunderts von der Bedeutung dieser eher unscheinbaren Handschriften, wie Conrad Borchling, der für die Anfänge der Germanistik an der Universität Hamburg prägende Gelehrte, 1896 in einem Vortrag über mittelniederdeutsche Handschriften des nordwestlichen Deutschlands berichtete.

Trotz einzelner Untersuchungen über die Jahrzehnte ist es jedoch dem 21. Jahrhundert vorbehalten geblieben, diesen Bestand im Kontext vergleichbarer Überlieferungen gründlicher in den Blick zu nehmen.

Es ist der Initiative von Frau Prof. Barbara Müller (Fachbereich Evangelische Theologie der Universität Hamburg) und Frau PD Dr. Monika Müller (2017–2019 Kuratorin der Handschriftensammlung an der Staats- und Universitätsbibliothek und Mitglied im Center for the Studies of Manuscript Culture) zu verdanken, dass dieser Bestand, den die Bibliothek inzwischen vollständig digitalisiert hat, auch über Hamburg hinaus in der Forschung Beachtung findet.

Ein internationaler Workshop, der Ende November 2019 in den Räumen der Staats- und Universitätsbibliothek stattfand, versammelte zahlreiche Forscherinnen und Forscher aus Deutschland und den Nachbarländern zum wissenschaftlichen Austausch über den Hamburger Beginenkonvent im Kontext beginischer Literatur und Lebensformen. Die Ergebnisse dieser produktiven Zusammenkunft liegen nun in diesem Sammelband auch einer breiteren Öffentlichkeit vor.

Im Namen der Bibliothek wünsche ich diesem Buch viele Leserinnen und Leser – in der Hoffnung, dass die darin enthaltenen Beiträge neue Forschungsvorhaben anregen und Wissenschaftlerinnen und Wissenschaftler dazu motivieren, die digitalen Bestände der Bibliotheken zu entdecken und auszuwerten.

Zugleich macht dieser Band deutlich, wie wichtig für die Forschung auch im Zeitalter der Digitalisierung Fragen der Materialität der Überlieferung sind. Wir wünschen uns daher, dass er auch eine Einladung ist, in die Handschriften- und Forschungslesesäle der Bibliotheken zu kommen und im Dialog mit den Bibliothekarinnen und Bibliothekaren unserer Tage neue Quellen zu entdecken.

Prof. Robert Zepf
Direktor der Staats- und Universitätsbibliothek Hamburg

Hamburg, Februar 2022

Inhalt

Selbstdarstellung und Selbstverständnis

Einleitung

BARBARA MÜLLER / MONIKA E. MÜLLER

Dass aus einem Beginenkonvent 14 spätmittelalterliche Handschriften erhalten und an einem Ort wie der Staats- und Universitätsbibliothek Carl von Ossietzky Hamburg zusammen aufbewahrt werden, ist ein absoluter Glücksfall. Mit Blick auf diese spätmittelalterlichen Andachtsbücher, die einen einzigartigen Bestand aus einem Hamburger Beginenkonvent und recht eigentlich ein historisches Juwel bilden, ist es umso erstaunlicher, dass sich die Forschung bislang eher rudimentär mit diesen Schätzen auseinandergesetzt hat und wenn, dann meist aus philologischem Interesse. Das religiöse Leben der Hamburger Beginen stand bisher auch im Verhältnis zu ihrer sozialen und ökonomischen Geschichte, wie sie über Archivalien greifbar ist, meist im Hintergrund.

Einen Workshop über die Hamburger Beginen und ihre Handschriften auszurichten, die 1875 aus dem Konvent bzw. dem damaligen evangelischen Damenstift an der Steinstraße in Hamburg der Stadtbibliothek als Vorläuferinstitution der heutigen Staats- und Universitätsbibliothek übergeben wurden (Hamburg, SUB, Cod. conv. 1–15),[1] drängte sich deshalb für die beiden Herausgeberinnen dieses Bandes geradezu auf. Die hier versammelten Beiträge gehen mehrheitlich auf Vorträge beim Workshop „Der Hamburger Beginenkonvent bei St. Jacobi im Kontext beginischer Literatur und Lebensformen" zurück, zu dem die Herausgeberinnen dieses Bandes am 29. und 30. November 2019 an die Universität Hamburg und in die Staats- und Universitätsbibliothek Hamburg einluden. Weitere Beiträge stammen von Spezialistinnen und Spezialisten, die an der Teilnahme dieses sehr kurzfristig anberaumten Workshops leider verhindert waren, deren Arbeiten aber wertvolle Bausteine liefern, um die Geschichte des Hamburger Beginenkonvents bei St. Jacobi besser zu fassen.

Ein Forschungsüberblick erübrigt sich an dieser Stelle, bieten doch Jörg VOIGTS forschungsgeschichtlicher Beitrag sowie kleinere forschungsgeschichtliche Passagen in diversen Beiträgen in diesem Band alle wichtigen Informationen. Um unseren Zugang zum Thema und die Auswahl der hier vorgelegten Beiträge mitzubegründen, sei

1 Cod. conv. meint im folgenden Hamburg, SUB, Cod. conv.

hier nur noch einmal auf die jüngsten und innovativen Forschungsarbeiten Christian SCHMIDTS hingewiesen.[2] Diese eröffnen einen wichtigen Einblick in das religiöse Leben der Hamburger Beginen und zeigen dabei – in Übereinstimmung mit VOIGTS Ausführungen zur neusten Beginenforschung – auf, dass und wie die Hamburger Beginen in einem religiösen Netzwerk zu verorten sind. Diverse Beiträge in diesem Band zeigen, dass dieses über die von SCHMIDT fokussierte Verbindung zu den Heideklöstern hinausreicht und seine Rekonstruktion somit ein zentrales Forschungsdesiderat ist.

Der vorliegende Band verfolgt eine weiträumige Annäherung an die Gebetbücher der Hamburger Beginen, indem deren Lebenswelt mitfokussiert wird. Auch zur Erschließung und zum Verständnis der Andachtsbücher ist es unabdingbar, den weiteren historischen Kontext, der sich durch politische, ökonomische, soziale und kirchlich-religiöse Bedingungen auszeichnet, zu berücksichtigen. Diese umfassende Perspektive meint der Begriff „Kultur" im Buchtitel.

Entsprechend ist auch der Band gestaltet: In einem ersten Teil werden die historischen Koordinaten, innerhalb derer der spätmittelalterliche Hamburger Beginenkonvent einzuordnen ist, abgesteckt. Im zweiten Teil wird das religiöse Leben der Hamburger und weiterer Beginen beleuchtet. Diese Außenperspektive wird in einem dritten Teil durch die Frage nach der Selbstwahrnehmung der Hamburger Beginen und Medinger Zisterzienserinnen komplettiert. Ein kurzer Blick auf die Beiträge dieses Bandes mag illustrieren, dass und wie der Hamburger Beginenkonvent bei St. Jacobi kein marginales regionalgeschichtliches Thema, sondern vielmehr einen hoffentlich künftig besser oder überhaupt beachteten Knotenpunkt für diverse historische Themen und Disziplinen darstellt.

Jörg VOIGT bietet einen konzisen und urteilsstarken Beitrag zur Erforschung des Beginenwesens im deutschsprachigen Raum vom 17. Jahrhundert bis in die Gegenwart. Dabei weist er auf den auffälligen, mit Johann Lorenz von MOSHEIM einsetzenden Reflex, das Beginenwesen innerhalb der Geschichte der Häresie zu behandeln, der sich über Herbert GRUNDMANN bis in die neue Forschung hinzieht. Aktuell wird das „häretische Narrativ" allerdings in Frage gestellt; lokale Fallstudien widerlegen Beginenverfolgungen, so z. B. in Straßburg. Bei den neuen Forschungsarbeiten handelt es sich meist um lokale und regionale Fallstudien, die das Beginenwesen nicht nur mitsamt seiner Beziehungen zu unterschiedlichen Orden, sondern auch innerhalb

2 Christian Schmidt, Gebetszyklen der Hamburger Beginen im Kontext der Gebetbuchkultur der Lüneburger Frauenklöster. In: Jörg Voigt et al. (Hgg.), Das Beginenwesen in Spätmittelalter und Früher Neuzeit (Studien zur christlichen Religions- und Kulturgeschichte 20). Stuttgart 2015, S. 234–255; Ders., Andacht und Identität. Gebetszyklen der Lüneburger Frauenklöster und des Hamburger Beginenkonvents. In: Mirko Breitenstein et al. (Hgg.), Identität und Gemeinschaft. Vier Zugänge zu Eigengeschichten und Selbstbildern institutioneller Ordnungen (Vita regularis 67). Münster 2015, S. 125–148; Ders., Gefahrensinn um 1500. Das ars moriendi-Programm der Handschrift Hamburg SUB cod. conv. 12. In: Beiträge zur Geschichte der deutschen Sprache und Literatur 140 (2018), S. 74–106.

seiner konkreten örtlichen Verwurzelung, z. B. in bestimmten Städten, beschreiben. Dies führt zu neuen und übergreifenden Fragestellungen. Dem Hamburger Konvent attestiert VOIGT dabei eine für die Erforschung des Beginenwesens aufgrund der einmaligen Quellensituation und auch seiner langen Geschichte „besondere Bedeutung".

Jürgen SARNOWSKY verortet den Beginenkonvent bei St. Jacobi in der Stadt- und Kirchengeschichte Hamburgs und weist auf die enge soziale und religiöse Verflechtung sowie auch die hohe Akzeptanz des seit 1360 rechtlich als geistliche Gemeinschaft unter dem Hamburger Domdekan fungierenden Konvents hin. Diese Einordnung resultiert aus seinen eingehenden Studien von sich im Staatsarchiv der Freien und Hansestadt Hamburg (StAHH) befindlichen Quellen (Rentenbestimmungen, Stiftungen, Testamente), die ab 1429/31 Nachhall finden im Rentenbuch und den Rechnungsbüchern des Konvents. Solche Schenkungen, die sowohl von weltlichen als auch von geistlichen Stiftern stammten, bildeten allerdings nicht die hauptsächliche finanzielle Grundlage des Konvents; diese bestand aus den Unterhaltszahlungen der Schwestern sowie den Beiträgen der zur Ausbildung aufgenommenen Mädchen. Aufschlussreiche Fallstudien komplettieren SARNOWSKYS Fazit, wonach die Beginen im Umgang mit ihren Mitteln zwar freier waren als Klosterschwestern, sich aber gleichwohl bestens einfügten in das spätmittelalterlich religiöse Leben Hamburgs.

Sarah BONGERMINO führt eine statistische Analyse der Einträge in den Rechnungsbüchern der Meisterin Wibeke Wyge in den Jahren 1505 und 1506 durch und leitet daraus Verbrauchsgewohnheiten der Hamburger Beginen ab. Im Fokus ihrer exemplarischen Untersuchung stehen dabei vor allem Krämerwaren (Rosinen, Feigen und Gewürze), Fisch und Fleisch. Der Abgleich mit den damaligen marktüblichen Preisen und sowie der Vergleich mit den zeitgenössischen Ausgaben des etwa gleich großen Hamburger Elisabeth-Hospitals weisen auf eine verhältnismäßig luxuriöse Ernährung der Beginen hin. So standen etwa kostspielige Gewürze und verschiedenste, gerade auch teure Fische regelmäßig auf ihrem Speiseplan. BONGERMINO schließt daraus, dass die Hamburger Beginen sozial einer besitzenden Schicht zuzuordnen sind.

Philipp STENZIG liefert in seiner umfangreichen Studie nach einer historischen Einleitung zum Marienoffizium sowohl eine Edition der Hamburger Marientiden von Cod. conv. 2 (fol. 1r–53r) als auch eine liturgiegeschichtliche Kontextualisierung. STENZIGS Studie weist dabei auf das komplexe Verhältnis zwischen den privaten Andachten der Semireligiosen und der lateinischen Liturgie der Kleriker und Religosen hin. Dies schließt insbesondere Fragen nach dem Verhältnis zur lateinischen Liturgie und zum monastischen Stundengebet sowie solche nach der Gestalt privater Andachten ein. Eine traditionelle liturgische Vorlage der von den Beginen benutzten Marientiden vorausgesetzt – nämlich das ‚Officium parvum beatae Mariae virginis' – legt STENZIG seine Edition aus Cod. conv. 2 in Form einer Synopse an, die die Hamburger Marientiden parallel zu einer hypothetischen lateinischen Vorlage sowie dem Lübecker Druck der Marientiden von 1499 präsentiert. Dabei bestätigt der Vergleich mit der lateinischen Version, dass die Hamburger Marientiden im Prinzip ein vollwertiges

Offizium bieten; gleichzeitig ist ihre Gestalt durch Vereinfachungen gekennzeichnet, wie sie für Semireligiose und Laien charakteristisch sind. STENZIG schließt aus Ungereimtheiten gegenüber dem lateinischen Text sowie Parallelen zu Darmstadt, ULB 1867, dass die Hamburger Marientiden auf einer deutschsprachigen Vorlage basieren. Dabei handelte es sich aber nicht um den Lübecker Marientiden-Druck von 1499, der gegenüber der Hamburger Version nebst Gemeinsamkeiten auch auffällige Unterschiede aufweist. Beide herangezogenen niederdeutschen Übersetzungen basieren zwar auf demselben lateinischen liturgischen Programm, entstanden jedoch mindestens teilweise unabhängig voneinander. STENZIG fragt auch nach der den Hamburger Marientiden mittelbar zugrundeliegenden lateinischen Textform und verweist hier auf das Bremer diözesane Brevier. Ganz sicher liegt dem Hamburger Text nicht das in den Lüneklöstern benutzte Bursfelder Brevier zugrunde. STENZIGS minutiöse liturgiegeschichtliche Analyse weist auf die Notwendigkeit und den großen Ertrag hin, die Gebetspraxis von Beginen im umfassenden kirchlich-liturgischen Kontext zu erforschen – sowohl institutionell als auch geographisch.

Martina WEHRLI-JOHNS fragt nach ihrem Forschungsüberblick zum Hamburger Beginenkonvent nach dessen religiösem Profil zur Zeit der Entstehung und des Gebrauchs von Cod. conv. 1–15. Ihre umfassende Kontextualisierung ausgewählter Texte aus und über den Hamburger Konvent klärt das strukturelle Verhältnis zu den kirchlichen Autoritäten, insbesondere zum Domdekan, und ordnet die im Konvent praktizierte Frömmigkeit in nuancierter Weise der *Devotio moderna* zu. Darüber hinaus beleuchtet WEHRLI-JOHNS auch materielle Aspekte, wie etwa die Rolle von Lübecker Druckern, die populäre religiöse Literatur vertrieben und zu deren Kundinnen auch die Hamburger Beginen gehörten. Wie diverse Beiträge des Bandes führen auch WEHRLI-JOHNS Analysen in die Frömmigkeitsbewegung der *Devotio moderna*. Allerdings vertritt sie den Standpunkt, dass, um die Hamburger Manuskripte einzuordnen, deren ausschließlicher Vergleich mit den Traditionen und Texten der im Geiste der *Devotio moderna* reformierten Lüneklöstern, etwa den Orationalien von Medingen, zu kurz greife. Vielmehr seien gleichermaßen die devot-religiösen Traditionen anderer, an Hamburg angrenzender Regionen sowie weiterer religiöser Institutionen, wie Terziaren oder Franziskaner, zu berücksichtigen.

Petra BERNICKE fokussiert die Geschichte und das Profil kleiner Beginen-Konvente in Essen, die gerade auch mit Blick auf die Hamburger Situation höchst aufschlussreich sind. Aus den diversen Essener Konventen, die als solche im 13. Jahrhundert gegründet wurden und zeitweilig alle unter der Herrschaft der amtierenden Äbtissin des Essener Frauenstifts standen, sind allein aus dem Konvent *Kettwig* (spät-)mittelalterliche Quellen überliefert. Sie erlauben über die schieren Statuten hinaus einen Einblick auch in das religiöse Leben der Schwestern. Für die anderen Konvente sind wir hingegen auf Quellen aus dem 18. Jahrhundert angewiesen. Die fünf *Kettwiger* Manuskripte aus dem 15. Jahrhundert, die BERNICKE im zweiten Teil ihres Beitrags einzeln beschreibt, weisen auffällige gestalterische und inhaltliche Parallelen zu den Hamburger Beginen Codices auf. Besonders bemerkenswert sind diese Ähnlichkeiten insbesondere vor dem Hintergrund der für den *Kettwiger* Konvent historisch belegbaren Beziehung zwischen der Konventsumgestaltung (1423) im Geiste der *Devotio moderna* und der Entstehung der Manuskripte.

Die Musikwissenschaftlerin Martina BICK vergleicht den Text des Liedes „Droch werlt" (Trugwelt) in Cod. conv. 1 mit früheren und späteren Textversionen, wie sie aus diversen Gemeinschaften, die im 15. Jahrhundert im Geiste der *Devotio moderna* reformiert wurden, überkommen sind – gerade auch aus mehreren Heideklöstern. BICK konstatiert, dass die Hamburger Version weitgehend der Fassung der ‚Ebsdorfer Liederhandschrift' entspricht, mit auffälligen Übereinstimmungen auch mit der Wienhäuser Version. „Droch werlt" gehört zum neuen Liedgut, das im Zuge der Reformen der Windesheimer und Bursfelder Kongregation entstand. Anders als insbesondere für den belgischen Bereich kann indes nach derzeitigem Wissensstand eine institutionalisierte nicht-liturgische Gesangspraxis der Beginen im deutschen Sprachraum nicht belegt werden.

Die Kunsthistorikerin und Buchwissenschaftlerin Monika E. MÜLLER setzt sich mit der Frage auseinander, inwieweit die Hamburger Beginen ihre Gebetbücher – ungeachtet der Weitergabe der Bücher – ihren individuellen Ansprüchen und ihrem Selbstverständnis anpassten. Im Zentrum steht dabei eine umfassende komparatistische Analyse der kolorierten Zeichnung der Tibekke in Cod. conv. 8, bei der es sich um eine der wenigen erhaltenen Beginendarstellungen überhaupt handelt. Als Einzelfigur einer Begine, die keine gehobene Stellung in der Kommunitiät einnahm, steht sie in einem bemerkenswerten Widerspruch zum Bescheidenheitsgebot der Beginenstatuten und zu anderen Darstellungen weiblicher Religiosen. Weitere Strategien zur Anpassung der in den meisten Fällen wahrscheinlich nicht von Beginen geschriebenen Gebetbücher wie ein eingehefteter Kupferstich des Franziskus zeigen die Anverwandlung der Bücher an die lokale Kultsituation und die eigenen spirituellen Bedürfnisse.

Hedwig RÖCKELEIN diskutiert das spätmittelalterliche Konventsgebäude der Hamburger Beginen in der Steinstraße, bei dem es sich entgegen dem durch die Vorschriften der Beginenstatuten evozierten Eindruck von Demut und Zurückhaltung um einen luxuriösen und aufsehenerregenden Repräsentationsbau gehandelt haben muss. Für die Analyse des Konvents und seines mutmaßlichen Entstehungskontexts berücksichtigt sie nicht nur die Hamburger Beginenhandschriften, Architektur-Zeichnungen, Rechnungsbücher und Archivalien, welche die Vermögenssituation und das Netzwerk der Beginen dokumentieren. Vielmehr verortet sie den Bau auch in der norddeutschen Architekturgeschichte des 13.–15. Jahrhunderts. Das Konventsgebäude der Hamburger Beginen ist ihrer umfassenden Analyse zufolge als Aufsehen erregende Architekturallegorie der Himmelsstadt zu verstehen, die in der Tradition der frühmittelalterlichen Allusion an die *civitas coelestis* von Corvey steht.

Gia TOUSSAINT fokussiert in ihrem Beitrag Gebetbücher des 15. Jahrhunderts aus dem in der Lüneburger Heide gelegenen Zisterzienserinnenkloster Medingen. Dabei thematisiert sie umfassend die Darstellung der Ordenstracht der Zisterzienserinnen im Allgemeinen und der Medinger Nonnen im Besondern. Auffallend ist, dass deren Selbstdarstellung in den in Medingen ausgeführten Gebetbüchern erheblich damit kontrastiert. Mittels Text- und Bildanalysen kann TOUSSAINT nicht nur die Vorbildfunktion von Engeln für die Selbstdarstellung der Medinger Nonnen aufzeigen. Vielmehr schlägt sie in diesem Zusammenhang auch eine motivgeschichtliche, auf der Illustration wenig reformkonformer musizierender Nonnen basierende Neuverortung des in der Hildesheimer Dombibliothek aufbewahrten Medinger Gebetbuchs MS J 29 vor. Entgegen der bisherigen Forschung kann es nicht als Modellgebetbuch für die Klosterreform verstanden werden, sondern muss als von der Reform unberührt gelten.

Von einer vollständigen Erforschung des spätmittelalterlichen Hamburger Beginenkonvents und auch der Gebetsbücher kann natürlich nach wie vor nicht die Rede sein, gleichwohl markieren die in diesem Band versammelten Beiträge doch eine weitere wichtige und reich facettierte Etappe der Forschung. Um so mehr ist es den Herausgeberinnen ein Anliegen, allen Beteiligten ganz herzlich zu danken! Der Workshop wurde finanziell unterstützt durch den Ideen- und Risikofonds der Universität Hamburg, dem an dieser Stelle herzlich zu danken ist. Bei der Vorbereitung und Durchführung des Workshops half uns Johanna Schade, der wir dafür ganz besonders danken möchten. Dank geht auch an Prof. Robert Zepf und die Staats- und Universitätsbibliothek Hamburg, in deren Räumlichkeiten wir tagen durften, ebenso an Pröpstin Dr. Astrid Kleist und die Kirchengemeinde von St. Jacobi, Hamburg, die uns nebst einer Kirchenführung am Ort des Gottesdienstbesuchs der Beginen einen gemeinsamen Abend in unmittelbarer Nähe des historischen Konvents ermöglichten. Für die Aufnahme des Bandes in die Reihe „Hamburger Studien zu Gesellschaften und Kulturen der Vormoderne" sei dem Hamburger Herausgebergremium unser Dank zugesprochen. Die Publikation des Bandes wurde finanziell durch einen Beitrag des Gleichstellungsfonds der Universität Hamburg unterstützt, für den wir sehr dankbar sind. Für die kompetente und freundliche Betreuung des Publikationsprozesses danken wir dem Steiner-Verlag und im Besonderen Josefine Algieri, Nicole Runge und Katharina Stüdemann.

Hamburg und Gotha, Barbara Müller und Monika E. Müller

PROF. DR. BARBARA MÜLLER ist Kirchenhistorikerin am Fachbereich Evangelische Theologie der Universität Hamburg.

PD DR. MONIKA E. MÜLLER ist Kunsthistorikerin, Buchwissenschaftlerin und Leiterin der Abteilung Sammlungen und Bestandserhaltung sowie Kuratorin der Auswandererbriefsammlung der Forschungsbibliothek Gotha der Universität Erfurt.

Zur Erforschung des Beginenwesens im deutschsprachigen Raum vom 17. bis zum 21. Jahrhundert

JÖRG VOIGT

Abstract: The widespread distribution of beguines, who could be found in almost all larger towns in the late Middle Ages, is striking. The article traces the long tradition of research on beguines in the German-speaking world, which began as early as the 17th century. For a long time, the generalised research findings included above all the view that the beguines were perceived as suspect by the official church and were subject to persecution from the 14th century onwards, a picture that is no longer shared in the more recent case studies. Bearing in mind the diversity of late medieval beguinage, new overarching questions thus arise. Therefore, case studies, such as on the beguinages in Hamburg in the North German context, provide important impulses.

Keywords: German research on beguines, persecution of beguines, case studies

In einer Urkunde vom 17. Juni 1300 stimmen Heinrich I. der Ältere, Vogt von Plauen, und sein Sohn Heinrich der Übertragung eines Hofes in der Neustadt von Plauen im Vogtland zu, die ein Pleban einer umliegenden Ortschaft den Brüdern des Deutschen Ordens in Plauen übertragen hatte. Zu den Bedingungen dieser Zustimmung zählte, dass, falls Beginen oder Geistliche (*begine vel persone ecclesiastice*) darin wohnen, diese zu denselben Konditionen dort leben könnten wie die Beginen und Geistlichen in der Stadt Plauen.[1] Diese auf den ersten Blick peripher[2] wirkende Nachricht bietet verschie-

1 Urkundenbuch der Deutschordensballei Thüringen, hrsg. v. Karl Hampe (Thüringische Geschichtsquellen. Neue Folge 7). Jena 1936, Nr. 637.

2 Die Plauener Urkunde wurde – neben ihrer Berücksichtigung in der regionalgeschichtlichen Forschung, wie William Fischer, Das Regelhaus der Sammlung der Schwestern der dritten Regel zur Buße des h. Dominikus und die Beteiligung des Rates an der Säkularisierung des Klosters zu Plauen. In: Vogtländische Forschungen, hrsg. v. Königlich Sächsischen Altertumsverein. Dresden 1904, S. 81–124, hier S. 88, und Julius Vogel, Dominikaner-Kloster und Nonnenhaus zu Plauen i. V. In: Mitteilungen des Altertumsvereins zu Plauen 20 (1910), S. 121–152. hier S. 147 – erst von Walter

dene Anknüpfungspunkte für den folgenden ersten Überblick über wesentliche Züge der Beginenforschung im deutschsprachigen Raum. Denn neben den Verbindungen der Beginen zu den Niederlassungen des Deutschen Ordens und der Dominikaner in Plauen, die auch in anderen Städten bekannt sind, oder ihren Beziehungen zu adeligen Familien, die bei ihren Stiftungen auch Beginen berücksichtigen, sollen aus dieser Nachricht zwei Aspekte aufgegriffen werden.

Zunächst steht die Urkunde aus dem Jahr 1300 an der Schwelle jenes Jahrhunderts, das den Niedergang des Beginenwesens eingeläutet hätte. Das 14. Jahrhundert hätte, so die lange gängige Forschungsthese, den Verfall einer in der ersten Hälfte des 13. Jahrhunderts aufblühenden religiösen Lebensform von Frauen ohne Ordensanbindung dargestellt. Grund dafür wäre in erster Linie der für die Zeitgenossen nicht eindeutige Charakter der beginalen Lebensform – auch dafür bietet die eingangs angeführte Urkunde einen Anknüpfungspunkt. Denn die Beginen, die in den an den Deutschen Orden übertragenen Hof möglicherweise einziehen und auch die gleichen Privilegien erhalten sollten wie geistliche Personen, werden von diesen doch terminologisch getrennt und als eigene Gruppe dargestellt; zwar genossen die Beginen in Plauen Privilegien des geistlichen Standes, jedoch fielen sie nicht automatisch darunter, sondern wurden eigens aufgeführt. Diese beiden wesentlichen Aspekte – der deutliche Unterschied zwischen den Beginen des 13. und des 14. Jahrhunderts sowie der Charakter des spätmittelalterlichen Beginenwesens – sind in einer heute kaum mehr zu überblickenden Fülle an Arbeiten zu dieser religiösen Lebensform greifbar. Die Forschung zu dieser religiösen Lebensform von Frauen reicht im deutschsprachigen Raum bis in das 17. Jahrhundert zurück. Im Folgenden können aus der Fülle der Publikationen zu den Beginen, die in den Quellen durchaus unterschiedlich genannt werden – beispielsweise sind Begriffe wie „soror", „conversa" und „mulier religiosa" überliefert –, nur einige der wesentlichen Entwicklungslinien ihrer Erforschung vorgestellt werden.

Juristische und theologische Ansätze – Beginenforschung im 17. und 18. Jahrhundert

Eine der frühesten wissenschaftlichen Publikationen zum Beginenwesen stellt die Dissertation des aus Jena stammenden Juristen Adrian BEIER DER JÜNGERE († 1698) dar.[3] In seiner den damaligen Gepflogenheiten entsprechend knapp gehaltenen Dis-

Schlesinger, Kirchengeschichte Sachsens im Mittelalter, Bd. 2 (Mitteldeutsche Forschungen 27/2). Köln, Graz 1962, S. 335, in die überregionale Diskussion zum Beginenwesen eingebracht, blieb jedoch auch daraufhin weitgehend unberücksichtigt.

3 Adrian Beier, Commentatio historico-iuridica, de beguinabus, nostris. Von barmhertzigen und Bet-Schwestern. s. l. 1753. Zu seiner Person siehe Ebel, Wilhelm, Artikel: Beier, Adrian. In: Neue Deutsche Biographie 2 (1955), S. 18 f. Er war Sohn des bekannten Jenaer Geistlichen und Stadtchronisten Adrian Beier dem Älteren, vgl. zu ihm Traugott Keßler, Artikel: Beier, Adrian. In: Rü-

sertation geht er auf das Beginenwesen ein, wobei er zunächst auf das Konzil von Vienne der Jahre 1311/12[4] Bezug nimmt, dabei auch die Begarden hervorhebt und die Bezeichnung der Beginen auf die Hl. Begga zurückführt. Für seine Ausführungen zitiert er aus gängigen historiographischen Arbeiten seiner Zeit, wie beispielsweise aus Philipp KNIPSCHILD († 1657).[5] Archivrecherchen, die Berücksichtigung der lokalen und regionalen schriftlichen Überlieferung oder die Suche nach möglichen Spuren dieser Frömmigkeitsform stellten zu diesem Zeitpunkt noch eine Ausnahme dar.[6] Bemerkenswert ist somit, dass in BEIERS Dissertation kanonistische und historiographische Quellen berücksichtigt werden, sowie weiterhin der Hinweis auf die Hl. Begga, die im späten 7. Jahrhundert verstorbene Tochter des fränkischen Hausmeiers und Merowingers Pippin des Älteren. Die Hl. Begga hatte sich im Zuge der Gegenreformation v. a. in den Spanischen Niederlanden im späten 16. und frühen 17. Jahrhundert zu einer Gallionsfigur entwickelt und stand im Zentrum der Forschung seitens der Theologen und Historiker in jener Region.[7] Es ist sehr wahrscheinlich, dass BEIER durch seinen Studienaufenthalt in Leiden mit der dort charakteristischen Ausprägung des Beginenwesens in Kontakt gekommen war, was sein Interesse am Beginenwesen geweckt haben könnte. Somit war es eher ein Impuls von außen; von seinen vorherigen Studienaufenthalten, u. a. in Jena, Leipzig und Rostock, wo bis zur Reformation Beginengemeinschaften zu den gängigen religiösen Lebensformen gezählt hatten[8], scheint

diger Stutz u. Matias Mieth (Hgg.), Jena. Lexikon zur Stadtgeschichte. Berching 2018, S. 69, mit weiteren Literaturhinweisen.

4 Das Konzil von Vienne nimmt durch die beiden beginenkritischen Dekretalen „Cum de quibusdam" und „Ad nostrum" eine besondere Stellung in der Forschung zu den Beginen ein und wird als Zäsur gewertet; die Textgrundlage findet sich in: Dekrete der ökumenischen Konzilien, Band 2: Konzilien des Mittelalters, hrsg. v. Josef Wohlmuth. Paderborn u. a. 2000, S. 374 u. 382–384. Die verbreitete Annahme ist, dass die Beginen im Anschluss daran wachsender Kritik und Verfolgung ausgesetzt waren. Darauf wird später zurückzukommen sein.

5 Philipp Knipschild, Tractatus politico-historico-juridicus de civitatum imperialium iuribus et privilegiis, Ulm 1657, S. 854 (hier werden in der 1649 vom Stadtrat von Kaufbeuren aufgestellten Liste städtischer Ämter zwei Seelfrauen angeführt). Darauf bezieht sich Beier, Beguinabus (Anm. 3), S. 6.

6 Hinzuzufügen ist, dass Archive in diesem Zeitraum noch keine Wissenschaftsinstitutionen im heutigen Sinne waren; der ‚archival turn', in dem die archivische Überlieferung über ihre ursprünglich rein rechtliche Funktion hinaus zunehmenden Wert als historisch und kulturell relevante Quelle gewann und sich allmählich der Wissenschaft öffnete, datiert erst in das 19. Jahrhundert, vgl. dazu Markus Friedrich, Die Geburt des Archivs. Eine Wissensgeschichte. München 2013, S. 51–120.

7 Siehe dazu Pieter Mannaerts, Authenticity and Invention: Composition, Distribution and Origin of the Offices for St. Begga. In: Ders. (Hg.), Beghinae in cantu instructae. Musical patrimony from Flemish beguinages (Middle Ages – Late 18th c.) (Collection „Êpitome musical"). Turnhout 2009, S. 51–76, und Ders., ‚O Fundatrix Begginarum'. St. Begga and her office in early modern beguine scholarship and musical sources. In: Alicia C. Montoya, Sophie van Romburgh u. Wim van Anrooij (Hgg.), Early modern medievalisms. The interplay between scholarly reflection and artistic production (Intersection 15). Leiden 2010, S. 219–248.

8 Zu Jena: Jörg Voigt, Beginen im Spätmittelalter. Frauenfrömmigkeit in Thüringen und im Reich (Veröffentlichungen der Historischen Kommission für Thüringen, Kleine Reihe 32). Köln u. Wei-

dagegen kein Impuls auf ihn gekommen zu sein. Seine eher knapp gehaltene Publikation erlangte jedoch keinen bisher erkennbaren Nachhall.

Den eigentlichen Beginn der wissenschaftlichen Beschäftigung mit dem Beginenwesen markiert erst die monumentale Studie *De Beghardis et Beguinabus commentarius* von Johann Lorenz VON MOSHEIM († 1755), die posthum von Georg Heinrich MARTINI († 1794), dem Rektor der Nikolaischule in Leipzig, im Jahre 1790 veröffentlicht wurde.[9] MOSHEIM zählte im 18. Jahrhundert zu den herausragenden Theologen und Historikern und weist eine entsprechend steile Karriere auf. Bereits im Alter von 30 Jahren lehrte er als ordentlicher Professor an der Universität Helmstedt für mehr als zwei Jahrzehnte, bis er 1747 an die Universität Göttingen wechselte, wo er neben seinen Lehrstuhlverpflichtungen an der Theologischen Fakultät auch als Kanzler tätig war.[10] In seinen thematisch breit gestreuten Forschungen, die auch quellenkritisch neue Maßstäbe setzten, beschäftigte sich MOSHEIM intensiv mit der Geschichte der Häresien. Dieses Interesse spiegelt sich auch in seinem Buch über die Begarden und Beginen wider. Es ist in vier Kapitel und zwei Anhänge eingeteilt. Als thematische Schwerpunkte wählte MOSHEIM neben den bereits genannten etymologischen Fragestellungen die Frühgeschichte des Beginenwesens (2. Kapitel) und der Begarden (3. Kapitel). Das vierte und gleichsam umfangreichste Kapitel des darstellenden Teils – es umfasst die Seiten 196–480 – ist häresiegeschichtlichen Fragestellungen gewidmet. Diese Thematik rückte MOSHEIM auch im Anhang in den Mittelpunkt.[11] Wesentliche Grundlage dafür waren u. a. zwei Handschriften, die sich heute in der Herzog August Bibliothek Wolfenbüttel befinden. Dabei handelt es sich um die Handschriften Cod. Guelf. 311 Helmst. und Cod. Guelf. 315 Helmst., in denen Texte zu den spätmittelalterlichen Häresien und den Bettelordensstreitigkeiten u. a. aus Inquisitorenhandbüchern, päpstlichen Bullen und Synodalbeschlüssen zusammenflossen. Beide Handschriften gelangten nach der Reformation in die Bibliothek des lutherischen Theologen Matthias Flacius ILLYRICUS († 1575), die nach einer Zwischenstation in Wolfenbüttel 1618 in die Universitätsbibliothek Helmstedt überführt wurde, wo Mosheim darauf schließ-

mar 2012, S. 152–156 u. 229–233; zu Leipzig: Ders., Paulerregelnonnen und Barfussenschwestern. Beginen im Umfeld der Dominikaner und Franziskaner in Leipzig im 15. und 16. Jahrhundert. In: Enno Bünz, Dirk Martin Mütze u. Sabine Zinsmeyer (Hgg.), Neue Forschungen zu sächsischen Klöstern. Ergebnisse und Perspektiven der Arbeit am Sächsischen Klosterbuch (Schriften zur Sächsischen Geschichte und Volkskunde 62). Leipzig 2020, S. 563–575; zu Rostock siehe die Hinweise bei Frank-Michael Reichstein, Das Beginenwesen in Deutschland. Studien und Katalog (Wissenschaftliche Schriftenreihe Geschichte 9). Berlin 2001, S. 332 f.

9 Johann Lorenz von Mosheim, De Beghardis et Beguinabus commentarius. Leipzig 1790.

10 Gernot Wießner, „Mosheim, Johann Lorenz von". In: Neue Deutsche Biographie 18 (1997), S. 210 f. mit weiterführenden Literaturhinweisen.

11 Hier besonders der „Appendix posterior", vgl. Mosheim, De Beghardis et Beguinabus (Anm. 9), S. 616–675.

lich Zugriff hatte.[12] Die beiden genannten Handschriften werden auf die Beginenforschung noch in den 1970er Jahren maßgebliche Auswirkungen haben, worauf später zurückzukommen sein wird.

MOSHEIM berücksichtigt aber auch Nachweise zum lokalen Beginenwesen, was beispielsweise seine Ausführungen zu den Beginen in Erfurt und Mühlhausen belegen; beispielsweise griff er auf die 1749 erschienene *Commentatio* über die Geschichte der Stadt Mühlhausen in Thüringen von Benjamin Christoph VON GRASSHOF († 1778) zurück.[13] Eigene Recherchen in Archiven unternahm MOSHEIM aus den oben bereits genannten Gründen nicht.[14] Doch werfen wir an dieser Stelle einen Blick auf seine Wirkungsstätte Helmstedt. Obwohl MOSHEIM seit 1723 für viele Jahre als ordentlicher Professor an der Universität Helmstedt lehrte, widmete er sich dem lokalen Beginenwesen in dieser Stadt nicht, obwohl es Berührungspunkte gegeben haben wird. Denn im Umfeld der ehemaligen Helmstedter Universitätskirche St. Stephani befand sich eine Mitte des 14. Jahrhunderts erstmals nachweisbare Beginenniederlassung, die eine solche Größe hatte, dass sie namensgebend für jene Straße war, die unweit des südlichen Stadttores zur Kirche St. Stephani führte. Diese Straße ist im späten 15. Jahrhundert als *Beghynen strate* nachweisbar und hat diesen Namen bis zu ihrer heutigen Form *Beguinenstraße* beibehalten; auch das dort gelegene Heim für alleinstehende Frauen, das sich nach Einführung der Reformation aus der vorherigen Beginengemeinschaft herausgebildet hatte und dem Rat unterstellt war, wurde zu Lebzeiten MOSHEIMS als *Beginenhaus* bezeichnet.[15]

12 HAB Wolfenbüttel, Cod. Guelf. 311 und 315 Helmst.; eine ausführliche Beschreibung demnächst in: Die mittelalterlichen Helmstedter Handschriften der Herzog August Bibliothek, Teil 2: Cod. Guelf. 277 bis 370 Helmst. Mit einem Anhang: Die mittelalterlichen Fragmente der ehemaligen Universitätsbibliothek Helmstedt, beschrieben von Bertram Lesser. Wiesbaden 2021 (im Druck); der online-Zugriff auf die Beschreibung findet sich unter http://diglib.hab.de/?db=mss&list=ms&id=311-helmst&catalog=Lesser (Cod. Guelf. 311 Helmst.) und http://diglib.hab.de/?db=mss&list=ms&id=315-helmst&catalog=Lesser (Cod. Guelf. 315 Helmst.). Zudem werden diese beiden Handschriften, wie auch die anderen der Bibliothek von Matthias Flacius Illyricus, derzeit digitalisiert. Für diese Auskünfte danke ich Herrn Dr. Bertram Lesser (Wolfenbüttel) sehr herzlich!

13 Benjamin Christoph von Graßhof, Commentatio de originibus atque antiquitatibus Sacri Romani Imperii liberae civitatis Muhlhusae Thuringorum monimentis adhuc ineditis illustrata. Leipzig u. Görlitz 1749, S. 68–70; dies fließt ein in Mosheim, De Beghardis et Beguinabus (Anm. 9), S. 534 f. und 541 f.

14 Zu den konfessionellen, historiographischen und wissenschaftsgeschichtlichen Hintergründen des Werkes von Mosheim vgl. die Beiträge in Martin Mulsow (Hg.), Johann Lorenz Mosheim (1693–1755). Theologe im Spannungsfeld von Philosophie, Philologie und Geschichte (Wolfenbütteler Forschungen 77). Wiesbaden 1997.

15 Dazu Jörg Voigt, „Helmstedt – Beginen". In: Josef Dolle (Hg.), Niedersächsisches Klosterbuch. Verzeichnis der Klöster, Stifte, Kommenden und Beginenhäuser in Niedersachsen und Bremen von den Anfängen bis 1810, Teil 2: Gartow bis Mariental (Veröffentlichungen des Instituts für Historische Landesforschung der Universität Göttingen 56,2). Bielefeld 2012, S. 647–649.

Aufblühende Regionalforschung und der Blick nach Westen

Die enge Verknüpfung des Beginenwesens mit den spätmittelalterlichen Häresien in der Arbeit MOSHEIMS strahlte zum Teil auf die sich im Verlauf des 19. Jahrhunderts herausbildende lokalgeschichtliche Forschung aus, die sich in den meisten Fällen erstmals mit diesem Thema auseinandersetzte und trotz des oft dokumentarischen Charakters eigene Akzente bei der Bewertung entwickelte. Diese lokal- und regionalgeschichtliche Forschung – oft getragen von Geschichtsvereinen, die von den in vielen Regionen des Reiches aufkommenden Urkundenpublikationen profitierten – schuf für die künftige Erforschung des Beginenwesens eine neue Grundlage, durch die das Wissen um diese Lebensform erheblich erweitert wurde. Davon zeugt eine ganze Reihe von Publikationen, aus denen hier nur eine kleine Auswahl beispielhaft genannt werden soll.[16] Eine Synthese dieser frühen landesgeschichtlichen und oft wissenschaftlichen Forschung zum mittelalterlichen Beginenwesen in Deutschland blieb jedoch bis weit in das 20. Jahrhundert aus.[17]

Der Blick richtete sich aber auch nach Westen, vor allem auf die Territorien Flandern und Brabant, den Zentren des mittelalterlichen Beginenwesens. Nachdem bereits Eduard HALLMANN im Jahr 1843 eine in ihrer Anlage und Tiefe bis dahin singuläre Studie zum Ursprung der Beginen in Belgien vorlegt hatte[18], veröffentlichte Joseph

16 Als Beispiele seien die Forschungen zum Beginenwesen in den Städten Aachen, Celle, Essen, Köln, Lübeck, Rostock und Würzburg genannt; zu Aachen Christian Quix, Das ehemalige Beghinen Wesen in der Stadt Aachen. Der Mathiashof. Der St. Stephanshof. In: Ders. (Hg.), Beiträge zur Geschichte der Stadt und des Reichs von Aachen. Aachen 1837, S. 1–3; zu Celle: Friedrich Vogell, Ueber die vormaligen Beginen in der Stadt Zelle. In: Vaterländisches Archiv 1827, 2. Band, S. 197–227, und Ders.: Urkunden über die vormaligen Beginen in der Stadt Zelle. In: Vaterländisches Archiv 1828, 1. Band, S. 32–58; zu Essen: Julius Heidemann, Die Beguinenkonvente Essens. In: Beiträge zur Geschichte von Stadt und Stift Essen 9 (1886), S. 3–195; zu Köln: Johann Baptist Haaß, Die Convente in Köln und die Beghinen. Eine Abhandlung über die gesetzliche Beibehaltung der Stiftungen für christliche Wohltätigkeit. Köln 1860; zu Lübeck: Wilhelm Brehmer, Beiträge zur Lübeckischen Geschichte. Die Lübeckischen Beginenhäuser. In: Zeitschrift des Vereins für Lübeckische Geschichte und Alterthumskunde 4 (1884), S. 83–89; zu Rostock: Friedrich Wigger, Urkundliche Mittheilungen über die Beghinen- und Begharden-Häuser zu Rostock. In: Jahrbuch des Vereins für mecklenburgische Geschichte und Alterthumskunde 47 (1882), S. 1–26; und zu Würzburg: Johann W. Rost, Die Beguinen im ehemaligen Fürstenthume Würzburg. Ein Beitrag zur fränkischen Geschichte mit Urkunden. Würzburg 1846.

17 An dieser Stelle sei jedoch auf Otto von Grote, Lexicon Deutscher Stifter, Klöster und Ordenshäuser, Abt. 1: Das heutige Deutsche Reich. Osterwieck am Harz 1884, verwiesen. Darin hat Grote, Rittergutsbesitzer und Reichstagsabgeordneter, auch die Beginen zu den Klöstern und Ordenshäusern gezählt und dafür die Sekundärliteratur einbezogen, ein zum damaligen Zeitpunkt beinahe singulärer Ansatz. Die geringe Rezeption dieses Lexikons liegt vermutlich vor allem darin begründet, dass es unvollendet blieb und nur von „Aachen" bis „Lyntpurg" (=Limburg) reicht. Auch die Beginengemeinschaft in Hamburg wurde darin berücksichtigt, vgl. ebd., S. 210.

18 Eduard Hallmann, Die Geschichte des Ursprungs der belgischen Beghinen nebst einer authentischen Berichtigung der im 17. Jahrhundert durch Verfälschung von Urkunden in derselben angestifteten Verwirrung. Berlin 1843. Darin widmete er sich im Besonderen den überlieferten Quellen

GREVEN im Jahre 1912 seine einflussreiche Arbeit zu den Anfängen der Beginen, in der er besonders das Bistum Lüttich als Ursprungsort dieser Lebensform stark macht.[19] Das belgische Beginenwesen stand auch in den folgenden Jahrzehnten immer wieder im Mittelpunkt auch der internationalen Forschung, die nach den generellen Entwicklungslinien fragte, wie beispielsweise die Arbeiten von Lodewijk Jozef Maria PHILIPPEN 1918[20], später Alcantara MENS 1947[21], Ernest W. MCDONNELL 1954[22] und schließlich die magistrale Studie von Walter SIMONS 2001 zeigen[23].

Grundlage dieser Studien waren eine im Vergleich zu den Verhältnissen in Deutschland ganz anders verlaufene Entwicklung des Beginenwesens und die günstigeren Forschungsmöglichkeiten aufgrund einer breiteren Überlieferungslage. Denn das Beginenwesen erfuhr nach seiner langen Blütephase im Spätmittelalter besonders im flämischen Teil Belgiens im Zuge der Gegenreformation eine Renaissance. Diese religiöse Lebensform nahm in enger Anbindung an die Leitung der Erzbistümer und Bistümer zunehmend Ordenscharakter an. Daneben wurde das Beginenwesen auch in den Spanischen Niederlanden durch Erzherzog Albrecht VII. von Habsburg und Erzherzogin Isabella Clara Eugenia von Spanien stark gefördert.[24] Als besonders deutliches Zeichen dafür steht ihre Absicht, die Kanonisation der im späten 7. Jahrhundert verstorbenen Begga, die bereits als Heilige lokal verehrt wurde, voranzutreiben und als Patronin der Beginen erklären zu lassen. Zahlreiche Beginenhöfe wurden vor allem im Verlauf des 17. Jahrhunderts in den einzelnen Bistümern unter eine einheitliche

der einstigen Beginengemeinschaft in Vilvoorde (ca. 15 km nördlich von Brüssel), wo sich Mitte des 16. Jahrhunderts Karmeliternonnen aus einem Kloster bei Lüttich in Vilvoorde ansiedelten, deren Gemeinschaft bis heute besteht; dazu ausführlich Luk Biesemans, Rijkdom van stille en rust. 800 jaar Begijnen en Karmelietessen van Onze-Lieve-Vrouw ten Troost te Vilvoorde. Vilvoorde 2006.

19 Joseph Greven, Die Anfänge der Beginen. Ein Beitrag zur Geschichte der Volksfrömmigkeit und des Ordenswesens im Mittelalter (Vorreformationsgeschichtliche Forschungen 8). Münster 1912. Auf den kritischen Beitrag von Godefroid Kurth, De l'origine liégiose des béguines. In: Académie Royale de Belgique. Bulletin de la Classe des Lettres et des Sciences Morales et Politiques et de la Classe des Beaux-Arts (1912), S. 437–462, reagierte er mit Nachdruck, vgl. Joseph Greven, Der Ursprung des Beginenwesens. Eine Auseinandersetzung mit Godefroid Kurth. In: Historisches Jahrbuch 35 (1914), S. 26–58 und 291–318.

20 Lodewijk Jozef Maria Philippen, De Begijnhoven. Oorsprong – Geschiedenis – Inrichting. Antwerpen 1918.

21 Alcantara Mens, Oorsprong en betekenis van de Nederlandse Begijnen- en Begardenbeweging. Vergelijkende studie: XII^{de} – XIII^{de} eeuw (Verhandelingen van de Koninklijke Vlaamse Academie voor Wetenschappen, Letteren en Schone Kunsten van België. Klasse der Letteren 9/7). Antwerpen 1947.

22 Ernest W. McDonnell, The Beguines and Beghards in medieval culture. With special emphasis on the Belgian scene. New Brunswick 1954.

23 Walter Simons, Cities of ladies. Beguine communities in the medieval Low Countries, 1200–1565 (The Middle Ages Series). Philadelphia 2001.

24 Paul Arblaster, The Archdukes and the Northern Counter-Reformation. In: Werner Thomas u. Luc Duerloo (Hgg.), Albrecht and Isabella: 1598–1621. Essays. Turnhout 1998, S. 87–91.

Regel gestellt und waren eng an die Bistumsleitungen gebunden.[25] Mit dieser neuen Blüte des Beginenwesens hing auch eine beginnende Aufarbeitung der überlieferten Quellen und eine wissenschaftliche Beschäftigung mit dem Beginenwesen zusammen, wobei etymologische und hagiographische Fragestellungen zunächst noch deutlich im Vordergrund standen, aber auch die Frage nach der ‚wahren' Gründergestalt, denn neben der Hl. Begga galt der Lütticher Kleriker Lambert le Bègue († 1177) als Schlüsselfigur in der Entstehungsgeschichte der Beginen.[26] Mit Blick auf die Überlieferungssituation fällt die Fülle der Quellen zum mittelalterlichen und frühneuzeitlichen Beginenwesen ins Auge. Eine große Zahl an Quelleneditionen und Archivinventaren wurden seit dem späten 19. Jahrhundert vorgelegt, die die Erforschung einzelner Beginengemeinschaften, aber auch von Städten und Regionen ermöglichten. Zu verweisen ist hier exemplarisch auf Gent, wo das Beginenwesen bis in die 1230er Jahre zurückzuverfolgen ist.[27]

Fallstudien und Thesenbildung im 20. Jahrhundert

Ungefähr seit der ersten Hälfte des 20. Jahrhunderts sind unterschiedliche Thesen zur Entstehung des Beginenwesens vorgestellt worden. Dazu zählen beispielsweise die Versorgungsthese, nach der es sich bei Beginen um jene Frauen handeln würde, die keine Heiratsmöglichkeiten besaßen, weiterhin die Ansicht, dass das Beginenwesen durch den bereits genannten Lambert le Bègue gegründet worden sei, oder vor allem der in späteren Jahren geäußerte feministische Ansatz, dass sich Beginen bewusst gegen patriarchalische und klerikale Lebenswelten entschieden – diese und weitere in der Regel widerlegte Thesen sollen hier jedoch nicht vertieft werden.[28]

25 Siehe dazu Jörg Voigt, Das Beginenwesen in der Frühen Neuzeit – eine Annäherung. In: Mona Garloff, Jörg Sonntag u. Joachim Werz (Hgg.), Religiöse Gemeinschaften seit der Frühen Neuzeit. Stand und Perspektiven ihrer Erforschung (Klosterwelten. Religiöses Leben seit der Frühen Neuzeit 1). Münster 2021 (im Druck).

26 Den Anfang markiert Aubertus Miraeus, Origo Beginarum virginum in Belgio hodieque frequentium. Anvers 1602; diese kaum mehr greifbare Einzelpublikation wurde wenige Jahre später nachgedruckt, vgl. Ders., Chronicon Cisterciensis ordinis. Köln 1614, S. 196–208; dazu weiterhin Jean Goossens, De kwestie Lambertus ‚li Beges' († 1177) (Verhandelingen van de Koninklijke Academie voor Wetenschappen, Letteren en Schone Kunsten van België, Klasse der Letteren 110). Brüssel 1984. Zu den frühen Textzeugen der Vita S. Beggae siehe Émile Brouette, Le plus ancien manuscrit de la Vita Beggae. In: Scriptorium 16 (1962), S. 81–84.

27 Die Urkunden wurden ediert von Jean Béthune, Cartulaire de béguinage de Sainte-Élisabeth à Gand. Brügge 1883. Für zahlreiche weitere Ortschaften siehe Pascal Majérus, Ces femmes qu'on dit béguines. Guide des béguinages de Belgique. Bibliographie et sources d'archives (Introduction bibliographique à l'histoire des couvents Belges antérieure à 1796, Bd. 9). Brüssel 1999.

28 Einen guten Überblick bietet Reichstein, Beginenwesen (Anm. 8), S. 18–30. Kurz angesprochen sei hier die feministische Geschichtswissenschaft, deren Ergebnisse stark von der Erwartungshaltung ihrer Autorinnen bestimmt werden, ohne dass eine vertiefte Kenntnis der Quellen zu beobach-

Von besonderer Bedeutung für das seit der zweiten Hälfte des 20. Jahrhunderts vorherrschende Bild des spätmittelalterlichen Beginenwesens war die bahnbrechende Untersuchung zur mittelalterlichen Frauenreligiosität von Herbert GRUNDMANN. In seiner 1935 veröffentlichten und später mehrfach wiederaufgelegten sowie in mehrere Sprachen übersetzten Leipziger Habilitation „Religiöse Bewegungen im Mittelalter“ betrachtete er das Beginenwesen nicht als eine isolierte Erscheinung, sondern stellte es in den Kontext der Entwicklungen des Ordenswesens in Westeuropa vor allem während des 13. Jahrhunderts.[29] GRUNDMANN ging davon aus, dass Beginen aus religiösen Motiven nach einer *vita religiosa* strebten, die sie jedoch aus sozialen Gründen nicht in einem Orden umsetzten konnten.[30] Das Papsttum und die Kirche standen zu Beginn des 13. Jahrhunderts den sich herausbildenden Beginengemeinschaften noch offen gegenüber, doch diese Außerklösterlichkeit war ihnen suspekt. Zentral ist dabei bekanntermaßen die Darstellung der Beginen als Frauen, denen keine *vita religiosa* innerhalb eines approbierten Ordens offenstand und die somit eine „Sonderform des religiösen Lebens“ bildeten.[31] Das Beginenwesen befand sich „zwischen den kirchlichen Ordnungen dieser Zeit“, was „ihm zum Verhängnis geworden [ist]“, da dadurch „seine Zersetzung durch moralische Mißstände und häretische Neigungen“ verschuldet wurde.[32]

Durch diese Studie wurde das Bild geprägt, dass das Beginenwesen nur eine unvollendete Entwicklung gehabt hätte und schließlich durch sein Verbot auf dem Konzil von Vienne als Häresie verfolgt wurde. Dieses häretische Narrativ hat sich, bei der unbestritten sehr hohen Bedeutung der Arbeit GRUNDMANNS für die Frömmigkeitsge-

ten ist. So kommt beispielsweise Rebekka Habermas, Die Beginen – eine andere Konzeption von Weiblichkeit? In: Beatrix Bechtel (Hg.), Die ungeschriebene Geschichte. Historische Frauenforschung. Himberg bei Wien 1984, S. 199–207, u. a. zu dem Schluss, dass die Beginen die mittelalterlichen Weiblichkeitskonzeptionen durchbrochen und dadurch eine Bedrohung für die Gesellschaft dargestellt hätten. Ähnlich problematisch ist die 2003 mit dem Karl-Rahner-Preis ausgezeichnete Innsbrucker Habilitation von Hildegund Keul, Verschwiegene Gottesrede. Die Mystik der Begine Mechthild von Magdeburg (Innsbrucker Theologische Studien 69). Innsbruck 2004; siehe dazu Jörg Voigt, Rezension zu: Keul, Verschwiegene Gottesrede. In: Jahrbuch der Historischen Kommission für Sachsen und Anhalt 25 (2007), S. 380–385.

29 Seine bereits 1935 erschienene, dann im Jahre 1955 und 1970 – dieses Mal in erweiterter Form – neu aufgelegte Habilitationsschrift (Herbert Grundmann, Religiöse Bewegungen im Mittelalter. Untersuchungen über die geschichtlichen Zusammenhänge zwischen der Ketzerei, den Bettelorden und der religiösen Frauenbewegung im 12. und 13. Jahrhundert und über die geschichtlichen Grundlagen der deutschen Mystik. Darmstadt 1970 [3. Auflage]) wurde ins Italienische (Ders., Movimenti religiosi nel Medioevo, übers. von Maria Ausserhofer u. Leo Nicolet Santini. Bologna 1974) und Englische (Ders., Religious Movements in the Middle Ages, bearb. v. Robert E. Lerner. Notre Dame 1995) übersetzt.

30 Diese These wurde noch einmal von Brigitte Degler-Spengler, Die religiöse Frauenbewegung des Mittelalters. Konversen – Nonnen – Beginen. In: Rottenburger Jahrbuch für Kirchengeschichte 3 (1984), S. 75–88, aufgestellt.

31 Grundmann, Religiöse Bewegungen im Mittelalter (Anm. 29), S. 320.

32 Ebd., S. 321 f.

schichte, verfestigt. Dafür sei beispielsweise GRUNDMANNS etymologische Deutung des Begriffs „Begine“ angeführt, die er auf die Bezeichnung der südfranzösischen Häresie der „Albigenser“ zurückführte.[33] Obwohl dies aus sprachwissenschaftlicher Sicht nicht haltbar ist, was GRUNDMANN offen einräumt[34], blieb er bei dieser These, die ohne weitere Prüfung Eingang in die Forschungsliteratur fand.[35]

Die inhärente häretische Neigung der Beginen wurde von Alexander PATSCHOVSKY im Jahr 1974 an prominenter Stelle wieder aufgegriffen und fortgeführt. Im Deutschen Archiv veröffentlichte er einen umfangreichen Aufsatz zu den sogenannten Beginenverfolgungen in Straßburg, der gleichsam kanonische Bedeutung erlangte. In Anknüpfung an die Arbeiten von MOSHEIM und GRUNDMANN vertritt er die These, dass das Beginenwesen zu Beginn des 14. Jahrhunderts seitens der Amtskirche intensiv verfolgt wurde. Das Fallbeispiel Straßburg, bei dem die aufkommenden Streitigkeiten zwischen dem Diözesan- und Pfarrklerus auf der einen und den Bettelorden auf der anderen Seite noch beschleunigend gewirkt haben, konnte ihm zufolge Allgemeingültigkeit auch für die übrigen Reichsgebiete beanspruchen. Einer kritischen Überprüfung wurden diese Thesen, die Eingang auch in die internationale Forschung fanden, erst in den vergangenen Jahren unterzogen. Nicht bestätigt werden konnte, dass es in Straßburg – und auch in anderen Städten – zu Beginenverfolgungen gekommen war.[36]

Im 20. Jahrhundert wuchs die Zahl lokaler und regionaler Studien zum Beginenwesen, die zu weiten Teilen noch heute den Wissensstand zu spezifischen räumlichen Ausprägungen dieser religiösen Lebensform darstellen. Die Fülle der Beiträge ist kaum

33 Ebd., S. 181 f.

34 Ebd., S. 381 f., Anm. 57, sagt, dass die „Entstehung des Wortes Begine aus Albigenses, [...] von den Etymologen gleichfalls für ‚unmöglich‘ erklärt“ wird; Bezug genommen wird u. a. auf die Sprachwissenschaftler Walter VON WARTBURG, den Herausgeber des vielbändigen Standardwerkes „Französisches Etymologisches Wörterbuch“, und Erhard LOMMATZSCH.

35 Auch von Seiten der französischsprachigen Forschung ist eine solche Sichtweise erkennbar, so beispielsweise Jozef van Mierlo, Artikel: „Béguins, Béguines“. In: Dictionnaire de Droit Canonique, tome 2: Baccalauréat – Cathedraticum. Paris 1937, Sp. 277–287, hier Sp. 278. Zwar ist dieser Band zwei Jahre nach der Publikation von Grundmanns Habilitationsschrift erschienen, die jedoch bei der Abfassung dieses Artikels nicht berücksichtigt wurde.

36 Dazu Voigt, Beginen im Spätmittelalter (Anm. 8), und, speziell zu Straßburg, Ders., Beginen, Bischöfe und Bettelorden in Straßburg. Zu den sogenannten Beginenverfolgungen im 14. Jahrhundert. In: Dietmar Mieth u. Britta Müller-Schauenburg (Hgg.), Mystik, Recht und Freiheit. Religiöse Erfahrung und kirchliche Institutionen im Spätmittelalter. Stuttgart 2012, S. 51–68. Ein Ergebnis, das auch in jüngeren Fallstudien zu anderen Städten und Regionen beobachtet wird, so beispielsweise Hannah Hien, Das Beginenwesen in fränkischen und bayerischen Bischofsstädten (Veröffentlichungen der Gesellschaft für fränkische Geschichte, Reihe IX / Band. 59). Würzburg 2013, S. 198–206, die vom „Mythos Verfolgung“ spricht; siehe weiterhin Elisabeth Sandfort, Das Beginenwesen der Stadt Braunschweig im Mittelalter und in der Neuzeit (Braunschweiger Werkstücke 59). Braunschweig 2017.

noch zu überblicken.[37] Zu den wichtigen Studien zählen beispielsweise die Arbeiten zu den Beginen in Köln[38], Osnabrück[39], in Münster[40], in Stralsund[41] oder in Würzburg[42]. Besonders hervorzuheben ist hier, wie stark diese Arbeiten von den neu publizierten Urkundenbüchern profitierten, aber auch von den in ihrer Relevanz deutlich gestiegenen Archivrecherchen. Inhaltlich haben diese Arbeiten meist dokumentarischen Charakter.

In der zweiten Hälfte des 20. Jahrhunderts wurden Monografien vorgelegt, die nicht selten aus Qualifikationsarbeiten hervorgingen. Zu nennen ist in diesem Kontext zunächst die 1960 erschienene Studie von Eva Gertrud NEUMANN zum Rheinischen Beginen- und Begardenwesen; auch wenn der Titel auf einen größeren Untersuchungsraum hindeutet, steht das Beginenwesen in Mainz im Zentrum.[43] Unter den Arbeiten der angelsächsischen Forschung stellt die bisher ungedruckt gebliebene Dissertation an der Yale University von Fredrick Marc STEIN zu den religiösen Frauen in Köln hinsichtlich ihrer Quellennähe und Materialdichte – ausgewertet wurden vor allem Bestände des Historischen Archivs des Stadt Köln und des Hauptstaatsarchivs Düsseldorf (heute Landesarchiv Nordrhein-Westfalen Abteilung Rheinland in Duisburg) – eine Ausnahme dar.[44]

37 Vor einigen Jahren unterzog sich Reichstein, Beginenwesen (Anm. 8) der Mühe, dieses Material Ort für Ort zusammenzutragen und thematisch zu bündeln.

38 Johannes Asen, Beginen in Köln, Teil 1. In: Annalen des Historischen Vereins für den Niederrhein 111 (1927), S. 81–180, Teil 2. In: Annalen des Historischen Vereins für den Niederrhein 112 (1928), S. 71–148, Teil 3. In: Annalen des Historischen Vereins für den Niederrhein 113 (1929), S. 13–96; siehe dazu Christine Ruhrberg, Einleitung zu Johannes Asen: Die Beginen in Köln. In: Peter Moder u. Stephan Lennartz (Red.), „Zahlreich wie die Sterne des Himmels". Beginen am Niederrhein zwischen Mythos und Wirklichkeit (Bensberger Protokolle 70). Bergisch Gladbach 1992, S. 123–131, und Letha Böhringer, Johannes Asen und die Erforschung der Kölner Semireligiosen. In: Annalen des Historischen Vereins für den Niederrhein 206 (2003), S. 33–49.

39 Herbert Grundmann, Zur Geschichte der Beginen im 13. Jahrhundert. In: Archiv für Kulturgeschichte 21 (1931), S. 296–320.

40 Karl Zuhorn, Die Beginen in Münster. Anfänge, Frühzeit und Ausgang des münsterischen Beginentums. In: Westfälische Zeitschrift 9 (1935), S. 1–149.

41 Fritz Adler, Die Beginen in Stralsund. In: Monatsblätter der Gesellschaft für pommersche Geschichte und Altertumskunde 50 (1936), S. 68–76.

42 Ernst Roeder, Die Beginen in Stadt und Bistum Würzburg. Eine kulturhistorische Studie und ein Beitrag zur Geschichte der Volksfrömmigkeit und des Ordenswesens in Franken. Würzburg 1932.

43 Eva Gertrud Neumann, Rheinisches Beginen- und Begardenwesen (Mainzer Abhandlung zur mittleren und neueren Geschichte 4). Meisenheim/Glan 1960; in Erweiterung dazu Wolf-Heino Struck, Von Beginen und Begarden im Mittelrheingebiet. In: Nassauische Annalen 72 (1961), S. 184–198, und Volker Leppin, Zur Stellung der Beginen im sozialen Beziehungsgeflecht des spätmittelalterlichen Mainz. In: Irene Dingel u. Wolf-Friedrich Schäufele (Hgg.), Zwischen Konflikt und Kooperation. Religiöse Gemeinschaften in Stadt und Erzstift Mainz in Spätmittelalter und Neuzeit (Veröffentlichungen des Instituts für Europäische Geschichte 79). Mainz 2006, S. 1–15.

44 Frederick Marc Stein, The Religious Women of Cologne: 1120–1320, Diss. Yale 1977 (masch.), S. 55–100 und 171–235.

Einen neuen methodischen Weg beschritt die Konstanzer Dissertation von Andreas WILTS über die Beginen im Bodenseeraum aus dem Jahr 1994.[45] Neben einem darstellenden Teil, der sich dem sozialen Charakter des Beginenwesens eines bestimmten Raumes widmete und es in seinen Beziehungen zu den unterschiedlichen religiösen Orden sowie seine Einbettung innerhalb seines in der Regel urbanen Umfeldes darstellte, wurden in einem zweiten umfangreichen Anhang „Die Beginengemeinschaften des Bodenseeraums“ die überlieferten Quellen der einzelnen Gemeinschaften zusammengetragen.[46]

Auch die Untersuchungen zu einzelnen Städten wurden vorgelegt, die durch die unterschiedlichen Stadttypen – wie beispielsweise Bischofsstädte, Reichsstädte, landesherrliche Städte und Bürgerstädte – immer auch übergreifende Fragestellungen implizierten. Von den monografischen Arbeiten seien hier die Studie von Brigitte HOTZ zu den Beginen in Hildesheim[47] genannt und die Dissertation zu den Beginen in Frankfurt von Martina SPIES, die trotz ihrer stellenweise unkritischen feministischen Ausrichtung eine Fülle von Quellen zu den Beginen in dieser Stadt zusammenträgt.[48] Besonders die rheinischen Städte standen dabei im Blickfeld der Forschung, so beispielsweise Basel[49],

45 Andreas Wilts, Beginen im Bodenseeraum (Bodensee-Bibliothek 37). Sigmaringen 1994.

46 Die oft weit bis in das 15. und auch das 16. Jahrhundert reichende Überlieferung wurde jedoch im darstellenden Teil, der sich auf die Geschichte des Beginenwesens bis in die erste Hälfte des 14. Jahrhunderts konzentriert, nicht mit einbezogen. Aus dem durchaus unterschiedlichen Echo auf diese erste umfassende Regionalstudie sei Robert E. LERNER angeführt, der darin in seiner Rezension „the most useful book on the history of beguines yet written“ erkannte, die er „in poundage and significance as a Habilitationsschrift“ bewertete, Robert E. Lerner, Rezension zu: Andreas Wilts, Beginen im Bodenseeraum. (Bodensee-Bibliothek, 37). Sigmaringen 1994. In: Speculum 72/3 (1997), S. 1223–1225.

47 Brigitte Hotz, Beginen und willige Arme im spätmittelalterlichen Hildesheim (Schriftenreihe des Stadtarchivs und der Stadtbibliothek Hildesheim 17). Hildesheim 1988.

48 So beispielsweise Martina Spies, Zur Frage der genossenschaftlichen Selbstorganisation von Frauen im Mittelalter. Dortmund 1998, S. 152 („Das Bedürfnis nach Selbstorganisation und Selbstbestimmung ist durchaus als emanzipatorisches Motiv zu werten, denn die Frauen strebten nach ihrem Entschluß, als Begine zu leben, sowohl die relative Unabhängigkeit von der kirchlichen und weltlichen Gewalt, als auch die von einem Ehemann an.“). Die in diesem Werk auch behandelten sozialgeschichtlichen Aspekte sollen hier nicht weiter vertieft werden; in diesem Kontext sei auch auf die Arbeit von Otto Nübel, Mittelalterliche Beginen- und Sozialsiedlungen in den Niederlanden. Ein Beitrag zur Vorgeschichte der Fuggerei (Studien zur Fuggergeschichte 23). Tübingen 1970 verwiesen.

49 Brigitte Degler-Spengler, Die Beginen in Basel. 1. Teil. In: Basler Zeitschrift für Geschichte und Altertumskunde 69 (1969), S. 5–83, und Dies., Die Beginen in Basel. 2. Teil. In: Basler Zeitschrift für Geschichte und Altertumskunde 70 (1970), S. 29–118.

Straßburg[50], Worms[51], Koblenz[52], Mainz[53], Speyer[54] und Köln[55]. Eine vertiefende Darstellung über diesen Raum liegt, außer der Arbeit von Jean-Claude SCHMITT unter häresiegeschichtlichen Fragestellungen, bisher noch nicht vor.[56] Dies ist ein dringendes Forschungsdesiderat.

Das allmählich wachsende Interesse am Beginenwesen seit den 1960er Jahren beschränkte sich jedoch weitgehend auf die westdeutsche Forschung. Aufgrund der in

50 Das Beginenwesen in Straßburg wurde bisher vor allem unter häresiegeschichtlichen Fragestellungen untersucht, wobei – mit unterschiedlichen Nuancen – eine Verfolgung durch die Amtskirche ausgemacht wird, so beispielsweise Alexander Patschovsky, Straßburger Beginenverfolgungen im 14. Jahrhundert. In: DA 30 (1974), S. 56–198; Martina Wehrli-Johns, Die Straßburger Beginenverfolgungen (1317–1319) und ihre Nachwirkungen im Basler Beginenstreit (1405–1411). Neue Texte von Johannes Muhlberg OP zum Basler Inquisitionsprozess. In: Andrés Quéro-Sánchez u. Georg Steer (Hgg.), Meister Eckharts Straßburger Jahrzehnt (Meister-Eckhart-Jahrbuch 2). Stuttgart 2008, S. 141–170; Sigrid Schmitt, Verfolgung, Schutz und Vereinnahmung. Die Straßburger Beginen im 14. Jahrhundert. In: Rottenburger Jahrbuch für Kirchengeschichte 27 (2008), S. 111–136; Brigitte Hotz, Das Beginenwesen eine allseits anerkannte religiöse Lebensform? Quellenkritische Anmerkungen zu einer Neuerscheinung und zum spezifischen Wert von Vorarbeiten. In: MIÖG 122 (2014), S. 124–139; einen modifizierten Blick in Einbeziehung auch der Überlieferung in Straßburg bietet Voigt, Beginen, Bischöfe und Bettelorden in Straßburg (Anm. 36). Die beiden wichtigsten Arbeiten – Dayton Phillips, Beguines in Medieval Strasburg. A Study of the Social Aspect of Beguine Life. Diss. Stanford 1941 (masch.), und Sigrid Schmitt, Geistliche Frauen und städtische Welt. Kanonissen – Nonnen – Beginen und ihre Umwelt am Beispiel der Stadt Straßburg im Spätmittelalter (1250–1525). Habil. Mainz 2011 (masch.) – blieben bisher ungedruckt.

51 Siehe dazu die verschiedenen Artikel zu den rund ein Dutzend Wormser Beginenniederlassungen in Pfälzisches Klosterlexikon. Handbuch der pfälzischen Klöster, Stifte und Kommenden, Band 5: T–Z, hrsg. v. Jürgen Keddigkeit u. a. (Beiträge zur pfälzischen Geschichte 26/5). Kaiserslautern 2019.

52 Sigrid Wegner, Beginen, Klausnerinnen und andere Fromme Frauen im Raum Koblenz. Geistliche und weltliche Netzwerke im späten Mittelalter (Quellen und Abhandlungen zur Mittelrheinischen Kirchengeschichte 140). Mainz 2017.

53 Siehe die in Anm. 43 genannte Literatur.

54 Renate Engels (Bearb.), Palatia Sacra, Teil 1: Bistum Speyer. Der Archidiakonat des Dompropstes von Speyer, Band 1: Die Stadt Speyer, 2. Teil: Pfarrkirchen, Klöster, Ritterorden, Kapellen, Klausen und Beginenhäuser (Quellen und Abhandlungen zur Mittelrheinischen Kirchengeschichte 61,1,2). Mainz 2005, S. 515–580, und Pfälzisches Klosterlexikon. Handbuch der pfälzischen Klöster, Stifte und Kommenden, Band 4: S und Speyer, hrsg. v. Jürgen Keddigkeit u. a. (Beiträge zur pfälzischen Geschichte 26/4). Kaiserslautern 2017.

55 Letha Böhringer, Kölner Beginen im Spätmittelalter – Leben zwischen Kloster und Welt. In: Geschichte in Köln 53 (2006), S. 7–34, sowie Dies., Möglichkeiten und Grenzen der sozialen Einordnung von Kölner Beginen und ihren Familien. In: Sabine Klapp u. Sigrid Schmitt (Hgg.), Städtische Gesellschaft und Kirche im Spätmittelalter (Geschichtliche Landeskunde 62). Stuttgart 2008, S. 167–188, und auch die seitens der historischen Forschung oft unberücksichtigte germanistische Arbeit von Christine Ruhrberg, Der literarische Körper der Heiligen. Leben und Wirken der Christina von Stommeln (1242–1312) (Bibliotheca Germanica 35). Basel 1995 über eine Einzelbegine.

56 Jean-Claude Schmitt, Mort d'une hérésie. L'Église et les clercs face aux béguines et aux béghards du Rhin supérieur du XIVe au XVe siècle (Civilisations et Sociétés 56). Paris 1978. In diesem Kontext sei auf die wichtigen Regionalstudien von Gerhard Rehm, Beginen am Niederrhein. In: Moder u. Lennartz (Red.), Beginen am Niederrhein (Anm. 38), S. 57–84, und von Elisabet Clementz, Die Beginen im Elsaß – ein Überblick. In: Jörg Voigt, Bernward Schmidt u. Marco A. Sorace (Hgg.), Das Beginenwesen in Spätmittelalter und Früher Neuzeit (Studien zur christlichen Religions- und Kulturgeschichte 20). Fribourg u. Stuttgart 2015, S. 89–115, verwiesen.

der DDR zunehmend bestehenden Einengung bei kirchengeschichtlichen Fragestellungen und dem Mangel an wissenschaftlichem Nachwuchs fanden die Impulse der westdeutschen und internationalen Mediävistik bis auf Einzelfälle keinen Nachhall.[57] Dazu gehört vor allem die Leipziger Mediävistik um Ernst WERNER, der sich bei seinen frömmigkeitsgeschichtlichen Untersuchungen auch den Beginen widmete, die er vor allem unter sozial- und häresiegeschichtlichen Fragestellungen behandelte; in diesem Kontext arbeitete er eng mit dem ebenfalls in Leipzig lehrenden Martin ERBSTÖSSER zusammen.[58]

Eine grenzübergreifende Studie, die dem Beginenwesen vor allem in den norddeutschen Städtelandschaften nachging, legte Günter PETERS im Jahre 1969/70 vor und bezog sich nicht nur auf das Norddeutschland der Bundesrepublik, sondern auch den nördlichen Teil der DDR. Mit diesem bemerkenswerten deutsch-deutschen Zugriff brachte er ein Untersuchungsgebiet in den wissenschaftlichen Diskurs mit ein, das bisher weniger im Fokus stand. Er untersuchte basierend auf einer breiten Quellengrundlage Forschungsfragen, die sich bisher aus der Forschung zu den Beginen des Rheinlandes ergeben haben und die er nun auf einen weitgehend unbekannten Raum übertrug und fortführte.[59]

In den 2010er Jahren wurden umfangreichere Qualifikationsarbeiten zu den Erscheinungsformen des Beginenwesens in verschiedenen Städten und Regionen vorgelegt, in denen auch auf übergreifende Fragestellungen Bezug genommen wurde, so beispielsweise 2012 die Arbeit Beginenwesen in Thüringen und im Reich[60], welche die Stellung der Beginen innerhalb der spätmittelalterlichen kirchlichen Ordnung und Gesellschaft untersucht, und 2013 die Studie zu den Beginen in fränkischen und bayerischen Bischofsstädten[61], in der Gemeinsamkeiten und Unterschiede in der Ent-

57 Für einen Überblick über Thüringen und Mitteldeutschland siehe Matthias Werner, Thüringen im Mittelalter. Ergebnisse – Aufgaben – Perspektiven. In: Ders. (Hg.), Im Spannungsfeld von Wissenschaft und Politik. 150 Jahre Landesgeschichte in Thüringen (Veröffentlichungen der Historischen Kommission für Thüringen, Kleine Reihe 13). Köln u. a. 2005, S. 275–341, hier S. 301 f.

58 Aus den zahlreichen Arbeiten, die teilweise auch ins Englische und Italienische übersetzt wurden, seien hier erwähnt Ernst Werner u. Martin Erbstößer, Sozial-religiöse Bewegung im Mittelalter. In: Wissenschaftliche Zeitschrift der Karl-Marx-Universität 7 (1957/58), S. 257–282; Dies., Ideologische Probleme des mittelalterlichen Plebejertums. Die freigeistige Häresie und ihre sozialen Wurzeln (Forschungen zur mittelalterlichen Geschichte 7). Berlin 1960.

59 Günter Peters, Norddeutsches Beginen- und Begardenwesen im Mittelalter. In: Niedersächsisches Jahrbuch für Landesgeschichte 41/42 (1969/70), S. 50–118; sowie einige Zeit später die vertiefende Studie von Dems., Die Bremer Beginen im Mittelalter. Entstehung und Struktur einer städtischen Frauengemeinschaft. In: Niedersächsisches Jahrbuch für Landesgeschichte 64 (1992), S. 131–181. Vorausgegangen waren bis dahin nur punktuelle Studien ohne besondere Tiefe, wie beispielsweise C. Greiffenhagen, Die Beginen Niedersachsens. Eine kirchen- und kulturgeschichtliche Skizze. Gleichzeitig ein Beitrag zur Frauenfrage des Mittelalters. In: Hannoverland 5 (1911), S. 177–181 und 195–197.

60 Voigt, Beginen im Spätmittelalter (Anm. 8).

61 Hien, Beginenwesen (Anm. 36).

wicklung des Beginenwesens in diesen Städten vorgestellt werden. Sie weisen auf das gegenwärtige Interesse an dieser religiösen Lebensform von Frauen.

Norddeutsches Beginenwesen

Neben dem grundlegenden Artikel von Günter PETERS sind verschiedene Einzelstudien zu den Beginen in norddeutschen Städten anzuführen.[62] Eine erste Zusammenführung der Ergebnisse wurde durch das 2012 von Josef DOLLE herausgegebene vierbändige Niedersächsische Klosterbuch vorgelegt, das die Beginen explizit – auch als Teil der Titulatur – mit aufgenommen hat.[63] Darin liegt nun erstmals eine Zusammenstellung der Beginenniederlassungen in Niedersachsen und Bremen vor, die nicht nur den bisherigen Forschungsstand zusammenträgt, sondern in der Regel neue Akzente setzt und für einzelne Städte, wie beispielsweise Braunschweig und Osnabrück, auch umfangreiche neue Forschungsergebnisse vorweist.[64] An jüngeren Arbeiten ist für den niedersächsischen Raum vor allem die Braunschweiger Dissertation von Elisabeth SANDFORT zu nennen, die für ihre Untersuchungen auch serielle Quellen einbeziehen konnte und auch den Blick bis weit in die Neuzeit wirft – beides eher seltene Ansätze in der bisherigen Literatur.[65]

Das Hamburger Beginenwesen ist für die Beginenforschung von besonderer Relevanz, da bereits Mitte des 13. Jahrhunderts und damit früh eine Beginengemeinschaft gegründet wurde. Von Bedeutung ist weiterhin, dass sie eine ganz eigene Entwicklung aufzeigt, die sich durch eine lange Kontinuität auszeichnet und über die hinaus nur geringe Spuren weiterer Beginen greifbar sind. Auch mit Blick auf die überlieferten Quellen dieser Niederlassung – hier vor allem verschiedene Handschriften, die heute in der Staats- und Universitätsbibliothek Hamburg verwahrt werden – sind besondere Einblicke möglich.

62 Neben der in Anm. 47 genannten Arbeit sei hier noch verwiesen auf Hans-Joachim Behr, Der Convent der blauen Beginen in Lüneburg. In: Lüneburger Blätter 11/12 (1961), S. 181–193.

63 Josef Dolle (Hg.), Niedersächsisches Klosterbuch. Verzeichnis der Klöster, Stifte, Kommenden und Beginenhäuser in Niedersachsen und Bremen von den Anfängen bis 1810, 4 Bände (Veröffentlichungen des Instituts für Historische Landesforschung der Universität Göttingen 56/1–4). Bielefeld 2012.

64 Dies betrifft u. a. die Beiträge zum mittelalterlichen und frühneuzeitlichen Beginenwesen in Braunschweig, Dolle (Hg.), Niedersächsisches Klosterbuch (Anm. 63), Teil 1, S. 164–190, und in Osnabrück, ebd., Teil 3, S. 1205–1221; hinzuweisen ist weiterhin auf Karsten Igel, Zwischen Konstanz und Wandel. Beginen in Osnabrück. In: Voigt, Schmidt u. Sorace (Hgg.), Beginenwesen (Anm. 56), S. 135–159; und Ders., Beginen in Niedersachsen und Bremen. In: Arnd Reitemeier (Hg.), Klosterlandschaft Niedersachsen (Veröffentlichungen des Instituts für Historische Landesforschung der Universität Göttingen 63). Bielefeld 2021, S. 47–65.

65 Sandfort, Das Beginenwesen der Stadt Braunschweig (Anm. 36).

Bereits früh widmete sich der Offizier und Lokalhistoriker Cipriano Francisco GAEDECHENS, der sich überwiegend mit Militärgeschichte befasste, den Beginen seiner Heimatstadt Hamburg und veröffentlichte 1868 eine knappe monografische Arbeit über die Beginen in Hamburg, eine zu diesem Zeitpunkt beachtliche Leistung.[66] Den Beginn einer modernen Erforschung des Beginenwesens in Hamburg markierten über einhundert Jahre später die Forschungen von Hedwig RÖCKELEIN, Monika BOESE und Kathrin TIEMANN.[67] Hier werden die wichtigsten Entwicklungslinien der Beginen in Hamburg aufgezeigt, was sich im Wesentlichen auf einen Konvent bezieht, da sich – anders als in anderen Städten, in denen mehrere Beginenniederlassungen nachweisbar sind[68] – diese religiöse Lebensform auf einen Konvent konzentrierte. Dieser Konvent besitzt für die Forschung zum Beginenwesen und zur Frauenreligiosität im Mittelalter besondere Bedeutung aufgrund der überlieferten Quellen, hier vor allem der in der Staats- und Universitätsbibliothek erhaltenen 14 Handschriften des 15. Jahrhunderts und der zwei Inkunabeln aus der Bibliothek dieser Beginengemeinschaft – eine für mittelalterliche Beginengemeinschaften auch im europäischen Kontext einzigartige Überlieferungssituation – und die seriellen Quellen, die vor allem seit dem 16. Jahrhundert überliefert sind. Diese Handschriften wurden jüngst von Hans-Walter STORK vorgestellt, der die inhaltlichen Linien dieses Bestandes deutlich macht und auch auf die meist zeitgenössischen Einlagezettel eingeht – ebenfalls eine sehr seltene Überlieferungssituation.[69] Welche wichtigen frömmigkeitsgeschichtlichen Einblicke einer derartigen Überlieferungssituation entnommen werden können, hat jüngst Christian SCHMIDT zeigen können, indem er einen Zusammenhang zwischen der Gebetbuchkultur der Hamburger Beginen und der Lüneburger Frauenklöster herstel-

66 Cipriano Francisco Gaedechens, Der Convent der Beguinen in Hamburg und seine Umwandlung in ein Jungfrauenstift. Hamburg 1868.

67 Hedwig Röckelein, Hamburger Beginen im Spätmittelalter – „autonome" oder „fremdbestimmte" Frauengemeinschaft? In: Das Mittelalter. Perspektiven mediävistischer Forschung 1/2 (1996), S. 73–88; für eine überarbeitete Fassung siehe Hamburgische Kirchengeschichte in Aufsätzen, Teil 1: Von der Christianisierung bis zur Vorreformation (Arbeiten zur Kirchengeschichte Hamburgs 21). Hamburg 2003, S. 175–202; Monika Boese u. Kathrin Tiemann, Der Beginenkonvent im spätmittelalterlichen Hamburg. In: Zeitschrift des Vereins für Hamburgische Geschichte 82 (1996), S. 1–28; einen Überblick über die ältere Literatur bietet Reichstein, Beginenwesen (Anm. 8), S. 255 f.

68 An dieser Stelle sei auf Lübeck verwiesen, wo sich im Spätmittelalter fünf Beginenkonvente herausbildeten und über mehrere Jahrhunderte Bestand hatten, vgl. Sven Rabeler u. Jens Christian Holst, Lübeck. Beginen – Aegidienkonvent, Johanniskonvent, Katharinenkonvent, Kranenkonvent, Krusenkonvent. In: Oliver Auge u. Katja Hillebrand (Hgg.), Klosterbuch Schleswig-Holstein und Hamburg. Klöster, Stifte und Konvente von den Anfängen bis zur Reformation, Bd. 1. Regensburg 2019, S. 741–762.

69 Hans-Walter Stork, Die Handschriften des Hamburger Beginen-Konventes in den Sammlungen der Staats- und Universitätsbibliothek – ein überlieferungsgeschichtlicher Überblick. In: Voigt, Schmidt u. Sorace (Hgg.), Beginenwesen (Anm. 56), S. 199–233 (mit Abbildungsteil); Ders., Zu einem Brief des 15. Jahrhunderts aus der Bibliothek des Beginenkonvents in Hamburg. In: Gutenberg-Jahrbuch 89 (2014), S. 220–225.

len kann. So gelingt es erstmals, das Profil norddeutscher geistlicher Institutionen für Frauen, zu denen auch Beginengemeinschaften zu zählen sind, zu schärfen.[70]

Eine weitere günstige Überlieferungssituation stellen die Rechnungsbücher des Beginenkonventes dar, die in ihrer Dichte beinahe singulär sind; diese wurden aus dem Nachlass von Klaus-Joachim LORENTZEN-SCHMIDT vor wenigen Jahren von Stephan SELZER ediert.[71] Diese Rechnungsbücher erlauben Aussagen zu den Fragen der Wirtschafts- und Alltagsgeschichte und erweitern den Zugang zum spätmittelalterlichen und besonders frühneuzeitlichen Beginenwesen.[72]

Resümee

In dieser ersten Annäherung an die Forschung zum Beginenwesen im deutschsprachigen Raum wird der lange Zeitraum deutlich, in dem diese religiöse Lebensform von Frauen bereits untersucht wurde. Ebenfalls fällt die weite Verbreitung der Beginen auf, die sich im Spätmittelalter quasi an jedem größeren Ort nachweisen lassen. Zu den verallgemeinerten Ergebnissen zählte über einen langen Zeitraum vor allem die Auffassung, dass die Beginen seitens der Amtskirche als kritisch wahrgenommen wurden und seit dem 14. Jahrhundert Verfolgungen ausgesetzt waren, ein Bild, das in den jüngeren Falluntersuchungen nicht mehr geteilt wird. Mit Blick auf die Vielfalt des spätmittelalterlichen Beginenwesens bieten sich somit neue übergreifende Fragestellungen an, zu denen Fallstudien, wie das Beginenwesen in Hamburg und in Norddeutschland, wichtige Impulse geben. Denn gerade dieser lang bestehende Beginenkonvent eröffnet anhand seiner sehr bemerkenswerten Entwicklung zentrale Einblicke in Frömmigkeitsformen und in das religiöse Gemeinschaftsleben von Frauen in Spätmittelalter und Früher Neuzeit.

DR. JÖRG VOIGT ist Archivar am Niedersächsischen Landesarchiv, Abteilung Hannover.

70 Christian Schmidt, Gebetzyklen der Hamburger Beginen im Kontext der Gebetbuchkultur der Lüneburger Frauenklöster. In: Voigt, Schmidt u. Sorace (Hgg.), Beginenwesen (Anm. 56), S. 234–263 (mit Abbildungsteil); siehe weiterhin Ders., Andacht und Identität. Selbstbilder in Gebetzyklen der Lüneburger Frauenklöster und des Hamburger Beginenkonvents. In: Mirko Breitenstein u. a. (Hgg.), Identität und Gemeinschaft. Vier Zugänge zu Eigengeschichten und Selbstbildern institutioneller Ordnungen (Vita regularis. Abhandlungen 67). Berlin 2015, S. 125–148.

71 Klaus-Joachim Lorentzen-Schmidt, Rechnungen des Konvents der Blauen Schwestern (Beginen) in Hamburg, hrsg. aus dem Nachlass von Stephan Selzer (Contributiones 5). Münster 2017.

72 Siehe dazu demnächst die Ergebnisse der Hamburger Dissertation von Katharina Wenzel, die bereits Auszüge aus den Rechnungsbüchern des Hamburger Beginenkonventes aus der ersten Hälfte des 16. Jahrhunderts vorgelegt hat, vgl. http://www.spaetmittelalter.uni-hamburg.de/hamburgisches_ub/quellen/amtsbuecher/beginen/EinnahmenNachtraege.html.

Historischer Kontext und Lebensumfeld

Die Hamburger Beginen im religiösen Leben Hamburgs im 14. und 15. Jahrhundert

JÜRGEN SARNOWSKY

Abstract: From 1360 the Hamburg beguine convent legally functioned as a religious community under the Hamburg cathedral dean („Domdekan"). The thorough analysis of pension provisions, endowments, und wills, which are echoed from 1429/31 in the pension book and the account books of the convent, points to close social and religious ties and also high acceptance of the convent in Hamburg. Donations, which came from both secular and ecclesiastical benefactors, however, did not form the main financial source of the convent; this consisted of the maintenance payments of the sisters as well as the contributions of the girls admitted for education. In general, the beguines were freer in the use of their resources than members of monastic orders, but nevertheless harmoniously integrated themselves into the late medieval religious life of Hamburg.

Keywords: Hamburg Domdekan, pensions, donations, religious life

Beginen lassen sich in Hamburg seit der Mitte des 13. Jahrhunderts nachweisen. 1255 statteten die Stadtherren, die Grafen Johann und Gerhard von Holstein, auf Bitten ihres Vaters, Adolfs IV., den Beginenkonvent bei St. Jacobi mit einem Teil ihres Gartens als Bauplatz aus,[1] zwischen 1303 und 1352 gab es einen weiteren Konvent mit Beginen am Pferdemarkt, und daneben lassen sich einige weitere allein oder im Hl. Geist-Hospital lebende Beginen nachweisen.[2] Diese Pluralität der Lebensformen scheint jedoch

1 Urkunde von 1255 Januar 8, Hamburgisches Urkundenbuch, Bd. 1. Hrsg. v. Johann Martin Lappenberg. Hamburg 1842, Nr. DLXXXIX, S. 486–487. – Zu den Beginen an St. Jacobi und ihren späteren Rechnungen vgl. künftig die Arbeit von Katharina Wenzel.

2 Die Nachweise dazu bei Hedwig Röckelein, Hamburger Beginen im Spätmittelalter, „autonome" oder „fremdbestimmte" Frauengemeinschaft? In: Das Mittelalter 1,2 (1996), S. 73–88 [auch in: Martina Wehrli-Johns u. Claudia Opitz (Hgg.), Fromme Frauen oder Ketzerinnen? Leben und Verfolgung der Beginen im Mittelalter. Freiburg i. Br. 1998, S. 119–137], hier S. 76; vgl. C[ipriano] F[rancisco] Gaedechens, Der Convent der Beguinen in Hamburg und seine Umwandlung in ein Jungfrauenstift, Hamburg 1868, S. 6 f. Zu den Hamburger Beginen vgl. ebenso Monika Boese u.

in Hamburg wie überall im spätmittelalterlichen Europa auf Widerstand bei den kirchlichen Instanzen gestoßen zu sein. Häufig gerieten Beginen in Häresieverdacht, so dass die Päpste und andere kirchliche Instanzen regulierend eingriffen.[3] So verbot Erzbischof Burchard von Bremen im November 1328 den Beginen seiner Erzdiözese aufgrund der päpstlichen Anordnungen das Tragen einheitlicher Kleidung wie auch ihr Gemeinschaftsleben.[4] Der Einfluss auf die Beginengemeinschaften in Hamburg, die eine der wenigen Möglichkeiten für Frauen in Hamburg boten, ein geistliches Leben zu führen, ist unklar. Am Ende verschwinden jedoch der zweite Konvent ebenso wie die Hinweise auf alleinlebende Beginen aus den Quellen, während allein der Beginenkonvent bei St. Jacobi fortbestand. Er sollte selbst die Reformation überstehen und als Stift bis ins 19. Jahrhundert weitergeführt werden.[5]

Das Eingreifen der kirchlichen Instanzen lässt sich insbesondere in der schriftlichen Niederlegung von Statuten für den Beginenkonvent fassen. Die erste (erhaltene) Ordnung, die wahrscheinlich an ältere Gewohnheiten anschloss, wurde im Juni 1360 durch Erzbischof Gottfried von Bremen erlassen, unter Mitwirkung des Hamburger Dompropsts Werner Militis und des Dekans Johann Greseke.[6] Danach sollte die Leiterin des Konvents bereits unter Mitwirkung des Hamburger Domdekans gewählt werden – Hamburg hatte ja neben Bremen ein eigenes Domkapitel innerhalb des Erzbistums. Das Hamburger Domkapitel gewann dann auch im Folgenden immer mehr an Einfluss. So erließ der Domdekan Nicolaus Huge im November 1440 eine zweite Ordnung für die Beginen,[7] weitere Ordnungen erlassen von den Dekanen Johannes Bennyn (vor 1463) und Albert Gheverdes (1490) folgten.[8]

Kathrin Tiemann, Der Beginenkonvent im spätmittelalterlichen Hamburg. In: Zeitschrift des Vereins für Hamburgische Geschichte 82 (1996), S. 1–28.

3 S. u. a. Brigitte Hotz, Beginen und willige Arme im spätmittelalterlichen Hildesheim (Schriftenreihe des Stadtarchivs und der Stadtbibliothek Hildesheim). Hildesheim 1988, S. 21–29.

4 Im Auszug ediert: Mecklenburgisches Urkundenbuch, Bd. 10. Schwerin 1877, Nr. 7314, S. 558 f.: *[...] Item, cum non solum habitus bagginarum, verum eciam conventicule earum sint sub certis penis per sedem apostolicam reprobati, volumus, ut nullus eas fovere presumat.*

5 Röckelein (Anm. 2), S. 76.

6 Staatsarchiv der Freien und Hansestadt Hamburg (künftig: StAHH), 710-1 I, Threse I, Nr. Ddd 1a und 1b; vgl. Hamburgs Gedächtnis – die Threse des Hamburger Rates. Die Regesten der Urkunden im Staatsarchiv der Freien und Hansestadt Hamburg, Bd. I: 1350–1399. Hrsg. v. Nico Nolden, Jeanine Marquard u. Jürgen Sarnowsky, Hamburg 2014, Nr. 87, S. 196–197; Druck: Nicolaus Staphorst, Historia Ecclesiae Hamburgensis Diplomatica, das ist: Hamburgische Kirchengeschichte / aus glaubwürdigen und mehrenteils noch ungedruckten Urkunden, so wol Kaiserlichen / Königlichen / Fürstlichen / Gräflichen etc. als auch Päbstlichen / Erz-Bischöflichen und anderer Beider Geistlicher als Weltlicher Personen respective Gnaden-, Freiheits- und Bestätigungsbriefen, Concessionen, Indulten, Stifftungen, Vermächtnüssen, Verordnungen, Statuten, Verträgen, Contracten, Vergleichungen und anderen dergleichen vielfältigen Schrifften, gesammlet, beschrieben und in Ordnung gebracht. Theil I,1–4; Theil II,1, Hamburg 1723–1731, hier Bd. I,2, S. 642–644.

7 Gedruckt Staphorst (Anm. 6), Bd. I,4, S. 123–125, von 1440 November 29.

8 Ebd., S. 148 f. und 160 f., ohne Datum (vor 1463) bzw. 1490 April 5; vgl. Boese u. Tiemann (Anm. 2), S. 5.

Die Statuten von 1360 machten den Beginenkonvent zu einer geistlichen Gemeinschaft, die dem Hamburger Domdekan unterstellt war. So musste der Dekan nicht nur der Wahl der Konventsleiterin zustimmen, sondern konnte diese bei Unfähigkeit und Ungehorsam wieder absetzen und eventuell sogar aus der Gemeinschaft ausschließen. Auch bei tätlichen Übergriffen unter den Schwestern fungierte der Dekan als Richter.[9] Zugleich erfolgte im Konvent eine deutliche Hierarchisierung. So waren die anderen Schwestern gegenüber der Meisterin zu Gehorsam verpflichtet und nur die älteren Schwestern waren an ihrer Wahl beteiligt, d. h. auch die Dauer der Anwesenheit im Konvent spielte eine Rolle.[10] Diese Tendenz zur Hierarchisierung wurde durch die Ordnung von 1440 noch verstärkt. So ist ausdrücklich von der Aufnahme durch Dekan und Konvent die Rede, und die Strafgewalt der Konventsleiterin wurde beschränkt. Sie musste Vergehen dem jeweiligen Dekan melden, der dann über die Strafe entschied; die Meisterin durfte keine weiteren Strafen verfügen. Auch das Übernachten außerhalb Hamburgs bedurfte der Erlaubnis des Dekans. Das Aufnahmegeld wurde auf 14 m. erhöht, dazu kam 1 sol. an die Mitschwestern; und jede Schwester musste eine jährliche Rente von 2 m. nachweisen. Allerdings wurden die Anforderungen für das Eintrittsessen reduziert, um ärmere Frauen nicht völlig auszuschließen.[11]

Die Beginen rekrutierten sich ohne Zweifel aus den Familien der Bürger und Einwohner Hamburgs. Die Gemeinschaft stand schon damit in enger Beziehung zum religiösen Leben in der Stadt. Ebenso wie bei den anderen geistlichen Institutionen in Hamburg, dem Dom und Domkapitel, den Pfarrkirchen, den Klöstern der Dominikaner und Franziskaner, den Hospitälern und auch den Bruderschaften, werden in diesem Kontext Schenkungen, mit denen die Hamburger Vorsorge für ihr Seelenheil treffen und karitativen Pflichten nachkommen wollten, ein wichtiges Bindeglied gebildet haben. Auch wenn diese nicht den Umfang der Stiftungen an andere geistliche Institutionen erreichten, geben sie doch einen gewissen Eindruck von den Unterstützern der Beginen, weltlichen wie geistlichen Personen. Die Basisfinanzierung kam allerdings von den Familien, die ihre weiblichen Mitglieder auf Zeit oder längere Dauer in den Konvent entsandten und sie dafür mit den seit 1440 geforderten 14 m. Aufnahmegeld, den Zahlungen an die Mitschwestern und 2 m. jährlicher Rente ausstatteten.[12] Unklar ist, inwieweit auch eine materielle Unterstützung durch Kleidung oder Ausstattung wie Bettzeug u. a. erfolgte bzw. ob es dafür auch sonst Schenkungen an einzelne Beginen gab. Ein weiterer Aspekt der Bedeutung des Konvents für das religiöse Leben in Hamburg ist die Frage, inwieweit die Beginen selbst mit Schenkungen für ihr eigenes Seelenheil aktiv wurden, da ihnen die Statuten von 1360 ausdrücklich gestatteten, selbst ein Testament aufzusetzen. Allerdings konnten sie nur über die Hälfte ihres

9 Wie Anm. 6, Nr. 2.
10 Dazu Röckelein (Anm. 2), S. 79; vgl. Boese u. Tiemann (Anm. 2), S. 4 f.
11 Wie Anm. 7, S. 124; vgl. Boese u. Tiemann (Anm. 2), S. 5.
12 Ebd.

Besitzes verfügen, die andere Hälfte sollte zur Erhaltung und zum Bau des Konvents eingesetzt werden.[13]

Die Beginengemeinschaften in Hamburg waren seit ihren Anfängen im 13. Jahrhundert auf Schenkungen und Stiftungen angewiesen. Die Überlassung eines Gartens bzw. Bauplatzes für den Beginenkonvent bei St. Jacobi durch die Stadtherren, die Grafen Johann und Gerhard von Holstein, im Jahr 1255 bietet dafür nur ein Beispiel.[14] Auch für den zeitweilig belegten zweiten Konvent am Pferdemarkt ist die erste Erwähnung zu 1303 mit einer Schenkung verbunden, durch den Bürger Nicolaus Reyndesberg, der den Beginen dort zusätzlich ein kleines Haus mit einem Grundstück überließ.[15] Die Statuten von 1360 regeln allgemein, dass der Meisterin der doppelte Anteil aller den Schwestern des Konvents übertragenen Almosen zustehen solle.[16] Die Schenkungen der Bürger und Einwohner bildeten daher wahrscheinlich auch in der Folge einen wichtigen Beitrag zum Unterhalt des Konvents.

So finden sich immer wieder testamentarische Stiftungen zugunsten der Beginen, auch wenn dies wohl in geringerem Umfang geschah als etwa bei den Bettelordensklöstern. Ganz typisch erscheint das Testament des Ludeke Wantscherer vom Oktober 1386. Er vermacht – nach Regelungen zugunsten der Pfarrkirchen und des Hl. Geist-Hospitals – jeweils zwei m. an Dominikaner und Franziskaner, 2 m. für den Bau von St. Jacobi, 1 m. an St. Gertrudis und schließlich 2 m. an die Beginen zum Bau.[17] Ein umfangreiches Testament, in dem auch sonst weibliche Gemeinschaften wie die Klöster zu Uetersen, Lüne, Himmelpforten und Zeven eine große Rolle spielen, ließ im Mai 1441 der Ratsherr Erik van Tzeven aufsetzen. Er bedachte den Konvent mit 5 m. zum Bau sowie mit 2 m. für jede Schwester.[18] Auch Bertram Veltbergh hinterließ neben größeren Spenden für die Pfarrkirchen und die Dominikaner im Dezember 1483 dem Beginenkonvent 5 m.[19] Oft finden sich aber eher kleinere Summen, so etwa im April 1361 1 m. für den Bau des Konvents im Testament von Johann Wockendreger, im September 1376 1 m. im umfangreichen Testament Marquard Berchstedes.[20] Im September 1365 verfügte Konrad von Stade, dass jede Begine im Konvent bei St. Jacobi 6 d. erhalten solle.[21] Individuelle Zahlungen an die Beginen sahen auch im März 1381 Johann Wichern und im September 1390 Beke, die Witwe des Otto Slodorn, vor, 2 bzw. 1 sol.

13 Wie Anm. 6, Nr. 22; etwas abweichend bei Boese u. Tiemann (Anm. 2), S. 4, dargestellt.
14 Wie Anm. 1; vgl. Röckelein (Anm. 2), S. 69 f.
15 Boese u. Tiemann (Anm. 2), S. 4; Gaedechens (Anm. 2), S. 6.
16 Wie Anm. 6, Nr. 5.
17 Hamburger Testamente 1351–1400, hrsg. Hans-Dieter Loose (Veröffentlichungen aus dem Staatsarchiv der Freien und Hansestadt Hamburg, XI), Hamburg 1970, 71, S. 77, von 1386 Oktober 18.
18 Staphorst (wie Anm. 6), I,4, S. 48 (Regest) und 400 f. (Edition), von 1441 Mai 25.
19 Testament von 1483 Dezember 1, ediert Mathias Nagel, online: http://www.spaetmittelalter.uni-hamburg.de/hamburgisches_ub/quellen/1450/Hamburg1483.12.01.html (letzte Einsichtnahme 2.3.2021).
20 Hamburger Testamente (Anm. 17), 12, S. 17, von 1361 April 23; 37, S. 46, von 1376 September 21.
21 Ebd., 17, S. 23, von 1365 September 20.

für jede Schwester.[22] Wibe von Stelle bestimmte 1398 ähnlich, dass sich die Beginen im Konvent 1 m. teilen sollten.[23]

Im 14. und 15. Jahrhundert lassen sich zudem zahlreiche geistliche Stifter nachweisen, auch Domherren. Im Februar 1363 verfügte der langjährige Propst und Dekan des Domkapitels, Werner Militis, testamentarisch die Verteilung von 24 sol. unter die Schwestern des Konvents bei St. Jacobi.[24] Weiter erhielten die Beginen gegen Ende des 15. Jahrhunderts Schenkungen vom *scholasticus* Dr. Hermann Duker, vom *lector primarius* am Dom, Dr. Johannes Hane, sowie von Heinrich von Lübeck und seiner Schwester (vielleicht der Lübecker Dompropst und spätere Bischof Hinrich Bockholt). Dazu kamen die Magister Johann Remstede und Johann Reyncke, die Geistlichen Jaspar, Johann Schulle und Johann Dickmann.[25] Auch die Beginen trugen selbst mit Stiftungen bei, so z. B. vermachte Catharina von Krelen dem Konvent vor 1487 die Summe von 8 m.[26] Die Begine Brigitte Holthusen gab 10 gld. zum Bau, und Anneke Gerdes stiftete 30 m., die ebenfalls teilweise zum Bau verwandt wurden. Bartelt Gerstemann bestimmte ½ m., Wybbeke Wige 1½ m. und Beke van Stade 1 m. für den Unterhalt von Lampen.[27]

Spätestens seit 1440 bildeten 2 m. Renten die von den eintretenden Frauen geforderte ‚Grundausstattung' zum Unterhalt, von der die Beginen jährlich der Meisterin feste Zahlungen leisten mussten.[28] Wenn oft höhere Zahlungen geleistet wurden – die Schwestern trugen nach den Rechnungsbüchern sehr unterschiedliche Summen zum Kostgeld bei –, kann man aber davon ausgehen, dass dies auch durch Schenkungen und Stiftungen an einzelne Beginen ermöglicht wurde. So erhielt Alleke Brune wohl 1454 von ihren Brüdern Arnoldus und Petrus sowie ihrer Mutter Renten von 2 m. zu ihrer Versorgung, ihr Bruder Arnold übertrug ihr aber 1463 weitere Renten in Höhe von 10 m.[29] Über eine materielle Ausstattung von Schwestern durch Schenkungen lässt sich jedoch wenig erkennen. Man kann nur als eine mögliche Erklärung annehmen, dass es sich um eine Stiftung handelt, wenn im Testament der Walburgis, Frau des

22 Ebd., 58, S. 65, von 1381 März 10; 96, S. 103, von 1390 September 9.
23 Ebd., 116, S. 123, von 1398 September 5.
24 Ebd., 15, S. 20, Testament von 1363 Februar 21; Werner amtierte 1379–1415 zusätzlich als Dekan und ist noch bis 1426 als Propst belegt.
25 Die Geistlichen sind der Liste von Stiftern des 15. Jahrhunderts bei Gaedechens (Anm. 2), S. 13 f., entnommen, der allerdings keine Nachweise nennt.
26 StAHH 710-1 I, Threse I, Nr. Ddd 9, undatiert, nicht auffindbar.
27 Wiederum nach Gaedechens (Anm. 2), S. 14; er nennt noch als weltlichen Stifter Claus von Wedel und seine Frau Beke, dazu Kort Hogehoth und Lutteke Hilke.
28 Dazu s. die Einträge zu den Einnahmen in den einzelnen Jahren in: Rechnungen des Konvents der Blauen Schwestern (Beginen) in Hamburg. Die mittelalterlichen Rechnungen 1481–1515, bearb. Klaus-Joachim Lorenzen-Schmidt, hrsg. Stephan Selzer (Contributiones, 5). Münster 2017; zur Ausstattung vgl. die Statuten von 1440, oben zu Anm. 11–12.
29 Staphorst (Anm. 6), I,1, S. 239, Auszug aus dem Rentenbuch des Konvents.

Dietrich von der Woort, vom Juli 1380 vermerkt ist, dass sie der Begine Metteke Alevelde noch Leinen schulde.[30]

Einen besonderen Aspekt von Schenkungen bilden Memorienstiftungen für einzelne Beginen. Aus einer seit 1497 geführten Liste von Memorien an der Jacobikirche lässt sich so erkennen, dass 8 sol. für die *memoria* der Begine Alheid Tobing gestiftet worden waren, die jeweils am 11. April begangen werden sollte. Dazu ist vermerkt, dass Alheid vor dem Beginenkonvent bestattet worden war und dass die Renten vom Haus des Marquard Thode zu zahlen waren, das an der Mauer bei der Steintür (*circa murum prope valvam lapidem*) gelegen war.[31] Analoge Eintragungen finden sich zum 1. und 2. Mai zu Wommele Lemas, für deren *memoria* Renten von 1 m. und 2 m. zur Verfügung standen und die gegenüber dem neuen Haus des Beginenkonvents bestattet worden war,[32] sowie zum 14. September für Beke Harden mit einer Rente von 1 m., bestattet „bei der Linde".[33]

Wenn das Totengedächtnis für Alheid, Wommele und Beke hier zusammen mit demjenigen anderer Bürger erscheint, etwa mit jenem für den ehemaligen Bürgermeister Hermann Langenbeck, spricht das deutlich für eine Integration der Beginen in das religiöse Leben Hamburgs. Das zeigt ebenso ein Eintrag zum 16. Oktober, nach dem eine Rente von 1 m. für die *memoria* der Geistlichen Johannes Louwe und Nicolaus Grube[34] sowie der Begine Alke Rodenberg gestiftet worden war,[35] was auf eine Verwandtschaft schließen lässt. Im Zusammenhang mit einer Memorienstiftung von 1 m. für die Begine Kyneke Reymers ist dann zum 23. Oktober noch die Rede von einem Begräbnis in der Mitte der Jacobi-Kirche, „wo die Beginen ihren Begräbnisplatz haben".[36]

30 Hamburger Testamente (Anm. 17), 56, S. 63, von 1380 Juli 27.

31 Staphorst (Anm. 6), I,2, S. 880. – Eine Alheid Tobingh, Begine (*bagutta*), erscheint mit einer memoria für 1 m. auch zum 29. Juli, ebd., S. 889.

32 Ebd., S. 881; die Zahlungen kamen aus dem Haus des Henricus Helmes beim Winser Baum; zum 2. Mai heißt es dabei ausdrücklich: *2 m. pro consolatione Womele Lemas in secunda missa de beata Virginae quae cantabitur solemniter in organis.*

33 Ebd., S. 892; die Stelle ist nicht ganz klar, doch wurde die 1 m. wohl aus dem Haus des Ratsherrn Albert Westede gezahlt. Beke Harden (Herde) erscheint zu 1482–1491 in Rechnungen (Anm. 28), S. 22, 27, 30, 35 f., 48, 50 f., 58, 75–78, 83 und 87; ebd., S. 101, ist ihr Nachlass vermerkt.

34 Beide um 1400/1415 als Vikare am Dom nachgewiesen (sofern die Personen identisch sind), s. Hamburgs Gedächtnis – die Threse des Hamburger Rates. Die Regesten der Urkunden im Staatsarchiv der Freien und Hansestadt Hamburg, Bd. II: 1400–1440, hrsg. Jürgen Sarnowsky, Hamburg 2021 (im Druck), Nrn. 200 (Louwe) bzw. 71, 134, 211 (Grube).

35 Staphorst (Anm. 6), I,2, S. 895; Al(le)ke war auf dem Friedhof (von St. Jacobi?) nach Osten bestattet. – Alleke ist zu 1482–1485 in Rechnungen (Anm. 28), S. 22, 27, 31, 41, belegt.

36 *Sepultura est in medio ecclesiae, ubi Beguinae earum habent sepulturam*, Staphorst (Anm. 6), I,2, S. 896. – Auch Kinke Reyners/Reinerdes ist zu 1483–1491 in Rechnungen (Anm. 28), S. 27, 36, 47 f., 50 f., 74 f., 77 und 88 belegt.

Die Schenkungen lassen sich zum Teil im um 1429/31 einsetzenden Rentenbuch des Konvents[37] sowie in den Rechnungsbüchern wiederfinden. So wird die Umsetzung des Testaments Bertram Veldberghs vom Dezember 1483 durch einen Eintrag im ersten erhaltenen Rechnungsbuch des Beginenkonvents bestätigt.[38] Unter den Einnahmen des Jahres 1486 sind sogar 10 m. an Zahlungen Bertrams und seiner Frau vermerkt, wobei der Zusatz *den God gnade* deutlich macht, dass beide zum Zeitpunkt des Eintrags bereits verstorben waren.[39] Im selben Rechnungsbuch findet sich auch ein – anonymes – Baulegat von 2 m. 8 sol., zu dem die Meisterin nur lapidar vermerken ließ, dass sie ihr gegeben wurden.[40] Allerdings bleiben diese Hinweise auf Stiftungen relativ selten, neben den zahlreichen Einträgen der Unterhaltszahlungen der Schwestern und der aufgenommenen Mädchen, die die finanzielle Grundlage des Konvents bildeten. Unklar bleiben auch Zahlungen von Schwestern im Jahr 1504, die durch den Vermerk *vor unser kerk wigen* ergänzt sind.[41] Wie noch die Statuten des Dekans Albert Gheverdes von 1490 deutlich machen, waren die Beginen allein auf die Messen in St. Jacobi verwiesen,[42] wo sie auch ihre eigene Grablege hatten.[43] Welche Kirche bzw. welche Kirchweihe gemeint sein könnte, lässt sich so nicht ermitteln.

Die geistlichen Autoritäten suchten durch Ablässe zu höheren Einnahmen beizutragen und die Attraktivität des Beginenkonvents für Stifter zu erhöhen. So verlieh Albert von Braunschweig-Lüneburg, Erzbischof von Bremen, im April 1365 denjenigen Gläubigen, die bußfertig beichteten, den Konventsbau der Beginen unterstützten und zum Unterhalt der dort lebenden armen Beginen beitrugen, einen 40-tägigen Ablass.[44] Um 1500 kamen Ablassbriefe weiterer kirchlicher Instanzen hinzu, so im April 1487 durch den päpstlichen Protonotar und Kommissar Raymond und im Dezember 1516 durch den Propst, päpstlichen Protonotar und Kommissar Johannes Angelus Arcimboldi.[45] Es bleibt allerdings unklar, welchen Erfolg diese Ablässe innerhalb und eventuell auch außerhalb Hamburgs hatten.

Beginen lassen sich selten als Stifterinnen außerhalb des Konvents fassen. Ein Sonderfall ist zweifellos der Rentenkauf der Begine Christine Warmeloes im Dezember 1475. Für ein Kapital von 24 m. lübischer Münze erwarb sie von den Älterleuten der Hl. Leichnams-Bruderschaft *der Stuven* zu St. Jacobi eine jährliche Rente von 2 m., die

37 Sehr knappe Auszüge bei Staphorst (Anm. 6), I,1, S. 239–241.

38 S. zu Anm. 19.

39 Rechnungen (Anm. 28), S. 47.

40 *Item noch 2 m. 4 sol., de my gheven worden to dem buwe to hulpe*, ebd., S. 52.

41 Rechnungen (Anm. 28), S. 144.

42 Staphorst (Anm. 6), I,4, S. 160; Ausnahmen wie der Besuch von Predigten am Dom bedurften der Erlaubnis der Meisterin.

43 Wie Anm. 35.

44 Urkunde von 1365 April 12, StAHH 710-1 I, Threse I, Nr. Ddd 2; Regest in Hamburgs Gedächtnis (Anm. 6), Nr. 130, S. 232.

45 StAHH 710-1 I, Threse I, Nr. Ddd 10 (1487 April 30) und 16 (1516 Dezember 9). – Ein weiteres, allerdings spezielleres Ablassprivileg von 1505 März 1 in StAHH 710-1 I, Threse I, Nr. Ddd 14.

ihr bis zu ihrem Lebensende zu ihrem Unterhalt gezahlt werden sollte.[46] Während die Renten der Schwestern nach den Statuten von 1440 im Regelfall nach deren Tod – oder eventuell nach einem Ausschluss – an den Konvent zurückfallen sollten,[47] stimmte Christine mit dem Vertrag einer Sonderregelung zu; die Rente sollte nach ihrem Tod mit dem Kapital an die Bruderschaft übergehen. Auch wenn die Herkunft der 24 m. unklar ist – wahrscheinlich handelte es sich um Gelder ihrer Familie –, erfolgte so eine faktische Schenkung an die Hl. Leichnams-Bruderschaft. Dass dies nicht der Regelfall war, zeigt aber ein Rentenkauf der Begine Gheseke Scroders von den Provisoren der Bruderschaft *St. Silvestri ad baruotos* im Oktober 1454, Vicco Bornstede und Luderus Berschampe. Die mit 30 m. gekauften Renten von jährlich 2 m. von zwei Erben der Bruderschaft in der Straße Depenau sollten nach Ghesekes Tod an den Beginenkonvent fallen.[48]

Ein interessantes Schlaglicht auf mögliche Gründe für den Eintritt in den Beginenkonvent wirft eine Urkunde vom August 1401.[49] Darin verfügt die im Konvent lebende Begine Gretke Wixten über eine Rente von 3 m., die jährlich von einem Erbe in Altenwerder zu zahlen waren, wie sie auch mit einem Dokument von 1401 nachweisen konnte. In der Narratio der Verfügung heißt es dazu, dass ihre Eltern, als sie noch lebten, wohlhabend gewesen seien. Doch seien sie gestorben, als Gretke noch ein kleines Kind gewesen sei; und für sie als einzige Erbin hätten dann Verwandte die Vormundschaft übernommen, die fast alle ihre Güter geraubt und geplündert hätten. Auch wenn dies nicht explizit im Text steht, ist anzunehmen, dass Gretke in dieser Situation in den Konvent geschickt wurde; das wäre zumindest ein Weg gewesen, die Veruntreuung der übertragenen Besitztümer zu vertuschen. Nachdem offenbar Gretke selbst noch Schenkungen an Arme gemacht hatte, sei wenig übriggeblieben, vor allem jene 3 m. Renten. Wie Gretke nach dem Bericht der Urkunde ausdrücklich betont habe, sollten diese Renten wegen deren Undankbarkeit auf keinen Fall den Verwandten zufallen. Vielmehr bestimmte Gretke mit der Urkunde Johannes Lussingk, ewigen Vikar der Hamburger Kirche, zu ihrem Prokurator. Dieser solle dafür sorgen, dass sie selbst die Renten erhalten würde, solange sie lebe; dann aber solle er in freier Verfügung über die Verwendung des Geldes für fromme Zwecke (*in pios usos*) entscheiden.

Gretke erscheint schon in einer früheren Urkunde vom Juni 1377.[50] Nach dieser verkaufte ihr die damalige Meisterin des Konvents, Gretke Vocke, zu diesem Zeitpunkt für ein Kapital von 90 m. eine jährliche Rente von 6 m., so dass offenbar vom Besitz ihrer Eltern noch mehr übrig war, als die spätere Urkunde suggeriert. Auch diese Rente

46 Urkunde von 1475 Dezember 21, gedruckt Staphorst (Anm. 6), I,2, 823; Kurzregest ebd., S. 800; Volltext auch online: http://www.spaetmittelalter.uni-hamburg.de/hamburgisches_ub/quellen/1450/Hamburg1475.12.21.html (letzte Einsichtnahme 2.3.2021).

47 Wie Anm. 7, S. 124.

48 Staphorst (Anm. 6), I.1, S. 240, nach dem Auszug aus dem Rentenbuch des Konvents.

49 Staphorst (Anm. 6), I,2, S. 868 f., von 1401 August 8; vgl. das Regest ebd., I,4, S. 19.

50 StAHH 710-1 I, Threse I, Nr. Ddd 8, von 1377 Juni 13.

sollte jedoch nicht vollständig in den Besitz des Konvents übergehen. Vielmehr sollten nach Gretkes Tod 4 m. an eine Metke Boekholt fallen, deren Stellung nicht klar erkennbar ist.

Gretke ließ in der Urkunde vom August 1401 ausdrücklich festhalten, dass deren Bestimmungen unabhängig von einem späteren Testament gelten sollten, wenn sie denn eines aufsetzen würde – es sei denn, sie würde ausdrücklich auf die vorliegende Urkunde zurückgreifen.[51] Ähnlich wie im Fall der Christine Warmeloes sollte die Rente (und damit das mit ihr investierte Kapital) also nicht an den Konvent fallen, sondern für nicht bestimmte fromme Zwecke verwandt werden. Obwohl auch dazu nähere Angaben fehlen, könnte man vermuten, dass die Gelder unter anderem dem Totengedächtnis ihrer verstorbenen Eltern gelten sollten. Die Bedeutung dieser ungewöhnlichen Urkunde ergibt sich auch daraus, dass auf Bitten Gretkens ein Notariatsinstrument ausgestellt wurde.[52]

Abschließend bleibt zu fragen, ob die Schwestern des Konvents aktiv eine karitative Rolle in der Stadt gespielt haben. In den Akten zum Streit zwischen dem Domkapitel und dem Rat findet sich der Hinweis, dass einstmals, vor dem Verbot des Konzils von Vienne (1311/1313), *religiose feminae, videlicet baggine*, am Hl. Geist-Hospital tätig waren.[53] Dabei dürfte es sich jedoch um ‚freie' Beginen, ohne Anbindung an den Beginenkonvent, gehandelt haben, denn von einer späteren Tätigkeit der Beginen dort ist nichts bekannt. Dagegen wird allgemein angenommen, dass sich die Beginen der Betreuung von Kranken und Sterbenden widmeten, wie dies auch Texte über die „Kunst des Sterbens" in den aus dem Konvent erhaltenen Handschriften nahelegen.[54] In den Statuten finden sich dazu nur Andeutungen, vor allem Regelungen für den Aufenthalt der Schwestern außerhalb des Konvents, da diese nicht zu einer strengen Klausur verpflichtet waren. So wurde 1360 bestimmt, dass die Schwestern, vor allem die jüngeren, nicht unnütz in der Stadt umherlaufen sollten. Möglicherweise im Blick auf die Betreuung von Kranken wurde verboten, dass die Schwestern ohne Kenntnis und Erlaubnis der Meisterin nachts vom Konvent fernblieben; und sie sollten sich bei Einladungen angemessen benehmen und keinen Alkohol trinken.[55] Ähnliche Vorschriften wurden in den Ordnungen von Johannes Bennyn und Albert Gheverdes wiederholt.

51 *Et protestabatur, quod haec donatio sive ordinatio non debeat tolli per posterius testamentum suum, si quod facere contigerit eandem, nisi de ea specialem et expressam fecerit mentionem*, Staphorst (Anm. 6), I,2, S. 869.

52 Durch Jacobus Witte, Bremer Kleriker und Notar kaiserlicher Autorität, offenbar aus einer vom Notar Joachimus Elver beglaubigten, aber undatierten späteren Kopie, ebd.

53 Rat und Domkapitel von Hamburg um die Mitte des 14. Jahrhunderts, 2: Das Prozess-Schriftgut aus den Streitigkeiten des Hamburger Rates und einzelner Bürger mit dem Domkapitel 1336 bis 1356, bearb. Jürgen Reetz (Die Veröffentlichungen aus dem Staatsarchiv der Freien und Hansestadt Hamburg, IX, 2). Hamburg 1975, S. 11.

54 Boese u. Tiemann (Anm. 2), S. 7, 28; Röckelein (Anm. 2), S. 86; jeweils mit Hinweisen auf Texte wie *van der kunst to stervende* in Hamburg, SUB, Cod. conv. 12.

55 Wie Anm. 6, Nr. 13–15.

Bei Johannes Bennyn heißt es z. B. zum gemeinsamen Gang zur morgendlichen Messe, dass die Schwestern (vor allem jene unter 30 Jahren) immer in Paaren laufen und zusammenbleiben sollten.[56] Das könnte sich auch auf Krankenbesuche beziehen.

Insgesamt zeigt sich, dass der Beginenkonvent und die in ihm lebenden Schwestern auf vielfache Weise in das religiöse Leben Hamburgs eingebunden waren. Ein wichtiger Aspekt ist sicher die Zuordnung zu St. Jacobi, wo die Beginen vor allem die Messen besuchten. Es gab dort nicht nur einen zentralen, wenn auch nicht immer genutzten Begräbnisplatz, sondern es wurden dort ebenso – zusammen mit denen für andere Hamburger Bürger und Einwohner – für einzelne Beginen gestiftete Memorien begangen.[57] Die Einbettung in das religiöse Leben der Stadt lässt sich aber auch an den testamentarischen Verfügungen ablesen, die die Beginen oft zusammen mit anderen geistlichen Institutionen Hamburgs wie den Pfarrkirchen, den Bettelordensklöster und den Hospitälern bedenken.[58] Allerdings stifteten auch die Beginen selbst für ihren Konvent, ebenso wie zahlreiche Geistliche.[59] Dagegen sind Stiftungen der Beginen für andere kirchliche Einrichtungen oder auch für Bruderschaften nur selten belegt, obwohl die Schwestern in der Verwendung ihrer Mittel freier waren als die Mitglieder von Klöstern.

Eine Versorgung von Armen durch die Schwestern ist nicht nachweisbar, interessanterweise schließt jedoch eine der Bruderschaften, die Bruderschaft zur ersten Messe an St. Johannis, unter anderem ausdrücklich die Versorgung von Insassen von St. Georg, des Heilig-Geist-Hospitals und des Beginenkonvents aus.[60] Das kann sich eigentlich nicht auf die durch Renten versorgten Schwestern beziehen, vielleicht auf ärmere der aufgenommenen Mädchen. Auch die Aufnahme und Erziehung von Mädchen ist sicher in den Kontext der Integration der Beginen in das religiöse Leben Hamburgs einzubeziehen, denn sicher werden geistliche Inhalte einen gewichtigen Anteil an der Erziehung gehabt haben. Deren Anteil lässt sich auf jeden Fall leichter abschätzen als der Umfang der Kranken- und Sterbendenbetreuung durch die Schwestern,[61] die offenbar nicht in die Rechnungsbücher einging. Dennoch lässt sich festhalten, dass der Beginenkonvent mit seinen besonderen Strukturen im spätmittelalterlichen Hamburg durchaus weite Akzeptanz fand.

PROF. DR. JÜRGEN SARNOWSKY ist Professor für mittelalterliche Geschichte an der Universität Hamburg.

56 Staphorst (Anm. 6), I,4, S. 149.
57 Oben Anm. 31–33.
58 Anm. 17–23.
59 S. Anm. 24–27.
60 Gertrud Brandes, Die geistlichen Brüderschaften in Hamburg während des Mittelalters, in: Zeitschrift des Vereins für Hamburgische Geschichte 34 (1935), S. 75–176, 35 (1936), S. 5798, 36 (1937), S. 65–110, hier 35, S. 86.
61 Vgl. Anm. 53–56.

Verbrauchsgewohnheiten der Hamburger Beginen um 1500

SARAH BONGERMINO

Abstract: In 1482 Wibeke Wyge, mistress of the beguines' convent in Hamburg, started to keep an account book to prove the convent's receipts and expenditures. An analysis of the records from 1505 and 1506 delivers insight into the beguines' consumption habits in late medieval times. According to this source the semi-religious community bought expensive foods throughout the year: The beguines frequently consumed oxen and other meat and during Lenten season they ate expensive fish like herring and plaice. These consumption habits indicate wealth. Therefore, the beguines from Hamburg must have belonged to the propertied class.

Keywords: account book, consumption habits, socioeconomic status

Einleitung

In Kontakt mit den Hamburger Beginen kam ich erstmals im Jahr 2009, als mir Klaus-Joachim LORENZEN-SCHMIDT als zuständiger Archivar des Staatsarchivs Hamburg das Testament der Metteke van Stockem zur Auswertung für meine Bachelorarbeit zugänglich machte. Metteke wollte in ihrem Vermächtnis vom 5. August 1416 u. a. den Beginen bei St. Jacobi zwei Mark Pfennige als Baulegat hinterlassen; als Gegenleistung sollten die Beginen für sie beten.[1] Als wissbegierige Studentin begann ich dieses Legat zu hinterfragen, um es richtig einordnen zu können. Bei meiner damaligen Recherche stieß ich auf Hinweise auf verschiedenste finanzielle Verpflichtungen, denen die (angehenden) Beginen unterlagen: Sie mussten ein Aufnahmegeld zahlen, über Ren-

1 Vgl. das Testament der Metteke van Stockem vom 5. August 1416, ediert in: Sarah Bongermino, *Unde is id, dat ik dar graven werde*. Das soziale Lebensumfeld zweier Hamburgerinnen in ihren Testamenten. In: Stephan Selzer u. Benjamin Weidemann (Hgg.), Hamburger Lebenswelten im Spätmittelalter. Untersuchungen an gedruckten und ungedruckten Quellen (Contributiones 2). Münster 2014, S. 103–145, hier: S. 136–139.

teneinkünfte verfügen und Kostgelder erbringen. Außerdem wurde erwartet, dass die neu aufgenommenen Schwestern ein Eintrittsmahl spendierten.[2] All diese Positionen fanden, genauso wie testamentarische Schenkungen, ihren Niederschlag auf der Habenseite der spätmittelalterlichen Rechnungsbücher – zumindest dann, wenn solche Aufzeichnungen angefertigt wurden. Die Ausgaben auf der Sollseite umfassten größtenteils Brennmaterial, Lebensmittel, Braurohstoffe (oftmals schlichtweg für den Eigenbedarf) und – modern ausgedrückt – Investitionen in das Gebäudemanagement.[3]

Da die Meisterin des Hamburger Beginenkonvents neben der Leitung des Hauses auch die Wirtschaftsführung inne hatte, lag das Führen der Rechnungsbücher in ihrer Hand.[4] Im Staatsarchiv Hamburg sind glücklicherweise 0,7 lfd. m. Archivgut des Beginenkonvents an der Steinstraße überliefert, in denen sich mitunter Rechnungsbücher sowie Sonderrechnungen von 1482 bis 1612 befinden.[5] Eine Edition der vier spätmittelalterlichen Rechnungsbücher aus den Jahren 1482–1491 sowie 1504–1515 wurde von Klaus-Joachim LORENZEN-SCHMIDT kurz vor seinem Tod im Jahre 2015 größtenteils abgeschlossen, sodass Stephan SELZER das Werk zum ersten Todestag des Editors am 30. April 2016 herausgeben konnte. War mir daher im Jahr 2009 noch nicht vergönnt, für meine Bachelorarbeit einen Blick in die edierten Rechnungsbücher des Konvents der Blauen Schwestern zu werfen, so wird mir nun die Ehre zuteil, den Wert von Klaus-Joachim LORENZEN-SCHMIDTs Edition in diesem Sammelband hervorzuheben, indem ich im Folgenden die Konsumgewohnheiten der Hamburger Beginen um 1500 an Hand der überlieferten Rechnungsbücher exemplarisch skizziere.

Als Vergleichsfolie soll hierfür das Hamburger Elisabeth-Hospital herangezogen werden, das um 1500 vorrangig eine Versorgungseinrichtung älterer Damen darstellte. Das Rechnungsbuch des für etwa 22 Personen wirtschaftenden Elisabeth-Hospitals,

2 Vgl. Monika Boese u. Kathrin Tiemann, Der Beginenkonvent im spätmittelalterlichen Hamburg. In: Zeitschrift des Vereins für Hamburgische Geschichte 82 (1996), S. 1–28, hier: S. 2–6. Zur Leibrente in Höhe von zwei Mark, was einem Kapital von 32 Mark entsprach, und zum Eintrittsgeld vgl. Hedwig Röckelein, Hamburger Beginen im Spätmittelalter – „autonome" oder „fremdbestimmte" Frauengemeinschaft? In: Das Mittelalter I (1996), S. 73–88, hier: S. 84. Vgl. auch Klaus-Joachim Lorenzen-Schmidt, Einleitung. In: Rechnungen des Konvents der Blauen Schwestern (Beginen) in Hamburg. Die mittelalterlichen Rechnungen 1481–1515 (Contributiones 5). Bearb. v. Klaus-Joachim Lorenzen-Schmidt, hrsg. v. Stephan Selzer. Münster 2017, S. 9–19, hier S. 11.

3 Vgl. Lorenzen-Schmidt (Anm. 2), S. 12.

4 Vgl. ebd., S. 11. Die Meisterin musste den vom städtischen Rat ernannten Rechnungsprüfern am Ende eines jeden Rechnungsjahrs die Bilanzen vorlegen. Obgleich manche Abrechnungen rechnerisch falsch waren (falsche Additionen, unausgeglichene Bilanzen), akzeptierten die Prüfer diese, was Röckelein zufolge auf eine wirtschaftliche Selbständigkeit des Hamburger Beginenkonvents zurückzuführen ist. Vgl. Röckelein (Anm. 2), S. 80.

5 Es handelt sich um den Bestand StAHH 611–5, III 1a Nr. 1–8. Bisher wurden lediglich Teile diese Archivalien ausgewertet von Gaedechens, Peters, Röckelein sowie von Boese und Tiemann. Vgl. Cipriano F. Gaedechens, Der Convent der Beginen in Hamburg und seine Umwandlung in ein Jungfrauenstift. Hamburg 1868. Vgl. Günter Peters, Norddeutsches Beginen- und Begardenwesen im Mittelalter. In: Niedersächsisches Jahrbuch für Landesgeschichte 41/42 (1969/70), S. 50–118. Vgl. Boese u. Tiemann (Anm. 2). Vgl. Röckelein (Anm. 2).

das über eine wenig umfangreiche beziehungsweise keine Eigenwirtschaft verfügte, datiert aus etwa demselben Zeitraum, aus dem die Rechnungsbücher der Beginen überliefert sind, nämlich aus den Jahren 1495 bis 1503.[6] Die Größenordnung des Hamburger Beginenkonvents ist mit derjenigen des Elisabeth-Hospitals gut vergleichbar: Gemäß den Statuten des Beginenkonvents von 1360 sollten nämlich maximal 20 Frauen in die Gemeinschaft aufgenommen werden, doch sind zwischen 1484 und 1534 mindestens sieben und maximal 27 Frauen nachweisbar.[7] Die Einkäufe für das Hospital St. Elisabeth können somit auf Grund der ähnlichen Größe der Einrichtung und des vergleichbaren Zeitraums, in dem die Rechnungsbücher geführt wurden, sowie des Umstandes, dass beide Institutionen denselben städtischen Markt frequentierten, mit den von den Beginen erworbenen Lebensmitteln gut verglichen werden.

Die Quellen

Wie oben erwähnt, setzen die Rechnungsbücher des Hamburger Beginenkonvents im Jahr 1482 ein.[8] In diesem Jahr wurde Wibeke Wyge zur Meisterin des Konvents; sie sollte diese Rolle bis ins Jahr 1511 ausfüllen und bis 1515 insgesamt vier Rechungsbücher produzieren. Obgleich es sich bei Rechnungsbüchern um serielle Wirtschaftsquellen handelt, weisen sie stets äußerst individuelle Facetten auf. Dem ersten Rechnungsbuch der Wibeke merkt man beispielsweise förmlich an, dass sich die Verfasserin auf ungewohntem Terrain bewegte, da sie die erste Seite des Büchleins zunächst einmal mit Schreibübungen spickte. Außerdem existieren insbesondere aus dem ersten Jahr der Rechnungslegung einige ins Buch eingelegte Zettel mit Sonderrechnungen.[9]

6 Vgl. Stephan Selzer, Verbraucherpreise und Verbrauchsgewohnheiten im spätmittelalterlichen Hamburg. Die Rechnungen des *Huses Sunte Elizabeth* von 1495 bis 1503. In: Ders. u. Benjamin Weidemann (Hgg.), Hamburger Lebenswelten im Spätmittelalter. Untersuchungen an gedruckten und ungedruckten Quellen (Contributiones 2). Münster 2014, S. 11–83, hier: S. 15, 17.

7 Vgl. Lorenzen-Schmidt (Anm. 2), S. 12.

8 Martina Wehrli-Johns regte auf der diesem Sammelband zu Grunde liegenden Tagung an, den Einfluss der *Devotio moderna* auf die Rechnungsführung in spätmittelalterlichen (semi-)religiösen Gemeinschaften zu untersuchen. Die Regelung der Finanzen stellen nämlich für gewöhnlich einen der ersten Schritte von Reformierungen dar, weshalb das Einsetzen der Rechnungslegung im Hamburger Beginenkonvent womöglich auf den Einfluss der *Devotio moderna* zurückzuführen sein könnte. Ich danke Frau Wehrli-Johns für diesen Hinweis und die Anregung, die Gründe für den Beginn der Rechnungslegung im Jahre 1482 weiter zu hinterfragen.

9 Zu den Schreibübungen im Rechnungsbuch von 1482–1491 vgl. Rechnungen des Konvents der Blauen Schwestern (Beginen) in Hamburg. Die mittelalterlichen Rechnungen 1481–1515 (Contributiones 5). Bearb. v. Klaus-Joachim Lorenzen-Schmidt, hrsg. v. Stephan Selzer. Münster 2017, S. 21–239, hier S. 21 Anm. 2, 22 Anm. 3, 35 Anm. 15, 45 Anm. 22, 47 Anm. 23, 51 Anm. 28 u. 29. Die Sonderrechnungen charakterisieren das aus dem Zeitraum 1481–1483 stammende Rechnungsbuch der *mesterin Wybeke Wyge*. Vgl. ebd., S. 229–239.

Auf Grund dessen, dass im Spätmittelalter weder Normen noch Richtlinien oder Handbücher für die Gestaltung von Rechnungsbüchern existierten, mussten die jeweiligen Verfasserinnen und Verfasser ihre eigene Ordnung und Systematik erschaffen, die dadurch freilich sehr individuell und darüber hinaus nicht immer konstant war.[10] Hatte Meisterin Wibeke beispielsweise 1491 noch zunächst die Einnahmen durch Renten, Verleih und die Konventsschwestern verzeichnet und anschließend alle im Rechnungsjahr getätigten Ausgaben aufgelistet, veränderte sie ihr Vorgehen mit Wiedereinsetzung der Rechnungsführung im Laufe des Jahres 1504.[11] Ab diesem Zeitpunkt verzichtete Wibeke weitestgehend auf eine Auflistung der Einnahmen und zudem präzisierte sie die Angaben über die getätigten Ausgaben insofern, als dass sie die wöchentlichen Einkäufe niederschrieb und am Ende einer jeden Seite eine Bilanz vornahm. Am 19. Oktober 1505[12] änderte Wibeke ihre Systematik schließlich dahingehend ab, dass sie ab dieser Rechnungswoche die Zwischensummen berechnete und unter der jeweiligen Woche vermerkte, um sie am Seitenende wiederum zusammenzurechnen. Diese Systematik behielt sie bis ins Jahr 1515 bei.

Auf Grund dessen, dass die wochengenauen Unterlagen ab 1504 sogar Rückschlüsse auf Konsumgewohnheiten während religiöser Feste beziehungsweise in den Fastenzeiten erlauben, sollen im Folgenden exemplarisch die Rechnungsjahre 1505[13] und 1506[14] näher betrachtet werden.[15] Auf diese Weise kann nachvollzogen werden, ob der Speiseplan religiöse Konjunkturen im Jahresverlauf erfuhr. Die Aufzeichnungen in den

10 Vgl. Gudrun Gleba u. Niels Petersen, *Int erste*. Zur Einleitung. In: Dies. (Hgg.): Wirtschafts- und Rechnungsbücher des Mittelalters und der Frühen Neuzeit. Formen und Methoden der Rechnungslegung: Städte, Klöster, Kaufleute, Göttingen 2015, S. 7–11, hier S. 7.

11 Das Fehlen einer der Buchführung zu Grunde liegenden Systematik bemerkten schon Boese und Tiemann. Sie konnten dennoch feststellen, dass die Einnahmen und Ausgaben in den Rechnungsbüchern der Hamburger Beginen grundsätzlich getrennt aufgeführt wurden und dass für gewöhnlich eine detaillierte Spezifizierung der Ausgaben vorgenommen wurde. Vgl. Boese u. Tiemann (Anm. 2), S. 11. Weshalb aus den Jahren 1492–1503 keine Aufzeichnungen überliefert sind, kann im Übrigen leider nicht nachvollzogen werden. Ursächlich könnte einerseits sein, dass die Rechnungslegung in diesen Jahren nicht vorgenommen wurde, was jedoch angesichts der routiniert erscheinenden veränderten Systematik in den Rechnungsbüchern ab 1504 recht unwahrscheinlich sein dürfte. Plausibler wäre wohl ein Überlieferungsverlust, der mitunter durch Wasser- oder Brandschäden, aber auch durch Unachtsamkeit hätte zustande kommen können.

12 *[D]es 3 sondaghes na Mychelis*. Rechnungen (Anm. 9), S. 115.

13 Vgl. nachfolgend für alle Angaben aus dem Rechnungsjahr 1505 jeweils Rechnungen (Anm. 9), S. 108–116.

14 Vgl. nachfolgend für alle Angaben aus dem Rechnungsjahr 1506 jeweils Rechnungen (Anm. 9), S. 116–127.

15 Nach Bruch kann man beim Vergleich ähnlich strukturierter Rechnungsjahre Tendenzen ausmachen, womit sich Daten in Informationen wandeln, die zur Beantwortung konkreter Fragestellen dienen können. Vgl. Julia Bruch, Die Kunst, Daten in Informationen umzuwandeln. Zur Auswertung eines zisterziensischen Rechnungsbuchs aus dem 13. und 14. Jahrhundert und den Herausforderungen in der Analyse serieller Wirtschaftsquellen. In: Gudrun Gleba u. Niels Petersen (Hgg.), Wirtschafts- und Rechnungsbücher des Mittelalters und der Frühen Neuzeit. Formen und Methoden der Rechnungslegung: Städte, Klöster, Kaufleute. Göttingen 2015, S. 13–44, hier S. 20.

Rechnungsbüchern der Hamburger Beginen haben des Weiteren den Charme, dass sich darin ganz ungeschönt der private Nahrungsmittelkonsum der Blauen Schwestern widerspiegelt.[16] Es kann also mit Hilfe dieser Quelle auch abgeschätzt werden, ob in der Konventsküche für den täglichen Konsum teure Lebensmittel verarbeitet wurden und damit, in welchem sozialen Milieu die Beginen verortet werden können.

Konsumgewohnheiten

Wertet man Meisterin Wibekes Einträge aus den Jahren 1505 und 1506 aus, so begegnen einem die unterschiedlichsten Lebensmittel. Angefangen bei Getreide, wie Hafer, Roggen, Gerste, aber auch Reis, über Gemüse und Obst in Form von Zwiebeln, Petersilienwurzeln, Kohl, Bohnen, Feigen und Äpfeln sowie Milch und Milchprodukte, bis hin zu Fleisch, Geflügel und Fisch und zudem auch Fette und Öle lässt sich in den Rechnungsbüchern all dasjenige ausmachen, was wir auch heutzutage verzehren – bis hin zu Fertiggerichten.

Doch soll zunächst einmal ein kurzer Blick auf die Ernährungsgewohnheiten anderer religiöser Gemeinschaften geworfen werden, um einordnen zu können, welche Lebensmittel im späteren Mittelalter für gewöhnlich auf dem täglichen Speiseplan standen: Zur Grundnahrung im St. Jodoci-Hospital in Braunschweig zählten beispielsweise Dünnbier, Brot und Grütze. Während gelegentlich zusätzlich Schweinefleisch und Hering kredenzt wurden, kamen die Hospitalbewohner*innen nur zu Feiertagen in den Genuss von Milch, Eiern und Butter. Im Lüneburger Heiliggeisthospital hingegen servierte man den Bewohner*innen zusätzlich zu Dünnbier, Brot und Grütze wöchentlich Käse und alle zwei Wochen wurde noch eine große Tonne Butter eingekauft. Etwas anders stellt sich die Versorgung im Heiliggeisthospital in Wismar dar, wo die Bewohner*innen neben Roggenbrot und Grütze jeden Sonntag, Dienstag und Donnerstag Rind-, Hammel- oder Schweinefleisch erhielten. An Fastentagen wurde das Fleisch freilich durch Dorsch oder Hering ersetzt.[17]

Dieser erste Einblick in spätmittelalterliche Speisepläne dreier verschiedener Hospitäler lässt schon erahnen, dass insbesondere die Fleischrationen ‚sozial signifikant' waren. Tatsächlich kann man bei der Hospitalverpflegung feststellen, dass eine Unter-

16 Der private Konsum von Nahrungsmitteln ist vom öffentlichen Verbrauch in Form von Festessen zu unterscheiden, da der alltägliche Dauerkonsum nicht dieselben Speisen wie die bei Festessen verzehrten beinhaltete. Vgl. Stephan Selzer, Geheimer Schoß und sichtbare Statussymbole – Konsum als Zeichen sozialer Zuordnung in spätmittelalterlichen Städten des Hanseraums. Eine Problemskizze. In: Matthias Meinhardt u. Andreas Ranft (Hgg.), Die Sozialstruktur und Sozialtopographie vorindustrieller Städte. Beiträge eines Workshops am Institut für Geschichte der Martin-Luther-Universität Halle-Wittenberg am 27. und 28. Januar 2000. Berlin 2005, S. 89–120, hier S. 105.

17 Vgl. ebd., S. 106.

scheidung in Armen- oder Herrenpfründen durch zusätzliche Fleischtage oder größere Fleischrationen vorgenommen werden kann. Eine oberschichtenspezifische Ernährung zeichnete sich allerdings nicht nur durch Reichhaltigkeit, sondern auch durch eine gewisse Variationsbreite aus.[18] Exklusivität machte sich dabei auch dadurch bemerkbar, dass teure Gewürze wie Pfeffer und Safran den Speisen Raffinesse verliehen oder auch dadurch, dass süße Leckereien wie Rosinen gereicht wurden.[19] Ein Blick in die Rechnungsbücher der Hamburger Beginen zeigt: Gewürze wie Senfsaat und Salz, aber auch exklusive Waren wie Pfeffer und Safran stellen interessanterweise immer wiederkehrende Posten in den Rechnungsbüchern dar.

Krämerwaren: Rosinen, Feigen und Gewürze

Wurden von den Blauen Schwestern im Jahr 1505 keine teuren Gewürze eingekauft, so finden sich im folgenden Jahr gleich zweimal Ausgaben für Pfeffer und Safran verzeichnet. Mitte Februar (genauer gesagt: am zweiten Sonntag in der Fastenzeit) wurde ein halbes Pfund Pfeffer sowie ein Lot Safran im Wert von insgesamt 8 Schillingen im Rechnungsbuch vermerkt. Und am zehnten Sonntag nach St. Johannis, also in der ersten Septemberwoche, kauften die Beginen abermals ein halbes Pfund Pfeffer für 5 Schillinge sowie ein Lot Safran im Wert von 6 Schillingen und 8 Pfennigen. Zur besseren Einordnung: Für das Geld, das die Beginen im September des Jahres 1506 für ein halbes Pfund Pfeffer ausgaben, hätte ein Bauhandwerker zehn Tage lang voll versorgt werden können und die Kosten für das Lot Safran hätten einen Bauhandwerker gar 13 Tage lang ernährt.[20]

Neben erlesenen Gewürzen erfreuten sich die Hamburger Beginen auch immer wieder an Leckereien wie Feigen oder Rosinen. Im Februar der Jahre 1505 und 1506 kauften sie jeweils einen Korb Feigen ein. 1505 kostete diese Menge 22 Schillinge; ein Jahr später erstanden sie den Korb für eine Mark. Rosinen lassen sich zwar im Untersuchungszeitraum nicht ausmachen, doch kauften die Beginen beispielsweise 1491 einen Topf Rosinen für 10 Schillinge, im Jahr 1504 sogar einen ganzen Korb für sagen-

18 Vgl. ebd., S. 106 f., Zitat auf S. 107.

19 Vgl. ebd., S. 108 f.

20 Gemäß einer Kieler Lohntaxe von 1420 konnte ein Bauhandwerker mit 6 Pfennigen am Tag voll versorgt werden. Vgl. Hedwig Sievert, Die Kieler Burspraken. Mittelalterliches Leben im Spiegel alter Kieler Polizeiordnungen (Mitteilungen der Gesellschaft für Kieler Stadtgeschichte 46). Kiel 1953, hier S. 121 f., 181 f., §§ 32–34. Vgl. auch Selzer, Schoß (Anm. 16), S. 109. Rechnet man also die Schillinge in Pfennige um (1 Schilling = 12 Pfennige, vgl. Emil Waschinski, Währung, Preisentwicklung und Kaufkraft des Geldes in Schleswig-Holstein von 1226–1864 [Quellen und Forschungen zur Geschichte Schleswig-Holsteins 26]. Neumünster 1952, hier S. 19.), ergibt sich für das Pfund Pfeffer ein Schillingpreis von genau 60 Schillingen, und das Lot Safran kostete umgerechnet 80 Schillinge.

hafte 4 Mark.[21] Für die 4 Mark, die der Korb Rosinen kostete, hätte ein Handwerker über vier Monate lang ernährt werden können. Damit wird deutlich: Wer sich nahezu regelmäßig solche Spezereien leisten konnte, gehörte mit Sicherheit der besitzenden Schicht an.[22]

Trotz der durch diese Beispiele veranschaulichten, unzweifelhaft existierenden Möglichkeit, seinen Wohlstand über den täglichen Markteinkauf präsentieren zu können, kommen rechtliche Normierungen hinsichtlich der Ernährung in städtischen Luxusordnungen erstaunlicherweise beinahe überhaupt nicht vor. Der Konsum teurer Lebensmittel unterlag also keinen rechtlichen Beschränkungen – in Gestalt des Fastengebots gab es indes religiös bestimmte Einschränkungen.[23]

Fische

Da durch die kirchlichen Regeln pro Jahr 140 bis 160 Fastentage vorgesehen waren, nahm Fisch als erlaubte Fastenspeise eine bedeutende Rolle im Speiseplan der spätmittelalterlichen Menschen ein.[24] Dies spiegelt sich auch in den Rechnungsbüchern der Meisterin Wibeke wider, wo Woche für Woche Ausgaben für Fische verzeichnet sind. Das Spektrum der konsumierten Fische reicht von frischem oder grünem Seefisch über Schollen, Stockfisch (*Rotscheer*), Hering und Elbfisch (wozu Edelfische wie Aal und Hecht, aber auch Schnäpel, Nesen und Quappen zählen).[25] Nun ist Fisch freilich nicht gleich Fisch. Unabhängig davon, dass sich Speisefische geschmacklich stark voneinander unterscheiden, lässt der Konsum bestimmter Fischarten auf die Wirtschaftskraft des Konsumenten schließen. Neben Hering, der auch an der Küste nicht gerade billig war, zählten frische Edelfische wie Hecht, Lachs und Stör zu den besonders teuren Fischen. In einer hierarchischen Ordnung kämen nach Hering und Schollen Hechte, gefolgt von Stör und Karpfen, und noch teurer war Kabeljau.[26] Karpfen

21 Vgl. Rechnungen (Anm. 9), S. 90 (1491), 105 (1504).

22 Zur sozialen Herkunft der Hamburger Beginen vgl. auch Lorenzen-Schmidt (Anm. 2), S. 11, wo die Koventualinnen zwar nicht der kaufmännischen und gewerblichen Oberschicht, aber dem besitzenden Hamburger Bürgertum zugeordnet werden. Nach Röckelein fehlt ein ausdifferenziertes soziales Profil der Hamburger Beginen, dieses Forschungsmanko wurde bis heute noch nicht behoben. Unabhängig davon kann jedoch bemerkt werden, dass der Hamburger Beginenkonvent zwar hierarchisch geordnet war, doch spielte die soziale Herkunft und der persönliche oder familiäre Besitz wohl in der Binnenstruktur des Konvents keine Rolle. Vgl. Röckelein (Anm. 2), S. 79 f.

23 Vgl. Selzer, Schoß (Anm. 16), S. 110.

24 Vgl. Carsten Jahnke, Art. Fisch. In: Hanselexikon, abrufbar unter: https://www.hansischergeschichtsverein.de/lexikon?buchstabe=f#anzeige (Zugriff: 23.3.2021).

25 Auch im Hamburger St. Elisabeth-Hospital wurden diese Fische im Rechnungsbuch verzeichnet. Vgl. Selzer: Verbraucherpreise (Anm. 6), S. 30–36. Boese und Tiemann zählen neben Brot und Bier verschiedene Fischarten zu den Grundnahrungsmitteln der Hamburger Beginen. Vgl. Boese u. Tiemann (Anm. 2), S. 13.

26 Vgl. Selzer, Schoß (Anm. 16), S. 110 f.

und Kabeljau lassen sich zwar in den Rechnungsbüchern des Beginenkonvents nicht nachweisen – zumindest nicht in den Jahren 1505 und 1506. Heringe, Schollen, Hechte und Stör wurden im hier betrachteten Zeitraum allerdings durchaus verspeist.

Hering

Hering wurde von den Beginen in der Regel zwischen Januar und April angekauft, also ganz klassischerweise überwiegend in der vorösterlichen Fastenzeit. Bezogen wurde diese Fastenspeise in Tonnen, wobei eine Tonne im Jahr 1505 zwischen 3 und 5 Mark kostete. Ein Jahr später zahlten die Beginen zunächst 1 Mark und 3 Pfennige für eine Tonne Hering,[27] während der Tonnenpreis im zweiten Einkauf mit 6 Mark und 3 Pfennigen pro Tonne erheblich höher war. Die Preise variierten also ungemein, was womöglich neben konjunkturellen Schwankungen hauptsächlich auch auf die Menge zurückzuführen ist, in welcher der Fisch bezogen wurde. Im Jahr 1505 kauften die Beginen beispielsweise nur fünf Tonnen Hering ein und 1506 konsumierten sie doppelt so viel dieses teuren Fischs. Im Übrigen wurden die Preise über einen Grundpreis pro Tonne plus beziehungsweise minus einen gewissen Preis pro Pfund bei Über- oder Untergewicht berechnet.[28] Preisschwankungen können daher auch auf unterschiedliche Warenmengen zurückzuführen sein.

Auffälligerweise ist sowohl im Beginenkonvent als auch im Hamburger Elisabeth-Hospital eine Konzentration des Heringskaufs auf bestimmte Monate beobachtbar: Diese Fische wurden dort insbesondere in der Zeit vor Weihnachten eingekauft, also im November und Dezember. Das Hospital bezog überdies auch in der vorösterlichen Fastenzeit Hering. Eine Tonne kostete dabei durchschnittlich 4 Mark,[29] was in etwa den Preisen entspricht, welche die Beginen für diese Fischart auch bezahlten.

Schollen

Im Mai 1505 erstanden die Blauen Schwestern in ein und derselben Woche für 3 Mark 300 Schollen und für 3 Mark und 2 Schillinge 500 Schollen. Da (maximal!) 27 Frauen in einer einzigen Woche wohl kaum 800 Schollen verzehrt haben werden, ist vermutlich eher davon auszugehen, dass es sich bei diesen 800 Schollen um Trockenfisch handelte. Diese Vermutung erhärtet sich, wenn man vergleichend den Konsum des Elisabeth-Hospitals betrachtet, wo Schollen stets als getrocknete Fische und in der Regel in einem Maß zu hundert Stück in den Monaten Mai bis Juli bezogen wurden.

27 9 ½ Mark für 8 Tonnen, was umgerechnet 1 Mark und 3 Pfennige pro Tonne sind.
28 Vgl. Selzer, Verbraucherpreise (Anm. 6), S. 33.
29 Vgl. ebd., S. 34 f.

Nichtsdestotrotz wurden Schollen auch frisch nach Hamburg gebracht und dort auf dem Markt verkauft.[30] Solche frischen Fische erstanden die Beginen sicherlich vor allem im Jahr 1506, wo sie im April und im Mai dreimal Schollen für 9, 6 und noch einmal 6 Schillinge einkauften. Im Juni hingegen tätigten sie quasi einen Großeinkauf, denn Meisterin Wibeke verzeichnete Ausgaben in Höhe von 3 Mark und 15 Schilling für Schollen, was wohl mindestens 500 getrockneten Exemplaren entsprochen haben dürfte. Der Speiseplan des Beginenkonvents umfasste im Jahr 1506 somit vermutlich sowohl getrocknete als auch frische Schollen.

Elbfisch (Hecht, Stör und Aal, Nesen, Schnäpel und Quappen)

Besonders teure Edelfische wie Hecht und Stör bereicherten die Konventsküche tatsächlich ebenfalls. Am Konsumverhalten der Beginen zeigt sich, dass ihnen der Wert des Fischs vermutlich durchaus bewusst war. Hechte wurden nämlich entgegen der übrigen Fischeinkäufe weder wie Heringe in Tonnen noch wie Aale in Stiegen und auch nicht wie Schollen in Stückzahlen zu mehreren Hundert eingekauft, sondern einzeln (zumindest im hier interessierenden Zeitraum). In Meisterin Wibekes Rechnungsbuch sind im Jahr 1505 insgesamt 18 Hechte nachweisbar, deren Einkauf überwiegend in der vorösterlichen Fastenzeit und darüber hinaus am ersten Sonntag nach Ostern vermerkt wurde. Im Jahr 1506 wurden Hechte zwar gewiss ebenfalls einzeln bezogen, doch wurden in diesem Rechnungsjahr ausschließlich Summen zwischen 7 ½ Schillingen und 1 Mark und 2 Schillingen für den Bezug dieser Edelfische eingetragen, weshalb die Anzahl der käuflich erworbenen Hechte rekonstruiert werden muss: Überträgt man den durchschnittlichen Kaufpreis eines Hechts aus dem Jahr 1505 in Höhe von 1 ½ Schillingen auf das Folgejahr, so wurden 1506 wohl etwa 41 Hechte und damit doppelt so viele wie im Vorjahr konsumiert. Ursächlich dafür ist sicherlich der Umstand, dass in diesem Jahr Hechte nicht nur in der vorösterlichen Fastenzeit, sondern auch im Advent verzehrt wurden.

Nach der Hechtzeit brach die Störzeit an. Zwischen Mai und Juli des Jahres 1505 und im April, Mai und August des Jahres 1506 kauften die Beginen Stör ein. In der Regel sind Schillingbeträge für den Einkauf von Stören aufgelistet, doch lassen sich auch zwei Angaben finden, die einzelne Fische betreffen. So kostete im Juni 1505 ein Stör 2 Mark und 3 Pfennige. Im folgenden Jahr erstanden die Beginen einen dieser Edelfische für nur 1 Mark, was vermutlich auf die Größe beziehungsweise das Gewicht des Tiers zurückzuführen ist.

Ein weiterer Edelfisch, der zwischen Juni und Oktober den Speiseplan des Beginenkonvents bereicherte, war Aal. Die Einkaufspreise für Aal variierten zwischen 2 Schil-

30 Vgl. ebd., S. 30 f.

lingen und 3 ½ Mark, weshalb davon auszugehen ist, dass unterschiedlich große Mengen bezogen wurden. Auf Grund dessen, dass im August des Jahres 1506 eine Stiege Aal 12 Schillinge kostete und dass die meisten Aal-Einkäufe zwischen 2 und 3 Schillingen liegen, ist anzunehmen, dass dieser Fisch tendenziell auch nur in geringer Stückzahl eingekauft wurde.

Neben den teuren Edelfischen Hecht, Stör und Aal lassen sich unter den von den Beginen eingekauften Elbfischen noch Nesen, Schnäpel und Quappen ausmachen. Nesen spielen allerdings nur eine untergeordnete Rolle: Im Jahr 1505 wurden überhaupt keine Nesen eingekauft und im nachfolgenden Jahr kaufte man um die Osterzeit sowie im August und im September Nesen für geringere Beträge ein, die zwischen 2 und 7 Schillingen lagen. Wichtiger waren für die Konventsküche wohl Schnäpel und Quappen. Schnäpel kostete zwischen 10 Pfennigen und 10 ½ Schillingen, weshalb anzunehmen ist, dass Schnäpel in kleineren Mengen bezogen wurde. Gleiches gilt für Quappen, deren Einkaufswert zwischen 5 ½ und 9 Schillingen lag. Ebenso wie für die meisten anderen Fischarten können für Schnäpel und Quappen Zeiträume ausgemacht werden, in denen diese Fischarten bevorzugt bezogen wurde: Im Oktober und im November stand Schnäpel auf dem Speiseplan, und Quappen wurden im Dezember konsumiert.

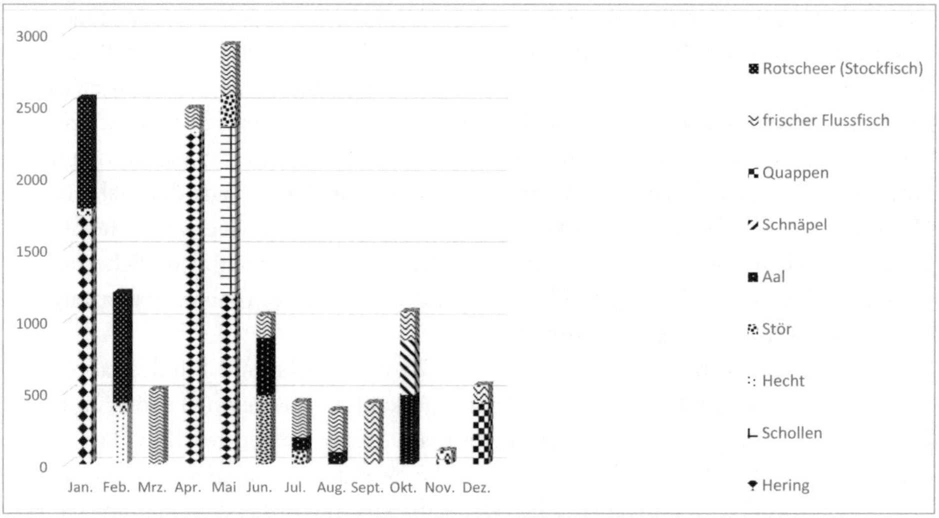

Abb. 1 Fischkonsum im Jahr 1505 im Hamburger Beginenkonvent[31]

31 Auswertung aus: Rechnungen (Anm. 9), S. 108–116. Alle Angaben wurden zur besseren Vergleichbarkeit in Pfennige umgerechnet.

Abbildung 1 veranschaulicht, welcher Speisefisch im Jahr 1505 in welchen Mengen und zu welcher Jahreszeit von den Hamburger Beginen eingekauft wurde. Vergleicht man dieses sich auf einzelne Monate erstreckende Konsumverhalten bestimmter Fischarten mit den Fischeinkäufen des Hamburger Elisabeth-Hospitals, ergeben sich unzweifelhaft Parallelen. Grund hierfür ist, dass der Beginenkonvent ebenso wie das Elisabeth-Hospital bevorzugt saisonal einkaufte, weshalb die hier dargelegten Verbrauchsgewohnheiten in etwa dem entsprechen, was aus der Frühen Neuzeit über die Fischfangzyklen der Elbfischer bekannt ist.[32]

Frischer oder grüner Seefisch und Stockfisch (Rotscheer)

Der wohl häufigste Posten in den Rechnungsbüchern des Beginenkonvents ist frischer oder grüner Seefisch, obgleich für diese Fische weniger Geldvolumen vonnöten war. Diese Fischart wurde vermutlich genauso wie Schnäpel oder Quappen häufig, jedoch in geringen Stückzahlen bezogen, da dafür stets kleinere Schillingbeträge vermerkt sind.

Neben frischem Fisch bereicherte, wie es oben am Beispiel der Schollen schon anklang, auch konservierter Fisch immer wieder die Konventsküche. Während Trockenfisch im Jahr 1505 auf dem Speiseplan der Hamburger Beginen eine eher untergeordnete Rolle spielte, ist hingegen für 1506 ein vergleichsweise enormer Zuwachs im Konsum festzustellen. Im Januar 1505 erstanden die Beginen zwei Tonnen Rotscheer für 4 Mark und im Folgejahr kauften sie in drei Einkäufen nahezu die sechsfache Menge, nämlich 11 Tonnen Rotscheer, wobei eine Tonne als übergewichtig vermerkt wurde. Insgesamt kostete die Beginen der Trockenfisch im Jahr 1506 somit mit 36 Mark und 6 Pfennigen das Sechsfache des im Vorjahr veranschlagten Betrags. Der Beginenkonvent wählte im Übrigen mit Rotscheer ein qualitativ hochwertiges Produkt; es handelt sich bei dieser Trockenfischspezialität um durch Trocknen konservierten Kabeljau oder Dorsch, dem das Rückgrat und die Hauptgräte schon entfernt worden waren. Auch das Elisabeth-Hospital kaufte Rotscheer ein, doch wurden dort zwischen 1495 und 1503 jährlich nicht mehr als vier Tonnen des Trockenfischs eingekauft, welche – ähnlich wie im Beginenkonvent – etwa 4 Mark pro Tonne kosteten.[33]

32 Vgl. Selzer, Verbraucherpreise (Anm. 6), S. 35 f. Vgl. Gerd Wagner, Lachs, Stör, Hering und Wal. Von Fisch und vom Wissen um Fisch in Hamburg. In: Gudrun Wolfschmidt (Hg.), Hamburgs Geschichte einmal anders. Teil 2. Norderstedt 2009, S. 163–189, hier S. 169.

33 Vgl. Selzer, Verbraucherpreise (Anm. 6), S. 31–33.

Fleischwaren und Schlachtvieh

Deutlich mehr Geld als für Stockfisch gab das Elisabeth-Hospital für den Ankauf von Ochsen aus. Die Tiere wurden sowohl lebend eingekauft, um sie späterhin schlachten zu lassen und komplett zu verwerten, als auch schon geschlachtet und in Halb-, Viertel- oder Achtelstücke zerteilt. Lebendes Vieh wurde ausschließlich rund um den Michaelismarkt, also zwischen September und November, käuflich erworben.[34]

Ochsen und Schafe spielen auch in den Rechnungsbüchern des Beginenkonvents eine bedeutende Rolle. Darüber hinaus kauften die Beginen zumindest im Jahr 1505 auch noch sieben Schweine ein. An Geflügel wurden im Jahr 1505 insgesamt 22 Hühner und ein Jahr später ein Hahn angeschafft. Zudem legte der Konvent wohl Wert auf die jährlichen Martinsgänse, weshalb im November 1505 drei und im November 1506 sogar sieben Gänse erworben wurden.[35] Während Schweine und Geflügel kaum von den Beginen verzehrt wurden, lassen sich Ochsen und Schafe regelmäßig auf ihrem Speiseplan ausmachen.[36]

Ochsen

Ähnlich wie im Elisabeth-Hospital wurden lebende Ochsen vom Konvent in der Regel zwischen August und Dezember gekauft. In den übrigen Monaten bezog man Fleisch eines viertel oder eines halben Tiers. Auffällig, doch freilich wenig verwunderlich ist, dass in der vorösterlichen Fastenzeit weder Ochsen noch Schweine, Schafe oder Geflügel im Rechnungsbuch verzeichnet wurden. Interessanterweise stieg der Konsum von Ochsenfleisch allerdings nach der Fastenzeit sowohl im Jahr 1505 als auch im Folgejahr deutlich an. In der Regel wurden monatlich Viertel oder halbe Tiere eingekauft, was – nimmt man 140 kg als Mindestschlachtgewicht eines Ochsen an[37] – einem mo-

34 Vgl. ebd., S. 21–23. Ähnliches lässt sich an Hand der Rechnungsbücher der Hamburger Beginen rekonstruieren, wie nachfolgend dargestellt werden soll. Boese und Tiemann hingegen gehen davon aus, dass Vieh in der Regel lebend bezogen wurde, was zumindest in den Rechnungsjahren 1505 und 1506 jedoch nicht der Fall war. Vgl. Boese u. Tiemann (Anm. 2), S. 14.

35 Im Hamburger St. Georgs-Hospital wurden zu besonderen Festtagen bestimmte Gerichte gekocht, so speiste man dort beispielsweise am Abend vor Fronleichnam Stör, am Weihnachtsabend gab es Schonroggen, montags vor Fastnacht erhielten die Hospitalbewohner eine Wecke und Reis, und darüber hinaus war der Konsum von Feigen in der Fastenzeit üblich. Vgl. Selzer, Verbraucherpreise (Anm. 6), S. 30.

36 Schon Boese und Tiemann konnten feststellen, dass Rind- und Schaffleisch das Gros des Fleischkonsums der Hamburger Beginen ausmachte, vgl. Boese u. Tiemann (Anm. 2), S. 13.

37 Vgl. Selzer, Verbraucherpreise (Anm. 6), S. 23, hier auch Anm. 76. Gijsbers gibt als Schlachtgewicht eines Ochsen im Mittelalter 150 kg an. Vgl. Wilhelmina M. Gijsbers, Kapitale Ossen. De internationale handel in slachtvee in Noordwest-Europa 1300–1750 (N.W. Posthumus Reeks 9). Hilversum 1999, hier S. 25.

natlichen Konsum von etwa 1,3 kg Fleisch pro Begine entsprechen würde (im Falle der Maximalauslastung des Konvents, also mit 27 dort wohnenden Frauen). Geht man von zwei Fleischtagen pro Woche aus, kommt man bei einem Viertel Ochsen auf Portionen von etwa 160 g.[38] Häufig wurden jedoch auch halbe Ochsen gekauft oder sogar ganze Ochsen geschlachtet, weshalb man eine Portionsgröße von 160 g bei zwei Fleischtagen pro Woche als absolutes Minimum betrachten kann.

Die Annahme von mindestens zwei Fleischtagen pro Woche erscheint nicht nur in Anbetracht der Portionsgröße, sondern ebenso hinsichtlich der Menge an eingekauftem Ochsen-, aber auch Schaffleisch als realistisch. Bedenkt man des Weiteren, dass die Beginen darüber hinaus große Mengen an Fisch konsumierten und neben der Qualität der Lebensmittel insbesondere auch die Menge an Fleisch beziehungsweise Fisch auf ein soziales Höher oder Tiefer schließen lässt, kann an dieser Stelle abermals festgestellt werden, dass es sich bei den Hamburger Beginen durchaus um Frauen aus einer gehobenen Gesellschaftsschicht gehandelt haben muss.

Grapenbraten

Zum Schluss soll noch ein Blick auf die eingangs erwähnten Fertiggerichte geworfen werden. Zwischen Juni und Dezember der Jahre 1505 und 1506 finden sich nahezu regelmäßig Ausgaben für Grapenbraten im Wert von 4 bis 12 Schillingen in Meisterin Wibekes Rechnungsbuch vermerkt. Es handelt sich dabei um Gerichte aus Fleisch und Gemüse, die im Topf, also in einem Grapen, gekocht wurden. In Hamburg haben die Grapenbraten wohl aus Ochsenfleisch mit Wurzeln bestanden, womit sie dem westfälischen Potthast ähneln. In der Forschung gelten diese fertigen Fleischgerichte in der Regel als Fleischbezugsquelle für städtische Unterschichten. Nichtsdestotrotz wurde Grapenbraten beispielsweise im Elisabeth-Hospital wöchentlich bezogen. Für teurere Braten, die zu besonderen Festtagen aufgetischt werden sollten, bezahlte das Hospital pro Pfund rund 4 Pfennig.[39] In Anbetracht der in den Rechnungsbüchern von Meisterin Wibeke vermerkten teuren Speisefische, der großen Fleischmengen und der offenbar gerne konsumierten Spezereien, darf man den Beginen sicherlich unterstellen, dass sie einen qualitativ hochwertigen Eintopf einzukaufen pflegten. Legt man also die Preisangabe des Elisabeth-Hospitals für teurere Grapenbraten auf die Einkäufe der Beginen um, so wird der kleinste eingekaufte Grapenbraten 6 kg gewogen haben. Bei einer Anzahl von maximal 27 Beginen entspräche dies einer Portionsgröße von etwa 220 g, was zweifelsohne keine besonders große Portion darstellt. Aus diesem Grund

38 Gerechnet wurde: 35 kg (= ein Viertel von 140 kg): 27 Beginen = 1,29 kg. Diese ca. 1.300 g pro Monat wurden durch acht Fleischtage dividiert, womit man auf eine Portionsgröße von 162,5 g kommt.

39 Vgl. Selzer, Verbraucherpreise (Anm. 6), S. 29.

verwundert es nicht, dass die meisten Einkäufe von Grapenbraten mindestens 7, aber eher 8 bis 10 Schilling kosteten. Das Auftischen solcher Fertiggerichte ließ also vermutlich keine Begine hungrig vom Tisch aufstehen. Außerdem sorgte der Fleischeintopf sicherlich auch für eine gewisse Abwechslung im Speiseplan.

Resümee

Um einen detaillierten spätmittelalterlichen Speiseplan des Hamburger Beginenkonvents zu rekonstruieren, bedürfte es weiterer Aufzeichnungen sowie ausgedehnterer Auswertungen. Die Verbrauchsgewohnheiten der Hamburger Beginen um 1500 exemplarisch zu skizzieren, ist allerdings an Hand der überlieferten Rechnungsbücher gut möglich – sogar dann, wenn man dafür nur einzelne Jahre auswertet. Problematisch sind Rechnungsbücher für mathematisch-statistische und quantitative Auswertungen zwar immer, wie oben an der ein oder anderen Stelle auch angeklungen ist, da der Mechanismus hinter der Rechnungsführung nicht immer erkennbar ist und die Buchführung zudem stellenweise einschneidenden Veränderungen unterlag. Darüber hinaus variieren die Angaben in Meisterin Wibekes Unterlagen teilweise stark, sodass manche Einkäufe beispielsweise schlichtweg als Mengenangaben ohne Preise im Rechnungsbuch niedergeschrieben wurden, während sich bei anderen Posten wiederum die Währungsangaben der vermerkten Ausgaben stark voneinander unterscheiden.[40]

Nichtsdestotrotz wird deutlich, dass die Beginen in den Jahren 1505 und 1506 regelmäßig Fleisch und Fisch konsumierten. Die Variationsbreite an Fisch war dabei enorm: Aufgetischt wurden teure Fische, wie Hering, Schollen, Hecht, Stör und Aal, aber auch günstigere Fischarten wie Schnäpel, Quappen oder ganz allgemein frischer Flussfisch sowie hochwertiger Stockfisch. An der Verteilung dieser verschiedenen Fischeinkäufe im Jahreszyklus kann abgelesen werden, dass die Beginen auf dem Fischmarkt Saisonware erstanden. Eine gewisse Verteilung im Jahresverlauf ist auch beim Fleisch auszumachen, so wurde insbesondere in der vorösterlichen Fastenzeit beispielsweise kein Fleisch oder Geflügel erworben. Eine Regelmäßigkeit scheint sich des Weiteren beim Bezug der Martinsgänse im November abzuzeichnen. Selbiges gilt für den teuren Korb Feigen, der offenbar gerne im Frühjahr angekauft wurde. Die Exklusivität mancher von den Beginen verzehrten Lebensmittel, wie zum Beispiel Feigen oder auch teure Gewürze wie Pfeffer oder Safran, gepaart mit der Menge und Variationsbreite an Fleisch und Fisch, stützen somit die vorherrschende Forschungsmeinung, wonach die Hamburger Beginen der gehobenen Sozialschicht angehörten. Ein ausdifferenziertes soziales Profil der Hamburger Beginen steht aber nach wie vor noch aus.

40 Zur Kritik an der Auswertung von Rechnungsbüchern in einer mathematisch-statistischen oder quantitativen Art und Weise sowie zu den Möglichkeiten der Auswertung von Rechnungsbüchern vgl. Bruch (Anm. 15), S. 42 f.

Rechnungsbücher können allerdings noch viel mehr leisten als lediglich Konsumgewohnheiten aufzuzeigen oder den sozialen Stand des Konsumenten beziehungsweise der Konsumentin an Hand der verzeichneten Waren einzuschätzen. Mit Hilfe von Rechnungsbüchern können mitunter auch Bauzyklen nachvollzogen werden.[41] Ab September des Jahres 1505 und bis in den Dezember des Jahres 1506 wurden beispielsweise immer wieder Maurer, Zimmerleute und Steinbrecher für ihre Dienstleistungen bezahlt sowie diverse Baumaterialien oder gar ganze Fenster erstanden, was auf eine Bautätigkeit in diesem Zeitraum hindeutet. Außerdem lässt sich aus Meisterin Wibekes Rechnungsbüchern in Erfahrung bringen, dass die Beginen ihrem Kirchherrn zweimal im Jahr einen Schilling wohl als Pflichtabgabe zu leisten hatten und dass sie offenbar stets im November ihrer toten Schwestern gedachten, weshalb sie regelmäßig in diesem Monat Ausgaben für deren *Memoria* verbuchten. Es gibt also weiterhin massenhaft Informationen in den edierten und selbstverständlich auch in den unedierten Rechnungsbüchern, die diesen kleinen Einblick in die Konsumgewohnheiten der Hamburger Beginen vergrößern können.

Bildnachweis

Abb. 1: Fischkonsum im Jahr 1505 im Hamburger Beginenkonvent. Auswertung aus: Rechnungen (Anm. 9), S. 108–116.

DR. SARAH BONGERMINO ist Archivarin beim Landesarchiv Baden-Württemberg, Abteilung Staatsarchiv Sigmaringen.

41 Vgl. den Beitrag von Hedwig Röckelein in diesem Band.

Liturgie und Gebet

Die ‚Marientiden' der Hamburger Beginen (Hamburg, SUB, Cod. conv. 2) und die zugrunde liegenden Elemente der ‚offiziellen' (lateinischen) Liturgie

PHILIPP STENZIG

Abstract: As a semi-religious community, the Hamburg beguines were not obliged to recite the canonical Office, and they probably would not have had the necessary knowledge of Latin to do so.

Instead, they daily prayed a German version of the ‚*Officium parvum beatae Mariae virginis*', the Latin original of which had initially been a votive office for the religious, which the latter recited, since the 11th century, in addition to the proper canonical Office. It follows the structure of the individual hours of the Breviary, but shows less variation in that most of the texts are the same every day. The hymns for Matins, Lauds and Vespers are taken from the Marian feasts in the Breviary; as well as the capitula, antiphons and responsories, which are citations from the biblical books ‚Canticum Canticorum' and ‚Ecclesiasticus'. The distribution of these latter texts over the hours of the votive office varies from one redaction to another; one can also distinguish between a German and a Roman tradition, which differ from each other, for example, in the invitatory to Ps. 94 of Matins, in the hymn of the minor hours (‚Rex Christe clementissime' or ‚Memento salutis auctor') and in the distribution of the Psalms over the minor hours. These observations concern both the various Latin redactions and the numerous translations.

In the Hamburg manuscript (Hamburg, SUB, Cod. conv. 2), from the possession of the Hamburg beguines, one finds a Low German version of the votive office, whose composition shows great similarity to the ‚Marientiden' printed in Lübeck in 1499.

Keywords: ‚Marientiden', canonical Office, Low-German votive office

1. Die Marientiden im Kontext der Hamburger Beginenhandschriften

1.1 Die Gebetszyklen – niederdeutsches ‚Sondergut' der Semireligiosen

Wie den jüngsten Studien, unter anderem im Sammelband ‚Das Beginenwesen in Spätmittelalter und Früher Neuzeit', zu entnehmen ist, haben bisher vor allem die niederdeutschen ‚Gebetszyklen' Beachtung gefunden, die sich die Hamburger Beginenhandschriften mit einer Reihe von Codices teilen, die in Medingen, Ebstorf und auch im Kloster Lüne zum Gebet der Konversen gedient haben. Das ist, besonders aus germanistischer Perspektive, auch naheliegend, denn im Gegensatz zu den übrigen Inhalten der Handschriften, die, wie im Folgenden gezeigt werden soll, wenigstens teilweise Übersetzungen aus dem lateinischen Text der Liturgie darstellen, handelt es sich hierbei um eigene, genuin volkssprachliche Neuschöpfungen für die ‚Zielgruppe' dieser weiblichen Semireligiosen, und insofern um Zeugnisse einer besonderen literarischen Tradition, die es anderswo so nicht gibt. Über diese spezielle niederdeutsche Textkultur, die gewissermaßen ein ‚geistiges Eigentum' der Semireligiosen war, hatte Christian SCHMIDT in seinem Aufsatz über die ‚Gebetszyklen der Hamburger Beginen' ausdrücklich gesagt: „Nicht übernommen werden [darin] Zitate oder Paraphrasen der lateinischen Liturgie, an ihrem Verlauf orientierte Meßerklärungen oder liturgische Gesänge", und er konstatiert im Hinblick auf die ‚Gebetszyklen' überhaupt eine „auffällige Reduktion liturgischer Bezüge".[1]

1.2 Der Normalfall – ein engerer Bezug auf die liturgischen Texte

Die besondere Bedeutung des Besonderen schließt nicht aus, dass man auch das Gewöhnliche eines Blickes würdigt, nämlich diejenigen Texte des Hamburger Beginen-Corpus, in denen ein unmittelbarerer Bezug zur ‚offiziellen' Liturgie der Kirche stärker erkennbar wird. Dass auch an solchen Texten kein Mangel herrscht, ist nicht überraschend – schließlich haben die Beginen, wie alle Gläubigen ihrer Zeit, am Kult der Kirche teilgenommen, es wäre ungewöhnlich, wenn sie, gerade in ihrer Eigenschaft als ‚Semireligiose', ihre Andachten nicht auf die gottesdienstlichen Texte und Strukturen

1 Christian Schmidt, Gebetszyklen der Hamburger Beginen. In: Jörg Voigt, Bernward Schmidt u. Marco A. Vorace (Hgg.), Das Beginenwesen in Spätmittelalter und Früher Neuzeit (Studien zur christlichen Kultur- und Religionsgeschichte 20). Stuttgart 2015, S. 234–263, 236, 241, 248. Allerdings sagt Schmidt selbst, dass auch diese weiter vom liturgischen Wortlaut entfernten Texte ihrerseits zum Teil aus lateinischen Vorlagen geschöpft sind, so Ders., Andacht und Identität. Selbstbilder in Gebetszyklen der Lüneburger Frauenklöster und des Hamburger Beginenkonvents. In: Mirko Breitenstein, Julia Burkhardt, Stefan Burkhardt u. a. (Hgg.), Identität und Gemeinschaft (Vita regularis 67). Berlin (= Münster) 2015, S. 125–148, 143–144, dort über eine Übersetzung aus den ‚Exercitia spiritualia' der Gertrud von Helfta.

bezogen hätten. Entsprechend finden sich schon in den eher summarischen Handschriftenbeschreibungen in Conrad BORCHLINGS ‚Reisebericht'[2] eine ganze Reihe von Hinweisen auf Stücke mit Liturgiebezug:

Cod. conv. 1:	u. a. ‚Betrachtungen und Gebete für die Sonn- und Festtage des ganzen Kirchenjahres'
Cod. conv. 2:	‚Gebetbuch zum Gebrauche beim Gottesdienste: Gebete und Psalmen'
Cod. conv. 3:	u. a. ‚Abendmahlsgebete'
Cod. conv. 4:	u. a. ‚Betrachtungen und Gebete für die Sonn- und Festtage des ganzen Kirchenjahres'
Cod. conv. 5:	u. a. ‚Gebete an den Hl. Geist, Abendmahlsgebete'
Cod. conv. 6:	u. a. ‚Gebete für das Kirchenjahr'
Cod. conv. 9:	u. a. ‚Die Gezeiten Mariae in niederdeutschen Reimen'
Cod. conv. 11:	‚Kirchengebete für das ganze Jahr, mit Weihnachten beginnend'
Cod. conv. 12 (§ 1):	u. a. ‚Gebete für das ganze Kirchenjahr von Advent bis zum Tage der Kirchmesse'
Cod. conv. 13 (§ 4):	u. a. ‚Die Perikopen vom 1. Adventssonntag bis zum Text der Kirchweihe'[3]

Tatsächlich enthalten diese Handschriften, wie am folgenden Beispiel näher verdeutlicht werden soll, zahlreiche Texte, die aus lateinischen liturgischen Vorlagen übersetzt sind.

1.3 Fragestellung

Auch die lateinischen Stücke verdienen Beachtung: Einerseits versprechen sie Aufschlüsse darüber, welche liturgischen Texte und Praktiken ihnen konkret zugrunde liegen – Ende des 15. Jahrhunderts waren ja das ‚Missale romanum' und das ‚Breviarium romanum' noch nicht flächendeckend eingeführt; das Messordinarium und die

2 Conrad Borchling, Mittelniederdeutsche Handschriften. Hamburg. In: Nachrichten von der königlichen Gesellschaft der Wissenschaften zu Göttingen 1898 (1899), S. 98–111.

3 Zur Handschrift Cod. conv. 13 formuliert Borchling (Anm. 2), S. 109, die interessante Bemerkung: „Mit dem ‚Liber missalis secundum ritum ecclesiae Hamburgensis' des Albert Krantz von 1509 stimmt die Handschrift insofern nicht [überein], als sie das ‚Commune sanctorum', die Evangelien der Heiligentage, nicht wie das Missale gesondert am Schlusse giebt, sondern, soviel der fast durchgängige Mangel an Überschriften und Rubricierungen erkennen läßt, an den einzelnen Zeiten des Jahres (Walther)". Dazu lässt sich beobachten, dass eine ähnliche ‚Durchmischung' von Temporale, Sanctorale und Commune sanctorum auch in dem ‚Breviarium Hamburgense' zu beobachten ist, das 1508 zu Rostock von Barckhusen gedruckt wurde (VD16 ZV 16642; Exemplar Berlin, StaBi, 1 A 41121).

Verteilung des Psalters auf die Wochentage waren natürlich überall gleich, davon abgesehen präsentierten sich die diözesanen Liturgien dieser Zeit aber in vielgestaltigen lokalen Usancen, von denen nach der tridentinischen Reform dann die meisten nicht weiter erhalten bleiben sollten.[4] Zum anderen ist aber auch die Methode von Interesse, die bei der Auswahl und Adaptation der liturgischen Vorlagen für die Privatandacht zur Anwendung kam.

Näherhin bietet es sich vor diesem Hintergrund an, im Vergleich zu überprüfen, in welchen Teilen das Gebet der Beginen konkret nach dem Vorbild des liturgischen Gebetes der ‚richtigen' Religiosen oder auch der Hamburger Ortskirche gestaltet war. Zum einen haben die Beginen natürlich an der Liturgie in ihrer zuständigen Pfarrkirche teilgenommen, an der täglichen hl. Messe und wenigstens sonntags sicher auch an der Vesper, davon zeugen die verschiedenen Stücke etwa in den Codices conv. 6, 12 und 13. Zum anderen hatten diese ‚Semireligiosen' aber auch ihr eigenes quasi-liturgisches Programm, dafür stehen zum Beispiel die Handschriften Cod. conv. 2 und 9. Sie enthalten das ‚Officium parvum beatae Mariae virginis', also die sogenannten Marientiden. Im Cod. conv. 2 werden sie gefolgt von den ‚Septem psalmi poenitentiales' mit den dazugehörigen Litaneien (fol. 53r–70v), und schließlich vom ganzen ‚Officium defunctorum' (fol. 71r–109v), also dem Totenoffizium, wie es die ‚richtigen' Religiosen und auch der Säkularklerus zum gemeinschaftlichen Totengedächtnis rezitieren – aber im Falle der Hamburger Beginen sind alle diese Texte deutschsprachig.[5]

4 Übrigens gestatten auch die niederdeutschen ‚Gebetszyklen' einige Beobachtungen dieser Art – Schmidt (Andacht und Identität [Anm. 1], S. 133; Gebetszyklen [Anm. 1], S. 250) sagt zutreffend, die Betrachtungen zum zweiten Fastensonntag ‚Reminiscere' hätten als Tagesevangelium Mt 15, 21–28 („von der heidnischen Frau") zum Gegenstand – in der lutherischen Kirche, die die alte Leseordnung beibehalten hat, wird dieses Evangelium heute noch an ‚Reminiscere' gelesen. Um 1500 war das aber nicht selbstverständlich – zwar hatten das Bursfelder Missale und die alten norddeutschen Messbücher die Perikope Mt. 15, 21–28 tatsächlich für ‚Reminiscere' vorgesehen, nicht aber das ‚Missale Romanum', wie es 1474 erstmals gedruckt wurde – dort nämlich findet sich das fragliche Evangelium stattdessen am Donnerstag vor dem 2. Fastensonntag, am Sonntag ‚Reminiscere' hingegen gibt es dafür das Evangelium von der Verklärung Christi.

5 Borchling (Anm. 2), S. 98f., hatte den Cod. conv. 2 wie folgt beschrieben: „Pergament in 16°; 1. Hälfte des 15. Jahrhunderts; Ledereinband mit einer Klammer; hinten auf der Innenseite des Deckels: *Margrete Gotkens hort dyt bok to, over se vorbarme syck de here. Myn moder de heft nu dot gewesen VII.* Gebetbuch zum Gebrauche beim Gottesdienste: Gebete und Psalmen. In der ersten Hälfte des Buches sind an zwei Stellen je zwei Blätter mit jüngerer Schrift ergänzt, auch gegen Ende ist ein Blatt ergänzt, dagegen an einer Stelle ein Blatt, an einer anderen acht Blatt herausgeschnitten. Über die Besitzerin siehe Staphorst I 1, 41: 1529 *Margarethe, f. Hans Götkens, professa*". Wie man sieht, ist Borchlings Inhaltsangabe nicht sehr erhellend, und die Datierung darf auch angezweifelt werden – der ‚zusammengesetzte' Hymnus zu den kleinen Horen der Marientiden (s. u., Abschnitt 4.1) lässt vermuten, dass die darin enthaltene Redaktion des ‚Cursus' eher aus der zweiten Hälfte des 15. Jhs. stammt – und die Handschrift kann schwerlich älter sein als ihr Inhalt.

1.4 Beispiel Marientiden

Von diesen Stücken soll nun das hauptsächliche, nämlich das Marienoffizium, näher untersucht werden. Dem Aufsatz von Monika BOESE und Kathrin TIEMANN, ‚Der Beginenkonvent im spätmittelalterlichen Hamburg' ist zu entnehmen, dass die Beginen dieses ‚Officium parvum de beata Maria virgine' (dort als ‚Cursus' bezeichnet) rezitiert haben;[6] Hans-Walter STORK zitiert dazu die Hamburger Beginen-Ordnung von 1360 und sagt: „eine jegliche gelehrte Schwester wäre gehalten, alle Tage den Cursum, oder die horas Mariae zu lesen".[7]

2. Die Genese der Marientiden

2.1 Überblick über das monastische Offizium (zum Beispiel im Kloster Lüne)

Das Vorbild dieses ‚Officium parvum beatae Mariae virginis' ist das kanonische Offizium, das Stundengebet der Kleriker und der Religiosen (aber nur der Professen und nicht der Konversen), wie es zum Beispiel auch in den Frauenklöstern des Fürstentums Lüneburg praktiziert wurde, die zur Zeit der Gegenstand besonderer Forschungsanstrengungen sind, unter anderem in Düsseldorf und Oxford.[8] Die Lüner

6 Monika Boese u. Kathrin Tiemann, Der Beginenkonvent im spätmittelalterlichen Hamburg. In: Zeitschrift des Vereins für Hamburgische Geschichte 82 (1996), S. 1–28, 4–5; vgl. auch S. 9: „Die Übereinstimmungen der Handschriften 1, 4 und 12 lassen auf feste Gebetszyklen der Beginen schließen. Deren Gebetbücher enthielten die für Frauengemeinschaften geläufigen Texte, die auch in anderen norddeutschen Frauenklöstern verbreitet waren [...]. Sowohl Dominikanerinnen wie auch Benediktinerinnen, Augustinerinnen und Klarissen besaßen in deren Klosterbibliotheken die gleichen Gebetstexte [...]. Es lassen sich Verbindungen herstellen zu Lüneburg, Lüne, Herzebrock [...]".

7 Hans-Walter Stork, Die Handschriften des Hamburger Beginen-Conventes. In: Jörg Voigt, Bernward Schmidt u. Marco A. Vorace (Hgg.), Das Beginenwesen in Spätmittelalter und Früher Neuzeit (Studien zur christlichen Kultur- und Religionsgeschichte 20), Stuttgart 2015, S. 199–233, 204; dort findet sich zudem auch ein Verweis auf das gereimte Marienoffizium in Cod. conv. 9.

8 Bereits erschienen: Eva Schlotheuber, Klostereintritt und Bildung. Die Lebenswelt der Nonnen im späten Mittelalter (Spätmittelalter und Reformation, Neue Reihe 24). Tübingen 2004 (S. 121–174, zu den einzelnen Schritten der monastischen Inititation, Schulaufnahme, Einkleidung, Profess und Nonnenkrönung); Dies., Die Wahl der Priorin. In: Roland Liebenberg, Gudrun Litz u. Heidrun Munzert (Hgg.), Frömmigkeit – Theologe – Frömmigkeitstheologie. Contributions to European Church History. Festschrift für Berndt Hamm zum 60. Geburtstag (Studies in the History of Christian Traditions 124). Leiden, Boston 2005, S. 145–158; Dies., Intellectual Horizons. Letters from a Northern German Convent (with a Textual Appendix). In: Elizabeth Andersen u. Henrike Lähnemann (Hgg.), A Companion to Mysticism and Devotion in the Late Middle Ages. Leiden 2014, S. 343–383; Dies., Daily Life, Amor Dei, and Politics in the Letters of the Benedictine Nuns of Lüne in the Fifteenth and Sixteenth Centuries. In: Virginia Blanton, Veronica O'Mara u. Patricia Stoop (Hgg.), Nuns' Literacies in Medieval Europa. The Kansas City Dialogue (Medieval Women. Texts and Contexts 27). Turnhout 2015, S. 249–267; Die Chronik des Klosters Lüne über

Nonnen waren als ‚echte' Religiose (mit monastischen Gelübden) zum vollständigen kanonischen Offizium verpflichtet – nach der Annahme der Bursfelder Reform im Jahre 1481 war sozusagen ihr ‚Gebetbuch' das ‚Breviarium Bursfeldense'. Die jeweiligen Votivoffizien (also das genannte ‚Officium parvum de beata Maria virgine', und das Totenoffizium) kamen noch dazu, insgesamt dürfte sie dieses liturgische Programm etwa sechs Stunden am Tag beschäftigt haben. Ihr kanonisches Stundengebet sah stark vereinfacht so aus:

Breviarium Bursfeldense (Sonn- und Festtagsoffizium)
Matutin
[Psalm 3]
Ps. 94 mit Invitatorium
Hymnus
1. Nokturn: 6 Psalmen (mit einer Antiphon für je zwei Psalmen) Vers 4 Lesungen (Bibel) + 4 Responsorien, im Wechsel
2. Nokturn: 6 Psalmen (mit einer Antiphon für je zwei Psalmen) Vers 4 Lesungen (Kirchenväter oder Heiligenvita) + 4 Responsorien, im Wechsel
3. Nokturn: 3 Cantica aus dem AT (mit zusammen einer Antiphon) Vers 4 Lesungen (Sermo zum Tagesevangelium) + 4 Responsorien, im Wechsel
Te Deum
Tagesevangelium
Hymnus ‚Te decet laus'
Collecta
Laudes
[Ps. 66] 3 Psalmen (So.: Ps. 50, 117, 62; Fest: Ps. 92, 99, 62, mit zus. einer Antiph.) 1 Canticum aus dem AT (Dan. 3,57–88, mit einer Antiphon) Ps. 148–150 (mit zusammen einer Antiphon)

die Jahre 1481–1530. Hrsg. v. Philipp Stenzig (Spätmittelalter, Humanismus, Reformation 107). Tübingen 2019, mit einem Überblick über die liturgische Situation im Kloster Lüne auf S. 27–62 (die vollständige Übersicht über das kanonische Offizium nach dem ‚Breviarium Bursfeldense' findet sich auf S. 39–52); in Druckvorbereitung (abgeschlossene Dissertation): Lena Vosding, Shaping Corporate Identity. Das Briefbuch der Lüner Benediktinerinnen (ca. 1460–1550).

Capitulum
Hymnus
Responsorium breve
Vers
Benedictus mit Antiphon
Collecta vom Tage
[allfällige Suffragia]
Prim
Hymnus ‚Iam lucis orto sidere'
4 Abschnitte aus Ps. 118 (So., mit zusammen einer Antiphon)
Capitulum
Vers
[Preces]
Collecta ‚Domine Deus, qui ad principium'
Kapitelsoffizium
Martyrologium
Segen über das Tagewerk
Kapitel aus der Benediktsregel
Totengedächtnis
Terz
Hymnus ‚Nunc sancte nobis Spiritus'
3 Abschnitte aus Ps. 118 (So., mit zusammen einer Antiphon)
Capitulum
Vers
Collecta vom Tage
Sext
Hymnus ‚Rerum potens, verax Deus'
3 Abschnitte aus Ps. 118 (So., mit zusammen einer Antiphon)
Capitulum
Vers
Collecta vom Tage
Non
Hymnus ‚Rerum, Deus, tenax vigor'
3 Abschnitte aus Ps. 118 (So., mit zusammen einer Antiphon)

Capitulum
Vers
Collecta vom Tage
Vesper
4 Psalmen (mit je einer Antiphon)
Capitulum
Responsorium breve
Hymnus
Vers
Magnificat mit Antiphon
Collecta vom Tage
[allfällige Suffragia]
Komplet
Lectio brevis 1 Petr. 5,8–9
Ps. 4 Ps. 90 Ps. 133
Hymnus ‚Te lucis ante terminum'
Capitulum Jerem 14,9
Vers
[Preces]
Collecta ‚Visita, quaesumus, Domine'
marianisches Suffragium

Dieses Offizium heißt kanonisches Offizium, weil die Profess-Mönche und Nonnen dazu durch die Gesetze der Kirche, die *canones,* verpflichtet sind. Wenn im Folgenden vom ‚kanonischen Offizium' die Rede ist, dann ist damit immer dieses ‚offizielle' Stundengebet der Kirche gemeint. Im Gegensatz zu den Votivoffizien zeichnet es sich dadurch aus, dass hier der ganze Psalter auf die Tage der Woche verteilt ist. Die beiden neutestamentlichen Cantica, ‚Benedictus' und ‚Magnificat', werden jeden Tag zu Laudes und Vesper rezitiert.

Das kanonische Offizium der Weltgeistlichen,[9] zu denen auch die Regularkanoniker gezählt werden, unterscheidet sich vom Offizium der Religiosen, die der Benediktsre-

9 Die Weltgeistlichen sind zum vollständigen kanonischen Offizium verpflichtet, wenn sie ein Benefizium besitzen, oder wenn sie wenigstens die Weihe zum Subdiakon empfangen haben (*in sacris ordinibus constituti*).

gel folgen, sowohl im Hinblick auf die Verteilung der Psalmen auf die Wochentage, als auch im Hinblick auf die Struktur, vor allem der Matutin. An Festen gibt es für sie drei Nokturnen mit je drei Psalmen und drei Lesungen und Responsorien, im Ferialoffizium neun Psalmen mit drei Antiphonen und danach insgesamt drei Lesungen und Responsorien. Dafür haben die Weltgeistlichen zur Vesper fünf statt vier Psalmen.

Das ‚Officium parvum beatae Mariae virginis', von dem gleich die Rede sein soll, hat immer die Struktur des Offiziums der Weltgeistlichen (mit Nokturnen zu je drei Psalmen in der Matutin, und mit fünf Psalmen zur Vesper), auch wenn es zuerst im monastischen Kontext entstanden ist.

2.2 Die täglichen Votivoffizien

Seit dem 10. Jahrhundert entstehen, zunächst zum Gebrauch der Klöster, tägliche Votivoffizien, deren Aufbau dem kanonischen Offizium gleicht:[10]

- Totenoffizium als tägliches Votivoffizium[11]
- Officium parvum beatae Mariae Virginis
- Kreuzoffizium
- Votivoffizien von der Inkarnation, der hl. Dreifaltigkeit, und vom Heiligen Geist, die im Gegensatz zu den drei vorgenannten keine gesamtkirchliche Verbreitung zu erlangen vermochten

Sie haben zwar die gleiche Struktur wie das kanonische Offizium, aber eine geringere Varianz des Inhaltes, der Gegenstand ist jeden Tag derselbe, so gibt es zum Beispiel im ‚Officium parvum beatae Mariae virginis' drei Reihen Psalmen für die Matutin, je nach Wochentag, und sonst sind normalerweise alle Texte jeden Tag die gleichen.

Die ‚echten' Religiosen beten diese Offizien zusätzlich zum kanonischen Stundengebet – ursprünglich nicht, weil sie dazu gesetzlich verpflichtet wären, sondern weil sie einen entsprechenden Vorsatz (*votum*) gefasst haben – d. h. eine ‚Devotion', deshalb heißen sie ‚Votivoffizien'. In späterer Zeit allerdings sind diese Zusätze zum Stundengebet zum Teil ihrerseits verpflichtend geworden, für die Zisterzienser und die Dominikaner sind sie es bis heute.[12]

10 Guy-Marie Oury, Office divin. In: Dictionnaire de Spiritualité, Bd. 11 (1982), Sp. 698.

11 Das tägliche Totenoffizium ist in Saint-Riquier um 800 zunächst als Stations-Offizium belegt, die allgemeine Rezitation durch die Mönche geht auf die Klosterreform des Benedikt von Aniane zurück, wie sie im Konzil von Aachen 817 ihren Ausdruck fand, in der Folge verbreitete sich das Totenoffizium als Votivoffizium bei allen Benediktinern, etwa auch in Cluny, wo die Memoria, besonders auch der Stifter und Wohltäter, einen breiten Raum einnahm (Oury [Anm. 10], Sp. 698–699; Pierre Batiffol, Histoire du Bréviaire romain. 3. Aufl. Paris 1911, S. 225–232).

12 Oury (Anm. 10), Sp. 699. Eng verwandt mit den Votivoffizien sind die übrigen Zusätze zum Stundengebet, und namentlich die Suffragia, die ihrerseits wohl auch aus liturgischen Stationen ent-

Die älteste Nachricht über ein ‚Officium parvum beatae Mariae virginis' findet sich in der Vita des hl. Berengar, 940–962, Bischof von Verdun: Früh im Morgengrauen begibt er sich in die Kathedrale, um zu beten – und stolpert, als er das Chorgestühl betreten will, im Halbdunkel über den prosternierten Dompropst, der noch früher als er gekommen war und gerade dabei war, die Matutin des Marienoffiziums zu rezitieren.[13]

Der liturgische Text des 10. Jahrhunderts ist allerdings nicht überliefert, die älteste erhaltene Fassung des ‚Cursus'[14] ist diejenige aus dem Kamaldulenserkloster Fonte Avellana bei Urbino. Eingeführt wurde das Marienoffizium dort gegen 1056 vom hl. Petrus Damiani (1007–1072), der seit 1035 Mönch, und seit 1043 Prior des Klosters war.[15]

standen sind – das ‚Suffragium beatae Mariae virginis' ist gewissermaßen ein kleines ‚Officium parvum', das man nach Laudes, Vesper und Komplet des kanonischen Offiziums rezitiert, seine Gestalt ist: Antiphon, Vers, Collecta (eine besondere Form hat die lange Antiphon zur Komplet: ‚Alma redemptoris mater' in der Advents- und Weihnachtszeit, ‚Ave, regina coelorum' von Septuagesima bis Ostern, ‚Regina coeli, laetare' in der Osterzeit, und ‚Salve regina' im restlichen Kirchenjahr). Daneben gibt es noch weitere Suffragia (‚de sancta Cruce' als Reminiszenz des Kreuzoffiziums, ‚de omnibus sanctis' bzw. ‚de apostolis', ‚de patrono', und ‚de pace', vgl. Batiffol [Anm. 11], S. 220–222). Diese Suffragia haben sich, anders als die verschiedenen Votivoffizien, zu denen die Weltgeistlichen seit 1568 nicht mehr verpflichtet sind (seit der Reform Pius' V., Bulle ‚Quod a nobis', § 10), im Ferialoffizium des römischen Brevieres erhalten (Oury [Anm. 10], Sp. 699), sie sind verpflichtende Zusätze zum kanonischen Offizium, wenn das jeweilige Votivoffizium nicht rezitiert wird (wenn das ‚Officium parvum BMV' hingegen rezitiert wird, fällt das marianische Suffragium nach Laudes und Vesper aus).

13 Hugues de Flavigny (geb. 1064), Chronicon, lib. 1: *Familiare erat viro beato nocturnalem sinaxim vigiliarum et orationum praevenire instantia, quatinus sacrificio contriti et humiliati spiritus, superni inspectoris oculos super se et super commissum sibi gregem intendere cotidiana provocaret votorum industria. Cui operi dum se una nocte accingeret, et uno tantum contentus comite, qui lucernae ei famulabatur officio, ecclesiam principalem sanctae Mariae ingrederetur, dum pedetemptim gradiens nullum illic esse putaret in quem offenderet, cum omnia silerent, et etiam si qui occulti oratores ibi essent adventui suo eos cedere crederet, in ipso chori ingressu, dum sibi minus cavet, offendit in clericum, nomine Bernerium, praepositum eiusdem ecclesiae, qui tunc forte solo prostratus matutinarium beatae Virginis decantabat cursum, et ut post patuit totus ad altiora penna devotionis subreptus, in matris Domini se extendebat laudibus* (Hrsg. v. Georg Heinrich Pertz [MGH Scriptores in folio 8]. Hannover 1848, S. 365); vgl. Henri Leclercq, Office divin. In: Dictionnaire d'Archéologie chrétienne et de Liturgie, Bd. 12 (1936), Sp. 2012 f.; Oury (Anm. 10), Sp. 699.

14 Text in J. P Migne, Patrologia Latina 151, Sp. 970–972.

15 S. Petrus Damianus, De horis canonicis, cap. 9 f.: *Pudeat ergo prudentiam tuam canonicas horas negligenter omittere, quas et sanctam rusticitatem audis cum tanta gloria celebrare, imo cuius spiritus in amore Dei paulo ferventius inardescit, ad hoc etiam extenditur, ut horas beatae Dei Genitricis audire quotidie non gravetur. Et quia se occasio praebuit, quid etiam ex hac fraterna relatione didicerim, mihi quidem non pigrum est scribere, si modo te non pigeat audire. Clericus enim quidam multis erat peccatis obnoxius, et praecipue carnalis illecebrae fetoribus inquinatus, qui tandem languore correptus, atque ad extrema perveniens, tremefactis visceribus expavescere, et accusante conscientia, divinum coepit iudicium medullitus formidare, cumque spem in se nullius boni operis inveniret, totum se protinus ad postulandum beatae Mariae semper virginis auxilium contulit, et sub eius patrocinium importuna cordis anxietate confugit, huiusmodi fere verbis insistens: „Non ignoro", inquit, „o beata regina mundi, quia te in multis offendi, et castitatis, atque virginitatis, cuius tu mater es, ego in meo corpore signaculum violavi, innumeris etiam peccatorum sordibus involutus sum, nec dignus invenior, te totius munditiae principem pollutis labiis invocare; verumtamen, o ianua coeli, fenestra paradisi, vera Mater Dei et hominis, tu mihi testis es, quia septies in die laudem dixi tibi, et quamvis peccator, quamvis indignus, omnibus tamen canonicis*

Ungefähr zur gleichen Zeit kam es auch in Monte Cassino in Gebrauch und noch im 11. Jahrhundert hatte es auch schon den Weg nach England gefunden.[16]

Der Text von Fonte Avellana ist gewissermaßen der Prototyp des Marienoffiziums – auch wenn sich noch so manches ändern sollte, enthält er bereits wesentliche Elemente, die in die späteren Fassungen eingegangen sind, und namentlich die Lesungen zur Matutin, die sich an der Wende zum 15. Jahrhundert im Gebetbuch der Hamburger Beginen (Cod. conv. 2) wiederfinden sollten (s. u.).

horis tuae laudis obsequium non fraudavi". Cumque huiusmodi verba clericus protulisset, decumbenti postmodum piissima Dei Genitrix astitit, et blande consolata, peccata sibimet dimissa ex largitate divinae misericordiae nuntiavit. Quod tamen nos trepidando proferimus, quia utrum iuxta relationis fidem vere contigerit, ignoramus. Hoc tamen procul dubio novimus, quia quisquis quotidiana praedictis horis officia in eius laudibus frequentare studuerit, adiutricem sibimet, ac patrocinaturam ipsius iudicis matrem in die necessitatis acquirit. Hanc igitur rudem scriptiunculam et incultam, dilectissime, saepius iterando percurre, et non qualiter, sed quid dicatur, attende, imo, ut ita loquar, non verborum culmo, vel foliis, sed medulla potius intelligentiae delectare. Praedictam horarum obedientiam Deo iugiter exhibe, in reliquis etiam te sanctae conversationis studiis vigilanter exerce; quatenus si nunc sub leni iugo eius tanquam servus cervicem cordis attriveris, inter filios postmodum haereditatis supernae funiculum cum gloria sortiaris (PL 145, Sp. 230 f.); vgl. auch ders., Epistula 32 (ad suos eremitas monasterii Gamgnensis S. Barnabae): *Statutum erat atque iam per triennium fere servatum, ut cum horis canonicis quotidie beatae Mariae semper virginis officia dicerentur. Erat autem inter eos Gozo habitu monachus, reprobae quidem vitae, sed dicacis et accuratae facundiae. Hic coepit conqueri satis semperque sufficere quod sanctus praecipit Benedictus, nec novae adinventionis pondus debere superponi, nec nos esse antiquis patribus sanctiores, qui videlicet haec superstitiosa ac supervacua iudicantes, psallendi nobis metam omnemque vivendi regulam praefixerunt; hac sane debere nos esse contentos, ne ab illa incautius declinantes, per anfractus et invia ducamur erronei. Quid plura? Contra reginam mundi praeliari visus est et confecit. Ad hoc nimirum fratres versuta machinatione pellexit, ut solitas beatae Mariae laudes ulterius non offerrent. Sed, o divinum iudicium a nostrae pravitatis intuitu non dormitans! Mox enim adversus praefatum monasterium tot adversitatum grandines, tot undique bellorum atque conflictuum exortae sunt tempestates, ut ipsis quotidie monachis minaces gladii necis exitium intentarent. Fiunt undique depraedationes atque rapinae, conflagrantur cum segetibus areae, familiares ac servi sancti loci crudeliter trucidantur, et non iam imago mortis, sed mors ipsa grassatur, adeo ut taederet iam monachos vivere, dum nequaquam possent in procinctu certaminis amicum quieti suae professionis officium custodire. Non parvis expensis ad Teutonum partes imperator expetitur, pragmaticae sanctiones cum singulis [signis] imperialibus advehuntur, sed tantumdem est, in omnibus quippe studiis non fructus, sed labor supervacuus. Unde cum ego petitione fratrum saepe pulsarer, quatenus sequester accederem, et si possibile esset, pacis inter eos foedera continuarem, hac rogantibus voce respondi: „Christus", inquam, „est pax nostra, de quo etiam de Virgine recens nato, angelitus dictum est: ‚Gloria in excelsis Deo, et in terra pax'* [Lc. 2]*". Quia ergo matrem verae pacis de suo monasterio proiecerunt, dignum est ut inquietis calamitatum tribulationumque procellis atque turbinibus agitentur. Verum ne lectorem diutius protraham, fratres illi haec quae dixeram non dubiis erumpentibus signis, vera probantes in arcto siti, tandem ad cor redeunt pavimento se humiliter sternunt ac percepta poenitentia, nunquam se de caetero neglecturos, solita genitricis Dei praeconia unanimiter pollicentur. Mox itaque, ut fatear, ita post coruscos atque tonitrua, tanta coeli serenitas rediit, ut ex tunc usque hodie fratres iucundae pacis otio perfruantur, ac de Scyllaea voragine se delatos ad portum, gubernante Filio Virginis, gratulentur. Impletum ergo est quod per prophetam dicitur: ‚Revertimini ad me, et ego revertar ad vos, dicit Dominus'* [Mal. 3]. *Qui ergo facile seniorum suorum statuta convellunt, ista considerent, et ne divini furoris super eos gladius veniat, non sine causa formident* (PL 144, Sp. 431 f.); zur Einführung des Marienoffiziums in Fonte Avellana vgl. Batiffol (Anm. 11), S. 222–225.

16 Leclercq (Anm. 13), Sp. 2013; Batiffol (Anm. 11), S. 224 (mit Anm. 2), 225.

In einer zweiten Phase gab es dann viele verschiedene Redaktionen, die sich von der Fassung von Fonte Avellana merklich unterscheiden, während sie sich untereinander mehr oder weniger ähnlich sind, zumindest strukturell – zuweilen wird behauptet, dass sie auf ein Marienoffizium zurückgehen, das Papst Urban II. im Jahre 1095 auf dem Konzil von Clermont verabschiedet haben soll;[17] in den Konzilsakten von Clermont[18] findet sich davon zwar keine Nachricht, aber man wird immerhin festhalten können, dass es um die Wende zum 12. Jahrhundert einen gemeinsamen Archetypus gab, von dem sie alle abstammen. Jede Region, oder sogar jede Diözese hatte ihre eigene Form, dabei ist die Varianz der Texte allerdings begrenzt, denn fast alle sind aus dem Bestand des kanonischen Stundengebetes (und dort natürlich näherhin aus den Marienfesten) geschöpft – und dessen Texte sind, mit Ausnahme der Hymnen und der Collecten, ihrerseits in der Regel biblischen Ursprunges, die Psalmen natürlich ohnehin, aber auch die Antiphonen des ‚Cursus', die häufig aus dem biblischen Buch ‚canticum canticorum' (Hoheslied) stammen, die Responsorien und Verse, und die Capitula, die kurzen biblischen Lesungen zu allen Taghoren, die normalerweise aus dem 24. Kapitel des Buches ‚Ecclesiasticus' (Jesus Sirach) entnommen sind. In der Regel sind die Texte des Marienoffiziums *per annum* zu einem großen Teil aus dem Repertoire des Festes Mariä Himmelfahrt (15. August) entlehnt, während diejenigen des Marienoffiziums im Advent, wo es denn ein solches gibt, aus dem Repertoire des Festes Mariä Verkündigung (25. März) geschöpft werden.

Es gibt eine Reihe von Metatypen – einen römischen Typus, einen nordfranzösischen, einen deutsch-niederländischen Typus etc. –,[19] die sich durch charakteristische Merkmale auszeichnen, etwa durch die Verteilung der Psalmen zu den kleinen Horen:

17 So heißt es im ‚Hortulus animae', der im Jahre 1507 von Johannes Knoblouch zu Straßburg gedruckt wurde: *Incipit cursus beatae Mariae virginis iuxta statutum Urbani pape secundi editum in concilio apud Clarummontem celebrato*, aus: Erik Drigsdahl, CHD Center for Håndskriftstudier i Danmark, Hours of the Virgin, Datenbank, http://manuscripts.org.uk/chd.dk/index.html (Zugriff: 31.03.2020).

18 Hrsg. v. Giovanni Domenico Mansi (Conciliorum nova et amplissima collectio 20). Venedig 1775, Sp. 815 f.

19 Die Systematik dieser liturgischen Quellen ist vor allem von Victor Leroquais (1875–1946) für seine Kataloge der liturgischen Handschriften in französischen Bibliotheken entwickelt worden (Livres d'heures manuscrits de la Bibliothèque nationale, 2 Bde., Paris 1927 [Supplément: Mâcon 1943]; Les Bréviaires manuscrits des bibliothèques publiques de France, 5 Bde., Paris 1934), die darin praktizierte Vorgehensweise zur Identifikation liturgischer Text ist aber universell verwendbar. Seine Studie über den ‚Cursus' (L'Office de la vierge) ist ungedruckt geblieben, die Aufzeichnungen aus seinem Nachlass sind an der BN Paris hinterlegt (NAL 3162). Leroquais hatte seinerseits die Aufzeichnungen des Benediktiners Gabriel Beyssac (Abtei Saint-Benoît de Port-Valais) genutzt. Speziell mit dem ‚Cursus' befasst sich Falconer Madan, Hours of the Virgin Mary (Tests for Localization). In: The Bodleian Quarterly Record 3 (1920), S. 40–44. Eine Incipit-Datenbank (‚The hours of the Virgin'), die an die Arbeiten der beiden französischen Gelehrten anknüpft, entsteht zur Zeit am ‚Center for Håndskriftstudier i Danmark' von Erik Drigsdahl (Anm. 17).

HORE	RÖMISCHER BRAUCH	DEUTSCHER BRAUCH
Matutin		
Laudes		
Prim	**53**	119
	84	120
	116	121
Terz	119	122
	120	123
	121	124
Sext	122	125
	123	126
	124	127
Non	125	128
	126	129
	127	130
Vesper		
Komplet	128	**131**
	129	**132**
	130	**133**

Der hier dargestellte ‚deutsche Brauch' kennzeichnet namentlich die unten (im Abschnitt 4.3.d ‚Die lateinische Vorlage') herangezogenen Fassungen von Bremen,[20] Köln, Lund, Mainz, Regensburg und Utrecht, sowie den 1507 zu Straßburg gedruckten ‚Hortulus animae' (zuweilen, etwa in Bremen, umfasste die Prim allerdings auch vier Psalmen, 116, 119, 120 und 121). Im Vergleich zum römischen Brevier sind die Psalmen der kleinen Horen hier alle um eine Hore nach oben verschoben, das heißt, die Psalmen, die das römische Brevier zur Terz vorsieht, finden sich im deutschen Sprachraum zur Prim, diejenigen zur Sext werden zur Terz rezitiert, diejenigen der Non zur Sext, und diejenigen der Komplet zur Non, und weil der Redaktor der deutschen Fassung die Psalmen 128–130, die das römische Brevier der Marien-Komplet vorbehält, schon zur Non ‚verbraucht' hat, muss er seine Komplet dann mit anderen Psalmen, nämlich den folgenden Ps. 131–133 bestreiten (im römischen Brevier stehen diese in der kanonischen Vesper des Donnerstages). Im Ergebnis werden der deutschen Tradition

20 Abschnitt 4.3.a.

folgend also alle 15 ‚Psalmi graduales' (Ps. 119–133) auf die kleinen Horen des Marienoffiziums verteilt, während das nach römischem Brauch nicht der Fall ist, insofern sich die letzten drei hier nicht finden.[21] Charakteristisch für die deutsche Tradition ist weiterhin das Invitatorium zur Matutin, ‚In honore beatissimae Mariae virginis / Jubilemus Domino',[22] und der Hymnus zu den kleinen Horen, ursprünglich ‚Rex Christe clementissime'.[23] Seit dem 15. Jahrhundert hat sich stattdessen ‚Memento salutis auctor' aus der römischen Tradition durchgesetzt.

Innerhalb dieser regionalen Familien unterscheiden sich die einzelnen Fassungen dann vor allem durch die unterschiedliche Verteilung der einzelnen Texte auf die verschiedenen Positionen, etwa der Psalmantiphonen und der Capitula zu den kleinen Horen – was dem einen seine Sext ist, ist dem anderen seine Non.

Von allen diesen Fassungen war dann besonders zweien über das 16. Jahrhundert hinaus eine längere Fortdauer beschieden:

a) Das ‚Officium parvum beatae Mariae virginis' aus dem ‚Breviarium romanum' (das allgemeine monastische Brevier, wie es später unter Paulus V. promulgiert wurde, enthält denselben Text). Nur die Psalmen zur Matutin wechseln (es gibt jeweils drei Psalmen für den Montag und Donnerstag, drei für den Dienstag und Freitag, und drei für den Mittwoch und Sonnabend, an den Sonntagen wird das ‚Officium parvum' nicht rezitiert). Die Psalmen der übrigen Horen sind jeden Tag gleich. Die Hymnen sind zur Matutin ‚Quem terra, pontus, aethera', zu den Laudes ‚O gloriosa domina', zu allen kleinen Horen und zur Komplet ‚Memento, salutis auctor', und zur Vesper ‚Ave maris stella'. Besonders zu bemerken ist, dass hier

21 Zum Teil ‚verschieben' sich auch die Psalmantiphonen mit – in den niederdeutschen Hamburger Marientiden scheint das der Fall zu sein, diejenige zur Prim stammt aus der Terz des ‚Officium parvum' von Fonte Avellana, diejenige zur Terz aus der Sext des römischen ‚Officium parvum' zur Weihnachtszeit, und diejenige zur Sext aus der Non des römischen ‚Officium parvum'. Die Erklärung für diese deutsche ‚Psalmenverschiebung' gegenüber dem römischen Brauch ist vielleicht banal: Möglicherweise hat der ursprüngliche Redaktor dieser Fassung des Marienoffiziums die Psalmen und das Proprium aus zwei unterschiedlichen Büchern, nämlich aus einem Psalter und aus einem anderen liturgischen Buch, etwa einem Collectarius, abgeschrieben. Dabei hat er die Psalmen der Prim (eigentlich 53, 84 und 116) versehentlich übersprungen, weil sie im Gegensatz zu den zwölf folgenden Psalmen der vier kleinen Horen (119–130) nicht der numerischen Reihenfolge im Psalter folgen – er hätte wissen müssen, dass er sie an anderer Stelle ‚zusammensuchen' musste, das war aber offensichtlich nicht der Fall. Deshalb sind die folgenden Psalmen alle ‚verrutscht'. Eine detaillierte Studie wäre sicherlich geeignet, über diese Frage Aufschluss zu verschaffen.

22 Cantus ID 001086, im kanonischen Offizium zumeist Invitatorium zum Fest Mariä Himmelfahrt; im ‚Breviarium romanum' und im ‚Breviarium monasticum Bursfeldense' lautet das Invitatorium zum ‚Officium parvum' stattdessen *Ave Maria, gratia plena / Dominus tecum*.

23 Eigentlich die dritte Strophe des ambrosianischen Hymnus ‚Claro paschali gaudio' (seinerseits geschöpft aus ‚Aurora lucis rutilat'), zu den Laudes im ‚Commune apostolorum' zur Osterzeit; aber auch einzeln als Hymnus zur Prim im ‚Officium parvum beatae Mariae virginis' (Cantus ID 008271j), in dieser Funktion im deutschen Sprachraum allgemein verbreitet (vgl. die Übersichten in Abschnitt 4.3), auch belegt in der Hs. Vercelli, Bibl. capitolare, cod. CLXX, aus dem frühen 13. Jh., dieses Brevier ist in Arras für die Kapelle Saint-Jacques de Namur (Diözese Liège) geschrieben.

jetzt, im Gegensatz zur Fassung von Fonte Avellana und zu den anderen archaischen Redaktionen, die drei Lesungen zur Matutin alle drei aus der Bibel sind, nämlich aus Eccl 24. In Fonte Avellana waren es zunächst Kirchenväter-Sermones gewesen (die zuweilen, aber fälschlich, Augustinus zugeschrieben wurden).[24] Während das Marienoffizium zum Zeitpunkt seines Entstehens, im 11. Jahrhundert, bloß ein Zusatz zum kanonischen Offizium war, in welchem die Mönche ohnehin täglich zur Matutin biblische Lesungen genug vorfanden, wurde es jetzt zunehmend von weiteren Kreisen rezitiert, die zum kanonischen Offizium gar nicht verpflichtet waren (dazu unten mehr im Abschnitt 2.3). Vielleicht wurden die alten Lesungen deshalb ersetzt – man wollte, dass auch die erweiterte Zielgruppe des ‚Cursus‘ der biblischen Nachtlektüre nicht ganz entbehrte. Für die Adventszeit gibt es besondere Texte (die Lesungen zur Matutin sind hier aus dem Lukasevangelium, sie haben die Verkündigung Mariens zum Gegenstand). Diese römische Fassung ist die Fassung des Votivoffiziums, die auch heute noch in Gebrauch ist.

b) Ferner ist für den vorliegenden Kontext potentiell auch das ‚Officium parvum beatae Mariae virginis‘ aus dem ‚Breviarium monasticum Bursfeldense‘ von Interesse – die Forschungen zu den niederdeutschen ‚Gebetszyklen‘ haben ja ergeben, dass die Hamburger Beginen mit den reformierten Klöstern des Fürstentums Lüneburg in irgendeinem Austausch standen, und dort war um 1500 diese Fassung in Gebrauch. Das Marienoffizium hat hier die gleiche Struktur wie im römischen Brevier (folgt also nicht dem Aufbau des kanonischen Offiziums nach der Benediktsregel, sondern dem Vorbild des Offiziums der Weltgeistlichen). Allerdings sind die Psalmen anders verteilt, zu Matutin und Laudes sind sie jeden Tag gleich, dafür wechseln sie in den kleinen Horen, zur Prim gibt es drei Psalmen für den Sonntag, und drei für alle übrigen Tage der Woche, zu den übrigen kleinen Horen jeweils einen Satz aus drei Psalmen für den Sonntag, einen für Montag, Mittwoch und Freitag, und einen für Dienstag, Donnerstag und Sonnabend. Nur die Psalmen zu Vesper und Komplet sind jeden Tag gleich. Die Hymnen unterscheiden sich vom ‚Breviarium romanum‘ nur, insofern zur Komplet ‚Fit porta Christi pervia‘ rezitiert wird, die übrigen sind gleich. Die drei Lesungen zur Matutin sind, wie im ‚Breviarium romanum‘, aus Eccl 2. Die übrigen Texte (Psalmantiphonen, Capitulum, Responsorium breve, Verse, Antiphonen zu den neutestamentlichen Cantica, Collectae etc.) sind häufig mit dem ‚Breviarium romanum‘ textidentisch, aber zuweilen anders auf die einzelnen Horen verteilt. Diese Fassung des Votivoffiziums wurde im 17. Jahrhundert durch diejenige des allgemeinen monastischen Brevieres verdrängt, das Paulus V. im Jahre 1614 den verschiedenen Kongregatio-

24 So im ‚Hortulus animae‘, der im Jahre 1507 von Johannes Knoblouch zu Strasburg gedruckt wurde, Beleg aus der Datenbank ‚Hours of the Virgin‘ von Erik Drigsdahl (Anm. 17).

nen der benediktinischen Tradition vorgeschrieben hatte, und dort ist der Text des Marienoffiziums der gleiche wie im ‚Breviarium romanum'.

Das alles gilt natürlich zunächst für den lateinischen Text, der in den ‚offiziellen' liturgischen Büchern steht. Die Frage, die im Folgenden zu klären sein wird, ist, ob die niederdeutschen Hamburger Marientiden einem dieser Typen entsprechen und ob es sich womöglich gar um eine Übersetzung einer dieser lateinischen Redaktionen ins Deutsche handelt.

2.3 Die Semireligiosen

Seit dem 12./13. Jahrhundert entsteht der Stand der Semireligiosen – zunächst ‚erfinden' die monastischen Orden die Konversen (besonders OCist, aber auch andere), dann treten die Tertiarier, d. h. Drittorden, auf den Plan, besonders in den Bettelorden (OFM, OP), und schließlich kommen die Beginen. Ihre soziale Herkunft ist ganz unterschiedlich, aber sie haben alle gemeinsam, dass sie das religiöse Leben häufig in einem weiter fortgeschrittenen Lebensalter als die ‚echten' Religiosen ihrer Zeit ergreifen – ihnen fehlt in der Regel die klösterliche Schul- und Studienzeit; insbesondere kann nicht von Lateinkenntnissen ausgegangen werden. Im Übrigen ist es das besondere Charisma speziell der Konversen, für das Kloster zu arbeiten, auch auf den Grangien und unterwegs, deshalb sind sie nicht klausuriert, auch deshalb können sie nicht an allen Horen des monastischen Offiziums teilnehmen.

Andererseits sollen und wollen die Semireligiosen am religiösen Leben der Religiosen Anteil haben; für das verpasste ‚richtige' Stundengebet benötigen sie daher Ersatz, den sie möglichst auswendig lernen können, notfalls auch auf Deutsch. Diese Substitute sollen sich einerseits am liturgischen Programm der Mönche und Nonnen orientieren, andererseits aber die notwendige Vereinfachung bieten. Diese Forderung erfüllen die Votivoffizien im Allgemeinen und das Marienoffizium im Besonderen – es folgt ja, wie oben gezeigt, seiner Struktur nach dem kanonischen Offizium, unterscheidet sich von diesem aber dadurch, dass es (unter Umständen mit Ausnahme der Psalmen der Matutin, die einem dreitägigen Zyklus folgen) keine beweglichen Teile gibt – alle Texte sind jeden Tag gleich. Aufgrund seiner Einfachheit ist es daher gut dazu geeignet, das kanonische Offizium für alle diejenigen zu ersetzen, die dazu nicht befähigt oder nicht verpflichtet sind – für die genannten Semireligiosen: Konversen, Tertiarier und Beginen, in diesem Fall sogar in deutscher Übersetzung, und natürlich auch für die frommen Laien, die sich im Spätmittelalter ein Stundenbuch zulegen. Es erfüllt damit eine ähnliche Funktion wie etwa auch der Rosenkranz – dessen 150 ‚Ave Maria' repräsentieren ursprünglich die 150 Psalmen des Psalters. Donaten und Konversen, die dem kanonischen Offizium nicht beiwohnen können, zum Beispiel, weil sie auf den Grangien arbeiten oder im Auftrag des Klosters unterwegs sind, können sie als

Reminiszenz an und als Ersatz für das offizielle Gebet der Kirche bei ihrer jeweiligen Tätigkeit oder unterwegs rezitieren.

Schon in Cluny war es so, dass die kranken Mönche im Infirmarium, die am Chorgebet in der Klosterkirche nicht teilnehmen konnten, gehalten waren, als Ersatz dafür das Marienoffizium zu rezitieren.[25] Heute noch ist das Marienoffizium das kanonische Offizium für bestimmte weibliche Kongregationen, etwa die Ursulinen, die Visitandinen und für einige Gemeinschaften von Regularkanonikerinnen, die der Augustinerregel folgen.[26]

2.4 Die Votivoffizien werden in die Volkssprache übersetzt und ‚verselbständigen' sich

In die Volkssprache übersetzt, ‚verselbständigen' sich diese Andachten mehr oder weniger und konstituieren einen eigenen ‚Gebetsschatz' der Semireligiosen und frommen Laien. Trotzdem bleibt, anders als im Falle der niederdeutschen ‚Gebetszyklen', der textliche Bezug zur liturgischen Vorlage in der Regel unmittelbar erkennbar. Im Falle des Hamburger Cod. conv. 2 bedeutet das konkret, dass sich in der ganzen Handschrift kein einziges Wort findet, das nicht aus dem Lateinischen übersetzt wäre. Alles steht im Brevier, wenn auch nicht immer genau an derselben Stelle. Um das zu zeigen, ist die Vorgehensweise folgende: In der untenstehenden Übersicht stehen die einzelnen Texte der Hamburger Marientiden in der dritten Spalte von rechts. Sie werden sodann alle aus dem Niederdeutschen ins Lateinische zurückübersetzt, das ist die zweite Spalte von rechts. Auf diese Weise lässt sich die liturgische Vorlage der einzelnen Stücke im Brevier identifizieren, die jeweilige Fundstelle steht in der dazugehörigen Fußnote. Was in der zweiten Spalte von rechts steht, ist also kein Offizium, das als Ganzes einer tatsächlich bekannten Quelle entnommen wäre, sondern die hypothetische lateinische Vorlage, deren deutsche Übersetzung die Hamburger Handschrift repräsentiert. In der Spalte ganz rechts schließlich steht der Text der niederdeutschen Marientiden, die 1499 von Steffen Arndes zu Lübeck gedruckt wurden (s. u. im Abschnitt 4.2).

25 Oury (Anm. 10), Sp. 699.
26 Oury (Anm. 10), Sp. 700.

3. Hamburg, SUB, Cod. conv. 2: Edition und Kommentar

‚Officium parvum beatae Mariae virginis' (fol. 1r–53r)

An mehreren Stellen ist der Text der Hamburger Handschrift unvollständig, ganze Blätter fehlen.[27] Psalmantiphon und Capitulum zur Laudes sind in der Handschrift nicht lesbar, die Benediktusantiphon, die Collecta und ein allfälliges ‚Suffragium de omnibus sanctis' fehlen gänzlich, weil die Handschrift unvollständig ist. Der Anfang der Prim mit dem Hymnus und dem Beginn des ersten Psalmes (119) fehlen in der Handschrift.

An zwei Stellen sind je zwei Blätter (37r–38v und 47r–48v) eingefügt, um jeweils ein defektes Blatt zu ersetzen, sie sind in beiden Fällen von derselben Hand, aber von einer anderen Hand als das Originalmanuskript geschrieben. Offensichtlich war das ursprüngliche Manuskript durch jahrelangen Gebrauch schon so abgegriffen, dass auf einigen Blättern fast gar nichts mehr zu lesen war – das zumindest lässt der Zustand der restlichen Handschrift vermuten, auch hier findet sich vielfach gebrauchsbedingter Textverlust, vor allem im unteren Drittel der Seiten, das bei der Benutzung des Gebetbuches mit dem Daumen festgehalten wird. Vom zweiten der beiden eingefügten Blätter ist jeweils nur ein Teil der Vorderseite beschrieben. Weil die Handschrift des Restaurators deutlich größer war als die ursprüngliche Hand, hat er jeweils ein zweites Blatt ‚anbrechen' müssen, um den ursprünglich auf einem Blatt stehenden Text zu ersetzen.

Auffällig ist, dass die Psalmantiphon, das Capitulum und das Responsorium breve der Non, die auf den ausgetauschten Blättern 37r–38v stehen, inhaltlich von den 1499 gedruckten Lübecker Marientiden, von denen unten im Abschnitt 4.2 die Rede sein soll, abweichen, während die übrigen Texte der Hamburger Handschrift fast alle inhaltlich (aber nicht wörtlich) mit der Lübecker Redaktion übereinstimmen. Das könnte ein Hinweis darauf sein, dass dem Restaurator der Hamburger Handschrift zum Ersatz des verlorenen Textes eine Vorlage zur Verfügung gestanden hatte, die mit der ursprünglichen Fassung nicht übereinstimmte. Was auf dem zerstörten Blatt stand, konnte er nicht wissen – es war ja zerstört, deshalb hat er an dieser Stelle die drei Texte aus der Non eines anderen deutschen Marienoffiziums eingefügt, das er gerade zur Hand hatte, während in den gedruckten Lübecker Marientiden die ursprüngliche Konfiguration überliefert ist, die wahrscheinlich auch der verlorenen ersten Hamburger Übersetzung zugrunde gelegen hatte.

Der Schreiber der niederdeutschen Handschrift war mit der Struktur der liturgischen Vorlage offensichtlich nicht vertraut, die Seiteneinrichtung lässt vermuten, dass er keine Ahnung von dem hatte, was er abgeschrieben hat. So stellen sich etwa das

27 Die Einzelheiten sind der untenstehenden Tabelle zu entnehmen.

Capitulum, das Responsorium breve und der Vers regelmäßig als ‚Fließtext' ohne jede Gliederung dar, zum Beispiel auf fol. 29v. Die einzelnen Verse der Psalmen hingegen sind in der Hamburger Handschrift immer mit roten oder blauen Initialen gekennzeichnet (im Lübecker Druck beginnen sie mit Großbuchstaben, und an der Stelle der Pause in der Mitte eines jeden Verses findet sich ein kleiner Punkt). Das wirft die Frage auf, ob die Handschrift möglicherweise zur gemeinschaftlichen Rezitation bestimmt war – dann werden die Psalmen ja im versweisen Wechsel gesungen bzw. gesprochen. Allerdings findet sich sonst in der Handschrift kein Hinweis auf eine ‚Rollenverteilung', und namentlich sind die Responsorien alle ohne jede Gliederung geschrieben, die es gestatten würde, den Halbsatz zu erkennen, der nach dem ‚Gloria Patri' wieder aufgegriffen werden soll, und den Vers, den gegebenenfalls ein allfälliger Vorsänger vorträgt. In einer liturgischen Handschrift würden hier ein Asterisk bzw. R. und V. stehen, die gibt es in der Hamburger Handschrift nicht – wie Rubriken, die den Vortrag betreffen, überhaupt völlig fehlen. Es gibt lediglich einzelne Überschriften für bestimmte Stücke (besonders zur Matutin): ‚Invitatorium' (fol. 1r), ‚Lco.' für ‚Lectio' (fol. 8v, 9r, 10r), ‚Responsorium' (fol. 8v, 10r), im ganzen Offizium dreimal ‚Psalmus' (einmal abgekürzt als ‚Ps.', fol. 27r; zweimal ausgeschrieben, fol. 13r, 31r), obwohl es natürlich viel mehr Psalmen gibt, einige Male ‚Ant.' für Antiphon, ‚Ca.' für Capitulum, ‚V.' für Versus, zweimal ‚Ymnus' (fol. 44v, 51v) und dreimal ‚Collecta' (fol. 25v, fol. 30r, fol. 34r). Nur zwei Horen tragen Überschriften, und die sind jeweils deutsch: ‚De vesper' (fol. 40v) ‚De nachsank' (auf dem nachgetragenen fol. 47v).

Inhalt der Tabellenspalten
1. Spalte: Erläuterungen
2. Spalte: Text der Handschrift Hamburg, Cod. conv. 2
3. Spalte: lateinische Vorlage des jeweiligen einzelnen Textes (hypothetische Vorlage)
4. Spalte: gedruckte Lübecker Marientiden von 1499

Da die untenstehende Tabelle lediglich die Identifikation der jeweiligen Texte zum Zweck hat (eine ‚hyperdiplomatische Edition' kann hier nicht geleistet werden), wurden allfällige Abkürzungen und besonders der häufig verwendete Nasalstrich immer stillschweigend aufgelöst, auch wenn dessen Bedeutung im Einzelfall natürlich ambivalent sein kann, etwa im Hinblick darauf, ob eine graphische Unterscheidung zwischen dem Akkusativ (mit ‚n') und dem Dativ (mit ‚m') intendiert sein soll, oder nicht; die Abkürzung *uñ* ist immer als *unde* aufgelöst, was, besonders in der Hamburger Handschrift, auch häufiger ausgeschrieben zu finden ist; weiter sind ‚u' und ‚v' nach Lautwert normalisiert; auf die Darstellung einer besonderen Graphie der Eigennamen ‚Jesus' und ‚Jerusalem' mit einem griechischen ‚H' (*IHesus, IHerusalem*) wurde immer verzichtet; und auch die Groß- und Kleinschreibung sowie die Zeichensetzung wurden durchgehend dergestalt vereinheitlicht, damit sie möglichst die Erfassung des Sinnes erleichtern.

Bei der Darstellung des Textes wurde indes darauf Rücksicht genommen, dass die Verse der Psalmen und Cantica in der Hamburger Handschrift immer mit einer roten oder blauen Initiale, und im Lübecker Druck mit Großbuchstaben kenntlich gemacht sind. Die sich daraus ergebene Aufteilung der Verse wurde in die Edition übernommen, sie ist durch die Angabe der jeweiligen Bibelverse in eckigen Klammern kenntlich gemacht. Diese Einteilung der Psalmen und Cantica in Verse, wie sie den beiden Vorlagen zu entnehmen ist, entspricht übrigens nicht immer derjenigen der Vulgata und sie ist auch unter den beiden Redaktionen nicht immer gleich, deshalb weicht die Verteilung des Textes auf die tatsächlich zu rezitierenden Verse zwischen den einzelnen Spalten in einigen Punkten voneinander ab, und zuweilen ist es nötig geworden, einen Vers ‚bis' einzuführen, nämlich dort, wo es im deutschen Text mehr Verse als in der lateinischen Bibel gibt. Die Zählung der Psalmverse in der lateinischen Spalte ist immer diejenige der Vulgata, nicht diejenige, die der liturgischen Rezitation vorbehalten ist, welche auch im Lateinischen ihrerseits zuweilen von der herkömmlichen Darstellung des Vulgatatextes abweichen kann. Einen Psalmvers ‚1' gibt es in einigen Fällen nicht (in den Psalmen von Matutin und Laudes), weil diese Zahl in der Vulgata der Überschrift des jeweiligen Psalmes vorbehalten ist, die im liturgischen Gebrauche nicht rezitiert wird.

Im deutschen Text finden sich zuweilen lateinische Anteile, besonders das lateinische Incipit der Psalmen und Cantica ist in der Regel angegeben, diese Anteile sind hier kursiv dargestellt. Die Abkürzungen, die der Bezeichnung der einzelnen Stücke dienen, wie Ps. für Psalm, A. für Antiphon, R. für Responsorium und V. für Vers, und die Asteriske in den Responsorien sind redaktionelle Zusätze. Weitere redaktionelle Zusätze und Konjekturen stehen in eckigen Klammern. Der Lübecker Marientiden-Druck von 1499 ist nicht paginiert, die Seitenumbrüche der Vorlage sind im Text mit dem Zeichen || gekennzeichnet. In der Hamburger Handschrift sind die Blätter mit Bleistift rezent (vielleicht von BORCHLING) durchnummeriert, diese Zählung ist hier übernommen worden. Dabei ist zu beobachten, dass diese Eintragungen offenbar zu einem Zeitpunkt vorgenommen wurden, da die verlorenen Blätter, etwa dasjenige mit dem dritten Psalm der Matutin, dasjenige mit dem zweiten Psalm der Laudes, oder diejenigen mit dem Ende der Laudes und dem Beginn der Prim, bereits abhanden gekommen waren, die Zählung erscheint daher durchgehend, ohne des Verlustes Rechnung zu tragen.

Element	HAMBURG deutscher Text von Cod. conv. 2	HYPOTHETISCHE VORLAGE lateinischer Text	LÜBECK Marientiden (1499)
A. – Matutin			
A. 1 – Eröffnung			
			Hyr beghynnen de soven tyde unser leven Vrouwen to dude.
Eröffnung	|fol. 1r| *Domine, labia mea aperies* // Here, [...] myne lippen. / Unde myn munt scal [...] din lof. Got, denke [an] myne hulpe. / Here, [snelle dy] my to helpen. Ere sy ...	Domine, labia mea aperies. / Et os meum annuntiabit laudem tuam. Deus, in adiutorium meum intende, / Domine, ad adiuvandum me festina. Gloria Patri ...	*Domine, labia mea* // Here, oͤpene[28] mine lyppen, unde myn mund, de schal kundyghen din loff. Got, denke an myne hulpe. / Here, snelle dy, mi to helpende. Ere sy deme vadere, unde deme sone, unde deme hyllighen gheste, also dath was vam ambeghinne, unde yummer blyven schal sunder ende. Amen.
Invitatorium	[...] In de ere der saligen junc- |fol. 1v| frouwen Marien / Jubilere wy deme heren.	In honore beatissimae Mariae virginis / Jubilemus Domino.[29]	In de ere der alderhillighesten yuncfrouwen Marien / Synghe wy dem heren.[30]

28 Hier hat der Drucker der Lübecker Marientiden von 1499 den Umlaut durch ein über das ‚o‘ gestelltes ‚e‘ dargestellt – das ist aber nicht die durchgängige Praxis des Druckes, vielmehr ist das niederdeutsche ‚ö‘ in der weiteren Folge häufiger ein einfaches ‚o‘, auch für die anderen Umlaute finden sich nur selten besondere Zeichen. In der Hamburger Handschrift finden sich gar keine Umlaute.

29 Das Invitatorium wird nach jedem Psalmvers ganz oder teilweise wiederholt. Die lateinische Vorlage für das Invitatorium, das sich in deutscher Übersetzung im Hamburger Codex zum ‚Officium parvum‘ findet, gehört in den meisten liturgischen Handschriften zum Fest Mariä Himmelfahrt (Cantus ID 001086), es ist das gewöhnliche Invitatorium des Marienoffiziums im deutschen Raum (vgl. die Übersichten in Abschnitt 4.3, auch im Hamburger ‚Cursus de Domina‘ von 1522). Im ‚Breviarium romanum‘ und im ‚Breviarium monasticum Bursfeldense‘ lautet das Invitatorium zum ‚Officium parvum‘ stattdessen *Ave Maria, gratia plena / Dominus tecum.*

30 Im Lübecker Druck von 1473 (Hamburg, SUB, Cod. in scrin. 84b) lautet das Invitatorium: *In de ere der saligen iuncvrouwen Marien / Jubileren wy den heren.*

Element	HAMBURG deutscher Text von Cod. conv. 2	HYPOTHETISCHE VORLAGE lateinischer Text	LÜBECK Marientiden (1499)
Psalm 94	*Venite, exultemus Domino* // Komet, wy jubileren deme heren, wy jubileren gode, unseme heile, wy komen in sin antlat in lave, unde jubileren eme myt deme salmen. ‚In de ere der saligen juncfrouwen Marien / Jubileren wy deme heren.‘	Venite, exsultemus Domino, iubilemus Deo salutari nostro, praeoccupemus faciem eius in confessione, et in psalmis iubilemus ei. ‚In honore beatissimae Mariae virginis / Jubilemus Domino.‘	*Venite, exultemus* // Kummet, wy vrouwen uns gade, wy synghen gade, unseme heyle, wy bekummeren syn antlaet in der bycht, unde synghen eme in den psalmen. ‚In de ere der alderhillighesten …‘
	Wente got is en grot here unde en grot konink boven allen goden, wente de here vor- |fol. 2r| [drivet] nicht sin volk, wente in siner hant sint alle ende der erden, wente he beschouwet de hoghe der berge. ‚Jubilere wy deme heren.‘	Quoniam Deus magnus Dominus, et rex magnus super omnes deos, quia in manu eius sunt omnes fines terrae, et altitudines montium ipsius sunt. ‚Jubilemus Domino.‘	Wente god is een groet here unde een grot konink aver alle gode, wente de here vor-drivet nicht syn volk, wente yn siner hant sint alle ende der erden, unde de hoghe der berge he besitet. ‚Singhe wy deme heren.‘
	Wente sin is dat [meer] unde he maket […] unde de erde […] sine hende; kamet, wy anbeden ine […] got, unde wenen vor deme heren, de uns gheschapen heft, wente he is unse here got, unde wy sint sin |fol. 2v| volk, unde schape siner weide. ‚In de ere der hilgen juncfrouwen Marien / Jubileren wy deme heren.‘	Quoniam ipsius est mare, et ipse fecit illud, et siccam manus eius formaverunt; venite, adoremus, et procidamus, et ploremus ante Dominum qui fecit nos, quia ipse est Dominus Deus noster, et nos populus pascuae eius, et oves manus eius. ‚In honore beatissimae Mariae virginis / Jubilemus Domino.‘	Wente sin is dat meer, unde he yd sulven schop, unde sine hende hebben ghevestet dat ertrike; kamet, wy ambeden unde vallen neder vor ghode, wy wenen vor deme heren, de uns schop, wente hi is unse here god, over wy sint sin volck, unde schape siner weyde. ‚In de ere …‘
	Dar gy huten horen sine wort, so en vorhardet nicht in juwen herten, also de in der wostenie deden, in deme dar bekoringe dar my bekorden juwe vedere, se proveden unde segen myne werke. ‚Jubilere wy deme heren.‘	Hodie si vocem eius audieritis, nolite obdurare corda vestra, sicut in irritatione, secundum diem tentationis in deserto, ubi tentaverunt me patres vestri, probaverunt me, et viderunt opera mea. ‚Jubilemus Domino‘.	Hoͤre gi huden sine stemme, so enschal iuwe herte nycht vorherdet syn, also na der grettinghe in den daghe der bekoringe in der wostenie, dar ok iuwe vedere my bekoerden, se seghen unde proveden myne werke. ‚Singhe wi dem heren.‘

<table>
<tr><th>Element</th><th>HAMBURG
deutscher Text von Cod. conv. 2</th><th>HYPOTHETISCHE VORLAGE
lateinischer Text</th><th>LÜBECK
Marientiden (1499)</th></tr>
<tr><td></td><td>Vertich jar, so was ik negest desseme slechte, unde sede al- |fol. 3r| le tyd desse dwelen alle an eren herten, sunder se bekanden myner weghe nicht, den swor ik in myneme torne, dat se nicht en ganghen in myne rouwe.
‚In de ere der saligen juncfrouwen Marien / Jubilere wy deme heren.'</td><td>Quadraginta annis offensus fui generationi illi, et dixi: „Semper hi errant corde". Et isti non cognoverunt vias meas, ut iuravi in ira mea: „Si introibunt in requiem meam".
‚In honore beatissimae Mariae virginis / Jubilemus Domino.'</td><td>Vertich yare hebbe yk ghewest de negheste desseme slechte, unde sprak: „Se twyvelen yummer in eren herten". Se hebben nycht bekant myne weghe, de ik swor in mynen torne: „Se ghaen nycht yn myne rouwe".
‚In de ere …' / Ere sy deme vader …
‚Singhe wy … In de ere …'</td></tr>
<tr><td>Hymnus</td><td>Quem terra // Dat lif der juncfrouwen Marien droch dat ertrike unde dat mere, de den heren laven unde anbedet, unde predeket ene, de dar |fol. 3v| maket hevet drevaldich hemmel unde dat mer unde dat ertrike.</td><td>[QT 1] Quem terra, pontus, aethera
Colunt adorant, prædicant,
Trinam regentem machinam
Claustrum Mariae baiulat.</td><td>[fehlt in Lübeck]</td></tr>
<tr><td></td><td>Deme de mant unde de sunne unde sternen denet, den drogen de aderen der juncfrouwen vorvullet myt der gnade des hilgen geistes.</td><td>[QT 2] Cui luna, sol et omnia
Deservimus per tempora,
Perfusa caeli gratia
Gestant puellae viscera.</td><td></td></tr>
<tr><td></td><td>O Maria, du bist en salich moder, van der gnade dines kindes de overste schepper, de de werlt untholt, de was besloten an dinen live.</td><td>[QT 4] Beata mater munere,
Cuius supernus artifex
Mundum pugillo continens
Ventris sub arca clausus est.</td><td></td></tr>
<tr><td></td><td>Du bist benediet ven den en- |fol. 4r| gelen boden unde vruchtbar van deme hilghen geiste; de begheringe der lude is geboren van dyneme live.</td><td>[QT 5] Benedictus caeli nuntio,
Fecunda sancto Spiritu,
Desideratus gentibus
Cuius per alvu fusus est.</td><td></td></tr>
</table>

Element	HAMBURG deutscher Text von Cod. conv. 2	HYPOTHETISCHE VORLAGE lateinischer Text	LÜBECK Marientiden (1499)
	Maria, moder der gnaden, moder der barmherticheit, bescherme uns vor deme vyende unde untfa uns in der stunde des dodes.	[MS 2] Maria, mater gratiae, Mater misericordiae, Tu nos ab hoste protege, Et hora mortis suscipe.	
	O here, de du geboren bist van der juncfrouwen, lovet sist myt deme vader, unde myt deme sone, unde myt deme hilgen geiste. Amen.	[MS 3] Gloria tibi, Domine, Qui natus es de virgine, Cum Patre et sancto Spiritu In sempiterna saecula. Amen.[31]	
A.2 – Psalmen[32]			
1. Ps. 8 mit Antiphon	|fol. 4v| Ps. 8: *Domine, deus noster* // Here, unse here, wo wunderlik is din name in alle der werlt / Wente dine grotheit is geboret boven den hemmel. [3] Ute deme munde der kinder dede noch sugen vullenbrochtes-	Ps. 8: Domine, Dominus noster, quam admirabile est nomen tuum in universa terra, quoniam elevata est magnificentia tua super caelos. [3] Ex ore infantium et lactentium perfecisti laudem propter inimi-	A.: Du bist gebenediet ... Ps. 8: *Domine, Dominus noster* // Here, unse here, wo wunderlik is din name in alle der erden, wente dyne wald is ghehoeghet baven alle hemmele. [3] Uth deme munde

31 Die ersten vier Strophen des deutschen Hymnus sind eine Übersetzung der Strophen 1, 2, 4 und 5 des Hymnus ‚Quem terra, pontus, aethera' des Venantius Fortunatus, das ist der Hymnus, den das römische Brevier, aber auch das Mainzer Brevier von 1495 und das Stundenbuch von Lund an dieser Stelle vorsehen. Die Strophen 5 und 6 des deutschen Hymnus sind eine Übersetzung der Strophen 2 und 3 von ‚Memento, salutis auctor', das ist der Hymnus, den das römische Brevier zu den kleinen Horen des ‚Officium parvum' bietet (weiter unten soll von ihm noch die Rede sein, weil zu den kleinen Horen der Hamburger und auch der Lübecker Marientiden von 1499 ein ‚Komposit-Hymnus' aus ‚Rex Christe' und ‚Memento salutis auctor' zum Einsatz kommt). Die Lübecker Marientiden von 1499, das Hamburger Brevier von 1508 und der Hamburger ‚Cursus' von 1522 haben keinen Hymnus zur Matutin.

32 Im lateinischen ‚Officium parvum de beata Maria virgine' nach dem ‚Breviarium romanum' gibt es drei Mal drei Psalmen zur Matutin – eine erste Nokturn, deren Psalmen, wenn täglich nur eine der drei Nokturnen rezitiert wird, am Montag und Donnerstag gebetet werden (Ps. 8 ‚Domine, Dominus noster', 18 ‚Coeli ennarant gloria Dei' und Ps. 23 ‚Domini est terra'), eine zweite Nokturn (Ps. 44 ‚Eructavit cor meum verbum bonum', Ps. 45 ‚Deus refugium noster et virtus' und 86 ‚Fundamenta eius in montibus sanctis'), deren Psalmen zur Rezitation am Dienstag und Freitag vorgesehen sind, und eine dritte Nokturn (Ps 95 ‚Cantate Domino canticum novum, cantate', Ps. 96 ‚Dominus regnavit, exsultet terra' und Ps. 97 ‚Cantate Domino canticum novum, quia'), deren Psalmen am Mittwoch und Sonnabend an der Reihe sind. Hier in der Hamburger Handschrift finden sich nur die Psalmen der ersten Nokturn, bzw. diejenigen, die im liturgischen Gebrauch nach dem römischen Brevier dem Montag und Donnerstag vorbehalten sind, die alternativen Psalmen für die übrigen Wochentage sind ausgelassen.

Element	HAMBURG deutscher Text von Cod. conv. 2	HYPOTHETISCHE VORLAGE lateinischer Text	LÜBECK Marientiden (1499)
	tu dat lof dor dyne viende, dattu vorstordest den vient unde dinen wreker. [4] Wente ik schal sen dine hemmele, de werk diner vingere, de mane unde sterne, de du gestedighet |fol. 5r| hevest. [5] Wat is de mynsche, dattu syner denkest, ofte wat is des mynschen sone, dattu ene vor wat rekenst?[33] [6] Du hevest ene eyn luttik gemynret van den engelen, myt tzirode unde myt ere hevestu ene ghekronet; [7] unde settest ene boven de werke siner[34] hende. [8] Du werpest alle dink achter sine vote, mennygerleie schap unde ossen unde dar boven dat [...]vih des veldes, [9] de vogele |fol. 5v| des hemmels unde der vissche des meres, de dar wanderen de stige des meres. [10] Here, unse here, wo wunderlik is din name in alle der werlt. Ere sy deme vader unde deme sone unde deme hilgen geisde. A.: Du bist benediet boven allen vrouwen, benediet is de vrucht dines lives.	cos tuos, ut destruas inimicum et ultorem. [4] Quoniam videbo caelos tuos, opera digitorum tuorum, lunam et stellas quae tu fundasti. [5] Quid est homo, quod memor es eius, aut filius hominis, quoniam visitas eum? [6] Minuisti eum paulo minus ab angelis, gloria et honore coronasti eum; [7] et constituisti eum super opera manuum tuarum. [8] Omnia subiecisti sub pedibus eius, oves et boves universas, insuper et pecora campi, [9] volucres caeli, et pisces maris, qui perambulant semitas maris. [10] Domine, Dominus noster, quam admirabile est nomen tuum in universa terra! Gloria Patri ... A.: Benedicta tu in mulieribus et benedictus fructus ventris tui.[35]	der sughenden kyndere hefstu vullenbrocht dyn lof doͤr dyne viende, dat du vorstoerest dynen vyend unde den wreker. [4] Wente ik scal seen de hemmele unde din handwerk, de mane unde || de sterne de du hefst gemaket. [5] Wat ys de mynsche, dat du siner denkest, edder des mynschen sone, wen du ene bekorest? [6] Du hefst ene gheneddert een weynich under den enghelen, du hefst ene ghekronet mit eren unde werdicheyt; [7] unde hefst ene settet aver diner hende werk. [8] Du heffst alle dink gheworpen under sine voͤte, ossen, schape, ryndere unde || alle vee des veldes, [9] unde de voͤghele der lucht, unde de vysche des meres. [10] Here, unse here, wo wunderlik is dyn name aver alle werld. Ere si dem ... A.: Du bist benedyet baven allen vrouwen, unde benedyet sy de vrucht dynes lichames.[36]

33 Der Sinn der beiden Übersetzungen ist hier ganz unterschiedlich – die Hamburger Marientiden fragen, warum Gott den Menschen „als etwas [wichtiges] ansehe" (*reken* im Sinne von ‚rechnen, anrechnen, zählen'), während die Lübecker Marientiden von 1499 das *visitare* der Vulgata offenbar als Heimsuchung verstehen, und fragen, warum Gott den Menschen „versuche".

34 In der Hamburger Fassung herrscht der Mensch über die Werke seiner eigenen Hände – die Vulgata sagt aber, dass Gott den Menschen zum Herrn über seine, d. h. Gottes Geschöpfe gesetzt habe.

35 Die drei Antiphonen zu den Psalmen der Matutin, ‚Benedicta tu', ‚Sicut mirra electa' und ‚Ante torum', gleichen sich fast überall – der Text, der hier in deutscher Übersetzung steht, ist derjenige, der sich auf Latein etwa im Hamburger Brevier von 1508 und im Hamburger ‚Cursus' von 1522 (s. u., Abschnitt 4.3.a) oder im Schweriner Ordinarius von 1519 (s. u., Abschnitt 4.3.c) findet, ebenso auch in den meisten übrigen norddeutschen Brevieren (s. u., Abschnitt 4.3.d), im ‚Breviarium romanum' und im handschriftlichen Brevier der Augustiner-Chorfrauen von Marienberg (Wolfenbüttel, HAB, Helmstedt 1312). Im ‚Breviarium monasticum Bursfeldense' hingegen werden alle drei Psalmen unter einer einzigen Antiphon, ‚Benedicta tu in mulieribus', rezitiert.

36 Im Lübecker Druck von 1473 (Hamburg, SUB, Cod. in scrin. 84b) lautet die Antiphon: *Du bist benediet boven allen vrouwen, benediet is de vrucht.*

<table>
<tr><th>Element</th><th>HAMBURG
deutscher Text von Cod. conv. 2</th><th>HYPOTHETISCHE VORLAGE
lateinischer Text</th><th>LÜBECK
Marientiden (1499)</th></tr>
<tr><td>2. Ps. 18 mit Antiphon</td><td>Ps. 18: *Celi enarrant* // De hemmele kundiget de ere gades, unde dat firmamente kundiget dat wark |fol. 6r| siner hende. [3] De dach kundiget deme dage dat wort, de nacht kundiget der nacht de wisheit. [4] It en sint nene tungen noch sprake, der inen ere stemmen nicht en hort. [5] Ere lut gink in alle ende der erden, unde ere stemmen gink in de ende des ertrikes. [6] He settede synen tabernakel in de sunnen, unde gink also en brudegam van syner brutkameren. [7] He vroude sik also en rese to |fol. 6v| lopende, van deme oversten hemmele is sin utgank. [7bis] Unde sin weddergank is bet to sinen hogesten, unde dar is nement, de sik hodet vor sine hote. [8] Des heren ee is unbevlecket unde bekert de sele, des heren betughni[ss]e[37] is truwe de clenen to gevende wisheit. [9] De rechticheit des heren sint recht, se vrouwen de herte, des heren bot is licht to vorluchtende de ogene. [10] De |fol. 7r| hilge vruchte des heren is ewichliken blivende, de rechte des heren de sint war gemaket in sik sulven. [11] Se sint begerende boven golt, unde dure stene, unde se sint soter boven honnichsem.</td><td>Ps. 18: Caeli enarrant gloriam Dei, et opera manuum eius annuntiat firmamentum. [3] Dies diei eructat verbum, et nox nocti indicat scientiam. [4] Non sunt loquelae, neque sermones, quorum non audiantur voces eorum. [5] In omnem terram exivit sonus eorum, et in fines orbis terrae verba eorum. [6] In sole posuit tabernaculum suum; et ipse, tamquam sponsus procedens de thalamo suo, exsultavit ut gigas ad currendam viam; [7] a summo caelo egressio eius, et occursus eius usque ad summum eius; nec est qui se abscondat a calore eius. [8] Lex Domini immaculata, convertens animas; testimonium Domini fidele, sapientiam praestans parvulis. [9] Iustitiae Domini rectae, laetificantes corda; praeceptum Domini lucidum, illuminans oculos. [10] Timor Domini sanctus, permanens in saeculum saeculi; iudicia Domini vera, iustificata in semetipsa, [11] desiderabilia super aurum et lapidem pretiosum multum, et dulciora super mel et favum. [12] Etenim servus tuus custodit ea; in custodiendis illis retributio multa. [13] Delicta quis intelligit? Ab occultis meis munda me; [14] et ab alienis parce</td><td>A.: Also een utherkaren …
Ps. 18: *Celi* // De hemmele scholen spreken ghades ere, un dat fyrmament schal || kundighen syner hende werk [3] De dach schal deme daghe vorkundyghen dath word, unde de nacht kundighet der nacht wysheyt. [4] Id en is neen sproke noch rede, der ere stemme nicht werd ghehoert. [5] Ere lued is gheghan in alle ertryke, unde ere wort synt ghekamen to dem ende der werlde. [6] He hefft sin thelt ghesettet an de sunne, unde hi is gheghan || van syneme sale alse een brudegham. [7] He vrouwede sik to lopende also een rese enen wech lanck, van deme hoͤghesten hemmele was sin uthghanck. [7bis] Unde syn wedderlop wente to der oversten hoghe, wente numment is, de sik vorberget vor siner hette. [8] Gades ee is unbevlekket unde bekeret de sele, des heren tuchnisse is truwe unde ghifft den klenen || wysheyt. [9] Gades recht dat is recht unde vrouwet de herte, gades both dat is licht, yd vorluchtet de oghen. [10] Gades vruchte, de is hillich, he blivet ewich, gades ordele synt waer, se synt an en sulven. [11] Se sint lustiger wen</td></tr>
</table>

37 *-betughnisse*] in der Handschrift versehentlich *betughnige*.

Element	HAMBURG deutscher Text von Cod. conv. 2	HYPOTHETISCHE VORLAGE lateinischer Text	LÜBECK Marientiden (1499)
	[12] Wente din knecht bewaret se; in erer bewaringe is vele wedder gevendes. [13] We vornympt de missedat? Van mynen vorborgenen reynege my; van deme vromeden schone dine knech- |fol. 7v| knechte. [14] Is dat se my overherich werden, so werde ik u[n]bevlecket, unde werde gereyneget van deme grotesten broke. [15] Unde mynes mundes sproke scholen werden dat se behagen, unde mynes herten betrachtinghe is jummer an dinen angesichte. [15bis] Here, du bist myn hulper unde myn loser. Ere sy de … A.: Also en uterkoren myrre gevestu dinen roke, hillige godes moder.	servo tuo. Si mei non fuerint dominati, tunc immaculatus ero, et emundabor a delicto maximo. [15] Et erunt ut complaceant eloquia oris mei, et meditatio cordis mei in conspectu tuo semper. Domine, adiutor meus, et redemptor meus. Gloria Patri … A.: Sicut myrrha electa odorem dedisti suavitatis, sancta Dei genitrix.	dat golt unde de eddelen stene, unde synt soter wen honnychseem. [12] Dyn knecht bewaret se; de se bewaret wol, deme wert wedder grot || loen. [13] We vornympt de missedat? Van minen hemeliken sunden renighe mi; unde van den vromeden schone dynen knecht. [14] En werden se myner nycht weldich, so byn ick unbeflecket, unde werde reniget van groter missedat. [15] So werden de worde behagende mynes mundes, unde mynes herten danken sint vor dinneme antlate alle tit. [15bis] Here, du byst || min helper unde myn vorloser. Ere sy deme vader … A.: Also ein uterkoren mirre gaff ick den roeke der soticheyt.[38]
3. [Ps. 23] mit Antiphon	Ps.: […][39] |fol. 8r| der ere. Ere sy deme vader unde deme sone … A.: Dor de bede desser juncfrouwen, de stedige uns de sote sange der borden. [i. e. *Vor dem bedde desser juncfrouwen, do …*][40]	Ps. 23: Domini est terra, et plenitudo eius, orbis terrarum, et universi qui habitant in eo. [2] Quia ipse super maria fundavit eum, et super flumina praeparavit eum. [3] Quis ascendet in montem Domini, aut quis stabit in loco sancto eius? [4] Innocens manibus	A.: Synget uns enen sanck … Ps. 23: *Domini est terra* // Gades is de erde, unde ere vulheit, de ummeringe der erden, unde alle de dar inne wanen. [2] Wente he heft en ghevestet up dat meer, unde heft ene bereydet uppe dat water. [3] We || sticht up in gades berch, edder we steyt yn syner hylgen stede? [4] De unschuldych

38 Im Lübecker Druck von 1473 (Hamburg, SUB, Cod. in scrin. 84b) lautet die Antiphon: *Du hest gegeven einen smack der soticheit alse en uterkorne mirre, du hilge godes gebererin.*

39 Hier fehlt ein Blatt mit Ps. 23. Auf dem heutigen fol. 8r oben ist nur der Rest des letzten Verses mit der Doxologie *Ere sy deme vader unde deme sone* … erhalten, darauf folgt gleich die Antiphon, die zu Ps. 23 gehört.

40 ‚Ante torum' ist in der lateinischen Vorlage die adverbiale Bestimmung des Ortes – die richtige niederdeutsche Übersetzung wäre „Vor dem bed[d]e desser juncfrouwen, do". Der Kopist der Hamburger Handschrift kannte den lateinischen Text offenbar nicht, er ist nicht darauf gekommen, dass das Wort „bede",

Element	HAMBURG deutscher Text von Cod. conv. 2	HYPOTHETISCHE VORLAGE lateinischer Text	LÜBECK Marientiden (1499)
		et mundo corde, qui non accepit in vano animam suam, nec iuravit in dolo proximo suo. [5] Hic accipiet benedictionem a Domino, et misericordiam a Deo salutari suo. [6] Haec est generatio quaerentium eum, quaerentium faciem Dei Iacob. [7] Attollite portas, principes, vestras, et elevamini, portae aeternales, et introibit rex gloriae. [8] Quis est iste rex gloriae? Dominus fortis et potens, Dominus potens in praelio. [9] Attollite portas, principes, vestras, et elevamini, portae aeternales, et introibit rex gloriae, [10] Quis est iste rex gloriae? Dominus virtutum ipse est rex gloriae. Gloria Patri … A.: Ante torum huius virginis frequentate nobis dulcia cantica dramatis.	is in sinen henden unde reynes herten, de syne sele nycht vorghenes nam, unde de sinem neghesten nicht enswor in drogene. [5] So entfanget he van gade de segynghe, unde de barmherticheyt van gade syneme heyle. [6] Dyt is dat slechte der yennen, de ene soken, de soken dath || antlath ghades Jacobs. [7] Gy vorsten der helle, dot up iuwe porten; unde der ewyghen porten werden upghedaen, dat dar inga der konink der eren. [8] We is de konnink der eren? Dat is de starke god unde de mechtighe, de here in den stride weldich. [9] Bort up, gy vorsten, iuwe porten; unde de ewyghe porten werden upghedan, dat dar inga de konynk der || eren. [10] We is de konnink der eren? God der dogede is ein konnink der eren. Ere sy dem vader … A.: Du bist gebenediet baven allen vrouwen, benedyet is de vrucht dynes lichames.[41]

dass er in seiner deutschen Vorlage vorgefunden hatte, hier nicht, wie er es in dem Kontext erwartet hatte, ‚Fürbitte', sondern ‚Bett' bedeutet. Deshalb hat er aus dem großen ‚V' von *vor* ein ‚D', und aus dem *do* (‚dort') das Relativpronomen *de* gemacht, so ergibt sich die ihm vertraute Wendung „Durch die Fürsprache der Jungfrau, die". Dass die Großbuchstaben in der Vorlage leicht zu verwechseln waren, beweist das *Wy* statt *By* in der folgenden Absolutio zur ersten Lesung.

41 Die Antiphon im Lübecker Druck von 1499 weicht sowohl vom liturgischen Text auf Latein, also auch von der niederdeutschen Fassung der Hamburger Handschrift ab, vielleicht hatte auch der Lübecker Übersetzer mit dem *torum* seine Schwierigkeiten gehabt. Die erste Hälfte der Psalmantiphonen wird vor dem Psalm angestimmt, um den Psalmton vorzugeben, nach dem Psalm wird dann die ganze Antiphon gesungen. Deshalb steht in der Regel – auch in den liturgischen Büchern – vor dem Psalm nur der erste Teil, und nach dem Psalm dann der ganze Text. Doch im Lübecker Druck passen diese beiden Stücke

<table>
<tr><th>Element</th><th>HAMBURG
deutscher Text von Cod. conv. 2</th><th>HYPOTHETISCHE VORLAGE
lateinischer Text</th><th>LÜBECK
Marientiden (1499)</th></tr>
<tr><td colspan="3">A.3 – Vers, Benediktionen, Lesungen und Responsorien</td><td></td></tr>
<tr><td>Vers [gefolgt von ‚Pater noster']</td><td>Denke diner scone unde werdicheit, ga vorluckichliken, unde regnere.</td><td>Specie tua et pulchritudine tua intende, prospere procede et regna.[42]</td><td>Dine schonde unde dine wolgestalt / merke dyn ghelucke unghetalt / bringhet dy to rykedome mennichvalt.[43]
Pater noster … / Et ne nos …</td></tr>
<tr><td>Absolutio</td><td>[B]y[44] den [beden][45] unde der rechticheit der hilgen juncfrouwen Marien unde alle synen hilgen, so make sunt unde bescherme uns de milde vader une de barmhertige got. Amen.</td><td>Precibus et meritis sanctissimae Dei genitricis virginis Mariae et omnium sanctorum suorum salvet et protegat nos omnipotens pius Pater et misericors Dominus. Amen.[46]</td><td>Dorch der bede wyllen der || hyllighen iunkfrouwen Marien bescherme uns god unde vorlene uns syne gnade. Amen.</td></tr>
</table>

nicht zusammen: Vor dem dritten Psalm der Matutin (Ps. 23) steht *Synget uns enen sanck*, und danach *Du bist gebenediet baven allen vrouwen, benedyet is de vrucht dynes lichames*. Im Lübecker Druck von 1473 (Hamburg, SUB, Cod. in scrin. 84b) hingegen lautet die Antiphon einfach: *Singet uns enen soten sank vor der slapkammeren desser juncfrowen* – das ist die Übersetzung des lateinischen ‚Ante torum', und offensichtlich auch der Text, den der Lübecker Drucker von 1499 vor (aber nicht nach) dem Psalm angeben wollte.

42 *Denke diner scone unde werdichkeit, ga vorluckichliken unde regnere* ist eine Übersetzung von *Specie tua et pulchritudine tua intende, prospere procede et regna* (aus Ps. 44,5). Der Text, der hier in der Hamburger Handschrift den Vers an der Schnittstelle zwischen Psalmen und Lesungen ausmacht, findet sich im Hamburger ‚Cursus de Domina' von 1522 (s. u., Abschnitt 4.3.a) und im Schweriner Ordinarius von 1519 (s. u., Abschnitt 4.3.d) an derselben Stelle. Im ‚Breviarium romanum' steht er in dieser Eigenschaft, als Vers zur Matutin, nur im ‚Commune festorum beatae Mariae virginis' (wo es alle drei Nokturnen zur Matutin gibt), und zwar nach den Psalmen der ersten Nokturn. Im ‚Officium parvum beatae Mariae virginis' des ‚Breviarium romanum' gibt es den Text auch, aber dort dient er als Antiphon zum ersten Psalm der zweiten Nokturn (am Dienstag und Freitag), die hier fortgelassen wurde, der Vers lautet im römischen ‚Officium parvum' stattdessen: *Diffusa est gratia in labiis tuis / Propterea benedixit te Deus in aeternum*. In der Fassung von Fonte Avellana dient ‚Specie tua' als Responsorium breve zur Terz. Hier in der Hamburger Marientiden-Handschrift findet sich derselbe Text unten noch einmal als Responsorium breve zur Terz.

43 Die Lübecker Übersetzung von 1499 stammt offenbar aus einem Reimoffizium. *Unde* ist im Druck immer abgekürzt als *uñ*, aber an dieser Stelle wird deutlich, dass die Abkürzung als *unde* (und nicht etwa als *und*) aufzulösen ist, denn das Versmaß erheischt an dieser Stelle zwei Silben. Im Lübecker Druck von 1473 (Hamburg, SUB, Cod. in scrin. 84b) hingegen lautet der Vers abweichend: *De gnade is gegoten in dine lippen, darumme heft di god ewich benediet.*

44 *by*] in der Handschrift *wy*.

45 *beden*] in der Handschrift *beuden*.

46 Das ist der Text des Hamburger ‚Cursus de Domina' von 1522. Im ‚Breviarium romanum' lautet die Absolutio etwas abweichend: *Precibus et meritis beatae Mariae semper virginis et omnium sanctorum perducat nos Dominus ad regna coelorum. Amen.*

Element	HAMBURG deutscher Text von Cod. conv. 2	HYPOTHETISCHE VORLAGE lateinischer Text	LÜBECK Marientiden (1499)
[1.] Benedictio	Here, hete benedien. / De mo- |fol. 8v| der godes Marien wes uns behegelik unde mylde.	Iube, Domine, benedicere. / [Virginis filius sit nobis pius et propitius.][47]	Here, het mi wol spreken. / [Sunte Maria unde ere leve kint mote uns bescermen vor alle, de uns scedelyk sint].[48] Amen.
1. Lectio	*Sancta Maria* // Juncfrouwe aller juncfrouwen, moder unde dochter des koninges aller koninghe, gif uns dinen trost, unde wy moghen hebben dat lon des ewigen rikes, unde myt dinen uterkoren ewichliken to levende.	Sancta Maria, virgo virginum, mater et filia regis regum omnium, tuum nobis impende solatium, ut celestis regni per te mereamur habere premium, et cum electis Dei regnare possimus in perpetuum.	Hyllighe yunkvrouwe aller yunkfrouwen, moder unde dochter des koninghes aller koninghe, vorlene uns dy- || nen trost, up dat wy doch dyner werdych werden to hebbende dat lon des hemmelischen rykes, unde mit den uterwelden ewychliken.[49]

47 Der Hamburger ‚Cursus de Domina' von 1522 bietet für jeden einzelnen Wochentag verschiedene Segensformel für die drei Lesungen der Matutin, insgesamt also 21, die sich alle reimen (*Summe Trinitati virgo gratissima / nos tueatur sub prece dignissima; Succurre nobis mater Christi / quae mundo flebili gaudium intulisti; Ora pro devotis famulis / virgo Maria tuis;* etc.). Der Text der niederdeutschen Hamburger Marientiden ist offensichtlich aus einer lateinischen Vorlage übersetzt, die sich in ähnlicher Weise gereimt hat, etwa „Mater Dei Maria / sit nobis propitia et pia", allerdings findet sich dieser Text so nicht im lateinischen Hamburger ‚Cursus'. Der oben in der Tabelle ersatzweise angegebene Text stammt aus dem ‚Breviarium monasticum Bursfeldense'. Zu beobachten ist, dass der Lektor bzw. die Lektorin den Segen eigentlich vom anwesenden Offizianten erbittet, sofern ein solcher vorhanden ist: *Iube, domne, benedicere* (ohne ‚e') bzw. *Iube, domina, benedicere* richtet sich an den Oberen bzw. die Oberin, die der Liturgie vorsteht. Direkt von Gott wird der Segen nur erbeten, wenn man alleine betet, oder unter Standesgleichen, ohne dass es einen Vorsteher gäbe, dann heißt es *Iube, Domine, benedicere*, in der männlichen Form und mit einem ‚e'. Hier in der Hamburger Handschrift scheint die letztere Situation vorausgesetzt zu werden, das wäre also ein weiterer Hinweis darauf, dass dieser Text zur privaten und nicht zur gemeinschaftlichen Rezitation bestimmt war. Die Formel, mit der der Obere den erbetenen Segen spendet, lautet im ‚Breviarium romanum' *Nos cum prole pia benedicat virgo Maria*, der deutsche Wortlaut der Hamburger Handschrift gemahnt eher an den Text im ‚Breviarium monasticum Bursfeldense': *Virginis filius sit nobis pius et propitius*. Im Formular von Fonte Avellana (PL 151, Sp. 970) sind die Segensformeln nicht angegeben. Wie im ‚Breviarium monasticum Bursfeldense' gibt es auch hier in Hamburg nur einen Segen vor der ersten Lesung, im ‚Breviarium romanum' (und auch in den Lübecker Marientiden von 1499) gibt es Segensformeln für jede einzelne der drei Lesungen.

48 Dies ist einer der seltenen Fälle, in denen der niederdeutsche Text des Lübecker Druckes von 1499 nicht die gleiche lateinische Vorlage wiedergibt, wie derjenige der Hamburger Handschrift. Die drei Segensformeln der Lübecker Fassung sind offensichtlich einem deutschen Reimoffizium entnommen.

49 Im Lübecker Druck von 1473 (Hamburg, SUB, Cod. in scrin. 84b) findet sich eine anderslautende Übersetzung derselben Vorlage: *Sancta Maria, en iuncfrouwe, en moder, en dochter des koninges aller koninge, gif uns dinen trost, dat wi moten hebben dat lon des ewigen rikes unde vrouwen uns mit dynen uterkornen ewichliken. Sunder du, here, wes uns gnedich.*

Element	HAMBURG deutscher Text von Cod. conv. 2	HYPOTHETISCHE VORLAGE lateinischer Text	LÜBECK Marientiden (1499)
	Over du here, wes uns gnedich. / Got si gelavet.	Tu autem Domine, miserere nobis. / Deo gratias.[50]	Du here, vorbarme dy over uns. / Got sy gelavet.
1. Responsorium	R.: Hillige unbevleckede juncfrouwe, ik en |fol. 9r| wet[51] nicht, myt wat lave ik dy laven wil, * wente du in dinen schote drogest den, den alle de werlt nicht begripen mochte. / V.: Du bist benediet boven allen wyven, benediet is de vrucht dines lives, * wente du in dineme schote drogest, den de werlt nicht begripen mochte.[52]	R. Sancta et immaculata virginitas, quibus te laudibus efferam, nescio, * quia quem coeli capere non poterant, tuo gremio contulisti. / V.: Benedicta tu in mulieribus, et benedictus fructus ventris tui, * quia quem coeli capere non poterant, tuo gremio contulisti.[53]	R.: Hyllige unde unbevlekkede magedom, ick en wet nycht, mit wat lave yk dy laven wil, * wente du in dineme scote drogest, den de hemmele nicht begripen mo- || chten. / V.: Du byst benediet baven allen vrouwen, benediet is de vrucht dines lives, * wente du in dineme scote drogest, den de hemmele nycht begripen mochten.[54]

50 Der Text zur ersten Lesung ist eine Übersetzung von ‚Sancta Maria, virgo virginum, mater et filia regis regum', dem Text zur ersten Lesung der Matutin, wie es sich im ‚Officium beatae Mariae virginis secundum consuetudinem monachorum monasterii sanctae Crucis Fontis Avellanae' findet (PL 151, Sp. 970). Im ‚Breviarium romanum' und im ‚Breviarium monasticum Bursfeldense' ist die erste Lesung stattdessen Sir. 24,11–13. Hier folgt die Hamburger Handschrift also der älteren liturgischen Tradition – ganz wie das Hamburger Brevier von 1508, der Hamburger ‚Cursus' von 1522 und die Fassungen aus Bremen, Lund und Utrecht, die unten in Abschnitt 4.3.d zum Vergleich herangezogen werden, sie haben alle die alten Lesungen aus Fonte Avellana (weitere Belege u. a. Kopenhagen, KB, GKS 1609 und Kopenhagen, KB, Thott 535). Die zeitgenössischen Breviere aus Mainz und Köln hingegen haben die neuen biblischen Lesungen.

51 *ik en* |fol. 9r|*wet*] vielleicht *ik en-wet*.

52 In den lateinischen Responsorien wird nach dem Vers die zweite Hälfte des ersten Satzes wörtlich wieder aufgegriffen, in der Hamburger Handschrift hingegen wird die zweite Hälfte des ersten Satzes auch wiederholt, aber nicht ganz wörtlich. Die konventionellen Zeichen, R., V., und *, die hier in der Tabelle zur Gliederung eingefügt sind, fehlen in der Handschrift, nicht nur in diesem, sondern überhaupt in allen Responsorien. Vielleicht war der Kopist mit der Praxis des liturgischen Vortrages der Responsorien nicht vertraut, sonst hätte er gewusst, dass diese Zeichen nötig sind, um zu erkennen, welcher Teil von einem allfälligen Vorsänger vorgetragen, und welcher Halbsatz von der Schola wiederholt wird. Daran sieht man, dass die Hamburger Handschrift zur privaten Rezitation, nicht zum gemeinschaftlichen Vortrag bestimmt ist.

53 Responsorium (Cantus ID 007659) wie im Hamburger Brevier von 1508, im Hamburger ‚Cursus' von 1522, im römischen Brevier, im handschriftlichen Brevier der Augustiner-Chorfrauen von Marienberg (Wolfenbüttel, HAB, Helmstedt 1312) und überhaupt in allen unten in Abschnitt 4.3.d zum Vergleich herangezogenen Fassungen. Das lübische Brevier von 1478 (s. u. in Abschnitt 4.3.b) hatte dieses Responsorium für das Marienoffizium in der Weihnachtszeit vorgesehen.

54 Im Lübecker Druck von 1473 (Hamburg, SUB, Cod. in scrin. 84b) lautet das Responsorium: *Hilge unde* [fol. 243v] *unbevleckede iuncfrouwe, ik wet nicht, mit wat love ik dy loven wil, * wente du in dinen schoten drogest, den de hemmel nicht begripen mochten*. Versus: *Du bist benediet boven allen wiven, benediet is de vrucht dines lives, * wente du …*

Element	HAMBURG deutscher Text von Cod. conv. 2	HYPOTHETISCHE VORLAGE lateinischer Text	LÜBECK Marientiden (1499)
[2. Benedictio]			Heit uns, here, wolspreken. / [Gades telerinne sy uns ene mylde hulperinne.] Amen.
2. Lectio	Sunte Maria, de hilligeste mank allen hilgen unde de myldeste mank allen mylden, bidde |fol. 9v| vor uns, dat he van dyner wegen unse bet neme, de van dy geboren is, unde is weldich up deme hemmele, dat van siner leve al unse sunde delget werde. Over du here, wes uns gnedich. / Got sy gelavet.	Sancta Maria, piarum piissima, intercede pro nobis, sanctarum sanctissima, et per te, virgo gloriosa, nostra sumat peccamina qui pro nobis ex te natus regnat super ethera, et sua charitate mira nostra deleantur peccamina. Tu autem Domine, miserere nobis. / Deo gratias.[55]	Hilghe Maria, aller milden de mildeste unde de hilgheste under allen hylghen, bidde vor || uns, dat he van diner weghen unse bede neme, de van dy gebaren ys, unde ys weldych up deme hemmele, dath van syner leve alle unse sunde delghet werden.[56] Du here, vorbarme dy unser. / God sy gelavet.
2. Responsorium	R.: Du bist salich, juncfrouwe Maria, de du drogest den heren, [den schaper] alle der werlt, * du geberdest den, de dy makede, unde blevest juncfrouwe. / V.: Gegrotet sistu, Maria, voller gnaden, de here is myt dy, |fol. 10r| * du geberdest, den dy scap, unde blevest ewichliken ene juncfrouwe.[57]	R.: Beata es, virgo Maria, quae Dominum portasti, creatorem mundi, * genuisti qui te fecit, et in aeternum permanes virgo. / V.: Ave Maria, gratia plena, Dominus tecum, * genuiste qui te fecit, et in aeternum permanes virgo.[58]	R.: Du bist salich, iunckfrouwe Maria, de du drogest den heren, schepper aller werlde, * du teldest den, de dy makede, unde blivest || ewychliken iuncvrouwe. / V.: Grotet syst du, Maria, vul gnade, got is mit dy, * du teldest den, de dy makede, unde blivest ewychliken iuncvrouwe.[59]

55 Auch die zweite Lesung stimmt mit dem ‚Officium beatae Mariae virginis secundum consuetudinem monachorum monasterii sanctae Crucis Fontis Avellanae' überein (PL 151, Sp. 970). Im ‚Breviarium romanum' und im ‚Breviarium monasticum Bursfeldense' ist die zweite Lesung stattdessen Sir. 24,15–20.

56 Im Lübecker Druck von 1473 (Hamburg, SUB, Cod. in scrin. 84b) lautet die zweite Lesung: *Sunte Maria, de mildeste mank allen miden, bidde vor uns, du hilgeste mank allen hilgen, dat he van diner wegene unser bede vorneme, de van di geboren is, unde weldich is in dem hemmele, dat van siner leve unse sunde delget werde. Sunder du, here …*

57 Auch hier ist, wie beim ersten Responsorium, die zweite Häfte des ersten Satzes, die nach dem Vers wiederholt wird, in ihrem Wortlaut etwas verändert, für die gemeinschaftliche Rezitation wäre diese Fassung also ungeeignet.

58 Auch das zweite Responsorium entspricht dem lateinischen Wortlaut des römischen Brevieres und des Bursfelder Brevieres (und es findet sich auch im handschriftlichen Brevier der Augustiner-Chorfrauen von Marienberg [Wolfenbüttel, HAB, Helmstedt 1312]). Im Hamburger Brevier von 1508 und im ‚Cursus' von 1522 hingegen lautet es (sonntags) abweichend R.: *Benedicta tu in mulieribus * et benedictus fructus ventris tui.* V.: *Ave Maria, gratia plena, Dominus tecum, * et benedictus …*; dafür findet sich ‚Beata es' im ‚Cursus' von 1522 nach der zweiten Lesung am Dienstag und Freitag.

59 Im Lübecker Druck von 1473 (Hamburg, SUB, Cod. in scrin. 84b) lautet das Responsorium: *Salich bist du, iuncfrouwe Maria, de du drogest den heren, en schepper aller werlde, * unde blivest ewichliken iuncfrouwen.* Versus: *Grotet sistu, Maria, vul aller gnade, got is mit di, * unde …*

Element	HAMBURG deutscher Text von Cod. conv. 2	HYPOTHETISCHE VORLAGE lateinischer Text	LÜBECK Marientiden (1499)
[3. Benedictio]			Het uns, here, wolspreken. / [Dorch der iuncvrouwen sote rede geve uns god heyl und vrede.] Amen.
3. Lectio	Sunte Maria, de du werdich werst, den to untfangende, den alle de werlt nicht begripen [kon]te, delge unse schult myt dinen mylden beden, [dat] wy upstygen to d[eme sto]le diner ewigen ere, dar du myt dinen sone bist ane ende. Over du here, wes uns gnedich. / Got sy gelavet.	Sancta Dei genitrix, qui digne meruisti concipere et parere, quem totus orbis nequivit comprehendere, tu tuo pio interventu culpas nostras ablue, ut sedem perennis glorie per te redempti valeamus scandere, ubi manes et regnas cum filio tuo, domino nostro Jesu Christo sine tempore. Tu autem Domine, miserere nobis. / Deo gratias.[60]	Hillighe ghades moder, du entfenghest werdichliken, den al de werlde nych || begrypen konde, delghe unse schulde myt dynen milden bede, dat wy stighen moghen tho deme stole der ewigen ere, dar du mit dineme sone bist ane ende.[61] Du here, vorbarme di over uns. / Got sy ghelavet.
3. Responsorium	R.: |fol. 10v| Criste alder leveste juncfrouwe, werkersche der dogeden, gif hulpe den droftygen, * kum, vrouwe, den to hulpe, de	Christi virgo dilectissima, virtutum operatrix, opem fer miseris, subveni, domina, clamantibus ad te iugiter.[62]	[R.: Salich bistu, hilghe iunkvrouwe Maria, unde alles laves de werdegheste, * wente uth di is ghegan de sunne der rechtverdi- ||

60 Auch die dritte Lesung folgt dem Typ von Fonte Avellana (PL 151, Sp. 970). Im ‚Breviarium monasticum' und im ‚Breviarium monasticum Bursfeldense' steht dafür ‚Quasi cedrus exaltata sum'.

61 Im Lübecker Druck von 1473 (Hamburg, SUB, Cod. in scrin. 84b) lautet die dritte Lesung: *Sunte Maria, de du werdich werst, den to entfangende, den al de werlt nicht begripen mochte, delge unse schult mit dinen milden bede, dat wy stigen mogen to den stole der ewigen ere, dar du mit dinem sone bist ane ende.* [fol. 246r] *Sunder du, here ….*

62 Das dritte Hamburger Responsorium stimmt, anders als die ersten beiden, nicht mit dem ‚Breviarium romanum' und dem ‚Breviarium monasticum Bursfeldense' überein, sie haben an dieser Stelle ‚Felix namque es, sacra virgo Maria, et omni laude dignissima', ebenso auch das Hamburger Brevier von 1508. Der Hamburger ‚Cursus' von 1522 hat hier sonntags R.: *Solem iustitiae regem paritura supremum * stella Maria maris rutilans porcessit ad ortum.* V.: *Cernere divinum lumen, gaudete fideles * stella …* V.: *Gloria …* (von Fulbert von Chartres). ‚Christi virgo dilectissima' findet sich im Hamburger ‚Cursus' von 1522 aber auch, nach der dritten Lesung des Dienstages und Freitages, und ‚Felix namque' zur dritten Lesung am Montag. Der Typus von Fonte Avellana hat an dritter Stelle ‚Beata es' (wie im ‚Breviarium romanum' und in Hamburg nach der zweiten Lesung). Das Responsorium ‚Christi virgo dilectissima' gibt es natürlich auch im kanonischen Offizium, es steht in zahlreichen alten Handschriften zur dritten Nokturn der Matutin am Fest Mariä Himmelfahrt (Cantus ID 006278).

Element	HAMBURG deutscher Text von Cod. conv. 2	HYPOTHETISCHE VORLAGE lateinischer Text	LÜBECK Marientiden (1499)
	andachtygen to dy ropen, wente wy vordrucket werden] myt sunden borden, hilghe juncfrouwe, wy bidden dy, * kum vrouwe den to hulpe de, vrouwe, dy anropen. Ere sy deme vader unde deme sone unde deme hilghen gheiste, also it was in deme ambeginne, nu, unde |fol. 11r| jummermer, * kum, vrouwe, den to hulpe de andachtichliken dy anropen.		cheit, Christus, unse here got. / V.: Bydde vor dat volck, bidde vor de papheit, bidde vor dat innige wyflyke slechte, alle de bevynden dyne hulpe, de dar begaen dyne hochtijd, * wente uth dy ist ghegaen de sunne der rechtverdicheit, Christus, unse here got. Ere sy deme vader unde deme sone unde dem hillighen gheiste. * Wente uth dy ys ghegan de sun- || ne der rechtverdycheyt, Christus, unse here god.][63]
Te Deum	*Te Deum laudamus* // Wy laven dy got, wy bekennens, dattu here bist. Ewyge here, alle[64] erde eret dy.	Te Deum laudamus, te Dominum confitemur. Te aeternum Patrem, omnis terra veneratur.	*Te Deum laudamus* // Wi laven dy, got, wy bekennen di enen heren. Dy ewyghe vader eret alle de erde.
	Wy[65] eren alle engelen, hemmelen unde de mennichvoldigen welde. Cherubin unde seraphin, de ropen myt ener steden stemme:	Tibi omnes angeli, tibi caeli et universae potestates, tibi cherubim et seraphim, incessabili voce proclamant:	Dy laven alle engele, de hemmele unde alle *potestates*. Di anropen cherubin unde seraphin, singende mit unswigende stemme:

63 Der Lübecker Druck von 1499 hat an dritter Stelle genau das Responsorium, das sich dort auch im ‚Breviarium romanum', im ‚Breviarium monasticum' und im handschriftlichen Brevier der Augustiner-Chorfrauen von Marienberg (Wolfenbüttel, HAB, Helmstedt 1312) findet – bloß, dass es dort natürlich auf Latein steht: R.: *Felix namque es, sacra virgo Maria, et omni laude dignissima, * quia ex te ortus est sol iustitiae, Christus, Deus noster.* / V.: *Ora pro populo, interveni pro clero, intercede pro devoto femineo sexu, sentiant omnes tuum iuvamen, quicumque celebrant tuam sanctam festivitatem, * quia* … Im Lübecker Druck von 1473 (Hamburg, SUB, Cod. in scrin. 84b) lautet das Responsorium hingegen: *O, du iuncfrouwe, Christi aller leveste, werkersche der doget, kum to hulpe den drovigen unde krankmodigen, kum, vrouwe, to hulpe den,* [de] *endrachtigen to di ropen, wente wy beswaret werden mit der sunden borde.* [Versus:] *So bidde wi di, aller hilgeste, kum uns to hulpe* … Hier gibt also der Lübecker Druck von 1473 dieselbe lateinische Vorlage wieder, wie die Hamburger Handschrift, während der Lübecker Druck von 1499 von beiden abweicht.

64 *alle*] in der Handschrift versehentlich verdoppelt.

65 Der Kopist hat hier, wie es unten noch öfter der Fall sein wird, aus dem *dy* ein *wy* gemacht: „Wir ehren die Engel" statt „Dich ehren die Engel". Das belegt, dass er mit dem lateinischen Text des ‚Te Deum' nicht vertraut war.

Element	HAMBURG deutscher Text von Cod. conv. 2	HYPOTHETISCHE VORLAGE lateinischer Text	LÜBECK Marientiden (1499)
	„Hillich, hillich, hillich, here Sabaoth. Hemmel unde erde sint vul dy- |fol. 11v| dyner gnade".	„Sanctus, Sanctus, Sanctus, Dominus Deus Sabaoth. Pleni sunt caeli et terra maiestatis gloriae tuae".	„Hillich, hillich, hillich, here god van Sabaoth. Hemme- || le unde erde syn vul dyner weldighen eren".
	Wy[66] eret dat erlike kor der apostel, de schinenden schar der merteler lavet dy.	Te gloriosus apostolorum chorus, te prophetarum laudabilis numerus, te martyrum candidatus laudat exercitus.	Dat erlike koer der apostolen, de lovelike tal der propheten, de schone schar der merteler lavet dy.
	De hilghe cristenheit over de gansen werlt lavet dy, den vader der unmetigen welde. We eren dinen waren, erbaren sone unde ok den hilgen geist to troste.	Te per orbem terrarum sancta confitetur Ecclesia, Patrem immensae maiestatis, venerandum tuum verum et unicum Filium, Sanctum quoque Paraclitum Spiritum.	De hilghe cristenheyt bekennet dy over den cirkel der erden, dath du bist eyn vader der unmetyghen herscop. Din ware unde din enighe sone is erwerdich, unde dartho de hylghe troster, de gheyst.
	Du Criste, du bist en konink der ere, du bist en ewich sone des vaders. Du untfangest den mynschen to losende unde vorsmadest |fol. 12r| nicht der juncfrouwen liff.	Tu rex gloriae, Christe, tu Patris sempiternus es Filius. Tu, ad liberandum suscepturus hominem, non horruisti Virginis uterum.	Du || byst Christus, der ere konnynck, du byst des vaders ewige sone. Do du den minschen losen woldest unde entfan, do en vruchtestu nicht der yuncfrouwen lyff.
	Do du de pine des dodes haddest vorwunnen, do opendestu den lovigen den hemmel. Du sittest to der vorderen hant godes, in des vaders ere.	Tu, devicto mortis aculeo, aperuisti credentibus regna caelorum. Tu ad dexteram Dei sedes, in gloria Patris.	Do du vorwunnen gaddest de pin des dodes, do opendestu den lovighen dat hemmelrike. Du syttest the der vorderen hand gades in der ere des vaders.
	Men lovet, dattu wedder komest en richter. Hirumme, so bidde wy dy, kum to hulpe dineme knechte, den du hevest vorloset myt dinen duren blode. Gyf ewich lon myt dynen hilgen unde ewige |fol. 12v| vroude, ere.	Iudex crederis esse venturus. Te ergo quaesumus, tuis famulis subveni, quos pretioso sanguine redemisti aeterna fac cum sanctis tuis in gloria numerari.	Men lovet, dat du syst eyn to- || kammde richter. Darumme bidde wy dy, kum tho hulpe dynen denstboden, de du loset hefst mit dinem duren blode. Lath uns lon entfan mit dinen hilgen in der ewyghen ere.

66 Auch hier hat der Kopist aus dem *dy* ein *wy* gemacht – er hatte den Text der lateinischen Vorlage nicht vor Augen, oder er vermochte ihn nicht zu verstehen; im übrigen fehlen hier die Propheten, von denen im lateinischen Text die Rede ist.

Element	HAMBURG deutscher Text von Cod. conv. 2	HYPOTHETISCHE VORLAGE lateinischer Text	LÜBECK Marientiden (1499)
	Here, make sunt din volk unde benedie din erve. Unde regere unde hoge se van ewygen to ewigen.	Salvum fac populum tuum, Domine, et benedic hereditati tuae. Et rege eos et extolle illos usque in aeternum.	Here, make salych dyn volk, unde benedye din erve. Unde rychte se unde hoge se ewichliken.
	[Strophe fehlt]	Per singulos dies benedicimus te; et laudamus nomen tuum in saeculum, et in saeculum saeculi.	Wy benedyen dy alle daghe; unde wy laven dynen namen ewychliken, unde im- || mermer.
	Here, make uns werdich unde beware uns in desseme dage sunder sunde. Here vorbarme dy over uns unde wes uns gnedich.	Dignare, Domine, die isto sine peccato nos custodire. Miserere nostri, Domine, miserere nostri.	Here, ghewerdighe in disseme daghe vor sunden uns bewarende. Here, wes uns gnedych unde erbarme dy aver uns.
	Dyne barmherticheit kome boven uns, also wy hopen in dy. Here, ik hopede in dy, dat ik ewichliken nicht |fol. 13r| vorstort en werde.	Fiat misericordia tua, Domine, super nos, quemadmodum speravimus in te. In te, Domine, speravi, non confundar in aeternum.[67]	Dyne barmehertycheit kame up uns, also wy hoͤpeden an dy. Here, ik hopede an dy, ik werde nycht gheschendet ewychliken.
Vers	Juncfrouwe Maria, bidde vor uns / dat wy werdich werden der gnade Cristi.	[Ora pro nobis, sancta Dei genitrix, ut digni efficiamur promissionibus Christi.][68]	Bydde vor uns, hylghe gades moder / dath wy werden werdich des lof- || tes Christi.

67 Im römischen Brevier findet sich das ‚Te Deum' am Schluss der kanonischen Matutin der Sonn- und Festtage, allerdings nicht in den Votivoffizien, insofern diese von den Klerikern ja bloß zusätzlich zum kanonischen Offizium gebetet werden, das ‚Te Deum' soll hier nicht verdoppelt werden. Die Beginen hingegen haben keine kanonische Matutin, deshalb rezitieren sie das ‚Te Deum' am Ende der Matutin des Marienoffiziums, so sehen es übrigens auch die Fassung von Fonte Avellana (PL 151, Sp. 970), dasselbe sehen das Hamburger Brevier von 1508 und der Hamburger ‚Cursus' von 1522 vor.

68 Im ‚Breviarium romanum', im ‚Breviarium monasticum Bursfeldense' und im Hamburger Brevier von 1508 gibt es keinen Versus sacerdotalis am Schluss der Matutin, in der Fassung von Fonte Avellana steht *versiculus*, aber der Text ist nicht angegeben. Im Hamburger ‚Cursus' von 1522 lautet der Vers *Audi filia, et vide, et inclina aurem tuam, quia concupivit rex speciem tuam*. Der Vers ‚Ora pro nobis' findet sich im römischen Brevier z. B. im ‚Suffragium beatae Mariae virginis' (in der Regel nach der Komplet), zwischen Antiphon und Collecta. Die dazugehörige Collecta (‚Omnipotens, sempiterne Deus, qui') steht hier in Hamburg unten als Collecta zur Vesper (aber auf Deutsch). Genau wie das ‚Te Deum' belegt der Vers am Ende der Matutin, dass das Offizium hier nicht als Zusatz zum kanonischen Stundengebet, sondern als ‚vollwertiger' Ersatz dafür rezitiert wird, deshalb kommen hier alle die Elemente zum Einsatz, die im liturgischen Votivoffizium ausgelassen werden.

Element	HAMBURG deutscher Text von Cod. conv. 2	HYPOTHETISCHE VORLAGE lateinischer Text	LÜBECK Marientiden (1499)
B – Laudes			
Eröffnung	*Deus, in adiutorium* // Got denke an myne hulpe. / Here, snelle dy, my to helpende. Ere sy deme vader, unde deme sone, unde deme …	Deus, in adiutorium meum intende, / Domine, ad adiuvandum me festina. Gloria Patri et Filio et Spiritui sancto / Sicut erat in principio, et nunc, et semper, et in saecula saeculorum. Amen. Alleluia.	Here, denke an myne hulpe. / Here, snelle dy, my tho helpende. Ere sy deme vadere unde deme sone etc.
1. Ps. 92	Ps. 92: *Dominus regnavit* // De here regnerde unde toch an de scone, de here, de toch an de sterke unde gorde sik. Wente he heft |fol. 13v| der erden sirkel gevestet, de nicht en kan beweget werden. [2] Dar van is berede din stol, van ewich bistu. [3] Here, de vlode vorheven ere bulgen, van der stemmen veler water. [4] Des meres vorhevinge is wunderlik, de here in der hoge is wunderlich. [5] Dyne betughine is worden lovelik, dynem hus betemet hillicheit in de lenge der dage.	Ps. 92: Dominus regnavit, decorem indutus est; indutus est Dominus fortitudinem, et praecinxit se. Etenim firmavit orbem terrae, qui non commovebitur. [2] Parata sedes tua ex tunc, a saeculo tu es. [3] Elevaverunt flumina, Domine, elevaverunt flumina vocem suam, elevaverunt flumina fluctus suos, [4] a vocibus aquarum multarum. Mirabiles elationes maris, mirabilis in altis Dominus. [5] Testimonia tua credibilia facta sunt nimis, domum tuam decet sanctitudo, Domine, in longitudinem dierum. Gloria Patri …	A.: O, wo wunderlike vorwandelinge … Ps. 92: *Dominus regnavit* // De here hefft herscopet, de tzirheit hefft he anghetogen; de here toch an de sterke unde ghorde sick. Wente he vest[ede][69] den cyrkel der erden, || de nycht wert beweghet. [2] Din stol wert bered, van anbeghin werestu. [3] Here, de vlode erheven syk, de vlode erheven ere stemme. [4] de vlode erheven ere bulghen, van den stemmen veler watere. [4bis] Des meres upgank sint wunderlik, unde de here is in der hoghe wunderlik. [5] Dine tuchnysse sin gheworden al to lovelik, dinem huse cemet hyllicheit in de || lenghe der dage. Ere sy deme vader unde dem sone etc.

69 Im Druck versehentlich *vestdee.*

Element	HAMBURG deutscher Text von Cod. conv. 2	HYPOTHETISCHE VORLAGE lateinischer Text	LÜBECK Marientiden (1499)
2. Ps. 99	Ps. 99: *Jubilate* // Jubilert gode alle dage […][70]	Ps. 99: Iubilate Deo, omnis terra, servite Domino in laetitia, introite in conspectu eius in exsultatione. [3] Scitote quoniam Dominus ipse est Deus, ipse fecit nos, et non ipsi nos, populus eius, et oves pascuae eius. [4] Introite portas eius in confessione, atria eius in hymnis, confitemini illi. Laudate nomen eius, [5] quoniam suavis est Dominus, in aeternum misericordia eius, et usque in generationem et generationem veritas eius. Gloria Patri …	Ps. 99: *Jubilate* // Synghet gade alle ertryke, denet gade in vrouden. [2bis] Gaet yn syneme angesichte, in vrouden. [3] Wetet wente der here sulven is got, he scop uns, unde wy nycht uns sulven. [4] Syn volk unde scape siner weyde gaet in syne porten in der bicht, ghat yn syneme vrüthaue an || lovesange bichte wi eme. [5] Lavet synen namen wente de here sothe ys, syne barmherticheit blift ewichliken, unde syne warheit blyvet van slechte to slechte. Ere sy deme vader …
3. [Ps. 62, ohne Doxologie …]	[…] |fol. 14r| lippen scholen dy laven. [5] Also wil ik dy laven in mynen levende, unde in dyneme namen wil ik up boren myne hande. [6] Myne sele werde vorvullet myt vetticheit der gnaden, unde myn munt scal dy laven myt vrouden. [7] Also dachte ik diner up mynen bedde, in der metten tyd wil ik diner denken, […] du werst myn hulper. [8–9] Unde ik wil my vrouwen […] dineme schine d[…] |fol. 14v| myne sele hangede na dy, dine vordere hant untfink my. [10–11] Sunder se sochten myne sele vorgeves, se weren gande in dat nedderste der erden, se werden geven in des swerdes hant, se werden to dele den vossen.	Ps. 62: Deus, Deus meus, ad te de luce vigilo. Sitivit in te anima mea, quam multipliciter tibi caro mea! [3] In terra deserta, et invia, et inaquosa, sic in sancto apparui tibi, ut viderem virtutem tuam et gloriam tuam. [4] Quoniam melior est misericordia tua super vitas, labia mea laudabunt te. [5] Sic benedicam te in vita mea, et in nomine tuo levabo manus meas. [6] Sicut adipe et pinguedine repleatur anima mea, et labiis exsultationis laudabit os meum. [7] Si memor fui tui super stratum meum, in matutinis meditabor in te. [8] Quia fuisti adiutor meus, et in velamento alarum tuarum exsultabo. [9] Adhaesit anima mea	Ps. 62: *Deus, Deus* // God, min god, ik wake tho dy van deme lychte. Myne sele dorstede in dy, unde myn vlesch mannichvoldychliken. [3] In deme wusten ertrike, dat || unvuchtich is unde droghe, dar apenbarde ik dy my also in dem hylghen, uppe dat ick seghe dyne doghet unde dine ere. [4] Wente dine barmherticheit is beter wen alle dyn levent, mine lippen scholen dy laven. [5] Also benedye yk dy in mineme levende, unde in dyme namen wil ik mine hende up boren. [6] Myne sele werde vorvullet mit smolthe unde vetti- || cheit, unde myn munt scal dy laven mit vrouden. [7] Also dachte ik diner up minem bedde, yn

70 Hier fehlt ein Blatt mit der Fortsetzung von Ps. 99 und dem Anfang von Ps. 62; fol. 13v endet mit Ps. 99,1 und fol. 14r beginnt mit Ps. 62,4.

Element	HAMBURG deutscher Text von Cod. conv. 2	HYPOTHETISCHE VORLAGE lateinischer Text	LÜBECK Marientiden (1499)
	[12] Men in gode werden se gelovet alle, de in den heren sweren, wente der ovelspreker munt is bespottet.	post te, me suscepit dextera tua. [10] Ipsi vero in vanum quaesierunt animam meam, introibunt in inferiora terrae; [11] tradentur in manus gladii, partes vulpium erunt. [12] Rex vero laetabitur in Deo, laudabuntur omnes qui iurant in eo, quia obstructum est os loquentium iniqua. [ohne Doxologie]	der metten tid wil ik denken an dy, wente du werest myn helper. [8–9] Unde in deme ummehange dyner vloghele vrouwe ik mi, myne sele hanghede na di, dine vordere handt etfenck my. [10–11] Over se sochten myne sele vorgheves, se werden gande in dat nedderste || dee erden, se werden ghegeven yn de hende des swerdes, se werden dele der vosse. [12] Sunder de konink vrouwet sik in got, alle de an em sweren, de werden ghelavet, wente der quadspreker mund is bestoppet.
[… vereint mit Ps. 66]	Ps. 66: Got, vorbarme dy over uns, unde |fol. 15r| segene uns, he vorluchte sin antlat boven uns unde wese uns gnedich, dat wy in der erden dinen wech bekennen, unde dinen heil in allen slechten. [4] Got, dat volk lavet dy, alle lude laven dy. [5] De slechte scolen sik vrouwen unde vorhogen, wente du richtest dat volk in rechticheit, unde richtest de slechte in der erde. [6] Got, dat volk lovet dy, alle lude laven dy, unde de erde heft ere vrucht ghe- |fol. 15v| geven. [7–8] Got, unse got, benedie uns, unde alle ende der erden vruchten ene. Ere sy deme …	Ps. 66 [mit Ps. 62 vereint]:[71] Deus misereatur nostri, et benedicat nobis, illuminet vultum suum super nos, et misereatur nostri, [3] ut cognoscamus in terra viam tuam, in omnibus gentibus salutare tuum. [4] Confiteantur tibi populi, Deus, confiteantur tibi populi omnes. [5] Laetentur et exsultent gentes, quoniam iudicas populos in aequitate, et gentes in terra dirigis. [6] Confiteantur tibi populi, Deus, confiteantur tibi populi omnes. [7] Terra dedit fructum suum, benedicat nos Deus, Deus noster. [8] Benedicat nos Deus, et metuant eum omnes fines terrae. Gloria Patri …	Ps. 66: *Deus misereatur* // God vorbarme sik unser, unde benedie uns, unde erluchte syn antlat over uns, unde vorbarme sik || unser, [3] up dat wy bekennen dinen wech in der erden, unde dynen heyl in allen volken. [4] God, dat volk lave dy, alle lude laven dy. [5] Se slechte vrouwen sik unde sin vro, wente du richtest dat volck in der rechtverdicheyt, unde schikkest dat volk in der erde. [6] Dy laven de lude, here, dy laven alle lude, de erde gaff ere vrucht. [7–8] God, unse ghod, benedye uns || god, benedie uns, unde alle de ende der erden vruchten ene. Ere sy deme vader …

71 Wie in den Laudes des Sonntages.

Element	HAMBURG deutscher Text von Cod. conv. 2	HYPOTHETISCHE VORLAGE lateinischer Text	LÜBECK Marientiden (1499)
Canticum Dan. 3	Cant. Dan. 3: *Benedicite* // Benediet den heren, alle des heren werk, lavet unde overhoget ene ewichliken. [58–59] Benediet den heren, gy engele des heren; benediet den heren, gi hemmele. [60–61] Benediet den heren, gy watere, de up deme hemmele sint; bendiet den heren al- |fol. 16r| le sine dogede. [62–63] Benediet den heren, gy sunne unde unde manen; benediet den heren, gy sternen des hemmels. [64–65] Benediet den heren, gy regen unde dow; benediet den heren, alle godes geiste. [66–67] Benediet den heren, um-[72] unde hette; benediet den heren wynter unde samer. [68–69] Benediet den heren dow unde ripe; benedyet den heren vrost unde kulde. [70–71] Benediet den heren is unde snee; benedy- |fol. 16v| et den heren dach unde nacht. [72–73] Benediet den heren licht unde dusternisse; benediet den heren blizen und wolken. [74] Benedien schal de erde den heren, loven unde overhogen ene ewichliken. [75–76] Benediet den heren, barch unde dael;[73]	Cant. Dan. 3: [57] Benedicite, omnia opera Domini, Domino, laudate et superexaltate eum in saecula. [58–59] Benedicite, angeli Domini, Domino […];[74] benedicite, caeli, Domino […]. [60–61] Benedicite, aquae omnes, quae super caelos sunt, Domino […]; benedicite, omnes virtutes Domini, Domino […]. [62–63] Benedicite, sol et luna, Domino […]; benedicite, stellae caeli, Domino […]. [64–65] Benedicite, omnis imber et ros, Domino […]; benedicite, omnes spiritus Dei, Domino […]. [66–67] Benedicite, ignis et aestus, Domino […]; benedicite, frigus et aestus, Domino […]. [68–69] Benedicite, rores et pruina, Domino […]; benedicite, gelu et frigus, Domino […]. [70–71] Benedicite, glacies et nives, Domino […]; benedicite, noctes et dies, Domino […]. [72–73] Benedicite, lux et tenebrae, Domino […]; benedicite, fulgura et nubes, Domino […]. [74] Benedicat terra Dominum, laudet et superexaltet eum in saecula. [75–76] Benedicite, montes et colles, Domino […]; benedicite, universa	Cant. Dan. 3: *Benedicite omnia* // [57] Benedyet den heren, alle des heren werke, lavet unde hoget ene eweliken. [58–59] Benedyet den heren, gy engele des heren; benediet den heren, gi hemmele. [60–61] Benedyet den heren, gy watere, de up deme hemmele sint; bendiet den heren alle, gy doge- || de. [62–63] Benedyet den heren, sunne unde mane; benediet den heren, gy sternen unde hemmele. [64–65] Benedyet den heren, reghen unde dow; benedyet den heren, alle gades gheyste. [66–67] Benediet den heren, vuer unde hette; benedyet den heren winter unde samer. [68–69] Benediet den heren ryp unde dow; benediet den heren vrost unde kulde. [70–71] Benediet den heren yes unde || sne; benedyet den heren nacht unde dach. [72–73] Benediet den heren licht unde dusternisse; benediet den heren blizen und wolken. [74] De erde benediet den heren, se lavet unde hoget en ewelyken. [75–76] Benedyet den heren, berghe unde hoͤghe; benediet den heren, alle, dat in der erden bloyet. [77–78] Benediet

72 *um-*] Der Kopist hat *vuer* (geschrieben *uuer*) in der Vorlage nicht verstanden, und er kannte den Vulgatatext (*ignis*) nicht.

73 *dael*] Im Vulgatatext und auch in den Lübecker Marientiden von 1499 keine Täler, sondern Hügel (*colla*).

74 Im Vulgatatext wird der zweite Halbsatz, *laudate et superexaltate eum in saecula*, nach jeder Anrufung wiederholt. Im liturgischen Vortrag wird diese Wiederholung (mit Ausnahme der Verse 74, 83 und 88) ausgelassen. Die Doxologie ‚Benedicamus' gehört, genau wie das ‚Gloria Patri' nach den Psalmen, nicht zum Vulgatatext.

<table>
<tr><th>Element</th><th>HAMBURG
deutscher Text von Cod. conv. 2</th><th>HYPOTHETISCHE VORLAGE
lateinischer Text</th><th>LÜBECK
Marientiden (1499)</th></tr>
<tr><td></td><td>benediet den heren, allent, dat in der erden bloiet. [77–78] Benediet den heren, gy borne; benediet den heren, mer unde vlode. [79–80] Benediet den heren, mer |fol. 17r| unde vlode,[75] walvissche unde allent, dat in deme mere beweghet wert. [80bis–81] Benediet den heren, gy vogele des hemmels; benediet den heren, alle gy derte unde vee. [82] Benediet den heren, der lude kinder. [83] Israel benedie den heren, love unde overhoge ene ewichliken. [84–85] Benediet den heren, gy godes prestere; benediet den heren, gy godes knechte. [86–87] Benediet den heren, |fol. 17v| gy geiste unde gy rechten selen; benediet den heren, gy hilgen unde gy otmodigen herten. [88] Benediet den heren, Anania, Azaria, Mysael, lavet unde overhoghet ene ewichliken. [Doxologie:] Wy benediet den vader, unde den sone, unde den hilgen geist; wy loven unde overhogen ene ewichliken. Benediet sistu, here, in deme firmamento des hemmels, lovelik unde erlik unde over- |fol. 18r| hoget ene ewichliken.</td><td>germinantia in terra, Domino […]. [77–78] Benedicite, fontes, Domino […]; benedicite, maria et flumina, Domino […]. [79–80] Benedicite, cete, et omnia quae moventur in aquis, Domino […]; benedicite, omnes volucres caeli, Domino […]. [81–82] Benedicite, omnes bestiae et pecora, Domino […]; benedicite, filii hominum, Domino […]. [83] Benedicat Israel Dominum, laudet et superexaltet eum in saecula. [84–85] Benedicite, sacerdotes Domini, Domino […]; benedicite, servi Domini, Domino […]. [86–87] Benedicite, spiritus et animae iustorum, Domino […]; benedicite, sancti et humiles corde, Domino […]. [88] Benedicite, Anania, Azaria, Misael, Domino, laudate et superexaltate eum in saecula. [Doxologie:] Benedicamus Patrem, et Filium, cum sancto Spiritu, laudemus et superexaltemus eum in saecula. Benedictus es, Domine, in firmamento caeli, et laudabilis, et gloriosus, et superexaltatus in saecula.</td><td>gode, gi borne; benediet den heren, meer unde vlete. [79–80] Benedyet den || heren, walvissche unde alle, dat yn deme watere beweghet wert; benediet den heren alle voghele des hemmels. [81–82] Benediet den heren, alle gy deerte unde vee; benedyet den heren, gi minschen kindere. [83] Israhel benediet den heren, lave unde vorhoghe ene ewychliken. [84–85] Benedyet den heren, gy gades prestere; benediet den heren, gi gades knechte. [86–87] Bene[d]yet den heren, || gy geyste unde gy rechten selen; benediet den heren, gy hilghen unde gy othmodighen herten. [88] Benedyet den heren, Anania, Azaria unde Misahel, lavet unde vorhoghet ene eweliken. [Doxologie:] Benedie wy den vader, unde den sone, mit deme hilghen gheiste; lavet unde vorhoghet ene eweliken. Benediet bistu, here, in deme firmamente des hemmels, lovelik unde erlik || unde vorhoghet eweliken.</td></tr>
</table>

75 *mer unde vlode*] aus dem vorherigen Vers 80, in der Hamburger Fassung verdoppelt und mit Vers 81 zusammengefasst (erkenntlich am Anfang, der jeweils mit einer farbigen Initiale gekennzeichnet ist), dadurch steht Vers 82 allein.

<table>
<tr><th>Element</th><th>HAMBURG
deutscher Text von Cod. conv. 2</th><th>HYPOTHETISCHE VORLAGE
lateinischer Text</th><th>LÜBECK
Marientiden (1499)</th></tr>
<tr><td>5. Ps. 148–150</td><td>Ps. 148: Laudate Dominum // Lovet den heren van deme hemmele, lovet ene in der hoge. [2] Lovet ene, alle sine engele, lovet ene, alle sine dogede. [3] Lovet ene, sunne unde mane, lovet ene, sternen unde licht. [4–5] Lovet ene, gy hemmele der hemmele, unde gy watere, de up deme hemmele sint, lovet des heren namen. [5bis] Wente he sprak unde se worden |fol. 18v| gemaket, he bot unde se worden gheschapen. [6] He sette se van ewicheit to ewicheit, he settede en bot, dat nicht vorgeyt. [7] Lovet den heren van der erden, draken unde alle affgrunde, [8] vür, hagel, sne,[76] gy geiste der bulgen, de sin wort don, [9] berge unde alle dale, vruchtbaer holte unde alle gy cederbome, [10] derte unde alle qüik, slanghen unde veder voghele, [11] koninge der erden unde alle |fol. 18v| volk, vorsten unde alle richter der erden, [12–13] iunghelinghe unde iuncfrouwen, olden myt den iunghen, lovet des heren namen, wente sin name allinen gehoget is. [14–1] Sin loff is up hemmel unde up erden, unde he hevet gehoghet dat horne synes volkes. Lof sy alle sinen hilgen, den kinderen van Israel, deme volke dat eme nalet,</td><td>Ps. 148: Laudate Dominum de caelis, laudate eum in excelsis. [2] Laudate eum, omnes angeli eius, laudate eum, omnes virtutes eius. [3] Laudate eum, sol et luna, laudate eum, omnes stellae et lumen. [4] Laudate eum, caeli caelorum, et aquae omnes quae super caelos sunt, [5] laudent nomen Domini. Quia ipse dixit, et facta sunt, ipse mandavit, et creata sunt. [6] Statuit ea in aeternum, et in saeculum saeculi, praeceptum posuit, et non praeteribit. [7] Laudate Dominum de terra, dracones et omnes abyssi, [8] ignis, grando, nix, glacies, spiritus procellarum, quae faciunt verbum eius, [9] montes, et omnes colles, ligna fructifera, et omnes cedri, [10] bestiae, et universa pecora, serpentes, et volucres pennatae, [11] reges terrae et omnes populi, principes et omnes iudices terrae, [12] iuvenes et virgines, senes cum iunioribus, laudent nomen Domini, [13] quia exaltatum est nomen eius solius; [14] confessio eius super caelum et terram, et exaltavit cornu populi sui; hymnus omnibus sanctis eius, filiis Israel, populo appropinquanti sibi.</td><td>Ps. 148: Laudate // Lavet den heren van den hemmelen, lavet ene in der hoghe. [2] Lavet ene, alle syne enghele, lavet ene, alle sine doghede. [3] Lavet ene, sunne unde mane, lavet ene, stern unde licht. [4–5] Lavet ene, gy hemmele der hemmele, unde gi watere, de up dem hemmele syn, lavet gades namen. [5bis] Wente he sprack unde se syn ghe- || worden, he boet unde se sint ghescapen. [6] He sette se to ewighen tyden, he sette ein bot, dat dar nichten vorgheyt. [7] Lavet den heren van der erden, helle[77] unde alle afgrunden, [8] vur, haghel, sne, yes, gy gheiste der bulghen, de syn wort doen, [9] berge unde alle dale, vruchtbaer holte unde alle ceder bome, [10] derte unde alle queck, slanghen unde alle vederde voghele, [11] konin- || ghe der erden unde alle lude, vorsten unde alle richtere der erden, [12–13] junghelinghe unde iuncfrouwen, olden myt den iunghen, lavet des heren namen, wente syn name alleyne ghehoghet ist. [14] Syne bekentnisse is up deme hemmele unde up der erden, unde he hefft vorhoget dat horn synes volkes. Lavesank sy alle synen hilghen, den kinderen van Israhel, deme || volke dat eme nalet.</td></tr>
</table>

76 Hier fehlt in der Hamburger Fassung das Eis.
77 Die Lübecker Fassung (1499) hat hier Hölle statt Drachen.

Element	HAMBURG deutscher Text von Cod. conv. 2	HYPOTHETISCHE VORLAGE lateinischer Text	LÜBECK Marientiden (1499)
	Ps. 149: … singhet deme heren enen nyen sank, |fol. 19v| sin lof is in der sammelinge der hilghen. [2] Israel vrouwet sik in den heren, de ene maket heft, unde de dochter ut Sion vrouwet sik in erene koninghe. [3] Wy loven sinen namen in deme chore, unde in der bunghen unde in deme *psalterio* loven se ene. [4] Wente deme heren is behegelik in deme volke, unde he hefft de sachtmodigen gehoget in synen heile. [5] De hilgen scholen |fol. 20r| sik vrouwen in de ere unde blide werden in eren beden. [6] Godes hochenisse, de sint in eren straten,[78] unde vilrich sint de swerde in eren handen, [7] dat se wrake don in den slechten, unde beschuldighen myt deme volke, [8] ere konnighe to bindende in de helden, unde ere edelen in iseren klü[v]en,[79] [9] dat se in in en don dat beschrevene recht, dat is ere alle sinen hilgen.	Ps. 149: Cantate Domino canticum novum, laus eius in ecclesia sanctorum. [2] Laetetur Israel in eo qui fecit eum, et filii Sion exsultent in rege suo. [3] Laudent nomen eius in choro, in tympano et psalterio psallant ei. [4] Quia beneplacitum est Domino in populo suo, et exaltabit mansuetos in salutem. [5] Exsultabunt sancti in gloria, laetabuntur in cubilibus suis. [6] Exaltationes Dei in gutture eorum, et gladii ancipites in manibus eorum, [7] ad faciendam vindictam in nationibus, increpationes in populis, [8] ad alligandos reges eorum in compedibus, et nobiles eorum in manicis ferreis, [9] ut faciant in eis iudicium conscriptum, gloria haec est omnibus sanctis eius.	Ps. 149: Singhet gode dem heren enen nyen sanck, syn lof is in der samelynghe der hylghen. [2] Israhel vrouwe sik in dem, de ene ghescapen heft, unde de dochtere van Syon vrouwen sik in eren konink. [3] Se laven synen namen in deme kore, in der bunghen unde in deme psalter singhen se eme. [4] Wente deme heren is beheghelyk in sy- || neme volke, unde he heft de sachtmodygen hoget in de salicheyt. [5] De hilgen scolen sick vrouwen in de ere, se scholen vro syn in eren slapkameren. [6] Gades vroude syn in eren kelen, unde scharpe swerde sint yn eren henden, [7] dat se wrake doen in den slechten, unde straffinghe in deme volcke, [8] dat men ere konninghe binde in helden, unde ere eddele lude in yse- || ren benden, [9] dat se in en don dat beschreven recht, dusse ere is in al synen hilgen.

78 *straten*] i. e. *stroten*.
79 *klüven*] in der Handschrift versehentlich *klüüen*.

Element	HAMBURG deutscher Text von Cod. conv. 2	HYPOTHETISCHE VORLAGE lateinischer Text	LÜBECK Marientiden (1499)
	Ps. 150: Lavet den heren in sine |fol. 20v| hilgen, lavet ene in deme *firmomento* siner doget. [2] Lovet ene in sinen dogeden, lovet ene in der mennichvoldicheit siner grote. [3] Lovet ene in deme lude der basunen, lovet ene in deme *psalterio* unde in der harpen. [4] Lovet ene in der bungen unde in deme core, lovet ene in den seiden unde in den orgelen. [5–6] Lovet ene in den wolludenden schellen, lovet ene in den schellen der iubileringhe; |fol. 21r| alle geiste, lovet den heren. Ere sy deme …	Ps. 150: Laudate Dominum in sanctis eius, laudate eum in firmamento virtutis eius. [2] Laudate eum in virtutibus eius, laudate eum secundum multitudinem magnitudinis eius. [3] Laudate eum in sono tubae, laudate eum in psalterio et cithara. [4] Laudate eum in tympano et choro, laudate eum in chordis et organo. [5] Laudate eum in cymbalis benesonantibus, laudate eum in cymbalis iubilationis. [6] Omnis spiritus laudet Dominum! Alleluia. Gloria Patri …	Ps. 150: Lavet god, den heren, in synen hylghen, lavet ene in deme firmam[e]nte syner doghet. [2] Lavet ene in synen dogheden, lavet ene in syner manichvolden grote. [3] Lavet ene in der basunen, lavet ene in dem psalter unde in der harpen. [4] Lavet ene in der bunghen unde yn deme || kore, lavet ene in den seyden unde in den orghelen. [5–6] Lavet ene yn den wolludenden simbalen, lavet ene in den simbalen der iubiliringhe; alle geste laven den heren. Ere sy deme vadere, etc.

Element	HAMBURG deutscher Text von Cod. conv. 2	HYPOTHETISCHE VORLAGE lateinischer Text	LÜBECK Marientiden (1499)
gemeinsame Antiphon für Psalmen und Canticum	O, welk en wunderlike sammelinge, de schepper des mynsliken slechtes heft enen saligen licham untfangen, unde ist geboren van einer iuncfrouwen, unde heft uns sine gotheit myldichliken gegheven.	O, admirabile commercium! Creator generis humani animatum corpus sumens de virgine nasci dignatus est, et procedens home sine semine largitus est nobis suam deitatem.[80]	O, welk ene wunderlike vorwandelynghe, de scepper des minschliken slechtes heft enen salighen licham entfanghen, unde ist ghebo-ren van ener iuncfrouwen, || unde heft uns syne gotheit mildichliken gegheven.[81]
Capitulum	My [… Textverlust] |fol. 21v| sy gelavet.	[Capitulum][82]	[*In omnibus requiem* // Ik hebbe rowe socht in allen dinghen, unde in deme erve mynes heren schal yck wonen. He ghebo^e^t my unde sprak my tho, de schepper aller dyng-he, unde de my schop, de rowede in minem tabernacule. Gade sy loff.]

80 In der Hamburger Handschrift ist der Text der Antiphon nicht ganz lesbar, stimmt aber offensichtlich wenigstens inhaltlich mit dem Text des Lübecker Druckes von 1499 überein. Text wie Cantus ID 003985. Im ‚Breviarium romanum' findet sich diese Antiphon im ‚Officium parvum BMV post Nativitatem', dort zum ersten Psalm der Laudes und zur Prim, ebenso im lübischen Brevier von 1478 (Abschnitt 4.3.b). Ursprünglich stammt sie aus den Laudes zum Fest der ‚Circumcisio Domini' (am Oktavtag von Weihnachten, dort zum zweiten Psalm). Die fünf Psalmantiphonen, die im römischen Brevier sowohl zu den Marienlaudes der Weihnachtszeit als auch zu den kanonischen Laudes und am Oktavtag von Weihnachten Verwendung findet, dienen an diesen Tagen gleichzeitig auch als Psalmantiphonen für die kleinen Horen (erste Antiphon zur Prim, zweite zur Terz, dritte zur Sext und fünfte zur Non – die vierte wird ausgelassen). Die dritte davon, nämlich ‚Rubum, quem viderat Moysen', steht hier in der Hamburger Handschrift unten (fol. 29r), und auch im Lübecker Druck von 1499, als Antiphon zu den drei Psalmen der Terz, und die nachfolgende vierte Antiphon, ‚Germanivit radix Jesse', steht hier in der Hamburger Handschrift unten (fol. 37v), als Antiphon zu den drei Psalmen der Non (in Lübeck zur Sext).
Im Hamburger Brevier von 1508, im Hamburger ‚Cursus' von 1522, im Bremer Brevier von 1516 und im Schweriner Ordinarius von 1519 lautet die Psalmantiphon wie hier ‚O admirabile commercium', ebenso in Köln und Utrecht, in Mainz anders (s. u., Abschnitt 4.3.a, 4.3.c und 4.3.d). Im ‚Breviarium monasticum Bursfeldense' lautet die gemeinsame Antiphon für die Psalmen und das Canticum der Laudes *Assumpta est Maria in coelum, gaudent angeli, laudantes benedicunt Dominum*; im römischen Brevier gibt es einzelne Antiphonen zu allen Psalmen außer Ps. 62/66, die unter einer einzigen Antiphon rezitiert werden, und zum Canticum, von diesen Antiphonen ist ‚Assumpta est Maria' die erste.

81 Im Lübecker Druck von 1473 (Hamburg, SUB, Cod. in scrin. 84b) lautet die Antiphon: *O, welk en wunderlik sammelinghe, de schepper des mynschliken slechtes heft entfangen enen licham mit der sele, unde is geborn van einer iuncfrouwe, unde heft uns sine gotheit mildichliken gegeven.*

82 Im Lübecker Druck von 1499 ist das Capitulum die Übersetzung von Sir. 24,11–12: *In omnibus requiem quaesivi, et in haereditate Domini morabor. Tunc praecepit, et dixit mihi Creator omnium, et qui creavit me, requievit in tabernaculo meo*; dieses Capitulum findet sich auf Latein in den Stundenbüchern aus Lund und

Element	HAMBURG deutscher Text von Cod. conv. 2	HYPOTHETISCHE VORLAGE lateinischer Text	LÜBECK Marientiden (1499)
[Hymnus ,O gloriosa domina']	[fehlt in Hamburg]	[1] O gloriosa Domina, excelsa supra sidera, qui te creavit provide lactasti sacrato ubere.	[1] O, du ersame vrouwe, geho^{e}- || ghet baven de sterne, de di wysliken hefft geschapen, den sogedestu mit dinen hilgen brusten.
		[2] Quod Eva tristis abstulit, tu reddis almo germine, intrent ut astra flebiles, sternis benigna semitam.	[2] Dat Eva drouych uns benam, dat gevestu wedder mit dyner hyllighen vrucht, up dat de weneden ghan tho hemmele, bistu ghemaket een vinster des hemmels.
		[3] Tu regis alti ianua et aula lucis fulgida, vitam datam per Virginem, gentes redemptae, plaudite.	[3] Du byst des hogen konninghes do^{e}re unde eine schinende porte des lichtes, gy lude gy ghelo- || set sint, vrouwet iuw, dat levent dor de maghet is geghewen.
		[4] Patri sit et Paraclito tuoque Nato gloria, qui veste te mirabili circumdederunt gratiae. Amen	[4] Ere si dy, here, de du boven bist, van der maghet myt deme vadere, unde mit deme hilghen gheiste eweliken. Amen.

Utrecht (s. u. in Abschnitt 4.3.d), im Hamburger Brevier von 1508 hingegen, im Hamburger ,Cursus' von 1522 und auch im Schweriner Ordinarius von 1519 gibt es stattdessen die folgende Passage Sir. 24,14: *Ab initio et ante saecula creata sum, et usque in futurum saeculum non desinam, et in habitatione sancta coram ipso ministravi*; im ,Breviarium monasticum Bursfeldense' ist das Capitulum aus Ct. 8 ,Quae est ista quae ascendit de deserto'; im ,Breviarium romanum' aus Ct. 6 ,Viderunt eam filiae Sion'; und im handschriftlichen Brevier der Augustiner-Chorfrauen von Marienberg (Wolfenbüttel, HAB, Helmstedt 1312) ist es aus Sir. 24,24. In der Hamburger Handschrift ist das Capitulum nicht lesbar, es ist aber offensichtlich kürzer als der lübische Text. Im Lübecker Psalter von 1473 (Hamburg, SUB, Cod. in. scrin. 84b) lautet das Capitulum: *Mine leve, sprek mi to, sta up, mine vrundinne, myn schone, myn duve, unde kum. God sy dank*, nicht nur zu den Laudes, sondern auch zu allen kleinen Horen und zur Komplet – das ist die Übersetzung von Ct. 2,13 ,Surge, amica mea' (die lateinische Vorlage findet sich im handschriftlichen Kölner Stundenbuch als Capitulum zur Prim, s. u. in Abschnitt 4.3.d).

<table>
<tr><th>Element</th><th>HAMBURG
deutscher Text von Cod. conv. 2</th><th>HYPOTHETISCHE VORLAGE
lateinischer Text</th><th>LÜBECK
Marientiden (1499)</th></tr>
<tr><td>Vers</td><td>Hore dochter unde se, unde [nege][83] din ore, wente de konink begert diner scone.</td><td>Audi filia, et vide, et inclina aurem tuam, quia concupivit rex speciem tuam.[84]</td><td>Hore dochter, unde see, unde neghe dyn ore, wente de konnink begherde dyner schone.[85]</td></tr>
<tr><td>Benedictus</td><td>Benedictus // Benediet sy de here got van Israel, wente he beschouwet unde maket heft de losinghe sines volkes, [69] unde he he[f]ft uns upghērichtet en horne sines heiles, in Davites huse, sines kindes, [70] also he gespraken heft dor sy- |fol. 22r| ner hilgen propheten munt, de van der werlde sint. [71] Heil heft he[86] gemaket ut unsen vienden, unde van alle der hant, de uns hatende. [72] He hevet barmherticheit gedan myt unsen vederen, unde wil denken sines hilghen testamentes, [73] dat swarne recht, dat he swor to Abrahamme, unseme vadere, dat he sik uns wolde gheven, [74] dat wy</td><td>[Lc. 1,68] Benedictus Dominus, Deus Israel, quia visitavit, et fecit redemptionem plebis suae, [69] et erexit cornu salutis nobis in domo David pueri sui, [70] sicut locutus est per os sanctorum, qui a saeculo sunt, prophetarum eius, [71] salutem ex inimicis nostris, et de manu omnium qui oderunt nos, [72] ad faciendam misericordiam cum patribus nostris, et memorari testamenti sui sancti, [73] iusiurandum, quod iuravit ad Abraham patrem nostrum, daturum se nobis [74] ut sine timore, de manu inimicorum nostrorum liberati, serviamus illi [75] in sanctitate et iustitia coram ipso, omnibus</td><td>A.: Du bist salych …
Benedictus // Benediet sy de here van Isra- || hel, wente he heft geschouwet unde ghemaket losinghe synes volkes, [69] unde hefft upgherychtet dath horn des heyles, in Davites huse, synes knechtes, [70] also he sprak dorch den mund der hylghen propheten, de van der werlde sint, [71] heyl van unsen vyenden, unde van der hant, de uns haten, [72] to doen de barmeherticheyt mit unsen vederen, unde to || denkende synes hylghen orkundes, [73] dat swarne recht, dat he swor tho Abrahamme, unseme vadere, dat he sik uns wolde gheven, [74] up</td></tr>
</table>

83 Textverlust in der Handschrift, aber der gleiche Vers findet sich unten (fol. 34r) noch einmal zur Sext, dort steht *nege*.

84 Aus Ps. 44,1, so auch im Hamburger Brevier von 1508, im Hamburger ‚Cursus‘ von 1522 und im Schweriner Ordinarius von 1519 (s. u., Abschnitt 4.3.a und 4.3.c); im ‚Commune virginum‘ des Bursfelder Brevieres findet sich dieser Text als Responsorialvers zur ersten Nokturn der Matutin (nach der dritten Lesung) und als Responsorium breve zu den Laudes (im ‚Missale romanum‘ auch als Tractus zur Messe, ‚Commune virginum‘, post Septuagesimam). Das lateinische ‚Officium parvum BMV‘, sowohl nach dem ‚Breviarium monasticum Bursfeldense‘, als auch nach dem ‚Breviarium romanum‘, hat an dieser Stelle *Benedicta tu in mulieribus / Et benedictus fructus ventris tui*. Weiter unten hier in der Hamburger Handschrift wird der gleiche Text noch einmal als Vers zur Sext (fol. 34r), als Vers zur Non (fol. 39r), und als Vers zur Komplet auftauchen (fol. 52v, Text dort *begerde diner schonheit*).

85 Im Lübecker Psalter von 1473 (Hamburg, SUB, Cod. in scrin. 84b) lautet der Vers: *Hore, dochter, unde sce, unde nege din oren to my, wente de koning begert diner schone*.

86 Die Hamburger Fassung zerlegt den überlangen Satz Vers 68–75 in mehrere, kurze Sätze und ergänzt dazu jeweils Subjekt und Prädikat (*he heft* …). Die Lübecker Übersetzung tut das nicht und ist insofern näher am lateinischen Original.

<table>
<tr><th>Element</th><th>HAMBURG
deutscher Text von Cod. conv. 2</th><th>HYPOTHETISCHE VORLAGE
lateinischer Text</th><th>LÜBECK
Marientiden (1499)</th></tr>
<tr><td></td><td>geloset werden van […] unser viende hant […] |fol. 22v| sunder angest eme to denende, [75] in hillicheit unde in rechticheit vor eme, alle unse dage. [76] Unde du, kint, schalt geheten werden en proffete des oversten, wente du scholt vorgan vor des heren antlate unde maken sine weghe, [77] to gevende des heiles wisheit syneme volke, in vorlatynge erer sunde, [78] dor de ingheweide der barmharticheit unses godes, in deme do he uns bewisede.[87]</td><td>diebus nostris. [76] Et tu puer, propheta Altissimi vocaberis; praeibis enim ante faciem Domini parare vias eius, [77] ad dandam scientiam salutis plebi eius in remissionem peccatorum eorum [78] per viscera misericordiae Dei nostri, in quibus visitavit nos, oriens ex alto, [79] illuminare his qui in tenebris et in umbra mortis sedent, ad dirigendos pedes nostros in viam pacis. Gloria Patri …</td><td>dat wi gheloset werden van der hant unser vyende, dene wi em in vruchten, [75] in hyllicheit unde in rechtverdicheyt vor eme, alle unse dage. [76] Unde du, kynt, schalt heyten en prophete des oversten, wente du schalt ghan || vor syn antlat tho bereidende syne weghe, [77] tho ghevende wyßheyt des heyles syneme volke, yn vorlatynghe erer sunde, [78] dorch de inwendighen barmehertycheyt unses gades, in des he heft angheseen kamende van der hoghe, [79] unde he luchtede den, de in der dusternisse seten, unde in dem sceme des dodes, tho richtende u[n]se vote in den wech des || vredes.
Ere sy deme vadere …</td></tr>
<tr><td>Antiphon zum Benedictus</td><td>[Antiphon fehlt]</td><td>[Antiphon][88]</td><td>A.: Du bist salich, iuncfrouwe Maria, wente du droghest den heren unde schepper, de dy schop, unde blevest ewichliken iunkfrouwe.[89]</td></tr>
</table>

87 Hier fehlen in der Hamburger Handschrift mehrere Blätter. Das ‚Benedictus' bricht auf fol. 22v unten mit dem vorletzten Vers, Luc. 1,78, ab. Auf fol. 23r oben geht es dann mit Ps. 119, 4 weiter, das ist hier der erste Psalm der Prim (im Brevier eigentlich zur Terz). Es scheint also, dass der Schluss der Laudes und der Anfang der Prim verloren gegangen sind.

88 Die Lübecker Marientiden bieten die Übersetzung von *Beata es, virgo Maria, quae Dominum portasti, creatorem mundi, genuisti qui te fecit, et in aeternum permanes virgo*, wie oben schon als Responsorium nach der zweiten Lesung der Matutin. Im Hamburger Brevier von 1508 ist die Benediktusantiphon ‚Continet in gremio', im Hamburger ‚Cursus' von 1522 wechselnd (‚Continet in gremio' am Montag und Freitag oder *in quibusdam ecclesiis* am Sonntag); im ‚Breviarium romanum' lautet sie ‚Beata Dei genitrix Maria', im ‚Breviarium monasticum Bursfeldense' ‚Hortus conclusus es, Dei genitrix'.

89 Im Lübecker Psalter von 1473 (Hamburg, SUB, Cod. in scrin. 84b) lautet die Benediktusantiphon: *Du bist salich, iuncfrouwe Maria, de du drogest den heren unde den schepper aller werlt, unde blevest ewichliken iuncfrouwe.*

Element	HAMBURG deutscher Text von Cod. conv. 2	HYPOTHETISCHE VORLAGE lateinischer Text	LÜBECK Marientiden (1499)
[Kyrie] (anstelle von Preces)	[fehlt oder Textverlust]	[Kyrie]	[fehlt in Lübeck]
[Collecta]	[Textverlust]	[Collecta][90]	Here, twide min beth, unde myn ropent dat kame to dy. God, de du woldest van sunte Marien live dinen licham nemen, do de enghel dyn wort vorkundighede, wy bid- || den dy, wente wy loven warliken dat se ghades moder is, dat wy van ereme bede trost unde hulpe moten entfangen. Dorch unsen heren Jesum Christum … Amen.[91] Here, twide min bet / Unde min ropent, dat kame to dy. Wy benedien unde laven got. / Got sy ghelavet.

90 Die Collecta des Lübecker Druckes entspricht dem Text des römischen Brevieres: *Deus, qui de beatae Mariae virginis utero Verbum tuum, angelo nuntiante, carnem suscipere voluisti, praesta supplicibus tuis, ut, qui vere eam genitricem Dei credimus, eius apud te intercessionibus adjuvemur. Per eundem Christum, Dominum nostrum …*; nichts spricht dagegen, dass in der Hamburger Handschrift der gleiche Text wie in Lübeck gestanden hat. Im Hamburger Brevier von 1508, im Hamburger ‚Cursus' von 1522, im Bremer Brevier (s. u., Abschnitt 4.3.a), im Schweriner Ordinarius von 1519 (s. u., Abschnitt 4.3.c) und auch im handschriftlichen Stundenbuch aus Lund (s. u., Abschnitt 4.3.d) lautet die Collecta zu Laudes und Vesper ‚Concede nos, famulos tuos'; das Bursfelder Brevier hat zu den Marienlaudes als Oration ‚Famulorum tuorum, Domine, delictis ignosce'.

91 Im Lübecker Psalter von 1473 (Hamburg, SUB, Cod. in scrin. 84b) lautet die Collecta: *Here, hore min beth, unde min … God, de du woldest van sunte Marien live dinen licham nemen, do de engel din vort kundigede, wy bidden di, wente wy loven, dat se warliken godes moder is, dat wi van eres bedes wegen mogen hulpe untfan. Dor unsen heren Jesum Christum … Amen.*

<table>
<tr><th>Element</th><th>HAMBURG
deutscher Text von Cod. conv. 2</th><th>HYPOTHETISCHE VORLAGE
lateinischer Text</th><th>LÜBECK
Marientiden (1499)</th></tr>
<tr><td>C – Prim</td><td></td><td></td><td></td></tr>
<tr><td>[Eröffnung]</td><td>[Textverlust]</td><td>Deus, in adiutorium meum intende, / Domine, ad adiuvandum me festina.
Gloria Patri …</td><td>God, denke an myne hulpe. / Here, snelle || dy, my tho helpende.
Ere sy deme vadere …</td></tr>
<tr><td>[Hymnus]</td><td>[Textverlust]</td><td>[1] Rex Christe …
[2–4] Memento, salutis auctor …
[siehe unten, zur Terz]</td><td>[1] Criste, barmehertyge konnink …
[2–4] Gedenke, meister des heyles …
[siehe unten, zur Terz]</td></tr>
<tr><td>[Psalm 119]</td><td>[…][92] |fol. 23r| weldigen, unde myt den vorloscheden kalen. [5–6] We my, wente myn elende vorlenget is, ik wande myt den, de dar wanden to Cedar, myn sele was vul elende. [7] Ik was vredesam myt den, de den vrede hateden, wan ik sprak, so vochten se my an vorgeves.
Ere sy deme vadere …</td><td>Ps. 119:[93] Ad Dominum cum tribularer clamavi, et exaudivit me. [2] Domine, libera animam meam a labiis iniquis, et a lingua dolosa. [3] Quid detur tibi, aut quid apponatur tibi ad linguam dolosam? [4] Sagittae potentis acutae, cum carbonibus desolatoriis. [5] Heu mihi, quia incolatus meus prolongatus est! Habitavi cum habitantibus Cedar; [6] multum incola fuit anima mea. [7] Cum his qui oderunt pacem eram pacificus, cum loquebar illis, impugnabant me gratis.
Gloria Patri …</td><td>Ps. 119: Ad Dominum cum tribularer // Ick rep tho deme heren, do yk bedrovet wart, unde twide mi. [2] Here, lose myne sele van den unrechten lippen, unde van || den droghenaftighen tunghen. [3] Wat schal dy werden gegeven, edder wat schal dy werden gheset to der droghenafthigen tunghen? [4] De scharpe scothe des weldighen, mit den vorlescheden kalen. [5–6] We my, wente min elende is vorlenghet, yck wonede mit den woneren Cedar, myne sele was vul elende. [7] Ick was vredesam mit den, de den vrede hateden, || wente ik sprak, se vochten my an vorgheves.
Ere sy dem vadere unde …</td></tr>
</table>

92 Vom ersten Psalm der Prim findet sich in der Hamburger Handschrift auf fol. 23r oben nur noch der Schluss, ab Vers 4. Davor müssen Blätter verloren gegangen sein, die wahrscheinlich den Schluss der Laudes und den Anfang der Prim enthalten haben.

93 Dass diese drei Psalmen hier in der Hamburger Handschrift die Prim, und nicht etwa die Terz konstituieren sollen, daran kann (trotz der fehlenden Blätter und Überschriften) kein Zweifel bestehen, denn zum einen finden sich die gleichen drei Psalmen in dem Lübecker Druck unter der Überschrift ‚De prime', und zum anderen hätte man sonst in Hamburg am Ende vor der Vesper eine kleine Hore übrig. Im römischen Brevier stehen diese drei Psalmen zur Terz;

<table>
<tr><th>Element</th><th>HAMBURG
deutscher Text von Cod. conv. 2</th><th>HYPOTHETISCHE VORLAGE
lateinischer Text</th><th>LÜBECK
Marientiden (1499)</th></tr>
<tr><td>Ps. 120</td><td>Ps. 120: Levavi // Ik borde up myne ogene in de berge, dar van my kumpt myne hulpe. [2] Myn |fol. 23v| hulpe is van gode, de hemmel unde erde maket heft. [3] He engevet nicht in de beweghinghe synen vot, noch he enslapet nicht, de dy bewaret. [4] He enslept nicht, noch he enslept, de Israel bewaret. [5] De here bewaret dy, de here is dine beschermynghe up dine vorderen hant. [6] De sunne schal dy des dages nicht bernen, noch de mane des nachtes. [7] De here beware dy |fol. 24r| vor alleme ovele, de here bewaret dine sele. [8] De here bewaret dinen ingank, de here bewaret dinen utgank, van desseme nu wente to ewicheit.</td><td>Ps. 120: Levavi oculos meos in montes, unde veniet auxilium mihi. [2] Auxilium meum a Domino, qui fecit caelum et terram. [3] Non det in commotionem pedem tuum, neque dormitet qui custodit te. [4] Ecce non dormitabit neque dormiet qui custodit Israel. [5] Dominus custodit te, Dominus protectio tua super manum dexteram tuam. [6] Per diem sol non uret te, neque luna per noctem. [7] Dominus custodit te ab omni malo, custodiat animam tuam Dominus. [8] Dominus custodiat introitum tuum et exitum tuum, ex hoc nunc et usque in saeculum.
Gloria Patri …</td><td>Ps. 120: Ick borde up myne oghen in de berghe, dar van my kamet myne hulpe.
[2] Mine hulpe is van deme heren, de hemmel unde erde gheschapen heft. [3] He enghevet nycht in de weghinghe dynen voeth, noch he enslapet nicht, de di bewaret.
[4] Seet, he enwyl nicht slommeren || noch slapen, de Israhel bewaret. [5] De here bewaret di, de here is dine bescherminge up dyner vorderen hand. [6] De sunne schal di des daghes nicht bernen, noch de mane des nachtes. [7] De here bewaret dy vor alleme ovele, de here bewaret dyne sele.
[8] De here bewaret dynen ingank unde dynen utgank, van nu wente ewichliken.
Ere sy deme vadere unde || deme sone …</td></tr>
<tr><td>Ps. 121</td><td>Ps. 121:[94] Laetatus sum // Ik bin gevrouwet in den dingen de my gesecht sint, wy scholen in des heren hus gan. [2] Unse vote weren stande, in dynen salen Jerusalem. [3] Jerusalem, de gebuwet wart also ene</td><td>Ps. 121: Laetatus sum in his quae dicta sunt mihi; in domum Domini ibimus.
[2] Stantes erant pedes nostri, in atriis tuis, Ierusalem. [3] Ierusalem, quae aedificatur ut civitas, cuius participatio eius</td><td>Ps. 121: Letatus // Ik byn ghevrouwet in den dynghen de my ghesecht sint, wi scholen in des heren huß ghan. [2] Unse vote werden stande, yn dynen salen Jerusalem. [3] Jerusalem, de, de dar gebuwet wart also ene</td></tr>
</table>

die Hamburger Handschrift hingegen folgt, ganz wie das Hamburger Brevier von 1508, der Hamburger ‚Cursus' von 1522 und das Bremer Brevier von 1516, dem deutschen Brauch (s. o., Abschnitt 2.2), entsprechend wird am Ende die Non mit den Psalmen bestritten, die im römischen Brevier der Komplet des ‚Officium parvum BMV' vorbehalten sind. Im Bursfelder Brevier gibt es zu den kleinen Horen wechselnde Psalmen, drei nur für den Sonntag, drei für montags, mittwochs und freitags, und drei weitere für dienstags, donnerstags und sonnabends.

94 Ps. 121 findet sich unten in der Vesper noch einmal. Die Übersetzung dort ist bis einschließlich V. 5 mit derjenigen, die hier steht, identisch, danach weicht sie von ihr ab.

Element	HAMBURG deutscher Text von Cod. conv. 2	HYPOTHETISCHE VORLAGE lateinischer Text	LÜBECK Marientiden (1499)
	stat, dar de lenge is |fol. 24v| in er sulven. [4] Wente dar stegen up de slechte des heren, de tuchenisse Israel to lovende des heren namen. [5] Wente dar seten de stole in deme richte, de stole boven Davites huse. [6] Biddet de van Jerusalem vrede sint, unde noghinge, de dy lef hebben. [7] Vrede werde[95] in diner doget, unde noghinge in dyneme torne. [8] Ik sprak vrede van dy, dorch [mine] |fol. 25r| brodere unde dorch myne negesten. [9] Ik sochte dy gude dink, dor unses heren godes hus. Ere …	in idipsum. [4] Illuc enim ascenderunt tribus, tribus Domini, testimonium Israel, ad confitendum nomini Domini. [5] Quia illic sederunt sedes in iudicio, sedes super domum David. [6] Rogate quae ad pacem sunt Ierusalem, et abundantia diligentibus te. [7] Fiat pax in virtute tua, et abundantia in turribus tuis. [8] Propter fratres meos et proximos meos, loquebar pacem de te. [9] Propter domum Domini Dei nostri, quaesivi bona tibi. Gloria Patri …	stat, welke delinghe is in sick sulven. [4] Wente dar steghen up de slechte, des heren slechte, de tuchenisse Israhel tho lavende || des heren namen. [5] Wente dar sethen de stole yn dem richte, de stole baven Davites hus. [6] Byddet de dynk de tho deme vrede sint, Jerusalem, unde benoginghe is den, de di lef hebben. [7] Vrede werde yn dyner doget, unde nogynghe in dynen tornen. [8] Ik sprak vrede van dy, dor mine broder unde dor myne neghesten. [9] Dor dat huß unses heren gades / sochte yk || dy gude dink. Ere sy deme vadere …

95 *werde*] in der Handschrift versehentlich verdoppelt.

Element	HAMBURG deutscher Text von Cod. conv. 2	HYPOTHETISCHE VORLAGE lateinischer Text	LÜBECK Marientiden (1499)
gemeinsame Antiphon für die drei Psalmen	Do Cristus geboren wart unsprekliken van der juncfrouwen, do wart de schrift vorvullet, ‚Du bist nedder steghen also de reghen in dat vlus',[96] also wart salich gemaket dat mynslike slechte.	Quando natus est ineffabiliter ex virgine, tunc impletae sunt scripturae, ‚Sicut pluvia in vellus descendisti', ut salvum faceres genus humanum.[97]	Do Christus gheboren wart unuthsprekeliken van Marien, der iunkfrouwen, do wart de scrift vorvullet, du bist neddersteghen also de regen yn dat vlus, up dat du salych makedest dat minschlike slechte.[98]
[Capitulum]	[fehlt in Hamburg] Wy loven dy, unse got.[99]	[Ego quasi vitis fructificavi suavitatem odoris, et flores mei fructus honoris et honestatis][100] Deo gratias.	Ick wart vruchtbar also een wynstock, unde myne blomen de sint vul der doget. || Got sy gelavet.

96 Ps. 71,6: *Descendet sicut pluvia in vellus, et sicut stillicidia super terram.*

97 Cantus ID 004441, ursprünglich zum Fest der ‚Circumcisio Domini' (am Oktavtag von Weihnachten), dort zum zweiten Psalm der Laudes und entsprechend zur Terz, zuweilen auch im ‚Officium parvum BMV post Nativitatem', vgl. die Antiphonen ‚O admirabile commercium', in deutscher Übersetzung oben (fol. 21r) und auch im Lübecker Druck als gemeinsame Antiphon zu den Psalmen der Laudes der Marientiden; ‚Rubum, quem viderat Moysen', unten (fol. 29r) und auch im Lübecker Druck, als Antiphon zu den drei Psalmen der Terz; und ‚Germanivit radix Jesse', unten (fol. 37v) zu den drei Psalmen der Non (in Lübeck zur Sext). Im Hamburger Brevier von 1508, im Hamburger ‚Cursus' von 1522, im Schweriner Ordinarius von 1519, sowie in den Brevieren von Bremen, Köln und Utrecht findet sich an dieser Stelle die gleiche Antiphon (s. u. in Abschnitt 4.3.a, 4.3.c und 4.3.d). Im römischen Brevier lautet die Antiphon zur Prim *Assumpta est Maria in coelum, gaudent angeli, laudantes benedicent Dominum*, im ‚Breviarium monasticum Bursfeldense' *Maria virgo assumpta est ad aethereum thalamum, in quo rex regum stellato sedet solio*, ebenso auch im Stundenbuch aus Lund und bei den Augustiner-Chorfrauen von Marienberg (Wolfenbüttel, HAB, Helmstedt 1312). Eine dem ‚Quando nobis' inhaltlich ähnliche Antiphon findet sich in der Fassung von Fonte Avellana zur Terz: *Per te, Maria virgo, impleta sunt prophetarum omnium praeconia, quae dicta sunt, virgo concepisti, virgo genuisti* (PL 151, Sp. 970), es gibt den gleichen Text auch als Psalmantiphon zur Matutin oder Vesper an Mariä Himmelfahrt (Cantus ID 004268).

98 Im Lübecker Psalter von 1473 (Hamburg, SUB, Cod. in scrin. 84b) lautet die Antiphon *Do Christus geboren wart unsprekeliken van der iuncfrouwen, do wart de scrift vorvullet ‚Du bist nedderstegen also der regen in dat vlus', also wart salich gemaket dat minschlike slechte.*

99 *Wy loven dy, unse got* ist die Antwort (*Deo gratias*) auf das Capitulum, das nicht dasteht, es gehört nicht zum Responsorium breve.

100 Aus Sir. 24,23 (*Ego quasi vitis fructificavi suavitatem odoris, et flores mei fructus honoris et honestatis*), dieser Text ist im handschriftlichen Bremer Brevier von 1516 das Capitulum zu den Laudes und im handschriftlichen Brevier der Augustiner-Chorfrauen von Marienberg (Wolfenbüttel, HAB, Helmstedt 1312) findet er sich zur Sext des Marienoffiziums. Das lübische Brevier von 1478 (Abschnitt 4.3.b) bringt den Text als Capitulum zur Vesper des Marienoffiziums *per annum*, und als Capitulum zur ersten Vesper im kanonischen Offizium am Fest Mariä Himmelfahrt. Im Hamburger Brevier von 1508 und im Hamburger

Element	HAMBURG deutscher Text von Cod. conv. 2	HYPOTHETISCHE VORLAGE lateinischer Text	LÜBECK Marientiden (1499)
Responsorium breve	R.: Criste, du levendige godes sone, * vorbarme dy over |fol. 25v| uns. / V.: De du gheboren bist van der juncfrouwen Marien, * verbarme dy over uns. / V.: Ere sy … / R.: Criste des levendigen godes sone …	R.: Christe, fili Dei vivi, * miserere nobis. / V.: Qui natus es de Maria virgine, * miserere nobis. / V.: Gloria Patri, et Filio, et Spriritui sancto. / R.: Christe, fili Dei vivi, * miserere nobis.[101]	R.: Criste, des levendyghen ghades sone, * wes uns gnedich. / V.: De du gheboren byst van der iuncvrouwen Marien, * wes uns gnedich. / V.: Ere sy dem vadere, unde deme sone, unde deme hyllighen gheyste. / R.: Christe, des levendyghen ghades sone, * wes uns gnedich.
Preces	*Kirieloison / Cristeloison / Kirieloison* *Pater noster … et ne nos …*	Kyrie eleison … Pater noster …	*Kirieleison / Cristeleyson / Kyrieleyson* *Pater noster …* *Ave Ma- || ria …*[102]
	Dat wort is vlesch geworden, unde hes gewanet in uns.	Et Verbum caro factum est, / Et habitavit in nobis.[103]	[in Lübeck unten, nach dem Credo]

'Cursus' von 1522 lautet das Capitulum zur Prim ,Multae filiae' aus Pr. 31,29, im Bremer Brevier, aber auch hier, in den Hamburger und Lübecker Marientiden in deutscher Übersetzung, findet sich dieser Text (Pr. 31,29) dafür zur Komplet. Das römische Brevier hat als Capitulum zur Prim des Marienoffiziums Cant. 6,9 ,Quae est ista', ebenso das Brevier der Augustiner-Chorfrauen von Marienberg; das Bursfelder Brevier hat Cant. 1,3 ,Trahe me post te', und der Schweriner Ordinarius von 1519 noch einmal Sir. 24,29 ,Sicut cynnamomum', wie zur Vesper.

101 Das Responsorium breve, ,Christe, fili Dei vivi', steht genau so wie hier in der Hamburger Handschrift auch im römischen Brevier, aber dort zur Prim des kanonischen Offiziums (an allen Tagen der Woche). Im ,Officium parvum', das als Votivoffizium zusätzlich zum kanonischen Offizium rezitiert wird, gibt es nach dem Kapitel der kleinen Horen überhaupt kein Responsorium breve (mit ,Gloria Patri' und Wiederholung), sondern nur einen einfachen Vers. Das Hamburger Brevier von 1508 hingegen, der Hamburger ,Cursus' von 1522 und der Schweriner Ordinarius von 1519 haben das lange Responsorium (,Christe, fili Dei vivi'), das hier in deutscher Übersetzung vorliegt.

102 Das ,Ave Maria' gehört eigentlich nicht in die Preces.

103 Vers aus Joh. 1,14, man sollte eigentlich erwarten, dass er, wie im Lübecker Druck, nach dem ,Credo' steht, das noch zu den Preces gehört, doch die Hamburger Marientiden-Handschrift gibt hier nur den Brauch wieder, den das gedruckte Hamburger Brevier von 1508 und der Hamburger ,Cursus' von 1522 repräsentieren – auch dort sind ,Pater' und ,Credo' durch den Vers *Et Verbum caro factum est* getrennt, ebenso auch im handschriftlichen Brevier der Augustiner-Chorfrauen von Marienberg (Wolfenbüttel, HAB, Helmstedt 1312). Zur Prim des ,Officium parvum BMV' hat das römische Brevier V.: *Dignare me*

Element	HAMBURG deutscher Text von Cod. conv. 2	HYPOTHETISCHE VORLAGE lateinischer Text	LÜBECK Marientiden (1499)
	Credo in Deum …[104]	Credo in Deum, Patrem omnipotentem, creatorem caeli et terrae, et in Jesum Christum, filium eius unicum, dominum nostrum, qui conceptus est de Spiritu sancto, natus ex Maria virgine, passus sub Pontio Pilato, crucifixus, mortuus et sepultus, descendit ad inferna, tertia die resurrexit a mortuis, ascendit ad coelos, sedet ad dexteram dei patris omnipotentis, inde venturus est iudicare vivos et mortuos. Credo in Spiritum sanctum, sanctam Ecclesiam catholicam, sanctorum communionem, remissionem peccatorum, carnis resurrectionem, et vitam aeternam. Amen.	*Credo* // Ick love in god, vader alweldich, schepper hemmelrykes unde ertrikes, unde in Jesum Cristum synen enighen geboren sone, unsen heren, de entfanghen is van dem hillighen gheyste, gheboren van Marien, der iunkvrouwen, gheleden under Poncio Pilato, gecrucighet, ghestorven unde begraven. He is nedder ghestegen to den hellen, || in dem derden daghe upghestan van den do^{e}den. He is up ghesteghen to den hemmelen, unde sittet to der vorderhant gades, sines vaders alweldych. Van dar ys he wedder kamende to richtende de levendighen unde do^{e}den. Ik ghelove in den hillighen geyst, unde in de hylghe ghelovige christene kerke, ghemenscop der hylghen, unde vorghevinghe || der sunde, upstandinghe des vlesches, unde dat ewighe levend. Amen.
[Vers]	[in Hamburg oben, vor dem Credo]		Dat wort is vlesch worden, unde wanet in uns.

laudare te, virgo sacrata. / R.: *Da mihi virtutem contra hostes tuos,* das Bursfelder Brevier V.: *Post partum virgo inviolata permansisti.* / *Dei genitrix, intercede pro nobis.*

104 In der Hamburger Marientiden-Handschrift, im Lübecker Druck, und auch im gedruckten Hamburger Brevier von 1508 sowie im Hamburger ‚Cursus' von 1522 haben die Preces zur Prim eine relativ lange Gestalt, mit Kyrie, Pater, und Credo, ähnlich wie die Preces, die sich im Brevier zur kanonischen Prim und zur Komplet finden (aber ohne ‚Confiteor'). Im ‚Officium parvum BMV' des römischen Brevieres (das ja zusätzlich zum kanonischen Offizium gebetet wird) gibt es an Stelle der Preces zur Prim und zu allen kleinen Horen immer nur ‚Kyrie', im Bursfelder Brevier nicht einmal das.

Element	HAMBURG deutscher Text von Cod. conv. 2	HYPOTHETISCHE VORLAGE lateinischer Text	LÜBECK Marientiden (1499)
Collecta	Here, twide myn bet, unde myn ropent kome to dy mit snelicheit. Alderbarmhertichste got, vor- |fol. 26r| lene unser krankheit hulpe, dat wy began de dechtenisse der juncfrouwen sunte Marien, godes moder, dat wy upstan moten van unser bosheyt, myt der hulpe ires bedes. Dorch unsen heren Jesum Cristum. Amen. Wy benedien dich, gode. / Got sy gelavet.	Domine, exaudi orationem meam. / Et clamor meus ad te veniat. Concede, misericors Deus, fragilitati nostrae praesidium, ut, qui sanctae Dei genitricis memoriam agimus, intercessionis eius auxilio a nostris iniquitatibus resurgamus. Per dominum nostrum, Jesum Christum. Amen.[105] Benedicamus Domino. / Deo gratias.	Here, twyde myn beth, unde min ropent kame to dy. Allerbarmehertygheste god, vorlene unser kranckheyt hulpe, dat wy beghan de dechtnysse der iunkfrouwen Marien, gades moder, dat wi upstan moten van un- || ser bosheit mit der hulpe eres bedes. Dorch unsen leven heren Jesum Christum. Amen. Wy laven unde benedyen god.
D – Terz			
Eröffnung	*Deus, in adiutorium* // Got, denke an myne hulpe. / Here, snelle dy my to helpende. E[re sy]	Deus, in adiutorium meum intende, / Domine, ad adiuvandum me festina. Gloria Patri …	God, denke an mine hulpe. / Here, snelle dy, my tho helpende. Ere sy deme vadere …
Hymnus ‚Rex Christe' + ‚Memento, salutis auctor'	|fol. 26v| *Rex Criste* // 1.) O Criste, alderbarmhertigeste konink, besitte unse herte, dat wy dy plichtich lof wedder geven alle tyd.	Rex Christe clementissime, / Tu corda nostra posside / Ut tibi laudes debitas / reddamus omni tempore.[106]	[aus der Prim] 1.) Criste, barmehertyge konnink, besytte unse herte, up dat wy di geven alle tijd dat loff, dat wy dy schuldich syn.
	2.) Denke, meister des heiles, dattu de staltenisse unses lichammes untfangen hevest unde wordest geboren van ener juncfrouwen.	1.) Memento, salutis auctor, / Quod nostri quondam corporis / Ex illibata virgine / Nascendo formam sumpseris.	2.) Gedenke, meister des heyles, dat du unses lychammes schepnisse hir to voren an di nemest van der unbevleckeden maghet.

105 Das ist die Collecta. die sich im Hamburger Brevier von 1508 und im Bremer Brevier von 1516 findet. Der Hamburger ‚Cursus' von 1522 hat eine andere (‚Famulorum tuorum'). Im ‚Officium parvum' des ‚Breviarium romanum' gibt es ‚Concede, misericors' zur Sext, im ‚Breviarium monasticum Bursfeldense' zur Non. Im Lübecker Druck findet sich die gleiche Collecta unten zur Sext noch einmal.

106 Ursprünglich die dritte Strophe des ambrosianischen Hymnus ‚Claro paschali gaudio' (seinerseits geschöpft aus ‚Aurora lucis rutilat), zur Laudes im ‚Commune apostolorum' zur Osterzeit, zuweilen als Antiphon zum Suffragium; aber auch einzeln als Hymnus zur Prim im ‚Officium parvum beatae Mariae virginis' (Cantus ID 008271j), in dieser Funktion im deutschen Sprachraum allgemein verbreitet (vgl. die Übersichten unten in Abschnitt 4.3), auch belegt in der Hs. Vercelli, Bibl. capitolare, cod. CLXX, aus dem frühen 13. Jh., das Brevier ist in Arras für die Kapelle Saint-Jacques de Namur (Diözese Liège) geschrieben.

Element	HAMBURG deutscher Text von Cod. conv. 2	HYPOTHETISCHE VORLAGE lateinischer Text	LÜBECK Marientiden (1499)
	3.) Maria, moder der gnaden, moder der barmherticheit, bescherme uns [von deme viende unde untfa[107] uns][108] |fol. 27r| in der stunde des todes.	2.) Maria, mater gratiae, / Mater misericordiae, / Tu nos ab hoste protege, / Et hora mortis suscipe.	3.) Maria, moder der gnade, moder der barmeherticheyt, || bescherme uns vor deme vyende unde entfanghe uns in der stunde des dodes.
	4.) Ere, de du geboren bist van der juncfrouwe, gelavet sistu myt deme vader, unde myt deme sone, unde myt deme hilgen geiste ewichliken sunder ende. Amen.	3.) Gloria tibi, Domine, / Qui natus es de virgine, / Cum Patre et sancto Spiritu / In sempiterna saecula. Amen.[109]	4.) Ere si di, here, de du bist gheboren van der maghet myt deme vadere unde mit deme hilghen geiste in der ewicheit. Amen.[110]
Ps. 122	Ps. 122:[111] *Ad te levavi* // Ik borde up myne hant to dy, de du wanst in deme hemmele, also de ogene enes knechtes in den hende erer heren, [2bis] also de ogene ener mag-	Ps. 122: Ad te levavi oculos meos, qui habitas in caelis. [2] Ecce, sicut oculi servorum in manibus dominorum suorum, sicut oculi ancillae in manibus dominae suae, ita oculi	Ps. 122: *Ad te levavi* // || Ik borde myne oghen to di, de du wanest in den hemmelen. [2] See, also de oghen der knechte in de hende erer heren, [2bis] also de ogen

107 *untfa*] i. e. *entfa* (Imp. Sg. von *entfan*).
108 An dieser Stelle Textverlust in der Hs., aber der Hymnus findet sich weiter unten noch einmal, zur Non (fol. 31r), dort ist der vollständige Text lesbar.
109 Im ‚Breviarium romanum' und im ‚Breviarium monasticum Bursfeldense' ist der Hymnus zu den kleinen Horen ‚Memento, salutis auctor' (er besteht nur aus drei Strophen). In der Hamburger Handschrift und auch im Lübecker Druck wird die Strophe ‚Rex Christe' aus dem Hymnus ‚Claro paschali gaudio' (siehe oben) gleichsam als erste Strophe vor dem eigentlichen ‚Memento' rezitiert, so dass der Hymnus in Hamburg insgesamt aus vier Strophen besteht. Dieser ‚Komposit-Hymnus' (s. u., Abschnitt 4.1) ist nicht etwa ein Werk des Kompilators der deutschen Marientiden, er findet sich so in der lateinischen Vorlage, wie der Hamburger ‚Cursus' von 1522, aber auch das Stundenbuch von Lund (s. u., Abschnitt 4.3.a und 4.3.d) beweisen. Das Hamburger Brevier von 1508 hingegen hat an dieser Stelle drei Strophen aus dem Hymnus ‚Ave maris stella' (2. ‚Sumens illud', 3. ‚Sit laus'), diese drei Strophen werden im Hamburger ‚Cursus' von 1522 als Alternative zu ‚Rex Christe … Memento' angeführt. Im Hinblick auf das Versmaß ist die Kombination der beiden Texte kein Problem, beide Hymnen sind im jambischen Dimeter geschrieben, man kann sie problemlos zusammenfügen. In der Fassung von Fonte Avellana gibt es für jede der kleinen Horen einen eigenen Hymnus, ‚Memento, salutis auctor' ist nicht darunter.
110 Im Lübecker Druck aus der Prim.
111 Dem deutschen Brauch folgend (s. o., Abschnitt 2.2) sind die Psalmen der kleinen Horen in der Hamburger (und Lübecker) Fassung gegenüber dem römischen Brevier alle um eine Hore ‚verrutscht' – zur Prim gibt es die Psalmen, die das römische Brevier der Terz des ‚Officium parvum BMV' vorbehält, zur Terz diejenigen der Sext, zur Sext diejenigen der Non, und zur Non diejenigen der Komplet.

<table>
<tr><th>Element</th><th>HAMBURG
deutscher Text von Cod. conv. 2</th><th>HYPOTHETISCHE VORLAGE
lateinischer Text</th><th>LÜBECK
Marientiden (1499)</th></tr>
<tr><td></td><td>het in den henden erer vrou- |fol. 27v| vrouwen, also sint unse ogen to deme heren, unseme gode, bet dat he sick vorbarmet over uns. [3] Here, vorbarme dy over uns, wente wy sere vorvullet sint myt vorsmagine, [4] wente unse sele is sere vorvullet myt bespottunge, den dar gevoget unde vorsmat den hovardigen.
Ere sy …</td><td>nostri ad Dominum Deum nostrum, donec misereatur nostri. [3] Miserere nostri, Domine, miserere nostri, quia multum repleti sumus despectione, [4] quia multum repleta est anima nostra opprobrium abundantibus, et despectio superbis.
Gloria Patri …</td><td>ener maget in de hende erer vrouwen, also sin unse oghen to deme heren, unseme gode, bet he sick over uns vorbarme.
[3] Gnade uns, here, gnade uns, wente wi sere vorvullet sint mit smaheyt, [4] wente [u]nse[112] sele is sere vorvul- || let, wy syn een wedder mot den riken, unde ene vorsmaheyt den hoverdighen.
Ere sy deme vadere …</td></tr>
<tr><td>Ps. 123</td><td>Ps. 123: Nisi quia Dominus // Nu sprekt Israel, wente behalvende de here in uns was, [2bis-3] do de lude uns anverdy- |fol. 28r| geden, se hedden uns lichte levendich vorsloken, [3bis-4] do ere grimmicheit tornede tegen uns, lichte hadde uns dat water vorswolgen, [5] unse sele vor dor de beke, lichte hadde unse sele vorenden dat [unrechte][113] water. [6] Benediet sy de here, de uns nicht en gaf in de venkenisse erer tenen. [7] Unse sele is geloset also en sperlink van der ieger strikke, [7bis] dat strik ist to |fol. 28v| braken, unde wy sint geloset. [8] Unse hulpe is in deme namen des heren, de hemmel unde erde maket heft.
Ere sy deme vader …</td><td>Ps. 123: Nisi quia Dominus erat in nobis, dicat nunc Israel, [2] nisi quia Dominus erat in nobis, cum exsurgerent homines in nos, [3] forte vivos deglutissent nos, cum irasceretur furor eorum in nos, [4] forsitan aqua absorbuisset nos, [5] torrentem pertransivit anima nostra, forsitan pertransisset anima nostra aquam intolerabilem. [6] Benedictus Dominus, qui non dedit nos in captionem dentibus eorum. [7] Anima nostra sicut passer erepta est de laqueo venantium, laqueus contritus est, et nos liberati sumus. [8] Adiutorium nostrum in nomine Domini, qui fecit caelum et terram.
Gloria Patri …</td><td>Ps. 123: Nisi quia Dominus // Nu spreket Israel, wente behalven de here in uns was, [2bis-3] do de lude upstunden wedder uns, lychte hedden se levendich uns verslaken, [3bis-4] do se in uns torneden, lychte dat water hadde uns vorsenket, [5] unse sele ginck over de || beke, lychte hedde unse sele dorch ghan dat undregelike water. [6] Benediet sy de here, de uns nichten gaff in de venknysse erer tenen. [7] Unse sele is geloset also een sperlynck van deme stricke der yeghere, [7bis] dath strick ist to braken, unde wy synt gheloset. [8] Unse hulpe is in deme namen des heren, de hemmele unde erde gemaket heft.
Ere sy deme vadere …</td></tr>
</table>

112 *unse*] im Druck versehentlich *anse*.
113 *unrechte*] Lesart unsicher, Stelle schadhaft.

Element	HAMBURG deutscher Text von Cod. conv. 2	HYPOTHETISCHE VORLAGE lateinischer Text	LÜBECK Marientiden (1499)
Ps. 124	Ps. 124: *Qui confidunt* // De dar lovet[114] in den heren also de berch Sion, de wert nicht ewich beweget, de dar wanet in Jerusalem. [2] De berge sint in sineme ummekringhe, unde de here is in deme ummekringe sines huses, van desseme un wente to ewicheit. [3] Wente de here |fol. 29r| wil nicht vorlaten der sunder roden up der rechten lude lucke, dar de rechten nicht ut en recken ere hande to der bosheit. [4] Here, do wol den guden, unde van rechteme herten sint, [5] unde der, de sik negen in den schemen, de tovort de here myt den werken der bosheit; vrede sy boven Israel.	Ps. 124: Qui confidunt in Domino, sicut mons Sion, non commovebitur in aeternum, qui habitat [2] in Ierusalem. Montes in circuitu eius, et Dominus in circuitu populi sui, ex hoc nunc et usque in saeculum. [3] Quia non relinquet Dominus virgam peccatorum super sortem iustorum, ut non extendant iusti ad iniquitatem manus suas, [4] benefac, Domine, bonis, et rectis corde. [5] Declinantes autem in obligationes, adducet Dominus cum operantibus iniquitatem. Pax super Israel! Gloria Patri …	Ps. 124: || *Qui confidunt* // De dar loven yn den heren so de berch Syon, schal nicht beweget weden tho ewyghen tijden, de dar wanet tho Jerusalem. [2] De berge synt alle umme eme, und god is al umme synem volke, nu an wente int ende. [3] Wente de here vorleth nycht yer sunder roden up dat lucke der rechten lude, dat de rechten nycht uthrek- || ken heden to der boßheit. [4] Here, de den guden wol, unde den, de rechtes herten synt, [5] sunder de sick neghen in den schemen, de thovoret de here mit den, de dar werken de boßheit; vrede sy baven Israhel. Ere sy deme vadere, etc.

114 *lovet*] i. e. *glovet*.

Element	HAMBURG deutscher Text von Cod. conv. 2	HYPOTHETISCHE VORLAGE lateinischer Text	LÜBECK Marientiden (1499)
gemeinsame Antiphon für die drei Psalmen	De busch, den Moises sach unvorbrant, dar by bekenne wy, dat |fol. 29v| dine lovelike reynicheit bewart is; godes moder, bidde vor uns.	Rubum, quem Moyses viderat incombustum, conservatam agnovimus tuam laudabilem virginitatem; Dei genitrix, intercede pro nobis.[115]	Den busch, den Moyses sach unvorbrant, by deme wi bekennen moghen, dat dyne lovelyke reynycheyt bewaret is; || gades moder, bydde vor uns.[116]
Capitulum	Also bin ik gevesteget in Sion, unde in der hilgen stat rouwede ik, unde in Jerusalem is myn gewalt. Got sy gelavet.	Et sic in Sion firmata sum, et in civitate sanctificata similiter requievi, et in Ierusalem potestas mea.[117] Deo gratias.	Also byn ik gevestet in Syon, unde in der hylgen stad rouwede ik, unde in Jerusalem is myne ghewalt. God sy gelavet.

115 Wie im Hamburger Brevier von 1508, im Hamburger ‚Cursus' von 1522, im Bremer Brevier von 1516 (s. u., Abschnitt 4.3.a) und im Schweriner Ordinarius von 1519 (s. u., Abschnitt 4.3.c). Im ‚Breviarium romanum' findet sich diese Antiphon im ‚Officium parvum BMV post Nativitatem', dort zum dritten Psalm der Laudes und zur Sext. Ursprünglich stammt sie aus den Laudes zum Fest der ‚Circumcisio Domini' (am Oktavtag von Weihnachten, dort zum zweiten Psalm). Die fünf Psalmantiphonen, die im römischen Brevier sowohl zu den Marienlaudes der Weihnachtszeit als auch zu den kanonischen Laudes und am Oktavtag von Weihnachten Verwendung finden, dienen an diesen Tagen gleichzeitig auch als Psalmantiphonen für die kleinen Horen (erste Antiphon zur Prim, zweite zur Terz, dritte zur Sext und fünfte zur Non – die vierte wird ausgelassen). Die erste davon, nämlich ‚O admirabile commercium', steht hier in der Hamburger Handschrift oben (fol. 21r), und auch im Lübecker Druck, als gemeinsame Antiphon zu den Psalmen der Laudes, und die nachfolgende vierte Antiphon, ‚Germanivit radix Jesse', steht hier in der Hamburger Handschrift unten (fol. 37v), als Psalmantiphon zur Non (in Lübeck zur Sext). Im ‚Breviarium monasticum Bursfeldense' lautet die Antiphon zur Terz *In odorem unguentorum tuorum currimus, adolescentule dilexerunt te nimis*, ebenso im Stundenbuch aus Lund und bei den Augustiner-Chorfrauen von Marienberg; im römischen Brevier steht *Maria virgo assumpta est ad aethereum thalamum, in quo rex regum stellato sedet solio*.

116 Im Lübecker Psalter von 1473 (Hamburg, SUB, Cod. in scrin. 84b) lautet die Antiphon *De busch, de Moyses sach unvorbrant, dar bi be-* [fol. 247v] *kenne wy, dat din lovelike reynicheit bewaret is, godes moder, bidde vor uns.*

117 Aus Sir. 24,15, ganz wie im ‚Officium parvum BMV' des lübischen Brevieres von 1478 (dort aus dem Offizium zum Fest Mariä Himmelfahrt, s. u., Abschnitt 4.3.b) und des römischen Brevieres, jeweils zur Terz; in der archaischen Fassung von Fonte Avellana steht dieser Text als Capitulum zur Prim, dort ist das Capitulum zur Terz ‚Haereditavi in populo' (wohl nach Sir. 24,16), im Bursfelder Brevier ‚Dilectus meus loquitur mihi' (Ct. 2,10). Das Hamburger Brevier von 1508 und der Hamburger ‚Cursus' von 1522 haben an dieser Stelle beide ein anderes Capitulum, ‚Ab initio et ante saecula creata sum' (Sir. 24,14, wie schon zu den Laudes).

Element	HAMBURG deutscher Text von Cod. conv. 2	HYPOTHETISCHE VORLAGE lateinischer Text	LÜBECK Marientiden (1499)
Responsorium breve	R.: * Unde diner schone. / V.: Ga vorlu-ckichliken unde regnere, * unde diner sco-ne. / V.: Ere sy deme vader … / R.: Denke diner schone unde clarheit.[118]	R.: Specie tua * et pulchritudine tua V.: intende, prospere procede et regna * et pulchritudine tua. / V.: Gloria Patri, et Filio, et Spiritui sancto. / R.: Specie tua * et pulchritudine tua intende, prospere procede et regna.[119]	R.: Denke dyner klarheyt, * unde dyner schone / V.: Gha vorluckeliken unde regne-re, * unde dyner schone. / V.: Ere sy deme vadere, unde dem sone, unde dem hilghen gey- || ste. / R.: Dencke dyner clarheyt, * unde dyner schone.[120]
Vers	De gnade de is gegoten up dine lippen, |fol. 30r| dor umme hevet dy got ewichliken benediet.	V.: Diffusa est gratia in labiis tuis. / R.: Propterea benedixit te Deus in aeternum.[121]	De gnade is gheghaten in dine lippen, dar umme heft dy god ewychliken ghebene-dyet.

118 Der Text findet sich oben schon als Vers zur Matutin, dort steht der vollständige Text: *Denke diner scone unde werdichkeit, ga vorluckichliken unde regnere*, hier hingegen ist das *et pulchritudine* des lateinischen Textes in der deutschen Übersetzung ausgelassen und das *denke* am Anfang fehlt auch. Überhaupt ist in der Handschrift nicht erkennbar, dass der Kopist verstanden hat, dass es sich beim Responsorium breve um einen neuen Abschnitt handelt – vielmehr sieht es so aus, als ob der Text des Capitulum hier einfach weiterginge: … *myn gewalt got sy gelavet unde diner schone* … Dafür steht weiter unten an der Stelle, an der der Vers (*Denke diner schone* …) nach dem ‚Gloria Patri' wieder aufgegriffen wird, die Rubrik ‚Ant.' (für ‚Antiphona'), das ist aber falsch, hier könnte allenfalls ein ‚R.' stehen. Das zeigt, dass der Kopist die gewöhnliche Struktur des liturgischen Offiziums nicht kannte.

119 Aus Ps. 44,5, wie im gedruckten Hamburger Brevier von 1508, im Hamburger ‚Cursus' von 1522 und im handschriftlichen Brevier der Augustiner-Chorfrauen von Marienberg (Wolfenbüttel, HAB, Helmstedt 1312); in der Fassung von Fonte Avellana gibt es den Text als Vers zur Terz (‚Specie tua' [*et pulchritudine tua, intende, prospere, procede et regna*] / ‚Benedicta tu' [*in mulieribus, et benedictus fructus ventris tui*]), dem römischen Brevier zufolge findet sich dieser Text im eigentlichen ‚Officium parvum beatae Mariae virginis' nur als Antiphon zum ersten Psalm der Matutin am Dienstag und Freitag, aber im ‚Commune festorum beatae Mariae virginis' (wo es alle drei Nokturnen zur Matutin gibt), steht er auch als Vers, nach den Psalmen der ersten Nokturn. Im römischen ‚Officium parvum', das als Votivoffizium zustätzlich zum kanonischen Offizium rezitiert wird, gibt es nach dem Kapitel der kleinen Horen überhaupt kein Responsorium breve (mit ‚Gloria Patri' und Wiederholung), sondern nur einen einfachen Vers.

120 Im Lübecker Psalter von 1473 (Hamburg, SUB, Cod. in scrin 84b) lautet das Responsorium breve *Denke diner clarheit unde diner schone, * ga vorelucliken unde regnere. Ere si de* …

121 Aus Ps. 44,3, ganz wie im gedruckten Hamburger Brevier von 1508, im Hamburger ‚Cursus' von 1522, im handschriftlichen Brevier der Augustiner-Chorfrauen von Marienberg, und auch im ‚Breviarium romanum'. Im ‚Breviarium monasticum Bursfeldense' gibt es an dieser Stelle stattdessen den Vers *Gaude, Maria virgo / Cunctas haereses sola interimisti*. Hier in der Hamburger Handschrift findet sich Ps. 44,3 in einer etwas anderslautenden Übersetzung unten auch noch einmal als Responsorium breve zur Sext.

Element	HAMBURG deutscher Text von Cod. conv. 2	HYPOTHETISCHE VORLAGE lateinischer Text	LÜBECK Marientiden (1499)
Collecta	Here, twyde myn bet, unde myn ropent kome to dy. Here, unse got, vorlene uns, dinen denstluden, dat wy uns vrouwen ewiger salicheit des lives unde der sele, unde dat wy van der erliken juncfrouwen sunte Marien bede geloset werden van disser iegenwartighen drofnisse, unde bruken der ewigen […]. Dorch unsen |fol. 30v| heren Jesum Cristum. Amen. Wy benedien den heren unde loven gode. / Got sy gelovet nu unde alle tyd.	Domine, exaudi orationem meam. / Et clamor meus ad te veniat. Concede nos famulos tuos, quaesumus Domine Deus, perpetua mentis et corporis sanitate gaudere, et gloriosa beatae Mariae semper virginis intercessione a praesenti liberari tristitia, et aeterna perfrui laetitia. Per dominum nostrum, Jesum Christum. Amen.[122] Benedicamus Domino. / Deo gratias.	Here, twide myn bet, unde myn ropent kame to di. Here, unse god, vorlene uns, dynen denst [luden],[123] dat wy uns vrouwen mit ewygher salicheit des lyves unde der sele, unde dat wy van der erliken iunk- || vrouwen Marien bede werden gheloset van desser ieghenwardyghen drofnisse, unde bruken der ewyghen vroude. Dorch unsen heren Jesum Christum. Amen. Wy benedien unde laven got. Got sy gelavet.
E – Sext			
Eröffnung	*Deus, in adiutorium* // Got, denke an myne hulpe. / Here, snelle dy, my to helpende. Ere …	Deus, in adiutorium meum intende, / Domine, ad adiuvandum me festina. Gloria Patri …	God, denke an mine hulpe. / Here, snelle dy, my tho helpende. Ere sy deme vader …
Hymnus ‚Rex Christe' + ‚Memento, salutis auctor'	*Rex Criste* // 1.) O Criste, alderbarmhertigeste konink, besitte unse herte, dat wy dy plichtich lof wedder geven alle tyd.	Rex Christe clementissime, / Tu corda nostra posside / Ut tibi laudes debitas / reddamus omni tempore.	1.) Criste, barmhertighe konninck … - Den vindestu in der prime. [wie zur Prim/Terz]

122 Diese Collecta gibt es im gedruckten Hamburger Brevier von 1508, im Hamburger ‚Cursus' von 1522, im handschriftlichen Bremer Brevier von 1516 (s. u. in Abschnitt 4.3.a) und im Schweriner Ordinarius von 1519 (s. u., Abschnitt 4.3.c) zu den Laudes und zur Vesper; im ‚Officium parvum' nach dem ‚Breviarium romanum' findet sie sich nur zur Vesper, ebenso im Stundenbuch aus Lund und im Brevier der Augustiner-Chorfrauen von Marienberg (Wolfenbüttel, HAB, Helmstedt 1312); nach dem ‚Breviarium monasticum Bursfeldense' wird sie zur Sext rezitiert. Die Collecta des römischen Brevieres zur Terz, ‚Deus, qui salutis aeternae', findet sich hier in der Hamburger Handschrift unten zur Komplet, das Bursfelder Brevier hat zur Terz ‚Protege, Domine, famulos tuos'. Das Hamburger Brevier von 1508, der Hamburger ‚Cursus' von 1522 und das Bremer Brevier von 1516 haben an dieser Stelle, zur Terz, ‚Omnipotens, sempiterne Deus' – das wiederum ist die Collecta, die es in den deutschen Marientiden aus Hamburg und Lübeck zur Vesper gibt.

123 *denstluden*] im Lübecker Druck versehentlich *denst.*

Element	HAMBURG deutscher Text von Cod. conv. 2	HYPOTHETISCHE VORLAGE lateinischer Text	LÜBECK Marientiden (1499)
	2.) Denke, meyster des heiles, dattu de staltenisse unses licham- |fol. 31r| mes untfanghen hevest unde wordest geboren van ener juncfrouwen.	1.) Memento, salutis auctor, / Quod nostri quondam corporis / Ex illibata virgine / Nascendo formam sumpseris.	
	3.) Maria, moder der gnaden, moder der barmharticheit, bescherme uns vor deme viende unde untfa uns in der stunde des dodes.	2.) Maria, mater gratiae, / Mater misericordiae, / Tu nos ab hoste protege, / Et hora mortis suscipe.	
	4.) Here, de du geboren bist van der juncfrouwen, gelavet sistu myt deme vader, unde myt deme sone, unde myt deme hilgen geiste ewchyliken sunde ende unde alle tyd. Amen.	3.) Gloria tibi, Domine, / Qui natus es de virgine, / Cum Patre et sancto Spiritu / In sempiterna saecula. Amen.[124]	
Ps. 125	Ps. 125:[125] |fol. 31v| *In confertendo* // Do de here bekerde Sion,[126] do sint wy worden also de getrosteden. [2] So wart unse munt vorvullet myt vrouden, unde unse tunge myt hochenisse. [2bis] Denne scholen se	Ps. 125: In convertendo Dominus captivitatem Sion, facti sumus sicut consolati. [2] Tunc repletum est gaudio os nostrum, et lingua nostra exsultatione. Tunc dicent inter gentes: Magnificavit Dominus	Ps. 125: In convertendo // Do de here bekeerde de venknysse Syon, do synt wy worden also de getrosteden. [2] Do wart unse mund vorvullet mit vrouden, unde unse tunghe myt blydeschop. [2bis] Denne

124 Hymnus wie oben, zur Terz (Kommentar siehe dort). Im ‚Breviarium romanum' und im ‚Breviarium monasticum Bursfeldense' ist der Hymnus zu den kleinen Horen ‚Memento, salutis auctor' (er besteht nur aus drei Strophen). Im Hamburger ‚Cursus' von 1522, aber auch im Stundenbuch von Lund (s. u., Abschnitt 4.3.a und 4.3.d) wird die Strophe ‚Rex Christe' aus dem Hymnus ‚Claro paschali gaudio' (siehe oben, zur Terz) als erste Strophe vor dem eigentlichen ‚Memento' rezitiert, so dass der Hymnus nun insgesamt aus vier Strophen besteht, dieser Tradition folgen die deutschen Marientiden aus Hamburg und Lübeck.

125 Dem deutschen Brauch folgend (s. o., Abschnitt 2.2) sind die Psalmen der kleinen Horen in der Hamburger (und Lübecker) Fassung gegenüber dem römischen Brevier alle um eine Hore ‚verrutscht' – zur Prim gibt es die Psalmen, die das römische Brevier der Terz des ‚Officium parvum BMV' vorbehält, zur Terz diejenigen der Sext, zur Sext diejenigen der Non, und zur Non diejenigen der Komplet.

126 In der Hamburger Fassung wird nicht deutlich, dass es um die Befreiung Zions aus der Gefangenschaft geht.

Element	HAMBURG deutscher Text von Cod. conv. 2	HYPOTHETISCHE VORLAGE lateinischer Text	LÜBECK Marientiden (1499)
	spreken mank den slechten: De here heft grotliken dan by en. [3] De here heft grotliken by uns gedan, unde wy sint vrolyken geworden. [4] Here, bekere unse venkenisse, also de vletenden beke in deme |fol. 32r| sudenen winde. [5] De dar seyen in den tranen, de scholen meyen in den vrouden. [6] De gande ginghen unde weneden, do se seyeden ere sat. [6bis] De komenden komen myt vrouden, unde bringhen ere gerven. Ere sy de …	facere cum eis. [3] Magnificavit Dominus facere nobiscum, facti sumus laetantes. [4] Converte, Domine, captivitatem nostram, sicut torrens in austro. [5] Qui seminant in lacrimis, in exsultatione metent. [6] Euntes ibant et flebant, mittentes semina sua. Venientes autem venient cum exsultatione, portantes manipulos suos. Gloria Patri …	scholen se spreken under den slechten: De here heft grotliken by en ghedan. [3] De here heft grotlyken || by uns ghedan, wy syn gheworden vrolich. [4] Here, kere unse venknisse, also de vlot in deme suden winde. [5] De dar seyen in den tranen, de scholen meyen in den vrouden. [6] De ghanden ghyngen unde weneden, do se ere saet seyeden. [6bis] Sunder de kamen, de scholen kamen mit vrouden unde bringhen ere gherven. Ere sy dem vadere …
Ps. 126	Ps. 126:[127] *Nisi Dominus* // Besunderghen enbuwede de here nicht dath hus, se arbeiden vorgeves, de it buwen. [1bis] En bewarde de here nicht de stat, se wakeden vorgheves, de se bewarden. [2] Idel is iuw |fol. 32v| up gestan ere deme lichte, stat up wen gy ghegeten hebben, de gy eten dat brot der droffenisse. [2bis–3] Men[128] he	Ps. 126: Nisi Dominus aedificaverit domum, in vanum laboraverunt qui aedificant eam. Nisi Dominus custodierit civitatem, frustra vigilat qui custodit eam. [2] Vanum est vobis ante lucem surgere, surgite postquam sederitis, qui manducatis panem doloris. Cum dederit dilectis suis somnum, [3] ecce haereditas Domini, filii, merces, fructus	Ps. 126: *Nisi Dominus* // || Enbuweth de here nycht dath hueß, so hebben se vorgheves gearbeydet, de dar buwen. [1bis] En bewart de here nicht de stad, se waken vorgeves, de se bewaren. [2] Dath is iuw vorgheves up to stande vor deme lychte, staet up dar na, dath gy gheseten hebben, de daer ethen dat brot der drofnisse. [2bis–

127 Ps. 126 findet sich unten in der Vesper noch einmal – aber dort ist die Übersetzung ganz anders als hier.

128 *Men*] wahrscheinlich hat der Kopist auch hier eine Initiale in der Vorlage nicht richtig erkannt, ursprünglich dürfte dort *Wen* gestanden haben. *Men* (im Sinne von ‚aber‘) wäre im Hinblick auf den Satzbau aber auch möglich.

Element	HAMBURG deutscher Text von Cod. conv. 2	HYPOTHETISCHE VORLAGE lateinischer Text	LÜBECK Marientiden (1499)
	gevet sinen leven den slap, se, dat erve des heren, des kindest vordenst, de vrucht des lives. [4] Also de schote in der hant des mechtigen, also de kinder der vorworpenen. [5] Hillich is de mynsche, dede hevet vullenbrocht sin begere, ut he en wert nicht vordomet, wen he sprekt |fol. 33r| sine viende in der haven.[129] Ere sy deme vader unde …	ventris. [4] Sicut sagittae in manu potentis, ita filii excussorum. [5] Beatus vir qui implevit desiderium suum ex ipsis, non confundetur cum loquetur inimicis suis in porta. Gloria Patri …	3] So wen he sinen leven gift den slap, see, dat || is des heren erve, des sones lon, des lives vrucht. [4] Also de schoᵉte in des weldyghen hand, also synt de uthgeslaghen kindere. [5] Salych is de man, de sine begherynghe vorvullet van en, he enwert nycht vorscemet, so he synen vienden tosprekt in der porten. Ere sy deme vadere, etc.
Ps. 127	Ps. 127: *Beati omnes* // Se sint alle hillich, dede vruchten den heren, dede wanderen in sinen weghen. [2] Wente du werst etende dat arbeit diner hende, du bist hillich, unde dych wert wol. [3] Dyn husfrouwe also en vulle winstok, in den siden dines huses. [3bis] Dyne kindere also de lede der oliven in deme ummeganghe diner tafelen.[130] [5] Wy |fol. 33v| benedien den heren van Sion, unde du werst senden de gude Jerusalem alle dage dines levendes. [6] Unde du werst senden de kinder diner kinder, vrede uppe Israel. Ere sy deme …	Ps. 127: Beati omnes qui timent Dominum, qui ambulant in viis eius. [2] Labores manuum tuarum, quia manducabis, beatus es, et bene tibi erit. [3] Uxor tua sicut vitis abundans in lateribus domus tuae, filii tui sicut novellae olivarum in circuitu mensae tuae. [4] Ecce, sic benedicetur homo qui timet Dominum. [5] Benedicat tibi Dominus ex Sion, et videas bona Ierusalem omnibus diebus vitae tuae. [6] Et videas filios filiorum tuorum, pacem super Israel. Gloria Patri …	Ps. 127: *Beati omnes* // Se synt alle salych, de den heren vruchten, || de in synen weghen ghan. [2] Wente du schalt ethen dyner hende arbeyt, du bist salich, unde wol scal di werden. [3] Dyne hußvrouwe schal sin also de blovende wynrave, in den siden dynes hußes. [3bis] Dyne kindere scholen syn also de nye olie bome, alumme dynen dysch. [4] See, also schal de mynsche ghebenediet werden, de den heren vruchtet. [5] De here van || Syon benedye dy, unde du werst seende gude dinck tho Jerusalem alle dyne levedaghe. [6] Unde du werst seende de kindere diner kinder, den vrede baven Israhel. Ere sy deme vadere …

129 Hier liegt eine Verwechslung von *porta* und *portus* vor.
130 Vers 4 ist ausgelassen, den Sinn der Verse 3 und 5 hat der Übersetzer vielleicht nicht ganz verstanden.

Element	HAMBURG deutscher Text von Cod. conv. 2	HYPOTHETISCHE VORLAGE lateinischer Text	LÜBECK Marientiden (1499)
gemeinsame Antiphon für die drei Psalmen	Du bist scone unde tzyret, du dochter van Jerusalem, wunderlik also eyne stikkede spisse der slote.	Pulchra es et decora, filia Jerusalem, terribilis ut castrorum acies ordinata.[131]	[De rode van Yesse heft ghebloyet, de sterne van Iacobs is upbeghan, de iunckfrouwe telede den salichmaker, god, unsen heren, dy lave[n] wy.][132]
Capitulum	Ik bin ene moder der schonen leve, bekantenisse unde hillighe hopene. Gode sy dank.	Ego mater pulchrae dilectionis, et timoris, et agnitionis, et sancte spei.[133] Deo gratias.	|| [Ick bewortelde in deme eerlyken volcke, unde sin erve is in deme deyle mynes gades, unde myn entholt is in der vulle der hylghen. Ghod sy gelavet.][134]

131 Wie im ‚Breviarium romanum' zur Non – mit den Psalmen ist hier also auch die Antiphon im Vergleich zum römischen Brevier um eine Hore ‚verrutscht'. Im Bursfelder Brevier, im handschriftlichen Stundenbuch von Lund, im gedruckten Mainzer Brevier von 1495 und auch im handschriftlichen Brevier der Augustiner-Chorfrauen von Marienberg (Abschnitt 4.3.d) gibt es die Antiphon ‚Pulchra es et decora' zur Non, im gedruckten Hamburger Brevier von 1508, im Hamburger ‚Cursus' von 1522 und im handschriftlichen Bremer Brevier von 1516 ist sie nicht zu finden, die drei letzteren haben als Antiphon zur Sext ‚Germinavit radix Jesse', das ist die lateinische Vorlage der deutschen Antiphon, die sich in den Lübecker Marientiden findet. Die Antiphon zur Sext des Marienoffiziums fehlt in der Fassung von Fonte Avellana, im ‚Breviarium monasticum Bursfeldense' lautet sie *Benedicta filia tu a Domino, quia per te fructum vitae communicavimus*, ebenso auch im Stundenbuch von Lund und im Brevier der Augustiner-Chorfrauen von Marienberg; und im ‚Breviarium romanum' ist sie *In odorem unguentorum tuorum currimus, adolescentulae dilexerunt te nimis.*

132 Diese Antiphon steht (in etwas anderer Übersetzung) in der Hamburger Handschrift unten zur Non. Der Lübecker Psalter von 1473 (Hamburg, SUB, Cod. in scrin. 84b) hingegen stimmt mit dem Lübecker Marientiden-Druck von 1499 überein, dort lautet die Antiphon: *De rode van Yesse heft gebloyet, de sterne van Iacob ist up gegan, de iuncfrouwe gebar den heilant.* Die lateinische Vorlage ‚Germinavit radix Jesse' findet sich als Antiphon zur Sext im Hamburger Brevier von 1508, im Hamburger ‚Cursus' von 1522, im Bremer Brevier von 1516 (Abschnitt 4.3.a) und im Schweriner Ordinarius von 1519 (Abschnitt 4.3.c), sie stammt aus dem ‚Officium parvum BMV post Nativitatem' des römischen Brevieres, dessen Antiphonen ihrerseits aus dem kanonischen Offizium am Oktavtag von Weihnachten geschöpft sind, Einzelheiten unten im Kommentar zur Non.

133 Aus Sir. 24,24, an dieser Stelle im gedruckten Mainzer Brevier von 1495 (s. u., Abschnitt 4.3.d), im römischen Brevier stattdessen Kapitel zur Komplet, im handschriftlichen Brevier der Augustiner-Chorfrauen von Marienberg (Wolfenbüttel, HAB, Helmstedt 1312) Kapitel zu den Laudes, im ‚Breviarium monasticum Bursfeldense' Kapitel zur Vesper und länger: *Ego mater pulchrae dilectionis, et timoris, et agnitionis, et sanctae spei, in me gratia omnis viae et veritatis, in me omnis spe vitae et virtutis.* Im Hamburger Brevier von 1508 und im Hamburger ‚Cursus' von 1522 ist das Capitulum zur Sext (‚Sic in Sion') aus Sir. 24,15 (wie in den Hamburger Marientiden zur Terz), im ‚Breviarium romanum' ist das Kapitel zu Sext (‚Et radicavi') aus Sir. 24,16, dieses Kapitel findet sich in der Hamburger Handschrift unten zur Non, und im Bursfelder Brevier (‚Multae filiae congregaverunt') aus Pr. 31,29.

134 Aus Sir. 24,16 ‚Et radicavi'; dies ist das Capitulum, das sich in der Hamburger Handschrift unten zur Non findet. Im Lübecker Druck steht es, ganz wie im ‚Officium parvum BMV' des römischen Brevieres, zur Sext.

<table>
<tr><th>Element</th><th>HAMBURG
deutscher Text von Cod. conv. 2</th><th>HYPOTHETISCHE VORLAGE
lateinischer Text</th><th>LÜBECK
Marientiden (1499)</th></tr>
<tr><td>Responsorium breve</td><td>R.: De gnade is geghoten |fol. 34r| * in dine lippen. / V.: Dar umme benediet dy got to ewicheit / V.: Ere sy deme vader unde …</td><td>R.: Diffusa est gratia * in labiis tuis. / V.: Propterea benedixit te Deus in aeternum. / V.: Gloria Patri, et Filiio, et Spiritui sancto. / R.: Diffusa est gratia * in labiis tuis.[135]</td><td>R.: De gnade is ghegoten * in dyne lyppen. / V.: Daer umme so heft di got ewichliken ghebenediet * in dynen lyppen. / V.: Ere sy deme vadere, unde deme sone, unde deme hilghen gheiste. / R.: De || gnade ist ghegoten in dine lippen.[136]</td></tr>
<tr><td>Vers</td><td>Hore dochter unde se, unde nege din ore, wente de konink begert diner staltenisse.</td><td>Audi filia, et vide, et inclina aurem tuam, quia concupivit rex speciem tuam.[137]</td><td>[God wyl er helpen in ereme angesychte, God vormiddels er enwerth nycht beweghet.][138]</td></tr>
</table>

135 Aus Ps. 44,3, ganz wie im Hamburger Brevier von 1508 und im Hamburger ‚Cursus' von 1522. Der gleiche Text hatte oben auch schon als Vers zur Terz Verwendung gefunden, allerdings war der Wortlaut der Übersetzung hier etwas anders: *De gnade de is gegoten up dine lippen, dor umme hevet dy got ewichliken benediet.* Im ‚Breviarium romanum' dient der Text als Vers zur Terz, der Vers zur Sext lautet dort V.: *Benedicta tu in mulieribus.* / R.: *Et benedictus fructus ventris tui*, und im ‚Breviarium monasticum Bursfeldense' V.: *Speciosa facta es, et suavis in deliciis tuis.* / R.: *Sancta Dei genitrix.*

136 Wie im Lübecker Psalter von 1473 (Hamburg, SUB, Cod. in scrin. 84b), dort lautet das Responsorium: *De gnade is gegoten in dine lippen, * darumme heft di god benediet ewichliken. Ere sy … De gnade …*

137 Aus Ps. 44,1, im ‚Commune virginum' des Bursfelder Brevieres Responsorialvers zur ersten Nokturn der Matutin (nach der dritten Lesung) und Responsorium breve zu den Laudes (im ‚Missale romanum' auch als Tractus zur Messe, ‚Commune virginum', post Septuagesimam). Der gleiche Text hatte oben (fol. 21v) auch schon als Vers (oder Responsorium breve) zu den Laudes Verwendung gefunden, allerdings stand dort *scone* statt *scaltenisse*, unten (fol. 39r, ebenfalls mit *scone*) wird er noch einmal in der Non auftauchen, und dann fol. 52v als Vers zur Komplet, dort lautet der Text *begerde diner schonheit.* Im gedruckten Hamburger Brevier von 1508, im Hamburger ‚Cursus' von 1522 und bei den Augustiner-Chorfrauen von Marienberg (Wolfenbüttel, HAB, Helmstedt 1312) lautet der Vers zur Sext ‚Adiuvabit eam', wie (auf Deutsch) in den Lübecker Marientiden, im römischen Brevier ist er V.: *Benedicta tu in mulieribus* / R.: *Et benedictus fructus ventris tui*, und im ‚Breviarium monasticum Bursfeldense' *Speciosa facta es et suavis in deliciis tuis, sancta Dei genitrix.*

138 *Adiuvabit eam Deus vultu suo, Deus in medio eius non commovebitur*, wie im gedruckten Hamburger Brevier von 1508, im Hamburger ‚Cursus' von 1522 und im handschriftlichen Brevier der Augustiner-Chorfrauen von Marienberg; im ‚Commune virginum' des Bursfelder Brevieres findet sich der Text als Vers zur Vesper (auch Antiphon zum vierten Psalm der Matutin), im ‚Commune virginum' des römischen Brevieres Vers zur zweiten Nokturn der Matutin und zur Terz.

Element	HAMBURG deutscher Text von Cod. conv. 2	HYPOTHETISCHE VORLAGE lateinischer Text	LÜBECK Marientiden (1499)
Collecta	[Here, twyde myn bet, unde myn ropent kome to dy.][139] Alleweldige, ewyghe got, bescherme dine knechte myt der vorderen hant diner welde van allen schaden, unde wen vor uns biddet Maria, so lat uns vrouwen in der iegenen salicheit unde der to- |fol. 34v| komenden. Dorch ene, de de …	Domine, exaudi orationem meam. / Et clamor meus ad te veniat. Omnipotens, sempiterne Deus, famulos tuos dextera potentiae tuae ab imminenti plaga protege, et intercedente beata Maria cum omnibus sanctis fac nos praesenti gaudere prosperitate et futura. Per Dominum …[140]	[Here, twyde myn beth, unde myn ropent, dat kam to dy. Barmehertighe got, vorlene unser krankheyt hulpe, dath wy beghan de dechtnysse der hylgen iunckfrouwe Marien, gades moder, dat wi || van eres bedes hulpe upstan van unser boßheyt. Dor unsen heren Jesum Christum. Amen.][141]
	Benedictus Domino. / Deo gratias.[142]	Benedicamus Domino. / Deo gratias.	Wy benedien unde laven got. / Got sy ghelavet.

139 Die Gebetsaufforderung, wie zu den übrigen Horen, fehlt an dieser Stelle.

140 Ursprünglich, in Alkuins Supplement zum gregorianischen Sakramentar, Collecta zur ‚Missa de tribulatione' (im Kapitel ‚pro specialis necessitatibus publicis'). Hrsg. v. Jean Dehusses, Le Sacramentaire grégorien. Ses principales formes, d'après les plus anciens manuscrits, Bd. 2 (Spicilegium Friburgense 24). 2. Auflage, Fribourg (CH), n° 2492 (S. 156); sodann als ‚Oratio super populum' am Schluss der Marienmesse am Samstag (PL 101, Sp. 455; vgl. die ‚Orationes de sancta Maria', Sp. 464). Im Sakramentar von Fonte Avellana, dem ersten Textzeugen für das archaische ‚Officium parvum beatae Mariae virginis', dient der Text als Collecta zum Allerheiligen-Suffragium nach der Vesper, an allen Tagen nach Epiphanie (PL 101, Sp. 955). Statt dieser Collecta bieten das Hamburger Brevier von 1508 und die Hamburger ‚Cursus' von 1522 zur Sext beide ‚Protege nos, famulos tuos' (diese Collecta wiederum ist in den Hamburger Marientiden nicht enthalten), das Bremer Brevier von 1516 hat ‚Assit nobis, quaesumus', und das Stundenbuch von Lund ‚Concede, misericors', wie in den Lübecker Marientiden. Die Collecta, die das römische Brevier zur Sext vorsieht, findet sich in Hamburg zur Prim, im Lübecker Druck kommt sie zur Prim und zur Sext zum Einsatz.

141 *Concede, misericors Deus, fragilitati nostrae praesidium, ut, qui sanctae Dei genitricis memoriam agimus, intercessionis eius auxilio a nostris iniquitatibus resurgamus. Per dominum nostrum, Jesum Christum. Amen*; wie oben zur Prim; im Hamburger ‚Cursus' von 1522 und im Bremer Brevier von 1516 zur Komplet, im ‚Breviarium romanum' zur Sext, im ‚Breviarium monasticum Bursfeldense' zur Non.

142 Anders als bei den übrigen Horen steht die Schlussformel hier auf Latein – und falsch, statt *benedictus* (Partizip Perfekt passiv im Nominativ, passt nicht zum Dativ *Domino*) müsste es *benedicamus* (2. Pl. Konjunktiv Präsens aktiv) heißen.

<table>
<tr><th>Element</th><th>HAMBURG
deutscher Text von Cod. conv. 2</th><th>HYPOTHETISCHE VORLAGE
lateinischer Text</th><th>LÜBECK
Marientiden (1499)</th></tr>
<tr><td>F – Non</td><td></td><td></td><td></td></tr>
<tr><td>Eröffnung</td><td>*Deus, in adiutorium* … // Got, denke in myne hulpe …
[Ere sy …][143]</td><td>Deus, in adiutorium meum intende, / Domine, ad adiuvandum me festina.
Gloria Patri …</td><td>God, denke an myne hulpe. / Here, snelle di, my tho helpende.
Ere sy deme vadere …</td></tr>
<tr><td>Hymnus ‚Rex Christe' + ‚Memento, salutis auctor'</td><td>*Rex Criste* //
1.) O Criste, alderbarmhertigeste konink, besitte unse herte, dat wy dy plichtich lof wedder geven.</td><td>Rex Christe clementissime, / Tu corda nostra posside / Ut tibi laudes debitas / reddamus omni tempore.</td><td>1.) Criste, barmhertighe konnink …
- Den vindestu in der || prime.
[wie zur Prim/Terz]</td></tr>
<tr><td></td><td>2.) Denke, meyster des heiles, dattu de staltenisse unses lichammes untfangen hefst unde du wordest geboren van ey- |fol. 35r| ner juncfrouwen.</td><td>1.) Memento, salutis auctor, / Quod nostri quondam corporis / Ex illibata virgine / Nascendo formam sumpseris.</td><td></td></tr>
<tr><td></td><td>3.) Maria, moder der gnaden, moder der barmherticheit, bescherme uns vor deme viende unde untfa uns in der stunde des dodes.</td><td>2.) Maria, mater gratiae, / Mater misericordiae, / Tu nos ab hoste protege, / Et hora mortis suscipe.</td><td></td></tr>
<tr><td></td><td>4.) Here, de du geboren bist van der juncfrouwen, gelavet sistu myt deme vader, unde myt deme sone, unde myt deme hilghen geiste ewchiliken sunder ende. Amen.</td><td>3.) Gloria tibi, Domine, / Qui natus es de virgine, / Cum Patre et sancto Spiritu / In sempiterna saecula. Amen.[144]</td><td></td></tr>
</table>

143 Das deutsche ‚Gloria Patri' fehlt hier in der Handschrift, ist aber in Analogie zur Eröffnung der übrigen Horen zu erwarten.

144 Hymnus wie oben, zur Terz (Kommentar siehe dort). Im ‚Breviarium romanum' und im ‚Breviarium monasticum Bursfeldense' ist der Hymnus zu den kleinen Horen ‚Memento, salutis auctor' (er besteht nur aus drei Strophen). Im Hamburger ‚Cursus' von 1522, aber auch im Stundenbuch von Lund (s. u., Abschnitt 4.3.a und 4.3.d) wird die Strophe ‚Rex Christe' aus dem Hymnus ‚Claro paschali gaudio' (s. o., zur Terz) als erste Strophe vor dem eigentlichen ‚Memento' rezitiert, so dass der Hymnus nun insgesamt aus vier Strophen besteht, dieser Tradition folgen die deutschen Marientiden aus Hamburg und Lübeck.

<table>
<tr><th>Element</th><th>HAMBURG
deutscher Text von Cod. conv. 2</th><th>HYPOTHETISCHE VORLAGE
lateinischer Text</th><th>LÜBECK
Marientiden (1499)</th></tr>
<tr><td>1. Ps 128</td><td>Ps. 128:[145] Sepe expugnaverunt // […]u[146] wert seggende Israel, se hebben my vaken slogen |fol. 35v| van myner joget. [2] Vaken hebben se my slegen van myner ioget, noch over wi[nn]en[147] se my nicht. [3] De sunderen, de smededen up mynen rugge, se vorlengeden ere bosheit. [4–5] De rechtverdigen to snyt de hals aderen der sunder, se werden vordomet und werden verkert, alle, de Sion hateden. [6] Se werden also how des dakes, dat wert er utgetogen, er it seret,[148] |fol. 36r| [7] van deme he nicht vorvullede sine hant, de dar meret,[149] unde sinen scot, de dar gerven sammelen.
[8] Unde de dar vorgingen, de enspreken nicht: Des heren benediginghe sy boven my,[150] wy benedyen nu in des heren namen.
Ere sy deme vader unde …</td><td>Ps. 128: Saepe expugnaverunt me a iuventute mea, dicat nunc Israel, [2] saepe expugnaverunt me a iuventute mea, etenim non potuerunt mihi. [3] Supra dorsum meum fabricaverunt peccatores, prolongaverunt iniquitatem suam. [4] Dominus iustus concidit cervices peccatorum.
[5] Confundantur, et convertantur retrorsum omnes qui oderunt Sion. [6] Fiant sicut foenum tectorum, quod priusquam evellatur exaruit, [7] de quo non implevit manum suam qui metit, et sinum suum qui manipulos colligit. [8] Et non dixerunt qui praeteribant: Benedictio Domini super vos. Benediximus vobis in nomine Domini.
Gloria Patri …</td><td>Ps. 128: Sepe expugnaverunt // Se hebben my dycke anghevochten van myner yoghet, sprek nu Israhel. [2] Se anvochten mi dicke van miner yoget, wente se enmochten my nicht don. [3] De sundere, de smededen up mineme rughe, se vorlengheden ere boßheyt. [4–5] De rechte here wil tho snyden der sundere hals aderen, se werden tho rugge ghekeret || alle, de Syon hathen.
[6] Se werden also dat how der dake, dat dar vordorret eer, dat wert up ghethaghen, [7] van deme he nycht syne hand vorvullet de daer meyet, unde synen schot, de de scoͤne sammelt. [8] Unde de dar vore ghinghen, de enspreken nycht: Des heren benedighinge sy baven iuw, wy benedyen iuw in des heren namen.
Ere sy deme vader …</td></tr>
</table>

145 Dem deutschen Brauch folgend (s. o., Abschnitt 2.2) sind die Psalmen der kleinen Horen in der Hamburger (und Lübecker) Fassung gegenüber dem römischen Brevier alle um eine Hore ‚verrutscht' – zur Prim gibt es die Psalmen, die das römische Brevier der Terz des ‚Officium parvum BMV' vorbehält, entsprechend stehen hier zur Non diejenigen der Komplet aus dem römischen Brevier.

146 Vom ersten Wort steht nur ein ‚u' da, wahrscheinlich konnte der Kopist eine Initiale nicht lesen (vielleicht *Nu*).

147 *winnen*] in der Handschrift versehentlich *wimnen*.

148 *seret*] *seren* hier offensichtlich im Sinne von ‚schlecht werden', es ist ja nicht ersichtlich, wie das Reet des Daches ‚schädlich' werden oder jemanden ‚verwunden' sollte.

149 *meret*] richtig wäre *meiet*.

150 Der Übersetzer hat nicht verstanden, wer hier wen segnet.

Element	HAMBURG deutscher Text von Cod. conv. 2	HYPOTHETISCHE VORLAGE lateinischer Text	LÜBECK Marientiden (1499)
2. Ps. 129	Ps. 129: *De profundis clamavi ad te* // Here, ik rope to dy van der dupe, here twyde myne stemmen. [2bis] Dyne oren werden an- |fol. 36v| denkende an de stemmen mynes gebedes. [3–4] Here, van behalst de bosheit, here we mach dat liden? Wente by dy is gnedicheit, unde ik dogede dy, here, dor dyne ee. [4bis–5] Myne sele dogede in synen worden, myne sele hopet in den heren. [6] Van der metten wente in de nacht hopet Israhel in den heren. [7] Wente by deme heren is barmharticheit, unde vullenkomen losinge is by eme. [8] Unde he wil Israel |fol. 37r|[151] van alle siner bosheit. Ere sy deme vader …	Ps. 129: De profundis clamavi ad te, Domine, [2] Domine, exaudi vocem meam. Fiant aures tuae intendentes in vocem deprecationis meae. [3] Si iniquitates observaveris, Domine, Domine, quis sustinebit? [4] Quia apud te propitiatio est, et propter legem tuam sustinui te, Domine. Sustinuit anima mea in verbo eius, [5] speravit anima mea in Domino. [6] A custodia matutina usque ad noctem, speret Israel in Domino. [7] Quia apud Dominum misericordia, et copiosa apud eum redemptio. [8] Et ipse redimet Israel ex omnibus iniquitatibus eius. Gloria Patri …	Ps. 129: || *De profundis* // Ick rep to dy van der dupe, twyde myne stemme. [2bis] Dyne oren werden andenkende in de stemme mynes ghebedes. [3] Here, efft du beheldest de boeßheyt, here we mach dath liden? [4] Wente by di is gnedicheit, unde ik enthelt di dorch dyne ee. [4bis–5] Myne sele enthelt syck in syneme worde, mine sele hapede in den heren. [6] Van der met- || ten tijd wente in de nacht schal Israhel hapen in den heren. [7] Wente by deme heren is barmherticheit, unde overvlodyghe vorlosinghe is by dem heren. [8] Unde he wert losen Israhel van alle eren boeßheyden. Ere sy deme vadere, etc.
3. Ps. 130	Ps. 130: *Domine, non est* // Here, myn herte is nycht vorhoghet, unde myne oghen hebben sick nycht vorhoget, [1bis] unde ik hebbe nycht ghewandert in groten dynghen, noch in wunderliken dyngen baven my.	Ps. 130: Domine, non est exaltatum cor meum, neque elati sunt oculi mei, neque ambulavi in magnis, neque in mirabilibus super me. [2] Si non humiliter sentiebam, sed exaltavi animam meam, sicut ablactatus	Ps. 130: *Domine, non est* // Here, min herte en is nycht ghehoghet, noch mine oghen hebben sik nicht vorhaven, [1bis] noch || enwanderde ick nicht in wunderliken dinghen baven mi. [2] Efte ik nicht oth modych-

151 Der letzte Vers von Ps. 129 beginnt auf fol. 36v mit *Unde he wil Israel …*, dann geht es von anderer Hand auf fol. 37r weiter mit … *van alle siner bosheit. Ere sy deme vader* … Der Infinitv zu *wil* fehlt, doch der Anschluss ist offensichtlich gegeben (der lateinische Text lautet *Et ipse redimet Israel ab omnibus iniquitatibus suis*). Hier sind zwei Blätter (37r–38v) eingefügt, um ein defektes Blatt zu ersetzen, sie sind von derselben Hand geschrieben, wie unten die ebenfalls nachträglich eingebundenen Blätter 47r–48v. Vom zweiten Blatt ist jeweils nur ein Teil der Vorderseite beschrieben. Offensichtlich ersetzen hier jeweils zwei Blätter ein defektes Blatt des Originalmanuskriptes. Weil die Handschrift des Restaurators deutlich größer war, als die ursprüngliche Hand, hat er jeweils ein zweites Blatt ‚anbrechen' müssen, um den ursprünglich auf einem Blatt stehenden Text zu ersetzen.

Element	HAMBURG deutscher Text von Cod. conv. 2	HYPOTHETISCHE VORLAGE lateinischer Text	LÜBECK Marientiden (1499)
	[2] Efte ick nycht otmodeliken vorbordet, sunder ick vorhogede myne sele, [2bis] alse de afghewenden van der moder, also is de |fol. 37v| wedder ghift in myner sele. [3] Israhel hope in den heren, van duser tydt nu wente tho ewicheit. Ere sy deme vader …	est super matre sua, ita retributio in anima mea. [3] Speret Israel in Domino, ex hoc nunc et usque in saeculum. Gloria Patri …	liken hadde vornamen, sunder ik vorhogede mine sele, [2bis] also dat afgewennede kynt up syne moder ys, also sy de wedderghave yn myne sele. [3] Israhel hape in den heren, van desseme nu wente tho ewighen tiden. Ere sy deme vadere …
gemeinsame Antiphon für die drei Psalmen	De rodeher[152] Jesu [heft][153] ghebloiet, de sterne van Jacob is up ghegan, de juncfrouwe Maria heft tho der wer[l]de ghebracht den salichmaker, wy laven dy, unse god.	Germinavit radix Jesse, orta est stella ex Jacob, virgo peperit salvatorem, te laudamus, Deus noster.[154]	[See, Maria ghebor uns || den heilant, den Johannes sach, unde rep ‚See, das is dat lam gades, dat aller werlde sunde wech nimpt'.][155]

152 *rodeher Jesu*] i. e. *rode-her Jesse* (Ahnherr, Urahne, *rode* ist die Übersetzung von *radix*, gemeint ist hier nicht Jesus, sondern Jesse, der Vater Davids).

153 *heft*] in der Handschrift versehentlich verdoppelt.

154 Diese Antiphon steht im Lübecker Marientiden-Druck von 1499 zur Sext, die lateinische Vorlage findet sich im Hamburger Brevier von 1508, im Hamburger ‚Cursus' von 1522, im Bremer Brevier von 1516 (s. u., Abschnitt 4.3.a) und im Schweriner Ordinarius von 1519 (s. u., Abschnitt 4.3.c) ebenfalls zur Sext. Im ‚Breviarium romanum' findet sie sich im ‚Officium parvum BMV post Nativitatem', dort zum vierten Psalm der Laudes. Ursprünglich stammt sie aus den Laudes zum Fest der ‚Circumcisio Domini' (am Oktavtag von Weihnachten, dort zum zweiten Psalm). Die fünf Psalmantiphonen, die im römischen Brevier sowohl zu den Marienlaudes der Weihnachtszeit als auch zu den kanonischen Laudes und am Oktavtag von Weihnachten Verwendung finden, dienen an diesen Tagen gleichzeitig auch als Psalmantiphonen für die kleinen Horen (erste Antiphon zur Prim, zweite zur Terz, dritte zur Sext und fünfte zur Non – die vierte wird ausgelassen). Die erste davon, nämlich ‚O admirabile commercium', steht hier in der Hamburger Handschrift oben (fol. 21r), und auch im Lübecker Druck, als gemeinsame Antiphon zu den Psalmen der Laudes, und die dritte Antiphon, ‚Rubum, quem viderat Moysen', steht hier in der Hamburger Handschrift oben (fol. 29r), und auch im Lübecker Druck als Psalmantiphon zur Terz. Sowohl im ‚Breviarium romanum' als auch im ‚Breviarium monasticum Bursfeldense' lautet die Psalmantiphon zur Non des ‚Officium parvum BMV' *Pulchra es et decora, filia Jerusalem, terribilis ut castrorum acies ordinata*, ebenso auch im handschriftlichen Stundenbuch von Lund und im Brevier der Augustiner-Chorfrauen von Marienberg.

155 Im Lübecker Psalter von 1473 (Hamburg, SUB, Cod. in scrin. 84b) lautet die Antiphon entsprechend: *Se, Maria gebar den heilant, den Iohannes sach, unde rep ‚Se, dit is dat lam godes, dat alle der werlde sunde nympt'*, es handelt sich um die Übersetzung von: *Ecce, Maria genuit nobis salvatorem, quem Johannes videns exclamavit, dicens ‚Ecce, Agnus Dei, ecce, qui tollit peccata mundi, alleluia'*, wie im Hamburger Brevier von 1508, im Hamburger ‚Cursus' von 1522, im Bremer Brevier von 1516 (s. u., Abschnitt 4.3.a) und im Schweriner Ordinarius von 1519 (s. u., Abschnitt 4.3.c); im ‚Breviarium romanum' findet sich diese Antiphon im ‚Officium parvum BMV post Nativitatem', dort zum fünften Psalm der Laudes. Die Antiphon, die in der Hamburger Handschrift steht,

Element	HAMBURG deutscher Text von Cod. conv. 2	HYPOTHETISCHE VORLAGE lateinischer Text	LÜBECK Marientiden (1499)
Capitulum	Ick bewortelde in dem |fol. 38r| erliken slechte, unde in dem delle mynes godes is sein erve, unde in der wullenkommenheyt is myn andacht. God sy ghelavet.	Et radicavi in populo honorificato, et in parte Dei mei haereditas illius, et in plenitudine sanctorum detentio mea.[156] Deo gratias	[Gha my na, wy wollen lopen in deme roᵉke diner salven.][157] Got si gelavet.
Responsorium breve	R.: Na dyner borth blevestu unbevlecket, gades moder, bidde vor uns. / V.: Ere sy deme vader …☒[158] |fol. 38r – vacat|	Post partum virgo inviolata permansisti. / Dei genitrix, intercede pro nobis.[159]	[R.: God wyl er helpen * myt sineme antlate. / V.: God vormyddels er en wert nicht beweghet / * mit synem antlate. / V. Ere sy deme vadere, unde dem sone, || unde deme hilghen gheiste. / R.: Got wil er helpen * mit sinem antlate.][160]

und die Lübecker Antiphon stammen mithin aus derselben Quelle. Der Text der Hamburger Marientiden steht hier also alleine gegen das Zeugnis der Lübecker Marientiden, aber auch der lateinischen Breviere aus Hamburg und Bremen, die alle ‚Ecce, Maria genuit' (s. u.) bzw. dessen deutsche Übersetzung als Psalmantiphon zur Non haben. Zu Bedenken ist aber, dass die Hamburger Antiphon, ‚De rodeher', auf einer jener Seiten steht, die erst nachträglich zur Reparatur in den Codex conv. 2 eingebunden wurden – man weiß nicht, ob auf dem verlorenen Blatt, das damals ersetzt werden sollte, schon derselbe Text gestanden hat, vielleicht hatte der Restaurator zur Ergänzung des verlorenen Textes ja eine Redaktion der Marientiden, die nicht mit der ursprünglichen übereinstimmte. In letzterem Falle könnte also in der Hamburger Handschrift ursprünglich durchaus eine Übersetzung des gleichen Stückes vorgelegen haben, das auch in den Lübecker Marientiden zu finden ist.

156 Aus Sir. 24,16, wie im Hamburger Brevier von 1508, im Hamburger ‚Cursus' von 1522 und im Stundenbuch von Lund. Dieses Capitulum findet sich im Lübecker Druck oben zur Sext – genau wie im ‚Officium parvum BMV' des römischen Brevieres. Im ‚Breviarium romanum' ist das Capitulum zur Non (‚In plateis') aus Sir. 24,19–20, im Bursfelder Brevier (‚Ego quasi vitis') aus Sir. 24,23.

157 Aus Ct. 1,3: *Trahe me post te, curremus in odorem unguentorum tuorum*; auch hier stellt der Lübecker Text also nicht die Übersetzung derjenigen Vorlage dar, die der Hamburger Fassung zugrundeliegt – aber auch hier gilt das oben zur Psalmantiphon Gesagte: Das Hamburger Capitulum steht auf einer ausgetauschten Seite, man weiß nicht, was ursprünglich im Cod. conv. 2 gestanden hat, und ob es womöglich der gleiche Inhalt wie in Lübeck war.

158 Damit endet der Text auf der beiden eingebundenen Blätter, fol. 38v ist leer, auf fol. 39r geht die ursprüngliche Handschrift weiter.

159 Im ‚Officium parvum' des ‚Breviarium romanum' Vers zur Non des ‚Officium parvum BMV', im ‚Breviarium monasticum Bursfeldense' Vers zur Prim, im lübischen Brevier von 1478 (Abschnitt 4.3.b) zur Vesper des ‚Officium parvum' der Weihnachtszeit.

160 *Adiuvabit eam Deus vultu suo, Deus in medio eius non commovebitur*, im ‚Commune virginum' des Bursfelder Brevieres Responsorialvers zur Matutin und Vers zur Vesper (auch Antiphon zum vierten Psalm der Matutin), im ‚Commune virginum' des römischen Brevieres Vers zur zweiten Nokturn der Matutin und zur Terz. Das Responsorium breve zur Non ist im gedruckten Hamburger Brevier von 1508, im Hamburger ‚Cursus' von 1522, im handschriftlichen Bremer Brevier von 1516 und bei den Augustiner-Chorfrauen von Marienberg ‚Adiuvabit eam Deus vultu suo', ganz wie in den Lübecker Marientiden, allein die

Element	HAMBURG deutscher Text von Cod. conv. 2	HYPOTHETISCHE VORLAGE lateinischer Text	LÜBECK Marientiden (1499)
[Fragment eines Responsorium breve]	|fol. 39r| … sinen antlate. Ere sy got.[161]	–	
Vers	Hore dochter, unde se, unde nege din ore wente de konink begert diner scone.	Audi filia, et vide, et inclina aurem tuam, quia concupivit rex speciem tuam.[162]	Hore, dochter, unde see, unde neeghe dyn ore, wente de konnink begherde dyner schone.
Collecta	Here, twide myn bet, unde myn ropent kome to dy. Here, dor der erliken juncfrouwen bede sunte Marien help uns dat wy lost werden van den sunden banden unde vrouwen uns ewichliken in dinem vrede. Dorch unsen heren Jesum Cristum. Wy benedyen gode. / Got sy gelavet.	Domine, exaudi orationem meam. / Et clamor meus ad te veniat. [Adiuvet nos, Domine, quaesumus, sanctae Mariae semper virginis intercessio veneranda, atque a peccatorum vinculis absolutos in tua faciat pace gaudere. Per Dominum …][163] Benedicamus Domino. / Deo gratias.	Here, twyde min beth, unde min ropent kame tho dy. Here, de erlyke bede Marien der iunckfrouwen unde gades moder helpe uns, dat why gheloset werden van der sun- || den banden unde vrouwen uns ewichliken in dynem vrede. Dor Jesum Christum, unsen heren. Wi benedien den heren. / God sy gelavet.

Hamburger Marientiden scheinen davon abzuweichen – aber das Responsorium breve ist das dritte Stück, das im Hamburger Cod. conv. 2 auf einer ausgetauschten Seite steht, auch hier gilt: man weiß nicht, was in der ursprünglichen Fassung gestanden hat, und ob es womöglich der gleiche Inhalt war wie in Lübeck.

161 Das ist der Schluss des Responsorium breve, das auf dem verlorenen Blatt stand.

162 Aus Ps. 44,1, ganz wie im Hamburger Brevier von 1508, im Hamburger ‚Cursus' von 1522 und bei den Augustiner-Chorfrauen von Marienberg – hier, wo die Reparatur-Seiten zu Ende sind und der Cod. conv. 2 wieder in seiner ursprünglichen Fassung erhalten ist, stimmen die Inhalte also wieder mit den Lübecker Marientiden und den norddeutschen Brevieren überein. Im ‚Commune virginum' des Bursfelder Brevieres findet sich der Text als Responsorialvers zur ersten Nokturn der Matutin (nach der dritten Lesung) und als Responsorium breve zu den Laudes (im ‚Missale romanum' auch als Tractus zur Messe, ‚Commune virginum', post Septuagesimam). Der gleiche Text hatte hier in der Hamburger Handschrift oben (fol. 21v) auch schon als Vers zu den Laudes Verwendung gefunden, dann (fol. 34r) als Vers zur Sext, allerdings stand dort *scaltenisse* statt *scone*, und dann wird er unten auch noch einmal zur Komplet zum Einsatz kommen (fol. 52, dort mit dem Text *begerde diner schonheit*). Im ‚Officium parvum' des römischen Brevieres lautet der Vers zur Non V.: *Post partum virgo inviolata permansisti* / R.: *Dei genitrix, intercede pro nobis*, und im ‚Breviarium monasticum Bursfeldense' *Dignare me laudare te, virgo sacrata / Da mihi virtutem contra hostes tuos.*

163 Im Bursfelder Brevier Oration zur Komplet des Marienoffiziums, im handschriftlichen Brevier der Augustiner-Chorfrauen von Marienberg (Wolfenbüttel, HAB, Helmstedt 1312) zur Prim.

<table>
<tr><th>Element</th><th>HAMBURG
deutscher Text von Cod. conv. 2</th><th>HYPOTHETISCHE VORLAGE
lateinischer Text</th><th>LÜBECK
Marientiden (1499)</th></tr>
<tr><td>G – Vesper</td><td></td><td></td><td></td></tr>
<tr><td>Eröffnung</td><td>|fol. 39v| Deus, in adiutorium // Got, denke an myne hulpe. / Here, snelle dy, my to helpende.
[Ere sy …][164]</td><td>Deus, in adiutorium meum intende, / Domine, ad adiuvandum me festina.
Gloria Patri …</td><td>Deus in // God, denke an mine hulpe / Here, snelle dy, my to helpende.
Ere sy deme vadere …</td></tr>
<tr><td>Ps. 109</td><td>Ps. 109: Dixit Dominus // De here sede mynen heren: Sitte to myner vorderen hant, [1bis] bet ik sette dine viende to eneme schemel diner vote. [2] De here wil ut senden de roden siner doget van Sion, herschoppen, de vor myddelst in dinen vienden. [3] Dat anbegin is myt dy in deme dage diner doget, |fol. 40r| in deme schine der hilghen, ik berde dy er der morgensternen. [4] De here swor, unde en ruwede eme nicht: Du bist en ewich prester na den orden Melchichisedech. [5] Van diner vorderen hant, to brak de here de koninge in deme dage sines tornes. [6] He wil richten in den slechten unde vor vullen de valle, he wil to drukken de hovede in den landen veler lude. [7] He wil drynken van deme vletenden water |fol. 40v| in deme wege, dar umme wil he hogen dat hovet.
Ere sy …</td><td>Ps. 109: Dixit Dominus Domino meo: Sede a dextris meis, donec ponam inimicos tuos scabellum pedum tuorum. [2] Virgam virtutis tuae emittet Dominus ex Sion, dominare in medio inimicorum tuorum. [3] Tecum principium in die virtutis tuae in splendoribus sanctorum, ex utero, ante luciferum, genui te. [4] Iuravit Dominus, et non poenitebit eum: Tu es sacerdos in aeternum secundum ordinem Melchisedech. [5] Dominus a dextris tuis, confregit in die irae suae reges. [6] Iudicabit in nationibus, implebit ruinas, conquassabit capita in terra multorum. [7] De torrente in via bibet, propterea exaltabit caput.
Gloria Patri …</td><td>Ps. 109: Dixit Dominus // De here sede tho my- || nem heren: Sitte tho myner vorderen hant, [1bis] wente dat ik sette dyne vyende to eneme schemele dyner voete. [2] De here wyl uth senden de rode siner doget uth Syon, wes herschoppende in dem myddele diner vyende. [3] Dat anbeghin is mit dy in dem dage dyner doget, in den schynen der hylghen, uth deme lychamme vor deme morghensterne telede ik || dy. [4] De here swoer, unde ruwede em nycht: Du byst en prester to ewighen tijden na deme orden Melchisedech. [5] Van diner vorderen hant, tho brak de here de konnynghe in deme daghe synes tornes. [6] He wil richten in den slechten unde vorvullen de valle, he wil tosamendeschudden de hovede yn velen landen. [7] He wert drynken van deme vletende water || in deme weghe, darumme wert he vorhoghende sin hovet.
Ere sy deme vadere …</td></tr>
</table>

164 Das deutsche ‚Gloria Patri' fehlt hier in der Handschrift, ist aber in Analogie zur Eröffnung der übrigen Horen zu erwarten.

<table>
<tr><th>Element</th><th>HAMBURG
deutscher Text von Cod. conv. 2</th><th>HYPOTHETISCHE VORLAGE
lateinischer Text</th><th>LÜBECK
Marientiden (1499)</th></tr>
<tr><td>Ps. 112</td><td>Ps. 112: *Laudate pueri* // Gy kinder, lovet den heren, lovet des heren namen. [2] Des heren name sy benediet, van desseme nu wente tho ewichliken. [3] Van der sunnen upgange wente to eren undergange / is lovelik des heren name. [4] De here is hoch boven allen slechten, unde boven deme hemmel is sine ere. [5] De[165] is also unse here got, de in der hoghe wanet, |fol. 41r| unde siit otmodyghe dink in hemmel unde in erden. [7] Den drovighen wecket he van der erden, unde uprichtet de armen van deme hare,[166] [8] dat he [en sette][167] mit den vorsten sines volkes, [9] de in deme huse let wonen den unvruchtbaren, de moder der sonen vroude.
Ere sy deme …</td><td>Ps. 112: Laudate, pueri, Dominum, laudate nomen Domini. [2] Sit nomen Domini benedictum, ex hoc nunc et usque in saeculum. [3] A solis ortu usque ad occasum laudabile nomen Domini.
[4] Excelsus super omnes gentes Dominus, et super caelos gloria eius. [5] Quis sicut Dominus Deus noster, qui in altis habitat, [6] et humilia respicit in caelo et in terra? [7] Suscitans a terra inopem, et de stercore erigens pauperem, [8] ut collocet eum cum principibus, cum principibus populi sui, [9] qui habitare facit sterilem in domo, matrem filiorum laetantem.
Gloria Patri …</td><td>Ps. 112: *Laudate pueri* // Gy kindere, lavet den heren, lavet des heren namen. [2] Des heren name si ghebenediet, van nu wente tho ewighen tyden. [3] Van der sunnen upgank wente to ereme nederganghe / is lovelik des heren name. [4] De here, de is hoch baven allen slech- || ten, unde in den hemmelen is syn ere. [5] We ys also unse here god, de in der hoͤghe wonet, unde suet de othmodyghe dink in deme hemmele unde in der erden? [7] Den elenden wecket he van der erden, unde uprichtet den armen van deme slyke, [8] up dat he ene sette mit den vorsten, mit den vorsten synes volkes, [9] de in den husen let wonen den unvruchtsame- || gen, de moder der kindere maket he vro.
Ere sy deme vadere, unde dem sone …</td></tr>
<tr><td>Ps. 121</td><td>Ps. 121:[168] *Laetatus sum* // Ik bin gevrouwet in den dingen de my gesecht sin, wy scholen in des heren |fol. 41v| hus gan. [2] Unse vote de werden stande, in dynen salen Jerusalem. [3] Jerusalem, de ghebuwet wart also ene stat, des de lenge is in er sulven.</td><td>Ps. 121: Laetatus sum in his quae dicta sunt mihi; in domum Domini ibimus.
[2] Stantes erant pedes nostri, in atriis tuis, Ierusalem. [3] Ierusalem, quae aedificatur ut civitas, cuius participatio eius in idipsum.
[4] Illuc enim ascenderunt</td><td>Ps. 121: *Letatus sum* // Ik byn ghevrouwet in den dynghen de my ghesecht sint …
– Dussen psalmen soek XX blede hirvor in der primen.</td></tr>
</table>

165 Auch hier hat der Hamburger Kopist eine Initiale nicht richtig erkannt und aus dem Fragepronomen *we* das Relativpronomen *de* gemacht.
166 *hare*] i. e. Matsch. Daher kommt der Ortsname Harburg.
167 *en sette*] in der Handschrift versehentlich *ensette*.
168 Ps. 121 hatte es oben zur Prim schon einmal gegeben. Die Übersetzung der Verse 1–5 und 9 ist hier wie dort identisch, die Verse 6 und 7 lauten hier anders als dort, und der Vers 8 ist hier unvollständig.

<table>
<tr><th>Element</th><th>HAMBURG
deutscher Text von Cod. conv. 2</th><th>HYPOTHETISCHE VORLAGE
lateinischer Text</th><th>LÜBECK
Marientiden (1499)</th></tr>
<tr><td></td><td>[4] Wente dar stegen up de slechte des heren, de slechte der tuchenisse Israel to lovende des heren namen. [5] Wente dar seten de stole in deme richte, de stole boven Davites hus. [6] Biddet de dink de to deme vrede sint Jerusalem, unde nogin- |fol. 41v| ghe is en de dy lef hebben myt binnenwendigher beringen leve. [7] Vrede werde[169] in diner gotlike doget, unde noghinge in dineme torne. [8] Vor myne broder unde myne negesten …[170] [9] Ik sochte di guden dink, dor unses heren godes hus.
Ere sy …</td><td>tribus, tribus Domini, testimonium Israel, ad confitendum nomini Domini. [5] Quia illic sederunt sedes in iudicio, sedes super domum David. [6] Rogate quae ad pacem sunt Ierusalem, et abundantia diligentibus te. [7] Fiat pax in virtute tua, et abundantia in turribus tuis. [8] Propter fratres meos et proximos meos, loquebar pacem de te. [9] Propter domum Domini Dei nostri, quaesivi bona tibi.
Gloria Patri …</td><td></td></tr>
<tr><td>Ps. 126</td><td>Ps. 126:[171] Nisi Dominus // Iffte dat de here nicht enbuwet dat hus, se arbeiden vorgeves,[172] de se bewaren. [2] It is uns vorgeven |fol. 42v| up to stande vor deme lichte, stat up, na deme dat gy seten hebben, de dar eten dat brot der droffenissen. [2bis–3] So, wanne he gift sinen leven den slap, se, dat erve des heren, dat lon der kinder, de vrucht des lives. [4] Also de scote in des weldigen hant, also sint de utgeslagenen kinder. [5] Salich is de man, de sine begeringe hevet vorvullet, van en he scal nicht vorstort werden, wan he sy- |fol. 43r| nen vienden to sprekt in der porten.
Ere sy deme …</td><td>Ps. 126: Nisi Dominus aedificaverit domum, in vanum laboraverunt qui aedificant eam. Nisi Dominus custodierit civitatem, frustra vigilat qui custodit eam. [2] Vanum est vobis ante lucem surgere, surgite postquam sederitis, qui manducatis panem doloris. Cum dederit dilectis suis somnum, [3] ecce haereditas Domini, filii, merces, fructus ventris. [4] Sicut sagittae in manu potentis, ita filii excussorum. [5] Beatus vir qui implevit desiderium suum ex ipsis, non confundetur cum loquetur inimicis suis in porta.
Gloria Patri …</td><td>Ps. 126: Nisi Dominus // En buwet de here nicht dat huß, so hebben se vorgheves ghebuwet …
- Dussen psalmen soek || hirvor in der sexten.</td></tr>
</table>

169 *werde*] in der Handschrift versehentlich verdoppelt.
170 Anders als oben, zur Prim, fehlt hier die zweite Hälfte von V. 8.
171 Ps. 126 hatte es oben zur Sext schon einmal gegeben, doch hier ist die Übersetzung ganz anders als dort.
172 Hier fehlt die zweite Hälfte des ersten und die erste Hälfte des zweiten Satzes aus dem Psalmvers.

Element	HAMBURG deutscher Text von Cod. conv. 2	HYPOTHETISCHE VORLAGE lateinischer Text	LÜBECK Marientiden (1499)
Ps. 147	Ps. 147: *Laudate, Jerusalem* // Jerusalem, lave den heren, love dinen got, Sion. [2–3] Wente he heft diner porten slotel gesterket, unde benediet dine kinder, an dy he heft dinen ende settet na vrede, unde sadet dy myt des kornes vetticheit. [4] De syne sprake sendet der erden, dar sine rede lopen snelliken. [5] De den sne gift also de wullen, de to strou- |fol. 43v| wet den nevel. [6] De sine cristallen sendet also brot vor deme antlate siner kulde, we mach dat liden? [7] De ut sendet desse wort unde maket wort [*in marg.* …][173] welk, sin geist blaset, unde de water scholen vleten. [8–9] De sine rechticheit unde sine wort kundigen Jacob, unde sine richte Israel, de en deden nicht also alleme slechte, unde de en apenbaren ene nicht sine richte. Ere sy deme vader unde deme …	Ps. 147: Lauda, Ierusalem, Dominum, lauda Deum tuum, Sion. [2] Quoniam confortavit seras portarum tuarum, benedixit filiis tuis in te. [3] Qui posuit fines tuos pacem, et adipe frumenti satiat te. [4] Qui emittit eloquium suum terrae, velociter currit sermo eius. [5] Qui dat nivem sicut lanam, nebulam sicut cinerem spargit. [6] Mittit crystallum suam sicut buccellas, ante faciem frigoris eius quis sustinebit? [7] Emittet verbum suum, et liquefaciet ea, flabit spiritus eius, et fluent aquae. [8] Qui annuntiat verbum suum Iacob, iustitias et iudicia sua Israel. [9] Non fecit taliter omni nationi, et iudicia sua non manifestavit eis. Gloria Patri …	Ps. 147: *Lauda, Jerusalem, Dominum* // Jerusalem, lave den heren, lave dynen god, Syon. [2] Wente he heft ghesterket de slote diner porten, unde benedyede dyne kyndere in dy. [3] He heft dyne ende ghesettet na vrede, unde sadet di mit des kornes vetticheit. [4] De syne sprake sendet der erden, sine rede lopen snellik. [5] De den sne ghyft al- || so de wulle, unde strouwet den daek also de asschen. [6] De syne cristalle sendet also ene brotbete vor deme antlate der kulde, we mach dat liden? [7] Hee uth sendet syn wort unde leth se smelten, syn geyst schal blasen, unde de water scolen vleten. [8] De syne wort kundyghet Jacob, syne rechtverdicheit unde richte Israel. [9] He dede also nicht alleme slechte, unde apen- || barde en nicht syne richte. Ere sy deme vadere …
gemeinsame Antiphon für die fünf Psalmen	|fol. 44r| Se, vrundinne, du bist scone, dine ogen also der duven.	Ecce, tu pulchra es, amica mea, oculi tui columbarum.[174]	See, vrundynne myn, du bist schone, dine oghen also der duven.[175]

173 Das versehentlich verdoppelte *wort* ist durchgestrichen, stattdessen ist ein Wort auf dem Seitenrand ergänzt, das aber nicht lesbar ist. Das folgende *welk* ist wahrscheinlich falsch, hier hätte *smelten* hingehört.

174 Aus Ct. 1,14, wie im Hamburger ‚Cursus' von 1522, im Bremer Brevier von 1516 (s. u., Abschnitt 4.3.a), im lübischen Brevier von 1478 (s. u., Abschnitt 4.3.b) und im Ordinarius von Schwerin (s. u., Abschnitt 4.3.c), aber nicht im Hamburger Brevier von 1508, dort lautet die Psalmantiphon zur Vesper ‚Sicut lilium'. Der Text, Cantus ID 002547, dient im kanonischen Offizium als Psalmantiphon – je nach Handschrift zu Mariä Himmelfahrt oder Mariä Geburt (Matutin oder Vesper).

175 Wie im Lübecker Psalter von 1473 (Hamburg, SUB, Cod. in scrin. 84b), dort lautet die Antiphon: *Se, vrundinne, du bist schone, dine ogen alse der duven.*

Element	HAMBURG deutscher Text von Cod. conv. 2	HYPOTHETISCHE VORLAGE lateinischer Text	LÜBECK Marientiden (1499)
Capitulum	Ik gaff den roke also ene cinamomum unde balsmen, unde also en uterkoren myrre gaf ik den roke der soticheit. Got sy gelavet.	Sicut cinnamomum et balsamum aromatizans odorem dedi, quasi myrrha electa dedi suavitatem odoris.[176]	Ik ghaff enen roeke also kannel und balsem, unde also utherkoren myrre gaeff ik den roᵉke der soticheyt.[177] Got si gelavet.
Responsorium breve	R.: Boven heil unde alle scone bistu lef ghehat van unseme heren, to he tende ene koninghinne. [* De chore der engele],[178] dine gesellen unde dine mede borgere vrouwen sik. V.: Des paradises porte |fol. 44v| is dar Even allen luden besloten, unde by der juncfrouwen sunte Marien is se wedder geopent. * De kore der engele … V.: Ere sy deme	R.: Super salutem et omnem pulchritudinem dilecta es a Domino, et regina coeli vocari digna es. Gaudent chorus angelorum, consortes et concives tui. / V.: Paradisi porta per Evam cunctis clausa est, et per Mariam virginem iterum patefacta est.[179]	R.: Baven heyl unde alle schone bystu lef ghehat van unseme leven heren, unde || bist werdych tho heyten de konnynghynne der hemmele. * De kore diner gesellen unde dyne medeborghere vrouwen sick. / V.: Des paradyses porte is dor Even allen luden beslaten, unde dor de iuncfrouwen Marien ys se echter gheopent. * De kore diner gesellen unde dyner medeborghere vrouwen syck. / V.: Ere sy deme vadere, unde deme sone, unde deme hilli- || ghen geyste. / R.: De kore dyner ghesellen unde dyner medeborger vrouwen sik.

176 Aus Sir. 24,20, so im handschriftlichen Bremer Brevier von 1516 (Abschnitt 4.3.a), im lübischen Brevier von 1478 (s. u., Abschnitt 4.3.b, sowohl zur Vesper des Marienoffiziums *per annum*, als auch zur zweiten Vesper des kanonischen Offiziums am Fest Mariä Himmelfahrt) und im Ordinarius von Schwerin (s. u., Abschnitt 4.3.c), auch im gedruckten Mainzer Brevier von 1495 und in den Stundenbüchern von Köln und Utrecht (s. u., Abschnitt 4.3.d) und im Brevier der Augustiner-Chorfrauen von Marienberg (Wolfenbüttel, HAB, Helmstedt 1312); das gedruckte Hamburger Brevier von 1508 hat stattdessen ‚Transite ad me omnes' (Sir. 24,26), und der Hamburger ‚Cursus' von 1522 ‚Ab initio et ante saecula' (Sir. 24,14). Im ‚Officium parvum' nach dem römischen Brevier steht ‚Sicut cinnamomum' als Kapitel zur Non.

177 Wie im Lübecker Psalter von 1473 (Hamburg, SUB, Cod. in scrin. 84b), dort lautet das Capitulum: *Ik gaff de roke alse cynamome unde balsam, und also en uterkoren mirre gaf ik den roke der soticheit. God sy gelovet.*

178 *De chore der engele*] in der Handschrift versehentlich *Der engele de chore der engele.*

179 In Anlehnung an Sap. 7,10 (*Super salutem et speciem dilexi illam …*), im kanonischen Offizium Responsorium und Vers zu Mariä Himmelfahrt (Matutin oder Vesper), Cantus ID 007726 (Vers: 007726a). Im Hamburger Brevier von 1508 und im Hamburger ‚Cursus' von 1522 gibt es an dieser Stelle kein Responsorium breve. In der Hs. Darmstadt, ULB, 1867, findet sich fol. 33r derselbe deutsche Vers wie in der Hamburger Handschrift (s. u., Abschnitt 4.3.a).

Element	HAMBURG deutscher Text von Cod. conv. 2	HYPOTHETISCHE VORLAGE lateinischer Text	LÜBECK Marientiden (1499)
Hymnus	*Ave, maris stella, Dei* // Ghegrotet sistu des meres sterne, hilge godes moder, unde ewige juncfrouwe, salige hemmel porte.	[1] Ave, maris stella, Dei mater alma atque semper virgo, felix caeli porta.	*Ave, maris* // [1] Ghegrotet systu, ene sterne des meres, hilghe gades moder, unde ene ewighe iunkfrouwe, salyge porte des hemmels.
	[2] Du nemest dat ‚Ave' van Gabrielis munde, stedige uns in deme vrede, unde wandele den namen Even.	[2] Sumens illud ‚Ave' Gabrielis ore, funda nos in pace, mutans Evae nomen.	[2] Du nemest den groeht van Gabrielis munde, stedyghe uns in deme vrede, wandelende den namen Eve.
	[3] Lose der sunder bande, |fol. 45r| gif dat licht den blinden, vordrif unse ovel, unde essche unse alle gut.	[3] Solve vincla reis, profer lumen caecis, mala nostra pelle, bona cuncta posce.	[3] Lose der sunde- || re bande, gif licht den blinden, vordryff unse boeßheyt, unde esche uns alle gude dink.
	[4] Bewise dy also ene moder; he untfa dor dy de bede, de dorch[180] uns din sone worden is.	[4] Monstra te esse matrem, sumat per te precem qui pro nobis natus tulit esse tuus.	[4] Bewise, dath du ene moder bist; he entfanghe dor di de bede, de vor uns is din sone gheworden.
	[5] Sunderlike juncfrouwe, otmodich mank allen, make uns kusch, unde otmodich, unde quit van aller schult.	[5] Virgo singularis, inter omnes mitis, nos culpis solutos mites fac et castos.	[5] Sunderlike iuncvrouwe, sachtmodyghe baven alle, make uns van schulden entbunden, sachtmodich unde kusch.
	[6] Gyf uns en reine levent, unde make uns enen sekeren wech, dat wy sen Jesum, unde uns ewichliken vrouwen.	[6] Vitam praesta puram, iter para tutum, ut videntes Jesum semper collaetemur.	[6] Gyf uns en reyne levent, make uns ene sekeren wech, || up dat wy seen Jesum, unde ewichliken uns mit em vrouwen.

180 Richtig wäre ‚für', nicht ‚durch'.

Element	HAMBURG deutscher Text von Cod. conv. 2	HYPOTHETISCHE VORLAGE lateinischer Text	LÜBECK Marientiden (1499)
	[7] Lof sy gode, deme |fol. 45v| vader, Cristo, sineme sone, unde deme hilgen geiste sy der drevaldicheit ene ere.[181]	[7] Sit laus Deo Patri, summo Christo decus, Spiritui Sancto honor, tribus unus. Amen.	[7] Lof sy gade, deme vadere, Cristo, dem oversten, werdicheit dem hyllighen geyste. Ere sy dy, de du dre byst in den personen, unde een in deme wesende. Amen.
Vers	[fehlt in Hamburg]	[Specie tua et pulchritudine tua intende, prospere procede et regna.][182]	[Denke diner schone unde diner tzirheyt, gha vorlucliken unde regnere.]

181 Ganz dieselbe deutsche Übersetzung des Hymnus wie in Hamburg findet sich in Darmstadt, ULB, Hs. 1867, fol. 32v–33v (s. u. in Abschnitt 4.3.a). Das ‚Repertorium der mittelalterlichen deutschen Übertragungen lateinischer Hymnen und Sequenzen' (Anm. 274) verzeichnet die Handschrift aus Darmstadt unter n° 9767 und ordnet derselben Gruppe von Übertragungen (‚Gruppe 33' – n° 9379) als weitere Textzeugen folgende Handschriften zu: Darmstadt, ULB, Hs. 70, fol. 64v–65v (n° 9420, Incipit ‚Got gruesse dich sterre des mers'); Greifswald, UB, nd. Hs. 17 8°, fol. 109v–110r (n° 9373, Incipit ‚Ghegrotet sistu maris sterne'); Lübeck, SB, Ms. theol. germ. 8° 63, fol. 26r–27r (n° 9277, Incipit ‚Gegrotet sistu meres sterne'); Lübeck, SB, Ms. theol. germ. 8° 74, fol. 212v–213v (n° 9266, Incipit ‚Gegrutet systu sterne des meres'); Lübeck, SB, Ms. theol. germ. 8° 81, fol. 215r–216r (n° 9268, Incipit ‚Gegrotet sistu en sterne des meres'); Lübeck, SB, Ms. theol. germ. 8° 82, fol. 47v–48v (n° 9272, Incipit ‚Gegrutet systu sterne des meres'); Pommersfelden, Gräfl. Schönbornsche Schloßbibl., Cod. 343, fol. 69v–72r (n° 9269, Incipit ‚Ghegrotet sistu sterne des meres'); Wolfenbüttel, HAB, Cod. Guelf. 84.2.1 Aug. 12°, fol. 78v–79v (n° 9353, Incipit ‚Gegrutet sistu sterne des meres'); Wolfenbüttel, HAB, Cod. Guelf. 289.3 Extrav., fol. 80r–v (n° 9282, Incipit ‚Ghegrotet sistu sterne des meres hilge moder gades'). Diese Gruppe von Übertragung soll, so sagt es das ‚Repertorium' (n° 9379), auf Gert Groote zurückgehen, bei dem das Incipit ‚Ghegruet sijstu sterre des meers, hoge gods moeder' gelautet hatte. Eine ähnliche deutsche Übersetzung findet sich ferner in den Handschriften der ‚Gruppe 21' (n° 11492): Lübeck, SB, Ms. theol. germ. 4° 21, fol. 166r–167r (n° 9274, Incipit ‚Ghegrotet sistu meres sterne'); Lübeck, SB, Ms. theol. germ. 8° 65, fol. 68r–69r (n° 9265, Incipit ‚Grotet sistu des meres sterne'); Wolfenbüttel, HAB, Cod. Guelf. 1249 Helmstedt, fol. 89v–90r (n° 9281, Incipit ‚Ghegrotet sist du meres sterne'); der ‚Gruppe 22' (n° 11500): Wolfenbüttel, HAB, Cod. Guelf. 1245 Helmstedt, fol. 41v–42v (n° 9343, Incipit ‚Ghegrotet sistu sterne des meres'); und der ‚Gruppe 24' (n° 11499): Wolfenbüttel, HAB, Cod. Guelf. 1314 Helmstedt, fol. 108r–109r (n° 9279, Incipit ‚Ghegrotet sistu, meres sterne'). Im Hamburger Brevier von 1508 und im Hamburger ‚Cursus' von 1522 steht der Hymnus zur Vesper (in beiden Fällen und auch in allen anderen norddeutschen Brevieren ‚Ave maris stella') vor dem Capitulum.

182 In der Hamburger Handschrift fehlt der Vers zur Vesper. Im Lübecker Druck ist er die Übersetzung von *Specie tua et pulchritudine tua intende, prospere procede et regna* (aus Ps. 44,5), wie im kanonischen Offizium am Fest Mariä Himmelfahrt, dieser Text findet sich oben (sowohl in Hamburg als auch in Lübeck) schon als Vers zur Matutin, und als Responsorium breve zur Terz. Im Hamburger Brevier von 1508, im Hamburger ‚Cursus' von 1522 (s. u., Abschnitt 4.3.a),

<table>
<tr><th>Element</th><th>HAMBURG
deutscher Text von Cod. conv. 2</th><th>HYPOTHETISCHE VORLAGE
lateinischer Text</th><th>LÜBECK
Marientiden (1499)</th></tr>
<tr><td>Magnificat</td><td>Magnificat // Myn sele schal groten den heren, [47] unde myn geist scal sik hogen in gode, myneme heile. [48] Wente he heft angesen de otmodicheit siner dernen, se, dar umme schal my salich spreken alle slechte. [49] Wente [de][183] dar weldich is, de heft gedan grote dink, unde sin name is hillich. |fol. 46r| [50] Unde sine barmharticheit is van slechten to slechten, de ene vruchten. [51] He heft welde dan in sineme arme, he vorstorde de hovardigen myt den danken sines herten. [52] He sette de weldigen van deme stole, unde hogede de otmodighen. [53] He vorvullede de hunghergen myt guden dinghen, unde let de riken idel. [54] He untfink sin kint Israel, he dachte syner barmherticheit, [55] also he gesproken hevet to Abrahame, |fol. 46v| unseme vader, unde ewichliken to sinen slechte.
[Ere …][184]</td><td>[Lc. 1,46] Magnificat anima mea Dominum, [47] et exsultavit spiritus meus in Deo salutari meo. [48] Quia respexit humilitatem ancillae suae, ecce enim ex hoc beatam me dicent omnes generationes, [49] quia fecit mihi magna qui potens est, et sanctum nomen eius, [50] et misericordia eius a progenie in progenies timentibus eum.
[51] Fecit potentiam in brachio suo, dispersit superbos mente cordis sui. [52] Deposuit potentes de sede, et exaltavit humiles.
[53] Esurientes implevit bonis, et divites dimisit inanes. [54] Suscepit Israel puerum suum, recordatus misericordiae suae,
[55] sicut locutus est ad patres nostros, Abraham et semini eius in saecula.
Gloria Patri …</td><td>A.: Hylghe Maria …
Magnificat anima mea Dominum // || Mine sele grot maket den heren, [47] unde myn gheyst hoͤghede sik in gade, myneme heyle. [48] Wenthe he heft angheseen de othmodycheit syner dernen, see, hyrumme werden my segghen salych alle slechte.
[49] Wente de dar weldich is, de heft my grote dynk ghedan, unde syn name, de is hillich. [50] Unde sine barmeherticheyt is van slechte tho slechte, de ene || vruchten.
[51] He heft macht ghemaket in sinen arme, unde he vorstrowet de hoverdighen in den danken sines herten. [52] He settede de weldyghen van deme stole, unde vorhoͤghede de othmodighen. [53] He vorvullede de hungherghen mit guden dingen, unde leth de riken ydel. [54] Israel entfenck sin kint[185] unde dachte syner barmherticheyt,
[55] also he ghespraken heft || tho unsen vaderen, Abraham unde sineme slechte ewichliken.
Ere sy deme vadere …</td></tr>
</table>

implizit auch im lübischen Brevier von 1478 (insofern dort das Votivoffizium aus den Texten von Mariä Himmelfahrt gebildet wird) und im Ordinarius von Schwerin (s. u., Abschnitt 4.3.c) ist der Vers zur Vesper stets ‚Specie tua'.

183 *de*] in der Handschrift versehentlich *we*.

184 Die Doxologie fehlt in der Hamburger Handschrift.

185 Hier ist die Lübecker Übersetzung falsch und die Hamburger richtig: Israel ist Teil des Akkusativobjektes, ein Attribut zu *puerum*, das Subjekt ist weiterhin Gott.

Element	HAMBURG deutscher Text von Cod. conv. 2	HYPOTHETISCHE VORLAGE lateinischer Text	LÜBECK Marientiden (1499)
Antiphon zum Magnificat	A.: Hillige Maria, kum uns to hulpe, den armen help, to hulpe den krankmodighen, troste de wenenden, bidde vor dat volk, vor de paphen, unde vor dat junge wiflike slechte; se volen hulpe, de dine dechtenisse began.	A.: Sancta Maria, succurre miseris, juva pusillanimes, refove flebiles, ora pro populo, interveni pro clero, intercede pro devoto femineo sexu; sentiant omnes tuum juvamen, quicumque celebrant tuam sanctam fesitivitatem.[186]	A.: Hylghe Maria, kum tho hulpe den armen unde den krankmodighen, troste de wenenden, bydde vor dat volk, unde vor de papheit, unde vor dat ynnighe vroulike kunne; se vornemen alle dine hulpe, de dine dechtnisse beghan.[187]
Collecta	Here, twide myn bet, unde myn ropent kome to dy. Alleweldige, ewighe […] lif unde sele |fol. 47r|[188] der erliken juncfrouwen sunte Maria heft bereth myt der werkynghe des hillighen ghestes, dat se wart eyne werdyge wanghe dynes sons, gif uns, dat wy sint	Domine, exaudi orationem meam, et clamor meus ad te veniat. Omnipotens sempiterne Deus, qui gloriosae virginis matris Mariae corpus et animam, ut dignum Filii tui habitaculum effici mereretur, Spiritu Sancto cooperante praeparasti, da, ut cujus commemoratione	Here, twyde myn bet, unde myn ro- || pent kame to di. Alweldighe ewighe god, de du lyf unde sele bereyt heft der erliken yuncfrouwen Marien, dyner moder, mit der werkinghe des hylghen geystes, dat se worde en werdighe woninghe dynes sones, gif uns, de wi vrolik

186 Wie in den Stundenbüchern von Lund, Köln und Utrecht (s. u., Abschnitt 4.3.d), auch im handschriftlichen Brevier der Augustiner-Chorfrauen von Marienberg (Wolfenbüttel, HAB, Helmstedt 1312) und im 1495 gedruckten Brevier der Diözese Hildesheim (s. u., Abschnitt 4.3.d); der Text stammt aus Fulbertus Carnotensis, Sermones ad populum, sermo 9 (De Annuntiatione dominica), § 5 (PL 141, Sp. 338), im Brevier der Augustiner-Chorfrauen von Marienberg und im Hildesheimer Brevier sind aus diesem Sermo zudem auch die drei Lesungen zur Matutin des ‚Officium parvum BMV' geschöpft, die Passage ‚Sancta Maria, succurre miseris' findet sich dort nicht nur als Magnifikatantiphon, sondern auch noch einmal als dritte Lesung in der Nacht. Das gedruckte Hamburger Brevier von 1508 hat als Magnifikatantiphon stattdessen ‚O florens rosa' (oder ‚Virgo Maria Deum'), der Hamburger ‚Cursus' von 1522 hat ‚Salve regina' (s. u., Abschnitt 4.3.a) und der Schweriner Ordinarius von 1519 (s. u., Abschnitt 4.3.c) ‚Virgo Maria'. Im römischen Brevier ist ‚Sancta Maria, succurre' die Magnifikatantiphon des ‚Commune festorum beatae Mariae virginis'.

187 Wie im Lübecker Psalter von 1473 (Hamburg, SUB, Cod. in scrin. 84b), dort lautet die Magnifikatantiphon: *Hilge Maria, kum to hulpe den armen unde bidde vor dat volk, vor de papen, unde vor dat wiflike slechte; se volen alle dine hulpe, de dine dechtnisse began.*

188 Das Ende der Vesper und der Anfang der Komplet steht auf zwei eingefügten Blättern (47r–48v), die von derselben Hand geschrieben sind, wie die nachträglichen eingebundenen Blätter 37r–38v. Vom zweiten Blatt ist jeweils nur ein Teil der Vorderseite beschrieben. Offensichtlich ersetzen hier jeweils zwei Blätter ein defektes Blatt des Originalmanuskriptes. Weil die Handschrift des Restaurators deutlich größer war, als die ursprüngliche Hand, hat er jeweils ein zweites Blatt ‚anbrechen' müssen, um den ursprünglich auf einem Blatt stehenden Text zu ersetzen.

Element	HAMBURG deutscher Text von Cod. conv. 2	HYPOTHETISCHE VORLAGE lateinischer Text	LÜBECK Marientiden (1499)
	frolic[189] van ere dechtenysse weghen, dat wy van ere meguntliken[190] bede uth dusseme iegen owele unde van deme ewyghen dode werden gheloset. Dor unsen heren Jesum Christum. Amen. Wy benedygen |fol. 47v| den heren. / Goth sy gelavet.	laetamur ejus pia intercessione, ab instantibus malis et a morte perpetua liberemur. Per eumdem Christum Dominum nostrum. Amen.[191] Benedicamus Domino. / Deo gratias.	syn van erer dechtnisse, dat wy van ereme mylden bede uth dessen yegenwerdygen ovele unde || van deme ewyghen dode werden geloset. Dor unsen heren Jesum Christum. Amen. Wy benedien den heren. / Got sy gelavet.
H – Komplet			
Eröffnung	*Converte nos, Deus* // God unse here, bekere uns, unde vore van uns dynen torne. Godt, dencke an unse hulpe. / Here, snelle dy, my tho helpen. Ere sy dem vader …	Converte nos, Deus salutaris noster, et averte iram tuam a nobis. Deus, in adiutorium meum intende. / Domine, ad adiuvandum me festina. Gloria Patri …	*Converte nos, Deus* // God, unse heyl, bekere uns, unde kere dynen torn van uns. God, denke an mine hulpe. / Here, snelle dy, my to helpen. De ere sy deme vadere …
1. Ps. 131	Ps. 131:[192] *Memento, Domine, Davidt* // Here, dencke Davytes unde alle syner |fol. 48r| sachmodicheit, [2] also he godt swor, he lovede dat lofte Iacobs gade: [3] Efte ick ga in	Ps. 131: Memento, Domine, David, et omnis mansuetudinis eius, [2] sicut iuravit Domino, votum vovit Deo Iacob: [3] Si introiero in tabernaculum domus meae, si ascendero	Ps. 131: || *Memento* // Denke, here, Davites unde alle siner sachtmodicheyt, [2] also he deme heren swor, he lavede dat Iacobs gade: [3] Efte ik gha in dat tabernakel

189 *frolic*] i. e. *vrölik.*

190 *meguntliken*] i. e. *megetliken.*

191 Gewöhnliche Collecta zum ‚Suffragium de beata Maria virgine' (in der Regel nach der Komplet), nach Antiphon (‚Salve regina') und Vers (*Ora, pro nobis, sancta Dei genitrix, ut digni efficiamur promissionibus Christi*). Der dazugehörige Vers steht hier in der Hamburger Handschrift oben, am Ende der Matutin. Das Hamburger Brevier von 1508 und der Hamburger ‚Cursus' von 1522 haben diesen Text als Collecta zur Terz, zur Vesper haben sie stattdessen ‚Concede nos, famulos tuos' – das wiederum ist das Gebet, das in den Hamburger und Lübecker Marientiden zur Terz zum Einsatz kommt.

192 Diese Psalmenreihe (Ps. 131–133) gehört im römischen ‚Officium parvum BMV' nicht in die Komplet, sie kennzeichnet die ‚deutsche' Psalmenverteilung, die sich auch im Hamburger Brevier von 1508, im Hamburger ‚Cursus' von 1522 und in den übrigen norddeutschen Brevieren findet (siehe oben, Abschnitt 2.2; und unten, Abschnitt 4.3.a und 4.3.d). Das römische Brevier sieht an dieser Stelle Ps 129 f. vor (die stehen hier in der Hamburger Handschrift zur Non, im kanonischen Offizium werden Ps 129 f. zur Vesper des Mittwochs rezitiert); das Bursfelder Brevier hat im ‚Officium parvum' zur Komplet dieselben Psalmen wie zur Komplet des kanonischen Offiziums, nämlich 4 ‚Cum invocarem', 30 ‚In te, Domine, speravi' und 133 ‚Ecce, nunc benedicite'; und in der

Element	HAMBURG deutscher Text von Cod. conv. 2	HYPOTHETISCHE VORLAGE lateinischer Text	LÜBECK Marientiden (1499)
	de wanynghe mynes huses, efte ick styghe uppe dat bedde mynes leghers … |fol. 48v – *vacat*|[193] |fol. 49r| … mynes legers, [4] dat ik geve den slap mynen ogen, unde slummeringe mynen ochbrawen, [5] unde de rouwe mynen dunninghen, bet ik vinde ene stede deme heren, ene woninge Iacobes gode. [6] Se, wy horden de to Effrata, wy vunden se in deme velde des woldes. [7] Se[194] scholen gan in sine waninge, unde scolen anbeden an der stede, dar sine vote stunden. [8–9] Here, sta up in dine rouwe, du, |fol. 49v| unde de arke diner hillicheit,[195] unde dine hilgen vrouwen sik. [10] Dorch dinen knecht Davit en kere nich aff dynes Cristus antlat. [11] De here swor Davite de warheit, unde schal ene nicht voridelen:	in lectum strati mei, [4] si dedero somnum oculis meis, et palpebris meis dormitationem, [5] et requiem temporibus meis, donec inveniam locum Domino, tabernaculum Deo Iacob. [6] Ecce audivimus eam in Ephrata, invenimus eam in campis silvae. [7] Introibimus in tabernaculum eius, adorabimus in loco ubi steterunt pedes eius. [8] Surge, Domine, in requiem tuam, tu et arca sanctificationis tuae. [9] Sacerdotes tui induantur iustitiam, et sancti tui exsultent. [10] Propter David servum tuum non avertas faciem christi tui. [11] Iuravit Dominus David veritatem, et non frustrabitur eam: De fructu ventris tui ponam super sedem tuam. [12] Si custodierint filii tui testamentum meum, et testimonia mea haec	mynes hußes, effte ick gha up dat bedde mynes ghemakeden beddes, [4] efte ik den slap gheve minen oghen, unde slummeringhe minen oghenbranen, [5] unde rouwe mynen dunninghen, wenne || ick vynde ene stede deme tabernaculo Iacobes gade. [6] See, wi horden de dink tho Effrata, unde wy vunden se in den velden des woldes. [7] Wy scholen ghan in sinen tabernakel, wy scholen anbeden in der stede, dar syne voete stunden. [8] Here, sta up in dyne rouwe, du, unde de arke diner hillicheit. [9] Dyne prestere theen an de rechtverdicheyt, unde dyne hilghen || vrowen sik. [10] Dor dynen knechte Davit enkere nich van uns dines Cristi antlaet. [11] De here swor Davite de warheit, unde en wyl ene nicht vorydelen:

archaischen Fassung von Fonte Avellana waren die Psalmen zur Komplet 12, 128, 130 gewesen. Die Psalmen, die hier in der Hamburger Handschrift zur Komplet angegeben sind, sind diejenigen, die sich im römischen Brevier als erster und zweiter Psalm in der kanonischen Vesper des Donnerstages (131 und 132) und als dritter Psalm in der kanonischen Komplet (133) finden. Ps. 133 steht im Bursfelder Brevier zudem auch an dritter Stelle der Komplet des ‚Officium parvum'.

193 Die zwei eingefügten Blätter (47r–48v mit dem Ende der Vesper und dem Anfange der Komplet), die von derselben Hand geschrieben sind, wie die nachträglichen eingebundenen Blätter 37r–38v, enden hier. Auf fol. 47v–48r stehen nur die ersten Verse von Ps. 131, der auf fol. 50r (der ursprünglichen Handschrift) seine Fortsetzung findet, vom zweiten Blatt ist nur ein Teil der Vorderseite beschrieben, fol. 48v ist leer. Natürlich kann man nicht wissen, ob auf dem verlorenen Blatte, zu dessen Ersatz die neuen Blätter 47 und 48 dienen, in allem schon derselbe Text wie auf letzteren gestanden hatte – das *efte* (für ein konditionales ‚wenn', in Ps. 131,3) lässt erahnen, dass das wahrscheinlich eher nicht der Fall war, und dass der Urheber der Reparatur-Fassung eine andere Vorlage für den zu ersetzenden Text vorliegen hatte, als einst der Verfasser der ursprünglichen Redaktion, denn *efte* bzw. *effte* kommt sonst im Hamburger Text nicht vor, nur einmal *iffte* (in Ps. 126, oben zur Vesper).

194 Richtig wäre *wy* statt *se*.

195 Der erste Teil von Vers 9, *Sacerdotes tui induantur iustitiam*, fehlt in der Hamburger Handschrift.

Element	HAMBURG deutscher Text von Cod. conv. 2	HYPOTHETISCHE VORLAGE lateinischer Text	LÜBECK Marientiden (1499)
	[11bis] Ik wil setten up den stol, de vrucht dynes lives. [12] Is dat dyne kinder myne tuchenisse bewaren, unde myne tuge, de ik en leren wil. [12bis] Unde ere kindere wente to ewicheit / scholen sitten |fol. 50r| uppe dine stole. [13] Wente de here hevet Sion uterkoren, eme to ener woninghe. [14] Dit is myn rouwe van ewicheit, hir wil ik wonen, wente ik hebbe se uterkoren. [15] Ere wedewen wil ik segenen, benedien ik wil, ere armen sadigen myt brode. [16] Ik wil ere prester an ten myt heile, unde ere hilghen scolen sik myt hochenisse [vrouwen].[196] [17] Dar wil ik vorbringen dat horne Davites, ik hebbe be- |fol. 50v| reit ene luchten myneme Cristo. [19] Ick wil myne viende an ten myt vorstoringe, sunder boven eme scal bloien myne hillicheit. Ere sy deme vader unde deme …	quae docebo eos, et filii eorum usque in saeculum sedebunt super sedem tuam. [13] Quoniam elegit Dominus Sion, elegit eam in habitationem sibi. [14] Haec requies mea in saeculum saeculi, hic habitabo, quoniam elegi eam. [15] Viduam eius benedicens benedicam, pauperes eius saturabo panibus. [16] Sacerdotes eius induam salutari, et sancti eius exsultatione exsultabunt. [17] Illuc producam cornu David, paravi lucernam christo meo. [18] Inimicos eius induam confusione, super ipsum autem efflorebit sanctificatio mea. Gloria Patri …	[11bis] Ik wil setten up dinen stol / van der vrucht dines lyves. [12] Is dat dine kindere myn testament bewaren, unde myne tuchenisse, de ik se leren wil. [12bis] Unde eren kindere wente tho ewighen tijden / scholen sitten up di- || neme stole. [13] Wente de here heft Syon utherkoren, he heft se ghekoren syck tho ener wonynghe. [14] Dyt is myne rouwe van ewigen tijden tho ewighen tiden, hir wil ick wonen, wente ick hebbe se utherkoren. [15] Ere wedewen wil ick segenen, ere armen [wil][197] ik sadegen mit brode. [16] Ick wyl ere prestere antheen mit heile, unde ere hilghen scholen sik mit hochnisse || vrowen. [17] Dar wil ik vorbringhen dat horn Davites, ik hebbe ene luchte ghemaket myneme Christo. [19] Ick wil syne vyende antheen myt vorstoringhe, sunder baven em scal bloyen mine hillicheit. Ere sy deme vadere …

196 Die Übersetzung von *exsultabunt* fehlt versehentlich in der Hamburger Handschrift.
197 *wil*] im Lübecker Druck versehentlich *wik*.

Element	HAMBURG deutscher Text von Cod. conv. 2	HYPOTHETISCHE VORLAGE lateinischer Text	LÜBECK Marientiden (1499)
2. Ps. 132	Ps. 132: *Ecce, quam bonum* // Se, wo gut unde wo vrolik is, dat de broder over en dreghen! [2] Also de salve in deme hovede, de dar quam in den bart Aaronis; [2bis–3] de dar quam in den som sines cledes, also de dow Hermonim, de dar quam in den |fol. 51r| berch Sion. [3bis] Wente dar utbot de here de segheninge unde dat levent to ewicheit. Ere sy deme …	Ps. 132: Ecce quam bonum et quam iucundum, habitare fratres in unum! [2] Sicut unguentum in capite, quod descendit in barbam, barbam Aaron, quod descendit in oram vestimenti eius, [3] sicut ros Hermon, qui descendit in montem Sion. Quoniam illic mandavit Dominus benedictionem, et vitam usque in saeculum. Gloria Patri …	Ps. 132: *Ecce, quam bonum* // See, wo gud unde wo vrolik yd ist, dat de brodere wonen to samende! [2] Also de salve in deme || hovede, de dar in den bart quam Aaronis; [2bis-3] de dar quam in den soem sines kleydes, also de dow des berghes Hermon, de dar nedder vlut in den berch Syon. [3bis] Wente dar entbot de here de segenynge unde dat levent to ewyghen tiden. Ere sy deme vadere …
3. Ps. 133	Ps. 133: *Ecce, nunc* // Se, nu bediet den heren, alle des heren knechte, [1bis] de dar stan in des heren hus, in den salen unses godes. [2] Des nachtes bort up juwe hande in den hilgen, unde benediet den heren. [3] De here van Sion benediet dy, de hemelrike unde ertrike maket heft. Ere …	Ps. 133: Ecce nunc benedicite Dominum, omnes servi Domini, qui statis in domo Domini, in atriis domus Dei nostri. [2] In noctibus extollite manus vestras in sancta, et benedicite Dominum. [3] Benedicat te Dominus ex Sion, qui fecit caelum et terram. Gloria Patri …	Ps. 133: *Ecce, nunc* // Seet, nu benediet den heren, alle des heren knechte, [1bis] de gy staen in || des heren huß, in den salen des hußes unses gades. [2] Des nachtes bort up iuwe hende in deme hylghedome, unde benediet den heren. [3] De here van Syon benedie dy, de hemmel unde erde geschapen heft. Ere sy deme vadere.
gemeinsame Antiphon für die drei Psalmen	|fol. 51v| Wy willen hochliken began de dechtenisse sunte Marien, der hilgen juncfrouwen, up dat se vor uns bidde unsen heren Jesum Christum. Amen.	Beatissimae virginis Mariae […] devotissime celebremus, ut ipsa pro nobis intercedat ad dominum Jesum Christum.[198]	[fehlt in Lübeck][199]

198 Cantus ID 00156, zu verschiedenen Horen, zumeist als Psalmantiphon, häufig an Mariä Geburt, aber auch an anderen Festen, das jeweilige Festgeheimnis wird in den Text eingesetzt: *nativitatem / desponsationem / visitationem / assumptionem* … auch als Responsorium; im ‚Breviarium monasticum Bursfeldense' zum Fest Mariä Geburt, Antiphon zum zweiten Psalm der ersten Vesper und Responsorium nach der zweiten Lesung der Matutin, im ‚Breviarium romanum' Responsorium zur Matutin am Fest Mariä Geburt, auch hier nach der zweiten Lesung.

199 Im Lübecker Psalter von 1473 (Hamburg, SUB, Cod. in scrin. 84b) lautet die Antiphon: *Alleluia*.

Element	HAMBURG deutscher Text von Cod. conv. 2	HYPOTHETISCHE VORLAGE lateinischer Text	LÜBECK Marientiden (1499)
Hymnus	*Fit porta Christi* // [1] De porte Christi wart dor gegan, gansliken geheten vul gnaden, de konink gink dar dore, unde se blift geslaten, also se was ewichliken.	[1] Fit porta Christi pervia referta plena gratia, transitque rex, et permanet clausa, ut fuit per saecula.	*Fit porta Christi* // [1] De porte Cristi is dorghegaen, unde is vul gnade gestopet, de konik, de gink dar dorch, unde || blef geslaten, also se ewichliken was.
	[2] Dat slechte des oversten lichtes vor gink ut deme |fol. 52r| iuncvrouweliken hovede, de brudegam, de loser, de schepper, de rese siner cristenheit.	[2] Genus superni luminis processit aula Virginis, sponsus, redemptor, conditor suae gigas Ecclesiae.	[2] Dat slechte des oversten lichtes gink ut deme sale der iuncvrouwen, de brudegam, de vorloser, de schepper en rese siner cristenheyt.
	[3] Vroude unde ere der moder, en unmechtich hope der lovigen, dor den bitteren drank des dodes hevet he unse synde loset.	[3] Honor matris et gaudium, immensa spes credentium, per atra mortis pocula resolvit nostra crimina.	[3] Ene ere unde ene vroude der moder, een unmetighe hopene is he den lovighen, dor den bitteren dranck des dodes heft he unse sunde gheloset.
	[4] Gode deme vader, deme sy ere, unde sineme enigen sone myt deme bereiden geiste, nu unde ewichliken. Amen.[200]	[4] Deo Patri sit gloria, eiusque soli Filio, cum Spiritu paraclito et nunc et in perpetuum.	[4] Gade deme vadere sy ere, unde syneme || enighen soene mit deme hylghen geyste, nu unde ewichliken. Amen.

200 Wie im Hamburger Brevier von 1508, im Hamburger ‚Cursus' von 1522 und überhaupt in allen norddeutschen Brevieren (s. u., Abschnitt 4.3) und auch im ‚Breviarium monasticum Bursfeldense' zur Komplet des ‚Officium parvum'; das ‚Breviarium romanum' hat stattdessen ‚Memento, salutis auctor', wie zu den kleinen Horen. ‚Fit porta Christi' stammt aus dem 9. Jh. und wird traditionell Hrabanus Maurus zugeschrieben. Ganz dieselbe deutsche Übersetzung des Hymnus wie in Hamburg, zumindest was die ersten beiden Strophen betrifft, findet sich in Darmstadt, ULB, Hs. 1867, fol. 38r–38v (s. u. in Abschnitt 4.2.a). Das ‚Repertorium der mittelalterlichen deutschen Übertragungen lateinischer Hymnen und Sequenzen' (Anm. 274) verzeichnet die Handschrift aus Darmstadt unter n° 9767 und ordnet derselben Gruppe von Übertragungen (‚Gruppe 5' – n° 9792) als weitere Textzeugen die Handschriften Lübeck, SB, Ms. theol. germ. 8° 74, fol. 218v–219r (n° 9711, Incipit ‚De porte Cristi war doͤrghenkt, gegoten vul gnade') und Wolfenbüttel, HAB, Cod. Guelf. 84.2.1 Aug. 12°, fol. 86r–86v (n° 9753, Incipit ‚De porte Cristi waert dore gan') zu. Die übrigen Wolfenbütteler Handschriften bieten merklich davon abweichende Übertragungen, am nächsten kommt dem hier vorliegenden Text noch Wolfenbüttel, HAB, Cod. Guelf. 1152 Helmstedt, fol. 237r (Incipit ‚De porte Cristi wart geopenet, unde vorvullet myt der gnade', einziger Vertreter der ‚Gruppe 7' im ‚Repertorium der mittelalterlichen deutschen Übertragungen lateinischer Hymnen und Sequenzen', dort unter n° 9793 bzw. 9757).

Element	HAMBURG deutscher Text von Cod. conv. 2	HYPOTHETISCHE VORLAGE lateinischer Text	LÜBECK Marientiden (1499)
Capitulum	Vele dochter sammelden rike […] |fol. 52v| we tredende bist over se alle. Got sy gelovet.	[Multae filiae congregaverunt divitias, tu supergressa es universas].[201] Deo gratias	Vele dochter samelden de rikedome, unde du, iuncvrouwe Maria, bist allene ghegan baven se alle. God sy gelavet.
Vers	Hore, dochter, unde se, unde nege din ore, wente de konink begerde diner schonheit.	Audi filia, et vide, et inclina aurem tuam, quia concupivit rex speciem tuam.[202]	Hore, dochter, unde see, unde nege din ore, wente de konink begerde diner schone.
Nunc dimittis	*Nunc dimittis* // Here, nu lat dinen knecht an vrede, na dinen worden, [30] wente myne ogen, de hebben angesen dinen heil, [31] wente du hevest gemaket vor aller lude angesichte, [32] en licht der […] der […][203]	[Lc. 2,29] Nunc dimittis servum tuum Domine, secundum verbum tuum in pace, [30] quia viderunt oculi mei salutare tuum, [31] quod parasti ante faciem omnium populorum, [32] lumen ad revelationem gentium, et gloriam plebis tuae Israel. Gloria Patri …	A.: Wy eren di … *Nunc dimittis* // Here, nun vorlaeth || dynen knecht in den vrede, na dynen worden, [30] wente mine oghen hebben gheseen dinen heyl, [31] den du getelet hefst / vor alle der lude angesychte, [32] en licht tho der vormeldinghe der heiden, vun tho der ere dines volkes Israhel. Ere sy deme vadere …

201 Der Lübecker Druck hat die deutsche Übersetzung von Pr. 31,29 *Multae filiae congregaverunt divitias, tu supergressa es universas*; und in der Handschrift Darmstadt, ULB, 1867 beginnt das Capitulum (fol. 38v) mit den Worten: *Vele dochter sammelden rykedome, unde du …*, es ist das gleiche, wie in Lübeck. Sicherlich stand in der Hamburger Handschrift derselbe Text, man kann ihn nur nicht mehr richtig lesen. Die lateinische Vorlage findet sich zur Komplet im Hamburger Brevier von 1508, im lübischen Brevier von 1478, im Bremer Brevier von 1516, im Schweriner Ordinarius von 1519 und im Stundenbuch von Lund (s. u., Abschnitt 4.3), nicht aber im Hamburger ‚Cursus' von 1522, dort gibt es stattdessen abwechselnd ‚Transite ad me omnes', das war im Hamburger Brevier von 1508 das Capitulum zur Vesper gewesen, oder ‚Trahe me post te', in den Lübecker Marientiden Capitulum zur Non (und vielleicht auch in der ursprünglichen Hamburger Fassung, das Blatt ist durch ein neues mit anderem Text ersetzt worden).

202 Aus Ps. 44,1, wie im gedruckten Hamburger Brevier von 1508, im Hamburger ‚Cursus' von 1522, im handschriftlichen Bremer Brevier von 1516, im Schweriner Ordinarius von 1519 und im handschriftlichen Brevier der Augustiner-Chorfrauen von Marienberg (Wolfenbüttel, HAB, Helmstedt 1312); im ‚Commune virginum' des Bursfelder Brevieres findet sich der Text als Responsorialvers zur ersten Nokturn der Matutin (nach der dritten Lesung) und als Responsorium breve zu den Laudes (im ‚Missale romanum' auch als Tractus zur Messe, ‚Commune virginum', post Septuagesimam). Das ‚Officium parvum BMV' nach dem ‚Breviarium romanum' hat an dieser Stelle, als Capitulum zur Komplet, Sir. 24,24 ‚Ego mater pulchrae dilectionis', und das ‚Breviarium monasticum Bursfeldense' Is. 7,14 ‚Ecce virgo concipiet'. Der gleiche Text hatte oben (fol. 21v) auch schon als Vers zu den Laudes Verwendung gefunden, dort hieß der letzte Satz allerdings *begerde diner scone*, dann (fol. 34r) als Vers zur Sext, mit *scaltenisse*, und dann noch einmal als Vers zur Non (fol. 39r, mit *scone*).

203 Das ‚Nunc dimittis' bricht in der Hamburger Handschrift auf fol. 52v unten im Vers 32 ab, auf fol. 53r geht es unvermittelt mit der Collecta der Komplet weiter.

Element	HAMBURG deutscher Text von Cod. conv. 2	HYPOTHETISCHE VORLAGE lateinischer Text	LÜBECK Marientiden (1499)
Antiphon zum Nunc dimittis	[Antiphon fehlt]	[A.: Glorificamus te, Dei genitrix, quia ex te natus est Christus, salva omnes qui te glorificant.][204]	A.: Wy eren di, ghades moder, wente Cristus van dy gheboren is, make salich alle, de dy eren.[205]
Preces	[fehlt in Hamburg]		|| Kirieleison, Cristeleyson, Kyrieleyson Pater noster … Ave Maria … Ik love in god … - Dyt soek hir vor in der primen. Dat wort is vlesch gheworden. / Unde wonet in uns. V.: Juncvrouwe Maria, bidde vor uns, dat wy werdich werden dynes sones lofte.
Collecta	[–] |fol. 53r| Here, de du gevest dat lon der ewigen salicheit deine mynsliken slechte myt der vruchtbaren kuschen moder sunte Marien, gif uns des, bidde wy, dat wy	Domine, exaudi orationem meam, et clamor meus ad te veniat. Deus, qui salutis aeternae, beatae Mariae virginitate foecunda, humano generi praemia praestitisti, tribue, quaesumus, ut ipsam pro nobis intercedere sentiamus, per	Here, twide min bet, unde myn ropent kame to di. Here, de du ghevest || deme mynschlyken slechte dat loen der ewyghen salycheyt, ghyf uns dat, bydde wy dy, dath wy Mariam volen vor uns to biddende, by der wy ent-

204 In der Hamburger Handschrift ist keine Antiphon zum ‚Nunc dimittis' zu finden, in der Lübecker Fassung steht die deutsche Übersetzung von *Glorificamus te, Dei genitrix, quia ex te natus est Christus, salva omnes qui te glorificant* (Cantus ID 002952), das ist auch die Antiphon zum ‚Nunc dimittis' im Hamburger ‚Cursus' von 1522, im Bremer Brevier von 1516, im Schweriner Ordinarius von 1519, im Mainzer Brevier von 1495 und in den Stundenbüchern von Lund, Köln und Utrecht (s. u. in Abschnitt 4.3), sowie im Brevier der Augustiner-Chorfrauen von Marienberg (Wolfenbüttel, HAB, Helmstedt 1312); nur im Hamburger Brevier von 1508 lautet sie stattdessen ‚Ista est specie', und im lübischen Brevier von 1478 ‚Tota pulchra es'; im ‚Breviarium romanum' ist die Antiphon zum ‚Nunc dimittis' ‚Sub tuum praesidium confugimus', im ‚Breviarium monasticum Bursfeldense' ‚Ecce, completa sunt omnia'.

205 Wie im Lübecker Psalter von 1473 (Hamburg, Cod. in scrin. 84b), dort lautet der Text der Antiphon zum ‚Nunc dimittis': *Wi eret dy, godes moder, wente Christus van dy geboren wart; make salich al, de dy eren.*

Element	HAMBURG deutscher Text von Cod. conv. 2	HYPOTHETISCHE VORLAGE lateinischer Text	LÜBECK Marientiden (1499)
	vornemen se vor uns to biddende by der [...] dat se untfangen heft den meyster des ewigen levendes. Dorch unsen heren Jesum Christum. Amen.[206] [–]	quam meruimus auctorem vitae suscipere, Dominum nostrum Iesum Christum Filium tuum.[207] [Benedicamus Domino. / Deo gratias.]	fanghen hebben den meyster des ewyghen levendes, unsen heren Jesum Christum, dinen sone, de mit di levet unde regneret, got in der enycheyt des hylghen geystes tho ewygen tijden. Amen. Wy benedyen || den heren. Got sy gelavet.
[marianische Antiphonen]	[marianische Antiphonen fehlen in Hamburg]	A.: Alma redemptoris mater, quae pervia coeli porta manes, succurre cadenti, surgere qui curat populo, tu, quae genuisti natura mirante tuum sanctum genitorem, virgo prios ac posterius, Gabrielis ab ore sumens illud ‚Ave', peccatorium miserere.	*Alma redemptoris* // (tho dude) Allerhylgheste iuncvrouwe Maria, moder unses leven heren Jesu Christi, de du bist unde blevest ene opene porte des hemmelrykes unde ene clar leidesterne des meres, wy bidden di, dat du wyllest tho hulpe kamen dyneme volke, dat ghevallen is in sunden, unde wolde || gherne wedder upstan, wente du heft ghetelet baven de mynschliken nature wunderliken dinen hilghen benedieden schepper; du bist ene reine, kusche iuncvrouwe vor der bort unde na der bort, also du entfenghest den benedyeden gruet ‚Ave' van dem engele Gabriel, wy bidden di, vorbarme dy over uns armen sunder. Amen.

206 In der Hamburger Handschrift folgen hier die sieben Bußpsalmen.

207 Diese Collecta findet sich im Stundenbuch von Lund (s. u., Abschnitt 4.3.d) zur Terz, ebenso im ‚Officium parvum' nach dem römischen Brevier, sie dient aber auch als gewöhnliche Collecta zum ‚Suffragium de beata Maria virgine' in der Weihnachtszeit (in der Regel nach der Komplet), nach Antiphon (‚Alma redemptoris mater') und Vers (*Post partum virgo inviolata permansisti / Dei genitrix, intercede pro nobis*). Das lübische Brevier von 1478 (s. u., Abschnitt 4.3.b) hat ‚Deus qui salutis' als Collecta zu allen Horen des ‚Officium parvum' in der Weihnachtszeit vorgesehen. Der dazugehörige Vers steht hier in der Hamburger Handschrift oben als Responsorium breve in der Non, aber nur auf dem nachträglich eingefügten Blatt (fol. 38r). Im ‚Officium parvum BMV' des römischen Brevieres ist die Collecta zur Komplet ‚Beatae et gloriosae semper virginis Mariae', im ‚Breviarium monasticum Bursfeldense' ‚Adiuvet nos, quaesumus Domine, beatae Mariae virginis', das Hamburger Brevier von 1508 hat hier ‚Famulorum tuorum' und der Hamburger ‚Cursus' von 1522 hat ‚Concede, misericors' (s. u., Abschnitt 4.3.a).

Element	HAMBURG deutscher Text von Cod. conv. 2	HYPOTHETISCHE VORLAGE lateinischer Text	LÜBECK Marientiden (1499)
		A.: Salve, regina, mater misericordiae, vita, dulcedo, et spes nostra, salve! Ad te clamamus, exsules filii Evae, ad te suspiramus gementes et flentes in hac lacrimarum valle. Eia, ergo, advocata nostra, illos tuos misericordes oculos ad nos converte, et Jesum, benedictum fructum ventris tui, nobis post hoc exsilium ostende. O clemens, o pia, o dulcis virgo Maria!	*Salve, regina* // (to dude) || Ghegro^{e}tet systu, koninginne der barmherticheit, unse levent, unse soticheyt, unse hopene unde unse trost, wes ghegrotet! To dy ropen wy elende kindere Eve, to di so suchte wi karmende unde wenende in desseme yamerlyken daele der tranen. Eya, hyrumme, unse vorsprekerinne, kere dine barmhertighe oghen to uns, unde wise uns Je- || sum, de benediede vrucht dynes lives na desseme elende. O, du milde, o, du barmhertighe, o du sote Maria!
		A.: Recordare, virgo mater, in conspectu Dei, ut loquaris pro nobis bona, et ut avertat indignationem suam a nobis.	*Recordare* // (tho dude) Ghedencke, Maria, werdige moder unde reyne maghet, so wan du vor gades angesicht steyst, so sprek vor uns elenden gheste mit vlyte dat allerbeste, dat he wende van uns synen || torn, wan wy sine gnade hebben vorlorn. Dor den wemod, den du heddest, do du seghest dyn kint vorwundet, bidde vlyttich vor uns, up dat wy ghevryet werden van allen sunden. Amen.[208]

208 Im Lübecker Druck folgen die sieben Bußpsalmen.

4. Analyse

4.1 Beobachtungen

Das erste Ergebnis der vorgelegten Synopse ist zunächst einmal die Erkenntnis, dass sich für alle Elemente des niederdeutschen Marienoffiziums eine liturgische Vorlage benennen lässt. Das ist auch nicht überraschend, zumal die meisten liturgischen Texte ihrerseits aus der Bibel geschöpft sind, die Psalmen ohnehin, aber auch das Capitulum, und die allermeisten Antiphonen, Responsorien und Verse. Lediglich die Hymnen und die Orationen[209] sind in dem Sinne ‚frei formuliert', als sie nicht direkt auf eine biblische Vorlage zurückgehen. Da nun der niederdeutsche ‚Cursus‘ strukturell dem Vorbild des lateinischen ‚Officium parvum beatae Mariae virginis‘ folgt, sind natürlich auch hier die entsprechenden Positionen mit Bibeltexten ausgefüllt. Aber auch die Hymnen und die Orationen des niederdeutschen Offiziums sind allesamt Übersetzungen aus dem Lateinischen.

Eine Reihe von Elementen verleiht den Hamburger Marientiden die Gestalt eines vollwertiges Offiziums: Am Schluss der Matutin finden sich ‚Te Deum‘ und Vers; und nach dem Capitulum der kleinen Horen gibt es ein Responsorium breve, nach dem Vorbild des Responsorium breve aus der Prim des kanonischen Offiziums, also immer mit ‚Gloria Patri‘ und anschließender Wiederholung des zweiten Teiles, erst danach folgt der kurze Vers – alle diese Teile könnten wegfallen, wenn das Votivoffizium bloß zusätzlich zum kanonischen Offizium rezitiert würde. Im liturgischen ‚Officium parvum', so wie es im ‚Breviarium romanum‘ steht, gibt es entsprechend kein ‚Te Deum‘ zur Matutin,[210] und zu den kleinen Horen nach dem Capitulum nur einen einfachen Vers.

Andererseits gibt es aber auch Vereinfachungen, namentlich sind die drei Psalmen der Matutin an allen Tagen immer dieselben (diejenigen, die im römischen ‚Officium parvum‘ nur für den Sonntag, Montag und Donnerstag vorgesehen waren),[211] während

209 Zu den Collectae der Hamburger Marientiden ist zu bemerken: Die niederdeutsche Oration zur Prim steht im römischen Brevier zur Sext, die niederdeutsche Oration zu Terz steht im römischen Brevier zur Vesper, die deutsche zur Non im Bursfelder Brevier zur Komplet, die deutsche zur Komplet im römischen Brevier zur Terz, und die niederdeutsche Oration zur Sext steht überhaupt nicht im römischen ‚Officium parvum beatae Mariae virginis', sondern im gregorianischen Sakramentar des Alkuin als Collecta zur Marienmesse am Samstag, und dann im Sakramentar von Fonte Avellana als Oration zum marianischen Suffragium nach der Vesper.

210 Das ‚Te Deum‘ steht in allen liturgischen Brevieren steht es am Schluss der kanonischen Matutin aller Sonn- und Festtage, allerdings nicht in den Votivoffizien, insofern diese von den Religiosen ja bloß zusätzlich zum kanonischen Offizium gebetet werden, das ‚Te Deum‘ soll nicht verdoppelt werden. Die Beginen hingegen haben keine kanonische Matutin, deshalb rezitieren sie das ‚Te Deum‘ am Ende der Matutin des Marienoffiziums.

211 Ps. 8, 18 und 23, das ‚Officium parvum‘ des römischen Brevieres schöpft diese Psalmen seinerseits aus der ersten Nokturn der kanonischen Matutin an Marienfesten, am Dienstag und Freitag sollen

es im Brevier drei Psalmenreihen im Wechsel gibt, ansonsten sind die fraglichen Psalmen aber dieselben wie überall. Zu den Laudes sind die Psalmen ganz die gleichen wie im römischen Brevier und wie überall anders auch (es sind gleichzeitig auch diejenigen, welche von den Weltgeistlichen zu den kanonischen Laudes des Sonntages rezitiert werden), aber es gibt offenbar keinen Hymnus. Die Psalmen zur Vesper sind die gleichen wie im römischen Brevier.[212]

Folgende Beobachtungen verdienen besondere Aufmerksamkeit:

- Das Invitatorium zu Ps. 94 ist ‚In honore beatissimae Mariae virginis'.
- Zu den kleinen Horen gibt es die ‚deutsche Psalmenverteilung' (mit Ps. 119–121 zur Prim, entsprechend 131–133 zur Komplet).

  Diese beiden Beobachtungen sind nicht verwunderlich, sie sind charakteristisch für die regional übliche Fassung des ‚Cursus'.
- Die Lesungen zur Matutin, die sich in der Hamburger Handschrift finden, folgen dem archaischen Typus von Fonte Avellana, nicht dem Vorbild des modernen Brevieres, wo zumindest die ersten beiden der drei Lesungen aus dem biblischen Buch ‚Ecclesiasticus' geschöpft sind.[213] In Hamburg gibt es zur Matutin also, ganz wie einst in Fonte Avellana, gar keine biblische Lesung.

  Die lateinische Vorlage der Hamburger Marientiden geht also auf eine alte Redaktion des ‚Cursus' zurück, die von einer langen eigenständigen Entwicklung zeugt. Allerdings ist das, wie im Abschnitt 4.3 gezeigt wird, auch im Hinblick auf den lateinischen Text um 1500 kein besonders seltener Fall.
- Der Hymnus zu den kleinen Horen, ist ‚zusammengesetzt': Die erste Strophe ist eine deutsche Übersetzung von ‚Rex Christe clementissime', das war lange Zeit der gewöhnliche Hymnus zu den kleinen Horen des ‚Cursus' im deutschen Sprachraum gewesen. Die Strophen zwei bis vier hingegen sind eine deutsche Übersetzung der drei Strophen des relativ ‚moderneren' ‚Memento, salutis auctor', das ist der Hymnus des römischen Brevieres, der sich dann allgemein durchsetzen sollte. Dieser Komposit-Hymnus ist nicht besonders häufig, er findet sich auf Latein zum Beispiel im Brevier der Augustiner-Chorfrauen von Marienberg (nur zur Non),[214] in einem Stundenbuch aus dem schwedischen Lund (aus den

zum ‚Officium parvum' dann die Psalmen der zweiten Nokturn rezitiert werden, mittwochs und sonnabends diejenigen der dritten.

212 Ps. 109, 112, 121, 126 und 147, das ‚Officium parvum' des römischen Brevieres schöpft diese Psalmen seinerseits aus der ersten Vesper an Marienfesten, es sind die gleichen, die sich auch in allen zum Vergleich herangezogenen Brevieren (vgl. unten Abschnitt 4.3) zur Vesper des Marienoffiziums finden, etwa in Bremen, Lund, Köln und Utrecht. Andernorts hat es allerdings zum Teil auch andere Psalmen zur Vesper gegeben, z. B. 128–132 (als Fortsetzung der ‚Psalmi graduales' aus den kleinen Horen), vgl. Drigsdahl (Anm. 17).

213 Die dritte Lesung ist im ‚Breviarium monasticum' aus einem *sermo*.

214 Wolfenbüttel, HAB, Helmstedt 1312 (Heinemann n° 1425), angeblich soll die Handschrift aus dem 14. Jh. stammen (Otto von Heinemann, Die Helmstedter Handschriften, Bd. 3, Wolfenbüttel 1888, S. 156), aber der ‚Komposit-Hymnus' lässt darauf schließen, dass sie jünger ist.

1480-er Jahren), und im ‚Hortulus animae', der 1507 zu Straßburg gedruckt wurde,[215] aber auch im Hamburger ‚Cursus' von 1522 (dort alternativ zu ‚Ave maris stella', das ist die Option des Hamburger Brevieres von 1508).[216]

Offensichtlich war ‚Rex Christe' der ursprüngliche Hymnus, ‚Memento, salutis auctor' ist nachträglich ‚angeklebt'. Das belegt, dass hier, sicher nach dem 14. Jahrhundert, eine alte Redaktion ‚modernisiert' worden ist.

Die nähere Identifikation der Hamburger Fassung umfasst nun zwei Aspekte:

a) die Identifikation des deutschen Textes – das wäre also konkret die Frage, ob sich der in Hamburg belegte deutsche Wortlaut ganz oder in Teilen auch andernorts nachweisen lässt.
b) die Identifikation einer allfälligen lateinischen Vorlage.

4.2 Der deutsche Text

Sicher ist die Hamburger Handschrift nicht direkt aus der lateinischen Vorlage übersetzt, sondern von einer deutschen Vorlage abgeschrieben, und zwar von einer Person, die den lateinischen Text nicht kannte – das erkennt man an der Antiphon zum dritten Psalm der Matutin:

- lateinischer Text: *Ante torum virginis* …
- richtige deutsche Übersetzung: Vor de[m] bed[d]e der juncfrouwen, do …
- daraus macht der Kopist: *Dor de bede desser juncfrouwen, de* …

Der Kopist konnte sich offensichtlich nicht vorstellen, dass in der Antiphon vom Nachtlager (*torum*) der Jungfrau die Rede sein sollte, deshalb hat er *bede* nicht als ‚Bett', sondern als ‚Fürbitte' verstanden und die Wendung daraus gemacht, die andernorts häufiger zu finden ist, und die sicherlich auch eher zu erwarten war: „Durch die Fürsprache der Jungfrau …"

Die Hamburger Handschrift stellt also insgesamt oder in ihren Teilen eine Abschrift mindestens einer deutschen Fassung der Marientiden dar, von der es noch mehr Exemplare gegeben haben muss.

215 ‚Hortulus animae' … *impressum Argentinae per Johannem Knoblouch* … *anno Domini 1507* (VD16 H 5082/5083, Exemplar München, BSB, Rar. 669).
216 Belege unten, im Abschnitt 4.3.a und 4.3.d.

4.2.a Darmstadt, ULB, 1867

Tatsächlich ist der Hamburger Text nicht singulär, wie ein Vergleich mit der Handschrift Darmstadt, ULB, 1867 beweist.[217] Von dieser Handschrift konnten hier nur zwei Ausschnitte berücksichtigt werden. Aber sie reichen aus, um zu belegen, dass eine textliche Abhängigkeit vorliegt. Zuerst ein Abschnitt aus der Vesper, der den Responsorialvers, den Hymnus (die deutsche Übertragung von ‚Ave maris stella‘) und den Beginn des ‚Magnificat‘ umfasst:

HAMBURG, StaBi, Cod. conv. 2, fol. 44r–45v	Darmstadt, ULB, 1867, fol. 32v–33v
[R.: …] * De chore der engele, dine gesellen unde dine mede borgere vrouwen sik. V.: Des paradises porte |fol. 44v| is dar Even allen luden besloten, unde by der juncfrouwen sunte Marien is se wedder geopent. * De kore der engele … V.: Ere sy deme …	[R.: …] * De kore der engel, dine gesellen unde |fol. 32v| borgere vrouwen sik. V.: Des paradises porte is dorch Even allen luden besluten, unde bi der iuncvrouwen Marien is se wedder geopent. * De kore der engel … V.: Ere si deme vadere unde deme …
Ave maris stella 1.) Ghegrotet sistu des meres sterne, hilge godes moder, unde ewige juncfrouwe, salige hemmel porte.	*Ave maris stella* 1.) Ghegrotet sistu des meres sterne, hilge godes moder, unde ewige iuncvrouwe, salige hemmel porte.
2.) Du nemest dat ‚Ave‘ van Gabrielis munde, stedige uns in deme vrede, unde wandele den namen Even.	2.) |fol. 33r| Du nemest dat ‚Ave‘ van Gabrielis munde, stedige uns in dime vrede, unde wandele den namen Eve.
3.) Lose der sunder bande, |fol. 45r| gif dat licht den blinden, vordrif unse ovel, unde essche uns alle gut.	3.) Lose der sunder bande, gif dat licht den blinden, vordrif unse ovele, unde esche uns alle gud.
4.) Bewise dy also ene moder; he untfa dor dy de bede, de dorch uns din sone worden is.	4.) Bewise di also ene moder; he entfa dorch[218] di de bede, de dorch uns din sone geworden is.
5.) Sunderlike juncfrouwe, otmodich mank allen, make uns kusch, unde otmodich, unde quit van aller schult.	5.) Sunderlike iuncvrouwe, sachtmodige[219] mank allen vrouwen, make uns kusch, unde sachtmodich, unde quit van aller schult.

217 Teil-Reproduktion der ULB Darmstadt, das nur die fol. 32v–33v und 38r–38v umfasst, im ‚Repertorium der mittelalterlichen deutschen Übertragungen lateinischer Hymnen und Sequenzen‘ (Anm. 274), unter n° 9396 (für die Übertragung des ‚Ave maris stella‘) und n° 9767 (für die Übertragung von ‚Fit porta Christi pervia‘).

218 Richtig wäre ‚für‘, nicht ‚durch‘, der Fehler findet sich in beiden Handschriften!

219 Hier findet sich der einzige lexikalische Unterschied zwischen den beiden Handschriften – *otmodich* ist Maria in der Hamburger Handschrift, *sachtmodich* in derjenigen aus Darmstadt.

HAMBURG, StaBi, Cod. conv. 2, fol. 44r–45v	Darmstadt, ULB, 1867, fol. 32v–33v
6.) Gyf uns en reine levent, unde make uns enen sekeren wech, dat wy sen Jesum, unde uns ewichliken vrouwen.	6.) Giff uns en reyne levent, ma- |fol. 33v| ke uns enen sekeren wech, dat wi seen Jesum, unde uns ewichliken vrouwen.
7.) Lof sy gode, deme |fol. 45v| vader, Cristo, sineme sone, unde deme hilgen geiste sy der drevaldicheit ene ere.	7.) Lof si gode, deme vader, Cristo, sine sone, unde deme hilgen geiste si drevoldich ene ere. Amen.
Magnificat // Myn sele schal groten den heren, unde myn geist scal sik hogen in gode, myneme heile. Wente he heft angesen de otmodicheit siner dernen, se, dar umme schal my salich spreken …	*Magnificat* // Min sele love den heren, unde min geist scal sik vrouwen to deme heren, mineme heile. Wente he heft an geseen de otmodicheit siner derne, se, dar umme scal mi salich …

Abgesehen von minimalen graphischen Unterschieden, den Varianten *otmodich* (Hamburg) bzw. *sachtmodich* (Darmstadt), *mank allen* (Hamburg) bzw. *mank allen vrouwen* (Darmstadt, beide in Strophe 5) und *der drevaldicheit ene ere* (Hamburg) bzw. *drevoldich ene ere* (Darmstadt, in Strophe 7) sind die beiden Übersetzungen des Hymnus (und auch diejenigen des vorhergehenden Responsorialverses) strikt identisch. Im ‚Magnificat' hingegen finden sich weitergehende lexikalische Unterschiede. Der zweite Abschnitt stammt aus der Komplet und umfasst den Schluss von Ps. 133, die Psalmantiphon, und den Hymnus (die deutsche Übertragung von ‚Fit porta Christi pervia'):

HAMBURG, SUB, Cod. conv. 2, fol. 51v–52r	Darmstadt, ULB, 1867, fol. 38r–38v
Ps. 133: […] [3] De here van Sion benediet dy, de hemelrike unde ertrike maket heft. Ere …	Ps. 133: […] [3] De here van Sion benediet di, den hemmel unde de erden gemaket heft. Ere vader unde deme sone …
A.: Wy willen hochliken began de dechtenisse sunte Marien, der hilgen juncfrouwen, up dat se vor uns bidde unsen heren Jesum Christum. Amen.	A.: Wy willen hochliken began de dechtnisse der hilgen iuncvrouwen, sunte Marien, mit vrolicheit, uppe dat se vor uns bidde unsen heren Jesum Christum.
Fit porta Christi 1.) De porte Christi wart dor gegan, gansliken geheten vul gnaden, de konink gink dar dore, unde se blift geslaten, also se was ewichliken.	*Fit porta Christi* 1.) De porte Christi wart dorch gan, gansliken geheten vul gnaden. De konink gink dar dore, unde se blef ge- |fol. 52r| sloten, also se was ewichliken.
2.) Dat slechte des oversten lichtes vor gink ut deme |fol. 52r| iuncvrouweliken hovede, de brudegam, de loser, de schepper, de rese siner cristenheit.	2.) Dat slechte des oversten lichtes vor gink ute deme hove der iuncvrouwen, de brudigam, de loser, de scepper, de rese syner cristenheit.

HAMBURG, SUB, Cod. conv. 2, fol. 51v–52r	Darmstadt, ULB, 1867, fol. 38r–38v
3.) Vroude unde ere der moder, en unmechtich hope der lovigen, dor den bitteren drank des dodes hevet he unse synde loset.	3.) Ere unde vroude is he siner moder, ene grote hopene is he den lovigen, mit deme bitteren drancke des dodes heft he unse sunde geloset.
4.) Gode deme vader, deme sy ere, unde sineme enigen sone myt deme bereiden geiste, nu unde ewichliken. Amen.	4.) Gode deme vader si ere, unde sime sone, Cristo, unt deme trostene geiste, nu unde ewichliken. Amen.

Der einzige Unterschied, soweit die ersten beiden Strophen des Hymnus betroffen sind, liegt in der Variante *iuncvrouweliken hovede* bzw. *hove der iuncvrouwen* (in Strophe 2). Die Formulierungen der Strophen 3 und 4 hingegen weichen etwas deutlicher voneinander ab.

Die Handschrift, die sich heute in der Sammlung der TU Darmstadt befindet, stammt aus dem Nachlass der Freiherren Johann August von Starck, Oberhofprediger zu Darmstadt, wo er am 3. März 1816 gestorben ist, geboren jedoch wurde er am 29. Oktober 1741 zu Schwerin, also in der Kirchenprovinz Hamburg-Bremen. Ausweislich des Bibliothekskataloges hatte er die fragliche Handschrift aus seiner alten Heimat mitgebracht, dafür spricht nicht nur die niedersächsische Sprache, sondern auch der Umstand, dass in einer Litanei auf fol. 53v der hl. Erzbischof Willehad von Bremen (als einziger lokaler Heiliger) angerufen wird.[220]

Es ist evident, dass zwischen den beiden Handschriften eine zumindest teilweise textliche Abhängigkeit besteht. Die große Frage ist nun natürlich, ob diese deutsche Fassung, die sowohl der Handschrift Hamburg, SUB, Cod. conv. 2, als auch der Handschrift Darmstadt, ULB, 1867 zugrunde liegt, direkt auf Deutsch kompiliert worden ist, oder ob sie als Ganzes eine Übersetzung einer bestimmten lateinischen Vorlage darstellt.

4.2.b Druck Steffen Arndes, Lübeck 1499

Für die letztere Hypothese, nämlich eine Übersetzung aus einer bestimmten lateinischen Vorlage, spricht ein Vergleich mit den niederdeutschen Marientiden, den ‚Seven tyde unser lieve Vrauwen', die 1499 von Steffen Arndes zu Lübeck gedruckt wurden[221]

220 Gerard Achten, Hermann Knaus, Deutsche und niederländische Gebetbuchhandschriften der Hessischen Landes- und Hochschulbibliothek Darmstadt (Die Handschriften der Hessischen Landes und Hochschulbibliothek Darmstadt 1). Darmstadt 1959, S. 287 f. (n° 72).

221 Angesichts der großen Zahl früher niederdeutscher Gebetbuch-Drucke liegt auf der Hand, dass diese hier nur stichprobenartig berücksichtigt werden konnten. Allein in Lübeck wurden neben den Exemplaren von 1473 und 1499, die hier in den Abschnitten 4.2.b und 4.2.c vorgestellt werden, bis zum Jahre 1500 noch folgende Werke gedruckt, in denen Marientiden oder einzelne Texte da-

(das ist die rechte Spalte der Tabelle oben in Abschnitt 3):[222] Dort nämlich finden sich (mit Ausnahme von Sext und Non) in inhaltlicher Hinsicht fast ausschließlich die gleichen Stücke wie in Hamburg.[223] Besonders folgen die Lesungen hier auch dem Typus von Fonte Avellana, und es gibt den kuriosen, aus ‚Rex Christe' und ‚Memento, salutis auctor' zusammengesetzten Hymnus zu den kleinen Horen. Aber der Wortlaut des deutschen Textes ist mehr oder weniger anders als in Hamburg – hier zum Beispiel

raus enthalten sind: niederdeutsches Psalterium, in 4°, Lukas Brandis, um 1475 (Conrad Borchling, Bruno Claussen, Niederdeutsche Bibliographie. Gesamtverzeichnis der niederdeutschen Drucke bis 1800, Bd. 1. Neumünster 1931, n° 1; Gesamtkatalog der Wiegendrucke, n° M36237), Exemplare in der HAB Wolfenbüttel und in der UB Kiel; niederdeutsches Gebetbuch (Bedeboek), in 8°, Johann Snel, um 1482 (Borchling-Claussen, n° 47), Exemplar in der HAB Wolfenbüttel; niederdeutsches Gebetbuch (Bedeboek), in 8°, Bartholomaeus Ghotan, um 1484 (Borchling-Claussen, n° 79), Exemplare in der HAB Wolfenbüttel und der SUB Hamburg; niederdeutsches Gebetbuch (Bedeboek), in 8°, Bartholomaeus Ghotan 1485 (Borchling-Claussen, n° 84; Gesamtkatalog der Wiegendrucke, n° 13003), Exemplare in der HAB Wolfenbüttel, in der UB Rostock und in der StaBi Berlin; davon abweichende Redaktion in 12° in der UB Greifswald (Signatur dort Geistl. Min. Ink. 935); niederdeutsche Horae, in 8°, Mohnkopfdrucker (Hans van Ghetelen) 1487 (Gesamtkatalog der Wiegendrucke, n° 13004), Exemplare in der HAB Wolfenbüttel, der SUB Hamburg und in der UB Leipzig; niederdeutsches Gebetbuch (Bedeboek), in 8°, Matthäus Brandis 1487 (Borchling-Claussen, n° 116), Exemplar in der HAB Wolfenbüttel; niederdeutsches Psalterium, in 4°, Hans van Ghetelen 1493 (Borchling-Claussen, n° 227; Gesamtkatalog der Wiegendrucke, n° M36239); Exemplare in der HAB Wolfenbüttel und der Württembergischen LB Stuttgart; niederdeutsches Gebetbuch (Bedeboek), in 8°, Steffen Arndes, um 1497 (Borchling-Claussen, n° 287), Exemplar in der HAB Wolfenbüttel; Unser leven vrouwen bomgharde, in 8°, Steffen Arndes, um 1498 (Gesamtkatalog der Wiegendrucke, n° 4640), Exemplar in der UB Leipzig; weitere bibliographische Nachweise zu den genannten Drucken, Detail-Beschreibungen und die Signaturen in den besitzenden Bibliotheken finden sich im ‚Inkunabelkatalog der deutschen Bibliotheken' der UB Tübingen, http://www.inka.uni-tuebingen.de (Zugriff: 31.03.2020), und im ‚Incunabula short title catalogue' der British Library, https://data.cerl.org/istc (Zugriff: 31.03.2020).

222 Reproduktion der Bayrischen Staatsbibliothek München unter: https://daten.digitale-sammlungen.de/~db/0002/bsb00027302/images/index.html (Zugriff: 31.03.2020).

223 Abweichend sind nur: Antiphon zum dritten Psalm der Matutin, der Lektor erbittet den Segen vor allen drei Lesungen, die Segensformel reimen sich (Hamburg: nur zur ersten, kein Reim); in Hamburg entsprechen nur die ersten beiden Responsorien der Matutin dem Text des römischen Brevieres, in Lübeck alle drei; Psalmantiphon und Capitulum der Hamburger Non stehen in Lübeck zur Sext. In Hamburg ist der Vers zu Laudes, Sext, Non und Komplet, die deutsche Übersetzung von ‚Audi filia, et vide', nicht aus dem Marienoffizium, sondern aus dem ‚Commune virginum' des monastischen Brevieres geschöpft. In Lübeck findet sich dieser Text nur zu den Laudes, Non und Komplet, zur Sext ist der Text anders (die deutsche Übersetzung von ‚Adiuvabit eam Deus vultu suo'), aber ebenfalls ein Vers aus dem ‚Commune virginum' des monastischen Brevieres. Der Lübecker Druck hat zur Prim und zur Sext die gleiche Collecta (nämlich diejenige, die das römische Brevier zur Sext vorsieht), in Hamburg gibt es diese Collecta nur zur Prim, und zur Sext eine andere, aus dem archaischen Sakramentar von Fonte Avellana. Die Psalmantiphonen zur Non sind unterschiedlich, aber sie stammen aus derselben Quelle – Hamburg hat die vierte des ‚Officium parvum BMV post Nativitatem' und Lübeck die fünfte. Ebenso weichen in der Lübecker Non auch das Capitulum und das Responsorium von der Hamburger Fassung ab – die Unterschiede in der Non könnten dem Umstand geschuldet sein, dass dem Verfasser der Reparatur-Seiten eine Vorlage zur Verfügung stand, die von der ursprünglichen Fassung abwich, man weiß nicht, was hier auf dem verlorenen Blatt der Hamburger Handschrift gestanden hatte, vielleicht war es ja der gleiche Text wie in Lübeck.

die deutsche Übersetzung des genannten Hymnus ‚Memento, salutis auctor' (Strophe 2–4 des Hymnus zur Prim):

HAMBURG, SUB, Cod. conv. 2, fol. 26v–27r	LÜBECK 1499
1.) Denke, meister des heiles, dattu de staltenisse unses lichames untfangen hevest unde wordest geboren van ener juncfrouwen.	1.) Gedenke, meister des heyles, dat du unses lychames schepnisse hir to voren an di nemest van der unbevleckeden maghet.
2.) Maria, moder der gnaden, moder der barmherticheit, bescherme uns von deme viende unde untfa uns in der stunde des todes.	2.) Maria, moder der gnade, moder der barmeherticheyt, bescherme uns vor dem vyende unde entfanghe uns in der stunde des dodes.
3.) Ere, de du geboren bist van der juncfrouwe, gelavet sistu myt deme vader, unde myt deme sone, unde myt deme hilgen geiste ewichliken sunder ende. Amen.	3.) Ere si di, here, de du bist gheboren van der maghet myt deme vadere unde mit deme hilghen geiste in der ewicheit. Amen.

Und hier die Collecta zur Vesper:

HAMBURG, SUB, Cod. conv. 2, fol. 46r–47v	LÜBECK 1499
Alleweldige, ewighe [god, de du] lif unde sele der erliken juncfrouwen sunte Maria heft bereth myt der werkynghe des hillighen ghestes, dat se wart eyne werdyge wanghe dynes sons, gif uns, dat wy sint frolic van ere dechtenysse weghen, dat wy van ere meguntliken bede uth dusseme iegen owele unde van deme ewyghen dode werden gheloset.	Alweldighe ewighe god, de du lyf unde sele bereyt heft der erliken yuncfrouwen Marien, dyner moder, mit der werkinghe des hylghen geystes, dat se worde en werdighe woninghe dynes sones, gif uns, de wi vrolik syn van erer dechtnisse, dat wy van ereme mylden bede uth dessen yegenwerdygen ovele unde van deme ewyghen dode werden geloset.

Weitere Unterschiede sind aus der Edition des Volltextes oben im Abschnitt 3 leicht ersichtlich. Es ist evident, dass diese beiden Fassungen zumindest teilweise unabhängig voneinander entstanden sind. Die Unterschiedlichkeit dieser beiden Übersetzungen ist sehr variabel, sie betrifft nicht alle Teile des Offiziums – vielleicht gab es Stücke, wie zum Beispiel die Lesungen zur Matutin, die auf niederdeutsch schon seit langem verbreitet waren, so dass die jeweiligen Übersetzer in Hamburg und Lübeck sich nicht die Mühe machen mussten, *ex nihilo* eine neue Übersetzung zu erfinden, während sie für andere Elemente, wie zum Beispiel hier für den ‚neuen' Hymnus, kein deutsches Vorbild vor Augen hatten. Bemerkenswert ist, dass gerade die Psalmen und Cantica in den beiden Fassungen nicht immer ganz gleich lauten, so sind zum Beispiel die Übersetzungen des ‚Te Deum' (am Ende der Matutin) völlig unterschiedlich, diejenigen des Canticum Danielis (an vierter Stelle der Laudes) hingegen beinahe gleich; der Wortlaut von Ps. 148 und die erste Hälfte von Ps. 149 (an fünfter Stelle der Laudes) ist in den beiden Versionen sehr ähnlich, aber in der zweiten Hälfte von Ps. 149 (ab Vers 5) weichen die beiden Fassungen dann wieder merklich voneinander ab.

Im Übrigen ist natürlich nicht gesagt, dass die beiden Fassungen jeweils *en bloc* zu einer bestimmten Zeit an einem bestimmten Ort entstanden sein müssen, es könnten auch deutsche Texte ganz unterschiedlicher Provenienz darin enthalten sein, etwa wenn ein Kompilator ihm vorliegende Übersetzungen, etwa der allgemein verbreiteten Psalmen und Cantica, mit eigenen Neuübersetzungen der spezifischen Texte des Marienoffiziums kombiniert hat.

Der Umstand, dass hier inhaltlich das gleiche Programm, aber teilweise ein anderer deutscher Wortlaut vorliegt, beweist, dass die Fassung, die in den Lübecker Marientiden von 1499 steht, aus einer lateinischen Vorlage übersetzt ist, die der Vorlage des Hamburger Offiziums entsprach – aber die beiden Übersetzungen wurden, wenigstens teilweise, unabhängig voneinander angefertigt. Es gab also ein lateinisches Modell, das allgemein verbreitet war (und das man mit einiger Suche sicher finden könnte), die deutschen Übersetzungen daraus hingegen waren zuerst Anfertigungen für den lokalen Eigenbedarf, deshalb gibt es mehrere verschiedene Übertragungen der gleichen lateinischen Vorlage.

Das schließt natürlich nicht aus, dass diese deutschen Übersetzungen dann später, in einem zweiten Schritt, ihrerseits weiterverbreitet wurden, so wie ja auch die ‚Gebetszyklen' ganz offensichtlich von Medingen nach Hamburg gewandert sind. *A fortiori* dürfte dann auch der Buchdruck zur Verbreitung der deutschen Übersetzungen beigetragen haben.

Eine interessante Beobachtung ist zudem folgende: Im Hinblick auf den Wortlaut der biblischen Texte (also namentlich der Psalmen, der Cantica, und der Capitula der einzelnen Horen, die aus dem Buch Ecclesiasticus geschöpft sind) weichen die Hamburger Beginen-Handschrift und die Lübecker Marientiden von 1499 nicht nur untereinander mehr oder weniger deutlich voneinander ab – sie bieten beide auch einen Bibeltext, der jeweils von der niederdeutschen Vollbibel völlig verschieden ist, die 1494 zu Lübeck von Steffen Arndes gedruckt wurde (konsultiert wurde das Exemplar München, BSB, Rar. 880). Auch das kann letztlich natürlich als Beleg dafür verstanden werden, dass hier nicht etwa ein Offizium in deutscher Sprache neu kompiliert wurde (wofür man sich die Texte aus der vorhandenen deutschen Bibelübersetzung hätte zusammensuchen können), sondern dass man vielmehr ein vorhandenes lateinisches Offizium ‚herunterübersetzt' hat, ohne sich die Mühe zu machen, dazu die bereits vorhandenen Übersetzungen wenigstens der biblischen Perikopen zu Rate zu ziehen.

Die Beobachtung, dass es im Hamburger Cod. conv. 2 und in den Lübecker Marientiden von 1499 zwei Mal praktisch genau das gleiche Textprogramm, aber in voneinander unabhängigen niederdeutschen Übersetzungen gibt, dürfte vielleicht auch den Germanisten interessieren – einige lexikalische Unterschiede fallen durchaus ins Auge, so ist zum Beispiel das lateinische *inter*, das einen bestimmten unter mehreren bezeichnet, in Lübeck *under* – in Hamburg sagt man *mank* (z. B. Ps. 126, zur Sext, vgl.

auch die 2. Lesung der Matutin und das ‚Ave maris stella' zur Vesper). Das konditionale ‚wenn' heißt zuweilen *iffte* oder *effte*, aber nicht an denselben Stellen (in Hamburg einmal *iffte*, Ps. 126, zur Vesper, aber nicht zur Sext; in Lübeck einmal *efft*, einmal *effte* und dreimal *efte*, Ps. 129 und 130, zur Non, und Ps. 131, zur Komplet).[224] Was in Lübeck *dicke* ist, ist in Hamburg *vaken* (Ps. 128, zur Non). In Lübeck wird man *vorscemet*, in Hamburg *vordomet* (Ps. 126, zur Sext, vgl. auch Ps. 128, zur Non) Das hochdeutsche ‚empfangen' heißt in Hamburg *untfangen*, in Lübeck *entfangen*.

Der Philologe wird darüber hinaus auch einige phonetische (oder auch nur graphische) Eigenarten konstatieren – etwa, dass vieles, was in Hamburg zumeist mit ‚o' geschrieben wird, in Lübeck häufig ein ‚a' aufweist (*god/gad*; *loven/laven*), aber nicht in allen Stücken – das könnte ein Hinweis darauf sein, dass die beiden Fassungen nicht nur relativ zueinander unterschiedlicher Herkunft sind, sondern jeweils auch in sich aus mehr oder weniger disparaten Elementen unterschiedlicher Provenienz bestehen. Übrigens kommen Ps 121 und 126 zweimal vor (in Prim und Vesper bzw. Sext und Vesper). Im Lübecker Druck von 1499 wird der Text jeweils nur beim ersten Mal dargestellt, und in der Vesper wird dann auf die Prim bzw. die Sext verwiesen. Nicht so in der Hamburger Handschrift, dort steht immer der ganze Text ohne Querverweise – aber dort ist die Übersetzung von Ps. 126, die sich in der Vesper findet, von derjenigen in der Sext völlig verschieden, und Ps. 121 ist an den beiden Fundstellen auch nur bis zum fünften Vers gleichlautend, danach gehen die Texte auseinander. Sofern der Hamburger Redaktor Ps. 126 nicht (zweimal unterschiedlich) selbst übersetzt hat, hatte er wahrscheinlich zwei verschiedene Quellen für die Übersetzungen an den jeweiligen Fundstellen.

Sehr variabel ist in beiden Fassungen die Zeichenfolge ‚ge' bzw. ‚ghe' (z. B. in *gegeven/ghegheven*). Ferner lässt sich festhalten, dass der Hamburger Kopist mit dem ‚y' meistens etwas sparsamer umgeht als der Lübecker Drucker (*in/yn*; *sin/syn*).

4.2.c Druck Lukas Brandis, Lübeck 1473 (Hamburg, SUB, Cod. in scrin. 84b)

An dieser Stelle gilt es überhaupt zu bemerken, dass der Marientiden-Text, wie er im Hamburger Cod. conv. 2 steht, nicht der einzige ist, der sich nachweislich im Besitz der Hamburger Beginen befunden hat – neben einer gereimten Fassung in Cod. conv. 9, die hier nicht Gegenstand der Betrachtungen ist, gab es in ihrer Bibliothek auch ein Exemplar des deutschen Psalters, den Lukas Brandis 1473 zu Lübeck gedruckt

224 Ferner bietet auch die Hamburger Handschrift einmal *effte* (mit ‚e' statt mit ‚i') – aber nur auf fol. 48r (in Ps. 131, zur Komplet), das zu den später ersetzten Blättern gehört, vielleicht hat dem Urheber der Reparatur-Fassung ein anderer Text vorgelegen, als einst dem Redaktor der ursprünglichen Fassung der Hamburger Handschrift, denn dort kommt *effte* nicht vor, nur einmal (in Ps. 126, zur Vesper).

hatte (Hamburg, SUB, Cod. in scrin. 84b),[225] und in diesem Psalter finden sich ebenfalls Marientiden, die dort allerdings nur die Blätter 242v–248v einnehmen: Anders als im Falle der Hamburger Handschrift und des Lübecker Marientiden-Druckes von 1499 handelt es sich bei diesem Band nämlich um die deutsche Übersetzung des vollständigen liturgischen Wochen-Psalters, wie er im Brevier steht, und das Marienoffizium stellt nur einen Anhang dazu dar. Entsprechend müssen dort die Psalmen, das ‚Canticum Danielis', die neutestamentlichen Cantica (‚Benedictus', ‚Magnificat' und ‚Nunc dimittis') und das ‚Te Deum' nicht noch einmal im Volltext dargestellt werden, sie finden sich ja schon im eigentlichen ‚Psalterium per hebdomadam' bzw. dessen deutscher Übersetzung, so dass in den Marientiden auf die entsprechenden Fundstellen im Hauptteil des Buches verwiesen werden kann. Neben dem Psalter selbst[226] umfasst der Band noch die ‚Tiden vom Heiligen Geist',[227] die ‚Tiden von der Heiligen

225 Ludwig Hain, Repertorium bibliographicum, Bd. 2.2, Stuttgart 1838, n° 13520; Borchling-Claussen (Anm. 221), Bd. 1, n° 1; Tilo Brandis, Die Codices in scrinio der Staats- und Universitätsbibliothek Hamburg 1–110, Hamburg 1972, S. 138. Aus dem Bibliothekskatalog: „Pergamentdruck; in 4°; 264 Bl. mit unbedrucktem Bl. 1 und 250 und Zählung IIII–XXIII für Bl. 13–32; Bl. 48 ausgeschnitten; rubriziert, rote und blaue Lombarden, rote römische Blattzählung, Holzschnittinitialen und -leisten koloriert; vorn Randleiste mit Lübecker Wappen; brauner gotischer Lederband mit Einzelstempeln lübeckischer Muster und zwei Schließen (abgerissen), Rücken im 19. Jh. erneuert; vorderer Spiegel und hinterer Ansetzfalz aus Pergamentblättern mit Korrekturabzügen von Bl. 25 verso und Bl. 249, nicht rubriziert; Provenienz: Beginenkonvent Hamburg, 1875 an die StB geschenkt".

226 Psalter: fol. 2r] Gregorius scrift *secundo Moralium* in deme II capitel: De hilge scrift wert geseth vor unse gheystlike oghen [...] // fol. 9v] Dyt is de erste Salme, dede dy leret van deme doghetsamen Cristo, unde van eneme jeweliken salighen mynschen, de syk waret vor sunde des wyllen, der werke, unde der quaden wonheyt. Den lys in der andacht, dat du wyllest dy dar ok na richten, unde luth also [...] // fol. 10r] *Beatus vir qui non* / Salich is de doghentsome, de [...] // fol. 225r] Dit is de C unde L Salmen, unde ok de leste, dar David de engele unde de minschen reysiget to deme love godes, wente ut den beyden schal de hemmel vorvullet werden. [Ps. 150] *Laudate Dominum in sanctis eius* / Lovet den heren in sinen hilgen [...] // fol. 225v] Dit is de lovesank der driger iodeschen kindere: *Benedicite, omnia opera Domini, Domino* / Benediet den heren, alle werke des heren [...] // fol. 226v] Dit is de lavesank Zacharie: *Benedictus Dominus, Deus Israhel* / Benediet sy de here, de en god is [...] // fol. 227v] Dit is de lovesank Marien, der iuncfrouwen: *Magnificat anima mea Dominum* / Min sele schol hoghen unde eren den heren [...] // fol. 228r] Dit is de lavesank Symeonis: *Nunc dimittis servum tuum, Domine* / Ik hebbe Cristum gheseen [...] // fol. 228v] Dissen lavesank sungen Ambrosius unde sunte Augustinus boven der dope: *Te Deum laudamus* / Here god, wy loven di [...] // fol. 229v] Dit is dat ghesette des hilligen biscoppes Athanasy: *Quicumque vult salvus esse* / Ein [fol. 230r] iewelk minsche de salich wesen wyl [...] // fol. 232r] [Allerheiligenlitanei] Here, vorbarme di over uns / Sancta Maria, bidde vor uns [...] [fol. 232v] [...] sancte Ascary, b. [...] alle hilgen bichtigere unde lerere [...].

227 Tiden vom Heiligen Geist: fol. 235v] Dit sint de tiden van deme hilgen geiste. Alsu schaltu alle metten beginnen van den veer tyden, also hirna gescreven steyt, les an: In deme angesichte godes is dure de dot siner hilgen. / Sancta Maria unde alle hilgen weset en middel twisschen uns unde unseme leven heren mit iuweme bede, dat wi hulpe untfan van den, de dar levet [fol. 236r] unde regneret ewich unde iummer mer. Amen. Here, opene myne lippen, unde min munt schal kundigen din lof. / God, denke an myne hulpe, here, snelle dy, mi to helpende. Ere si deme vader unde deme sone unde deme hilgen geiste. / Also he was van anbeginne unde is nu unde blivet ewich sunder ende. Amen. Invitatorium: De gheyst godes heft vorvullet alle de werlt. / Comet, dat wy god anbeden. [Ps. 94] *Venite* // Comet, wy vrouwen uns [...].

Dreifaltigkeit',[228] ein Reimoffizium vom Mitleiden Mariens,[229] das Totenoffizium[230] und Privatgebete in verschiedenen Nöten. Die Marientiden des Lübecker Psalters haben folgende Gestalt (hellgrau hinterlegt sind die Elemente, die einen von den Lübecker Marientiden von 1499 abweichenden Text bieten):

	LÜBECK (Psalter 1473)
	[fol. 242v] De tiden van unser leven vrouwen.
	[fol. 243r] Here, opene min lippen. / God, denke an mine hulpe ...
Invitatorium	Invitatorium: In de ere der saligen iuncvrouwen Marien / Jubileren wy den heren.[231]
Ps. 94	Ps. Venite – also to voren[232]
1. Ps. 8 mit Antiphon	Ps. Domine, dominus noster – in de IX. blade.
	An.: Du bist benediet boven allen vrouwen, benediet is de vrucht.[233]
2. Ps. 18 mit Antiphon	Ps. Celi enarrant – in de XXV.
	An.: Du hest gegeven einen smack der soticheit alse en uterkorne mirre, du hilge godes gebererin.[234]
3. Ps. 23 mit Antiphon	Ps. Domini est terra – vinstu in de XXXIIII blade.
	An.: Singet uns enen soten sank vor der slapkammeren desser juncfrowen.[235]

228 Tiden von der Heiligen Dreifaltigkeit: fol. 239r] Hyr na volgen de tiden van der hilgen drevaldicheit. Dit is de metten van der hilgen drewaldicheit. Les an: *Pater* ... / *Ave Maria* ... / Here, opene mine lippen ... / Here, denke ... / Invitatorium: Comet, dat wy anbeden den heren, einen waren god in der drevaldicheit [...].

229 Offizium vom Mitleiden Mariens (das ist die gereimte Übersetzung des ‚Officium de compassione Beatae Mariae virginis'): fol. 248v] Hyr na volgen de tyden van unser leven vrouwen meddeliden. Maria, du aller eddelste balsemrys / boven allen creaturen is din lof und prys. / Otmodigen ik di vormane, du vlus Gedeonis, / des swerdes smerte unde prophecien Symeonis, / dat du droveliken heft gedregen / van smerte dines leven kindes wegen. De metten tyd. Mit der metten tyd heve ik an dine noet / Wo din sone swetede water unde bloed [...] (die lateinische Vorlage findet sich im lübischen Brevier von 1478, s. u., Abschnitt 4.3.b).

230 Totenoffizium: fol. 250r] Hir hevet an de vilge [i. e. Vigil]. Vor allen lovighen vorstorve zelen gyf en here de ewighe ruwe, / unde gif en de schyn dines ewigen lichtes. Invitatorium: Dat suchtent des dodes heft mi ummegheven, / De smerczen der hellen heben mi ummegheven. [Ps. 94] *Venite* ...

231 ‚In honore', wie im Lübecker Druck von 1499 (s. o., Abschnitt 3). Einen Hymnus gibt es hier ebenso wenig wie in den Lübecker Marientiden von 1499, die Hamburger Marientiden-Handschrift hingegen hat die deutsche Übersetzung von ‚Terra, pontus, aethera'.

232 I. e. fol. 236r im Votivoffizium vom Heiligen Geiste.

233 ‚Benedicta tu', wie im Lübecker Druck von 1499 (s. o.).

234 ‚Sicut myrrha', wie im Lübecker Druck von 1499 (s. o.).

235 In der Hamburger Handschrift Cod. conv. 2 fehlt die Antiphon, im Lübecker Druck von 1499 lautet sie vor dem Psalm (wie hier): *Synget uns enen sanck* ..., aber nach dem Psalm steht (abweichend): *Du bist gebenediet baven allen vrouwen, benedyet is de vrucht dynes lichames.*

	LÜBECK (Psalter 1473)
Vers	Versiculus: De gnade is gegoten in dine lippen, darumme heft di god ewich benediet.[236]
1. Lectio	De erste lectio: Sancta Maria, en iuncfrouwe, en moder, en dochter des koninges aller koninge, gif uns dinen trost, dat wi moten hebben dat lon des ewigen rikes unde vrouwen uns mit dynen uterkornen ewichliken. Sunder du, here, wes uns gnedich.[237]
1. Responsorium	Rn.: Hilge unde [fol. 243v] unbevleckede iuncfrouwe, ik wet nicht, mit wat love ik dy loven wil, * wente du in dinen schoten drogest, den de hemmel nicht begripen mochten. Versus: Du bist benediet boven allen wiven, benediet is de vrucht dines lives, * wente du ...[238]
2. Lectio	Lectio II: Sunte Maria, de mildeste mank allen miden, bidde vor uns, du hilgeste mank allen hilgen, dat he van diner wegene unser bede vorneme, de van di geboren is, unde weldich is in dem hemmele, dat van siner leve unse sunde delget werde. Sunder du, here ...[239]
2. Responsorium	Rn.: Salich bist du, iuncfrouwe Maria, de du drogest den heren, en schepper aller werlde, * unde blivest ewichliken iuncfrouwen. Versus: Grotet sistu, Maria, vul aller gnade, got is mit di, * unde ...[240]
3. Lectio	Lectio III: Sunte Maria, de du werdich werst, den to entfangende, den al de werlt nicht begripen mochte, delge unse schult mit dinen milden bede, dat wy stigen mogen to den stole der ewigen ere, dar du mit dinem sone bist ane ende. [fol. 246r][241] Sunder du, here ...[242]
3. Responsorium	Rn.: O, du iuncfrouwe, Christi aller leveste, werkersche der doget, kum to hulpe den drovigen unde krankmodigen, kum, vrouwe, to hulpe den, [de][243] endrachtigen to di ropen, wente wy beswaret werden mit der sunden borde. [Versus:] So bidde wi di, aller hilgeste, kum uns to hulpe ...[244]

236 Im Lübecker Psalter von 1473 weicht der Versikel zu Matutin sowohl von demjenigen der Handschrift Hamburg Cod. conv. 2 (*Denke diner scone unde werdicheit, ga vorluckichliken, unde regnere*) als auch vom Lübecker Druck von 1499 (gereimt: *Dine schonde unde dine wolgestalt / merke dyn ghelucke unghetalt / bringhet dy to rykedome mennichval*) ab. Hier im Druck von 1473 findet sich die Übersetzung des lateinischen ‚Gratia effusa est in labiis tuis'.

237 ‚Sancta Maria, virgo', wie im Lübecker Druck von 1499 (s. o.).

238 R. ‚Sancta et immaculata virginitias' / V. ‚Benedicta tu in mulieribus', wie im Lübecker Druck von 1499 (siehe Abschnitt 3).

239 ‚Sancta Maria, piarum piissima', wie im Lübecker Druck von 1499 (s. o.).

240 R. ‚Beata es, virgo Maria' / V. ‚Ave Maria, gratia plena', wie im Lübecker Druck von 1499 (s. o.).

241 Die Blätter 244 und 245 gibt es nicht, doch liegt kein Textverlust vor.

242 ‚Sancta Dei genitrix, qui digne', wie im Lübecker Druck von 1499 (s. o.).

243 *de*] fehlt im Druck.

244 Das deutsche Responsorium gibt die hier gleiche Vorlage wieder, wie dasjenige der Hamburger Handschrift Cod. conv. 2, der Lübecker Druck von 1499 hingegen bietet einen anderen Text (*Salich bistu, hilghe iunkvrouwe ...*, s. o.).

	LÜBECK (Psalter 1473)
Te Deum	Te Deum – in den CCXXIII.
	De Laudes
	Here, denke im mine hulpe …
Ps. 92	Ps. Dominus regna[vit] – in dem CXLII.
Ps. 99	Jubilate – in dem CLIII.
Ps. 62 vereint mit Ps. 66	Deus, deus meus – in dem XCIIII, unde Deus misereatur – in dem XCVIII.
Canticum Dan. 3	Benedicite – in deme CCXIX.
Ps 148–150	La[u]date Dominum de celis – CCXVII.
gemeinsame Antiphon für Psalmen und Canticum	An.: O, welk en wunderlik sammelinghe, de schepper des mynschliken slechtes heft entfangen enen licham mit der sele, unde is geborn van einer iuncfrouwe, unde heft uns sine gotheit mildichliken gegeven.[245]
Capitulum	Capitulum: Mine leve, sprek mi to, sta up, mine vrundinne, myn schone, myn duve, unde kum. God sy dank.[246]
Vers	Versiculum: Hore, dochter, unde sce, unde nege din oren to my, wente de koning begert diner schone.[247]
Benedictus	[fol. 246v] Benedictus – in deme CCXX.
Antiphon zum Benedictus	Antiphona: Du bist salich, iuncfrouwe Maria, de du drogest den heren unde den schepper aller werlt, unde blevest ewichliken iuncfrouwe.[248]
Collecta	Collecta: Here, hore min beth, unde min … God, de du woldest van sunte Marien live dinen licham nemen, do de engel din vort kundigede, wy bidden di, wente wy loven, dat se warliken godes moder is, dat wi van eres bedes wegen mogen hulpe untfan. Dor unsen heren Jesum Christum … Amen.[249]
	To der prime tyd
	Kyrieleison, Christeleison, Kyrieleison. Pater …

245 ‚O, admirabile commercium', wie im Lübecker Druck von 1499 (s. o.).

246 Das Capitulum zu den Laudes weicht von dem des Lübecker Druckes von 1499 ab, während der zugrunde liegende lateinische Text dort ‚In omnibus requiem' ist (s. o.), liegt hier, im Druck von 1473 ‚Surge, amica mea' (Ct. 2,13) zugrunde, im handschriftlichen Kölner Stundenbuch (s. u., Abschnitt 4.3.d) ist das das Capitulum zur Prim. Im Übrigen verlangt der Lübecker Psalter von 1473, dass das Capitulum der Laudes in allen folgenden Horen mit Ausnahme der Vesper wiederholt werde, während alle anderen Redaktionen wechselnde Capitula vorsehen.

247 ‚Audi, filia, et vide', wie im Lübecker Druck von 1499 (s. o., Abschnitt 3). Ein Hymnus zu den Laudes ist hier (genau wie zur Vesper) nicht eigens angegeben, man sollte die deutsche Übersetzung von ‚O gloriosa domina' erwarten, die sich auch im Lübecker Marientiden-Druck von 1499 (nicht aber in der Hamburger Marientiden-Handschrift) findet.

248 ‚Beata es', wie im Lübecker Druck von 1499 (s. o.).

249 ‚Deus, qui de beatae Mariae virginis utero', wie im Lübecker Druck von 1499 (s. o.).

	LÜBECK (Psalter 1473)
	Here, denke in myne …
Hymnus	Ympnus: Rex Criste, clementissime // [1] O Criste, allerbarmhertigester koning, besitte unse hertem dat wy dy plichtich loff wedder geven alle tyd. [2][250] Denke, meister des heils, dat du de staltnisse unses lichames untfangen hest unde van ener iuncvrouwe bist. [3] Maria, moder der gnaden, moder der barmherticheit, bescherme uns vor dem viende unde untfa uns in der stunde unses dodes. [4] Here, de du boren wordest [fol. 247r] van der iuncfrouwen, gelovet sistu myt dem vadere unde dem hilgen geiste. Amen.
1. Ps. 119	Ps. Ad Dominum unde
2. Ps. 120	Levavi oculos – vinstu in dem CXCII blade.
3. Ps. 121	Letatus sum – in dem CXCIII.
gemeinsame Antiphon für die drei Psalmen	An.: Do Christus geboren wart unsprekeliken van der iuncfrouwen, do wart de scrift vorvullet „Du bist nedderstegen also der regen in dat vlus", also wart salich gemaket dat minschlike slechte.[251] Wy loven dy, unse god.[252]
Capitulum	Capitulum: Min leve …[253]
Responsorium breve	Rn.: Criste, des levendigen godes sone, / Vorbarme di over uns. Ver.: De du bist nedder stegen also der regen, unde bist geborn van einer iuncfrouwen, / Vorbame dy … Ere sy dem vader … Criste, des …
Preces	Kirieleison, Cristeleison, Kirieleison. Dat wort is vlesch geworden unde wonet in uns.
Collecta	Collecta: Here, hore min beth … God, de du woldest …[254]
	Benediet si god. / Got …
	To der tercie
[Hymnus]	Les an also de prime, wente to den Salmen:
1. Ps 122	Ps. Ad te levavi – in dem CXCIIII.
2. Ps 123	Nisi quia Dominus – in dem CXCV.
3. P 124	Qui confidunt – in dem CXCVI.

250 Zu den kleinen Horen findet also, genau wie in der Hamburger Handschrift Cod. conv. 2 und im den Lübecker Marientiden von 1499 (s. o.) der ‚Kompositḥymnus' aus (1.) ‚Rex Christe clementissime', gefolgt von (2.–4.) ‚Memento, salutis auctor' Anwendung.

251 ‚Quando natus est', wie im Lübecker Druck von 1499 (s. o.).

252 *Wy loven dy, unse god* (*Deo gratias*) gehört nicht zur Psalmantiphon – vielmehr handelt es sich um die Antwort auf das Capitulum.

253 Wie oben zu den Laudes.

254 Wie oben zu den Laudes.

	LÜBECK (Psalter 1473)
gemeinsame Antiphon für die drei Psalmen	An.: De busch, de Moyses sach unvorbrant, dar bi be- [fol. 247v] kenne wy, dat din lovelike reynicheit bewaret is, godes moder, bidde vor uns.[255]
Capitulum	Capitulum: Min leve, sprek mi to ...[256]
Responsorium breve	Rn.: Denke diner clarheit unde diner schone, * ga vorelucliken unde regnere. Ere si de ...[257]
Collecta	Collecta: God, de du woldest ...[258]
	Benediet si god.
	To der sexte
[Hymnus]	Les an also de prime, wente to den Salmen:
1. Ps 125	Ps. In convertendo – in dem CXCVII.
2. Ps 126	Nisi Dominus – in dem CXCVIII.
3. Ps 127	Beati omnes – in dem CXCVIII.
gemeinsame Antiphon für die drei Psalmen	An.: De rode van Yesse heft gebloyet, de sterne van Iacob ist up gegan, de iuncfrouwe gebar den heilant.[259]
Capitulum	Capitulum: Min leve, spreke mi ...[260]
Responsorium breve	Rn.: De gnade is gegoten in dine lippen, * darumme heft di god benediet ewichliken. Ere sy ... De gnade ...[261]
Collecta	Collecta: Here, hore min ... God, de du woldest ...[262]
	Benedicamus ...
	To der none
[Hymnus]	Also to voren, wente to den Salmen:
1. Ps.128	Ps. Sepe expugnaverunt – in dem CXCIX.
2. Ps. 129	De profundis – in dem XCIX.
3. Ps. 130	Domine, non est – in dem CC.

255 ‚Rubum, quem Moyses', wie im Lübecker Druck von 1499 (s. o.).
256 Wie oben zu den Laudes.
257 ‚Specie tua', wie im Lübecker Druck von 1499 (s. o.). Einen gesonderten Vers gibt es hier zu den kleinen Horen nicht.
258 Wie oben zu den Laudes.
259 ‚Germinavit radix Jesse', wie im Lübecker Druck von 1499, aber anders als in der Hamburger Marientiden-Handschrift (s. o.).
260 Wie oben zu den Laudes.
261 R. ‚Diffusa est gratia' / V. ‚Propterea benedixit', wie im Lübecker Druck von 1499 (s. o.).
262 Wie oben zu den Laudes.

	LÜBECK (Psalter 1473)
Antiphon	An.: Se, Maria gebar den heilant, den Iohannes sach, unde rep „Se, dit is dat lam godes, dat alle der werlde sunde nympt".[263]
Capitulum	Capitulum: Myn leve, spreke mi to …[264]
Collecta	Collecta: Here, hore … God, de du woldest …[265]
	God sy gelovet …
	To der vesper
	Here, denke an mine hulpe …
1. Ps. 109	Ps. Dixit Dominus – in dem CLXX.
2. Ps. 112	Laudate pueri – in dem CLXXIII.
3. Ps. 121	Letatus – CXCIII.
4. Ps. 126	Nisi Dominus – in dem CXCV.
5. Ps. 147	Lauda, Jerusalem – in dem CCXVI.
gemeinsame Antiphon für die fünf Psalmen	An.: Se, vrundinne, du bist schone, dine ogen alse der duven.[266]
Capitulum	Capitulum: Ik gaff de roke alse cynamome unde balsam, und also en uterkoren mirre gaf ik den roke der soticheit. God sy gelovet.[267]
Magnificat	Magnificat – in den CCXXI.
Antiphon zum Magnificat	An.: Hilge Maria, kum to hulpe den armen unde bidde vor dat volk, vor de papen, unde vor dat wiflike slechte; se volen alle dine hulpe, de dine dechtnisse began.[268]
Collecta	Collecta: God, de du woldest …[269]
	To de nachtsank
	God, unse heil, bekere uns unde verne dinen torn van uns. Here, denke in mine hulpe …

263 ‚Ecce, Maria genuit', wie im Lübecker Druck von 1499 (s. o.).

264 Wie oben zu den Laudes.

265 Wie oben zu den Laudes.

266 Deutsche Übersetzung von ‚Ecce, tu pulchra es', wie in den Hamburger Marientiden und im Lübecker Druck von 1499 (s. o.). Der lateinische Text findet sich als Antiphon zu den Psalmen der Vesper im Hamburger ‚Cursus' von 1522 und im handschriftlichen Bremer Brevier von 1516 (s. u., Abschnitt 4.3.a), sowie im lübischen Brevier von 1478 (s. u., Abschnitt 4.3.b).

267 ‚Sicut cinnamomun et balsamum' (Sir. 24,20), wie im Lübecker Druck von 1499 (s. o.). Ein Responsorium breve gibt es nicht. Ein Hymnus zur Vesper ist (genau wie zu den Laudes) hier auch nicht eigens angegeben, man sollte die deutsche Übersetzung von ‚Ave, maris stella' erwarten. Und der Vers fehlt auch.

268 ‚Sancta Maria, succurre miseris', wie im Lübecker Druck von 1499 (s. o.).

269 Wie oben zu den Laudes.

	LÜBECK (Psalter 1473)
1. Ps. 131	Ps. Memento, Domine – in dem CCI.
2. Ps. 132	Ecce, quam – in dem CCII.
3. Ps. 133	Ecce, nunc – in dem CCII.
Antiphon	Alleliua.[270]
Capitulum	Captittulum: Min leve, spreke my to …[271]
Nunc dimittis	[fol. 248v] Nunc dimittis – in dem CCXXI.
Antiphon zum Nunc dimittis	Antiphona: Wi eret dy, godes moder, wente Christus van dy geboren wart; make salich al, de dy eren.[272]
Preces	Kyrieleison, Christeleison, Kyrieleison. Pater noster … Dat word is vlesch worden … Credo …
Collecta	Collecta: Here, hore myn … God, de du woldest van sunte marien live …[273]
	Benediet si god …

Einerseits ist zu beobachten, dass der Wortlaut der einzelnen deutschen Texte des Psalterdruckes von 1473 streckenweise eine höhere Übereinstimmung mit den Marientiden des Hamburger Cod. conv. 2 aufweist, als das zwischen der Hamburger Handschrift und den Lübecker Marientiden von 1499 der Fall ist. Andererseits kann es sich bei der Hamburger Handschrift nicht einfach um eine Abschrift der Marientiden aus dem 1473 zu Lübeck gedruckten Psalter handeln; denn die Redaktion des Lübecker Druckes weist gegenüber der Hamburger Fassung einen sehr hohen Grad an Vereinfachung auf – der Drucker wollte ganz offenbar Platz und Mühe sparen. Die Hamburger Handschrift enthält deshalb eine Reihe von Texten, die es im Lübecker Psalter gar nicht gibt.

Vor allem sind im Lübecker Psalter von 1473 folgende Kürzungen zu beobachten: Die Hymnen zu Matutin, Laudes und Vesper und Komplet fehlen hier gänzlich (zu den kleinen Horen gibt es den bekannten ‚Komposit-Hymnus' aus ‚Rex Christe, clementissime' und ‚Memento, salutis auctor'). Zu den Laudes gibt es kein Responsorium breve, zur Vesper weder Responsorium breve noch Vers. Ebenso fehlt im Lübecker Psalter von 1473 der Vers nach dem Responsorium breve aller kleinen Horen. Das

270 Im Lübecker Marientiden-Druck von 1499 fehlt die Psalmantiphon zur Komplet, in den Hamburger Marientiden steht die deutsche Übersetzung von ‚Beatissimae virginis Mariae'. Ein Hymnus (man sollte die deutsche Übersetzung von ‚Fit porta Christi' erwarten) fehlt.

271 Wie oben zu den Laudes. Ein Responsorium breve gibt es hier genauso wenig wie einen Vers.

272 ‚Glorificamus te, Dei genitrix', wie im Lübecker Druck von 1499 (s. o.).

273 Wie oben zu den Laudes.

Capitulum aus den Laudes (Ct. 2,13) wird zu allen Horen mit Ausnahme der Vesper wiederholt, während es in der Hamburger Handschrift, in den Lübecker Marientiden von 1499 und überhaupt in allen anderen vergleichbaren Redaktionen wechselnde Capitula zu allen Horen gibt, und auch die Collecta ist im Lübecker Psalter zu allen Horen gleich, nämlich diejenige, die sich in der Hamburger Handschrift Cod. conv. 2 und in den Lübecker Marientiden 1499 nur zu den Laudes findet.

Allerdings sind die im Lübecker Psalter vorhandenen Texte zum Teil nicht nur inhaltlich mit der Hamburger Handschrift übereinstimmend, sondern auch in ihrem deutschen Wortlaut so ähnlich, dass eine Abhängigkeit, den signifikanten Unterschieden an anderer Stelle zum Trotz, sehr wahrscheinlich erscheint. Da nun mit Sicherheit ausgeschlossen werden kann, dass die Hamburger Handschrift von dem Lübecker Druck abgeschrieben ist (der ja nicht alle in Hamburg belegten Texte enthält), so muss umgekehrt naheliegend erscheinen, dass der Hamburger Codex die vollständige (und damit ursprüngliche) Gestalt einer handschriftlichen deutschen Fassung darstellt, von der im Lübecker Druck nur ausgewählte Stücke in gekürzter Form rezipiert wurden. Der Lübecker Marientiden-Druck von 1499 hingegen (s. o., Abschnitt 4.2.c.) weist aus den oben genannten Gründen offenbar einen weniger hohen Grad der Übereinstimmung des deutschen Textes mit dem Wortlaut des Lübecker Psalters von 1473 auf.

4.2.d Weitere norddeutsche Beispiele

Im ‚Repertorium der mittelalterlichen deutschen Übertragungen lateinischer Hymnen und Sequenzen', das zur Zeit im Rahmen eines DFG-geförderten Projektes an der Humboldt-Universität zu Berlin entsteht,[274] finden sich weitere Belege dafür, dass wenigstens zwei der deutschen Hymnentexte, die in der Hamburger Handschrift vorkommen, im gleichen oder ähnlichen Wortlaut auch andernorts in Norddeutschland existiert haben: In diesem ‚Repertorium' ist zwar die Hamburger Handschrift Cod. conv. 2 (noch) nicht verzeichnet, aber jene aus Darmstadt, ULB, Hs. 1867 (dort unter n° 9767), in welcher sich derselbe deutsche Wortlaut für die Hymnen zu Vesper (‚Ave maris stella', fol. 32v33v) und Komplet (‚Fit porta Christi pervia', fol. 38r38v) findet (siehe oben, im Abschnitt 4.2.a).

Die fragliche Übersetzung des Vesperhymnus wird dort mit einer Reihe von ähnlichen Übertragungen zu einer Gruppe (‚Gruppe 33' – n° 9379) zusammengefasst, der als weitere Textzeugen noch folgende Handschriften angehören:

274 Andreas Kraß (Hg.), Online-Repertorium der mittelalterlichen deutschen Übertragungen lateinischer Hymnen und Sequenzen (Berliner Repertorium), https://repertorium.sprachen.hu-berlin.de/repertorium/page/home (Zugriff: 31.03.2020).

- Darmstadt, ULB, Hs. 70, fol. 64v–65v (n° 9420, Incipit ‚Got gruesse dich sterre des mers')[275]
- Greifswald, UB, nd. Hs. 17 8°, fol. 109v–110r (n° 9373, Incipit ‚Ghegrotet sistu maris sterne')
- Lübeck, SB, Ms. theol. germ. 8° 63, fol. 26r–27r (n° 9277, Incipit ‚Gegrotet sistu meres sterne')
- Lübeck, SB, Ms. theol. germ. 8° 74, fol. 212v–213v (n° 9266, Incipit ‚Gegrutet systu sterne des meres')
- Lübeck, SB, Ms. theol. germ. 8° 81, fol. 215r–216r (n° 9268, Incipit ‚Gegrotet sistu en sterne des meres')
- Lübeck, SB, Ms. theol. germ. 8° 82, fol. 47v–48v (n° 9272, Incipit ‚Gegrutet systu sterne des meres')[276]
- Pommersfelden, Gräfl. Schönbornsche Schloßbibl., Cod. 343, fol. 69v–72r (n° 9269, Incipit ‚Ghegrotet sistu sterne des meres')
- Wolfenbüttel, HAB, Cod. Guelf. 84.2.1 Aug. 12° (sogenanntes ‚Stundenbuch Herzog Augusts des Jüngeren', Flandern um 1520), fol. 78v–79v (n° 9353, Incipit ‚Gegrutet sistu, sterne des meres')[277]
- Wolfenbüttel, HAB, Cod. Guelf. 289.3 Extrav., fol. 80r–v (n° 9282, Incipit ‚Ghegrotet sistu sterne des meres hilge moder gades')[278]

Diese Gruppe von Übertragung soll, so sagt es das ‚Repertorium' (n° 9379), auf Gert Groote zurückgehen, bei dem das Incipit ‚Ghegruet sijstu sterre des meers, hoge gods moeder' gelautet hatte.

Eine ähnliche deutsche Übersetzung findet sich ferner in den Handschriften der ‚Gruppe 21' (n° 11492):

- Lübeck, SB, Ms. theol. germ. 4° 21, fol. 166r–167r (n° 9274, Incipit ‚Ghegrotet sistu meres sterne')[279]

275 Vollständig ausgewertet, vgl. hierzu die untenstehende Übersicht.

276 Eine vollständige Reproduktion von Lübeck, SB, Ms. theol. germ. 8° 82 lag nicht vor, weitere dokumentierte Stücke neben dem Vesperhymnus sind das Capitulum zur Vesper (aus Is. 7,14) und als Responsorium nach dem Hymnus ‚Gy hemmele, douwet van en bavene'.

277 Vollständig ausgewertet, vgl. hierzu die untenstehende Übersicht.

278 Eine vollständige Reproduktion von Wolfenbüttel, HAB, Cod. Guelf. 289.3 Extrav. lag nicht vor, weitere dokumentierte Stücke neben dem Vesperhymnus sind das Capitulum zur Vesper, ‚Ik gaff enen soten roke alzo kanel' (Sir. 24,20), und das Responsorium zur Vesper, ‚O, alderleveste iuncfrowe Christi, werkersche der doget'.

279 Eine vollständige Reproduktion von Lübeck, SB, Ms. theol. germ. 4° 21 lag nicht vor, weitere dokumentierte Stücke neben dem Vesperhymnus sind das Capitulum zur Vesper, ‚Saet, ene iuncvrouwe schal untfanghen' (Is. 7,14), das folgende Responsorium, ‚Allerleveste iuncvrouwe Cristi, der dogede werkerynne', und dann der Vers nach dem Hymnus, ‚Gy hemmele, douvet van boven'. Alle diese Stücke finden sich auch in der weiter unten erwähnten Handschrift Lübeck, SB, Ms. theol. germ. 8° 65, aber nicht in den 1499 zu Lübeck gedruckten Marientiden.

- Lübeck, SB, Ms. theol. germ. 8° 65, fol. 68r–69r (n° 9265, Incipit ‚Grotet sistu des meres sterne')[280]
- Wolfenbüttel, HAB, Cod. Guelf. 1249 Helmstedt, fol. 89v–90r (n° 9281, Incipit ‚Ghegrotet sist du meres sterne')[281]

... der ‚Gruppe 22' (n° 11500):
- Wolfenbüttel, HAB, Cod. Guelf. 1245 Helmstedt, fol. 41v–42v (n° 9343, Incipit ‚Ghegrotet sistu sterne des meres')[282]

... der ‚Gruppe 24' (n° 11499):
- Wolfenbüttel, HAB, Cod. Guelf. 1314 Helmstedt, fol. 108r–109r (n° 9279, Incipit ‚Ghegrotet sistu, meres sterne')

... und der ‚Gruppe 25' (n° 11502):
- Wolfenbüttel, HAB, Cod. Guelf. 1137 Helmstedt (aus dem Kloster Steterburg), fol. 56v–58v (n° 9297, Incipit ‚Ghegrotet systu, leyde sterne des meres')[283]

Die Übersetzung des Hymnus zur Komplet, ‚Fit Christi porta pervia', wie sie sich in Darmstadt, ULB, 1867 (und auch hier in der Hamburger Handschrift) findet, ordnet das ‚Repertorium' einer Gruppe von Übertragungen (‚Gruppe 5' – n° 9792) zu, der als weitere Textzeugen noch folgende Handschriften angehören:
- Lübeck, SB, Ms. theol. germ. 8° 74, fol. 218v–219r (n° 9711, Incipit ‚De porte Cristi war doerghenkt, gegoten vul gnade')[284]

280 Eine vollständige Reproduktion von Lübeck, SB, Ms. theol. germ. 8° 65 lag nicht vor, weitere dokumentierte Stücke neben dem Vesperhymnus sind das Capitulum zu Vesper, ‚Saet, ene iuncvrouwe schal untfanghen' (Is. 7,14), das folgende Responsorium, ‚Alderleveste moder Crist[i], der dogede werkerinne', sodann der Vers nach dem Hymnus, ‚Gy hemmele, douwet van bavene', und die Antiphon zum Magnificat, ‚Dat konynglike sceptrum schal nicht genomen werden'. Das Programm gleicht offensichtlich demjenigen der oben genannten Handschrift Lübeck, SB, Ms. theol. germ. 4° 21, während es von den 1499 zu Lübeck gedruckten Marientiden merklich abweicht.

281 Eine vollständige Reproduktion von Wolfenbüttel, HAB, Cod. Guelf. 1249 Helmst. lag nicht vor, weitere dokumentierte Stücke neben dem Vesperhymnus sind das Responsorium zur Vesper, ‚Alderleveste iuncvrowe Cristi', der Vers zur Vesper, ‚Gy hemele douwet van boven', und die Antiphon zum Magnificat, ‚Dat koninglike sceptrum scal nicht genomen werden'.

282 Eine vollständige Reproduktion von Wolfenbüttel, HAB, Cod. Guelf. 1245 lag nicht vor, weitere dokumentierte Stücke neben dem Vesperhymnus sind die Antiphon zu den Psalmen der Vesper, ‚Du bist schone, myn vrundynne', das Capitulum zur Vesper, ‚Ek byn eyn moder der schonen leve' (Sir. 24,20), und der Vers zur Vesper, ‚Ghegrotet sistu, hogeste'.

283 Vollständig ausgewertet, vgl. hierzu die untenstehende Übersicht.

284 Eine vollständige Reproduktion von Lübeck, SB, Ms. theol. germ. 8° 74 lag nicht vor, neben dem Hymnus zur Komplet ist das folgende Capitulum belegt, ‚Vele dochter zammelden de rykedaghe' (Pr. 31,29), und dann der Vers zu Komplet, ‚Hore, dochter, unde see', ganz wie im Hamburger Cod. conv. 2 und in den Marientiden, die 1499 zu Lübeck gedruckt wurden.

- Wolfenbüttel, HAB, Cod. Guelf. 84.2.1 Aug. 12° (sogenanntes ‚Stundenbuch Herzog Augusts des Jüngeren', Flandern um 1520), fol. 86r–86v (n° 9753, Incipit ‚De porte Cristi waert dore gan')

Die übrigen Wolfenbütteler Handschriften bieten merklich davon abweichende Übertragungen, am nächsten kommen dem hier vorliegenden Text noch Wolfenbüttel, HAB, Cod. Guelf. 1152 Helmstedt (aus dem Kloster Marienberg), fol. 237r (Incipit ‚De porte Cristi wart geopenet, unde vorvullet myt der gnade', einziger Vertreter der ‚Gruppe 7' im ‚Repertorium der mittelalterlichen deutschen Übertragungen lateinischer Hymnen und Sequenzen', dort unter n° 9793 für die Gruppe bzw. n° 9757 für den Textzeugen) und Wolfenbüttel, HAB, Cod. Guelf. 1137 Helmstedt (aus dem Kloster Steterburg), fol. 64r–64v (Incipit ‚De porte Cristi is upghedan unde is vorvullet myt der gnade', einziger Vertreter der ‚Gruppe 3' im Reptertorium, dort unter n° 9809 für die Gruppe bzw. n° 9733 für den Textzeugen).

Die deutsche Übersetzung des Hymnus zur Matutin (‚Quem terra, pontus, aetera') hingegen konnte in diesem ‚Repertorium' nicht nachgewiesen werden, und auch nicht der ‚zusammengesetzte' Hymnus zu den kleinen Horen, aus ‚Rex Christe' und ‚Memento, salutis auctor', weder ganz, noch in seinen beiden Bestandteilen.

In der untenstehenden Übersicht über den Inhalt einiger niederdeutscher Marientiden-Handschriften sind (genau wie unten, im Abschnitt 4.3.d über die lateinischen Redaktionen) nicht alle Elemente des liturgischen Programmes, sondern nur einige repräsentative Stücke dargestellt, die den jeweiligen Grad der Übereinstimmung erkennen lassen. Hellgrau hinterlegt sind, wie in allen Tabellen, diejenigen Texte, die von der Referenzfassung in der linken Spalte, nämlich der Hamburger Handschrift Cod. conv. 2, inhaltlich abweichen.

	HAMBURG Cod. conv. 2	**Druck LÜBECK '99**	WOLFEN-BÜTTEL 84.2.1 Aug. 12°	WOLFEN-BÜTTEL Helmstedt 1137	DARM-STADT ULB Hs. 70
Matutin					
Invitatorium	In de ere	In de ere	In der ere	Der hilghen yuncfruwen[285]	In die ere
Hymnus	Dat lif der juncfrouwen	–	–	–	–
Antiphon Ps. 8	Du bist bene-diet	Du bist bene-dyet	Hilge gebere-rynne, du bist gehoget	Du byst bene-diet	Benedijt bistu
Lectio 1	Juncfrouwe aller juncfrou-wen	Hyllighe yunkvrouwe aller yunk-frouwen	Hillige iunc-frouwe Maria	In allen myn-schen hebbe ik rauwe socht[286]	Heilige Maria, ionffrawe aller ionffrauwen
Resp. 1	Hillige unbevleckede juncfrouwe	Hyllige unde unbevlekkede magedom	Hilge unde unbevleckede iuncfrouwe	O, hylghe unbevleckede yuncfruweli-cheyt	Heilge und unbevleckde ionffrauwe
Laudes					
Antiphon Ps.	O, welk en wunderlike sammelinge	O, welk ene wunderlike vorwande-lynghe	O, welk eyne wunderlike sammelynge	–	O, wunderlin-ge meinunge

285 Die ersten Blätter der Handschrift Wolfenbüttel, HAB, Cod. Guelf. 1137 Helmstedt (aus dem Kloster Steterburg) sind etwas in Unordnung geraten – das ursprüngliche erste Blatt mit der Eröffnung der Matutin und dem Anfang von Ps. 94 fehlt. Der Text beginnt auf fol. 1r mit Ps. 94,3, das zweite Blatt ist falsch eingeordnet, es beginnt fol. 2r oben mit der zweiten Lesung der Matutin und endet fol. 2v mit der Überschrift zur dritten Lesung, und dann geht es auf fol. 3r mit Ps. 94,9 weiter, wo der Text auf fol. 1v aufgehört hatte. Das als fol. 2 falsch einsortierte Blatt fehlt nach fol. 10v, und danach muss noch ein weiteres Blatt gänzlich verloren gegangen sein, das den Text der dritten Lesung und das darauffolgende Responsorium enthalten hat, denn auf fol. 11r geht es mit dem ‚Te Deum' weiter.

286 Sir. 24,11, die zweite Lesung ist dann ‚Unde also war ek in Syon ghevestet' (Sir. 24.15), und die dritte fehlt – die Handschrift Wolfenbüttel, HAB, Cod. Guelf. 1137 Helmstedt (aus dem Kloster Steterburg) stellt unter den niederdeutschen Brevieren insofern eine Ausnahme dar, als dass zu den Marientiden hier nicht die alten Lesungen der Fassung von Fonte Avellana, sondern die biblischen Lesungen des römischen Brevieres wiedergegeben sind. Die Psalmen des Marienoffiziums sind aber die ‚deutschen', nicht die ‚römischen', die Prim beginnt mit Ps. 119.

	HAMBURG Cod. conv. 2	**Druck LÜBECK '99**	WOLFEN-BÜTTEL 84.2.1 Aug. 12°	WOLFEN-BÜTTEL Helmstedt 1137	DARM-STADT ULB Hs. 70
Capitulum	[Textverlust]	Ik hebbe rowe socht in allen dinghen	Myne leve, sprek my to	Ik hebbe rauwe socht in allen dyngen[287]	Se is schoner dan die sonne[288]
Hymnus	[Textverlust]	O, du ersame vrouwe	O, du gloriose vrouwe	O, du ersame yuncfrouwe	O, erwerdige vrouwe
Antiphon Ben.	[Textverlust]	Du bist salich	Du bist salich	Ghegrotet sistu, konnigynne der hymmele	Irwerdige ionffrauwe
Collecta	[Textverlust]	God, de du woldest	God, de du woldest	God, du woldest van sunte Marien	Wir bidden dich, here unse got, verlene
Prim					
Hymnus	O Criste, alderbarmehertigeste konink + Denke, meister	Criste, barmehertyge konink + Gedenke, meister	Criste, allerbarmhertigeste konynck + Dencke, meister	Criste, du alweldighe konnynck + Denke, mester	Du Criste, alre–barmhertzichste coninck + Gedencke, meister
Antiphon Ps.	Do Cristus geboren wart	Do Christus gheboren wart	Do Christus geboren wart	De yuncfrouwe [Maria] is upghenomen	Do du geboren wurdes
Capitulum	–	Ick wart vruchtbar	Ik wart vruchtbaer	Van anbeghinne unde vor der werlde[289]	Van anbeginne und vur der werelt
Responsorium	Criste, du levendige godes sone	Criste, des levendyghen ghades sone	Criste, des levendigen godes sone	Criste, des levendighen goddes sone[290]	Criste, des levendighen gotz soene

287 In Wolfenbüttel, HAB, Cod. Guelf. 1137 Helmstedt (aus dem Kloster Steterburg) folgt auf den letzten Psalm der Laudes (ohne Antiphon) direkt der Hymnus, dann ein Vers, ‚Here, dochter, unde se', dann eine Antiphon, ‚Maria is upghenomen en den hymmel', danach das Capitulum, dann wiederum der Vers ‚Here, dochter unde se', dann das Benedictus mit Antiphon, dann eine erste Collecta, ‚Reke, here, ut dyne vorderen hant', dann als zweite Collecta ‚God, du woldest'. Dadurch, dass das Capitulum zu den Laudes hier (der norddeutschen Tradition folgend) auch wieder aus Sir. 24 ist ergibt sich eine Doppelung zu der ‚römischen' Matutin, zu welcher derselbe Text schon als erste Lesung Verwendung gefunden hatte.

288 In Darmstadt, ULB, Hs. 70 folgt der Hymnus direkt auf die letzte Psalmantiphon der Laudes, das Capitulum steht erst danach.

289 Das Capitulum zur Prim (Sir. 24,14, wie in der Handschrift Darmstadt, ULB, 70) ist irrtümlich überschrieben mit ‚Den Salme'.

290 Das Responsorium zur Prim ist irrtümlich überschrieben mit ‚Den ympnus'.

	HAMBURG Cod. conv. 2	**Druck LÜBECK '99**	WOLFEN-BÜTTEL 84.2.1 Aug. 12°	WOLFEN-BÜTTEL Helmstedt 1137	DARM-STADT ULB Hs. 70
Collecta	Alderbarm-hertichste got, vorlene	Allerbarmher-tygheste god, vorlene	Barmhertige got, vorlyhe	Here, Jesu Cris-te, den reynen kuschen licham	Verlene, barmherzi-cher got
Terz					
Antiphon Ps.	De busch, den Moises sach	Den busch, den Moyses sach	Den busch, den Moyses sach	We lopen in deme roke dyner salve	Den vurigen busch, den Moises sach
Capitulum	Also bin ik gevesteget	Also byn ik gevestet	Alzo byn ich gestediget	Ek byn eyn blo-me des veldes	Unde also byn ich gevestiget
Responso-rium	Denke diner schone	Denke dyner klarheyt	Dencke dyner schone	Gnade is ghe-ghoten in dyne lippen	Schone bistu geworden
Collecta	Here, unse got, vorlene uns	Here, unse god, vorlene uns	Here, unse got, vorlene uns	Almechtighe, ewyghe god, dat lon	Wyr bidden dich, here, beschirme
Sext					
Antiphon Ps.	Du bist scone unde tzyret	De rode van Yesse heft ghebloyet	De rode van Yesse heft gebloyt	Du byst eyen benediet dochter van deme heren	Die wurtzel van Iesse hait vrucht ge-bracht
Capitulum	Ik bin ene moder der schonen leve	Ick bewor-telde in deme eerlyken volcke	Ik bewortelde yn deme erli-ken volke	Ik byn eyn mo-der der schonen leve	Und ich gewortzelt in deme erwer-digen volke
Responso-rium	De gnade is geghoten	De gnade is geghoten	De gnade is gegaten	In der schone dyn	Werdige mich zo loven dich
Collecta	Alleweldige, ewyghe got, bescherme	Barmhertighe got, vorlene unser krank-heyt	Barmhertige got, vorlene unse kran-ckheit	Here, barmher-tighe god, ghyff	Here got, rei-che uns dine rechte hant
Non					
Antiphon Ps.	De rodeher Jesu heft ghebloiet	See, Maria ghebor uns den heilant	Sich, Maria gebar uns den heilant	Dochter van Jerusalem, du byst suverlik	Siet, Maria hait uns ge-wonnen den gesuntmecher
Capitulum	Ick bewor-telde in dem erliken slechte	Gha my na, wy wollen lopen	Ghee my na dy, wy wollen lopen	Komet here to my, aller de my-ner begheret	Also eyn cederbom byn ich erhoget

	HAMBURG Cod. conv. 2	**Druck LÜBECK '99**	WOLFEN-BÜTTEL 84.2.1 Aug. 12°	WOLFEN-BÜTTEL Helmstedt 1137	DARM-STADT ULB Hs. 70
Responsorium	Na dyner borthe blevest du	God wyl er helpen myt sineme antlate	–	God wyl [e] re helpen myt syneme antlate	Nae der geburt bleves du eyn unbevlecde
Collecta	Here, dor der erliken juncfrouwen bede	Here, de erlyke bede Marien der iunkfrouwen	Here, de erliken bede sunte Marien, der yuncfrouwen	Jesu Criste, unse god unde here, dorch dyne barmherticheyt[291]	Dyner dener, here bidden wir, der sunden vergif
Vesper					
Antiphon Ps.	Se, vrundinne, du bist scone	See, vrundynne myn, du bist schone	Sich, frundinne, du bist schone	De du byst schone, myn vrundynne	Also die lilie under den dornen
Capitulum	Ik gaff den roke also ene cinamomum	Ik ghaff enen roeke also kannel	Ik gaff den roke also cynamomum	Also de cynamome unde de balsame	Also kaneil und balsem
Responsorium	Boven heil unde alle scone	Baven heyl unde alle schone	Aller leveste iuncvrouwe	Ghegrotet systu, eddele stam van Yesse	Cristi alrelebeste ionffrauwe
Hymnus	Ghegrotet sistu des meres sterne	Ghegrotet systu, ene sterne des meres	Gegrutet sistu, sterne des meres	Ghegrotet systu, leydesterne des meres	Got gruesse dich, sterre des mers
Ant. Mag.	Hillige Maria, kum uns to hulpe	Hylghe Maria, kum to hulpe	–	Ghegrotet systu, konnyngynne der barmherticheyt[292]	Gegruet sistu, koninckynne der hemele
Collecta	Alleweldige, ewighe god, de du lif unde sele	Alweldighe ewighe god, de du lyf unde sele	Alweldige, ewige got, de du lyff unde sele	O, here god, almechtighe, ghyf uns na dyneme willen	Dyne barmherzicheit, here Jesu Criste

291 Hier schließt sich in der Hs. Wolfenbüttel, HAB, Cod. Guelf. 1137 Helmst. (aus dem Kloster Steterburg) eine zweite Collecta zur hl. Anna an, ‚O, here god, de der hylghen vruwen sunte Annen'.

292 Als Antiphon zum Magnificat dient in der Handschrift Wolfenbüttel, HAB, Cod. Guelf. 1137 Helmstedt (aus dem Kloster Steterburg) die deutsche Übersetzung des ‚Salve regina'.

	HAMBURG Cod. conv. 2	**Druck LÜBECK '99**	WOLFEN-BÜTTEL 84.2.1 Aug. 12°	WOLFEN-BÜTTEL Helmstedt 1137	DARM-STADT ULB Hs. 70
Komplet					
Antiphon	Wy willen hochliken began de dechtenisse	–	Wy began myt vrolicheit de gedachtnysse	Myt vrauden schalle gy be-gan de hochtit	–
Hymnus	De porte Christi wart dor gegan	De porte Cris-ti is dorghe-gaen	De porte Cristi waert dore gan	De porte Cristi is upghedan	Sonderlinge ionffrauwe, under allen sanftmodich
Capitulum	Vele dochter sammelden	Vele dochter samelden	Vele dochtere samelden	Vele dochter hebbet ghesam-met	Comet zo mir, alle die da minre begert
Vers	Hore, dochter, unde se	Hore, dochter, unde see	Hore, dochter, unde see	Maria, help uns ute aller note	Got hait sie uissercoren
Ant. Nunc dim.	–	Wy eren di, ghades moder	Wy glorifice-ren dy, godes moder	O, Maria, hoch vorluchtede schyn	Wir eren dich, moder godes
Collecta	Here, de du gevest	Here, de du ghevest	Here got, de du gevest	Barmhertighe god, vorleyne unser krank-heyt	Verlene, barmhertzige got, hulfe

Auffällig ist der sehr hohe Grad der Übereinstimmung zwischen der Handschrift Wolfenbüttel 84.2.1 Aug. 12° (dem sogenannten ‚Stundenbuch Herzog Augusts des Jüngeren', um 1520) und den Marientiden, die 1499 zu Lübeck gedruckt wurden, auch in Sext und Non, wo die Lübecker Redaktion von der Hamburger Handschrift Cod. conv. 2 abweicht.

Von den verschiedenen Lübecker Handschriften, die über das ‚Repertorium der mittelalterlichen deutschen Übertragungen lateinischer Hymnen und Sequenzen'[293] erschlossen wurden, konnten leider mit vertretbarem Aufwande keine vollständigen Reproduktionen beschafft werden. Eine ‚Detailaufnahme' der Vesper (nämlich der Stücke, die in den vorliegenden Teil-Reproduktionen mit dem Vesperhymnus dargestellt sind) lässt aber erkennen, dass es zu Lübeck offenbar zwei Traditionen gab, die voneinander ziemlich verschieden sind, deren Vertreter untereinander aber jeweils einen hohen Grad der Übereinstimmung aufweisen. Die Lübecker Drucke von 1473 und 1499 und *sensu lato* auch die Hamburger Handschrift Cod. conv. 2 repräsentie-

293 Anm. 274.

ren dabei die eine Tradition, die drei wenigstens teilweise greifbaren niederdeutschen Handschriften an der Lübecker Stadtbibliothek[294] die andere.

	HAMBURG Cod. conv. 2	**Druck LÜBECK '73**	**Druck LÜBECK '99**	LÜBECK, SB Theol. germ. 4° 21	LÜBECK, SB Theol. germ. 8° 65	LÜBECK, SB Theol. germ. 8° 82
Vesper						
Capitulum	Ik gaff den roke also ene cinamomum (Sir. 24,20)	Ik gaff de roke alse cynamome (Sir. 24,20)[295]	Ik ghaff enen roeke also kannel (Sir. 24,20)	Saet, ene iuncvrouwe schal untfanghen (Is. 7,14)	Saet, ene iuncvrouwe schal untfanghen (Is. 7,14)	[...] (Is. 7,14)
Responsorium	Boven heil unde alle scone (Sap. 7,10)	–	Baven heyl unde alle schone (Sap. 7,10)	Allerleveste iuncvrouwe Cristi, der dogede werkerynne	Alderleveste moder Crist[i], der dogede werkerinne	–
Hymnus	Ghegrotet sistu, des meres sterne	-	Ghegrotet systu, ene sterne des meres	Ghegrotet, sistu meres sterne	Grotet sistu, des meres sterne	Gegrutet systu, sterne des meres
Vers	–	–	Denke diner schone unde diner tzirheyt (Ps. 44,5)	Gy hemmele, douvet van boven (Is. 45,8)	Gy hemmele, douwet van bavene (Is. 45,8)	Gy hemmele, douwet van en bavene (Is. 45,8)
Ant. Mag.	Hillige Maria, kum uns to hulpe[296]	Hilge Maria, kum to hulpe den armen	Hylghe Maria, kum to hulpe	[nicht dargestellt]	Dat konynglike sceptrum schal nicht genomen werden (Gn. 49,10)[297]	[nicht dargestellt]

294 Teil-Reproduktionen der SB Lübeck im ‚Repertorium der mittelalterlichen deutschen Übertragungen lateinischer Hymnen und Sequenzen' (Anm. 274) unter n° 9269, 9274, 9274.

295 Im Lübecker Druck von 1473 gibt es zur Vesper kein Responsorium breve, keinen Hymnus und keinen Vers.

296 Übersetzung von ‚Sancta Maria, succurre miseris', s. o. im Abschnitt 3.

297 Übersetzung von ‚Non auferetur sceptrum de Juda' (Cantus ID 003902 bzw. 007224).

4.3 Die lateinische Vorlage

Abschließend stellt sich die Frage nach der Identifikation, oder wenigstens der Eingrenzung der lateinischen Vorlage. Anders, als vielleicht zu erwarten gewesen wäre, ist keine besondere Ähnlichkeit der Hamburger Marientiden mit dem ‚Officium parvum beatae Mariae virginis' des Bursfelder Brevieres zu erkennen, das in den reformierten Frauenklöstern des Fürstentumes Lüneburg in Gebrauch war. Wie schon die Psalmenreihe erkennen lässt, entspricht die lateinische Vorlage der Hamburger Fassung vielmehr dem Usus, der in den diözesanen Brevieren der Zeit zu finden war. Durch einen Vergleich lässt sich die Lokalisierung dieser Vorlage weiter präzisieren.

4.3.a Das Hamburger Brevier von 1508, der Hamburger ‚Cursus' von 1522 und das Bremer Brevier

Aus dem unmittelbaren Umfeld der Hamburger Kirche, dem Erzbistum Bremen,[298] wurden zwei lateinische Vollbreviere, ein handschriftliches und ein gedrucktes, sowie ein separater ‚Cursus de Domina' zum Vergleich herangezogen:[299]

- Hamburg 1508 – Hore beate Marie virginis, in: Breviarium Hamburgense, Rostock (Barckhusen) 1508 (VD16 ZV 16642; Exemplar Berlin, StaBi, 1 A 41121), fol. LXIVr–LXVIr
- Hamburg 1522 – Cursus de Domina secundum Ecclesiam Hamburgensem, Rostock (Dietz) 1522 (VD16 B 8151; Exemplar München, BSB, Res. lit. 1460 t)
- Bremen (Handschrift 1516) – Hore gloriosissime virginis Marie secundum communem consuetudinem legendi a festo Trinitatis usque ad adventum Domini', in: Breviarium ad usum diocesis Bremensis (1516), Handschrift, Kopenhagen, KB, NKS 39 8°[300]

298 Hamburg gehörte zwar zum Erzbistum Bremen, verfügte aber aus historischen Gründen über eine Konkathedrale mit einem eigenen Domkapitel – sie war ein Souvenir des kurzlebigen Missionsbistums Hamburg, das unter Ludwig dem Frommen (angeblich 834) errichtet, aber nach der Plünderung des Bischofssitzes durch die Wikinger schon im Jahre 848 mit Bremen vereint wurde. Einziger Bischof von Hamburg und nachmaliger Erzbischof von Bremen war der hl. Ansgar.

299 Hamburg 1508 und Hamburg 1522 wurden anhand von Digitalisaten der jeweiligen besitzenden Bibliotheken ausgewertet. Zur Auswertung von Bremen wurde die Datenbank ‚Hours of the Virgin' des ‚CHD Center for Håndskriftstudier i Danmark' von Erik Drigsdahl (Anm. 17) benutzt.

300 Ein gedrucktes ‚Breviarium Bremense' (Strasburg 1511, VD16 B 8128) konnte leider nicht berücksichtigt werden. Ein handschriftliches Breviarium Bremense (Wolfenbüttel, HAB, Cod. Guelf. 611 Helmstedt) aus dem 13. Jh. enthält ausweislich der Handschriftenbeschreibung von Bertram Lesser fol. 184v–193r den ‚Cursus de beata Maria virgine' mit folgenden Elementen: „Der hier gebotene Cursus BMV enthält neben den Psalmen, Antiphonen, Versikeln, Lektionen und Collectae folgende Hymnen: (185r–v) Hymnus ad nocturnum: AH 50 Nr. 72 Str. 1, 2, 4 und 5 mit Doxologie (Gloria tibi domine …); (187r) Hymnus ad laudes: Mone Nr. 420 Str. 1–35 mit Doxologie (Gloria tibi domine …); (187v) Hymnus ad primam: AH 51 Nr. 84 Str. 11 mit Doxologie (Gloria tibi domi-

Die untenstehende Tabelle enthält, wie schon die Übersicht über die deutschen Fassungen oben in Abschnitt 4.2.b, nicht die vollständige Übersicht über die jeweiligen Offizien, sondern nur eine Auswahl charakteristischer Stücke, die es gestatten, die Verwandtschaft der einzelnen Fassungen untereinander zu überprüfen. Hellgrau hinterlegt sind in den drei rechten Spalten diejenigen lateinischen Belege, die inhaltlich weder mit dem niederdeutschen Text aus Hamburg, noch mit demjenigen aus Lübeck übereinstimmen. Vielfach kommen allerdings die Elemente, die an einer bestimmten Stelle zu fehlen scheinen, in den verwandten Offizien stattdessen zu einer anderen Hore vor, es ist einfach nur die Position vertauscht. So findet sich zum Beispiel das Capitulum, das in den deutschen Marientiden zur Terz steht, in den beiden lateinischen Drucken aus Hamburg zur Sext, das Capitulum hingegen, das im Bremer Brevier zur Sext steht, steht im Hamburger Brevier von 1508 zur Vesper, etc.; ähnlich verhält es sich mit den Psalmantiphonen – die Antiphon, die es in den Hamburger Marientiden zur Non gibt, gibt es in den Lübecker Marientiden von 1499 aber auch in den drei lateinischen Offizien zur Sext.

Der Hamburger ‚Cursus' von 1522 bietet eine Reihe von alternativen Varianten, drei verschiedene Nokturnen zur Matutin, je nach Wochentag, eigene Collecten für jeden Freitag, wechselnde Antiphonen zum Benedictus, je nach Wochentag, und besondere Psalm–Antiphonen zu Laudes und Vesper, von denen es heißt *In quibusdam aliis ecclesiis dicuntur divisim antiphonae sequentes, quae tamen variant secundum consuetudinem uniuscuiusque ecclesiae*, und es gibt besondere Formulare für die Adventszeit und bestimmte Marienfeste. Diese Varianten können in der untenstehenden Tabelle naturgemäß nicht dargestellt werden.

ne …); (188r–v) Hymnus ad tertiam: AH 51 Nr. 50 Str. 3 mit Doxologie (Gloria tibi domine …); (189r) Hymnus ad sextam: AH 42 Nr. 127 Str. 6a mit Doxologie (Gloria tibi domine …); (189v) Hymnus ad nonam: AH 52 Nr. 55 Str. 4 mit Doxologie (Gloria tibi domine …); (190r–v) Hymnus ad vesperas: AH 51 Nr. 123; (192v) Hymnus ad completorium: AH 27 Nr. 82.II Str. 4–6 und 15. Abgesehen von der modifizierten Abfolge und den hier im Regelfall nur anzitierten Psalmen stimmt das Offizium weitgehend überein mit der 1522 gedruckten Fassung des Cursus BMV in: Cursus de domina secundum ecclesiam Hamburgensem (s. oben), XXXIIv–LVr. Der gesamte Text wurde mit Ausnahme der Deckfarbeninitiale ausradiert und ist z. T. nur noch mit Hilfsmitteln lesbar".

	HAMBURG (deutscher Text)	entspricht lateinisch	**LÜBECK '99** (deutscher Text)	entspricht lateinisch	Hamburg Brevier 1508	Hamburg Cursus 1522	Bremen Brevier-Hs. 1516
Matutin							
Invitatorium	In de ere	In honore	In de ere	In honore	In honore	In honore	In honore
Hymnus	Dat lif der juncfrouwen	Quem terra	–	–	–	–	–
Antiphon Ps. 8	Du bist benediet	Benedicta tu	Du bist benedyet	Benedicta tu	Benedicta tu	Benedicta tu	Benedicta tu
Lectio 1	Juncfrouwe aller juncfrouwen	Sancta Maria virgo	Hyllighe yunkvrouwe aller yunkfrouwen	Sancta Maria virgo	Sancta Maria virgo	Sancta Maria virgo	Sancta Maria virgo
Resp. 1	Hillige unbevleckede juncfrouwe	Sancta et immaculata	Hyllige unde unbevlekkede magedom	Sancta et immaculata	Sancta et immaculata	Sancta et immaculata	Sancta et immaculata
Laudes							
Antiphon Ps.	O, welk en wunderlike sammelinge	O admirabile	O, welk ene wunderlike vorwandelynghe	O admirabile	O admirabile	O admirabile	O admirabile
Capitulum	[Textverlust]	[Textverlust]	Ik hebbe rowe socht in allen dinghen	In omnibus requiem	Ab initio et ante secula	Ab initio et ante secula	Ego quasi vitis
Hymnus	[Textverlust]	[Textverlust]	O, du ersame vrouwe	O gloriosa		–	O gloriosa
Antiphon Ben.	[Textverlust]	[Textverlust]	Du bist salich	Beata es	Continet in gremio celum	[*variabel, u. a.*] Continet in coelo gremium	Quae est ista
Collecta	[Textverlust]	[Textverlust]	God, de du woldest	Deus, qui de beatae Mariae	Concede nos, famulos tuos	Concede nos, famulos tuos	Concede nos, famulos tuos

	HAMBURG (deutscher Text)	entspricht lateinisch	**LÜBECK '99** (deutscher Text)	entspricht lateinisch	Hamburg Brevier 1508	Hamburg Cursus 1522	Bremen Brevier-Hs. 1516
Prim							
Hymnus	O Criste, alderbarmehertigeste konink + Denke, meister	Rex Christe + Memento	Criste, barmehertyge konink + Gedenke, meister	Rex Christe + Memento	Ave maris stella	Rex Christe + Memento *oder* Ave maris stella	Rex Christe
Antiphon Ps.	Do Cristus geboren wart	Quando natus	Do Christus gheboren wart	Quando natus	Quando natus	Quando natus	Quando natus
Capitulum	–	–	Ick wart vruchtbar	Ego quasi vitis	Multae filiae	Multae filiae	Ego mater pulchrae
Responsorium	Criste, du levendige godes sone	Christe, fili Dei vivi	Criste, des levendyghen ghades sone	Christe, fili Dei vivi	Christe, fili Dei vivi	Christe, fili Dei vivi	Christe, fili Dei vivi
Collecta	Alderbarmhertichste got, vorlene	Concede, misericors	Allerbarmhertygheste god, vorlene	Concede, misericors	Concede, misericors	Famulorum tuorum	Concede, misericors
Terz							
Antiphon Ps.	De busch, den Moises sach	Rubum quem	Den busch, den Moyses sach	Rubum quem	Rubum quem	Rubum quem	Rubum quem
Capitulum	Also bin ik gevesteget	Et sic in Sion	Also byn ik gevestet	Et sic in Sion	Ab initio et ante saecula	Ab initio et ante saecula	In me omnis gratia
Responsorium	Denke diner schone	Specie tua	Denke dyner klarheyt	Specie tua	Specie tua	Specie tua	Specie tua
Collecta	Here, unse got, vorlene uns	Concede nos, famulos tuos	Here, unse god, vorlene uns	Concede nos, famulos tuos	Omnipotens sempiterne	Omnipotens sempiterne	Porrige nobis, Domine

	HAMBURG (deutscher Text)	entspricht lateinisch	**LÜBECK '99** (deutscher Text)	entspricht lateinisch	Hamburg Brevier 1508	Hamburg Cursus 1522	Bremen Brevier-Hs. 1516
Sext							
Antiphon Ps.	Du bist scone unde tzyret	Pulchra es, et decora	De rode van Yesse heft ghebloyet	Germinavit radix Jesse	Germinavit radix Jesse	Germinavit radix Jesse	Germinavit radix Jesse
Capitulum	Ik bin ene moder der schonen leve	Ego mater pulchrae	Ick bewortelde in deme eerlyken volcke	Et radicavi	Et sic in Sion	Et sic in Sion	Transite ad me, omnes
Responsorium	De gnade is geghoten	Diffusa est gratia	De gnade is geghoten	Diffusa est gratia	Diffusa est gratia	Diffusa est gratia	Diffusa est gratia
Collecta	Alleweldige, ewyghe got, bescherme	Omnipotens, sempiterne	Barmhertighe got, vorlene unser krankheyt	Concede, misericors	Protege nos, famulos	Protege nos, famulos	Assit nobis, quaesumus
Non							
Antiphon Ps.	De rodeher Jesu heft ghebloiet	Germinavit radix Jesse	See, Maria ghebor uns den heilant	Ecce, Maria genuit	Ecce, Maria genuit	Ecce, Maria genuit	Ecce, Maria genuit
Capitulum	Ick bewortelde in dem erliken slechte	Et radicavi	Gha my na, wy wollen lopen	Trahe me post te	Et radicavi	Et radicavi	Spiritus enim meus
Responsorium	Na dyner borthe blevest du	Post partum	God wyl er helpen myt sineme antlate	Adiuvabit eam	Adiuvabit eam	Adiuvabit eam	Adiuvabit eam
Collecta	Here, dor der erliken juncfrouwen bede	Adiuvet nos	Here, de erlyke bede Marien der iunkfrouwen	Adiuvet nos	Porrige nobis Domine	Porrige nobis Domine	Famulorum tuorum

	HAMBURG (deutscher Text)	entspricht lateinisch	**LÜBECK '99** (deutscher Text)	entspricht lateinisch	Hamburg Brevier 1508	Hamburg Cursus 1522	Bremen Brevier-Hs. 1516
Vesper							
Antiphon Ps.	Se, vrundinne, du bist scone	Ecce, tu pulchra es	See, vrundynne myn, du bist schone	Ecce, tu pulchra es	Sicut lilium *oder* Ista est speciosa	Ecce, tu pulchra es	Ecce, tu pulchra es
Capitulum	Ik gaff den roke also ene cinamomum	Sicut cinnamomum	Ik ghaff enen roeke also kannel	Sicut cinnamomum	Transite ad me omnes	Ab initio et ante secula	Sicut cinnamomum
Responsorium	Boven heil unde alle scone	Super salutem	Baven heyl unde alle schone	Super salutem	Specie tua	Specie tua	Felix namque
Hymnus	Ghegrotet sistu des meres sterne	Ave maris stella	Ghegrotet systu, ene sterne des meres	Ave maris stella	Ave maris stella	Ave maris stella	Ave maris stella
Ant. Mag.	Hillige Maria, kum uns to hulpe	Sancta Maria, succurre	Hylghe Maria, kum to hulpe	Sancta Maria, succurre	O florens rosa *oder* Virgo Maria Deum	Salve regina	[*variabel*]
Collecta	Alleweldige, ewighe god, de du lif unde sele	Omnipotens sempiterne	Alweldighe ewighe god, de du lyf unde sele	Omnipotens sempiterne	Concede nos, famulos tuos	Concede nos, famulos tuos	Concede nos, famulos tuos

	HAMBURG (deutscher Text)	entspricht lateinisch	**LÜBECK '99** (deutscher Text)	entspricht lateinisch	Hamburg Brevier 1508	Hamburg Cursus 1522	Bremen Brevier-Hs. 1516
Komplet							
Antiphon	Wy willen hochliken began de dechtenisse	Beatissimae virginis	–	–	Alleluia	–	Cum iocunditate
Hymnus	De porte Christi wart dor gegan	Fit porta	De porte Cristi is dorghegaen	Fit porta	Fit porta	Fit porta	Fit porta
Capitulum	Vele dochter sammelden	Multae filiae	Vele dochter samelden	Multae filiae	Multae filiae	Transite ad me, omnes	Multae filiae
Vers	Hore, dochter, unde se	Audi, filia	Hore, dochter, unde see	Audi, filia	Audi, filia	Audi, filia	Audi, filia
Ant. Nunc dim.	–	–	Wy eren di, ghades moder	Glorificamus te	Ista est specie	Glorificamus te	Glorificamus te
Collecta	Here, de du gevest	Deus, qui salutis	Here, de du ghevest	Deus, qui salutis	Famulorum tuorum	Concede, misericors	Concede, misericors

Die drei Fassungen haben gemeinsam, dass in ihnen die oben beschriebene ‚deutsche Psalmenverteilung' (Ps. 119–121 zur Prim) vorliegt, und das Invitatorium zum Ps. 94 am Anfang der Matutin ist immer ‚In honore'. Überhaupt ist die Matutin überall fast gleich, die meisten Unterschiede gibt es in den kleinen Horen, sie sind daher die aussagefähigsten Kriterien zur Beurteilung der Verwandtschaft der verschiedenen Fassungen.

Erwartungsgemäß sind die inhaltlichen Übereinstimmungen der deutschen Marientiden aus Hamburg und Lübeck mit dem Hamburger Brevier von 1508 und dem Hamburger ‚Cursus' von 1522 sehr groß, kaum geringer sind ihre Gemeinsamkeiten mit dem Bremer Brevier, auch das ist kein Wunder. Von dem Schema der deutschen Marientiden weicht gerade das Hamburger Brevier von 1508 allerdings insofern ab, als dass hier der Hymnus ‚Ave maris stella' strophenweise auf die kleinen Horen verteilt wird,[301] es gibt hier also weder ‚Rex Christe' noch ‚Memento, salutis auctor'. Im Hamburger ‚Cursus' von 1522 gibt es zu den kleinen Horen wahlweise den oben beschriebenen Komposit-Hymnus aus ‚Rex Christe' und ‚Memento' (wie in den deutschen Marientiden), oder, alternativ dazu, die verschiedenen Strophen von ‚Ave maris stella' (wie im Hamburger Brevier von 1508), offensichtlich waren in Hamburg beide Varianten gebräuchlich.

4.3.b Das lübische Brevier von 1478
(Göttingen, SUB, 2 H E RIT I, 7410 Inc.)

In der Stadtbibliothek zu Lübeck existieren zwei handschriftliche Exemplare des ‚Breviarium Lubicense', beide aus dem Lübecker Dom, zudem ein Teil-Brevier aus einer Pfarrkirche der Stadt[302] und fünf Psalter-Handschriften, jeweils mit Ordinarium, Antiphonen, Hymnarius und den üblichen Zusätzen, darunter namentlich auch das Toten-

301 Prim: Ave / Sumens / Sit laus; Terz: Solve / Monstra / Sit laus; Sext: Virgo / Sit laus; Non: Vita presta / Sit laus.

302 Breviere: Lübeck, SB, Ms. theol. lat. 2° 41 (Voll-Brevier, 15. Jh. mit Totenoffizium, Suffragia und Preces, aus dem Dom zu Lübeck); Ms. theol. lat. 2° 45 (Temporale, Sanctorale, Commune, um 1460, aus der Bibliothek des Domstiftes zu Lübeck); Ms. theol. lat. 4° 141 (enthält nur die Capitula und Collectae der einzelnen Horen sowie allfällige Orationes super populum, gefolgt vom Hymnarius für das ganze Kirchenjahr, 15. Jh., aus einer Kirchenbibliothek der Lübecker Stadtbibliothek übergeben).

offizium[303] – doch das ‚Officium parvum beatae Mariae virginis' ist in keiner dieser Handschriften enthalten.[304]

In dem ‚Breviarium Lubicense' hingegen, das 1478 von Lukas Brandis zu Lübeck gedruckt wurde (Exemplar Göttingen, SUB, 2 H E RIT I, 7410 Inc.), finden sich gleich zwei Votivoffizien von der Gottesmutter. Das erste davon ist das Votivoffizium ‚De compassione beatae Mariae virginis', das Ende des 15. Jahrhunderts sehr in Mode war,[305] handschriftlich inseriert auf fol. 251r–256r, doch ist das nicht die gesuchte An-

303 Psalter: Lübeck, SB, Ms. theol. lat. 2° 4 (von 1357 oder 1362, aus der Dombibliothek zu Lübeck); Ms. theol. lat. 2° 6 (von 1397, mit einem Offizium des hl. Blasius); Ms. theol. lat. 2° 25 (15. Jh.); Ms. theol. lat. 2° 26 (15. Jh.); Ms. theol. lat. 2° 27 (von 1465). Die Psalter sind einander sehr ähnlich, das Ms. theol. lat. 2° 4 enthält zum Beispiel die Preces maiores und minores (fol. 1r–1v), die Töne für Psalmen und Cantica (fol. 1v–2r), eine Nachricht über Schreiber und Besitzer der Handschrift (fol. 2v), das ‚Regina celi laetare' (fol. 2v), ein Kalendarium (fol. 3r–8v), noch einmal die Preces (fol. 9r–9v), dann den eigentlichen Psalter mit Antiphonen und dem Ordinarium der einzelnen Horen in der üblichen Reihenfolge, die Prim (fol. 112v–118r), folgt auf die Sonntagsvesper, sie enthält das Athanasianum (fol. 114v–116r), gefolgt vom restlichen Ordinarium der Prim mit dem Kapitelsoffizium (fol. 116r–118r), am Schluss des Psalters das Canticum Danielis (fol. 141r–142v), die neutestamentlichen Cantica ‚Benedictus', ‚Magnificat' und ‚Nunc dimittis' (fol. 142v–143v), das ‚Te Deum' (fol. 143v–144r), sodann die Allerheiligenlitanei und das Totenoffizium (fol. 144v–155v), und den Hymnarius für das Kirchenjahr und die Heiligen (fol. 155v–170v).

304 Ferner gilt es noch Lübeck, SB, Ms. theol. lat. 8° 176 (2. Hälfte 15. Jh.) zu erwähnen, diese Handschrift enthält tatsächlich das ‚Officium parvum BMV', doch sie ist vom Niederrhein an die Trave gelangt und enthält nicht etwa die deutsche, sondern vielmehr die römische Redaktion, wie auf fol. 19v gesagt wird: *Hore intemerate virginis Marie secundum usum Romane curie* … Das Invitatorium zur Matutin ist entsprechend: ‚Ave Maria, gratia plena'.

305 Das Votivoffizium ‚De compassione beatae Mariae virginis' findet sich zum Beispiel auch im gedruckten Brevier von Lund, dem von Christiern Petersen herausgegebenen ‚Breviarium Lundense', gedruckt 1517 von Philippi zu Paris (Exemplar Kopenhagen, KB, R 665 8°, fol. 404v–408v), in dem dafür umgekehrt das herkömmliche ‚Officium parvum beatae Mariae virginis' nicht enthalten ist, ebenso im Brevier von Halberstadt (Breviarium Halberstadensis, Straßburg (Prüss) 1510, VD16 B 8147, Exemplar Halle, ULB, Yb 2434 h, dort am Freitag nach Fronleichnam, pars aestiva, temporale, fol. XXXVIIv–XLv), und es scheint auch in Lübeck gewisse Verbreitung genossen zu haben – davon zeugen eine ganze Reihe von Drucken: Officium de festo compassionis et praesentationis beatae virginis Mariae, mit (vorgebunden) Albertus de Krummendik (1466–1489 Bischof von Lübeck): Copia indulgentiarum de institutione festorum compassionis et praesentationis beatissime virginis Mariae concessarum, Lübeck (Matthäus Brandis), nach 26. April 1479 (Gesamtkatalog der Wiegendrucke, n° M27625, Exemplar Wolfenbüttel, HAB, A 163.7 theol. (2); ähnlich Leipzig, UB, Prakt. theol. 222); ein lateinisches Gebetbuch, das Matthäus Brandis im Jahre 1485 zu Lübeck herausgab (Gesamtkatalog der Wiegendrucke, n° 12960, Exemplare u. a. Köln, USB, AD–BL 101); ein lateinisches Gebetbuch, das 1488 zu Lübeck gedruckt wurde, dort unter dem Titel ‚Hore de compassione beatissime virginis Marie, quas papa Johannes XX edidit, et legentibus easdem multas perpetuas indulgentias contulit et concessit' (Exemplar Berlin, SBB, Inc. 1480 8°); ein Druck mit dem Titel ‚Historia nova de compassione BMV' von Steffen Arndes, Lübeck, 28. März 1495. Eine deutsche Übersetzung gibt es zum Beispiel im Lübecker Psalter von 1473 (siehe oben, Abschnitt 4.2.c). Der Ursprung des ‚Officium de compassione' wurde zuweilen dem hl. Bonaventura († 1274) zugeschrieben, sicherlich im Hinblick auf die Elemente seines ‚Officium de passione Domini', die tatsächlich das Mitleiden Mariens zum Gegenstand haben (Opera omnia. Hrsg. v. Adolphe Charles Peltier, Bd. 14 [Paris 1868], S. 152–161). Die hl. Gertrud von Helfta († 1302) widmet der Andacht in ihrem ‚Legatus divinae pietatis' das Kapitel ‚De septem horis beatae virginis' – der Herr

dacht. Bei dem zweiten Formular hingegen, das auf fol. 295r–295v eher knapp dargestellt ist, handelt es sich um das gesuchte, herkömmliche Marienoffizium. Es steht im zweiten Teil des Bandes, dem Diurnale,[306] hinter dem Temporale und vor dem Psalter, ein wenig versteckt unter den Gebeten vor und nach dem hl. Offizium, die dem eigentlichen Psalter vorausgeschickt sind, und der Herausgeber hat es nicht unterlassen, deutlich zu machen, dass es sich bei der Rezitation dieses Votivoffiziums nicht um eine Pflichtübung, sondern bloß um eine ‚empfohlene' Andacht handeln sollte: *Ordo igitur hic per modum concilii et non precepti raptim signatur*. *Raptim* sind seine Aufzeichnungen dann tatsächlich sehr, insofern sein Ordo nur einige ‚Regieanweisungen' und Angaben zu einigen wenigen Texten umfasst – der Rest soll, je nach Jahreszeit, aus den Texten des kanonischen Offiziums bestimmter Feste geschöpft werden.

Näherhin umfasst das Votivoffizium fünf verschiedene Redaktionen, die erste, diejenige für die Adventszeit, setzt sich im Wesentlichen aus Elementen des kanonischen Offiziums am Fest Mariä Verkündigung (25. März) zusammen, die beweglichen Teile sind deshalb vorwiegend aus dem Buch Jesaja geschöpft, in der Weihnachtszeit werden

erscheint der hl. Gertrud und trägt ihr das Gedächtnis der sieben Schmerzen Mariens auf, lib. 3, cap. 46 (Gertrude d'Helfta, Œuvres spirituelles. Hrsg. v. Pierre Doyère, Bd. 3 [Sources chrétiennes 143]. Paris 1968, S. 206–213). Der eigentliche liturgische Text findet sich unter den Werken des hl. Bonaventura (wie oben, Bd. 14, S. 226–231), ist aber wohl aus dem 14. Jh. Häufiger wird Papst Johannes XX. († 1334) als Urheber genannt, der es mit Ablässen versehen hat – aus Avignon stammt besonders die Handschrift Paris, BnF latin 10527, die eine Fassung der Andacht aus der Mitte des 14. Jhs. enthält, die sieben Schmerzen Mariens, die es zu betrachten gilt, sind die Weissagung des Simeon, das Massaker der Unschuldigen Kinder, der zwölfjährige Jesus im Tempel, die Verhaftung Jesu, die Kreuzigung, die Kreuzabnahme und die Grablegung. Im ‚Speculum humanae salvationis' (um 1324) gibt es statt des Massakers der Unschuldigen Kinder die Flucht nach Ägypten, bei dem Hofrat des burgundischen Herzogs Philipps des Schönen, Jan van Coudenberghe († 1521) schließlich, der 1491 die Bruderschaft von den Sieben Schmerzen begründete und die Andacht in Flandern verbreitete, findet sich dann die definitive Liste: Weissagung des Simeon, Flucht nach Ägypten, Jesus im Tempel, Kreuztragung, Kreuzigung, Kreuzabnahme, Grablegung (Pérégrin-Marie Soulier, La confrérie de Notre-Dame des Sept Douleurs dans les Flandres 1491–1519, Brüssel 1912). Im 15. Jh. zirkulierten viele verschiedene Redaktionen der Andacht in Prosa oder Reimen. Nachdem zuerst die Kölner Serviten ein eigenes Fest zu Ehren der Sieben Schmerzen begangen hatten, führte die Kölner Provinzialsynode schon am 22. April 1423 das allgemeine Gedächtnis der Sieben Schmerzen am Freitag nach dem dritten Sonntag nach Ostern ein. Heute liegt das Fest im Servitenorden und einigen Ortskirchen auf dem Freitag vor dem Palmsonntag, sonst im September, an diesem Tag ist das Votivoffizium (natürlich in seiner Prosafassung, abgesehen von der Hymne, ‚Stabat mater dolorosa') das kanonische Offizium des Tages (Émile Bertaud, Notre-Dame des Sept Douleurs. In: Dictionnaire de la Spiritualité, Bd. 3 [1957], Sp. 1686–1701).

306 Der Aufbau des erhaltenen Exemplares ist ein wenig unübersichtlich: A. Nocturnale (ohne Proprium sanctorum): I. Temporale (Winter), fol. 13r–138r; II. Temporale (Sommer), fol. 139r–212r; III. Psalterium, fol. 213r–232v; IV. Commune sanctorum, fol. 233r–256r; B. Diurnale (ohne Proprium sanctorum): I./II. Temporale (Winter und Sommer), fol. 261r–294r; Zusätze zum Stundengebet, fol. 294r–296v; III. Psalterium mit Preces und Suffragia, fol. 297r–312r; IV. Hymnarius, fol. 312v–315r; V. Commune sanctorum, fol. 315v–324r; C. Sanctorale: I. Proprium sanctorum (Diurnale), fol. 325r–346r; II. Proprium sanctorum (Nocturnale), fol. 348r–489v (dieser letztere Teil hätte eigentlich nach fol. 256 angebunden werden müssen).

Texte des Weihnachtsfestes aufgegriffen, in der Vorfasten- und Fastenzeit schließlich, der Osterzeit und der ‚grünen' Zeit im Jahreskreis folgt das Votivoffizium dem Vorbild des kanonischen Offiziums am Fest Mariä Himmelfahrt (15. August). Dadurch ergibt sich für den Großteil des Kirchenjahres, von Lichtmess bis zum ersten Advent jeweils ausschließlich, ein Offizium, das, besonders im Hinblick auf die Psalmantiphonen und die Capitula, einen hohen Grad von Übereinstimmung mit dem römischen Brevier (und auch mit dem Mainzer Brevier von 1495) aufweist. Entsprechend ist seine Übereinstimmung sowohl mit den lateinischen Redaktionen des Hamburger Brevieres von 1508, des Hamburger ‚Cursus' von 1522 und des Bremer Brevieres, als auch mit dem deutschen Text der Hamburger bzw. Lübecker Marientiden merklich geringer.

Übrigens scheint der Redaktor des lübischen Brevieres die allgemeine Bekanntheit des Votivoffiziums – auch wenn es nicht *de praecepto* sein soll – vorauszusetzen, häufiger schreibt er *alia de se nota sunt, igitur et cetera; alia patent,* oder *alia sufficienter patent.*

1. Formular	**ADVENT**
	fol. 295r: Ordo igitur hic per modum concilii et non precepti raptim signatur, talis est: In Adventu Domini
Vesper	Ad vesperas[307] Antiphona super psalmos de beata Virgine: ‚Prophete predicaverunt nasci Salvatorem de virgine Maria'[308] Ymnus: ‚Ave maris stella' Cap.: ‚Egredietur virga'[309] etc. (require Annuntiationis Marie) V.: ‚Rorate celi'[310] Ad ‚Magnificat': ‚Ecce, concipies'[311] Collecta: ‚Deus, qui de beate Marie virgine'
Komplet	Completorium ut de Annuntiatione, Psalmi consueti, scilicet ‚Memento', etc., Cap.: ‚Butirum et mel'[312]

307 Erste Vesper.

308 Cantus ID 004392, erste Antiphon zu den Psalmen der Laudes am Mittwoch nach dem dritten oder vierten Advent bzw. am Quatembermittwoch im Advent. Die Psalmen sind Ps. 109 ‚Dixit Dominus' etc.

309 Is. 11,1. im römischen Brevier Capitulum zur Non am Fest Mariä Verkündigung, im lübischen Brevier (fol. 329v) Capitulum zur ersten Vesper.

310 Is. 45,8, wie der Introitus der Messe vom Mariensamstag im Advent. Im lübischen Brevier (fol. 329v) Vers zur ersten Vesper vom Fest Mariä Verkündigung.

311 Nach Is. 7,14, häufig als Responsorium zur Matutin am Fest Mariä Verkündigung (Cantus ID 006466a oder 006579), allerdings ist ‚Ecce, concipies' nicht der Text, den das lübische Brevier als Magnifikatantiphon zum Fest Mariä Verkündigung vorgesehen hat, dort gibt es vielmehr ‚Gaudendum nobis est' zur ersten Vesper (fol. 329v) und ‚Haec est dies, quam fecit' zur zweiten (fol. 330r).

312 Die Psalmen sind also die gewöhnlichen zur Komplet des Marienoffiziums nach dem deutschen Brauch, Ps. 131 ‚Memento, Domine David', und die beiden folgenden, s. o. im Abschnitt 2.2. Der Hymnus zur Komplet ist ‚Fit porta Christi', das Capitulum ist Is. 7,15, wie zum Fest Mariä Verkün-

Matutin	In matutinis Invitatorium: ‚Ave Maria'[313] Antiphone consuete, scilicet: ‚Ecce, tu pulchra, cum aliis duabus'[314] Versiculi ordinarie de Adventu Primum responsorium: ‚Missus est Gabriel' Secundum: ‚Ave Maria' Tertium: ‚Suscipe Verbum, virgo' (quod etiam dicitur in vesperas sextis feriis)[315] ‚Te Deum' non dicitur, nisi in festis duplicibus, scilicet sancti Andree, Nicolai, Thome, etc.[316]
Laudes	Ad laudes An.: ‚Angelus Domini nuntiavit Marie' etc. Capitulum ut de Annuntiatione[317] Ad ‚Benedictus': ‚Spiritus sanctus in te descendet, Maria'[318]

digung im lübischen Brevier (fol. 330r), dort findet sich weiter der Vers ‚Memento nostri, Domine in beneplacito', und als Antiphon zum ‚Nunc dimittis' ‚O flos florum', Collecta wie am Vorabend ‚Gratiam tuam, quesumus Domine, mentibus nostris infunde'.

313 Während die Psalmen zur Komplet erkennen lassen, dass das Marienoffizium des lübischen Brevieres dem ‚deutschen Brauch' folgt, scheint das Invitatorium zur Matutin hier dem römischen Usus zu entsprechen – die deutschen Redaktionen haben in der Regel ‚In honore' (s. o., Abschnitt 2.2). Doch darf man nicht außer Acht lassen, dass hier zunächst eine besondere Fassung des Marienoffiziums speziell für die Adventszeit dargestellt wird, dessen Elemente sich im Wesentlichen aus den Texten des Festes Mariä Verkündigung schöpfen – tatsächlich ist ‚Ave Maria' das Invitatorium, das das lübische Brevier für die Matutin am Fest Mariä Verkündigung (fol. 330r) vorgesehen hat.

314 Das Votivoffizium umfasst also drei Psalmen zur Matutin. Antiphonen aus Ct. 1,14 (in fast allen anderen Redaktionen zur Vesper) mit den folgenden.

315 Auch die drei Responsorien für das Marienoffizium in der Adventszeit (in Anlehnung an Lc. 1,29–39) beziehen sich weiter auf den Festgedanken von Mariä Verkündigung. Die Lesungen werden nicht angegeben.

316 Das ‚Te Deum' wird in der Fasten- und Adventszeit grundsätzlich nur im Festoffizium rezitiert, soweit dieses das Ferialoffizium zu verdrängen geeignet ist – für die Adventszeit trifft das nur auf die drei genannten *duplicia*, den hl. Andreas (30. November), den hl. Nikolaus (6. Dezember), und den hl. Thomas (21. Dezember) zu. Weil die vier Adventssonntage ihrerseits privilegiert sind (von den genannten Festen also nie verdrängt werden), erklingt das ‚Te Deum' im Advent mithin niemals sonntags.

317 Zum Fest Mariä Verkündigung bietet das lübische Brevier (auf fol. 330r) das Capitulum ‚Locutus est Dominus ad Achaz' (Is. 7,10–12). Darauf folgt der Vers ‚Vox clamantis in deserto', die Collecta ist wie zur Vesper ‚Deus, qui hodierna die'.

318 Die (wahrscheinlich einzige) Antiphon zu den Psalmen der Laudes und die Benediktusantiphon führen den Festgedanken von Mariä Verkündigung weiter, allerdings sind sie nicht diejenigen, die das lübische Brevier für das kanonische Offizium des Festes (am 25. März) bereithält – dort (fol. 330r) finden sich vielmehr folgende fünf Psalmantiphonen: 1. *Quando venit ergo sacri plenitudo temporis, missus est ab arce Patris natus orbis conditor in terris*; 2. *Verbum supernum a Patre ante tempora genitum hodie pro nobis factum caro exinanivit semetipsum*; 3. *Beatus auctor seculi servile corpus induit, ut carne carnem liberans ne perderet quos condidit*; 4. *Clausa parentis viscera celestis intrat gratia*; 5. *Domus pudici pectoris templum repente fit Dei intacta nesciens virum verbo concepit filium.* Die Benediktusantiphon zum Fest ist *Hec est dies, quam fecit Dominus, hodie Dominus afflictionem populi sui respexit et redemptionem misit, hodie mortem quam femina intulit femina fugavit, hodie Deus homo*

Prim	Ad primam Ymnus: ‚Rex Christe, clementissime'[319] An.: ‚Quomodo fiet istud'[320] Capitulum ut in completorio[321] Versiculus ante collectam: ‚Ecce, ancilla Domini'[322] Collecta ut in completorio[323] Iste versiculus etiam dicitur ad completorium ante collectam.
Terz	Ad tertiam An.: ‚Ave Maria'[324] Capitulum ut de Annuntiatione per totum[325]
Sext	Ad sextam An.: ‚Missus est Gabriel, angelus'[326]
Non	Ad nonam An.: ‚Ex quo facta est vox salutationis'[327] Responsoria ad horas ut de Annuntiatione[328]

factus est; id quod fuit permansit, et quod non erat assumpsit, ergo exordium nostre redemptionis devote recolamus, et exultemus dicens: ‚Gloria tibi, Domine'.

319 Der Hymnus zu den kleinen Horen entspricht also – genau wie die Psalmenverteilung – dem ‚deutschen Brauch' (s. o., Abschnitt 2.2). Ob auf ‚Rex Christe, clementissime' dann noch die Strophen von ‚Memento, salutis auctor' folgen sollen, wie das etwa im Hamburger ‚Cursus' von 1522 (s. o., Abschnitt 4.3.a) der Fall war, ist hier nicht zu erkennen – der Benutzer des lübischen Brevieres wird gewusst haben, was gemeint ist. Im Hinblick auf den Hymnus zu den kleinen Horen folgt das Votivoffizium hier im lübischen Brevier übrigens nicht dem Vorbild des kanonischen Offiziums am Feste Mariä Verkündigung – dort nämlich (fol. 330r) sollen die einzelnen Strophen von ‚Ave maris stella' auf die kleinen Horen von Prim bis Non verteilt werden – diese Praxis wiederum sehen das Hamburger Brevier von 1508 (s. o., Abschnitt 4.3.a) für das Marien-Votivoffizium und der Hamburger ‚Cursus' von 1522 als Alternative zu ‚Rex Christ, clementissime' vor.

320 Ganz wie die Responsorien zur Matutin und die Antiphonen zu den Laudes sind auch die Psalmantiphonen zu den kleinen Horen weiterhin aus Lc. 1,26–38 und damit aus dem Festinhalt von Mariä Verkündigung geschöpft. Im Formular des Festes selbst (auf fol. 330r) hingegen sind die Psalmantiphonen zu den kleinen Horen nicht angegeben – allein für die Prim steht dort … *cum quotidiana antiphona, scilicet ‚Domine, sancte Pater'*. Ansonsten wäre der übliche Brauch, dass man im Sonn- und Festtagsoffizium diejenigen verwendet, die zu den Laudes notiert sind, die zum ersten Psalm (im lübischen Brevier also ‚Quando venit', siehe oben) zur Prim, die zweite zur Terz, die dritte zur Sext, die fünfte zur Non, unter Auslassung der vierten.

321 Is. 7,15 ‚Butirum et mel', wie oben zur Komplet, und wie zum Fest Mariä Verkündigung (fol. 330r).

322 Lc. 1,38. Zur Prim des Festes Mariä Verkündigung (fol. 330r) hingegen soll der Vers aus der Komplet des Festes Verwendung finden, ‚Memento nostri, Domine, in beneplacito',

323 Also ‚Gratiam tuam, quesumus Domine, mentibus nostris infunde', wie oben – weiterhin ist das ‚Thema' also die Verkündigung Mariens.

324 Lc. 1,28.

325 Die Capitula sind also, wie zum Fest Mariä Verkündigung (fol. 330r), zur Terz ‚Audite ergo, domus David' (Is. 7,13); zur Sext ‚Ecce, virgo concipiet' (Is. 7,14); zur Non ‚Rorate celi desuper' (Is. 45,8).

326 Lc. 1,26.

327 Cantus ID 002750 (nach Lc. 1,41), zumeist Benediktusantiphon zu den Laudes am Freitag in der dritten oder vierten Adventswoche bzw. am Quatemberfreitag im Advent.

328 Die Responsorien zu den kleinen Horen sollen diejenigen vom Fest Mariä Verkündigung (fol. 330r) sein, dort wiederum steht, man solle diejenigen aus der Adventszeit nehmen, das wäre dann

Vesper	Ad vesperas[329] ut supra, et sic per totum Adventum, usque in diem Natalis Cristi. Sed quando imponitur ‚O sapientia', tunc dicitur omni die ad ‚Magnificat' ‚O, virgo virginum'.[330] Alia de se nota sunt, igitur et cetera.
2. Formular	**WEIHNACHTSZEIT**
Matutin	In die Nativitatis Christi Invitatorium: ‚Regem, virginis filium, venite adoremus' Antiphone et Psalmi ut supra Versiculus: ‚Specie tua et pulcritudine tua intende'[331] Responsorium primum: ‚Sancta et immaculata'[332] Secundum: ‚Congratulamini michi'[333] Tertium: ‚Nesciens mater virgo virum'[334]

also zur Terz ‚Veni ad liberandum nos' (Cantus ID 007823), zur Sext ‚Ostende nobis, Domine' (Cantus ID 007343); und zur Non ‚Super te, Jerusalem' (Cantus ID 007728).

329 Zweite Vesper – die Unterscheidung zwischen einer ersten und einer zweiten Vesper ist hier allerdings insofern hypothetisch, als der Text ohnehin der gleiche sein soll, und das Votivoffizium, insofern es ständig rezitiert wird, keinen Anfang und kein Ende hat, die es gestatten würden, eine erste und zweite Vesper zu unterscheiden.

330 Das kanonische Offizium kennt für die Tage vom 17. bis zum 23. Dezember besondere Magnifikatantiphonen, die sogenannten ‚O-Antiphonen', weil sie alle mit ‚O' beginnen (*O sapientia, quae ex ore Altissimi prodisti* ...). An diesen Tagen soll die Magnifikatantiphon zum Votivoffizium ‚O, virgo virginum' (Cantus ID 004091) sein.

331 Ps. 44,5 – das ist (in deutscher Übersetzung) auch der Vers zur Matutin der Hamburger Marientiden (Hamburg, SUB, Cod. conv. 2, s. o. im Abschnitt 3). Der Text dient häufig (s. u. im Abschnitt 4.3.d) als Responsorium breve zur Terz. Die Lesungen zur Matutin des Marienoffiziums in der Weihnachtszeit sind nicht angegeben.

332 Wahrscheinlich ‚Sancta et immaculata virginitas, quibus te laudibus' (Cantus ID 007569) wie im Hamburger Brevier von 1508 das ganze Jahr über, im Hamburger ‚Cursus' von 1522, im römischen Brevier, im handschriftlichen Brevier der Augustiner-Chorfrauen von Marienberg (Wolfenbüttel, HAB, Helmstedt 1312) und überhaupt in allen unten im Abschnitt 4.3.d zum Vergleich herangezogenen Fassungen. Die deutsche Übersetzung findet sich in Hamburg Cod. conv. 2 und in den Lübecker Marientiden von 1499 (s. o., im Abschnitt 3).

333 ‚Congratulamini mihi omnes, qui diligitis' (Cantus ID 006322), im kanonischen Offizium Responsorium zur Matutin in der Oktav von Weihnachten.

334 Cantus ID 007212, im kanonischen Offizium Responsorium zur Matutin in der Oktav von Weihnachten oder zu Weihnachten, auch als Antiphon (Cantus ID 003877).

Laudes	Ad laudes Antiphona: ‚O, admirabile‘[335] Ymnus patet. Capitulum: ‚Quanto tempore‘[336] (require dominica infra octavam Nativitatis Cristi, et serva, ut ibi habetur ad horas) Ad ‚Benedictus‘: ‚Virgo Dei genitrix‘[337] Collecta: ‚Deus, qui salutis‘ (et dicitur usque Purificationis ad omnes horas)[338] Alia patent.
Vesper und Komplet	Per octavam Nativitatis dicitur ad vesperas et ad completorium ymnus de festo. Antiphona super Psalmos in vesperis: ‚Virgo verbo concepit‘[339] Ad ‚Magnificat‘: ‚Nesciens mater virgo virum‘[340] Completorium de tempore, sed Psalmi consueti de dominica Versiculus ante collectam: ‚Post partum virgo inviolata permansisti, Dei genitrix, inter‘[341] Collecta ut supra
3. Formular	**VON EPIPHANIE BIS LICHTMESS**
	[fol. 295v] In festo Epiphanie imponitur ymnus: ‚Ave maris stella‘. Et completorium tunc dicitur sicut in Purificatione in capitulo, versiculo, antiphona super ‚Nunc dimittis‘ et collecta. Cetera ut supra, usque Purificationis inclusive.

335 Cantus ID 003985, zum Marienoffizium, wie hier, in der Weihnachtszeit im römischen Brevier, das ganze Jahr über im Hamburger Brevier von 1508, Abschnitt 4.3.a, im Hamburger ‚Cursus‘ von 1522 und im Bremer Brevier (s. u.), jeweils an derselben Position, zu den Psalmen der Laudes.

336 Gal. 4,1–3, aus dem kanonischen Offizium des Sonntages in der Weihnachtsoktav.

337 *Virgo Dei genitrix, quem totus non capit orbis, in tua se clausit viscera factus homo, vera fides purgavit crimina mundi, et tibi virginitas inviolata manet* (Cantus ID 5448), Antiphon zum Suffragium de BMV in der Weihnachtszeit.

338 Wie im ‚Officium parvum‘ des römischen Brevieres das ganze Jahr über zur Terz, und auch als Collecta zum ‚Suffragium de BMV‘ in der Weihnachtszeit (in der Regel nach der Komplet – insofern ist ‚Deus, qui salutis‘ die passende Oration zur vorausgehenden Benediktusantiphon). Der dazugehörige Vers wäre entsprechend ‚Post partum virgo‘. In den Hamburger Marientiden (Hamburg, SUB, Cod. conv. 2) findet sich die deutsche Übersetzung von ‚Deus, qui salutis‘ als Collecta zur Komplet.

339 Die Antiphon *Virgo verbo concepit, virgo permansit virgo, peperit regem omnium regum* (Cantus ID 005456) ist, genau wie die spezifischen Elemente zu den Laudes, ein möglicher Text zum ‚Suffragium de BMV tempore Nativitatis‘.

340 *Nesciens mater virgo virum peperit sine dolore salvatorem saeculorum ipsum regem angelorum sola virgo lactabat ubere de caelo pleno* (Cantus ID 003877), weiterhin aus dem Kontext des ‚Suffragium de BMV tempore Nativitatis‘.

341 ... *intercede pro nobis*. Im römischen Brevier ist das der Vers zum ‚Suffragium de BMV‘ in der Weihnachtszeit, und das ganze Jahr hindurch der Vers zur Non des ‚Officium parvum‘, im Bursfelder Brevier dient der Text als Vers zur Prim. Die deutsche Übersetzung findet sich in den Hamburger Marientiden (Hamburg, SUB, Cod. conv. 2) als Responsorium breve zur Non.

4. Formular	VON LICHTMESS BIS OSTERN
	A festo Purificationis usque Pasche servatur ad vesperas antiphona: ‚Ecce, tu pulchra es'[342] Ymnus: ‚Ave, maris stella' Capitulum: ‚Sicut cynamomum', et cetera[343] Ad Magnificat de Canticis canticorum[344] Omnia alia servantur more communi de Assumptione.[345]

342 *Ecce, tu pulchra es, amica mea, ecce tu pulchra, oculi tui columbarum*, wie im Hamburger ‚Cursus' von 1522, im handschriftlichen Bremer Brevier von 1516 (s. u., Abschnitt 4.3.a) und im Ordinarius von Schwerin (s. u., Abschnitt 4.3.c). Die deutsche Übersetzung findet sich als Antiphon zu den Psalmen der Vesper der Marientiden in den Hamburger Marientiden (Hamburg, SUB, Cod. conv. 2), im Lübecker Psalter von 1473 (s. u., Abschnitt 4.3.c) und im Lübecker Marientiden-Druck von 1499 (s. o., Abschnitt 3). Die Antiphon (Ct. 1,14, Cantus ID 002547) ist dem kanonischen Offizium zum Fest Mariä Himmelfahrt entlehnt.

343 Sir. 24,20, hier im lübischen Brevier von 1478 (fol. 339v) Capitulum zur zweiten Vesper von Mariä Himmelfahrt. An derselben Stelle wie hier, zur Vesper des ‚Officium parvum BMV' im handschriftlichen Bremer Brevier von 1516 (s. u., Abschnitt 4.3.a) und im Ordinarius von Schwerin (s. u., Abschnitt 4.3.c), im ‚Officium parvum BMV' nach dem römischen Brevier Kapitel zur Non. Die deutsche Übersetzung von Sir. 24,20 findet sich als Capitulum zur Vesper in den Hamburger Marientiden (Hamburg, SUB, Cod. conv. 2), im Lübecker Psalter von 1473 (s. u., Abschnitt 4.2.c) und in den Lübecker Marientiden von 1499 (s. o., Abschnitt 3).

344 Die Magnifikatantiphon soll aus dem biblischen Buch der Cantica entnommen werden – für die erste Vesper des Festes Mariä Himmelfahrt hat das lübische Brevier von 1478 (fol. 339v) als Magnifikatantiphon vorgesehen: *Virgo prudentissima, quo progrederis quasi aurora valde rutilans, filia Syon tota formosa et suavis es, pulcra ut luna, electa ut sol* (Cantus ID 005454), das ist eine freie Paraphrase von Ct. 6,9, der wörtliche Bibeltext findet sich unten als Antiphon zum ‚Benedictus' der Laudes.

345 Von Lichtmess bis zum ersten Advent jeweils ausschließlich folgt das ‚Officium parvum BMV' des lübischen Brevieres also im Wesentlichen – nämlich mit Ausnahme der hier angegebenen besonderen Texte – dem Vorbild des kanonischen Offiziums am Fest Mariä Himmelfahrt (sicherlich mit der Ausnahme, dass es zur Matutin nur eine Nokturn mit drei Psalmen, drei Lesungen und drei Responsorien gibt, die je nach Wochentag wechseln können, wie das andernorts auch der Fall ist). Die hier nicht angegebenen Texte sind entsprechend auf fol. 339r–339v im Diurnale sanctorum zu suchen – Laudes: Ant. Ps. *Benedicta filia tu a Domino, quia per te fructum vite communicavimus* (das ist die vierte der Laudes des Festes, Cantus ID 001705), Capitulum ist oben angegeben, Hymnus ggf. wohl ‚O gloriosa Domina', Vers ‚Audi filia, et vide', Benediktusantiphon und Collecta sind oben angegeben; Prim: Ant. *Assumpta est Maria in celum, gaudent angeli, laudantes benedicunt Dominum* (wie am Fest die erste der Laudes, Cantus ID 001503), auf die kleinen Horen werden die Strophen des Hymnus ‚Quem terra, pontus aethera' verteilt, die Collecta zur Prim (‚Deus, qui beatissimam') ist oben angegeben; zur Terz: Ant. *Maria virgo assumpta est ad ethereum thalamum, in quo rex regum stellato sedet solio* (die zweite der Laudes des Festes, Cantus ID 003707), Capitulum ‚Et sic in Syon firmata sum' (Sir. 24,15, wie im römischen Brevier und in den Hamburger Marientiden), Collecta zu den kleinen Horen wie zu den Laudes; zur Sext: Ant. *In odore ung[u]entorum tuorum currimus, adolescentule dilexerunt te nimis* (die dritte der Laudes des Festes, Cantus ID 003261, wie im römischen Brevier), Capitulum ‚Et radicavi in populo' (Sir. 24,16, wie im römischen Brevier); zur Non: Ant. *Pulcra es et decora, filia Jerusalem, terribilis ut castrorum acies ordinata* (die fünfte des Festes, Cantus ID 004418, wie im römischen Brevier), Capitulum ‚Sicut cedrus exaltata' (Sir. 24,17, an dieser Stelle nur im Stundenbuch von Utrecht, s. u., Abschnitt 4.3.d); Vesper: Vers ‚Specie tua', alles andere wie oben angegeben; Komplet: Hymnus ‚Fit porta Christi', Capitulum ‚Multe filie' (Pr. 31,29) und Vers ‚Audi filia' (Ps. 44,1, beides wie im Hamburger Brevier und im Bremer Brevier,

5. Formular	ZEIT NACH OSTERN
	Sic etiam post Pasche, nisi quod in fine dicatur ‚Alleluia'. Capitulum: ‚Ego quasi vitis'[346] Ad Benedictus: ‚Que est ista'[347] Collecta: ‚Prosit nobis' ‚Benedicamus' cum III ‚Alleluia'[348] Alia patent. Et collecta ‚Deus, qui beatissimam' dicitur ad primam et ad completorium usque Penthecostes. In missa duo ‚Alleluia', primum de Domina, secundum ‚Angelus Domini'. Alia sufficienter patent.

Wünschenswert wäre es gewesen, in den Vergleich auch das lübische Brevier mit einzubeziehen, das 1490 von Georg Stuchs zu Nürnberg gedruckt wurde[349] – leider konnte davon mit verhältnismäßigem Aufwande keine Reproduktion beschafft werden.

4.3.c Der ‚Ordinarius Swerinense' von 1519

Die Kirchenprovinz Bremen umfasste neben dem eigentlichen Erzbistum Bremen (mit einer Konkathedrale und eigenem Domkapitel in Hamburg) noch drei Suffraganbistümer – Lübeck, Ratzeburg und Schwerin. Neben der oben dargestellten Fassung aus dem lübischen Brevier von 1478 soll hier noch der Ordo aus Schwerin als Beispiel für die Marienoffizien der nördlichsten deutschen Kirchenprovinz vorgestellt werden:

auf Deutsch in den Hamburger Marientiden und im Lübecker Druck von 1499), Ant. Nunc ‚Tota pulchra es, amica', die Collecta (‚Deus, qui beatissimam') ist oben angegeben.

346 Sir. 24,23 (sicherlich als Capitulum zu den Laudes), hier im lübischen Brevier von 1478 (fol. 339r) dient der Text als Capitulum zur ersten Vesper von Mariä Himmelfahrt. Im handschriftlichen Bremer Brevier von 1516 (s. u., Abschnitt 4.3.d) steht der Text als Capitulum zu den Laudes des ‚Officium parvum BMV'. Die deutsche Übersetzung findet sich in den 1499 zu Lübeck gedruckten Marientiden (s. o., Abschnitt 3) als Capitulum zur Prim.

347 *Que est ista que ascendit sicut aurora consurgens, pulchra ut luna, electa ut sol, terribilis ut castrorum acies ordinata* (Ct. 6,9, Cantus ID 004425) ist hier im lübischen Brevier von 1478 (fol. 339v) die Benediktusantiphon am Fest und in der ganzen Oktav von Mariä Himmelfahrt, die Textvariante *Que est ista que progreditur quasi aurora …* (Cantus ID 004425.1) findet sich zudem als Magnifikatantiphon zur Vesper am Oktavtag von Mariä Himmelfahrt (zu bemerken ist, dass nur die letztere Fassung den Text der Vulgata wiedergibt – die als Benediktusantiphon zu den Laudes gebräuchliche Fassung geht vielleicht auf die Vetus Itala zurück!). Das handschriftliche Bremer Brevier von 1516 (s. u., Abschnitt 4.3.a) sieht den Text, wie hier, als Benediktusantiphon zu den Laudes des ‚Officium parvum BMV' vor.

348 In der Osterzeit werden wie im kanonischen Offizium an das *Benedicamus Domino* mit der Antwort *Deo gratias* jeweils drei *Alleluia* angehängt.

349 Gesamtkatalog der Wiegendrucke, n° 05375, Exemplar Kopenhagen, KB, Inc. Haun., 902 8°.

– Schwerin 1519 – Ordinarius inclite ecclesie Swerinensis, Rostock (Barckhusen) 1519 (VD16 O 876; Exemplar Göttingen, SUB, H E RIT I, 7996), fol. XCVIIr–XCVIIv.

	Hore private Marie virginis in ecclesia Swerinensi serventur ordine infrascripto
Vesper	Ad vesperas
	Antiphona super psalmos de virginibus: ‚Ecce, tu pulchra'[350]
Ps. 109	Capitulum: ‚Sicut cynnamomum'[351]
Ps. 112	Rm.: ‚Christi virgo'[352]
Ps. 121	Hymnus: ‚Ave maris'
Ps. 126	V.: ‚Specie tua'[353]
Ps. 127	An. super ‚Magnificat': ‚Virgo Maria'[354]
	Collecta: ‚Concede nos'[355]

350 *Ecce, tu pulchra es, amica mea, ecce tu pulchra, oculi tui columbarum,* wie im Hamburger ‚Cursus' von 1522, im handschriftlichen Bremer Brevier von 1516 (s. u., Abschnitt 4.3.a) und im lübischen Brevier von 1478 (s. u., Abschnitt 4.3.b). Die deutsche Übersetzung findet sich als Antiphon zu den Psalmen der Vesper der Marientiden in den Hamburger Marientiden (Hamburg, SUB, Cod. conv. 2), im Lübecker Psalter von 1473 (s. u., Abschnitt 4.3.c) und im Lübecker Marientiden-Druck von 1499 (s. o., Abschnitt 3). Die Antiphon (Ct. 1,14, Cantus ID 002547) ist dem kanonischen Offizium zum Fest Mariä Himmelfahrt entlehnt. Die Psalmen zur Vesper sollen diejenigen sein, die sich im ‚Commune de virginibus' (fol. XCVIIr) finden, das sind: Ps. 109 ‚Dixit Dominus', Ps. 112 ‚Laudate pueri', Ps. 121 ‚Laetatus sum', Ps. 126 ‚Nisi Dominus', Ps. 147 ‚Lauda Jerusalem' – mithin die gleichen, wie überall zum Marienoffizium.

351 Sir. 24,20, zugleich Capitulum zur zweiten Vesper von Mariä Himmelfahrt. An derselben Stelle wie hier, zur Vesper des ‚Officium parvum BMV' im handschriftlichen Bremer Brevier von 1516 (s. u., Abschnitt 4.3.a) und im lübischen Brevier von 1478 (s. u., Abschnitt 4.3.b), im ‚Officium parvum BMV' nach dem römischen Brevier Kapitel zur Non. Die deutsche Übersetzung von Sir. 24,20 findet sich als Capitulum zur Vesper in den Hamburger Marientiden (Hamburg, SUB, Cod. conv. 2), im Lübecker Psalter von 1473 (Abschnitt 4.2.c) und in den Lübecker Marientiden von 1499 (s. o., Abschnitt 3).

352 Cantus ID 006278 – wie hier, als Responsorium zur Vesper, im handschriftlichen Stundenbuch von Lund (Abschnitt 4.3.d), die deutsche Übersetzung gibt es in den Hamburger Marientiden (s. o., Abschnitt 3) zur Matutin.

353 *Specie tua et pulchritudine tua intende, prospere procede et regna* (aus Ps. 44,5), wie im kanonischen Offizium am Fest Mariä Himmelfahrt, an dieser Stelle genau so im Hamburger Brevier von 1508, im Hamburger ‚Cursus' von 1522 (s. u., Abschnitt 4.3.a) und implizit auch im lübischen Brevier von 1478 (insofern dort das Votivoffizium aus den Texten von Mariä Himmelfahrt gebildet wird), die Lübecker Marientiden von 1499 bieten zur Vesper die deutsche Übersetzung, in den Hamburger Marientiden (Hamburg, SUB, Cod. conv. 2) fehlt der Vers.

354 *Virgo Maria Deum prae cunctis magnificavit* – alternative Magnifikatantiphon im Marienoffizium nach dem Hamburger Brevier von 1508 (s. u., Abschnitt 4.3.a).

355 Im Hamburger Brevier von 1508, in den Hamburger Marientiden von 1522, im handschriftlichen Bremer Brevier (s. u., Abschnitt 4.3.a) und im Stundenbuch von Lund (s. u., Abschnitt 4.3.d) Collecta zu Laudes und Vesper des Marienoffiziums, die deutschsprachigen Marientiden aus Hamburg und Lübeck (s. o., Abschnitt 3) bringen diesen Text zur Terz.

	Hore private Marie virginis in ecclesia Swerinensi serventur ordine infrascripto
Komplet	Ad completorium
	Ps. ,Memento Domine'
Ps. 131	Ps. ,Ecce, quam bonum'
Ps. 132	Ps. ,Ecce nunc'[356]
Ps. 133	Hymnus: ,Fit porta Christi pervia'
	Capitulum: ,Multe filie'[357]
Preces feriales	V.: ,Audi filia'[358]
	Antiphona super ,Nunc dimittis': ,Glorificamus'[359]
	Kyrieeleison, Christeeleison, Kyrieeleison
	Pater noster ... Et ne nos ...
	Credo ... Carnis resorrectionem ...
	V.: ,Sentiant omnes tuum levamen'
	Collecta: ,Concede, quesumus, omnipotens et misericors'

356 Die Psalmen zur Komplet (Ps. 131–133) entsprechen dem ,deutschen Brauch' (s. o., Abschnitt 2.2).

357 Pr. 31,29 *Multae filiae congregaverunt divitias, tu supergressa es universas* wie im Hamburger Brevier von 1508, im lübischen Brevier von 1478, im Bremer Brevier von 1516 und im Stundenbuch von Lund, nicht aber im Hamburger ,Cursus' von 1522, dort gibt es stattdessen abwechselnd ,Transite ad me omnes', das war im Hamburger Brevier von 1508 das Capitulum zur Vesper gewesen, oder ,Trahe me post te'. Die deutsche Übersetzung von Pr. 31,29 findet sich in den Lübecker Marientiden von 1499 als Capitulum zur Komplet, in der Handschrift Hamburg, SUB, Cod. conv. 2 ist das Kapitel nicht mehr richtig lesbar, doch handelt es sich wohl um den gleichen Text.

358 Aus Ps. 44,1, wie im gedruckten Hamburger Brevier von 1508, im Hamburger ,Cursus' von 1522, im handschriftlichen Bremer Brevier von 1516, im lübischen Brevier von 1478 und im handschriftlichen Brevier der Augustiner-Chorfrauen von Marienberg (Wolfenbüttel, HAB, Helmstedt 1312). Die deutsche Übersetzung findet sich als Vers zur Komplet in den Marientiden von Hamburg und Lübeck.

359 *Glorificamus te, Dei genitrix, quia ex te natus est Christus, salva omnes qui te glorificant* (Cantus ID 002952), das ist auch die Antiphon zum ,Nunc dimittis' im Hamburger ,Cursus' von 1522, im Bremer Brevier von 1516, im Mainzer Brevier von 1495 und in den Stundenbüchern von Lund, Köln und Utrecht, sowie im Brevier der Augustiner-Chorfrauen von Marienberg (Wolfenbüttel, HAB, Helmstedt 1312); nur im Hamburger Brevier von 1508 lautet sie stattdessen ,Ista est specie', und im lübischen Brevier von 1478 ,Tota pulchra es'. In den Lübecker Marientiden von 1499 findet sich die deutsche Übersetzung von ,Glorificamus' an derselben Position, als Antiphon zum ,Nunc dimittis', und in der Hamburger Handschrift (Hamburg, SUB, Cod. conv. 2) gibt es an dieser Stelle keine Antiphon.

	Hore private Marie virginis in ecclesia Swerinensi serventur ordine infrascripto
Matutin	Ad matutinas
	Invitatorium: ‚In honore'
Ps. 8	An.: ‚Benedicta tu'[360]
Ps. 18	Ps. ‚Domine, dominus noster'
Ps. 23	An.: ‚Sicut mirrha'
	Ps. ‚Celi enarrant'
	An.: ‚Ante thorum'
	Ps. ‚Domini est terra'
	Versiculus: ‚Specie tua'[361]
	Consuete lectiones
	Rm. I: ‚Sancta et immaculata'[362]
	Secundum: ‚Benedicta'
	Tertium: ‚Felix namque'
	‚Te Deum'
	V.: ‚Adiuvabit'

360 Die Antiphonen zu den drei Psalmen der Matutin sind die gleichen wie im Hamburger Brevier von 1508, im Hamburger ‚Cursus' von 1522 (Abschnitt 4.3.a), in den meisten norddeutschen Brevieren (Abschnitt 4.3.d), und auch im römischen Brevier. Die deutsche Übersetzung findet sich in den Marientiden aus Hamburg und Lübeck (s. o., Abschnitt 3).

361 Der Vers (aus Ps. 44,5) entspricht dem Hamburger Brevier von 1508 und dem Hamburger ‚Cursus' von 1522 (s. u., Abschnitt 4.3.a), die deutsche Übersetzung findet sich in den Marientiden aus Hamburg und Lübeck (s. o., Abschnitt 3).

362 Die drei Responsorien zur Matutin sind die gleichen wie im Hamburger Brevier von 1508, im handschriftlichen Bremer Brevier und im Hamburger ‚Cursus' von 1522 (‚Felix namque' an dritter Stelle dort nur montags und donnerstags). Im lübischen Brevier von 1478 (s. u., Abschnitt 4.3.b) findet sich davon nur der erste der drei Texte wieder (in der Adventszeit fehlen sie alle drei), und auch die Marientiden aus Hamburg und Lübeck (s. o., Abschnitt 3) geben nur den ersten der drei in deutscher Übersetzung wieder, die anderen beiden sind abweichend.

	Hore private Marie virginis in ecclesia Swerinensi serventur ordine infrascripto
Laudes	Ad laudes
	An.: ‚O, admirabile'[363]
Ps. 92	Ps. ‚Dominus regnavit' cum ceteris[364]
Ps. 99	Capitulum: ‚Ab initio'[365]
Ps. 62 und 66	V.: ‚Audi, filia'[366]
Dan. 3	An. super ‚Benedictus': ‚Ave Maria'[367]
Ps. 148–150	Collecta: ‚Concede nos'[368]

363 Wie im Hamburger Brevier von 1508, im Hamburger ‚Cursus' von 1522, und im Bremer Brevier (s. u., Abschnitt 4.3.a). Die deutsche Übersetzung findet sich in den Marientiden aus Hamburg und Lübeck (s. o., Abschnitt 3).

364 Die Psalmen sind mithin die üblichen des Marienoffiziums (zu den Laudes Ps. 92, Ps. 99, Ps. 62 und 66, Canticum Dan. 3,57–88, Ps. 148–150).

365 Sir. 24,14, wie im Hamburger Brevier von 1508 und im Hamburger ‚Cursus' von 1522 (s. u., Abschnitt 4.3.a). In den deutschen Marientiden aus Hamburg und Lübeck (s. o., Abschnitt 3) ist das Capitulum stattdessen aus Sir. 24,11–12.

366 Ps. 44,1, wie im Hamburger Brevier von 1508 und im Hamburger ‚Cursus' von 1522, die deutsche Übersetzung findet sich in den Marientiden aus Hamburg und Lübeck (s. o.).

367 Hier weicht der Schweriner Ordinarius sowohl vom Hamburger Brevier (Benediktusantiphon ‚Continet in gremio') als auch vom Hamburger ‚Cursus' von 1522 (wechselnde Antiphonen, darunter ‚Continet in gremio', montags und freitags, aber nicht ‚Ave Maria') ab. Die Lübecker Marientiden von 1499 (s. o.) haben die deutsche Übersetzung von ‚Beata es', und in Hamburg, SUB, Cod. conv. 2 fehlt die Benediktusantiphon.

368 Das ist die Collecta, die sich im Hamburger Brevier von 1508, im Hamburger ‚Cursus' von 1522 und im Bremer Brevier (s. o., Abschnitt 4.3.a) und auch im Stundenbuch von Lund (s. u., Abschnitt 4.3.d) zu Laudes und Vesper findet. In den Marientiden aus Hamburg und Lübeck (s. o., Abschnitt 3) gibt es die deutsche Übersetzung dieses Textes als Collecta zur Terz.

	Hore private Marie virginis in ecclesia Swerinensi serventur ordine infrascripto
Prim	Ad primam
	Hymnus ‚Ave maris' / ‚Sumens illud' / ‚Sit laus'[369]
Ps. 119	An.: ‚Quando natus'[370]
Ps. 120	Ps. ‚Laudate Dominum'[371]
Ps. 121	Ps. ‚Ad Dominum'
	Ps. ‚Letatus sum'
Preces feriales	Capitulum ‚Sicut cynnamomum'[372]
	R.: ‚Christe, fili' / V.: ‚Qui natus es de Maria virgine'[373]
	V.: ‚Audi, filia'
	Kyrieeleison, Christeeleison, Kyrieeleison
	Cetera ut supra in completorio[374]
Terz	Ad tertiam
	Hymnus: ‚Solve vincla' / ‚Monstra te' / ‚Sit laus'
Ps. 122	An.: ‚Rubum quem'[375]
Ps. 123	Ps. ‚Ad te leva[vi]'
Ps. 124	‚Nisi quod'
	‚Qui confidunt'
	Capitulum: ‚Ab initio'[376]
	R.: ‚Adiuva nos tuis precibus, mater Christi, Maria' / V.: ‚Oraculum vite claritatis celorum'[377]
	V.: ‚Specie tua'
	Collecta ut supra

369 Das sind also die ersten drei Strophen des Hymnus ‚Ave maris stella', der hier, ganz wie im Hamburger Brevier von 1508, auf die kleinen Horen des Tages aufgeteilt wird. Dafür fehlt im Schweriner Ordinarius der Hymnus ‚Rex Christe, clementissime' bzw. ‚Memento, salutis auctor'. Der Hamburger ‚Cursus' von 1522 bietet wahlweise ‚Ave maris stella' oder ‚Rex Christe, clementissime', das Bremer Brevier hat ‚Rex Christe, clementissime'.

370 Cantus ID 004441, ganz wie im Hamburger Brevier von 1508, im Hamburger ‚Cursus' von 1522, im Bremer Brevier (s. o., Abschnitt 4.3.a), und in den Fassungen aus Köln und Utrecht, die in Abschnitt 4.3.d vorgestellt werden. In den Marientiden aus Hamburg und Lübeck (s. o., Abschnitt 3) findet sich die deutsche Übersetzung.

371 Die Psalmen zu den Laudes (119–121) entsprechen also der oben in Abschnitt 2.2 dargestellten ‚deutschen Psalmenverteilung'.

372 Noch einmal Sir. 24,20, wie zur Vesper – in den übrigen Redaktionen (Hamburg 1508, Hamburg 1522, Bremen, deutsche Marientiden) findet sich dieser Text nur zur Vesper, aber nicht zur Prim.

373 Responsorium wie zur kanonischen Prim an Marienfesten.

374 Das Votivoffizium soll also die Preces feriales des kanonischen Offiziums enthalten – ‚Kyrie', ‚Pater', ‚Credo', Vers, aber anscheinend kein ‚Confiteor'.

375 Wie im Hamburger Brevier von 1508, im Hamburger ‚Cursus' von 1522 und im Bremer Brevier (s. o., Abschnitt 4.3.a), die deutsche Übersetzung findet sich in den Marientiden aus Hamburg und Lübeck (s. o., Abschnitt 3).

376 Noch einmal Sir. 24,14, wie zu den Laudes – auch im Hamburger Brevier von 1508 und im Hamburger ‚Cursus' von 1522 wird dieses Capitulum zur Terz wiederholt.

377 Das Responsorium breve und der folgende Vers hier im Schweriner Ordinarius weichen vom Hamburger Brevier aus dem Jahre 1508 und auch vom Hamburger ‚Cursus' ab – sie haben als Res-

	Hore private Marie virginis in ecclesia Swerinensi serventur ordine infrascripto
Sext	Ad sextam
	Hymnus: ‚Virgo singularis' / ‚Sit laus Deo'
Ps. 125	An.: ‚Germinabit'[378]
Ps. 126	Ps. ‚In convertendo'
Ps. 127	Ps. ‚Nisi Dominus'
	Ps. ‚Beati omnes'
	Capitulum, responsorium et collecta ut in tertia, post responsorium versiculus ‚Diffusa'
Non	Ad nonam
	Hymnus ‚Vitam presta' / ‚Sit laus'
Ps. 128	An.: ‚Ecce, Maria'[379]
Ps. 129	Ps. ‚Septe expugnaverunt'
Ps. 130	Ps. ‚De profundis'
	Ps. ‚Domine, non est exaltatum'
	Capitulum, responsorium et collecta ut suora, post responsorium versiculus ‚Adiuvabit eam'

Im Vergleich mit den anderen lateinischen Redaktionen lässt sich hier eine etwas höhere Redundanz der Texte beobachten – namentlich die Capitula werden (mit Ausnahme von ‚Multe filie' zur Komplet) alle wenigstens einmal wiederholt, zudem sind die Responsorien und Collectae zu Terz, Sext und Non die gleichen, wodurch die Varianz der Texte insgesamt natürlich erheblich geringer ausfällt (diese ‚Sparsamkeit' ist eine Tendenz, die auch schon im deutschen Psalter, der 1473 zu Lübeck gedruckt wurde, zu beobachten war, s. o. im Abschnitt 4.2.c). Abgesehen davon gleicht das Marienoffizium des Schweriner Ordinarius in weiten Teilen demjenigen des Hamburger Brevieres von 1508, besonders auch im Hinblick auf den Hymnus zu den kleinen Horen – die einzelnen Strophen von ‚Ave maris stella' werden auf die kleinen Horen verteilt, dafür fehlen ‚Rex Christe, clementissime' und ‚Memento, salutis auctor'. Entsprechend weicht die Redaktion aus Schwerin von derjenigen Fassung, die in den Marientiden aus Hamburg und Lübeck in deutscher Übersetzung vorliegt, im Wesentlichen in den (nicht

ponsorium ‚Specie tua' und dann als Vers ‚Diffusa est' (und das ist auch die lateinische Vorlage des deutschen Textes der Marientiden aus Hamburg und Lübeck).

378 ‚Germinavit radix Jesse', wie im Hamburger Brevier von 1508, im Hamburger ‚Cursus' von 1522 und im Bremer Brevier (s. o., Abschnitt 4.3.a), die deutsche Übersetzung findet sich in den Marientiden aus Lübeck wie hier zur Sext, in der Hamburger Marientiden-Handschrift stattdessen zur Non (s. o., Abschnitt 3).

379 ‚Ecce, Maria genuit', wie im Hamburger Brevier von 1508, im Hamburger ‚Cursus' von 1522 und im Bremer Brevier (s. o., Abschnitt 4.3.a), die deutsche Übersetzung findet sich in den Marientiden aus Lübeck wie hier zur Non, in der Hamburger Marientiden-Handschrift steht ein anderer Text (s. o., Abschnitt 3).

sehr zahlreichen) Punkten ab, in denen sich auch das Hamburger Brevier von ihr entfernt.

4.3.d Weitere norddeutsche Beispiele

Ein Blick auf die Nachbarprovinzen schließlich ist geeignet, die grundsätzlichen Gemeinsamkeiten der verschiedenen norddeutschen Fassungen des lateinischen ‚Officium parvum beatae Mariae virginis', aber auch die wachsenden Detail-Unterschiede der einzelnen Redaktionen untereinander mit zunehmender Entfernung zu erhellen. Im Norden grenzte die Bremer Provinz an die Kirchenprovinz Lund, die im Jahre 1102 von ihr abgetrennt worden war, zu ihr gehörten als Suffragane Schleswig und die übrigen dänischen Diözesen, im Süden an die Kirchenprovinz Mainz, zu der unter anderem die Suffragane Verden, Hildesheim und Halberstadt gehörten, und im Südwesten an die Kirchenprovinz Köln (mit den Suffraganen Osnabrück, Minden, Münster, Utrecht und Lüttich).[380] Aus diesen drei Kirchenprovinzen wurden beispielhaft die folgenden Referenz-Offizien konsultiert:[381]

- Lund (Stundenbuch) – Stundenbuch des Johannes Nielsdatter (ca. 1480–1490), Stockholm, KB, Ms. A 42, ediert in: Karl Martin Nielsen (Hg.), Middelalderens danske Bønnebøger, Bd. 1, Kopenhagen 1945, S. 15–45[382]
- Mainz 1495 – Breviarium Moguntinum, Venedig (Stagnino/Grindelhart) 1495 (Hain-Copinger[383] 3864; Gesamtkatalog der Wiegendrucke n° 5400; Exemplar Paris, Bibl. Mazarine, Inc. 801)[384]

380 Ferner grenzte die Bremer Provinz im Osten noch an das exemte Bistum Cammin, und im Südosten gab es eine Grenze zum Bistum Havelberg, welches zu der Magdeburger Kirchenprovinz gehörte.

381 Hildesheim 1495 wurden anhand von Digitalisaten besitzenden Bibliothek ausgewertet. Zur Auswertung von Lund (Stundenbuch des Johannes Nielsdatter), Mainz, Köln und Utrecht (Stundenbuch) wurde die Datenbank ‚Hours of the Virgin' des ‚CHD Center for Håndskriftstudier i Danmark' von Erik Drigsdahl (Anm. 17) benutzt.

382 Aus Lund gibt es auch ein gedrucktes Brevier, das ‚Breviarium Lundense', hg. von Christiern Pedersen, Paris (Philippi) 1517, Exemplar Kopenhagen, KB, R 665 8°, doch dieses enthält nicht das herkömmlichen Marien-Votivoffizium, sondern (fol. 404v–408v) bloß neue das Offizium ‚De compassione BMV'.

383 Walter Arthur Copinger, Supplement to Hain's Repertorium bibliographicum, London 1895–1902.

384 Aus der Kirchenprovinz Mainz wurde ferner auch ein Brevier aus Halberstadt konsultiert das ‚Breviarium Halberstadensis', Straßburg (Prüss) 1510 (VD16 B 8147; Exemplar Halle, ULB, Yb 2434 h), doch enthält dieses nicht das herkömmliche ‚Officium parvum beatae Mariae virginis', sondern stattdessen nur das jüngere ‚Officium compassionis beatae Mariae virgnis' (am Freitag nach Fronleichnam, pars aestiva, temporale, fol. XXXVIIv–XLv, zu diesem Officium vgl. oben den Kommentar im Abschnitt 4.2.b).

- Hildesheim 1495 – Breviarium Hildensemense, Nürnberg (Stuchs) um 1495 (Gesamtkatalog der Wiegendrucke n° 5362; Exemplar Weimar, HAAB, Inc. 407, Teile 2–6)[385]
- Köln (Handschrift) – Hore secundum maiorem ecclesiam Coloniensem, Handschrift, London, BL, Cod. add. 27913; auch im gedruckten ‚Breviarium Coloniense', Paris (Birckman) 1530 (Exemplar Brüssel, BR, VH 676 A, ab fol. 153v)
- Utrecht (Stundenbuch) – Stundenbuch (ca. 1430), Handschrift, Den Haag, KB, Ms. 133 M 131

Nicht berücksichtigt wurden hier hingegen der 1507 zu Straßburg gedruckte ‚Hortulus animae' und das Brevier der Augustiner-Chorfrauen von Marienberg (Wolfenbüttel, HAB, Helmstedt 1312), obwohl sie beide, wie oben im Abschnitt 4.2 gesagt, den ‚Komposit-Hymnus' aus ‚Rex Christe' und ‚Memento, salutis auctor' enthalten, denn sie weichen im Hinblick auf die meisten anderen Kriterien (Marienberg namentlich aufgrund der Psalmenverteilung) von dem hier fraglichen Schema ganz merklich ab.[386]

385 Die ‚Hore beate Marie virginis' finden sich im ersten Teil des Brevieres, dem Psalter, nach den Suffragia (fol. JJ IV) des Hildesheimer Brevieres.

386 In der Handschrift aus Marienberg sind die drei Psalmen zur Matutin wie hier (und wie überall, wo es nur eine Nokturn gibt) 8, 18 und 23, auch die Psalmen zu den Laudes sind dieselben, die überall zum Marienoffizium rezitiert werden, es sind gleichzeitig auch diejenigen, welche die Weltgeistlichen zu den kanonischen Laudes des Sonntages beten (jedoch unter Absehung von Ps. 62, der sonst mit Ps. 66 zusammengefasst wird). Die Psalmen zu den kleinen Horen aus der Marienberger Handschrift hingegen entsprechen weder der oben in Abschnitt 2.2 dargestellten deutschen, noch der römischen Tradition des ‚Officium parvum'; stattdessen gibt es als ersten Psalm zur Prim Ps. 53, danach wird der ‚überlange' Ps. 118 abschnittsweise auf die restliche Prim und die übrigen kleinen Horen verteilt, wie es im Brevier der Weltgeistlichen an allen Tagen zum kanonischen Offizium der Fall ist. Das mag vielleicht damit zusammenhängen, dass die Augustiner-Chorfrauen von Marienberg das Marienoffizium nicht (wie die Kleriker) als Votivoffizium zusätzlich zum kanonischen Offizium, sondern als Ersatz für das kanonische Offizium alleine rezitiert haben, allerdings gibt es auch einige monastische Breviere, in denen Abschnitte aus Ps. 118 zu den kleinen Horen des Marienoffiziums gebetet werden. Die fünf Psalmen zur Vesper (Ps. 112, 116, 145, 146, 147) weichem vom üblichen Brauch des ‚Officium parvum' insgesamt ab, vielleicht ist diese Zusammenstellung überhaupt ganz singulär; die Psalmen zur Komplet schließlich (Ps. 130–133) sind diejenigen, die der deutsche Usus an dieser Stelle vorsieht. Die drei Lesungen zur Matutin, die sich in der Marienberger Handschrift finden (*O, beata Maria, quis tibi digne valeat iura gratiarum …; Admitte nostras preces intra sacrarium exauditionis …*), stammen aus Fulbertus Carnotensis, Sermo 9 (De Annuntiatione dominica), § 5 (PL 141, Sp. 338, in alten Brevier-Ausgaben wird dieser Text Augustinus zugeschrieben, er findet sich im römischen Brevier als zweite Lesung zur zweiten Nokturn der Matutin am zweiten Tag in der Oktav von Mariä Empfängnis, also am 9. Dezember). Dieser Befund ist nicht völlig singulär (die Lesungen sind auch belegt in: Kopenhagen, KB, NKS 35, fol. 18v–19v; Kopenhagen, KB, Thott 535; Kopenhagen, KB, Thott 542, wie der Datenbank ‚Hours of the Virgin' von Erik Drigsdahl [Anm. 17] zu entnehmen ist), aber es lässt sich festhalten, dass auch in diesem Punkt die Marienberger Fassung von den Marientiden aus Hamburg und Lübeck und (im Hinblick auf den lateinischen Text) vom norddeutschen Brauch überhaupt auffällig divergiert. Übrigens sind die drei Lesungen aus Fulbert von Chartres (und der dazugehörige Segen über den Lektor) in der Handschrift Helmstedt 1312 ausradiert, sicherlich, weil sich die Praxis geändert hatte

Allfällige Gemeinsamkeiten der Marientiden aus Hamburg und Lübeck mit dem lateinischen Marienoffizium aus Marienberg sind allerdings im Kommentar zum eigentlichen Text (s. o. in den Fußnoten zum Abschnitt 3) berücksichtigt.

Leider stand kein Brevier aus dem Bistum Verden zum Abgleich zur Verfügung. Das Fürstentum Lüneburg gehörte zum Bistum Verden, dort lagen die Frauenklöster, mit denen die Hamburger Beginen, wie die niederdeutschen Gebetszyklen belegen, offenbar in irgendeinem Austausch standen. Die Verdener Diözese war Teil der Kirchenprovinz Mainz, aus Hamburger Perspektive war das liturgisch also gewissermaßen Ausland. Auch wenn die niederdeutschen Gebetszyklen offensichtlich zu einem gemeinsamen Fundus der Konversen aus den Lüneburger Klöstern und der Hamburger Beginen gehörten, ist also nicht zwangsläufig zu erwarten, dass der in Hamburg und Lübeck belegte Text der Marientiden mit allfälligen deutschen Marientiden, die etwa in den Lüneburger Klöstern existiert haben könnten, übereinstimmt.

Die untenstehende Tabelle enthält wiederum nicht die vollständige Übersicht über die jeweiligen Offizien, sondern nur eine Auswahl charakteristischer Stücke, die es gestatten, die Verwandtschaft der einzelnen Fassungen untereinander zu überprüfen. Hellgrau hinterlegt sind diejenigen Textzeugen, die weder mit dem niederdeutschen Text aus Hamburg noch mit dem aus Lübeck übereinstimmen. Vielfach kommen die Elemente, die an einer bestimmten Stelle zu fehlen scheinen, in den verwandten Offizien stattdessen zu einer anderen Hore vor, es ist einfach nur die Position vertauscht. So findet sich zum Beispiel das Capitulum, das in den deutschen Marientiden aus Hamburg zur Terz steht, in Lund zur Sext, und das Capitulum, das auf Deutsch in Hamburg zur Non steht, in Utrecht auf Latein zur Sext, etc; ähnlich verhält es sich mit den Psalmantiphonen – die Antiphon, die in Hamburg zur Sext steht, gibt es in Lund zur Non, und die, die Hamburg zur Non hat, in Utrecht zur Sext.

und die alten Texte inzwischen neuen Lesungen (wahrscheinlich denjenigen des römischen Breviers, aus Sir. 24) gewichen waren.

	HAMBURG (dt. Text entspr.)	**LÜBECK ’99** (dt. Text entspr.)	Lund Stundenbuch	Mainz Brevier 1495	Hildesheim Brevier 1495	Köln Handschrift	Utrecht Stundenbuch
Matutin							
Invitatorium	In honore	In honore	In honore	Ave Maria	In honore	In honore	In honore
Hymnus	Quem terra	–	Quem terra	Quem terra	Ave maris stella	–	–
Antiphon Ps. 8	Benedicta tu	Benedicta tu	Benedicta tu	Benedicta tu	Benedicta tu	Benedicta tu	Benedicta tu
Lectio 1	Sancta Maria virgo	Sancta Maria virgo	Sancta Maria virgo	In omnibus requiem	O beata virgo	In omnibus requiem	Sancta Maria virgo
Resp. 1	Sancta et immaculata	Sancta et immaculata	Sancta et immaculata	Sancta et immaculata	Sancta et immaculata	Sancta et immaculata	Sancta et immaculata
Laudes							
Antiphon Ps.	O admirabile	O admirabile	Assumpta est Maria	Assumpta est Maria	Sancta Maria virgo	O admirabile	O admirabile
Capitulum	[Textverlust]	In omnibus requiem	In omnibus requiem	Ego sum genus	Ego quasi vitis	Ego quasi vitis	In omnibus requiem
Hymnus	[Textverlust]	O gloriosa	O gloriosa	O gloriosa	Virgo singularis	–	O gloriosa
Antiphon Ben.	[Textverlust]	Beata es	Quae est ista	Alma virgo	Sub tuam protectionem	Sub tuam protectionem	Sub tuam protectionem
Collecta	[Textverlust]	Deus, qui de beatae Mariae	Concede nos, famulos		Deus, qui salutis eterne		
Prim							
Hymnus	Rex Christe + Memento	Rex Christe + Memento	Rex Christe + Memento	Rex Christe	Ave maris stella	Rex Christe	Rex Christe
Antiphon Ps.	Quando natus	Quando natus	Maria virgo assumpta est	Sancta Dei genitrix	Sancta Maria virgo	Quando natus	Quando natus

	HAMBURG (dt. Text entspr.)	**LÜBECK ’99** (dt. Text entspr.)	Lund Stundenbuch	Mainz Brevier 1495	Hildesheim Brevier 1495	Köln Handschrift	Utrecht Stundenbuch
Capitulum	–	Ego quasi vitis	Hec est virgo sancta	Ego sapientia	Trahe me post te	Surge, amica mea	Ab initio et ante
Responsorium	Christe, fili Dei vivi	Christe, fili Dei vivi	Jesu Christe, fili Dei vivi	–	Christe, fili Dei vivi	Christe, fili Dei vivi	Christe, fili Dei vivi
Collecta	Concede, misericors	Concede, misericors	Sancta Maria mater Domini		Protege, quesumus Domine		
Terz							
Antiphon Ps.	Rubum quem	Rubum quem	In odorem unguentorum	Maria virgo assumpta est	Sub tuam protectionem	Rubum quem	Rubum quem
Capitulum	Et sic in Sion	Et sic in Sion	Ab initio	Ego quasi vitis	Multae filiae	Transite ad me omnes	Et sic in Sion
Responsorium	Specie tua	Specie tua	Sancta Maria mater	–	Diffusa est gratia	Speciosa	Specie tua
Collecta	Concede nos, famulos tuos	Concede nos, famulos tuos	Deus, qui salutis aeternae		Concede, quesumus omnipotens		
Sext							
Antiphon Ps.	Pulchra es, et decora	Germinavit radix Jesse	Benedicta filia tu	In odorem unguentorum	Alma virgo Maria	Germinavit radix Jesse	Germinavit radix Jesse
Capitulum	Ego mater pulchrae	Et radicavi	Et sic in Sion	Ego mater pulchrae	Transite ad me omnes	Dilectus meus loquitur	Et radicavi
Responsorium	Diffusa est gratia	Diffusa est gratia	Sancta Dei genitrix	–	Specie tua	Dignare me laudare te	Adiuvabit eam

	HAMBURG (dt. Text entspr.)	**LÜBECK '99** (dt. Text entspr.)	Lund Stundenbuch	Mainz Brevier 1495	Hildesheim Brevier 1495	Köln Handschrift	Utrecht Stundenbuch
Collecta	Omnipotens, sempiterne	Concede, misericors	Concede, misericors		Beate et gloriose semperque virginis		
Non							
Antiphon Ps.	Germinavit radix Jesse	Ecce, Maria genuit	Pulchra es et decora	Pulchra es et decora	Pulchra es et decora	Ecce, Maria genuit	Ecce, Maria genuit
Capitulum	Et radicavi	Trahe me post te	Et radicavi	Transite ad me omnes	Ego flos campi	Ego mater pulchrae	Quasi cedrus
Responsorium	Post partum	Adiuvabit eam	Post partum	–	Adiuvabit eam	Post partum	Adiuvabit eam
Collecta	Adiuvet nos	Adiuvet nos	Famulorum tuorum		Famulorum tuorum		
Vesper							
Antiphon Ps.	Ecce, tu pulchra es	Ecce, tu pulchra es	Beata mater	Ecce, tu pulchra es	Sancta Maria virgo	Ecce, tu pulchra es	Beata mater
Capitulum	Sicut cinnamomum	Sicut cinnamomum	Beata es, virgo Maria	Sicut cinnamomum	Sicut cinnamomum	Sicut cinnamomum	Sicut cinnamomum
Responsorium	Super salutem	Super salutem	Christi virgo dilectissima		Diffusa est gratia		
Hymnus	Ave maris stella	Ave maris stella	Ave maris stella	Ave maris stella	Fit porta	Ave maris stella	Ave maris stella
Ant. Mag.	Sancta Maria, succurre	Sancta Maria, succurre	Sancta Maria, succurre	Sancta Maria, virgo intercede	Sancta Maria, succurre	Sancta Maria, succurre	Sancta Maria, succurre
Collecta	Omnipotens sempiterne	Omnipotens sempiterne	Concede nos, famulos tuos		Concede nos, famulos tuos		

	HAMBURG (dt. Text entspr.)	**LÜBECK '99** (dt. Text entspr.)	Lund Stundenbuch	Mainz Brevier 1495	Hildesheim Brevier 1495	Köln Handschrift	Utrecht Stundenbuch
Komplet							
Antiphon	Beatissimae virginis	–	Cum iocunditate	Sub tuam protectionem	–		Cum iocunditate
Hymnus	Fit porta	Fit porta	Fit porta	Fit porta	Virgo singularis	Fit porta	Fit porta
Capitulum	Multae filiae	Multae filiae	Multae filiae		Multae filiae	Multae filiae	Transite ad me, omnes
Vers	Audi, filia	Audi, filia	In manus dilectissimi		Diffusa est gratia		
Ant. Nunc dim.	–	Glorificamus te	Glorificamus te	Glorificamus te	Alma virgo Maria	Glorificamus te	Glorificamus te
Collecta	Deus, qui salutis	Deus, qui salutis	Gratiam tuam, quaesumus		Deus, qui de beatae Mariae virginis utero		

Auch die ausgewählten Offizien aus den Kirchenprovinzen Lund, Mainz und Köln haben hier wieder alle gemeinsam, dass in ihnen die oben beschriebene ‚deutsche Psalmenverteilung' (Ps. 119–121 zur Prim) vorliegt, und das Invitatorium zum Ps. 94 am Anfang der Matutin ist (mit Ausnahme des Mainzer Brevieres) immer ‚In honore'. Zudem findet sich auch im Vergleich der hier vorgestellten Breviere, ganz wie in den oben vorgestellten Fassungen aus Hamburg, Bremen und Lübeck, die geringste Varianz wiederum in der Matutin, während die Texte der kleinen Horen nun ganz deutlich voneinander abweichen.

Bis zur Gründung des Erzbistumes Lund im Jahre 1102 hatte ganz Skandinavien zur Kirchenprovinz Bremen gehört. Den Marientiden aus Hamburg und Lübeck bzw. deren lateinischer Vorlage in einigen Punkten recht ähnlich ist entsprechend das handschriftliche Stundenbuch aus Lund, allerdings nur im ersten Teil. Eigentlich ist nur die Matutin mit Hamburg völlig identisch, die folgenden Texte weichen von Hamburg und Lübeck dann mehr oder weniger deutlich ab. Erik DRIGSDAHL, der dieses Offizium analysiert hat, glaubt, es könnte aus zwei verschiedenen Quellen geschöpft sein, und vermutet einen normannischen Einfluss in den kleinen Horen von der Prim bis zur Non.[387] Festzuhalten ist allerdings, dass in Lund gerade die Antiphonen zu den kleinen Horen genau mit dem Bursfelder Brevier und auch mit dem Brevier der Augustiner-Chorfrauen von Marienberg[388] übereinstimmen.

Wenig überraschend ist, dass die Übereinstimmungen der in Hamburg und Lübeck existierenden Redaktionen mit dem Mainzer Brevier von 1495 nicht sehr groß sind.

Das ‚Officium parvum beatae Mariae virginis' des ‚Breviarium Hildesemense' von 1495 entspricht strukturell ohne Zweifel dem gemeinsamen Muster der norddeutschen Breviere – namentlich liegt hier die in Abschnitt 2.2 dargestellte ‚deutsche Psalmenverteilung' vor,[389] und das Invitatorium zum Ps. 94 ‚Venite' der Matutin ist, wie zu erwarten, ‚In honore'. Doch ist von allen hier vorgestellten Brevieren das Hildesheimer dasjenige, das sich im Hinblick auf die einzelnen Texte bzw. deren Verteilung auf die einzelnen Horen am weitesten von den aus Hamburg und Lübeck überlieferten lateinischen (und auch den ins Deutsche übersetzten) Fassungen unterscheidet. Obwohl Hildesheim in der Kirchenprovinz Mainz gelegen ist, stimmt die Hildesheimer Fassung kaum je mit dem Mainzer Brevier und sogar in allen Konfliktfällen mit Ausnahme der Psalmantiphon zur Non eher mit dem Kölner als mit dem Mainzer Brevier überein. Zudem bietet es eine Reihe weiterer Besonderheiten – die drei Lesungen zur Matutin sind nicht diejenigen aus der alten Fassung von Fonte Avellana, sondern, wie

387 Datenbank ‚Hours of the Virgin' (Anm. 17).

388 Wolfenbüttel, HAB, Helmstedt 1312.

389 Zur Matutin des Marienoffiziums gibt es im Hildesheimer Brevier im Wechsel der Wochentage reihum drei mal drei Psalmen (für Sonntag, Montag und Donnerstag die allgemein üblichen, Ps. 8, Ps. 18, Ps. 23; für Dienstag und Freitag Ps. 44, Ps. 45, Ps. 86; und für Mittwoch und Sonnabend Ps. 95, Ps. 96, Ps. 97, wie im römischen Brevier und vielfach andernorts).

im Marienberger Brevier, aus Fulbertus Carnotensis, Sermo 9 (De Annuntiatione dominica).[390] Auch wird der Hymnus ‚Ave maris stella' (überall zur Vesper) hier nicht, wie etwa im Hamburger Brevier von 1508, auf die kleinen Horen des Tages, sondern vielmehr auf Matutin, Laudes, Prim und Terz verteilt; zur Sext gibt es dann die Strophen ‚Te nunc suppliciter', ‚Sanctis obtineas' und ‚Presta, summe Pater', das sind die Strophen 5–7 des Hymnus ‚Gaude visceribus', der sich im Hildesheimer Brevier im Formular zum Fest der Geburt Mariens findet; zur Non ‚O gloriosa domina', ‚Quod Eva tristis abstulit', ‚Tu regis alti ianua' und ‚Deo Patri sit gloria', also die letzten vier Strophen von ‚Quem terra, pontus aethera' aus dem Formular des Festes Mariä Himmelfahrt (das ist der Hymnus, den es in den Brevieren von Bremen, Lund und Mainz, aber auch in den deutschen Marientiden von 1499 zu den Laudes des Votivoffiziums gibt); zur Vesper ‚Fit porta Christi', wiederum aus dem Repertoire des Festes Mariä Himmelfahrt (also den Hymnus, den es in den anderen Votivoffizien immer zur Komplet gibt); und zur Komplet schließlich wieder Strophen aus ‚Ave maris stella'; zudem gibt es zu allen Horen nach der Collecta von der Gottesmutter noch ein Suffragium zu allen Heiligen (zu den Laudes sogar mit zwei Collectae, so dass es dort insgesamt drei gibt).

Den Marientiden aus Hamburg und Lübeck bzw. deren lateinischer Vorlage ähnlicher als das Hildesheimer Brevier ist dann die Utrechter Fassung, obwohl das Bistum Utrecht zur Kirchenprovinz Köln gehörte, während der Kölner Usus seinerseits von demjenigen der Hansestädte wieder stärker abweicht.

Auch wenn im Rahmen der vorstehenden Betrachtungen nur einige Grundzüge der norddeutschen Redaktionen des ‚Officium parvum beatae Mariae virginis' bzw. seiner deutschen Übersetzungen aufgezeigt werden konnten, so ist doch der unmittelbare Zusammenhang der niederdeutschen Marientiden mit ihren lateinischen Vorlagen, wie sie sich etwa in den Brevieren der Diözesangeistlichkeit fanden, hinreichend deutlich geworden – mit der nicht unwesentlichen Einschränkung, dass hier nicht etwa der historische Kernbestand des kanonischen Offiziums ins Deutsche übersetzt wurde, sondern vielmehr ein jüngerer Teil, der für den Klerus und die eigentlichen Religiosen nur einen Zusatz zum Stundengebet, gewissermaßen die Beilage, dargestellt hatte (wobei die Texte des Votivoffiziums natürlich ihrerseits aus den Texten der Marienfeste des kanonischen Offiziums geschöpft waren).

Der ‚Cursus' der Hamburger Handschrift Cod. conv. 2 steht insofern also für einen Befund, der prinzipiell zu erwarten war – die Beginen sind keine ‚echten' Religiosen, zum kompletten liturgischen Offizium sind sie nicht verpflichtet und wahrscheinlich auch nicht in der Lage, nämlich weil sie kein Latein können (im Gegensatz zum Beispiel zu den Lüner Nonnen, die von Kindheit an in der Klosterschule zum Vollzug

390 PL 141, Sp. 338, der Text der dritten Lesungen findet auch noch einmal als Magnifikatantiphon Verwendung, siehe oben, im Kommentar zum Brevier der Augustiner-Chorfrauen aus Marienberg.

des *cultus publicus Ecclesiae* ausgebildet wurden). Der ‚offiziellen' Liturgie der Kirche wohnen die Beginen insofern also eher als ‚Konsumenteninnen', nicht als Akteurinnen bei – im Pfarrgottesdienst sitzen (oder stehen) sie wahrscheinlich bei den einfachen Gläubigen im Kirchenschiff, sie haben keinen Platz im Chorgestühl. Andererseits aber orientiert sich ihr Gebet, wie das der Konversen und der frommen Laien überhaupt, natürlich am ‚offiziellen' Kult der Religiosen, und sie partizipieren daran, insofern sie Anteile davon in deutscher Übersetzung rezitieren. Die ‚offizielle' Liturgie der Kirche steht sozusagen als gliedernder Maßstab und textliche Voraussetzung hinter ihrer Privatandacht, ihre volkssprachlichen Gebetbücher sind nicht die Liturgie der Kirche, aber sie beziehen sich auf die Liturgie der Kirche.

DR. PHILIPP STENZIG ist wissenschaftlicher Mitarbeiter am Institut für Geschichte, Abteilung Mittelalter, an der Universität Düsseldorf.

Die Gebetskultur der Hamburger Beginen vor dem Hintergrund der spätmittelalterlichen Reformbewegungen

MARTINA WEHRLI-JOHNS

Abstract: The beguine convent of Hamburg, founded in 1255 and transformed during the Lutheran Reformation into a protestant convent for widows and unmarried women, kept a number of manuscripts from the end of the fiftieth century to the first decades of the sixtieth century. In 1875 this little corpus of middle low German manuscripts was donated to the Library of the City of Hamburg. In recent time it has been studied by medievalists of various interests, reaching from library science to linguistic and historical questions. In the following article the focus is laid on selected manuscripts from Cod. conv. 1–14 giving insight into the spiritual interests and the religious practice of the beguines. It asks to which extent their choice of texts was influenced by the *Devotio moderna* and to what degree those texts were part of a program of reform initiated by the ecclesiastical authority in Hamburg.

Keywords: Hamburg beguines, Hamburg cathedral dean („Domdekan"), *Devotio moderna*; Kloster Medingen, Kloster Ebstorf, Michaeliskonvent Lübeck, Lübeck printers

Wer sich mit der Geschichte der Beginen im Mittelalter beschäftigt, ist immer wieder überrascht von der Vielfalt dieser Lebensform, die sich je nach Region oder politischer und kirchlicher Verfassung der sie beherbergenden Städte erheblich voneinander unterscheiden konnte. Auf die Besonderheiten der Hamburger Beginen haben die Arbeiten von Hedwig RÖCKELEIN und ihrer Mitarbeiterinnen Monika BOESE und Kathrin TIEMANN nachdrücklich hingewiesen.[1] Sie stellten fest, dass die Hamburger

1 Hedwig Röckelein, Hamburger Beginen im Spätmittelalter – ‚autonome' oder ‚fremdbestimmte' Frauengemeinschaft? In: Martina Wehrli-Johns u. Claudia Opitz (Hgg.), Fromme Frauen oder Ketzerinnen? Leben und Verfolgung der Beginen im Mittelalter (Herder Spektrum 4692). Freiburg i. Br. 1998, S. 119–137. Der Beitrag ist zuerst erschienen, in: Das Mittelalter. Perspektiven mediävistischer Forschung, Jg. 1, Heft 2 (1996), S. 73–88. Monika Böse u. Kathrin Tiemann, Der

Beginen nicht wie in vielen Städten des damaligen Reichs deutscher Nation in enger seelsorgerischer und organisatorischer Verbindung zu den beiden großen Bettelorden der Dominikaner und Franziskaner standen, sondern der Aufsicht des Domkapitels unterstellt waren.[2] Dies, obwohl beide Orden seit der Mitte des 13. Jahrhunderts eine wichtige Rolle bei der Seelsorge der städtischen Bevölkerung spielten.[3] Verglichen mit anderen Städten war die Anzahl der Beginengemeinschaften in Hamburg auch eher gering. Am frühesten tritt der später so genannte Beginenkonvent bei St. Jakob in Erscheinung (Abb. 1 = in diesem Band, S. 294 [Abb. 8, Röcklein]). Er wurde im Jahr 1255 von den beiden Stadtherren, den Grafen Johannes und Gerhard von Schauenburg, auf Wunsch ihrer Eltern gestiftet. Zum Stiftungsgut gehörte ein Hof mit einem größeren Grundstück an der späteren Steinstraße bei der künftigen Pfarrkirche St. Jakob. Eine weitere Beginensammlung beim Pferdemarkt erhielt 1303 zur Vergrößerung ihrer bestehenden Niederlassung ein Haus geschenkt, wird aber nach 1352 nicht mehr erwähnt. Vermächtnisse Hamburger Bürger zugunsten bedürftiger Beginen und Begarden beim Heiliggeist Spital sind in diesem Zeitraum ebenfalls bezeugt.[4]

Es ist wahrscheinlich, dass das allgemeine Verbot des Beginenstandes auf dem Konzil von Vienne (1311), das 1317 unter Papst Johannes XXII. mit der Veröffentlichung der Clementinen geltendes Kirchenrecht geworden war und allerorts für große Unruhe gesorgt hatte,[5] einer weiteren Entwicklung des Beginenwesens in Hamburg Grenzen gesetzt hatte.[6] Davon ausgenommen war nur der Konvent an der Steinstraße, der aber wohl aus diesen Gründen im Jahr 1360 einer straffen Kontrolle durch das Domkapitel unterstellt wurde und bis zur Reformation einen festen Platz im kirchlichen Leben der Stadt einnahm. Danach wurde der Konvent in ein evangelisches Frauenstift umgewandelt, das bis in die Mitte des 19. Jahrhundert die Tradition des alten Beginenkonvents fortführte. Dieser Tatsache verdankt die Forschung die Erhaltung von 14 Handschriften und zwei Frühdrucken aus dem Ende des 15. und Anfang des 16. Jahrhunderts. 1875

Beginenkonvent im spätmittelalterlichen Hamburg. In: Zeitschrift des Vereins für Hamburgische Geschichte 82 (1996), S. 1–28.

2 Röckelein, Hamburger Beginen (Anm. 1), S. 121–124. Böse u. Tiemann (Anm. 1), S. 2–4.

3 Das Hamburger Franziskanerkloster St. Maria Magdalena wurde vor 1239 vom Stadtherrn Adolf IV. von Schauenburg errichtet, der zu diesem Zeitpunkt selber dem Konvent beitrat, siehe Angela Koch, Die Minderbrüder in Hamburg. In: Dieter Berg (Hg.), Franziskanisches Leben im Mittelalter: Studien zur Geschichte der rheinischen und sächsischen Ordensprovinzen (Saxonia Franciscana 3). Werl 1994, S. 71–92, hier S. 71–74. Zur Beliebtheit bei der Hamburger Bürgerschaft siehe Koch, S. 75–82. Zur Baugeschichte der beiden Bettelordenskirchen siehe Ruth Schliemann, Die Bettelordensklöster St. Maria-Magdalena und St. Johannis, Hamburg, Diss. Hamburg 2000, Online-Ressource 2002, S. 12–35, 36–71. (http://www.sub.uni-hamburg.de/disse/655dissertation.pdf).

4 Böse u. Tiemann (Anm. 1), S. 4. Röckelein, Hamburger Beginen (Anm. 1), S. 121.

5 Martina Wehrli-Johns, Die kanonistischen Kommentare zu den Beginendekreten von Vienne 1311 und ihre Auswirkungen auf die Verfolgung der Beginen und Begarden im 14. Jahrhundert. In: Dietmar Mieth u. Britta Müller-Schauenburg (Hgg.), Mystik, Recht und Freiheit. Religiöse Erfahrung und kirchliche Institutionen im Spätmittelalter. Stuttgart 2012, S. 38–50.

6 Röckelein, Hamburger Beginen (Anm. 1), S. 122.

gelangte diese kleine Bibliothek als Schenkung an die Stadtbibliothek Hamburg und befinden sich heute in der Staats- und Universitätsbibliothek Hamburg Carl von Ossietzky (SUB).

Bekannt geworden sind die Beginenhandschriften bereits durch die Beschreibungen von Conrad Borchling aus dem Jahr 1899.[7] Die wissenschaftliche Beschäftigung mit diesen Texten hat aber erst in jüngster Zeit eingesetzt und ist noch nicht abgeschlossen. Zu nennen sind hier vor allem die 2015 erschienenen Beiträge von Hans-Walter STORK und Christian SCHMIDT für einen Sammelband zum Beginenwesen im Spätmittelalter und früher Neuzeit. Während STORK, 2005–2016 Kustos der Handschriftensammlung der Hamburger SUB, eine eigentliche Neubeschreibung der einzelnen Handschriften zu verdanken ist, die sowohl die Herstellung und Ausstattung wie auch Einzelheiten zu den Besitzerinnen berücksichtigt, so ist es Christian SCHMIDT gelungen, aufgrund von Vergleichen mit Handschriften aus dem Zisterzienserinnenkloster Medingen einen Zusammenhang mit der Reformbewegung der *Devotio moderna* und einigen Gebetbüchern aus dem Hamburger Beginenkonvent herzustellen.[8]

Ausgehend von diesen Neuansätzen soll im Folgenden versucht werden, das Gebetsleben der Hamburger Beginen am Vorabend der Reformation vor dem Hintergrund ihrer Einbindung in die kirchlichen Strukturen der Hansestadt wie auch ihrer offensichtlichen Nähe zur Reformbewegung der niederländischen *Devotio moderna* genauer in den Blick zu nehmen.

Die Aufsicht des Domdekans

Möglicherweise unterstand der Beginenkonvent bereits seit seiner Gründung einer gewissen Aufsicht von Seiten des Hamburger Domdekans.[9] Der Domdekan gehörte neben dem Propst, dem Scholastiker und dem Thesaurar zu den wichtigsten Amtsträgern des Domkapitels, dem seit der Verlegung der Residenz des Erzbischofs von

7 Conrad Borchling, Mittelniederdeutsche Handschriften in Norddeutschland und den Niederlanden. Erster Reisebericht. In: Nachrichten von der Königl. Gesellschaft der Wissenschaften zu Göttingen. Göttingen 1899 (= Borchling 1) (digitalisiert, Archive.org.), S. 79–136, hier S. 97–115 (Online: archive.org). Der bei Borchling, S. 98, erwähnte handschriftliche Katalog von C. H. F. Walther war mir nicht zugänglich.

8 Hans-Walter Stork, Die Handschriften des Hamburger Beginen-Konvents in den Sammlungen der Staats- und Universitätsbibliothek Hamburg – ein überlieferungsgeschichtlicher Überblick. In: Jörg Voigt, Bernward Schmidt u. Marco A. Sorace (Hgg.), Das Beginenwesen im Spätmittelalter und Früher Neuzeit (Studien zur christlichen Religions- und Kulturgeschichte 20). Fribourg, Stuttgart 2015, S. 199–233. Christian Schmidt, Gebetszyklen der Hamburger Beginen im Kontext der Gebetbuchkultur der Lüneburger Frauenklöster. In: Voigt, Beginenwesen, S. 234–255.

9 Boese u. Tiemann, Beginenkonvent (Anm. 1), S. 3, weisen darauf hin, dass die Schenkungsurkunde der Stadtherren unter den Zeugen den Domdekan Bertold aufführt. Siehe auch Staphorst, Historia Bd. 1. 2 (Anm. 12), S. 33.

Hamburg-Bremen nach Bremen die gesamte Leitung der Hamburger Kirche oblag.[10] Um die Mitte des 14. Jahrhunderts war die Pfarrorganisation in Hamburg weitgehend abgeschlossen und spätestens 1356 alle Pfarreien dem Domkapitel inkorporiert.[11] Der Dekan hatte die Aufsicht über die Geistlichkeit, zu der nach den ältesten Statuten des Beginenkonvents aus dem Jahr 1360 im weiteren Sinn auch die Beginen bei der Pfarrei St. Jakob gezählt wurden. Die neue Ordnung vom 6. Juli 1360 wurde mit einer Breve besiegelt vom Erzbischof von Bremen und bestätigt durch den Propst und den Dekan des Hamburger Domkapitels.[12] Darin wurde ausdrücklich verordnet, dass die Witwen und Jungfrauen, die im „Convents-Haus und Hof zu S. Jacob" ansässig seien, wie bisher frei von Abgaben bleiben sollten, der Jurisdiktion des Domdekans unterstellt und bei Strafe des Bannes frei von weltlicher Gerichtsbarkeit verbleiben sollten. Sie galten also als zur „Familie" des Domkapitels gehörende geistliche Personen, was sie möglicherweise auch vor Verfolgungen durch die Inquisition schützte.[13] Alle übrigen Punkte betreffend die innere Ordnung des Konvents, und das Verhalten der Beginen wurden vom Domdekan verordnet. So durfte ohne Wissen des Dekans keine Schwester aufgenommen werden. Von seiner Zustimmung abhängig war auch die Wahl der Meisterin durch ein Gremium älterer Schwestern. Die Meisterin verfügte über die Strafgewalt im Konvent, konnte bei Ungenügen aber wiederum durch den Domdekan abgesetzt werden. Ihr stand zudem das Doppelte an Almosen zu, die den Schwestern im Konvent von Seiten der Bevölkerung gespendet wurden. Den Beginen selber war Privatbesitz nicht verboten, sie waren aber verpflichtet, die Hälfte ihres Besitzes testamentarisch dem Konvent zu vermachen. Ohne Erlaubnis der Meisterin durften die Beginen den Konvent nicht verlassen. Außerdem wurde ihnen ein einheitliches Habit in blauer oder brauner Farbe und weißem Schleier vorgeschrieben, mit dem sie sich von der übrigen Bevölkerung unterschieden. Untereinander sollten die Schwestern friedfertig sein und

10 Das Visitationsbuch der Hamburger Kirchen 1508–1521–1525, hrsg. v. Erich Keyser, bearbeitet v. Helga-Maria Kühn (Arbeiten zur Kirchengeschichte Hamburgs 10). Hamburg 1970, S. 15*19*. Rainer Postel, Die Reformation in Hamburg 1517–1528 (Quellen und Forschungen zur Reformationsgeschichte 52). Gütersloh 1986, S. 67–75. Heinrich Reincke, Hamburg am Vorabend der Reformation. Aus dem Nachlass herausgegeben, eingeleitet und ergänzt v. Erich von Lehe (Arbeiten zur Kirchengeschichte Hamburgs 8). Hamburg 1966, S. 32–40. Wilhelm Jensen, Das Hamburger Domkapitel und die Reformation (Arbeiten zur Kirchengeschichte Hamburgs 4). Hamburg 1961, S. 13–19.

11 Siehe Peter Vollmers, Die Hamburger Pfarreien im Mittelalter (Arbeiten zur Kirchengeschichte Hamburgs. 24). Hamburg 2005, S. 35–76. Postel, Reformation (Anm. 10), S. 75–80.

12 Text der Verordnung ediert bei Nicolaus Staphorst, Historia Ecclesiae Hamburgensis Diplomatica., das ist Hamburgische Kirchengeschichte. Teil 1, Bd. 2. Hamburg 1725, S. 640–644. Bayerische Staatsbibliothek digital. htttp://mdz-nbn-resolving.de/urn:nbn:de:bvb:12-bsb10005716-7. Vgl. auch Röckelein, Hamburger Beginen (Anm. 1), S. 124–131.

13 Siehe Röckelein, Hamburger Beginen (Anm. 1), S. 125. Im Jahr 1328 wurde in Stade ein Provinzialkonzil der Kirchenprovinz Bremen abgehalten, auf dem es verboten wurde, die Beginen zu unterstützen. Dieses Verbot wurde begründet mit den Erlassen des Konzils von Vienne, siehe Peter Vollmers, Die Hamburger Pfarreien im Mittelalter (Arbeiten zur Kirchengeschichte Hamburgs 24). Hamburg 2005, S. 312.

ihre Mitschwestern nicht beleidigen. Jedes Vergehen, besonders aber sexuelle Verfehlungen, sollten durch die Meisterin und den Dekan strengstens geahndet werden.

Ein integrierender Teil der Verordnung waren auch die religiösen Verpflichtungen. So war der Empfang der Eucharistie mindestens zu vier Malen, nämlich an Weihnachten, Ostern, Pfingsten und Mariae Himmelfahrt vorgesehen. Mit Gebeten und Fasten sollten sich die Beginen darauf sorgfältig vorbereiten. Anlässlich von Exequien für ihre Mitschwestern sollten sie für das Seelenheil der Verstorbenen beten und sie der allgemeinen Fürbitte der Kirche empfehlen. Täglich sollten die Beginen morgens und abends je 20 *Pater noster* und *Ave Maria* beten sowie der täglichen Messe in der Pfarrkirche beiwohnen, sofern sie nicht durch nützlichere Arbeit daran gehindert waren. Den Gebildeten (*literatae*) unter ihnen war zusätzlich die tägliche Lektüre des Stundengebetes der Jungfrau Maria, der sog. *Cursus Mariae seu horas*, vorgeschrieben. Die ganze Verordnung sollte den Schwestern zu vier Malen im Jahr vorgelesen und zur Kenntnis gebracht werden. Ferner wurde festgelegt, dass nicht mehr als zwanzig Schwestern im Konvent lebenden durften.

Die weitere Entwicklung des Konvents an der Steinstraße lässt sich an der ersten Ordnung des neu eingesetzten Domdekans Albert Gheverdes aus dem Jahr 1440 umrisshaft erkennen: In ultimativer Form werden darin die Beginen aufgefordert, bei der Aufnahme in den Konvent eine bestimmte Summe zum baulichen Unterhalt des Hauses zu entrichten und den Vorständen/Pflegern des Konvents zwei Mark jährliche Rente zu übergeben, damit ihr Lebensunterhalt bis an ihr Lebensende daraus bestritten werden konnte. Kam es jedoch vor, dass eine Begine wegen unsittlichen Verhaltens aus der Gemeinschaft ausgeschlossen wurde, sollte dieses Einkommen an den Konvent fallen. Mit einer letzten Bestimmung verlangte der Dekan unter Androhung von Strafen, dass die festlichen Mahlzeiten bei der Aufnahme in den Konvent nicht mehr als drei bis vier Gerichte umfassen dürften, damit weniger bemittelte Frauen nicht wegen der hohen Kosten vom Eintritt abgehalten würden.[14]

Diese erneuten Eingriffe in das innere Leben der Beginen sind möglicherweise eine Folge der Reformpolitik von Papst Eugen IV. (1431–1439). Sie zielte darauf ab, die Zahl der nicht überlebensfähigen Konvente durch Schließungen und Zusammenlegungen zu reduzieren und die verbleibenden Häuser stärker zu reglementieren. In diesem Sinne hatte der Papst in einem an alle Bischöfe gerichteten Schreibens gebeten, dafür zu sorgen, dass jeder Konvent einer Regel unterstellt wurde.[15] Dazu kam es in Hamburg jedoch nicht. Stattdessen wurde die Aufsicht des Domkapitels über die Beginen zu zwei Malen verschärft: Im Jahr 1461 unter dem Domdekan Johannes Bennyn (1443–

14 Staphorst: Historia, Bd. 1.–4, 1731, S. 46. Internet Archive. um:oclc:record:10416013663.

15 Boese u. Tiemann, Beginenkonvent (Anm. 1), S. 5. Martina Wehrli-Johns, Augustinusregel, Konstitutionen und Drittordensregel. Zur Regulierung von Frauengemeinschaften im dominikanischen Umfeld vom 13. bis 15. Jahrhundert. In: Rottenburger Jahrbuch für Kirchengeschichte 27 (2008), S. 71–89, hier S. 87.

1467), der mit seiner Änderung der Statuten die Stellung der Meisterin stärkte und die Beginen zu absolutem Gehorsam ihr gegenüber verpflichtete, sowie erneut Domdekan Albert Gheverdes im Jahr 1490 mit seinen strengen Vorschriften betreffend Abschließung des Konvents über Nacht und Regelung des Ausganges der Schwestern. Es war ihnen jetzt sogar untersagt, an den kirchlichen Feiern in der Stadt an Ostern und Pfingsten teilzunehmen, erlaubt war ihnen lediglich der Besuch der Messe in der Pfarrkirche St. Jakob.[16] Darauf wird noch zurückzukommen sein.

Wie man sich den Gebäudekomplex der Beginen an der Steinstraße Ende des 15. Jahrhundert vorzustellen hat, zeigt die Abzeichnung einer Darstellung von 1797, die 1851 zum Zeitpunkt seiner Auflösung des Damenstiftes angefertigt wurde.[17] Er besteht aus einem steinernen Haupthaus mit mehreren Stockwerken und Speichern und verschiedenen kleineren Gebäuden. Das Gebäude daneben mit der Jahreszahl 1797 existierte damals noch nicht. Hinter dem Haupthaus lagen die Gärten und ein großer Grasplatz. Das Eingangstor befand sich an der Steinstraße gegenüber der Jacobi Kirche. Die Anlage erinnert insgesamt an einen kleineren, von der Umwelt abgeschlossenen Beginenhof, für den in den Niederlanden im Unterschied zu den großen Beginenhöfen mit eigenen Pfarrechten die Bezeichnung Beginenkonvent üblich wurde.[18] An einen Beginenhof erinnert auch die Pflicht, ein Beginenhabit zu tragen; das Habit wurde bereits 1360 erwähnt und bestand im Falle von Hamburg und von Lübeck aus einem blauen Mantel und einer weißen Haube (Abb. 2 = Tafel X, Abb. 1 [Müller]).

Unbekannt ist, wieviel Beginen in diesen Gebäuden untergebracht waren. Man kann aber annehmen, dass sich die Zahl der Insassinnen im Verlauf des Spätmittelalters möglicherweise durch den Zusammenschluss mit anderen Beginensammlungen der Stadt vergrößert hatte. Aus dieser Zeit wissen wir, dass der Konvent auch eine Kinderschule unterhielt, die im gleichen Gebäudekomplex untergebracht war. Es war in jedem Fall mit den im Konvent beschäftigten Arbeitskräften eine größere Gemeinschaft zu verköstigen und zu bekleiden. Genaueres teilen die im Jahr 1482 einsetzenden Rechnungsbücher mit, die von BOESE und TIEMANN untersucht wurden. Die Pflicht zu einer geordneten Wirtschaftsführung ist ein Kennzeichen aller spätmittelalterlichen Reformbewegungen.[19] Insofern sind die Rechnungsbücher neben den Gebets-

16 Staphorst: Historia, Bd.1.–4, 1731, S. 148 f. (Johannes Bennyn, Dekan zu Hamburg, vor 1465), S. 160 (A. Gheverdes, 1490). Internet Archive. um:oclc:record:1046013663.

17 Abgebildet bei Boese u. Tiemann, Beginenkonvent (Anm. 1), S. 16 f. Zum Bau vgl. auch den Beitrag von Hedwig Röckelein in diesem Band.

18 Siehe Florence W. J. Koorn, Von der Peripherie ins Zentrum. Beginen und Schwestern vom Gemeinsamen Leben in den nördlichen Niederlanden. In: Wehrli-Johns u. Opitz, Fromme Frauen (Anm. 1), S. 95–118, hier S. 101–103.

19 Boese u. Tiemann, Beginenkonvent (Anm. 1), S. 10–27. Ich verweise hier ausserdem auf den Beitrag von Sarah Bongermino in diesem Band über „Verbrauchsgewohnheiten der Hamburger Beginen um 1500".

handschriften ein wichtiges Indiz für das Einsetzen von Reformbemühungen in den letzten Jahrzehnten des 15. Jahrhunderts.

Die Handschriften des Konvents: Herkunft und Inhalte

Alle heute in der Staats- und Universitätsbibliothek Hamburg aufbewahrten vierzehn ehemaligen Beginenhandschriften werden in das letzte Viertel des 15. Jahrhunderts bis Anfang 16. Jahrhundert datiert. Sie stammen also aus der Zeit, wo der Konvent unter der Aufsicht des Domdekans straff geführt, baulich erweitert und wirtschaftlich gesichert dastand. Außerdem wurden die Schwestern zu dieser Zeit quasi einer Art Klausur unterstellt, die zwar nicht zu vergleichen ist mit der strengen Klausur der reformierten Frauenklöster, die aber doch eine gewollte Hinwendung zu einer mehr kontemplativen Lebensweise andeutet, für die wir auch in den Handschriften zahlreiche Hinweise finden.

Nach den Untersuchungen von Hans-Walter STORK handelt es sich mit zwei Ausnahmen (Cod. conv. 1 und Cod. conv. 2) nicht um Pergamenthandschriften, sondern um Papierhandschriften im kleinen Oktavformat, die im Gebrauch leicht zu halten und zu tragen waren. Wobei Cod. conv. 1 aus einem Pergamentteil und einem Papierteil zusammengesetzt ist.[20] Der zweite Pergamentcodex ist noch kleiner als die übrigen Codices (in 16°). Ein größeres Format weisen nur die beiden Inkunabeln des Konvents auf, der Lübecker Pergamentdruck aus der Offizin des Lukas Brandis mit dem Psalter in niederdeutscher Sprache aus dem Jahr 1473 (Hamburg, SUB, Cod. in scrin. 84b) und Cod. conv. 14, eine Sammlung von Perikopen für die Lesung im Gottesdienst, die laut lateinischem Kolophon ein Leo von Ratingen im Jahr 1434 ins Niederdeutsche übersetzt bzw. paraphrasiert hatte. Seit wann sich der Band im Konvent befand, ist nicht bekannt.[21] Alle Beginenhandschriften präsentieren sich noch heute in ihren originalen, mit braunem oder rotem Leder überzogenen Holzeinbänden mit Metallschließen. Eine Ausnahme bildet nur die unter der Signatur Cod. conv. 15 aufgenommene Sammelmappe mit Zetteln, Texten und Bildern, die ursprünglich in den übrigen Codices lose eingelegt waren.

STORK hat bei insgesamt sieben Handschriften Vermerke über die Besitzer, respektive Besitzerinnen gefunden. Bei den Besitzerinnen können einige mit Sicherheit dem Beginenkonvent zugewiesen werden. Ob sie sich auch als Schreiberinnen betätigt hatten, ist jedoch ungewiss.[22] Erwähnenswert ist, dass der Schreiber und Erstbesitzer von Cod. conv. 4, ein gewisser Arnt Bruene, Mitglied der Gesellschaft der Flandernfahrer

20 Borchling 1 (Anm. 6), S. 98; Stork, Handschriften (Anm. 8), S. 204–209.
21 Borchling 1 (Anm. 6), S. 110; Stork, Handschriften (Anm. 8), S. 223, Abb. 17.
22 Nach Stork, Handschriften (Anm. 8), S. 209, und S. 223, Abb. 18, könnte der anonyme Schreibervermerk am Schluss eines Mariengedichtes, in dem eine *denerynnen christi* genannten Frau er-

in Hamburg war.[23] Er übergab den Band seiner Schwester Alleke Bruene im Beginenkonvent, danach gelangte er an ihre Mitschwester Anke Petersen und schließlich an Gefken Meyres aus dem Konvent.[24] Man kann daraus schließen, dass die Handschriften zum Privatbesitz der Beginen zählten, aber nach dem Tod der Besitzerinnen im Konvent weitergereicht wurden.[25]

Das einheitliche Erscheinungsbild der Handschriften deutet darauf hin, dass die darin aufgenommenen Texte im letzten Jahrzehnt des 15. Jh. zum Teil neu erworben oder allenfalls neu zusammengesetzt und gebunden wurden. Bei diesem Vorgang waren offenbar die Beginen selber aktiv beteiligt, wie aus einem kurzen Schreiben hervorgeht, das STORK unter den Fragmenten des Cod. conv. 15 (Nr. 6) entdeckt hat.[26] Der Brief eines anonymen Buchbinders ist gerichtet an die „liebe Jungfrau Metken", die beim Adressaten offenbar ein Werk genannt *Spiegel der samwitticheit* oder *Buch der conscientien* bestellt hatte, das leider bei ihm wegen anderer größerer Aufträge lange liegen geblieben sei. Der Buchbinder entschuldigt sich dafür und kündigt die baldige Überbringung des Buches durch einen Boten an. Bei dem *Buch der conscientien* handelt es sich um eine Art Gewissensspiegel, der seine Leserschaft zu einem gottgefälligen Leben anhalten soll, ihm das notwendige Heilswissen vermitteln und den Wert des Gebetes, insbesondere des *Pater noster*, nahebringen möchte.[27] Der aus Hamburg

wähnt wird (Cod. conv. 9, f. 212v), auf eine Begine deuten. Dazu auch Boese u. Tiemann, Beginenkonvent (Anm. 1), S. 6f.

23 Borchling 1 (Anm. 7), S. 100. Stork, Handschriften (Anm. 8), S. 208 und S. 223, Abb. 16. Der Schreiber könnte identisch sein mit Arnt Bruns, der sowohl 1469/1480 wie 1485 und 1491 als Mitglied der Gesellschaft erwähnt wird, siehe Jürgen Bolland, Die Gesellschaft der Flandern-Fahrer in Hamburg während des 15. Jahrhunderts. In: Zeitschrift des Vereins für Hamburgische Geschichte 41 (1951) digitalisiert agora.sub.uni-hamburg.de, S. 155–188, hier S. 177.

24 Stork, Handschriften (Anm. 8), S. 209.

25 Ebd.

26 Stork, Handschriften (Anm. 8), S. 214 und S. 233, Abb. 36. Dazu auch Hans-Walter Stork, Zu einem Brief des 15. Jahrhunderts aus der Bibliothek des Beginenkonvents in Hamburg. In: Gutenberg-Jahrbuch 2014, S. 220–225. Siehe auch Wolfgang Stammler, Studien zur Geschichte der Mystik in Norddeutschland. In: Kurt Ruh (Hg.), Altdeutsche und Altniederländische Mystik (Wege der Forschung 23). Berlin 1964, S. 386–436, hier S. 390f.

27 Siehe Gunhild Roth, ‚Spiegel der samwitticheyt', Die deutsche Literatur des Mittelalters. Verfasserlexikon. Begründet v. Wolfang Stammler, fortgeführt v. Karl Langosch. Zweite, völlig neu bearbeitete Auflage unter Mitarbeit zahlreicher Fachgelehrter. Hrsg. v. Kurt Ruh u. a. (= ²VD), Bd. 9 (1993), Sp. 121–124. Conrad Borchling, Mittelniederdeutsche Handschriften: Reisebericht/3. In Wolfenbüttel und einigen benachbarten Bibliotheken (Gesellschaft der Wissenschaften [Göttingen], Philologisch-Historische Klasse). Göttingen 1902 (= Borchling 3, S. 255). Stammler, Mystik (Anm. 26), S. 426. Stammler hatte in einer Sammelhandschrift aus Wolfenbüttel, Herzog August Bibliothek (= HAB), Cod. Guelf. 704 Helmst. zu diesem Werk auch einen Vermerk zu dem Übersetzer gefunden: *Speygel der samwittigcheit, vt dem latine in dudesch gekart dorch Marcwart Kremer, eyn broder to Marienwolde*. Das Augustiner–Chorherren Kloster Marienwolde, genannt Freneswegen, im Bistum Münster gehörte der Windesheimer Kongregation an, siehe Germania Sacra, Historisch-Statistische Beschreibung der Kirche des Alten Reiches, hrsg. vom Max Planck Institut für Geschichte. Neue Folge 5: Die Bistümer der Kirchenprovinz Köln, Das Bistum Münster 2, Die

gebürtige Lübecker Drucker Steffen Arndes, in dem STORK auch den Schreiber des Briefes vermutet, hatte das Werk 1487 im Druck erscheinen lassen. Seine Druckvorlage war möglicherweise die Handschrift, Lübeck, Stadtbibliothek, Ms. theol. germ. 8° 31, als dessen Provenienz der Lübecker Michaeliskonvent, ein Haus der Schwestern des Gemeinsamen Lebens, vermutet werden kann.[28] Ob die Begine Metken eine Abschrift der Lübecker Handschrift oder bereits die gedruckte Fassung bestellt hatte, lässt sich nicht mehr feststellen, da der entsprechende Band nicht erhalten ist.

Von Steffen Arndes stammt der niederdeutsche Druck des kleinen Offiziums der Jungfrau Maria, der sogenannten ‚Marientiden', gedruckt Lübeck, 1499 (GW 13011). Wie erwähnt, gehörte der *Cursus Mariae* bereits in den Verordnungen des Domdekans aus dem Jahr 1360 zur Pflichtlektüre der lesekundigen Beginen. Welcher Text ihnen damals zur Verfügung stand, ist jedoch nicht bekannt. In Cod. conv. 9 befindet sich ein gereimtes Offizium, das vielleicht noch aus dieser Zeit stammt.[29] Es wurde bislang aber noch nicht näher untersucht. Ein zweiter ‚Cursus' befindet sich in der erwähnten kleinen Pergamenthandschrift Cod. conv. 2, als deren Besitzerin Margrit Gotkens aufgeführt wird. Philipp STENZIG hat dieser Textvariante eine grundlegende Studie gewidmet, die auch für die Frage der Herkunft der Beginenhandschriften von Belang ist.[30] Ihm zufolge weist die Hamburger Fassung in manchen Teilen Übereinstimmungen sowohl mit dem Druck von Arndes wie dem Psalmendruck von Lukas Brandis (1473) auf, ist aber keine Abschrift aus beiden Drucken. Gemeinsam ist ihnen allen nur die lateinische Vorlage, wobei nach STENZIG davon auszugehen ist, dass die niederdeutsche Übersetzung des Drucks von Arndes direkt auf der lateinischen Vorlage beruht, während die Beginenhandschrift wohl eine Abschrift einer anderen deutschen Übertragung aus der gleichen lateinischen Vorlage darstellt. Ein zweites Ergebnis von STENZIG ist der Befund, dass der Text von Cod. conv. 2 in einer ganzen Reihe von Handschriften anzutreffen ist, die Hamburger Handschrift also in einem Textverbund mit anderen Handschriften aus dem niederdeutschen Raum steht, von denen einige durch ihre Provenienz dem Einflussbereich der *Devotio moderna* zugeordnet werden

Klöster der Augustiner–Chorherren, Berlin 1971, bearbeitet v. Wilhelm Kohl (online). S. 1–174, hier S. 47. https://doi.org/10.26015/adwdocs-82.

28 Siehe Paul Hagen, Die deutschen theologischen Handschriften der Lübeckischen Stadtbibliothek o. j., 22. Laut Hagen, Vorwort, VI, stammen die meisten Handschriften der Stadtbibliothek aus dem Michaeliskonvent. Sie sind, sofern kein Besitzvermerk vorliegt, auch an der römischen Zahlensignatur erkennbar. Zum Michaeliskonvent bei St. Ägidien in Lübeck, auch nach dem Gründer Segebergkonvent genannt, siehe Germania Sacra, Das Bistum Münster: Die Schwesternhäuser nach der Augustinerregel, bearbeitet v. Wilhelm Kohl. Berlin 1968, S. 94 f.

29 Röckelein, Hamburger Beginen (Anm. 1), S. 134. Borchling 1 (Anm. 7), S. 105.

30 Philipp Stenzig, Die ‚Marientiden' der Hamburger Beginen (Hamburg, SUB, Cod. conv. 2) und die zugrundeliegenden Elemente der ‚offiziellen' (lateinischen) Liturgie; in diesem Band. Ich habe Philipp Stenzig sehr zu danken für die Überlassung seines ungedruckten Manuskripts.

können.[31] Ein drittes Ergebnis ist der Nachweis, dass die lateinische Vorlage des Marienoffiziums den Vorgaben der offiziellen Liturgie norddeutscher Breviere folgt, und nicht dem Brevier der für die Reform der norddeutschen Klöster wichtigen Bursfelder Reform. Anzufügen wäre hier allerdings, dass das Hamburger Offizium von 1508, das Stenzig anführt, in der Druckerei des Michaelisklosters der Brüder vom Gemeinsamen Lebens in Rostock gedruckt wurde und demzufolge ebenfalls einen Bezug zur *Devotio moderna* herstellt.

Beziehungen zu Lübecker Druckern lassen sich auch sonst nachweisen. Der im Besitz des Konvents befindliche niederdeutsche Psalter des Lucas Brandis aus der sog. Mohnkopf–Offizin wurde bereits erwähnt. Er enthält zusätzliche Texte zur katechetischen Unterweisung der Beginen und eine Vielzahl von Gebeten für die persönliche Andacht.[32]

Bartholomäus Gothan, ein ehemaliger Mitarbeiter des Lucas Brandis, veröffentliche 1485 in Lübeck einen Druck der Offenbarungen der hl. Birgitta von Schweden in niederdeutscher Sprache. Diese Inkunabel kam nach STORK zusammen mit den Beginenhandschriften in die Stadtbibliothek Hamburg (SUB Hamburg, AC IV, GW S 4394) und stammte ihm zufolge ebenfalls aus dem Beginenkonvent. Jedenfalls fanden die gleichen Auszüge aus der Legende der Heiligen Birgitta und ihrer 1484 kanonisierten Tochter Katharina aus dem Druck von Gothan ihren Weg in die Beginen-Handschrift Cod. conv. 10.[33] Gothan hatte zuvor Kontakt zum Mutterhaus des Birgittenordens in Vadstena aufgenommen, das ihm von offizieller Seite den Auftrag für seine Erstausgabe der lateinischen *Revelationes* der Heiligen (1491) erteilte.[34] Seine Beziehung zu Vadstena kam zustande durch Vermittlung des Birgittenkloster Marienwohlde bei Mölln in der Nähe von Lübeck.[35]

31 Stenzig, Marientiden (Anm. 30) erwähnt, S. 176, als Beispiel für eine ähnliche Übersetzung der Marientiden wie in der Hamburger Handschrift die Handschrift Wolfenbüttel, HAB, Cod. Guelf. 1137 aus dem Windesheimer Kloster der Augustinerchorfrauen von Steterburg bei Salzgitter, das später bei der Gründung des Windesheimer Chorfrauenklosters St. Annen in Lübeck beteiligt war.

32 Stork, Handschriften (Anm. 8), S. 212–223. Zu Lucas Brandis siehe Ursula Altmann, Die Leistungen der Drucker mit Namen Brandis im Rahmen der Buchgeschichte des 15. Jarhunderts, Humboldt-Universität zu Berlin, Diss. Berlin, Humboldt-Univ. 1974 [Maschinenschr.] edoc-Server., S. 29–34 und S. 45–52. Zur Mohnkopf–Druckerei siehe Elizabeth Andersen, Religious Devotion and Business. The Pre-Reformation Enterprise of the Lübeck Presses. In: Ons Geestelijk Erf 87, 1/2 (2016), S. 200–223, hier S. 211–219.

33 Stork, Handschriften (Anm. 8), S. 212 und S. 219 (Abb. 7) und S. 229 (Abb. 29).

34 Elizabeth Andersen, Birgitta of Sweden in Northern Germany: Translation, Transmission and Reception. In: A Companion to Mysticism and Devotion in Northern Germany in the Late Middle Ages. Hrsg. v. Elizabeth Andersen, Henrike Lähnemann u. Anne Simon (Brill's Companion to the Christian Tradition 44). Leiden, Boston 2014, S. 205–230, hier S. 208 f. Andersen, Religious Devotion (Anm. 29), S. 216–218.

35 Andersen, Religious Devotion (Anm. 29), S. 217. Andersen datiert den Druck der *Openbaringe* in das Jahr 1496, den sie der Mohnkopf Druckerei zuordnet (GW 4395) und unterscheidet ihn von einem früheren Druck von Gothan (GW 4394), bei dem es sich um die Hamburger Inkunabel handeln könnte. Siehe dazu auch Altmann, Drucker (Anm. 32), S. 50.

Die drei genannten Drucker aus Lübeck waren zusammen mit der Mohnkopf – Druckerei und ihrem Verleger Hans van Ghetelen spezialisiert auf die Vermittlung religiöser Erbauungsliteratur in niederdeutscher Sprache. Ihre Drucke waren für ein Laienpublikum bestimmt, das ihnen neue Absatzmöglichkeiten bot. Um an die Texte zu gelangen, pflegten sie einen engen Austausch zu Klöstern wie Marienwohlde und Häusern der *Devotio moderna* in Lübeck und Rostock. In Lübeck sind dies einerseits der bereits erwähnte Michaelis-Konvent der Schwestern vom Gemeinsamen Leben bei St. Aegidien, der noch unter Johannes Busch durch den Lübecker Bürger Johann Segeberg 1451 der *Devotio moderna* zugeführt wurde, andererseits das Kloster St. Annen, das sich 1502 mit Schwestern aus Steterburg neu in Lübeck niedergelassen hatte. Beide unterstanden der Augustinerregel und der geistlichen Aufsicht des Chorherrenstiftes Windesheim.[36]

Der Hamburger Beginenkonvent gehörte also zu den Kunden der Lübecker Drucker, stand aber offenbar gleichzeitig auch in einem Textaustausch mit dem Lübecker Michaeliskonvent und anderen norddeutschen Klöstern der von der *Devotio moderna* erfassten Reform.[37] So enthält der kleine Pargamentcodex Cod. conv. 1, der der Begine Grete Wegener gehörte, neben einem Hauptteil mit Gebeten für das ganze Kirchenjahr, auch das aus vielen Strophen bestehende geistliche Lied ‚Trug der Welt' in einer Fassung, die derjenigen im ‚Ebstorfer Liederbuch' gleicht.[38] Danach folgen in dieser Handschrift Gebete an einzelne Heilige und solche, die für den Empfang der Eucharistie bestimmt waren. Dazwischen eingeschoben ist [f. 204v–208v] unter dem Titel ‚Harfenspiel vom Leiden Christi' eine Allegorie über das Leiden Christi. Dieses kleine Werk steht wiederum in einem Überlieferungszusammenhang mit einer Handschrift aus Ebstorf und einigen anderen niederdeutschen Handschriften aus den gleichen norddeutschen Reformkreisen.[39]

36 Rafael Ehrhardt, Familie und Memoria in der Stadt. Eine Fallstudie zu Lübeck im Spätmittelalter. Diss. Göttingen 2001, digitalisierte Ausgabe 2005, S. 66–68. Zur Familie Segeberg, S. 306–308. http.//hdl.handle.net/11858/00-1735-0000-0006-B397-B. Zur Reform des Schwesternhauses bei St. Ägidien siehe auch den Bericht bei Johannes Busch, Liber de reformatione monasteriorum. In: Des Augustinerpropstes Johannes Busch, Chronicon Windeshemense und Liber de reformatione monasteriorum. Hrsg. v. Karl Grube (Geschichtsquellen der Provinz der Provinz Sachsen 19). Halle 1886, S. 672–674.

37 Siehe dazu Bertram Lesser, Kaufen, Kopieren, Schenken. Wege der Bücherverbreitung in den monastischen Reformbewegungen des Spätmittelalters. In: Schriftkultur und religiöse Zentren im Norddeutschen Raum (Wolfenbütteler Mittelalter-Studien 24). Hrsg. v. Patrizia Carmassi, Eva Schlotheuber u. Almut Breitenbach. Wiesbaden 2014, S. 327–354, hier S. 329–334 (1. Die Devotio moderna als „Textgemeinschaft").

38 Siehe dazu Arne Holtorf, ‚Ebstorfer Liederbuch', ^{2}VL 2 (1980), Sp. 312–314. Borchling 1 (Anm. 7), S. 98. Albrecht Classen, ‚Mein Seel fang an zu Singen'. Religiöse Frauenlieder des 15.–16. Jahrhunderts. Kritische Studien und Textedition (Studies in Spirituality. Supplement 6). Leuven, Paris, Sterling 2002, S. 32–134. Siehe auch den Beitrag von Martina Bick in diesem Band.

39 Borchling 1 (Anm. 7), S. 98. Hartmut Beckers, ‚Harfenspiel vom Leiden Christi', ^{2}VL 3 (1981), Sp. 472–474. Geschichte der deutschen Literatur von den Anfängen bis zu Beginne der Neuzeit.

Grete Wegener und ihr Handschriftenbesitz

Grete Wegener muss laut dem *Liber Beginarum,* in das seit dem Jahr 1429 die Renteneinkünfte einzelner Beginen aufgezeichnet wurden, spätestens 1479 dem Konvent beigetreten sein. Sie lebte dort noch im Jahr 1544.[40] In ihrem Besitz befand sich, außer dem bereits erwähnten Pergamentcodex Cod. conv. 1, noch eine zweite Handschrift (Cod. conv. 5), die in verschiedener Hinsicht besonders aufschlussreich ist sowohl für das Gebetsleben wie für die intellektuellen Bestrebungen der Hamburger Beginen.

Den Anfang macht dort (Tafel I, Abb. 3) ein anonymer Text mit dem Titel ‚*Dit synt de vroude des sele trostes des hilgen ghestes also ghenomet*‘ (Dies sind die so genannten Freuden des Seelen Trostes des hl. Geistes).[41] Der Titel nimmt Bezug auf die Ankündigung Jesu über die Sendung des hl. Geistes (Joh 14, 26) als künftigen Tröster und Lehrer der Jünger Jesu. Vorangestellt wird dem Werk eine kurze Einleitung, die sich deutlich an die Beginen als den eigentlichen Adressatenkreis des Werkes richtet. Sie beginnt mit einer Ermahnung des hl. Augustinus:

> [f. 1r] *Sanctus Augustinus secht vnde leret vns dat. So wan ner wy wat ghudes wyllen anha ven to donde so scole wy ye tho deme ersten anropen den hillighen ghest dat he vns vorluchte vnde sterke in alle vnssen werken.*
>
> *Cristus unsse leve herr de red vns ok in syneme ewangelio dor he secht. Biddet juw schal ghegeven werden. Kloppet vnde gi scolen ynghelaten werden* [Math.7,7]. *Dar vmme / were id to male nutte dat de yen nen de na deme gheste leven vnde nicht na deme vlesche* [Röm. 8,5] *vnde de dor hebben den namen vnde den schyn der ghestlikheyt dat se* [1v] *stedes vnde vaken myt ynnicheit unde aller otmodicheit myt ghebogheden kneen vnde gheuolden handen myt up vphghersloge nen oghen vnde vpyrheuenen herten to deme hemmele bidden / de hulpe des werden hilghen ghestes dat he se vorluchte an wyse lere sterke vnde troste. wente he der alder beste troster is vnde wird so geheiten.*
>
> Der heilige Augustin sagt und lehrt uns das: Wenn jemand etwas Gutes vorhat zu tun, so soll er zuallererst den hl. Geist anrufen, dass er uns erleuchte und uns stärke in allen unseren Werken.
>
> Christus unser lieber Herr, der redet zu uns auch in seinem Evangelium. Dort sagt er: Bittet, so wird Euch gegeben werden. Klopft an, und ihr werdet eingelassen werden. Darum

Hrsg. v Joachim Heinzle. Band III/2.1. Werner Williams-Krapp, Die Literatur des 15. und frühen 16. Jahrhunderts: Teilband 1: Modelle literarischer Interessenbildung, Berlin 2020, S. 438. Christine Stridde, Harfenspiel vom Leiden Christi. In: Wolfgang Achnitz (Hg.), Das geistliche Schrifttum des Spätmittelalters. Berlin 2011, Sp. 1247 f. Nach Stridde entspricht das Incipit in Ebstorf, Klosterbibliothek, Ms. IV 12 und Cod. conv. 1, f. 204v–208r) dem Incipit in der Handschrift Wolfsbüttel, HAB, Cod. Helmst. 1183.

40 Staphorst, Historia, Bd. I, 1, S. 240. Internet Archive, um:oclc:record:1045974120.

41 Borchling 1 (Anm 7), S. 100.

wird es nützen, dass diejenigen, die nach dem Geist leben und nicht nach dem Fleisch, und dadurch den Namen und den Anschein der Geistlichkeit hochhalten, dass sie ständig mit Innigkeit und aller Demut, mit gebeugten Knien und gefalteten Händen, mit aufgeschlagenen Augen und erhobenen Herzen den Himmel um die Hilfe des würdigen Heiligen Geistes bitten, dass er ihnen vorausleuchte mit weiser Lehre und sie tröste und stärke. Denn er ist der allerbeste Tröster und wird auch so geheissen.

In gebetsartigen Anrufungen wird dann die besondere Lehre des hl. Geistes ausgefaltet. Er soll als Gast der Seele kommen und diese reinigen von aller Schwere und Krankheit, ihr anstelle von Lastern, Tugenden einpflanzen und die Vielheit der Sünden mit seiner Gnade und Heiligkeit vertreiben.

[3v] *Kum alder soteste ghast der sele alder bestem troster kum vnde hele dat dor ghewundet is make vucht dat dor dorte is. Wasche dat dort vnreyne is. Vorwerme dat dor kolt is.*[…] *Sterke dat dor* krank *is. Vorsotte dat dar bitter ist. vor driff* [f. 4r] *de lastere vnde plante de doghede. Kum alder hilgeste gehst und verbarme di myner. Also wor de velheid der sunde sint ghewen sen.*

Als nächstes werden im Kampf gegen die Sünde die Gaben des hl. Geistes erbeten [f. 4v–6v]. Der Text verwendet gemäss der Prophezeiung des Propheten Jesaia (Jes 11, 1) auch den Ausdruck ‚Früchte' des hl. Geistes und beschränkt sich auf sechs Gaben. Im Einzelnen sind dies die Frucht oder Gabe der Gerechtigkeit (*rechticheit*), zweitens die Gabe der ‚Kunst' der Unterscheidung, die dazu hilft, sich selber zu erkennen und die Demut zu bewahren, drittens die Gabe der ‚Stärke' gegenüber seinen Feinden, viertens die zur Vorsicht im Verhalten mit anderen Menschen notwendige Gabe des ‚Rates' sowie fünftens die Gabe der ‚Vernunft', etwa beim Regieren, und schliesslich sechstens die Gabe der ‚Weisheit' zur Erlangung der Seligkeit. Besonders wichtig erscheint der Betenden die klare vernünftige Erkenntnis zur Unterscheidung von Gut und Böse, damit sie weise und vernünftig auf Erden wandern möge (*also da tick wysliken und vernuftikliken möghe wandern*) und dereinst als weise Jungfrau dem Bräutigam mit gefüllter Lampe entgegentreten könne und nicht mit den törichten (*dullen*) Jungfrauen vor verschlossener Tür stehen werde [Mt 25, 1–13]. In dieser Liste nicht erwähnt ist die Gabe der Gottesfurcht. An ihre Stelle tritt hingegen die Gabe der Güte [f. 1v], die vom hl. Geist selber vertreten wird, denn der hl. Geist ist die Güte in der Gottheit: *Wente he is de ghude in der gotheit dor vmme is he myldeliken ghehevende einen yetwelken na syner begheryinghe* […]). Im weiteren Verlauf des Textes [ab f. 19r–f. 42] wird die sündige Seele auf ihrem Weg zur Seligkeit durch den hl. Geist schließlich auch über die richtige Nachfolge des leidenden Christi am Kreuz belehrt.

Die zahlreichen Korrekturen deuten darauf, dass es sich hier um die Abschrift eines Textes handelt, der abgesehen vom Anfang, ursprünglich auch an eine devote Brüdergemeinschaft gerichtet gewesen sein könnte.[42]

Unmittelbar danach folgen [f. 42r] Anweisungen für den Empfang der Eucharistie am Hl. Abend. Es ist ein ganz anders gestalteter Text, der offensichtlich für den gemeinschaftlichen Gebrauch im Gottesdienst bestimmt war. Man erkennt dies an den mit roter Schrift vorangestellten Anweisungen zu den einzelnen Gebeten (Tafel II, Abb. 4):

> [f. 42r] *In deme hilgen auende der ouer sten hochtit, wen du entfangen wult den werden hilgen licham, so les dit myt ynnicheit* [...]

> [f. 45v] *In deme hilgen a vende les vyff pater noster. to deme ersten, so les dit beth innichliken:*

Im letzten Beispiel geht dem Bittgebet voraus ein *Pater noster*. In anderen Fällen folgt dem Bittgebet ein *Pater noster* und ein oder mehrere *Ave Maria*. Immer aber wird die Betende in roter Schrift zur Innigkeit aufgefordert (Tafel II, Abb. 5). Mit roter Farbe gekennzeichnet sind auch die Hinweise auf die entsprechenden Gebetszeiten oder Schritte bei der Vorbereitung zum Eucharistie-Empfang:

> [f. 50r] *Dit les in der vespere in deme hilgen auende, wenn di berichten vult*

In diesem Beispiel geht es um die Beichte anlässlich der Vesper am Vorabendes des Eucharistieempfangs, bei der das Beichtkind um wahre Reue und um Vergebung der Sünden bittet. Danach wird die Betende aufgefordert, die Mutter Gottes, alle heiligen Engel und insbesondere den Heiligen Mauritius anzurufen. Auch wird [f. 54r–55r] der Beistand des Evangelisten Johannes mit einem ‚mit großer Innigkeit' zu sprechendem Gebet gesucht. Eine letzte Steigerung bedeutet [f. 56v] dann die Anrufung der Dreifaltigkeit und die Schau Gottes in der ewigen Gottheit. Die Trinität soll der Seele helfen, den Leichnam Gottes würdig zu empfangen, damit sie in der Gottesliebe gestärkt und nach diesem Leben mit der Schau von Gottes Antlitz belohnt werde. An dieser Stelle ist in der Handschrift nachträglich ein kleiner Kupferdruck mit einem Faden eingenäht worden. Er zeigt den hl. Franciscus kniend mit erhobenen Armen vor dem herabschwebenden seraphischen Gekreuzigten, bereit, die Stigmata zu empfangen; ein ähnliches Blatt ist auch vom Kloster Wienhausen überliefert.[43] Was hat dieses

42 Vgl. dazu f. 25r–26r die Ausführungen über den falschen Ehrgeiz mancher Geistlichen durch zu viel Studieren von Büchern die wahre Weisheit des Gekreuzigten zu übersehen.

43 Vgl. Tafel XIII, Abb. 6 (Beitrag M. E. Müller), ebenso Stork, Handschriften (Anm. 8), S. 213 und S. 230 (Abb. 30). Zu Medingen siehe H. Egger, Stigmatisation des hl. Franziskus, Niederländisch, um 1500, Kupferstich, 9,5 : 7,6 cm. In: Niederösterreichische Landesausstellung, Katalog, 800 Jahre Franz von Assisi. Franziskanische Kunst und Kultur des Mittelalters Krems-Stein, Minoritenkirche, 15. Mai–17. Oktober 1982, S. 653. Der von Egger angegebene Aufsatz von Horst Appuhn u. Christian v. Heusinger, Der Fund kleiner Andachtsbilder des 13.–17. Jhs im Kloster Wienhausen.

Andachtsbild an dieser Stelle zu suchen? Die Antwort könnte eine Passage aus Bonaventura, *Itinerarium mentis in Deum*, sein. In Kapitel VII geht es dort um die höchste geistige Entrückung, bei der die Seele in ekstatischer Schau zu Gott übergeht. Und diese Schau wird für Bonaventura beispielhaft am hl. Franziskus beim Anblick des „ans Kreuz gehefteten Seraph mit den sechs Flügeln' gezeigt".[44] Das Motiv war also mit Bedacht gewählt, um der Besitzerin des Codex auf dem Wege der Meditation den Zugang zur mystischen Schau Gottes zu ermöglichen. Das muss nicht heißen, dass der ganze Text von franziskanischer Seite stammt, denkbar wäre es aber schon, wobei hier eher die Franziskaner-Observanten in Frage kommen, als die zur gemässigten martinianischen Reform neigenden Hamburger Franziskaner.[45] Wie Anna DLABAČOVA am Beispiel der Rezeption des ‚Spiegels der Vollkommenheit' von Henrik Herp († 1477) zeigen konnte, arbeiteten die niederländischen Niederlassungen der Kölner Provinz der Franziskaner-Observanz eng mit der *Devotio moderna* zusammen und verbreitete deren religiöse Erbauungsschriften bei den Beginen und den Terziaren des Utrechter Kapitels.[46]

Die Handschrift Cod. conv. 5 von Grete Wegener enthält noch weitere Erbauungsschriften aus dem niederländischen Raum.[47] Das ‚Beginchen von Paris' (f. 110r–125v) erzählt in Reimen die Bekehrung eines jungen Mädchens aus vermögendem Haus, das gegen den Willen ihrer Mutter allem Reichtum entsagt und in einen Beginenkonvent eintritt. Dort vernachlässigt sie den Besuch des Gottesdienstes und der aus Arbeit und Gebet bestehenden Pflichten des Beginenlebens. Dieser Verzicht wird als notwendig für den nächsten Schritt erachtet, wo sie sich während sieben Jahren ohne Nahrungsaufnahme ganz der Betrachtung des Leidens Christi hingibt. Aus Demut versagt sie sich sogar der ihr von Christus angebotenen Aufnahme in den Himmel und wird erst nach ihrem Tod mit ihrem himmlischen Bräutigam vereint.[48] Der Text der Hamburger

In: Niederdt. Beiträge zur Kunstgeschichte 4 (1965), S. 157–238 und damit S. 218, Nr. 68. war mir leider nicht zugänglich.

44 Zitat aus der zweisprachigen Edition: Bonaventura, Itinerarium mentis in Deum. Wege des Menschen zu Gott, Teil I: Text lat.–dt. Teil II: Kommentar. Übersetzt, erläutert und mit einem Nachwort versehen v. Dieter Hattrup (Edition Europa 2000). Paderborn 2008. Ins Netz gestellt von der Universität Freiburg / Schweiz (www3.unifr.ch), S. 121.

45 Koch, Die Minderbrüder (Anm. 3).

46 Die Untersuchung von Anna Dlabačova, Literatuur en observantie. De *Spieghel der volcomenheit* van Henrik Herp en de dynamiek van laatmiddeleeuwse tekstverspreiding (Middeleeuwse Studies en Bronnen CXLIX). Hilversum 1983, hat dies am Beispiel der Rezeption von Herps ‚Spiegels der Vollkommenheit' deutlich gemacht. Henrik Herp († 1477) begann seine Karriere bei den Brüdern vom Gemeinsamen Leben und wechselte 1450 zu den Franziskaner-Observanten. Sein Werk ‚Spiegel der Vollkommenheit' wurde 1501 in der Druckerei der Observanten von Antwerpen gedruckt.

47 Borchling 1 (Anm. 7), S. 100–102.

48 Hartmut Beckers, ‚Beginchen von Paris'. In: ²VL 1 (1978), Sp. 667–671. Hans-Joachim Ziegeler, Das ‚Beginchen von Paris'. In: Neue Aspekte germanistischer Spätmittelalterforschung. Hrsg. v. Freimut Löser, Robert Steinke, Klaus Vogelsang u. Klaus Wolf (Imagines Medii Aevi. 29). Wiesbaden 2012, S. 160–246.

Handschrift kommt mit zwei weiteren mndt. Handschriften aus Lübeck und einer aus Oldenburg dem mittelniederländischen Frühdruck des Werkes aus der Delfter Offizin des Christian Snellaert (1495/95) sehr nahe.[49] Seine fromme Botschaft mochte Grete Wegeners mystischen Bestrebungen nach einer Vereinigung mit Christus entsprochen haben.

Interessanterweise fügte sie am Schluss aber noch einen weiteren sechsseitigen Abschnitt hinzu, den der Germanist und Herausgeber des ‚Beginchen', Hans-Joachim ZIEGELER, als einen Ausschnitt aus Meister Eckharts ‚Reden der Unterscheidung' identifiziert hat.[50] Er handelt "[3.]Von ungelassenen Leuten, die voll Eigenwillens sind", beschäftigt sich also mit der zentralen Frage des Traktats nach der wahren Gelassenheit, die darin besteht, dass der Mensch seinen Willen und sich selber lassen muss, um zu Gott zu gelangen. ZIEGELER hat nachgewiesen, dass Greta die von ihr gewählte Textvariante aus einer Handschrift des Greifswalder Franziskanerklosters kopiert haben muss.[51] Im Kontext des ‚Beginchen' gelesen, unterlegt sie damit der Geschichte der frommen Begine eine vertiefte Bedeutung im Sinne des Tühringer Meisters, ohne dessen Namen zu erwähnen.

Ein weiteres Werk niederländischer Herkunft ist das Exempel ‚van der guden mollerschen' [f. 195v–200v]. Es ist unter dem Titel ‚Die fromme (selige) Müllerin' auch im oberdeutschen / bayrischen Raum verbreitet und gehört nach Kurt RUH zu den Erzählungen, die seit dem ausgehenden 14. Jahrhundert im Umkreis der ‚antihierarchischen' Ps. Eckhart Traktate in Umlauf kamen.[52] Der Text der Hamburger Handschrift könnte aus der gleichen Oldenburger Handschrift stammen, die auch das ‚Beginchen' überliefert (Oldenburg, Landesbibliothek, Cim I 73).[53] Er erzählt die Geschichte einer Müllersfrau, die im Sinne anderer Ps. Eckhart Traktate das Lob einer frommen Müllersfrau singt, die sich lieber dem Gebet widmet, als die Predigt in der Kirche zu besuchen und deren Kinder sich zum Erstaunen zwei Predigerbrüder über hohe theologische Fragen unterhalten. Die niederländische Fassung ist auch in der Laienbibliothek der Basler Kartause anzutreffen und fand von da aus Eingang in den Druck des

49 Zur Beschreibung des Drucks und der vier Handschriften (Oldenburg, Landesbibliothek, Cim I 73; Hamburg, SUB, Cod. Conv. 5; Lübeck, Bibliothek der Hansestadt; Ms. theol. germ. 8° 45; Lübeck Bibliothek der Hansestadt, Ms. theol. germ. 8° 66), siehe Ziegeler, Beginchen (Anm. 48), S. 165, 170–175.

50 Ziegeler, Beginchen (Anm. 48), S. 199. Vgl. auch die zweisprachige Ausgabe des Traktats in: Meister Eckhart. Predigten Traktate. Meister Eckhart Werke II. Lateinische Werke, hrsg. u. kommentiert v. Niklaus Largier. Frankfurt a. Main 2008, S. 338–341.

51 Ziegeler, Beginchen (Anm. 48), S. 189 f.

52 Kurt Ruh, ‚Die fromme (selige) Müllerin'. In: VL 2 (1980), Sp. 974–977 sowie Ders., ‚Eckhart und der Laie'. In: ²VL 2, Sp. 348–350. Stammler, Mystik (Anm. 26), S. 400 f.

53 Zur handschriftlichen Überlieferung, siehe Handschriftencensus.de, ‚Die fromme (selige) Müllerin'.

‚Betbüchlin der ewigen wiszheit' (1518), das ein Zürcher Müller beim Basler Drucker Jakob Wolff aus Pforzheim in Auftrag gegeben hatte.[54]

Diesem Text vorausgegangen sind in dieser Handschrift eine Reihe kleinerer Traktate, in denen das Thema der didaktisch-unterweisenden Literatur weiterverfolgt wird. Den Anfang macht [f. 126r–130r] eine ‚heilsame Lehre' in 12 Stücken, die bestimmt ist für Geistliche, die das Sakrament des Leibes Christi den Gläubigen zu spenden haben. Am Schluss ist [f. 129r–130r] noch ein Exempel beigefügt, das Bezug nimmt sowohl auf das Thema des ‚Beginchen' und der ‚frommen Müllerin' wie auf die Schrift über den hl. Geist zu Beginn der Handschrift. Das Exempel beruft sich auf die Autorität des hl. Augustinus und erzählt von einer frommen, ungelehrten Frau, die gefragt wurde, wo Gott sei. Worauf diese zur Antwort gab: Gott ist überall, in den reuigen Herzen, bei der Andacht, im Brot der Arbeit, auf dem Altar und im Paradies. Damit bewies sie mit ihrem Wissen, den Meistern der Schule zu Paris überlegen zu sein. Zum Schluss bekennt die Frau, dass der hl. Geist sie das gelehrt habe, der alle einfachen Leute unterrichte.[55]

Es schließt sich an [f. 130r–135v] eine Belehrung über die sieben Todsünden, didaktisch geschickt dargeboten in Form einer Geschichte. Sie handelt vom Teufel und seinen sieben Töchtern, die jeweils die einzelnen Todsünden vertreten. Danach folgt [f. 135r–139r] die bekannte Allegorie des geistlichen Klosters, in der die einzelnen Klosterämter mit ihren jeweiligen Erfordernissen und Eigenschaften vorgestellt werden. Eine ähnliche Zusammenstellung findet sich auch bei Mechthilt von Magdeburg, Buch VII, Kapitel 37.[56] Im Unterschied zu Mechthilt, wo eine Äbtissin die Liste anführt, steht in der Hamburger Fassung eine Priorin an der Spitze des Konvents und beim Amt der Schulmeisterin geht es konkret um die ‚Früchte der Kinderschule', wie sie auch den Lernzielen der Beginenschule in Hamburg entsprochen haben mochten: nämlich die Kinder lehren, zu wissen, zu singen und zu lesen, sowie an Tugenden engelgleich zu werden. Wie aus einem weiteren Text zum geistlichen Leben [f. 139r–150r] hervorgeht, waren alle diese Belehrungen ursprünglich für einer geistlichen Gemeinschaft bestimmt, die nach der Augustinerregel lebte. Der Anfang der Regel Augustins wird wörtlich zitiert, und es wird verwiesen nicht nur auf die Regelauslegung des Dominikaners Humbertus von Romans († 1277) [f. 141v] sondern auch auf Hugo von

54 Dazu Martina Wehrli-Johns, ‚The Prayer Booklet of Eternal Wisdom' (Der ewigen wiszheit Betbüchlin, 1918). Catechistic Scaping of Religious Lay Identity. In: Religious Orders and Religious Identity Formation, ca. 1420–1620. Discourses and Strategies of Observance and Pastoral Engagement. Hrsg. v. Bert Roest u. Johanneke Uphoff (The Medieval Franciscans 13). Leiden, Boston 2016, S. 126–151. Die Handschrift aus der Laienbibliothek der Kartause St.Margarethen, Basel, UB, A XI 59, ist mittlerweile digitalisiert von e-codices.unifr.ch.

55 Stammler, Mystik (Anm. 26), S. 401. Nach Stammler befand sich eine unvollständige lateinische Fassung des Exempels in der Ebstorfer Handschrift IV.12, f. 183r–284v.

56 Gerhard Bauer, ‚Herzklosterallegorien'. In: ^{2}VL 3 (1981), Sp. 1153–1167, hier Sp. 1164 mit Bezug auf die Hamburger Handschrift Cod. conv. 5. Hans Neumann u. Gisela Vollmann-Profe (Hgg.), Mechthild von Magdeburg, ‚Das fließende Licht der Gottheit', Bd. I: Text (Münchener Texte und Untersuchungen zur deutschen Literatur des Mittelalters 100). München 1990, S. 283–285.

St. Viktor († 1141) und sein Buch über das Lesen [f. 144r], das *Didascalium de studio legendi.*[57] Das Wichtigste zum geistlichen Leben steht aber zum Schluss in roter Schrift: *Nicht to donde synem eghenen Wyllen,* (nicht nach seinem eigenen Willen handeln).

[f. 151r–161] folgt dann der Anfang des Eucharistie-Traktats *Audi filia* des Franziskaners Marquard von Lindau,[58] sowie passend zur Thematik der Karfreitagsliturgie das mehrstrophige lateinische Lied *Crux fidelis to dude* des Venantius Fortunatus († ca. 600/09), das laut BORCHLING aus einem Druck (1493) der Rostocker Michaelisbrüder bekannt geworden war.[59] Den Abschluss des Codex bildet schließlich der bekannte Palmbaumtraktat mit dem *Incipit* aus Kapitel 7, 8 des Hohenliedes: *Ascendam in palmam et apprehendam fructus ejus,* (f. 164v: *Ik will vpstighen in den palmen. Vnd will nemen syne vrucht*). Laut STAMMLER kennt nur die Hamburger Handschrift die Bearbeitung des Traktats in Form einer dreiteiligen Predigt.[60] Ihr Thema ist der Aufstieg der von der Liebe Gottes umfangenen ‚innigen Seele', die im ‚beschaulichen Leben' den Palmbaum des rechtfertigenden Lebens erklimmt und die göttliche Frucht eines seligen, göttlichen Lebens erlangt, um schliesslich in Weisheit die Stufen wieder herabzusteigen und für ihr künftiges Leben die Frucht der Tugenden bewahren soll. Sie endet f. 188v mit den Worten:

> *Nu merke an dy sulven, est desse doget by di in dren stucke. De erste dat dy dy got alletid jegenwur- dich is de ander dat dy dine sunden alle tid jegenwardich sint, de dridde de bestarmynge des herten. An dessen dren saken machstu bekennen eftu gotliken vruchte an di hefft. God den heren wid wy bydde dat he vns vorleve de ewigen doget. Amen*

> (Nun merke an dir selber, ob diese Tugend in dreierlei Weise bei dir ist. Die erste, dass du allezeit bei Gott gewesen bist, die andere, dass du dir immer deiner Sünden bewusst bist, und die dritte, das dein Herz bestärkt ist. An diesen drei Dingen magst du erkennen, ob du die göttliche Frucht bei dir hast. Gott der Herr, wir bitten dich, dass du uns die ewige Tugend vorleben mögest.)

57 [f. 141r]: [in roter Schrift]: *Van endrachticheit secht Augustinus: [...] in deme anbeghynne synen [f. 141v] regulen to dem ersten dorch des willen gy sint ghesammelt in een, is dat gyeendracht liken seuen in deme clostere. Unde hebben ene zele und in gode . Wer dith wort specket der lerer hubertus dit dit soth dat dar hoet to der enicheit des herten wert geheuen to deme ersten nicht ane sake, wente id is dat erste in der menynghe.* Cf. Humbertus de Romanis, Expositio Regulae B. Augustini, ed. Joachim Joseph Berthier, in: Humberti de Romanis, Opera de Vita Regulari, vol. I, S. 43–643, hier S. 66 f.

58 Marquard von Lindau, Der Eurcharistie-Traktat, hrsg. v. Annelies Julia Hofmann. Tübingen 1960. Dazu die Rezension von Kurt Ruh, in: Anzeiger für deutsches Altertum 73 (1961), S. 13–24. Nigel Palmer, „Marquard von Lindau", ²VL 6 (1987), Sp. 99–103.

59 Borchling 1 (Anm. 7), S. 101. Zu diesem Lied siehe Wipikedia, Art. Pange lingua (Venantius Fortunatus), URL https://de.wikipedia.org/wiki/Pange_lingua (2.4.2021).

60 Siehe Stammler, Mystik (Anm. 26), S. 412–414. Laut Stammler, S. 413, enthält nur der Hamburger Cod. conv. 5 die Bearbeitung des Traktats mit einer dreiteiligen Predigt. Siehe auch Wolfgang Fleischer, ‚Palmbaumtraktate'. In: ²VL 7 (1989), Sp. 278–287.

Verordnete Innigkeit: Die Orationalien der Hamburger Beginen

Wie bereits erwähnt, enthält der ebenfalls Grete Wegener gehörende Cod. conv. 1, größtenteils [f. 1r–184r] ‚Betrachtungen und Gebete für die Sonn- und Festtage des ganzen Kirchenjahres'.[61] Wir dürfen annehmen, dass der kleine Pergamentcodex mit seinen deutlichen Gebrauchsspuren die Besitzerin während der Sonn- und Festtage des ganzen Kirchenjahres bei der Teilnahme an den Gottesdiensten in der Kirche St. Jakob begleitet hat, denn der Konvent verfügte über keine eigene Kirche oder Kapelle. Alle Gebete sind in mittelniederdeutscher Sprache, mit gelegentlichen lateinischen Zitaten aus der lateinischen Liturgie des Tages. Das Besondere an diesen Gebetbüchern sind einerseits die zusätzlichen Betrachtungen, mit denen die persönliche Andacht der betenden Person während der offiziellen Liturgie der Messe gesteigert wurde, andererseits die zahlreichen, mit roter Farbe gekennzeichneten Gebetsanweisungen, die den beteiligten Personen die innere Disposition zur richtigen Ausführung des Gebets vorschreiben. In der Fachsprache werden diese Art Andachtsbücher Orationalien genannt.[62]

Christian SCHMIDT hat den Orationalien der Hamburger Beginen zwei wichtige Untersuchungen gewidmet.[63] Ihm zufolge enthalten drei Codices (Cod. conv. 1, 4, und 12) den vollständigen Zyklus der Gebete, die im Verlauf eines Kirchenjahres parallel zur regulären Liturgie gesprochen wurden. In drei Codices (Cod. conv. 3, 6 und 7) wird das von Advent bis Kirchweih reichende Kirchenjahr jeweils nur in kleineren Teilabschnitten abgedeckt, die sich meist nur um eines der liturgischen Hauptfeste wie Weihnachten oder Ostern gruppieren. Da in der Regel die Texte der lateinischen Liturgie selber ausgespart oder nur angedeutet werden, besteht größere Freiheit in der Auswahl der Zusatztexte. Für diese Art Gebetszyklen ohne direkte Übernahme der liturgischen Texte hat Schmidt den Begriff ‚kleine Zyklen' geprägt. Schmidt hat zudem hingewiesen auf die große Ähnlichkeit der kleinen Beginenzyklen mit Gebetbüchern aus dem Umfeld der reformierten Frauenklöster der Lüneburger Heide und die These vertreten, dass die Hamburger Orationalien sehr wahrscheinlich von den Laienbrüdern und -schwestern dieser Klostergemeinschaften geschrieben worden seien. Er betrachtet sie als ‚kollektive Produkte [...], die im übergreifenden Milieu der Reformkultur zirkulierten und verarbeitet wurden'.[64]

61 Borchling 1 (Anm. 7), S. 98.

62 Siehe auch Ulrike Hascher-Burger, Notation, Devotion und Emotion in spätmittelalterlichen Andachtsbüchern aus dem Kloster Medingen. In: Musica Disciplina 55 (2010), S. 33–73.

63 Schmidt, Gebetszyklen (Anm. 8); Christian Schmidt, Andacht und Identität, Selbstbilder in Gebetszyklen der Lüneburger Frauenklöster und des Hamburger Beginenkonvents. In: Mirko Breitenstein, Julia Burkhardt, Stefan Burkhardt u. Jörg Sonntag (Hgg.). Identität und Gemeinschaft. Vier Zugänge zu Eigengeschichten und Selbstbildern institutioneller Ordnungen (Vita regularis 67). Berlin 2015, S. 125–148.

64 Schmidt, Gebetszyklen (Anm. 63), S. 240.

Im Zentrum von SCHMIDTS Überlegungen steht neben den Klöstern Ebstorf und Lüne vor allem das Zisterzienserinnenkloster Medingen bei Lüneburg, dessen reicher Handschriftenbestand zur Zeit von Henrike LÄHNEMANN in einer Datenbank systematisch aufgearbeitet wird. Ulrike HASCHER-BURGER und Henrike LÄHNEMANN verdankt man außerdem eine detailreiche Untersuchung zur Reform des Klosters.[65] Mit ihrer Hilfe lässt sich der Anteil der Laienbrüder und -schwestern sowohl an den Gottesdiensten wie an der damit verbundenen Handschriftenproduktion abschätzen. Tatsächlich zeigen sich viele Berührungspunkte zwischen den mndt. Orationalien der Hamburger Beginen und denjenigen der weiblichen Konversen in Medingen.[66] Andererseits gibt es bislang keinerlei Hinweise darauf, dass die Hamburger Orationalien in Medingen geschrieben oder aus Medinger Handschriften abgeschrieben wurden. Bekannt ist nur, dass die Laien dort nach der Reform stärker eingebunden waren in den Gottesdienst von Medingen und dass Lüneburger Patrizierinnen ihre Orationalien in Medingen herstellen liessen.[67]

Dennoch erscheint es richtig, mit Christian SCHMIDT die Hamburger Orationalien in den größeren Zusammenhang der Reformbewegung der *Devotio moderna* zu stellen.[68] Das gilt aber für alle vorgestellten Texte der Beginenhandschriften. Das Besondere an den Orationalien ist ihre Verknüpfung mit der Liturgie des Tages und der Aufforderungscharakter der Gebetsanweisungen. Sie folgen einem bestimmten Darstellungsmuster und vermitteln gleichartige Botschaften, die für die Gemeinschaft des Konvents als verpflichtend anzusehen sind. Sie werden stets angekündigt durch den Wechsel zu einer Schrift in roter Farbe, wie beispielsweise in Cod. conv. 5 der Greta Wegener am Beginn der Gebete für den Eucharistieempfang an Weihnachten, die wiederum Ähnlichkeit aufweisen mit den Gebeten für das gleiche Ereignis an Ostern in einer Handschrift des Klosters Ebstorf.[69] Mittels der Orationalien konnten die Windesheimer ordensübergreifend das geistliche Leben in Niedersachsen in ihrem Sinne beeinflussen und zentrale Inhalte ihres Reformprogramms festlegen. Darin nimmt das Wort ‚Innigkeit' einen zentralen Platz ein. Mit diesem Begriff ist die ‚Innigkeit' der menschlichen Seele gemeint, die im Gebet wie im direkten Dialog mit Gott oder Christus meditierend einen die ganze Person erfassende inneren Wandel intendiert,

65 Ulrike Hascher-Burger u. Henrike Lähnemann, Liturgie und Reform im Kloster Medingen. Edition und Untersuchung des Propst-Handbuchs Oxford, Bodleian Library, MS. Lat. liturg. e. 18 (Spätmittelalter. Humanismus, Reformation. Studies in the Late Middle Ages, Humanism and the Reformation 76). Tübingen 2013. Zur Datenbank siehe die Website http//research.ncl.ac.uk/Medingen.

66 Hascher-Burger u. Lähnemann, Liturgie (Anm. 65), S. 99–112.

67 A. a. O., S. 113–125.

68 Schmidt, Gebetszyklen (Anm. 8), S. 240.

69 A. a. O., S. 239 f. zur Handschrift Ebstorf, Klosterbibliothek, VI 2. In Cod. conv. 5 bezieht sich Grete Wegener ebenfalls auf den hl. Mauritius, den Klosterpatron von Ebstorf. Schmidt nennt als weitere Parallelüberlieferung dieser Gebetszyklen auch Ms. theol. 4° 68 der Ratsbücherei Lüneburg.

der sie im Moment der Sakramentsspende bereit machen soll zum Empfang des göttlichen Bräutigams.[70]

Christian SCHMIDT hat anhand der Gebetsanweisungen von Cod. conv. 12 die wesentlichen Elemente dieses Wandlungsprozesses herausgearbeitet. Er interpretiert sie als ‚Identitätsmodelle' und ‚Selbstbilder' der angesprochenen Nonnen und Beginen.[71] Wie das Beispiel der Grete Wegener zeigt, ist eine solche Identifikation durchaus beabsichtigt und wohl in Einzelfällen auch erreicht worden. Man sollte aber den programmatischen Charakter gerade dieser Texte nicht übersehen. Es sind genormte Vorschriften zur Durchsetzung einer kirchlichen Reform, die es zumindest in Hamburg vor dem Jahr 1490 offenbar noch gar nicht gegeben hatte.

Die *Devotio moderna* in Hamburg

Mit der Entdeckung einer möglichen Verbindung der Hamburger Beginen zu den Lüneburger Frauenklöstern wurde ein neues Tor zum Verständnis der Gebetskultur der Hamburger Beginen aufgestoßen, ein Tor, das zu den Reformen des weiblichen Klosterwesens im norddeutschen Raum führt. Dazu nur einige wenige Hinweise.

Während in Süddeutschland die Observanzbewegungen der beiden großen Bettelorden der Dominikaner und Franziskaner im 15. Jahrhundert bei der Reformierung des weiblichen Klosterwesens eine herausragende Rolle spielten, fiel dieser Part in Norddeutschland an die Frömmigkeitsbewegung der *Devotio moderna*. Die *Devotio moderna* geht auf den niederländischen Geistlichen Gerd Groote aus Deventer (1340–1384) zurück und entwickelte mit ihren drei Zweigen, dem Kapitel der Chorherren und Chorfrauen von Windesheim sowie den Brüdern und Schwestern vom Gemeinsamen Leben bald eine große Dynamik, von der in der zweiten Hälfte des 15. Jahrhunderts eine ganze Reihe von Frauenklöstern in der Lüneburger Heide erfasst wurde. Eine zentrale Rolle spielte dabei der Windesheimer Chorherr Johannes Busch (1399 – c. 1479) aus der niederländischen Stadt Zwolle. Busch hatte sich früh den Ruf eines Klosterreformers erworben und erhielt 1439 vom Bischof von Hildesheim den Auftrag, das etwas außerhalb der Stadt Hildesheim gelegene Kloster Sülchen zu reformieren. Von dort aus unternahm er verschiedene Klosterreformen im norddeutschen Raum, über die er in seinem Werk „Liber de reformatione monasteriorum" selber Rechenschaft ablegte. Ein besonderes Kennzeichen seiner Reformtätigkeit bestand darin, dass er einerseits eine enge Zusammenarbeit anstrebte mit den entsprechenden Orden und ihren jeweiligen Reformbewegungen wie die Bursfelder Reform. Andererseits war

70 Siehe dazu die Ausführungen von Lesser, Kaufen, Kopieren, Schenken (Anm. 37). Zur Bedeutung der Brautmystik und der ‚Innerlichkeit' im Erziehungsprogramm der Devoten siehe Stammler, Mystik (Anm. 26), S. 418–421.

71 Schmid, Andacht (Anm. 63), S. 126.

er auch Ansprechpartner für die Vertreter der kirchlichen Herrschaft in den Städten, die Bischöfe und die jeweiligen Domkapitel. Schließlich kümmerte er sich auch um Laiengemeinschaften wie Beginen und Inklusen. Busch selber reformierte 1469/70 die Zisterzienserinnenklöster Wienhausen und Denneburg, die ihrerseits 1479 das Kloster Medingen der Reform zuführten. Die Durchführung der Reform lag jedoch nicht beim Orden selber, sondern bei einem Propst und der Diözesanaufsicht, die auch eng mit dem Bürgermeister von Lüneburg zusammenarbeitete.[72]

In Hamburg hingegen konnte die *Devotio moderna* erst im letzten Jahrzehnt des 15. Jahrhunderts Einfluss nehmen. Es wird berichtet, dass um 1482 vom Domdekan Gheverdes Versuche unternommen worden waren, das vornehme Zisterzienserinnenkloster Harvestehude in Hamburg zu reformieren, was jedoch am Widerstand der Schwestern und ihrer Familien scheiterte.[73] Der Beginenkonvent war sozial weniger exklusiv und mochte wegen seiner Abhängigkeit vom Domdekan auch weniger Schwierigkeiten bereiten. Aus diesem Grund ist es sehr gut wahrscheinlich, dass die Beginen nun ihrerseits durch den Domdekan und das Domkapitel gegen Ende des 15. Jahrhunderts einer Reform unterzogen wurden, die an den Leitlinien der *Devotio moderna* ausgerichtet war, ohne grundsätzlich die bewährte Institution des Beginenkonvents durch eine neue Regel oder ein Verbot des Privateigentums in Frage zu stellen. Dazu sei nochmals an die letzte Verordnung des Domdekans von 1490 erinnert.[74] Es ist die letzte einer ganzen Reihe von Verordnungen, die das tägliche Leben der Beginen im 15. Jahrhundert immer mehr der kirchlichen Kontrolle unterwarfen. Gleichzeitig stellt sie auch etwas Neues dar, insofern als der Domdekan die ihm notwendig erscheinenden Disziplinierungsmaßnahmen jetzt religiös begründete. Albert Gheverdes verbietet darin nämlich in Form eines Mandats, dass die Beginen an hohen Feiertagen in der Stadt herumlaufen dürfen. Gemeint ist hier die feierliche Begehung des neu eingeführten „Festes des Leidens unseres Herr Jesu Christi", das Gheverdes persönlich am Herzen lag, und das von alle Christgläubigen der Stadt ‚mit großer Innigkeit' abgehalten werde. Nach dem Vorbild Mariens, der himmlischen Königin, die allen Kindern, allen tüchtigen und frommen Frauen sowie allen Witwen ein Exempel sei, sollten sich die Leute auf den Straßen aller Eitelkeit und loser Worte enthalten.

72 Busch, Liber de reformatione (Anm. 36). Bertram Lesser, Johannes Busch, Chronist der Devotio moderna. Werkstruktur, Überlieferung, Rezeption (Tradition – Reform – Innovation. Studien zur Modernität des Mittelalters. 10). Frankfurt a. M. u. a. 2004, S. 259–292.

73 Siehe dazu die Dissertation von Silke Urbanski, Geschichte des Klosters Harvestehude „in valle virginum". Wirtschaftliche, soziale und politische Entwicklung eines Nonnenklosters bei Hamburg 1245–1530. Münster 1996. Silke Urbanski, „der Begevenen Kinder Frunde". Soziale und politische Gründe für das Scheitern eines Reformversuchs am Kloster Harvestehude. In: Silke Urbanski, Christian Lamschus u. Jürgen Ellermeyer (Hgg.), Recht und Alltag im Hanseraum. Gerhard Theuerkauf zum 60. Geburtstag. Lüneburg 1993, S. 411–428. Ich danke der Verfasserin ganz herzlich für die Zusendung ihrer Arbeit.

74 Staphorst, Historia Bd. 1–4 (Anm. 16), S. 160 f.

Aus diesem Grund verordnete der Dekan explizit, dass die Jungfrau Meisterin und die ganze Sammlung unter Androhung von Strafen, wegen des Festes nicht zu früher Stunde aus dem Konvent weglaufen und das nächtliche Stundengebet vernachlässigen dürften. Insbesondere die Kinder sollten nicht auf die Straße gelassen werden und von Kirche zu Kirche laufen. Die älteren Frauen und Witwen aber sollten das Amt oder die Passion vom Leiden Christi in der eigenen Kirche St. Jakob hören, und wer begehre, im Dom der Predigt des Doktors über die Passion zuzuhören, dem sei dies nur mit ausdrücklicher Erlaubnis der Meisterin erlaubt. Sie sollten jedoch nach der Predigt sofort in die Kirche St. Jakob zurückkehren und dort „Gebete sprechen und in Innigkeit verharren und so einen Einblick in die Seligkeit ihrer Seele zu gewinnen". Dieser letzte Satz offenbart also ein Kernanliegen der *Devotio moderna*, denn die diese zielte auf die innere Reform des Menschen. Innigkeit und Seligkeit stehen auch im Zentrum der von ihr beeinflussten Gebetskultur der Hamburger Beginen, die mit Hilfe der Orationalien täglich von den Beginen während des Gottesdienstes in der Kirche eingeübt werden sollte. Mit Erfolg, denn wenige Jahre später geht der Konvent 1497 eine Gebetsgemeinschaft ein mit dem Reuerinnenkloster St. Magdalena in Goslar, das gleichfalls von den Devoten reformiert worden war.[75]

Wie wir am Beispiel der Grete Wegener gesehen haben, wurde die Reform anscheinend von den Schwestern gut aufgenommen. In aller Eile wurden innerhalb von rund zwei Jahrzehnten von überall her Texte und Bücher herbeigeschafft, mit Hilfe derer die Beginen Zugang erhielten zur hochstehenden religiösen Bildung devoter Gemeinschaften. Hilfreich war dabei auch das Druckgewerbe, dessen Bedeutung für diese neue Laienkultur nicht hoch genug eingeschätzt werden kann. Besonders im Hinblick auf die Orationalien, die als das eigentliche Herzstück der Reform anzusehen sind, sollte man sich aber nicht zu sehr auf Medingen als möglichen Herkunftsort festlegen, sondern auch die unter dem Einfluss der Devoten stehenden Gemeinschaften der Terziaren sowie der Schwestern und Brüdern vom Gemeinsamen Leben berücksichtigen. So wurden bislang noch gar nicht untersucht die Kontakte zum Michaeliskonvent in Lübeck mit seinen Ablegern in Plön und Schleswig, die die in Cod. conv. 5 erwähnte Augustinerregel befolgten. Ganz übersehen wurden auch die Hinweise auf die Franziskanerterziarinnen, deren Liturgie (Sequenzen) beispielsweise in Cod. conv. 9 erwähnt wird.[76] Nicht geklärt ist auch, warum der Erstbesitzer von Cod. conv. 12, in dem ein vollständiger Zyklus eines Orationale mit der innigsten Brautmystik überliefert ist, ein Franziskaner namens Otte vam Campe war.

75 Siehe Hedwig Röckelein, Schriftlandschaften – Bildungslandschaften – religiöse Landschaften in Norddeutschland. In: Schriftkultur (Anm. 37), S. 19–139. Hier S. 111. Zum Reuerinnenkloster in Goslar, siehe Niedersächsisches Klosterbuch. Verzeichnis der Klöster, Stifte, Kommenden und Beginenhäuser in Niedersachsen und Bremen von den Anfängen bis 1910, Teil 2. Hrsg. v. Josef Dolle u. Dennis Knochenhauer. Bielefeld 2012, S. 531–539.

76 Cod. conv. 9, f. 191v–212v.

Auch in diesem Beitrag konnte bei weitem nicht auf alle Fragen eingegangen werden, die diese einzigartige kleine Bibliothek einer heutigen Leserschaft stellt. Dazu braucht es weitere Digitalisierungen und Beschreibungen der Bibliotheksbestände aller von der Reform erfassten Gemeinschaften im norddeutschen Raum, unter Einbeziehung des Druckwesens und der Laienbildung. Interessant gerade auch im Hinblick auf die Anfänge der protestantischen Reformation in Hamburg wäre schließlich auch ein Blick auf die Rolle des Zusammenspiels zwischen Obrigkeit und kirchlicher Reform.

Bildnachweise

Abb. 1: Der Beginenkonvent an der Steinstraße. Abzeichnung aus dem Jahr 1851 nach einer Darstellung von 1797 (StA Hbg. 111–1, CI. VII Lit. Q^b Nr. 1, Vol. 6).

Abb. 2: Hamburg, SUB, Cod. conv. 8, f. 190v: Die Begine Tibbeke im blauen Habit der Hamburger Beginen. Sie erbittet die Fürsprache zweier Apostel.

Abb. 3: Hamburg, SUB, Cod. conv. 5, f. 1r: Vorwort zu den ‚Freuden des Seelen Trostes des hl. Geistes'.

Abb. 4: Hamburg, SUB, Cod. conv. 5, f. 42r: Beginn der Vorbereitung auf den Empfang der Eucharistie am hl. Abend, in roter Schrift: *in dem hilgen avende der oversten Hochtit wenn du entfangen wult den werden hilgen licham, so les dit myt ynnicheit.*

Abb. 5: Hamburg, SUB, Cod. conv. 5, f. 69v: Nach Empfang der Eucharistie in roter Schrift: *Wen du wesen hest to deme hilgen sacramente so les dyt beth myt groter innicheit.*

DR. MARTINA WEHRLI-JOHNS ist Historikerin und Resarch Associate an der Universität Zürich.

Das religiöse Leben in den kleinen Essener Frauenkonventen unter der Herrschaft der Äbtissinnen

PETRA BERNICKE

Abstract: Although three small female convents in the city of Essen existed up to 1834, the sources about these communities in medieval times are scarce. In 1288 convent *Kettwig* was established. 1293 the statutes of convent *Turm*, and 1299 those of convent *Alter Hagen* were confirmed. Around 850 the convent *Zwölfling*, a convent for women, was founded by members of the family of bishop Altfried of Hildesheim.

Sources about the inner live and developments of the small communities are rare, e. g. we do not have detailed information about the womens' work.

Whereas five remaining 15th century codices allow a glimpse into the late medieval religious life in convent *Kettwig*, we lack of comparable information from the other Essen convents. Only the 18th century rules from convents *Turm* and *Neuer Hagen* reveal daily routines, filled with times for mass and devotion, different prayers, meditation, reading of religious literature and work etc.

The five 15th century manuscripts from *Kettwig*, now preserved in the cathedral treasury in Essen, inform about the religious life in this convent, which in 1423 became a house in the spirit of *Devotio moderna*. Only a few similar manuscripts exist in Germany, amongst them 14 manuscripts from the second half of the 15th and the beginning of the 16th century from St. Jacobi convent in Hamburg. The manuscripts from convent *Kettwig* are fine examples of private piety, prayer and meditation.

Keywords: Essen, Female convents, convent Kettwig, *Devotio moderna*, private piety

Einleitung

Im frühen 13. Jahrhundert entwickelte sich die religiöse Frauenbewegung vom Bistum Lüttich aus zu einem Massenphänomen, dem vom 13. bis 15. Jahrhundert in vielen westeuropäischen Städten zeitweilig mehr Frauen angehörten als den Ordenshäusern.[1] In Deutschland sind Beginen seit dem Beginn des 13. Jahrhunderts belegt: 1210 in Würzburg, 1212 in Trier, 1215 in Altdorf (heute Weingarten) im Landkreis Ravensburg und 1216 in Aachen. In den Kölner Schreinsbüchern taucht der Terminus *begina* zwar bereits 1223 auf,[2] doch erst 1230 gründete Sela, die Witwe des Daniel aus der Geschlechterfamilie Jude, eine erste Beginengemeinschaft.[3]

Im Ruhrgebiet, in Duisburg und Schwerte, werden in wenigen Quellen einzeln lebende Beginen aufgeführt; alle übrigen Erwähnungen beziehen sich auf Häuser bzw. Konvente. Erstmalig erwähnt werden die Gemeinschaften frommer Frauen 1278 in Duisburg.[4] 1280 werden sie im Dortmunder Stadtrecht als „arme" oder „fromme Frauen und Jungfrauen" bezeichnet,[5] 1288 sind sie in Essen[6] nachgewiesen. Die Zahl der Häuser oder Konvente war in den einzelnen Städten unterschiedlich. So existierten in Dortmund sieben Konvente, in Gelsenkirchen und in Bochum jeweils einer, in Duisburg vier und in Essen sechs.

Zwischen den ersten überlieferten Quellen zu dieser besonderen religiösen Bewegung und der heutigen Zeit liegt ein Zeitraum von circa 800 Jahren, in dem viele Zeugnisse in Vergessenheit geraten sind. Obwohl die Erforschung des Beginenwesens bereits im 18. Jahrhundert einsetzte, kam es erst im 20. Jahrhundert durch Joseph GREVEN und Herbert GRUNDMANN zu grundlegenden weiterführenden Untersuchungen. Seit den 1980er Jahren beschäftigt sich auch die feministische Frauenforschung mit den mittelalterlichen Beginen. Durch den Mangel an Quellen, aber auch durch zum Teil überzogene Betrachtungsweisen, entstand jedoch ein verklärtes Bild der frommen Frauen. So wird die Lebensform der mittelalterlichen Beginen von Feministinnen als Alternative zur patriarchalisch strukturierten Ehe und Familie[7] gesehen.

Ein Blick in die Statuten des Essener Konvents *in Hagen ordinis de poenitentia*, die die Äbtissin des Essener Frauenstifts, Beatrix von Holte, im Jahr 1299 bestätigt hatten, zeigt allerdings ein anderes Bild. Damit die Statuten besser eingehalten wurden und der Zugang von Männern (in den Konvent) auf das Nötigste beschränkt wurde,

1 Letha Böhringer, Kölner Beginen im Spätmittelalter – Leben zwischen Kloster und Welt. In: Geschichte in Köln, Zeitschrift für Stadt- und Regionalgeschichte 53 (2006), S. 7–34, hier S. 9.

2 Frank-Michael Reichstein, Das Beginenwesen in Deutschland, Studien und Katalog. Berlin 2001, S. 374.

3 Böhringer (Anm. 1), S. 17; siehe auch Reichstein (Anm. 2), S. 271 f.

4 Norbert Schultheis, Fromme Frauen, die Beginen genannt werden. In: Ferdinand Seibt u. a. (Hg.), Vergessenen Zeiten. Mittelalter im Ruhrgebiet, Bd. 2. Essen 1990, S. 157–162, hier S. 158.

5 Schultheis (Anm. 4), S. 162.

6 Archiv B. M. V. ohne Signatur; Petra Bernicke, in nostram protectionem, gubernationem et correctionem suscipimus. Studien zur Entwicklung der kleinen Frauenkonvente in Essen unter der Herrschaft der Äbtissinen (Forschungen zur Volkskunde 70). Dortmund 2019, Urkundenedition im Anhang Nr. I.

7 Ute Weinmann, Mittelalterliche Frauenbewegungen. Ihre Beziehung zur Orthodoxie und Häresie. Pfaffenweiler 1990, S. 203. Zur Forschungsgeschichte siehe auch den Beitrag von Jörg Voigt in diesem Band.

wählten die Schwestern die jeweilige Äbtissin von Essen für alle Zeiten zur Beschützerin und Leiterin des Konvents.[8] Infolge dessen nahm Beatrix von Holte – als oberste Instanz des Konvents – wunschgemäß die Schwestern in ihren Schutz und ihre richterliche Gewalt.[9] Auch die Stadt Essen unterstand seit dem 13. Jahrhundert der Rechtsprechung der Äbtissin, die sich als Territorialherrin auch über das städtische Gebiet durchgesetzt hatte.[10] Von Autonomie und selbstbestimmter Freiheit der einzelnen Schwestern kann also nicht die Rede sein; vielmehr lebten sie auch in Beginenkonventen in hierarchischen Strukturen.

Erste Erwähnung, Bestätigung oder Gründung der Essener Konvente

In Köln waren die ersten Beginen bereits im Jahr 1223 namentlich bekannt, in Essen sind Beginen erst in der Amtszeit der Äbtissin Berta von Arnsberg in Schriftquellen belegt. Innerhalb weniger Jahrzehnte kam es zur Gründung bzw. zur Bestätigung bereits bestehender kleiner Konvente in der Stadt. Nach der Gründung des Konvents Kettwig im Jahr 1288, wurden 1293 die Statuten des Konvents beim *Turm*[11] und 1299 die Statuten des Konvents *Alter Hagen* bestätigt.[12] 1342 wurde der Konvent *Neuer Hagen* erstmalig indirekt erwähnt,[13] 1314 der Konvent *Dunkhaus* mit einer Hofstätte belehnt.[14]

Der Konvent *Zwölfling* ist in den Schriftquellen sehr schlecht belegt. Er wurde von Frauen bewohnt, die der Essener Äbtissin durch bestimmte handwerkliche und rituelle Dienstleistungen verbunden waren. Dazu gehörte u. a. seit dem 11. Jahrhundert das

8 *Ut autem hec melius et efficatius observentur et virorum introitus preter necessarius, quod summo cupimus desiderio sollicitius caveatur, abbatissam Asnidensem, que pro tempore fuerit, protrectricem et correctricem nostri conventus eligimus.* Archiv B. M. V. ohne Signatur; Bernicke (Anm. 6), Urkundenedition im Anhang Nr. II.

9 Ebd.

10 Nach dem Brand von 946 bestätigte König Otto I. auf Bitten der Äbtissin Hadewig dem Stift Essen im Januar 947 die Immunität. Thomas Schilp (Bearb.), Essener Urkundenbuch. Regesten der Urkunden des Frauenstifts Essen im Mittelalter. Bd. 1: Von der Gründung um 850 bis 1350 (Publikationen der Gesellschaft für rheinische Geschichtskunde LXXX). Düsseldorf 2010, Nr. 15. Es wurde dem königlichen Schutz unterstellt und damit ein Reichsstift. In den folgenden Jahren entwickelte sich das Stift zu einem geistlichen Territorialstaat. 1228 wurde die Essener Äbtissin erstmals in einer Urkunde König Heinrichs (VII.) Reichsfürstin genannt. Schilp (Anm. 10), Nr. 55. Siehe auch Ute Küppers-Braun, Reichsstadt, Landstadt oder civitas mixta? Stadt und Stift in der Frühen Neuzeit. In: Jan Gerchow (Hg.), Die Mauer der Stadt Essen vor der Industrie 1244 bis 1865. Essen 1995, S. 102–111, hier S. 103.

11 MüEss A 1, niederdeutsche Übersetzung, fehlt bei der Revision des Bestandes 2007/2008; vgl. auch die nicht auffindbare lateinische Fassung eines Fragments bei Julius Heidemann, Die Beguinenconvente Essens. In: EB, 9, 1886, S. 3–195, hier S. 105 f.; Druck: Schilp (Anm. 10), Nr. 204.

12 Archiv B. M. V. ohne Signatur; Bernicke (Anm. 6), Urkundenedition im Anhang Nr. II.

13 Archiv B. M. V. ohne Signatur; Bernicke (Anm. 6), Urkundenedition im Anhang Nr. III.

14 Landesarchiv NRW Abteilung Westfalen: Msc. II, Sammlung Kindlinger, 104, Bl. 249; Landesarchiv NRW Abt. Westfalen: Msc. II, Sammlung Kindlinger, 107, Bl. 89; Schilp (Anm. 10), Nr. 382.

Totengedenken für die Äbtissin Swanhild.[15] Es hat also bereits vor der ersten Erwähnung der kleinen Essener Konvente Frauengemeinschaften gegeben, die nach selbst aufgestellten Statuten zusammenlebten. Auf Grund der schlechten Quellenlage existierten auch nur wenige Belege über den Essener Konvent *Overberg* und die Konvente außerhalb der Stadt Essen, im heutigen Erkelenz und in Gelsenkirchen.

Sowohl für die als Bürgergründungen angesehenen Konvente *Alter Hagen, beim Turm* und *Neuer Hagen* als auch für die vom Stift abhängigen Gemeinschaften *Zwölfling, Kettwig* und *Dunkhaus,* bestätigte die jeweils amtierende Äbtissin des Frauenstifts die ihr vorgelegten Statuten. Gleichzeitig präsentierte sie sich so als Stadtherrin und Reichsfürstin.

Organisation der kleinen Essener Konvente und Tätigkeitsformen der Schwestern

Nicht zu jeder Essener Gemeinschaft gewähren Quellen einen Blick in das Konventsleben und einen Überblick über die Entwicklung der Gemeinschaft. Bei den wenigen Belegen aus der Anfangszeit der Konvente handelt es sich meist um Statuten, die den Idealfall des Zusammenlebens im Konvent beschreiben. So, wie der Lebensalltag jeder Gemeinschaft eine gewisse Ordnung braucht, benötigten auch die Frauen in den Häusern der kleinen Konvente Regeln, die das tägliche Leben strukturierten. Diese basierten auf den Erfahrungen des Konventslebens aus der Zeit vor der Verschriftlichung der Regeln.[16] Durch die Auswertung dieser Regeln lässt sich der Tagesablauf in den Konventen rekonstruieren. Über besondere Bedingungen, die die aufzunehmenden Frauen erfüllen mussten, wie Herkunft, Alter oder finanzielle Voraussetzungen, geben die Statuten jedoch kaum, bzw. keine einheitliche Auskunft.

Weder die Gründungsurkunden noch die Statuten der kleinen Essener Konvente geben detaillierte Auskünfte über die Tätigkeit der Frauen. Als wichtige Betätigungsfelder der frommen Frauen galten die Pflege von Kranken und Sterbenden sowie verschiedene Dienste bei Bestattungen. Besonders der Umfang der Krankenpflege ist schwer einzuschätzen, zumal es unklar ist, ob es sich um regelmäßig geleistete Dienste

15 Punkt 73, Consuetudines. In: Karl Schäfer, Franz Arens (Bearb.) Urkunden und Akten des Essener Münsterarchivs, Essener Beiträge. Beiträge zur Geschichte von Stadt und Stift Essen, 28, 1906, S. 3–348, Nr. 1. Siehe auch Ludger Horstkötter, Äbtissin Schwanhild (ca. 1058–ca. 1085), ihr Jahrgedächtnis und das Schwanhildis-Amt an der Essener Münsterkirche (bis 1808). In: Münster am Hellweg. Mitteilungsblatt des Vereins für die Erhaltung des Essener Münsters 56 (2003), S. 111–127, S. 114 f.

16 Hedwig Röckelein, Hamburger Beginen im Spätmittelalter – ‚autonome' oder ‚fremdbestimmte' Frauengemeinschaft. In: Martina Wehrli-Johns u. Claudia Opitz (Hgg.), Fromme Frauen oder Ketzerinnen? Leben und Verfolgungen der Beginen im Mittelalter. Freiburg im Breisgau 1998, S. 119–137, hier S. 123.

am Gemeinwesen handelte[17] oder um Werke der Nächstenliebe, deren Ausmaß jede einzelne Begine bestimmen konnte und die selten Spuren in den Quellen hinterließen.[18] In den Einnahmelisten der Konvente werden keine Positionen aus diesem Bereich aufgeführt. Deshalb verrichteten die Frauen die Dienste offenbar nicht, um ihren Lebensunterhalt damit zu finanzieren.[19]

Seit dem frühen 13. Jahrhundert war es jedoch üblich, dass die frommen Frauen Sterbende mit Gebeten begleiteten. So ist aus dem Essener Konvent *Kettwig* ein Gebetbuch erhalten, in dem u. a. Gebete für die Verstorbenen und zu einzelnen Heiligen aufgezeichnet sind.[20] Neben der medizinischen Betreuung war für die Kranken besonders der geistliche Beistand von Bedeutung. Dazu gehörte nicht nur der Besuch eines Geistlichen, der die Beichte abnahm, die Kommunion reichte und das Sakrament der letzten Ölung spendete, sondern auch das gemeinsame Gebet mit Freunden und Angehörigen.[21]

Allerdings scheint auch das Handarbeiten im 15. und 16. Jahrhundert in den Essener Konventen üblich gewesen zu sein, ohne dass die Überlieferung Hinweise erteilt, für wen die Waren angefertigt wurden und welchen Anteil die Handarbeit am Unterhalt der Konvente hatte. Es könnte sich bei den Arbeiten um Tätigkeiten wie z. B. Spinnen oder Nähen gehandelt haben. Auf jeden Fall hatte die Arbeit der Schwestern in der frühen Neuzeit im Tagesablauf der Essener Konvente einen festen Platz.

Zwei fast identische Abschriften der Tagesordnung des Konvents *Turm* aus der zweiten Hälfte des 18. Jahrhunderts[22] und die Tagesordnung des Konvents *Neuer Hagen* aus der Mitte des 18. Jahrhunderts[23] belegen, dass die Frauen während der Arbeit Gebete oder Rosenkränze sprachen, Gespräche führten oder zum Schweigen verpflichtet waren.

Im *Turm* begannen die Schwestern um 5 Uhr,[24] im *Neuen Hagen* um 5.30 Uhr mit der Arbeit. Nach der Messe um 6[25] bzw. 7 Uhr[26] wurde in beiden Konventen die Arbeit

17 Christine Guidera, The Role of the Beguines in caring for the ill, the Dying, and the Dead. In: Edelgard Else Dubruck u. Barbara Gusick (Hg.), Death and Dying in the Middle Ages. New York 1999, S. 51–72, hier S. 53.
18 Hannah Kess, Klausnerin, Nonne, Begine? Eine schwierige Kategorisierung. Zum Beginenwesen in Franken. In: Jahrbuch für fränkische Landesforschung 67 (2007), S. 19–48, hier S. 31.
19 Letha Böhringer, Beginen und Schwestern in der Sorge für Kranke. In: Artur Dirmeier (Hg.), Organisierte Barmherzigkeit. Armenfürsorge und Hospitalwesen in Mittelalter und Früher Neuzeit. Regensburg 2010, S. 127–155, hier S. 128 f.
20 Domschatzkammer Essen, Hs. 26.
21 Siegfried Reicke, Das deutsche Spital und sein Recht im Mittelalter, Bd. 2, Das deutsche Spitalrecht. Stuttgart 1970, S. 117 f.
22 MüEss, Bestand C, Konvent beim Turm, 3.1.1. Akten, Nr. 1, ohne Paginierung.
23 Landesarchiv NRW Abteilung Rheinland, Stift Essen, Akten, Nr. 278, Bl. 5 ff.
24 MüEss (Anm. 22).
25 Ebd.
26 LA NRW R (Anm. 23), Bl. 5v.

wieder aufgenommen. Dabei war es erlaubt, über geistliche oder erbauliche Dinge[27] zu sprechen. Nach dem Essen um 11 Uhr begannen die Schwestern im *Neuen Hagen* um 12 Uhr wieder mit der Arbeit.[28] Im Konvent *Turm* wurde nach dem Gebet um 13 Uhr und dem Empfang der Kommunion ebenfalls die Arbeit fortgesetzt.[29]

Die Schwestern im *Neuen Hagen* lasen um 16 Uhr Vesper und Komplet und begaben sich danach erneut schweigend an die Arbeit.[30] Nach dem Abendessen um 18 Uhr und nach einem anschließenden Gebet wurde in beiden Konventen die Arbeit fortgesetzt. Im Anschluss an das Abendgebet um 21 Uhr gingen die Schwestern im *Turm* schlafen.[31] Die Schwestern aus dem *Neuen Hagen* hielten um 20.45 Uhr das *examen*, sprachen das Abendgebet und begaben sich danach ebenfalls zur Nachtruhe.[32]

Uhrzeit	Konvent *Turm*	Konvent *Neuer Hagen*
5.00 Uhr	Arbeit	
5.30 Uhr		Arbeit
6.00 Uhr	Messe, Arbeit	
7.00 Uhr		Messe, Arbeit
11.00 Uhr		Essen
12.00 Uhr		Arbeit
13.00 Uhr	Gebet, Kommunion, Arbeit	
16.00 Uhr		Vesper, Complet, Arbeit
18.00 Uhr	Essen, Gebet, Arbeit	Essen, Gebet, Arbeit
20.45 Uhr		Examen, Gebet, Nachtruhe
21.00 Uhr	Gebet, Nachtruhe	

Das religiöse Leben in den Konventen – mit besonderem Fokus auf die Gebetsordnungen der Konvente *Turm* und *Neuer Hagen*

Das zentrale Problem der Beginenforschung – die schlechte Quellenlage – betrifft auch das religiöse Leben der Frauen; besondere Frömmigkeitsformen sind kaum nachweisbar. Fünf Essener Handschriften aus dem 15. Jahrhundert vermitteln zwar

27 MüEss (Anm. 22).
28 LA NRW R (Anm. 23), Bl. 6r.
29 MüEss (Anm. 22).
30 LA NRW R (Anm. 23), Bl. 6v.
31 MüEss (Anm. 22).
32 LA NRW R (Anm. 23), Bl. 6v.

einen fragmentarischen Einblick in das spätmittelalterliche geistige Leben im Konvent *Kettwig*, aus den anderen Essener Konventen und der Frühzeit der Bewegung sind jedoch keine *Codices* überliefert.

Frank-Michael REICHSTEIN zählt verschiedene Konvente in Worms, Hamburg, Köln, Goch und Münster auf, deren Regeln bereits im 13. und 14. Jahrhundert über den religiösen Alltag der Frauen berichten. Dieser war von einer fast-monastischen Tagesordnung geprägt. Dazu gehörten das tägliche Lesen der Psalmen, das Verrichten verschiedener Andachtsübungen, Messbesuche mit Kommunionempfang und die regelmäßige Beichte. Bereits 1288 berichtet die Ordnung des Wormser *Richardikonvents* von der Verpflichtung zur Teilnahme an der täglichen Morgenmesse. Ausgenommen von der Regel waren hier, genau wie in Essen, die Schwestern, die in der Küche oder anderswo zu tun hatten.[33] In Essen geben Passagen in den Statuten verschiedener Konvente über die täglichen und jährlichen religiösen Pflichten Auskunft. Regelrechte Ordnungen darüber liegen jedoch erst aus dem 18. Jahrhundert und nur von den Konventen *Turm* und *Neuer Hagen* vor (s. Abb. 1).

Nach einer Gebetsordnung des Konvents *Turm* aus der zweiten Hälfte des 18. Jahrhunderts war jede Schwester verpflichtet, täglich *drey rosenkräntz* und verschiedene *litaneyen* zu beten. Täglich sollte auch ein Kapitel aus einem geistlichen Buch vorgelesen werden. Bei Verstößen gegen die Ordnung sprach die Vorsteherin eine Ermahnung aus, bei wiederholtem Verstoß wurde die Schwester als Störerin der Hausordnung angeklagt und entsprechend bestraft.[34]

Die Konventualinnen des *Zwölflings* hatten sich nach den Statuten von 1683 besonders mit dem Gebet für das Stift[35] und den eigenen Konvent zu befassen und regelmäßig die Stundengebete (*gezeiten*)[36] zu lesen oder zu beten.

Im Laufe des Kirchenjahres gedachten die religiösen Gemeinschaften ihrer eigenen verstorbenen Mitglieder und der Wohltäter ihrer Konvente, denen sie auf Grund von Memorialstiftungen verpflichtet waren. Darüber hinaus schlossen sie sich zum Gebetsgedenken und zur Vergegenwärtigung der Verstorbenen mit Bruderschaften zusammen. So kamen die Frauen im Konvent *Turm* im 17. Jahrhundert am 2. Januarsonntag bei der Todesangst-Bruderschaft ihren Gebetspflichten nach. Ziel der Bruderschaft war es, für einen gnädigen Tod zu beten. Mitglieder dieser Bruderschaft der Essener Jesuiten waren bei der Gründung im Jahr 1694 bereits die Fürstäbtissin Bernardine Sophia von Ostfriesland und Rietberg, die meisten Stiftsdamen sowie seit 1715 auch

33 Reichstein (Anm. 2), S. 177 f.

34 MüEss (Anm. 22).

35 Landesarchiv NRW Abteilung Rheinland, Stift Essen, Akten, 276, Bl. 15 f.; Bernicke (Anm. 6), Urkundenedition im Anhang Nr. X.

36 Ebd.

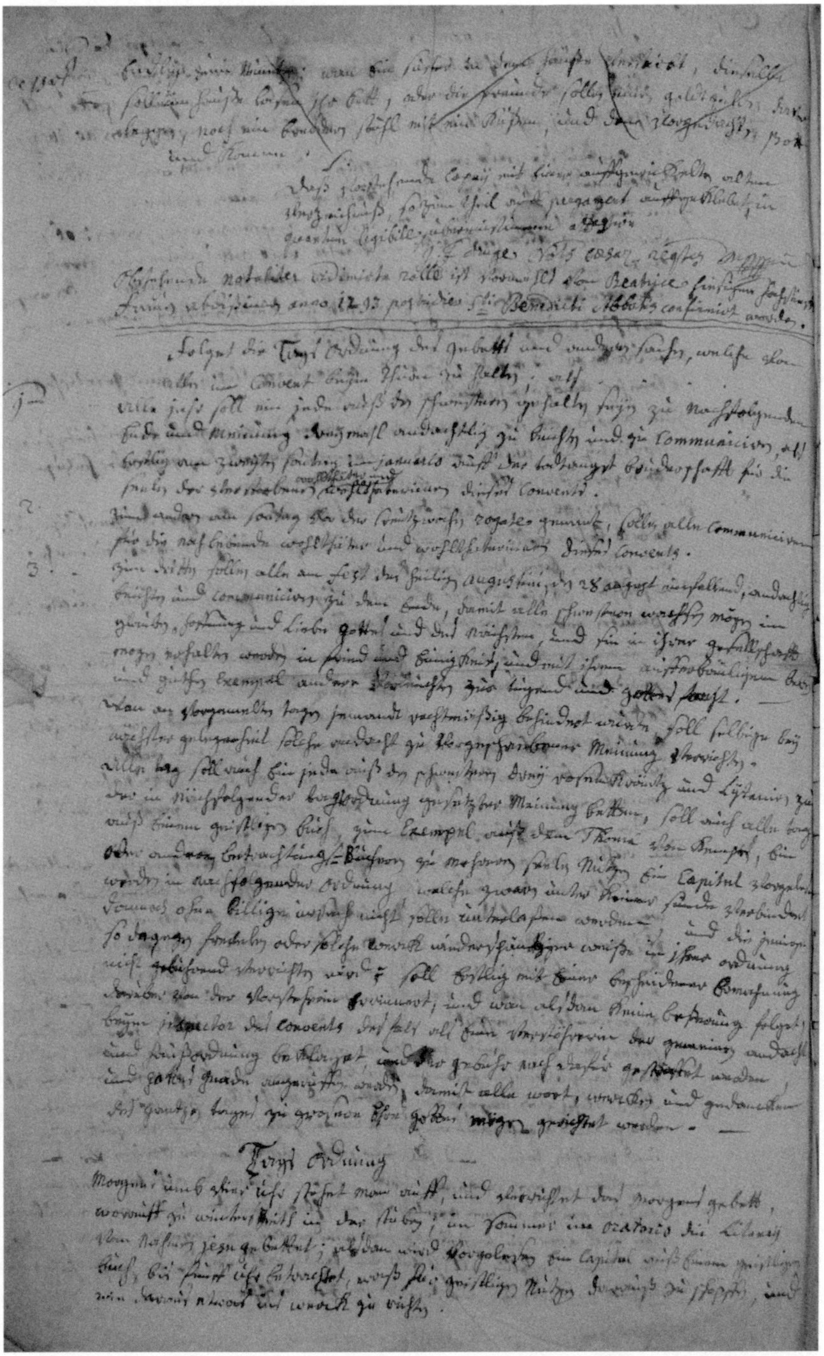

Abb. 1 Tagesordnung des Konvents *Turm* (MüEss, Bestand C, Konvent beim Turm, 3.1.1, Akten Nr. 1, ohne Paginierung)

die Fürstäbtissin Franziska Christine von Pfalz-Sulzbach. Über die Zusammenschlüsse berichten Memorialbücher, Verbrüderungsbücher und -urkunden.[37]

Über die Orte, an dem die Gebete gesprochen wurden, erfahren wir aus den Tagesordnungen der hier exemplarisch fokussierten Konvente *Turm* und *Neuer Hagen* wenig. Vom Konvent *Turm* ist bekannt, dass das Morgengebet im Winter in der Stube, im Sommer im *oratorio* erfolgte. Dies galt auch für das Lesen besonderer Abschnitte aus der Bibel an Sonn- und Feiertagen. Vermutlich geschah dies, weil das Oratorium nicht beheizt wurde, und daher nur an warmen Tagen genutzt werden konnte. Für die Schwestern der Konvente der *Devotio moderna* in Diepenveen und Deventer in den Niederlanden hat Martina KLUG feststellen können, dass sie ihre Gebete und Stundengebete im Spinnhaus gesprochen haben. In Deventer nannte man daher das Spinnhaus auch Bethaus.[38]

Gemäß der Gebetsordnungen der Konvente *Neuer Hagen* und *Turm* standen die Schwestern um 4 Uhr morgens auf und verrichteten das Morgengebet. Danach wurde im Winter in der Stube, im Sommer im *oratorio*, gemeinschaftlich die *litaney* vom Namen Jesu gebetet.[39] Im Unterschied zum Konvent *Turm* folgte im *Neuen Hagen* im Anschluss an die Litanei *vom heiligsten nahmen Jesu* um 4.30 Uhr eine Meditation über das Gebetete.[40] Im Konvent *Turm* sollte, *wens die zeit biedet*, im Anschluss an die Gebete ein Kapitel aus einem geistlichen Buch gelesen und bis 5 Uhr darüber meditiert werden.[41] Um 5 Uhr begannen die Schwestern mit der Arbeit, während der der erste Rosenkranz gebetet wurde. Diejenigen, die verhindert waren, hörten bereits um 6 Uhr die Messe, alle anderen um 7 Uhr.[42]

37 Thomas Schilp, Memoria. Jenseitsvorsorge und Erinnerungskultur in der Stadt. In: Thomas Schilp, Matthias Ohm, Barbara Welzel (Hgg.), Ferne Welten freie Stadt. Dortmund im Mittelalter (Dortmunder Mittelalter-Forschungen Bd. 7). Bielefeld 2006, S. 236–240, hier S. 238.

38 Martina Klug, Armut und Arbeit in der Devotio moderna. Studien zum Leben der Schwestern in niederrheinischen Gemeinschaften (Studien zur Geschichte und Kultur Nordwesteuropas. Veröffentlichungen des Instituts für Niederrheinische Kulturgeschichte und Regionalentwicklung der Universität Duisburg Essen). Münster 2005, S. 175.

39 MüEss (Anm. 22).

40 LA NRW R (Anm. 23), Bl. 5v.

41 MüEss (Anm. 22).

42 Ebd. Beginnend im 13. Jahrhundert kam in den Klöstern der Brauch auf, die lateinischen Psalmen des Stundengebets durch andere Gebete zu ersetzen. Als Ersatzgebete nutzte man zuerst das an der Paternoster-Schnur gezählte Vaterunser, später verstärkt das Ave Maria. Die beliebtesten Ersatzformen für die Tagzeitliturgie wurden die Rosenkranzgebete. Papst Pius V. regelte 1569 die Form des Rosenkranzes verbindlich in eine in Zehnergruppen gegliederte Reihe von 150 Ave Maria, wobei jede Dekade von einem Vaterunser eingeleitet und mit dem ‚Ehre sei dem Vater' beschlossen wurde. Ebenfalls zu dieser Reihe gehörig war die Betrachtung der Geheimnisse, deren Inhalt das Erlösungsmysterium, die Menschwerdung sowie Passion und Erhöhung Jesu sind. Das Leben Jesu wurde in 15 Einzelgeheimnisse aufgeteilt und in heilsgeschichtlicher Folge meditiert. Je nach dem Inhalt der betrachteten Geheimnisse unterscheidet man den freudenreichen, den schmerzhaften und den glorreichen Rosenkranz. Diese wurden auch in den genannten Essener Konventen gebetet. Siehe dazu Angelius Walz, Rosenkranz. In: Lexikon für Theologie und Kirche 9 (1999), Sp. 45 f.

Im *Neuen Hagen* wurde um 5 Uhr das Stundengebet *von der mutter gottes chorweiß* bis zum neunten Teil (*nona*) gebetet. Erst um 5.30 Uhr gingen die Schwestern zur Arbeit, während der ebenfalls ein Rosenkranz gebetet wurde. Wie im Konvent *Turm* hörten diejenigen, die *in der küchen oder sonsten verhindert* waren, um 6 Uhr die Messe; alle anderen schwiegen währenddessen und hörten erst um 7 Uhr die Messe.[43]

Nach der Messe wurde in beiden Konventen, *Turm* und *Neuer Hagen,* die Arbeit fortgesetzt, während der man sich über geistliche oder erbauliche Dinge[44] unterhalten konnte. Im *Neuen Hagen* beteten die Schwestern um 9 Uhr den schmerzhaften Rosenkranz;[45] im *Turm* geschah dies zur selben Zeit. Danach ging man um 11 Uhr zu Tisch und betete *umb zwolf uhre* das gemeinschaftliche Gebet von der Mutter Gottes. Im Anschluss lasen die Schwestern ein Kapitel aus einem geistlichen Buch.[46]

Im *Neuen Hagen* gingen die Schwestern ebenfalls um 11 Uhr zu Tisch, allerdings hatten sie bis zum Examen, bei dem man den bisherigen Tag reflektierte, um 10.45 Uhr, Stillschweigen einzuhalten. Nach dem Essen beteten die Schwestern die *Litaney von der mutter Gottes* und im Anschluss die neunte Strophe derselben.[47] Im Konvent *Turm* las man nach der Litanei stattdessen ein Kapitel aus einem geistlichen Buch. An Sonn- und Feiertagen konnten hier auch Abschnitte aus dem Neuen Testament (*epistel*) und dem *evangelium* gelesen werden. Dies geschah im Winter in der Stube, im Sommer im *oratorio*.[48] Um 12 Uhr begannen die Schwestern des *Neuen Hagen* wieder mit der Arbeit, während der ein erbauliches, nützliches oder lustiges Gespräch geführt werden durfte. Um 13 Uhr wurde hier ein Rosenkranz gebetet und im Anschluss ein geistliches Buch vorgelesen.[49] Auch im *Turm* wurde um 13 Uhr ein Rosenkranz gebetet. Bevor die Arbeit fortgesetzt wurde, empfingen die Schwestern die Kommunion.[50] Die Schwestern im *Neuen Hagen* wiederholten um 14 Uhr das, was zuvor aus einem geistlichen Buch vorgelesen worden war und sprachen über dessen Umsetzung, bis um drei Uhr wieder Silentium eingehalten werden musste. Vesper und Komplet vom *officio der mutter Gottes* wurden um 16 Uhr gelesen, danach begaben sich die Schwestern wieder an die Arbeit. Hier war *widder silentium zu halten,* um Gebetsrückstände aufzuholen oder besondere Andachten zu verrichten.

Um 18 Uhr ging man zum Abendessen, im Anschluss wurde um 18.30 Uhr die Litanei von allen Heiligen gebetet.[51] Dies erfolgte zur gleichen Zeit auch im Konvent

43 LA NRW R (Anm. 23), Bl. 6r.
44 MüEss (Anm. 22).
45 LA NRW R (Anm. 23), Bl. 6r.
46 MüEss (Anm. 22).
47 LA NRW R (Anm. 23), Bl. 6r.
48 MüEss (Anm. 22).
49 LA NRW R (Anm. 23), Bl. 6r.
50 MüEss (Anm. 22).
51 LA NRW R (Anm. 23), Bl. 6v.

Turm.[52] Im *Neuen Hagen* meditierte man um 20 Uhr und wiederholte dies, um es im Anschluss im Gespräch auszulegen.[53] Um 20.30 Uhr las eine Konventualin ihren Mitschwestern aus dem *Turm* eine kurze Lektion aus einem geistlichen Buch vor, über die dann gesprochen wurde.

Im Anschluss an das Abendgebet gingen alle Schwestern um 21 Uhr schlafen.[54] Um 20.45 Uhr reflektierten die Schwestern aus dem *Neuen Hagen* den Tag, sprachen das Abendgebet und legten sich ebenfalls schlafen.[55]

Da es im *Neuen Hagen* offensichtlich Probleme bei der Einhaltung der Regelung gegeben hatte, wurden hier das Unterbrechen und das Nichteinhalten der Gebetsordnung ohne Erlaubnis der Mutter sogar bestraft.[56] Um die Zeiten genau einzuhalten, musste in beiden Konventen nicht auf eine Konventualin gewartet werden, die die Ordnung nicht einhalten konnte.[57]

	Konvent *Turm*, 18. Jahrhundert	Konvent *Neuer Hagen*, 18. Jahrhundert
4.00 Uhr	Aufstehen, Morgengebet, gemeinsames Gebet	Aufstehen, Morgengebet, gemeinsames Gebet
4.30 Uhr	Vorlesen aus einem geistlichen Buch, Meditation	Meditation
5.00 Uhr	Arbeit	Stundengebet
5.30 Uhr	Beten des ersten Rosenkranzes	Arbeit, Gebet eines Rosenkranzes
6.00 Uhr	Messe für die, die später verhindert sein werden	Messe für die, die später verhindert sein werden
7.00 Uhr	Messe für alle anderen Schwestern, Arbeit	Messe für alle anderen Schwestern, Arbeit
9.00 Uhr	Gebet eines Rosenkranzes	Gebet eines Rosenkranzes
11.00–12.00 Uhr	Essen Gemeinsames Gebet, Lesen aus einem geistlichen Buch, Examen	Essen Gemeinsames Gebet, Beten weiterer Strophen des Gebetes
12.00 Uhr		Arbeit
13.00 Uhr	Gebet eines Rosenkranzes, Kommunion, Arbeit	Gebet eines Rosenkranzes, Lesen aus einem geistlichen Buch

52 MüEss (Anm. 22).
53 LA NRW R (Anm. 23), Bl. 6v.
54 MüEss (Anm. 22).
55 LA NRW R (Anm. 23), Bl. 6v.
56 Ebd.
57 MüEss (Anm. 22).

	Konvent *Turm*, 18. Jahrhundert	Konvent *Neuer Hagen*, 18. Jahrhundert
14.00–15.00 Uhr		Wiederholung des Gelesenen, Gespräch über Umsetzung des Gelesenen
16.00 Uhr		Vesper und Komplet, Fortsetzung der Arbeit
18.00 Uhr	Abendessen, Gebet	Abendessen, Gebet
20.00 Uhr		Meditation
20.30 Uhr	Vorlesen aus einem geistlichen Buch, Auslegung	Vorlesen eines Textes
20.45 Uhr	Abendgebet	Auslegung, Examen, Abendgebet
21.00 Uhr	Nachtruhe	Nachtruhe

Handschriften aus dem Konvent *Kettwig*

Zeugnisse, die über die Frömmigkeit der Essener Beginen Auskunft geben, fehlen für das Mittelalter weitgehend. Lediglich fünf kleinformatige Handschriften informieren über das religiöse Leben der Gemeinschaft des Konvents *Kettwig* im 15. Jahrhundert. Fürstäbtissin Margaretha von der Mark hatte 1423 dem Konvent neue Statuten gegeben, alle Rechte und Pflichten bestätigt und zwei Frauen aus der Gemeinschaft der Brüder und Schwestern vom gemeinsamen Leben zu neuen Leiterinnen ernannt.[58] Damit wurde aus dem Konvent ein Schwesternhaus der *Devotio moderna*.[59] Besondere Merkmale der devoten Schwestern waren u. a. das Arbeiten für den Lebensunterhalt, ein einfacher Lebenswandel und der freiwillige Verzicht auf persönlichen Besitz zugunsten der Gemeinschaft. Dieser wurde vermutlich beim Eintritt ins Schwesternhaus abgegeben.[60]

Fürstäbtissin Maria Clara von Pflaum und Vallier gab den Konvent 1614 in die Hände der Kapuzinermönche, um die katholische Lehre ins Essener Territorium zurückzuführen, nachdem sich die Stadt nach der Reformation der neuen Lehre angeschlossen hatte.[61] Mit der Übergabe gelangten auch die Handschriften in den Besitz der Kapuziner. Nach der Säkularisierung wurden die Bestände der Essener Ordensgemeinschaft in den Besitz der Münsterpfarre überführt und dem Bestand der ehema-

58 Bernicke (Anm. 6), S. 150.
59 Klug (Anm. 38), S. 238 f.
60 Ebd.
61 Bernicke (Anm. 6), S. 150.

ligen Stiftsbibliothek zugeschlagen. Heute befinden sie sich im Besitz der Domschatzkammer Essen.[62]

In Deutschland sind nur wenige Manuskripte dieser Art erhalten. So ist z. B. aus dem Hamburger Konvent bei der Pfarrkirche St. Jacobi ein Bestand von vierzehn Handschriften aus der zweiten Hälfte des 15. und dem Beginn des 16. Jahrhunderts erhalten. Nach der Beginenordnung von 1360, in der die Schwestern angehalten wurden, *alle Tage den Cursum, oder die horas Mariae zu lesen,* ist davon auszugehen, dass die Frauen mit dem Lesen von Texten und der Arbeit damit, vertraut waren. Auf Grund von Besitzereinträgen geht Hans-Walther STORK davon aus, dass die Bücher aus dem Besitz einzelner Beginen stammen.[63]

Auch aus dem Besitz der Freisinger Seelfrauen sind liturgische und erbauliche Schriften aus dem 15. und 16. Jahrhundert bekannt: Hannah HIEN verweist auf Inventarlisten des Seelhauses, in denen eine Sammlung von Heiligenviten genannt wird, darüber hinaus *zwo bibel teutsch, ain evangelibuech Kheiserspergii teutsch, die auslegung der evanglien Humberti, das teutsch passionalbuech, ain teutsch evangelibuech, ain buechel der Spiegl der Zucht genant, ain tractat Caspari Schatzgeri von dem waren cristlichen leben* und weitere Schriften. Die Frauen dieser Gemeinschaft bezeichnet Hannah HIEN allerdings als Tertiarinnen.[64]

Zu den Essener Codices gibt es bis auf einen Katalogbeitrag zur Handschrift Hs. 27[65] von Katrinette BODARWÉ und einen Aufsatz zur selben Handschrift von Ina GERMES-DOHMEN[66] bis jetzt keine weiteren Veröffentlichungen. Trotz noch ausstehender weiterführender Forschungsergebnisse sollen die Schriften im Folgenden erwähnt werden.

Hs. 24

Die 94 Blätter umfassende Handschrift aus dem 15. Jahrhundert[67] war ein Geschenk an die *susteren in demme hove te ketwych bynnen essen.* Als Schenker wird der Priester

62 Katrinette Bodarwé, Gebetbuch (Mariengebete). In: Falk (Anm. 65), S. 198.

63 Hans-Walter Stork, Die Handschriften des Hamburger Beginen-Konventes in den Sammlungen der Staats- und Universitätsbibliothek Hamburg – ein überlieferungsgeschichtlicher Überblick. In: Jörg Voigt, Bernward Schmidt, Marco Sorace (Hg.), Das Beginenwesen in Spätmittelalter und Früher Neuzeit (Studien zur christlichen Religions- und Kulurgeschichte). Fribourg 2015, S. 199–263, hier S. 204, 209.

64 Hannah Hien, Das Beginenwesen in fränkischen und bayerischen Bischofsstädten, Stegaurach 2013, S. 235 f.

65 Birgitta Falk (Hg.), Der Essener Domschatz. Essen 2009, S. 171.

66 Ina Germes-Dohmen, Das Mariengebetbuch (Hs. 27) in der Essener Domschatzkammer. In: Münster am Hellweg. Mitteilungsblatt des Vereins für die Erhaltung des Essener Münsters 69 (2016), S. 40–53, hier S. 41.

67 Ein anderer Eintrag auf Bl. 1r verweist auf um dat Ja MCCCXC.

Hint vande plancken genannt.[68] Die Handschrift enthält ausgewählte Texte in niederdeutscher Sprache. Dazu gehört z. B. *dat spieghel der moniken in duytsche …*, der sich mit der Frömmigkeit, dem Gehorsam und der wöchentlichen Beichte beschäftigt. *Dat spieghel der sunders in duytsche …* ist eine Zusammenstellung von Vorschriften und eine Betrachtung über die letzten Dinge. Weitere Kapitel der Handschrift widmen sich der Passion Christi. Die Überlegungen zu den Leidensberichten der Evangelisten wurden durch vertiefende Erläuterungen und Gebete ergänzt und konnten bei den Stundengebeten der Schwestern gelesen oder gebetet werden. Andere Texte thematisieren die Weisheit Gottes, rufen zum Leidtragen, zu Mühe, Geduld, Buße und zur Nachfolge des leidenden Christus auf.[69]

Hs. 25

Auch einige von der Mystik beeinflusste Schriften gehörten zum Bestand des Konvents *Kettwig*. Die Hs. 25 aus dem 15. Jahrhundert enthält die Vita Seuses und PsAugustins *De diligendo deo*. Ein handschriftlicher Eintrag informiert über die Schreiberin, die stellvertretende Leiterin Katherina von Wesel: *Eyn Maria om gots willen vor den schryver. Dyt hevet geschreven suster kathryna van wesel … ocratersche eyn getrou … enresche is ger … est desen Conven …*[70]

Die Handschrift macht deutlich, dass das religiöse Leben der Schwestern nicht nur aus der Einhaltung von Gebets-, Beicht- und Messverpflichtungen bestand. Vornehmlich im 13. Jahrhundert kamen aus den Reihen der Beginen Frauen, die als Mystikerinnen einen Anteil am geistlichen Leben ihrer Zeit hatten. Im Mittelpunkt der Visionen standen der Wandel Christi auf Erden und seine Leidensgeschichte.[71]

Hs. 26

Durch den handschriftlichen Vermerk *Ftum Capuc Essend* weist dieser Codex ebenfalls auf die Herkunft aus dem Bestand der ehemaligen Kapuzinergemeinschaft in Essen hin. Die Handschrift vom Ende des 15. Jahrhunderts umfasst 409 Blätter einschließlich verschiedener Schmuckseiten. Sie beinhaltet einen liturgischen Kalender

68 Domschatzkammer Essen, Hs. 24; In seiner Zusammenstellung und Bearbeitung der mittelalterlichen Handschriften, Inkunabeln und Frühdrucke der Essener Schatzkammer notierte Alfred Pothmann, dass der Handschrift ein loses Vorsatzblatt mit handschriftlichem Eintrag beigelegt war. Dieses ist leider nicht mehr aufzufinden. Siehe dazu Günter Gattermann (Hg.), Handschriftencensus Rheinland. Erfassung mittelalterlicher Handschriften im rheinischen Landesteil von Nordrhein-Westfalen. Bd. 1, Aachen (Diözesanarchiv) bis Köln (Diözesan- und Dombibliothek). Wiesbaden 1993, Nr. 881.

69 Domschatzkammer Essen, Hs. 24; siehe dazu auch Alfred Pothmann, Beginengebetbuch. In: Ferdinand Seibt, u. a. (Hgg.), Vergessene Zeiten. Mittelalter im Ruhrgebiet, Bd. 1. Essen 1990, Nr. 116.

70 Domschatzkammer Essen, Hs. 25; Gattermann (Anm. 68), Nr. 879.

71 Caroline Walker Bynum, Formen weiblicher Frömmigkeit im späteren Mittelalter. In: Kunst- und Ausstellungshalle der Bundesrepublik Deutschland, Ruhrlandmuseum Essen (Hg.), Krone und Schleier. Kunst aus mittelalterlichen Frauenklöstern. München 2005. S. 118–129, hier S. 119 f.

mit Heiligentagen, Gebeten, Hymnen und Evangelienlesungen zu den Marienfesten des Kirchenjahres. Darüber hinaus finden sich Anmerkungen zu den Festtagen *Kuliaen marteler* (8. Juli), *Cosa/cosma ende damyaen marteler* (27. September) und *marcus confessor* (gemeint ist Marsus) am 6. Oktober.[72] Zum Inhalt des Codex gehören auch Gebete für Verstorbene.

Hs. 27, fol. 14v (Tafel III, Abb. 2)
Die Handschrift 27 kann durch eine Schreibernotiz in das Jahr 1519 datiert werden. Danach hat der Schreiber den Codex am Nikolaustag beendet.[73] Da das Gebetbuch in einer ijssellandischen Volkssprache verfasst wurde, könnte es, so der Münsteraner Sprachwissenschaftler Robert PETERS, in einer Schreibstube in Zwolle geschrieben worden sein.[74] Diese Vermutung ist naheliegend, da Geert Groote als Initiator der Bewegung *Devotio moderna* 1374 sein Haus in Deventer nahe Zwolle den Schwestern vom gemeinsamen Leben zur Verfügung gestellt hatte.[75] Auch das Reformkloster der Windesheimer Chorherren, in dem der kanonikale Zweig der *Devotio moderna* in *vita communis* zusammenlebte, liegt im Raum Zwolle. In den Häusern der Brüder vom gemeinsamen Leben entstanden zahlreiche Handschriften, mit deren Verkauf der Unterhalt der Konvente unterstützt wurde.[76]

Die Handschrift enthält ebenfalls Schmuckseiten und einen Kalender mit Essener Fest- und Heiligentagen, Mariengebeten, Sequenzen, Hymnen und Evangelienlesungen zu den Marienfesten des Kirchenjahres,[77] ähnlich Hs. 26. Im Kalendarium wird unter dem 26. März der hl. *Ludgerius* genannt, darüber hinaus der 8. Juli (*Kyliaen myt synen gesellen*), der 26. September (*Cosmas ende Damiano*) und der 6. Oktober (*Marcu* … [Marsus]).[78] Der Hauptteil wendet sich mit Gebeten, Sequenzen, Hymnen und Perikopen im Wesentlichen an Maria, die als Vorbild für ein keusches Leben, Königin und Fürsprecherin bei ihrem Sohn verehrt wurde. Die Gebete beginnen meist mit den Worten *Hier begynt een schoen sunnerlick gebet van onser liever vrouwen*, gefolgt von einem besonderen Anlass oder einem speziellen Festtag, an dem empfohlen wird, das Gebet zu sprechen, z. B. *ende men machget lesen op die hochtiden van onser liever vrouwen*

72 Domschatzkammer Essen, Hs. 26; Gattermann (Anm. 68), Nr. 880.
73 Germes-Dohmen (Anm. 66), S. 41.
74 Germes-Dohmen (Anm. 66), S. 42.
75 Gerhard Rehm, Die Schwestern vom gemeinsamen Leben im nordwestlichen Deutschland. Untersuchungen zur Geschichte der Devotio Moderna und des weiblichen Religiosentums. Berlin 1985, S. 11.
76 Rehm (Anm. 75), S. 13.
77 Gattermann (Anm. 68), Nr. 88.
78 Neben der Gottesmutter Maria und den Ärzteheiligen Cosmas und Damian wurde im Essener Frauenstift besonders der heilige Marsus, Bischof von Auxerre, verehrt. Siehe dazu Klaus-Gereon Beuckers, Reliquienbüste des hl. Marsus. In: Falk (Anm. 65), S. 136. Zur Verehrung des heiligen Kilian in Essen gibt es keine Angaben.

Ave. In einer Anleitung zum Lesen einer Messe am Samstag heißt es: *Hier begynt onser liever vrouwen mysse die sal men des saterdages gern lesen … .*[79]

Hs. 28

Aus 295 zweispaltig beschriebenen Blättern besteht das Gebetbuch aus der zweiten Hälfte des 15. Jahrhunderts. Redewendungen wie *dienreschen* oder *sundersche* lassen auf eine Schreiberin schließen; auf Grund fehlender Angaben kann dies allerdings nur vermutet werden. Die Worte: *Hier begynen sunerlicke gebete van alle den leven onses lieven Jehsu Christi om den menschen toe verwecken gade toe laven omme synre guetheit willen …*, leiten zu betrachtenden Gebeten über das Lebens Jesu, seiner Geburt und Kindheit, sein öffentliches Wirken, Leiden und seine Verherrlichung, die Sendung des Heiligen Geistes und die Ausbreitung des Glaubens in der Welt hin.[80] Die anschließenden Teile der Handschrift beschäftigen sich mit dem Leben Jesu aus der Sicht Marias, mit einer Betrachtung über die Karwoche und mit Betrachtungen über das Leiden Christi. Abschließend folgen die sieben Worte Jesu am Kreuz, Gebete zur Leidensgeschichte und ein Text über das Leiden Jesu.[81]

Ms. C 20

Ebenfalls aus dem Konvent *Kettwig* stammt die 247 Blätter starke hagiographische Sammelhandschrift, die um 1440/45 bis um 1485 datiert wird. Neben einer Federzeichnung aus dem 17. Jahrhundert, Miniaturen und Zierinitialen enthält sie eine Auswahl von Heiligenviten und Legenden aus der *Legenda aurea* des Jacobus de Voragine. Weiter enthält die Handschrift die Vita Antonius' des Einsiedlers, die Vita und die Translatio des Apostels Matthias, die Vita des Jodokus, die altfranzösische Legende Gregorius auf dem Stein und die Vita Wenceslai.[82]

Fazit

Die Handschriften aus dem Konvent *Kettwig* machen deutlich, dass die Schwestern mit den Texten vertraut waren und sich mit ihnen auseinandersetzten. Vermutlich stammen sie ursprünglich aus dem Besitz einzelner Frauen. Redewendungen wie *dienreschen* oder *sundersche* in der Hs. 28 lassen eine Schreiberin vermuten, bei der Hs. 25 wird die Schreiberin, die stellvertretende Leiterin Katherina von Wesel, sogar namentlich genannt.

79 Domschatzkammer Essen, Hs. 27; Katrinette Bodarwé, Gebetbuch (Mariengebete). In: Falk (Anm. 65), S. 198.

80 Gattermann (Anm. 68), Nr. 882.

81 Domschatzkammer Essen, Hs. 28; Gattermann (Anm. 68), Nr. 882.

82 Universitäts- und Landesbibliothek Düsseldorf, Ms. C 20; Gattermann (Anm. 68), Nr. 680.

Alle Schriften regen zu religiöser Betrachtung und Meditation an, zeigen Beispiele privater Frömmigkeit und Gebetspraxis und machen deutlich, dass die Schwestern über religiöse Kenntnisse verfügten. Auf Grund der Autorenwahl können die Codices als typische Schriften der *Devotio moderna* bezeichnet werden. So geht z. B. der Text ‚Spiegel der Mönche' auf David von Augsburg († 1272) zurück, *van der passien ons heren* auf Ludolf von Sachsen († 1377/78?). Die betrachtenden Gebete über das Leben Jesu basieren vermutlich auf der Schrift *de imitatione Christi* des Thomas von Kempen († 1471). Das weit verbreitete und oft gelesene Werk wurde zu Beginn des 15. Jahrhunderts hauptsächlich in den Kreisen der *Devotio moderna* rezipiert. Ob die frommen Frauen in den Konventen *Turm* und *Neuer Hagen* im 18. Jahrhundert über ähnliche Handschriften wie die Schwestern im Konvent *Kettwig* im 15. und 16. Jahrhundert verfügten, ist nicht zu ermitteln. Nach der Untersuchung der Gebetsordnungen aus dem 18. Jahrhundert ist dies aber naheliegend.

Aufgabe geistlicher Frauengemeinschaften war es, das Gedächtnis der Gründerfamilien und aller ihrer Wohltäter in der Liturgie zu sichern. Auch Stifter und Wohltäter einer Beginengemeinschaft verbanden mit der Konventsgründung oder mit materiellen Zuwendungen an die Frauen den Auftrag, für sich selbst und ihre Angehörigen die Memoria zu begehen. Dazu gehörten die Teilnahme an Vigilien, Messfeiern, bestimmten Gebeten und anderen Verrichtungen, die in den Stiftungsurkunden festgelegt werden konnten. Zur Durchführung waren besondere „Seelgeräte" in Form von Bargeld, Naturalien oder Sonstigem gestiftet worden.[83]

Auch für die Essener Konventualinnen zählten die Memorialdienste zu den Hauptaufgaben. Bereits in der Gründungsurkunde des Konvents *Kettwig* aus dem Jahr 1288 wurden die Frauen verpflichtet, für die Äbtissin und den Konvent des Stifts Essen einen Psalter zu beten oder 300 Vaterunser zu sprechen. Nach dem 14. Jahrhundert setzte sich in vielen Städten ein Prozess in Gang, der das Beginenwesen in eine andere Richtung leitete. Weltliche und geistliche Personen stifteten den Konventen Einkünfte verschiedener Art oder sogar Immobilien, die Stifter begannen aber auch, Einfluss auf die Konvente zu nehmen. So sicherten die Stiftungen zwar die Gemeinschaften, veränderten aber auch ihren Charakter. Bereits im 15. Jahrhundert wird deutlich, dass sich das Zusammenleben in den Essener Konventen veränderte und sich immer mehr dem klösterlichen Leben anpasste. So berichten z. B. Passagen in den Statuten einiger Konvente über tägliche und jährliche religiöse Pflichten der Frauen, noch bevor die Gebetsordnungen im 18. Jahrhundert für die Konvente beim *Turm* und *Neuer Hagen* festgelegt wurden. Die in den Tagesordnungen beider Konvente geforderten Gebetsverpflichtungen, das Hören der Messe, das Lesen geistlicher Bücher und das

83 Hedwig Röckelein, Gründer, Stifter und Patrone: In: Kunst- und Ausstellungshalle der Bundesrepublik Deutschland, Ruhrlandmuseum Essen (Hg.), Krone und Schleier. Kunst aus mittelalterlichen Frauenklöstern, München 2005, S. 66–77, hier S. 69.

Stillschweigen sind mit dem Tagesablauf eines Klosters und den klösterlichen Gebetsverpflichtungen zu vergleichen.

Vom Konvent *Neuer Hagen* ist der Wunsch nach Umwandlung in ein Kloster bekannt. Aus diesem Grund erbaten die Frauen 1743 von der Fürstäbtissin Franziska Christine von Pfalz-Sulzbach eine Bestätigung ihrer geistlichen *Versamblung, Statuten, Tagordnung und darauff erfolgte allseitige resolution.* Da die Konventualinnen über die nötigen Mittel verfügten, ihr Haus *klösterlich zu halten,* baten sie auch um die Fürsprache der Fürstäbtissin vor dem Papst. Durch die Umwandlung in ein Kloster erhofften die Frauen, sich aus der Herrschaft der Fürstäbtissin als Stadtherrin zu befreien. Den ablehnenden Bescheid der Fürstin erhielt der Konvent erst im Jahr 1757.

Bildnachweise

Abb. 1: MüEss, Bestand C, Konvent beim Turm, 3.1.1, Akten Nr. 1, ohne Paginierung. Foto: Petra Bernicke.

Abb. 2: Essen, Domschatz, Hs. 27, fol. 14v. Foto: Jens Nober, Essen.

DR. PETRA BERNICKE ist Historikerin für den evangelischen Kirchenkreis Essen und museumspädagogische Mitarbeiterin am Ruhr Museum in Essen.

Musikausübung in Beginenhöfen
Ein Überblick

MARTINA BICK

Abstract: In contrast to the rich musical culture in Flemish beguinage, there is no evidence of active musical practice by beguines in German-speaking regions. However, Hamburg, SUB, Cod. conv. 1 contains a Low German sacred song that can also be found in the song books from the Lüneburg convents. Futhermore, the song's text is also recorded in sources found at convents of the Sisters of the Common Life. Whether it was sung by the Hamburg beguines or read or recited only is not known. At least, a comparison of the different versions of the text can shed light on the origin of the Hamburg codices (Cod. conv. 1–14) and provide insight into the manifold connections of religious womens' convents at the threshold to modern times.

Keywords: beguines' music, Hamburg Cod. conv. 1, Heideklöster, *Devotio moderna*, „Droch werlt"

Musikquellen im deutschsprachigen Gebiet

Obwohl man die Bedeutung des Gesangs in der religiösen Praxis des Mittelalters gar nicht hoch genug einschätzen kann – sei es als Lobgesang Gottes, „als Brücke zwischen Himmel und Erde"[1], als Unterstützung von Gebet und Meditation, als Gedächtnis- und Lernhilfe für religiöse Texte oder als feierliches und strukturierendes Element der Gottesdienste[2] – gibt es für die aktive Musikausübung von Beginen im deutschen

1 Therese Bruggisser-Lanker, Musik und Tod im Mittelalter. Imaginationsräume der Transzendenz. Göttingen 2010, S. 111.

2 Zur Rolle des Gesangs in der *Devotio moderna* vgl. Ulrike Hascher-Burger, Singen für die Seligkeit. Studien zu einer Liedersammlung der Devotio moderna: Zwolle, Historisch Centrum Overijssel, coll. Emmanuelshuizen, cat. VI. Mit Edition und Faksimile. Leiden, Boston 2007, S. 81–83 und dieselbe, Gesungene Innigkeit: Studien zu einer Musikhandschrift der Devotio moderna (Utrecht, Universiteitsbibliotheek, ms. 16 H 34, olim B 113). Mit einer Edition der Gesänge von Ulrike Hascher-Burger. Leiden, Boston 2002, S. 96 ff. S. auch die Homepage von Ulrike Hascher-Burger: http://www.ulrikehascher-burger.com/nl/Home.

Sprachgebiet keine Quellen oder Hinweise. Linda KOLDAU konstatierte in ihrer umfassenden Bestandsaufnahme der Musikkultur von Frauen im deutschen Sprachgebiet der Frühen Neuzeit bereits 2005, dass die Beginen aus ihrer spätmittelalterlichen Blütezeit „kein musikalisches Kulturgut in die Frühe Neuzeit transferierten".[3]

Die Gründe hierfür liegen vermutlich in erster Linie in den Lebensverhältnissen der Beginen.

Eine wesentliche Voraussetzung für gemeinschaftlichen Gesang, die *vita communis*, war für alleinlebende oder in sehr kleinen Gruppen zusammenlebende Beginen nicht gegeben. Auch in den größeren Konventen in Norddeutschland, in denen neun Schwestern wie z. B. in Lüneburg oder 18 bis 28 Schwestern wie in Hamburg zusammen in einem Gebäudekomplex oder Hof lebten, kann man nicht von einem klosterähnlichen Gemeinschaftsleben ausgehen. Die Beginen in Hamburg aßen gemeinsam, es gibt jedoch keinen Hinweis auf gemeinsame Gebetszeiten.[4] Sie nahmen an den täglichen Messen der St. Jacobi-Kirche teil, die ihnen direkt gegenüber lag, und folgten der dortigen Liturgie. Tagsüber konnten sie den Konvent verlassen; einige von ihnen verrichteten vermutlich – allein oder zu zweit – auch karitative Kranken- oder Totendienste. Viele Hausarbeiten, die in Klöstern Anlass für Gesang boten[5], wurden indes in Hamburg von bezahlten Arbeitskräften erledigt: Es gab einen Koch, Schlachter, Bäcker, Brauer, mehrere Mägde.[6] Eigene Landwirtschaft wurde nicht betrieben, nur Hopfenanbau im Garten, der für die Eigenversorgung jedoch nicht ausreichte. Die Beginen waren für ihre Bekleidung selbst zuständig, haben sich also wahrscheinlich auch mit Näh- und Handarbeiten beschäftigt. Vor allem aber waren sie zuständig für die Erziehung und Ausbildung von Schülerinnen sowie weiteren Kindern, die im Beginenhof lebten. Den Rechnungsbüchern ist zu entnehmen, dass 1483 zehn Schülerinnen im Beginenhof ausgebildet wurden, 1485 fünfundzwanzig und bis 1533 im Durchschnitt zwanzig Schülerinnen pro Jahr.[7] Die meisten Mädchen blieben drei bis vier Jahre lang, manche bis zu 7 Jahre, diese blieben dann oft ganz und wurden selbst Beginen. Obwohl dieser Unterrichtsbetrieb, der neben dem Harvestehuder Zisterzienserinnenkloster die einzige qualifizierte Ausbildungsstätte für Mädchen aus den gehobenen Hamburger Familien darstellte[8], auch mit gemeinsamem Gesang verbunden gewesen sein kann, gibt es in den Hamburger Archivbeständen dafür leider keine Nachweise.

3 Linda Maria Koldau, Frauen – Musik – Kultur. Ein Handbuch zum deutschen Sprachgebiet der Frühen Neuzeit. Köln, Weimar, Wien 2005, S. 591.

4 Dies ist zumindest ab 1482 durch die Rechnungsbücher des Beginenhofs belegt, vgl. Monika Boese u. Kathrin Tiemann, Der Beginenkonvent im spätmittelalterlichen Hamburg. In: Zeitschrift des Vereins für Hamburgische Geschichte 82 (1996), S. 1–28.

5 Koldau (Anm. 3), S. 642–645.

6 Boese u. Tiemann (Anm. 4), S. 14 f.

7 Ebd. S. 23.

8 Silke Urbanski, Geschichte des Klosters Harvestehude „In valle virginum". Wirtschaftliche, soziale und politische Entwicklung eines Nonnenklosters bei Hamburg 1245–1530. Münster 1996, S. 30.

Musikquellen in den Hamburger Codices

Die in der Handschriftensammlung der Hamburger Staatsbibliothek unter der Signatur Cod. conv. 1–14 vorliegenden Gebets- und Andachtsbücher, die aus dem Privatbesitz einzelner Beginen aus dem Hamburger Konvent stammen, können als ein weiterer Hinweis auf eine vornehmlich private Andachtspraxis gelten. Auch sie enthalten so gut wie keine Zeugnisse oder Anleitungen für Gesang. Neben einigen Texten mit Liturgiebezug, wie von Philipp STENZIG ausgeführt[9], findet sich jedoch im Cod. conv. 1 auf Blatt 184b und 185a der Text eines bekannten geistlichen Liedes, das bereits 1898 von C. BORCHLING beschrieben wurde: „Droch werlt / my gruwet vor dyn wesent" (Tafel IV, Abb. 1 u. 2).[10]

Dieser Liedertext stellt damit einen der wenigen Hinweise auf nicht-liturgischen Gesang in den Beginenhöfen in ganz Norddeutschland dar, wo es 26 Beginenkonvente in 17 Städten gegeben haben soll.[11] Kann man jedoch von diesem Textfund auf eine aktive Gesangspraxis der Hamburger Beginen schließen? Und wenn ja, wie könnte man sich diese vorstellen?

Die ca. zwischen 1434 und 1520 verfassten Codices (Cod. conv. 1–14), die aus dem Hamburger Beginenkonvent überkommen sind, stehen mindestens teilweise vermutlich in engem Verhältnis zu den Traditionen der Frauenklöster in der Lüneburger Heide vor den Toren Hamburgs. Christian SCHMIDT hat in seinem Aufsatz über die Gebetszyklen der Hamburger Beginen deren – vereinfachte – Ähnlichkeit zu Orationalien aus dem Medinger Frauenkloster dargestellt.[12] Er konstatiert, dass diese Zyklen eng „an einer Textkultur [partizipieren], die sich im Zusammenhang der Reformen der Lüneburger Frauenklöster herausgebildet hat" und die insbesondere in den erhaltenen Gebetbüchern des 1479 reformierten Zisterzienserinnenklosters Medingen zu finden ist.[13]

Welcher Art die Verbindungen zwischen dem Hamburger Beginenkonvent und auch den Harvestehuder Nonnen mit den Heideklöstern über die Herstellung der Co-

9 Vgl. in diesem Band: Philipp Stenzig, Die ‚Marientiden' der Hamburger Beginen (Hamburg, SUB, Cod. conv. 2) und die zugrunde liegenden Elemente der ‚offiziellen' (lateinischen) Liturgie, S. 65–217.

10 Conrad Borchling, Mittelniederdeutsche Handschriften in Norddeutschland und den Niederlanden. Erster Reisebericht. In: Nachrichten von der Königl. Gesellschaft der Wissenschaften zu Göttingen, Philol.-hist. Klasse, Geschäftliche Mittheilungen 1898, Göttingen 1899, S. 79–316, hier S. 98. Mindestens ein weiteres Lied findet sich innerhalb der Hamburger Codices auch in Cod. conv. 5, f. 161a–164a; weitere könnten eingehende Untersuchung der Beginen-Codices zu Tage fördern.

11 Günter Peters, Norddeutsches Beginen- und Begardenwesen im Mittelalter. In: Niedersächsisches Jahrbuch für Landesgeschichte 41/42 (1969/70), S. 50–118, hier S. 59 (nach Boese u. Tiemann [Anm. 4], S. 1, Anm. 1).

12 Christian Schmidt, Gebetszyklen der Hamburger Beginen im Kontext der Gebetbuchkultur der Lüneburger Frauenklöster. In: Jörg Voigt, Bernward Schmidt u. Marco A. Sorace (Hgg.), Das Beginenwesen in Spätmittelalter und Früher Neuzeit. Stuttgart 2015, S. 234–255.

13 Ebd. S. 235.

dices hinaus gewesen sein mag, ist heute schwer nachzuvollziehen. Silke URBANSKI hat für das Harvestehuder Frauenkloster keine konkreten Kontakte mit den Heideklöstern nachweisen können.[14] Rückschlüsse von der lebendigen Musikkultur in den Heideklöstern auf den Hamburger Beginenkonvent lassen sich also nicht ziehen und sind auch in Anbetracht der unterschiedlichen Lebensbedingungen von Nonnen, Laienschwestern und Beginen unwahrscheinlich. Dennoch soll im Folgenden ein kurzer Überblick über die außerliturgischen Liederbücher der Heideklöster gegeben werden, auch weil sich das niederdeutsche Lied ‚Droch werlt' sowohl im ‚Wienhäuser Liederbuch' als auch in der ‚Ebstorfer Liederhandschrift' findet.[15]

Da die Heideklöster ab ca. 1462 durch Vertreter der Bursfelder und der Windesheimer Kongregationen im Geiste der *Devotio moderna* reformiert wurden, ist davon auszugehen, dass auch die Texte in den Hamburger Codices unter diesem Einfluss entstanden sind. Es werden darum auch das ‚Liederbuch der Catherina Tirs' aus einem westfälischen Schwesternhaus der *Devotio moderna* und die ‚Werdener Liederhandschrift' aus dem frühzeitig reformierten niedersächsischen Augustinerkloster Marienberg in Helmstedt betrachtet.[16] In beiden Quellen befindet sich das Lied ‚Droch werlt' – es ist dort allerdings nach der ersten Zeile anders gestaltet – sowie weiteres geistliches und auch weltliches Liedgut aus demselben Zeitraum.

Abschließend soll ein Überblick über die Musikpraxis in Flandern und den Niederlanden vermitteln, wie umfangreich Beginen, die in großen Verbänden zusammenlebten, musikalisch tätig waren.

Die Liederbücher der Heideklöster

Die sogenannten Heideklöster in Ebstorf, Isenhagen, Lüne, Medingen, Walsrode und Wienhausen, den Zisterziensern und Benediktinern angelehnte Frauenklöster, wurden zwischen dem 10. und 13. Jahrhundert gegründet. Neben zahlreichen liturgischen Dokumenten sind aus diesen Klöstern auch private Gesangs- und Gebetbücher, Musiktraktate, Liederbücher, Abbildungen und andere Quellen erhalten, Zeugnisse einer

14 Urbanski (Anm. 8), S. 153–155.

15 Das Wienhäuser Liederbuch. Hrsg. von Peter Kaufhold. Wienhausen 2002. Die Ebstorfer Liederhandschrift. Hrsg. von Edward Schröder, in: Jahrbuch des Vereins für niederdeutsche Sprachforschung 15 (1889), S. 1–32.
Aus Medingen ist keine entsprechende Liederhandschrift aus dieser Zeit erhalten, da das Kloster Ende des 18. Jh.s vollständig abbrannte.

16 Das Manuskript des Liederbuchs der Catherina Tirs (1588) ist verschollen, seitdem die 62 darin aufgezeichneten niederdeutschen Texte von Bernhard Hölscher herausgegeben wurden, in: Niederdeutsche geistliche Lieder und Sprüche aus dem Münsterlande, Berlin 1854, S. 1–123. Werdener Liederbuch. Hrsg. von Franz Jostes, in: Jahrbuch des Vereins für niederdeutsche Sprachforschung 14 (1888), S. 60–89.

äußerst aktiven Musikkultur. Insgesamt 140 Quellen mit ca. 2800 Gesängen führte Ulrike HASCHER-BURGER 2009[17] an – und es kommen immer wieder welche hinzu.

Vor allem für die den Zisterziensern angelehnten Konvente gilt, dass sie anfangs Stiften für adelige Frauen näher waren als Klöstern. In Wienhausen, gegründet im 12. Jahrhundert, gab es bis zur Klosterreform Ende des 15. Jahrhunderts keine Klausur und keine Mauer und die Konventualinnen durften ihr Eigentum behalten. Auch ihre Liturgien wurden wenig reglementiert und aus der Zeit vor der Wienhäuser Klosterreform 1469 gibt es Zeugnisse von Instrumentalmusik, der Aufführung von dramatisierten Osterspielen und festlichen Ritualen, dem Besitz und Einsatz von Orgeln sowie dem Gesang volksprachiger Lieder auch in der Messe.

34 dort noch vorhandene Quellen, Gebetbücher, liturgische Fragmente und insbesondere das ‚Wienhäuser Liederbuch' galten lange als älteste Zeugnisse dieser Kultur.[18] Das Liederbuch mit seinen 59 Liedtexten in lateinischer, niederdeutscher und gemischter Sprache, das bis ca. 1470 entstanden ist, ist die umfangreichste Quelle für dieses mittelalterliche Liedgut. Es wurde 1934 von Heinrich SIEVERS gefunden und 1947 von Paul ALPERS erstmalig herausgegeben. Unter der Nr. 34 ist hier der Liedertext ‚Droch Werlt' zu finden.

Weitere Quellen fanden sich 1969, als Walther LIPPHARDT Gebetbücher, die für Leserinnen außerhalb des Klosters geschrieben worden waren und die durch Reformation und Kriegswirren in Archiven und Bibliotheken in ganz Europa verstreut sind, dem Frauenkonvent in Medingen zuordnen konnte.[19] Inzwischen wurden über 50 Dokumente dem Skriptorium dieses reichen und großen Zisterzienserinnenkonvents zugeordnet, dessen Bestände in Bibliothek und Archiv 1781 fast vollständig bei einem Großbrand vernichtet wurden. Die wieder zugeordneten Handschriften enthalten niederdeutsche und ca. 40 lateinische Gesänge, die allerdings nicht, wie anfangs irrtümlich angenommen, zum Teil aus dem 12. Jahrhundert stammen, sondern sämtlich nach 1478 entstanden sind.[20] Sie wurden von Nonnen aufgezeichnet und reich verziert, einige auch selbst gedichtet. Einige dieser Handschriften enthalten auch Notenschrift (Hufnagelschrift).[21]

17 Ulrike Hascher-Burger, Mittelalterliche Handschriften mit Musik in den Lüneburger Frauenklöstern. In: Susanne Rode-Breymann (Hg.), Musikort Kloster. Kulturelles Handeln von Frauen in der Frühen Neuzeit. Köln, Weimar, Wien 2009, S. 139–158, hier S. 141.

18 Wienhäuser Liederbuch (Anm. 15).

19 Koldau (Anm. 3), S. 708–719.

20 Ulrike Hascher-Burger u. Henrike Lähnemann, Liturgie und Reform im Kloster Medingen. Edition und Untersuchung des Probst-Handbuchs Oxford, Bodleian Library, MS Lat. liturg. e. 18. Unter Mitarbeit von Beate Braun-Niehr (Spätmittelalter, Humanismus, Reformation 76). Tübingen 2013, S. 9.

21 Ulrike Lähnemann, Digitale Edition der Medinger Handschriften unter http://medingen.seh.ox.ac.uk/.

Aus dem Benediktinerinnenkloster Ebstorf, gegründet 1160, existieren noch 29 Musik-Quellen, darunter liturgische Fragmente aus der Zeit der Klosterreform, die in Ebstorf bereits 1462 durchgeführt wurde. Auch diese Dokumente wurden vermutlich überwiegend von den Frauen selbst abgeschrieben und illuminiert, sie sind z. T. namentlich bekannt. Es gab zwei Chöre in Ebstorf, die von einer *Cantrix* und einer *Succentrix* bei den Antiphonen und Responsorien angeleitet wurden. Die ‚Ebstorfer Liederhandschrift', deren Repertoire dem nicht-liturgischen Bereich zuzuordnen ist, enthält 15 Lieder ohne Noten in lateinischer und niederdeutscher Sprache, vermutlich aufgezeichnet um 1550.[22] Hierbei befindet sich unter der Nr. VIII der Text des Liedes ‚Droch werlt', verbunden mit der Anweisung, ihn auf die Melodie des lateinischen Mariencantios ‚*Ave Pulcherrima regina*' zu singen. ‚*Ave Pulcherrima regina*' wurde 1503 als dreistimmige Motette des flämischen Komponisten Alexander Agricola (1446–1506) aus Gent in Venedig gedruckt. Vermutlich aber kannten die Ebstorfer Nonnen weniger diese Motette als das viel ältere lateinische Lied anonymen Schöpfers, das auch Agricola seiner Komposition zugrunde legte.[23] ‚Droch werlt' ist in der ‚Ebstorfer Liederhandschrift' in einem anderen Dialekt verfasst als im ‚Wienhäuser Liederbuch'. Es entspricht in weiten Teilen der Textfassung aus dem Cod. conv. 1 (s. u. Textsynopse S. 274–276).

Einfluss der Klosterreformen im Geiste der *Devotio moderna* durch den Reformator Johannes Busch

Die Hamburger Gebetbücher sind ebenso wie die Liederbücher der Heideklöster im Kontext der Klosterreformen entstanden, die in Norddeutschland ab 1437 durch Vertreter der Windesheimer Kongregation für die Zisterzienserinnenklöster bzw. der Bursfelder Kongregation für die Benediktinerinnenklöster sowie durch Nonnen aus bereits reformierten Klöstern durchgeführt wurden. Über die Reform des Klosters Wienhausen 1469 gibt es ausführliche Berichte sowohl des 1399 in Zwolle geborenen und 1479 oder 1480 in Sülte b. Hildesheim gestorbenen Augustinerchorherrn und Reformators Johannes Busch als auch in der Klosterchronik. Die anderen beiden Zisterzienserinnenklöster wurden 1479 (Medingen, durch Schwestern aus Derneburg und Wienhausen) und 1488 (Isenhagen, durch die Einsetzung einer Äbtissin aus dem bereits reformierten Kloster in Marienstuhl) reformiert. Die Benediktinerinnenklöster wurden 1462 (Ebstorf), 1478 (Lüne) und 1482 (Walsrode) reformiert. In musikalischer Hinsicht ergaben sich durch die Reformen große Veränderungen. War es zuvor üblich,

22 Ebstorfer Liederhandschrift (Anm. 15).

23 Text und Melodie von ‚*Aue pulcherrima regina*' sind in der digitalen Edition des ‚Rostocker Liederbuchs' aus der 2. Hälfte des 15. Jh.s zu finden: Institut für Germanistik der Universität Rostock, http://www.rostocker-liederbuch.de/darl/index.php?id=150, eingesehen am 28.6.2020.

Orgelspiel und Instrumentalmusik im Gottesdienst einzusetzen, wurde dies durch die Reformen ausdrücklich verboten.[24] Ebenso der Gesang weltlicher Lieder außerhalb der Messe und der Stundengebete, während der liturgische Gesang gestärkt wurde. Die Erneuerung der liturgischen Praxis regte eine intensive Produktion von Handschriften an und führte zu Erweiterungen der Repertoires auch niederdeutscher Lieder.

Weder Johannes Busch noch andere Vertreter der mit den Reformen beauftragten Kongregationen besuchten jemals die Hamburger Konvente. Silke URBANSKI schreibt, dass das den Zisterzienserinnen angeschlossene Frauenkloster in Harvestehude im Jahr 1482 mit der Klosterreform ‚Bekanntschaft' machte, aber nie zuvor visitiert worden war.[25] Als nicht-inkorporierte Zisterzienserinnen[26] waren die Hamburger Nonnen dem Bischof von Bremen und Hamburg unterstellt. Die für Dezember 1482 angekündigte Visitation auf Initiative des Administrators des Bistums Bremen-Hamburg, Heinrich von Schwarzburg, führte jedoch nicht zu der angestrebten Reform. Ein Aufruhr vor dem Kloster verhinderte dessen Begehung. Es wurde schließlich vereinbart, dass Rat und Bürger der Stadt Hamburg „die Schirm über das Kloster" übernahmen. „Zwei Ratsleute und einige Bürger, die die Äbtissin auswählen durften, wurden Vorsteher des Klosters und sollten der Äbtissin mit Rat und Tat zur Seite stehen. Als Grund dafür wurde angegeben, daß die meisten Nonnen aus der Stadt gebürtig waren."[27] Somit war das Harvestehuder Nonnenkloster faktisch der Macht der Kirche entzogen – was angesichts des Grundbesitzes des Klosters, das zeitweise den größten Flächenanteil im Stadtgebiet besaß, sicher von übergeordnetem Interesse war.

Vermutlich kann man ähnliche soziale und familiäre Verflechtungen auch für die Beginen des Hamburger Konvents annehmen – hier eher mit hanseatischen Handwerkerfamilien, aber auch mit Klerus, Rat und Bürgertum, z. B. wenn mehrere Töchter aus Familien der Oberschicht zu versorgen waren.[28] Hedwig RÖCKELEIN konstatierte 1998, dass das geistliche Leben der Hamburger Beginen sich von dem vieler anderer Konvente in Deutschland im 14. Jh. unterschied, die unter den Einfluss der benediktinischen Reformorden oder der Augustinerchorherren bzw. der Brüder vom Gemeinsamen Leben gerieten.[29] BOESE/TIEMANN werteten die Ergänzungen und Modifikationen der Beginen-Statuten durch Domdekan Johannes Bennyn um 1462 und durch

24 Koldau (Anm. 3), S. 729–731.
25 Urbanski (Anm. 8), S. 38–43.
26 Auch die Zisterzienserinnen in Wienhausen, Medingen und Isenhagen gehörten nicht dem Orden an, sondern folgten nur dessen Regel.
27 Urbanski (Anm. 8), S. 42.
28 In das Nonnenkloster Harvestehude sollten nur höchsten zwei Frauen aus einer Familie eintreten, a. a. O., S. 69.
29 Hedwig Röckelein, Hamburger Beginen im Spätmittelalter – ‚autonome' oder ‚fremdbestimmte' Frauengemeinschaft? In: Martina Wehrli-Johns u. Claudia Opitz (Hgg.), Fromme Frauen oder Ketzerinnen? Leben und Verfolgung der Beginen im Mittelalter. Freiburg i.Br. 1998, S. 119–138, hier S. 128.

Albert Gheverdes 1490 als „Disziplinierungsversuche“ im Rahmen des päpstlichen Reformdekrets.[30] Ob die Herstellung und Anschaffung der Codices für die Beginen als eine Maßnahme in diesem Kontext anzusehen ist und ob damit vielleicht eine Revision von zuvor bestandenen Andachtstexten oder -vorschriften verbunden war, fragt auch Christian SCHMIDT; es bleibt allerdings Vermutung angesichts fehlender früherer Quellen.[31]

Liederbücher aus Schwesternhäusern vom Gemeinsamen Leben

Etwa zeitgleich mit der zweiten Blüte der Beginenbewegung war in den nördlichen Niederlanden, ausgehend von Deventer, die semireligiöse Bewegung der *Devotio moderna* entstanden. Sie führte zur Gründung von zahlreichen Schwesternhäusern in den Niederlanden und in Nordwest- und Norddeutschland unter Aufsicht von Brüderhäusern ‚Vom Gemeinsamen Leben‘ und Augustinerchorherren. Auch in diesen Konventen wurde der Gesang besonders geschätzt, weil durch ihn die Affekte einbezogen werden konnten in die spirituellen Übungen. Durch Meditation und Gesang war man bestrebt, „Geist und Körper von Sünden zu reinigen und die Gedanken auf die Ewigkeit zu richten.“[32]

Ulrike HASCHER-BURGER nimmt an, dass das gesamte volkssprachliche geistliche Liedgut dieser Zeit stark von der *Devotio moderna* beeinflusst wurde. Die spätmittelalterlichen Liederbücher aus diesen Konventen enthalten in der Regel 50 bis 80 volkssprachliche Liedertexte in Niederdeutsch bzw. Mittelniederländisch und einige wenige lateinische Lieder oder gemischt-sprachige Lieder (wie z. B. ‚*In dulci iubilo*‘). Die Manuskripte wurden oft von mehreren Händen angeschrieben, bis zu sieben (‚Liederbuch der Anna v. Köln‘[33]), und in mehreren Lagen, die zu unterschiedlichen Zeiten geschrieben wurden, zusammengebunden. Sie beinhalten Advents-, Weihnachts- und Passionslieder, Jesus- und Marienminne, Lieder vom christlichen Leben und Glauben, Andachts- und Trostlieder, Rollenlieder, Balladen bis hin zu weltlichen Liedern. Ob es in den Schwesternhäusern üblich war, diese volkssprachlichen Lieder wie in den niedersächsischen Klöstern auch im Gottesdienst zu singen, wurde noch nicht untersucht.[34] Autorinnen oder Autoren der Lieder sind zumeist nicht bekannt. In den niederländischen Handschriften gibt es einige Texte, die dem Fraterherrn Dirk van Herxen, Rektor in Zwolle, sowie Thomas von Kempen und Jan Mombaer zugeschrieben

30 Boese u. Tiemann (Anm. 4), S. 5.
31 Schmidt (Anm. 12), S. 253.
32 L. A. M. Goossens nach Hascher-Burger (Anm. 2), S. 81.
33 Liederbuch der Anna von Köln (um 1500). Hrsg. v. Walter Salmen und Johannes Koepp (Denkmäler Rheinischer Musik, 4). Düsseldorf 1954.
34 Koldau (Anm. 3), S. 952.

werden. Auch eine Autorin, die Windesheimer Chorfrau Berta Jacobs aus Utrecht, ist bekannt.

Konkordanzen des Liedes ‚Droch werlt' finden sich in der ‚Werdener Liederhandschrift',[35] die höchstwahrscheinlich um 1500 im Kloster Marienberg in Helmstedt entstanden ist.[36] Das Kloster stand unter dem Schutz der Abtei in Werden a. d. Ruhr und die Handschrift wurde Ende des 19. Jahrhunderts in der dortigen Abteikirche gefunden. Kloster Marienberg wurde von 1462 bis 1465 durch Johannes Busch und mehrere Schwestern, die aus einem Schwesternhaus vom Gemeinsamen Leben in Kampen (bei Zwolle) kamen, reformiert. Ein weiterer Nachweis findet sich im ‚Liederbuch der Catarina Tirs'. Es wurde 1588 in Münster im Schwesternhaus Marienthal, genannt ‚Kloster Niesing', von weitgehend einer Hand geschrieben. Es trägt den Besitzvermerk: „Catherina Tirs byn ick genanth. Ik stelle alle myne sake in godes hant."[37]

‚Droch werlt' ist außerdem in einem Rostocker Einzeldruck[38] zu finden, der Text ähnelt darin im Aufbau und Inhalt der Ebsdorfer und Wienhäuser Fassung. Der Druck ist datiert auf 1520.[39] In einer Veröffentlichung von Wilhelm Bäumker wurde eine ebenfalls ähnliche Fassung, die aus einer Berliner Handschrift stammt, direkt auf die Melodie von ‚*Ave pulcherrima regina*' gesetzt.[40] Bei den folgenden Synopsen werden nur die Lüneburger und die niederrheinischen Liedtexte mit der Hamburger Fassung verglichen.

35 Hölscher (Anm. 16).

36 Vgl. G. G. Wilbrink (Sr. Marie Josepha), Das geistliche Lied der Devotio moderna. Ein Spiegel niederländisch-deutscher Beziehungen (Diss.). Nimwegen 1930, S. 194.

37 Hölscher (Anm. 16), S. V.

38 Carl Michael Wiechmann, Mecklenburgs altniedersächsische Literatur, Bd 3: 1600–1625. Schwerin 1885, S. 65 f.

39 Aus einem Druck der Rostocker Michaelisbrüder von 1493 ist auch das zweite bisher identifizierte Lied in Cod. conv. V f. 161–164a „Hir heuet sik an Crux fidelis to dude alzo" bekannt: vgl. Borchling (Anm. 10), S. 101.

40 Wilhelm Bäumker. In: Vierteljahresschrift für Musikwissenschaft IV (1888), S. 229–231.

	Hamburg Beginen	Medingen Zisterzienserinnen	Wienhausen Zisterzienserinnen	Ebstorf Benediktinerinnen	Marienberg Augustinerinnen	Münster Schwestern v. G. L.
1160				**Gründung**		
1176					**Gründung**	
1230			**Gründung**			
1241		**Gründung**				
1255	**Gründung**					
1392	Windesheimer Kongregation gegründet, Statuten 1402					
1440	Ergänzung der Beginenordnung					
1444						**Gründung**
1400–1450						
1462				Reform d. Äbt. Mechthild v. Nien-dorf	Reform durch Johannes Busch	
1463						Augustinerregel
1469			Reform durch Johannes Busch			
1470			Liederbuch, **Droch werlt** = Nr. 34			

	Hamburg **Beginen**	**Medingen** **Zisterzienserinnen**	**Wienhausen** **Zisterzienserinnen**	**Ebstorf** **Benediktinerinnen**	**Marienberg** **Augustinerinnen**	**Münster** **Schwestern v. G. L.**
1474						
1479	Johannes Busch stirbt in Hildesheim.					
1479		Reform durch Äbt. aus Wienhausen				
1500	2. Hälfte 15. Jh: **Droch werlt** = Cod. conv. 1				Werdener Liederhs. **Droch werlt** = Nr. 7 (and. Text, Reihung)	
1525–1540	Reformation Martin Luther. Bildersturm + Täuferbewegung					
1550				Liederhandschrift. **Droch werlt** = Nr. 8 mit Melodie		
1588						Liederbuch d. C. T. **Droch werlt** = Nr. 28 (Rollenlied, and. Text)

Der Liedtext ‚Droch werlt' im Cod. conv. 1 und in den Liederbüchern der Heideklöster und der Schwesterhäuser der *Devotio moderna*

Das im Hamburger Cod. conv. 1 notierte Lied ‚Droch werlt' (auch ‚Drochwerlt', d.h. Trugwelt) ist wie oben dargelegt auch als Nr. 34 im ‚Wienhäuser Liederbuch' (WB) von 1470 zu finden sowie als Nr. 8 in der ‚Ebstorfer Liederhandschrift' (EL) von 1550, hier in einem anderen Dialekt geschrieben als im ‚Wienhäuser Liederbuch' (s.u. Text-Synopse, S. 274–276).[41]

Die Fassung in Cod. conv. 1 gleicht weitgehend der Fassung der ‚Ebstorfer Liederhandschrift', weist jedoch auch viele Passagen der Wienhäuser Fassung und einige eigene Varianten auf. Das Lied besteht aus drei Strophen, die Peter KAUFHOLD als Meistersang mit dem Ablauf A A/B bezeichnet.[42] Ein Meistersang, auch *Bar* genannt, war eine beliebte Gesangsform im 15. und 16. Jahrhundert, die sich in der Regel in eine ungerade Anzahl Strophen gliedert, die als Ganzes und/oder in sich nach diesem Schema abläuft.

In der ersten Strophe beklagt ein dichterisches Ich sein Grauen vor der trügerischen Welt, dem Weltenlauf, dem unbekannten Weg, den wir alle gehen müssen und der zum ewigen Tod führt, wenn man sich ihm überlässt: „de synt dot, de ere tyd ghelevet han nach der werlde lope." (WB) Christus wird direkt angesprochen, um Hilfe gebeten und befragt, wie wir Buße und Reue erwerben können von aller Schuld: „wor vinde we nu to kope de dope, de ruwe, wente ik mot ewich schouwen al myne schult?" (WB).

In der zweiten Strophe beschließt das Ich, sein Leben in Ordnung zu bringen („to rechte myn levent", WB), um beim Jüngsten Gericht – „went he myk wecket ut der erde graff" (WB) – für alle Taten und Worte Rede und Antwort stehen zu können und den ewigen Lohn zu erhalten: „he kumpt, de uns wel geven eyn ewich lohn na allen werken unde [ok na wordern], nach dem strenghen orden." (WB)

In der dritten Strophe wird „Maria eyn koninginne reyne" (EL) bzw. „moder, konnighinne reyne" (WB) angerufen als Vermittlerin und alleinige Vertraute: „wente du bist alleyne, de ik meyne myt truwen." (EL. WB: „du byst de alleyne, de ik meyne myt truven.") Die dritte Strophe und das Lied enden mit dem Appell an Christus, sich „uns" nicht zu entziehen, „wan unse zele mod gesten an vromde lant." (WB)

In der ‚Werdener Liederhandschrift' (1500)[43] und im Liederbuch der Schwestern vom Gemeinsamen Leben, dem ‚Liederbuch der Catharina Tirs' von 1588[44] wird das Lied nach der Zeile „ick will dy myden" als Rollenlied fortgesetzt, d.h. dialogisch bzw.

41 Wienhäuser Liederbuch und Ebsdorfer Liederhandschrift (Anm. 15).

42 Kaufhold (Anm. 15), S. 201. Kaufhold folgt hierin den Angaben des ersten Herausgebers Paul Alpers.

43 Das Lied Nr. 7 ist im Werdener Liederbuch (Text nach Jostes, Anm. 16) anders aufgebaut. Erst ab Strophe 5 führt es denselben Text wie das Lied Nr. 28 im Liederbuch der Catharina Tirs.

44 Text nach Hölscher (Anm. 16), Lied Nr. 28.

in Form eines Wechselgesangs oder Zwiegesprächs zwischen ‚der Seele' und ‚der Welt' über insgesamt elf Strophen. Die Seele – das dichterische Ich – ist hier bereits entschlossen, der trügerischen Welt zu entsagen und wird von ‚Der Welt' Strophe um Strophe in Versuchung geführt und herausgefordert. Angst und Sorge vor dem Jüngsten Gericht, die in den Fassungen aus den Heideklöstern zentral sind, spielen in den Liedfassungen aus den Gemeinschaften der *Devotio moderna* keine Rolle. ‚Die Welt' wird am Ende verhöhnt für ihre aussichtslosen Verführungsversuche der Seele; die Anrufungen Christi und die Inhalte der gesamten dritten Strophe der Ebsdorfer und Wienhäuser Fassungen, in denen die Mutter Gottes als einzige Vertraute um Beistand gebeten wird, fehlen in den Fassungen des Liederbuchs der Catherina Tirs bzw. der Werdener Liederhandschrift. Stattdessen soll „de koninck van hir boven / dat sal myn hulper syn, / den de engelen loven / in blydeliken anschyn; / in em so wyl ick hopen, / syne genade is also groit, / he en sal my nicht verlaten, / he helpet my wal uth der noit." („Der König von hier oben, das soll mein Helfer sein, den die Engel loben, mit fröhlichem Antlitz; auf ihn auch will ich hoffen, seine Gnade ist so groß, er wird mich nicht verlassen, er hilft mir wohl aus der Not.")

Es handelt sich also um ein geistliches Lied, das sowohl in Quellen aus den Heideklöstern als auch aus Schwesternhäusern der *Devotio moderna* zu finden ist, allerdings mit bemerkenswerten Abweichungen. In der ältesten Quelle der Schwestern vom Gemeinsamen Leben, der Deventerschen Liederhandschrift (ca. 1470), ist das Lied nicht enthalten.[45] Die Ebstorfer, Wienhäuser und damit auch die Hamburger Fassung lassen auch durch ihren Marienbezug vermuten, dass sie eine ältere Schicht darstellen. In dem Rostocker Liederdruck wird das Lied noch als „Marienlied" bezeichnet.[46] Vermutlich wanderte der Text anfangs von Ost nach West, wo er ab Mitte des 15. Jahrhunderts durch die Klosterreformen weiterentwickelt bzw. umgedichtet und weiterverbreitet wurde.

Für die Liedfassung im Hamburger Cod. conv. 1 haben sicherlich die Ebstorfer und Wienhäuser Varianten als Vorlagen gedient – bzw. eine entsprechende Fassung aus Medingen, wo die Handschrift angefertigt worden sein soll. Ob der Liedertext dort ebenfalls in einer Liederhandschrift existierte, ist mangels Quellen leider nicht bekannt. Die Hamburger Fassung weist allerdings auch einige ganz eigene Formulierungen und inhaltliche Wendungen auf – wie z. B. in der dritten Strophe die Zeile „also myldichliken he gaff synen Hymmmelschen Schat dem armen lik also dem riken / –, die bei der Transkription, Bearbeitung und Interpretation der Texte des Cod. conv. 1 beachtet werden sollten.

45 Vgl. Wilbrink (Anm. 36).
46 Wiechmann (Anm. 37), S. 65.

Hamburg Cod. conv. 1, Bl 184b–185a	Ebsdorfer Liederbuch Nr. 8	Wienhäuser Liederbuch Nr. 34. „Trugwelt"	Liederbuch der CT nach Hölscher, Lied Nr. 28:	Werdener LB Nr. 7 ab Str. 5
1) Droch werlt My gruwet wor dy wesent / Wor synt nu de resen de genesent nicht enkonden / se sint so gar swunden des trove ik my	1) Droch werlt my gruwet vor dyn wesent. Wor syn nu de resen, de dar nesen nicht enkonden? Se sint so gar vorswunden, des bedrove ik my.	1) Drochwerlt, Myk gruet vor dyn wesent. Wur sint ja nu de resen. De dar nesen nicht enkonden? Se synt so gar vorswunden, Des drove ik myk	1) Droch werlt, ick wil dy myden und deinen dy nicht mer, du lonest my al myt lyden, dyne vroude ick nicht en begeer; ick wil my van dy scheiden, du hefst my leedt gedaen; nicht lenger wyl ick beiden, eynen orden wyl ick anfaen.	5) Droch werlt, ic will dy mijden ind dienen dy niet meer, du en brengst my niet dan lijden ind mennich groot hertenseer; Ic will my van dy scheiden, du hefst my leet gedain, niet langher en will ick beiden, een oirden will ic ontfain!
We moten al up de sulven straten / Konde wy uns nu saten / Unde maten de lenge / de wech ys wyd und enge/ Gar wunderlik	We moten al up de sulven straten, Wo wille we uns saten? De mate, de lengede, de wech isz wit unde enge gar wunderlik.	We motten al up de sulven strate, Konden we uns nu saten Unde meten de lenghe! De wech is wyd unde enge, gar wunderlik.		6) Hy is gekomen van hoger airt, die my leecht in den synne, edel, mynlick, getrouwe in alle sijnre mynne; In alre schoonheit seer volmackt so is die liefste mijn, by om wordt alle schemd gelacht, die yn deser erden mach sijn.
De sint dot de da hadd en lusach levent / nach der werlde lope /	Se sin dot, de alle tydt na lusten weren Nach der werlde lop.	De synt dot, de ere tyd ghelevet han nach der werlde lope.		
Help ut not crist / Wente du so duldich werest / an des cruces rope/ wor vint we nu to kope / de dove / de ruwe / wy moten vruchtliken schouwen Al unse schult.	Help uter nod, Crist! Wente du so duldich werest An des cruces rope. Wor vint me nu to kope De dope der ruwe? Wente ik mot gruntliken schouwen Al myne schult.	Help uth nod, Christ, De duldich werst An des cruces rope. Wor vinde we nu to kope De dope, de ruwe, Wente ik mot ewich schouwen Al myne schult?		

Hamburg Cod. conv. 1, Bl 184b–185a	Ebsdorfer Liederbuch Nr. 8	Wienhäuser Liederbuch Nr. 34. „Trugwelt“	Liederbuch der CT nach Hölscher, Lied Nr. 28:	Werdener LB Nr. 7 ab Str. 5
2) Des were wol tid dat ik bedachte / wo ik wislik brochte / to rechte myn levent / He kumpt de uns will geven En ewich lon / Na werken und na worden / Nach de strengen orden / Des ordels ik vruchte ik beve / unde ik suchte vor sulken torn. Wen he my wecket Ut der erden gruft / Dar ik ligge beschuret / So helpt my des milden Konnighes kraft / De dar ewig duret / wen ik dat besure So truret myn gemote / De my schup to des gute / de helpe my denne gnade	2) Des were wol tydt, dat ik my bedachte, wo ik willichliken brochte to rechte myn levent. He kumpt, de uns will gheven eyn ewich lon. Nach werken unde ok nach worden, nach dem strengen orden des ordels ich vruchte, ik beve unde ik suchte vor gades torn. Wente he kumpt und weckt my uther erden begraven, dar ik ligge beschuret, so mod ik vor des strengen koninghes krafft, de dar ewichliken duret. went ik dat besure, so truret myn gemote. De my io schop, sin gode help my dar to.	2) Des [were] wol tyd dat ik bedechte, wo ik wisliken brechte, te rechte myn levent. He kumpt, de uns wel geven eyn ewich lon Na allen werken unde [ok na worden nach dem strenghen orden, den orden ik vruchte, ik beve unde ok ik suchte al sulken torn. Went he myk wecket Ut der erde graff. Dar ik lach beschuret, so mot ik vor des starcken konniges krafft, de dar ewich duret. Werde ik dar besuret, so truret myn herte. De uns schop, dorch syne hulpe Wol helpen mach.	*De werlt.* 2) Wultu dyn lyden annemen und wultu van my gaen, in eynen orden begeven, so is dyne vroude gedaen; woldestu noch by my blyven, dat wer de wille myn, dy mochte noch heil beclyven, myn deyner soldestu syn. *De zeile.* 3) Ick hebbe dy so lange gedeinet, myn loen is alto smal; ick wyl den genen deinen, de eth my wal lonen sal; ich wil dy iumer myden, dyn deyner wyl ick nicht syn, du lonest my al myt liden, dar na der hellen pyn.	7) Die werlt: Wilstu dan lijden annemen ind willes van my gain, yn een oirden dy begeven, so is dyn vroud gedain; Wolstu noch by my blyven, dat weer dy wille myn, dy sold noch heyl beclyven, mijn dienre solstu sijn. 8) Die jonherlingh: Ick heb dy langhe gedyenet, mijn loon is also smal, ic wil enen anderen dyenen, die my wail lonen sal; Ic wil gantz van dy tijden, dijn dyenre wil ic niet sijn, du lonest al mit lijden, hier na mit der hellen pijn.

Hamburg Cod. conv. 1, Bl 184b–185a	Ebsdorfer Liederbuch Nr. 8	Wienhäuser Liederbuch Nr. 34. „Trugwelt“	Liederbuch der CT nach Hölscher, Lied Nr. 28:	Werdener LB Nr. 7 ab Str. 5
3) Helpt Konynge maget reyne Du bist de ik meyne alleyne Myt truwen / Du machst my ewichlike vrouwen / Na dyner lust.	3) Nu help Maria eyn koninginne reyne, Wente du bist alleyne, de ik meyne myt truwen. du machst my ewichliken vrouwen nach dyner lust.	3) Help, moder, konnighinne reyne, du byst de alleyne, de ik meyne myt truven. du most uns ewich vrouwen nach soter lust.	*De werlt.* 4) Laet dusse rede varen und hebbe eynen vrysschen moet, und wil de reise sparen, dat dunckt my wesen gudt; du bist ser wilt van synne, de vroude is dy bereit, wu woldestu dy bedwyngen in solcker strengicheit.	9) Die Werlt: Laet dese rede varen ind heb enen rysschen moet ind will die reyse sparen, dat dunckt my wesen goet. Du bust seer wilt van synnen, die vroud is yu dy breyt, woe solstu dy bedwyngen yn sulker strengicheit?
Maria vil eddele / du bist de hoch- gelavede Uterkoren werde / Hemmelrik unde erde sik kerde to vromen / do Christ wolde kamen To dyner brust	Du bist de hogelavede werde, de de beyde hemmel unde erde bekerde to den vramen, do Christus wolde kamen to dyner brust.	Du byst de uterkoren werde; Himmelryk unde erde Du kerdest tho [den] vromen, do Christus wolde kamen to dyner brust.	*De zeile.* 5) De tydt is kort up erden, de wy hir sollen haen, van al dyner vroude so wyl ick ledich staen; du lonest my al myt liden, dar na der hellen stanck, de ewichlick sal duren und wesen sunder verganck	10) Die jongerlyng: Het is seer snoed van weerden, dat haistelick moit vergain, die vroud is cort up eerden ind mach niet langhe stain, Ind sold hijr na besuren al yn der hellen stanck, mit mennich sold ick truren, des nummer en is verganck.
Got upslot Syne hilghen drevoldicheyt / Also myldichliken he gaff synen Hymmmelschen Schat Dem armen lik also dem riken / Lat uns nicht enwiken / Dyn rike to dem lesten Wan unse sele mot resten an vromde lant.	Do god up slos syne hilgen drevoldicheyt also herliken, he gaff dar uth den schat der erlicheyt also dogentiken. he late uns nicht entwiken syn rike tom lesten, wen sick unse sele resten in vromde lant. Amen.	Do Got upsclot syne hilghen drevaldicheyt alse myldichliken, he dar utgotd Synen hymmelschen schatd Alse duldichliken. Lad uns nicht enwiken Dynen licham In unser lesten, wan unse zele mod gesten an vromde lant.	Weiter bis Strophe 11.	Weiter bis Strophe 17.

Musikpraxis der Beginen in den Niederlanden

Für die nördlichen Niederlande hat Ulrike HASCHER-BURGER bis 1999 keine konkreten Nachweise für singende Beginen gefunden.[47] Die wirtschaftliche Lage der Beginenhöfe war sehr unterschiedlich. Die Häuser gehörten zum Teil zu den örtlichen Gemeinden, andere hatten eigene Kirchen oder Kapellen und einen Priester.

Sicher ist, dass es liturgischen Gesang in den Kirchen der Beginen gegeben hat. Aus der Zeit um 1600 sind liturgische Bücher aus dem Beginenhof in Amsterdam erhalten, auch ein Chor wird erwähnt. Es ist jedoch ist nicht bekannt, ob die aufgezeichneten Gesänge von Beginen gesungen wurden oder ob der Chor aus anderen Sängerinnen oder Sängern bestand. Für die Ausbildung von Beginen zum Chordienst oder in Latein gibt es in den nördlichen Niederlanden keinen Hinweis; eine *Cantrix* wird nirgendwo erwähnt.

Aus dem ‚Ronde Begijnhof' in Amsterdam ist eine Anweisung für die Abhaltung der Vespern erhalten, die auch eine Übersicht über Gesänge umfasst. Dort wurden zwei gemeinsame Gebetszeiten am Tag gefeiert, Messe und Vesper. Für die Beginen in Delft sind verschiedene Versuche bekannt, den Anteil gesungener Messen pro Jahr zu erhöhen. Im Beginenhof in Leiden wurden Prozessionen durchgeführt, die meist mit Gesang verbunden waren. Zudem sind eine große Zahl von Andachts- und Gebetbüchern aus dem Besitz von Beginen erhalten, in denen auch einige geistliche Liedertexte in Latein und in Niederländisch zu finden sind. Die Quellen stammen aus den Beginenhöfen in Amsterdam, Antwerpen, Haarlem und Tongeren.[48] Konkordanzen in anderen Handschriften mit Notation oder Kontrafakturanweisungen lassen vermuten, dass diese Texte auch gesungen wurden. Schließlich weist Ulrike HASCHER-BURGER auf die berühmteste Begine der Niederlande hin, Hadewijch (13. Jahrhundert), die strophische Gedichte hinterlassen hat, von denen ebenfalls angenommen wird, dass sie gesungen wurden.

Musikpraxis der Beginen in Belgien und den südlichen Niederlanden

In Flandern, Brabant, Lüttich und im Hennegau, wo es im 13. Jahrhundert fast 300 Beginengemeinschaften gegeben hat, lebte ungefähr ein Viertel der Schwestern in großen Höfen. In St. Christophe in Lüttich lebten um 1250 ungefähr 1000 Beginen, in Mecheln im Beginenhof St. Catharina Ende des 15. Jahrhunderts mehr als 1500. Diese Höfe hatten stets Hospitäler und bildeten eigene Pfarreien, erhielten eine eigene Rechtspre-

47 Ulrike Hascher-Burger, Sang of het Begijnhof. In: Tijdschrift voor Gregoriaans 24–4 (1999), S. 126–132.
48 A. a. O., S. 131.

chung, Asylrecht und verbriefte Privilegien wie z. B. der Beginenhof ‚De Wijngaard' in Brügge.[49]

In diesen größeren Gemeinschaften waren die Beginen laut SIMONS seit dem letzten Viertel des 13. Jahrhunderts (und vielleicht auch schon früher) am Gesang beteiligt.[50] Die für die ‚Schola' oder den ‚Chor' ausgewählten Schwestern erhielten Unterricht in Musik und eventuell auch in Latein und wurden für ihre Mitwirkung vergütet. Entsprechend der ältesten Statuten des ‚Großen Beginenhofes' St. Katharina in Mechelen, die von 1286 bis 1300 datieren, beschreibt SIMONS, dass „die Schulmeisterin … mit ihren Schülerinnen" dafür sorgen musste, dass die Stundengebete gesungen wurden, wenn der Priester es nicht tun konnte. Sie sangen außerdem die Vigilien für verstorbene Beginen und wirkten vermutlich auch bei den Messgesängen mit. Die Schulmeisterin hatte ein eigenes Haus im Beginenhof und suchte zusammen mit einem Kantor die Beginen für den Chor aus.[51]

Ähnliche Beginenchöre sind aus Herentals ab 1287, Tongeren ab 1291 und Antwerpen ab 1292 bekannt. Im Beginenhof ‚De Wijngaard' in Brügge entwickelte sich die ‚Schola', nachgewiesen seit 1281, zu einer der wichtigsten Einrichtungen des Hofes mit einem eigenen Siegel, worauf die Beginen vor einem Chorkatheder abgebildet sind. In der Messe wurde nicht täglich aber mehrmals pro Woche das große Offizium gesungen. Aus der Beginenregel und den Kommentaren von HOORNAERT geht hervor, dass nur schriftunkundige Beginen oder solche mit einer Sondergenehmigung vom Gesang befreit waren: „D'ouir Messe. Elles ouiiront Messe chaque jour quand on y chante, sauf en cas de nécessité. (…) Celles qui savent [réciter] l'office du jour et les heures de Notre Dame, les diront chaque jour sauf les jours de gros labeur."[52]

Von der Musikkultur, die sich in diesen Institutionen entfaltete, gibt es noch zahlreiche Zeugnisse:

Das Turnhouter Beginenhofmuseum z. B. besitzt ein kostbares Manuskript mit liturgischen Gesängen.[53] Es wurde Anfang der 2000-er Jahre auf dem Dachboden der Infirmerie des Beginenhofes entdeckt, zusammen mit einer ganzen Musikbibliothek mit Drucken und Manuskripten von der Gegenreformation bis zum Anfang des 20. Jahrhunderts. Sie stellt die größte Musiksammlung dar, die aus einem Beginenhof erhalten ist. Aus einigen Dokumenten geht hervor, dass sie für den Beginenhof angefertigt

49 Walter Simons, Begijnen, liturgie en muziek in de middeleeuwen: een verkenning (Beginen, Liturgie und Musik im Mittelalter: eine Erkundung). In: Pieter Mannaerts (Hg.), Beghinae in cantu instructae. Muzikaal erfgoed uit Vlaamse begijnhoven (middeleeuwen – eind 18de eeuw). Turnhout 2007, S. 15–27, hier S. 17.

50 A. a. O., S. 21.

51 Ebd.

52 Abbé R. Hoornaert, La plus ancienne Regle du Béguinage de Bruges. Bruges 1930. Kapitel „Van Messe te horne", S. 53.

53 http://www.leerhuislelie.be/Muziekbibliotheek_1.html.

wurden. Die Musiksammlung ist ein Zeugnis sowohl für die katholische Liturgie und für ihre damalige Aufführungspraxis als auch für geistliche Lieder, die die Beginen bei der Arbeit und bei Festen gesungen haben könnten (sie wurden erst um 1900 aufgezeichnet).

Musikalische Quellen der flandrischen Beginenhöfe werden seit 2002 durch die Initiative ‚Resonant. Centrum Muzikaal Erfgoed' in Leuven und durch die Datenbank IDEM der ‚Alamire Foundation, Internationaal centrum voor de studie van de muziek in de Lage Landen' auffindbar und verfügbar gemacht.[54]

Zudem wurden 2005 sämtliche handschriftlichen und gedruckten Musik-Quellen aus Flandrischen Beginenhöfen durch Pieter MANNAERTS und Els VERCAMMEN kartiert.[55] Die älteste Quelle stammt aus dem 13. Jahrhundert, ca. 90 Prozent der Quellen sind liturgischer Art, zehn Prozent sind Lobgedichte und Liedertexte/Liederbücher (meist ohne Noten).

Für geistliche und andere Lieder, die bei der Arbeit oder in der Freizeit gesungen wurden, sind aus belgischen Beginenhöfen nur Liederbücher aus dem 18. Jahrhundert erhalten. Dass es sie auch zuvor schon gab, ist aus einer Anordnung des Bischofs von Luik (Lüttich) von 1325 zu schließen, in der er den Beginen von St. Christophe bei Strafe der Exkommunikation verbot, in der Öffentlichkeit zu tanzen und ungehörige Lieder zu singen. Gleichartige Klauseln gab es auch in den Statuten der Beginen von St. Truiden in Antwerpen, diese wurden später in die Beginenregeln integriert.[56]

Bildnachweise

Abb. 1: Hamburg, SUB, Cod. conv. 1, f. 184b.
Abb. 2: Hamburg, SUB, Cod. conv. 1, f. 185a.

MARTINA BICK ist Musikwissenschaftlerin an der Hochschule für Musik und Theater in Hamburg.

Die Anregung, die Musikausübung der Beginen zu untersuchen, und viele wertvolle Forschungsinformationen über die Beginen verdanke ich PD Dr. Marion Kobelt-Groch, die sich über Jahrzehnte mit der Beginenkultur beschäftigt hat. Sie ist leider 2018 in Hamburg gestorben.

54 https://www.muzikaalerfgoed.be/ und https://www.idemdatabase.org/, eingesehen am 28.6.2020.
55 Pieter Mannaerts (Hg.), Beghinae in cantu instructae. Muzikaal erfgoed uit Vlaamse begijnhoven (middeleeuwen – eind 18de eeuw). Turnhout 2007, S. 137–229.
56 Simons (Anm. 43), S. 25.

Selbstdarstellung und Selbstverständnis

Civitatem istam tu Domine circumda
Der Hamburger Beginenkonvent in der Steinstraße – eine himmlische Stadt?[1]

HEDWIG RÖCKELEIN

In memoriam Agathe Lasch (1879–1942)

Abstract: The article discusses the late medieval architecture and buildings of the beguines' convent at the Steinstraße in Hamburg. There, the pious women managed to erect one of the most outstanding and luxury palaces in the city with the support of the city lords, the Ducs of Schauenburg, as well as with the benefit of their own, their families and benefactors from the city and its surrounding area. In analyzing primary source material, e. g. manuscripts, drawings, accounts books, indulgences and charters preserved from the convent in concern, the author argues, that the ladies interpreted the whole architectural ensemble spiritually and symbolically as a celestial dwelling placed into the earthly world.

Keywords: Hamburg, Beguines, Architecture, Manuscripts, Archival evidence

1. Die Cedula Cod. conv. 15, Nr. 13 aus Cod. conv. 1

Unter den Fragmenten aus der Bibliothek der Hamburger Beginen in der Steinstraße (Hamburg, SUB, Cod. conv. 15) befindet sich unter der Nr. 13 ein Papierzettel mit der Aufschrift: *Civitatem istam tu circumda domine et / angeli tui custodiunt muros / eius, ex-*

1 Für Hinweise, anregende Fragen und vielfältige Unterstützung danke ich den Kolleginnen und Kollegen Ottó Gecser (Budapest), Boris Gübele (Göttingen), Hermann Hipp (Hamburg), Eva Horváth (Hamburg), Dominik Kuhn (Lübeck), Klaus-Joachim Lorenzen-Schmidt † (Hamburg), Barbara Müller (Hamburg), Monika Müller (Gotha), Galit Noga-Banai (Jerusalem), Jürgen Sarnowsky (Hamburg), Christian Schmidt (Hamburg / Göttingen), Katharina Wenzel (Hamburg), Mai-Britt Wiechmann (Oxford). Für ihr phantastisches Engagement geht mein besonderer Dank an die Studierenden der Hamburger Seminare der Jahre 1993–94.

audi domine populum tuum / cum misericordia. Avertatur / domine furor tuus a populo tuo et a ciuitate tua, exaudi (Tafel V, Abb. 1). Ins Deutsche gebracht: „Umhege, o Herr, diese Stadt, und lass deine Engel die Wächter ihrer Mauern sein. Erhöre, o Herr, dein Volk mit Barmherzigkeit. Wende deinen Zorn, o Herr, von deinem Volk und deiner Stadt ab, erhöre." Hans-Walter STORK hat diese Cedula 2015 erstmals publiziert und als einen Gebetszettel bzw. als „Fürbitte einer anonymen Hamburger Begine" identifiziert.[2] Meines Erachtens hat STORK diese Cedula allerdings unterschätzt: Weder handelt es sich um eine einfache Fürbitte noch ist die Begine, die den Zettel benutzte, anonym.

2. Die Vorbesitzerin Gretken (Margarethe) Wegener

Auf der Rückseite der Cedula ergänzte ein Bibliothekar mit Bleistift *Aus No. 1* (Tafel V, Abb. 2). Mit *No. 1* ist die Handschrift Cod. conv. 1 gemeint, ein Gebetbuch, in das sich die Hamburger Begine Gretke Wegener eigenhändig als Besitzerin eingetragen hat[3] (Tafel V, Abb. 3; Tafel VI, Abb. 4). Die Biographie der Margarethe Wegener lässt sich aus den Handschriften und Archivalien vergleichsweise gut rekonstruieren. Ihr Name erscheint dort in verschiedener Schreibweise als Gret(t)(e)ke(n) Weg(h)ener(s) / Vegeners. Sie war die Tochter des Marquard Wegener und trat 1479 in den Konvent

2 Hans-Walter Stork, Die Handschriften des Hamburger Beginen-Konventes in den Sammlungen der Staats- und Universitätsbibliothek Hamburg. Ein überlieferungsgeschichtlicher Überblick. In: Jörg Voigt, Bernward Schmidt u. Marco A. Sorace (Hgg.), Das Beginenwesen in Spätmittelalter und Früher Neuzeit (Studien zur christlichen Religions- und Kulturgeschichte 20). Fribourg, Stuttgart 2015, S. 199–233, hier Abb. 37, S. 233, seine Deutung S. 215.

3 Besitzeinträge in Cod. conv. 1: *Greteke Vegeners / yn deme covente der / hort dyt bok alsvs to / vor var se aller dyn* (Vorsatzblatt[r]), *Greteke Wegeners* (Vorsatzblatt[v]). Der Gebetszyklus enthält an verschiedener Stelle Anweisungen an eine Leserin „g." (84r: ‚*In pasche daghe to der missen les alder leueste .g.*', ähnlich 87v (‚*to der uesper les my(n) .g.*'), 103v (‚*alder leueste .g. dit les in pasche daghe er du entfangest godes licha(m)*'), 165v (*dyt les an deme werden dage alle godes hilghen my(n) g.*'). Von verschiedener Seite wurde vermutet, dass es sich bei *.g.* um eine Initiale handle, die auf Gretke Wegener zu beziehen sei. Der paläographische Befund spricht aber eindeutig dafür, dass dieser Teil der Handschrift in der ersten Hälfte des 15. Jhs. geschrieben worden ist und sich daher nicht auf Gretken beziehen kann (vgl. dazu unten Anm. 15). Die Leseanweisungen sind nicht von einer nachträglichen Hand eingefügt, sondern von der Texthand vermutlich von der Vorlage abgeschrieben. Ähnliche anonyme Leseanweisungen finden sich in weiteren Codices der Beginen. Mein Vorschlag wäre daher, die Kürzung nicht als Namensinitiale zu interpretieren, sondern als Anrede an eine Gottesfreundin („gottesfründ"); diese Anrede war in Mystikerkreisen seit dem 14. Jh. weit verbreitet. Zahlreiche der in den Hamburger Handschriften vertretenen Texte stammen aus dem Umfeld der Mystik und zwar gleichermaßen aus deren süddeutscher, mitteldeutscher und niederländischer Ausrichtung (vgl. dazu bereits Wolfgang Stammler, Studien zur Geschichte der Mystik in Norddeutschland. In: Kurt Ruh (Hg.), Altdeutsche und altniederländische Mystik (Wege der Forschung 23). Darmstadt 1964, S. 386–436, mit Verweis auf Cod. conv. 5, 6 und 10. Die Lehre von der Gottesfreundschaft („amicus Dei") wurde bereits im 12./13. Jh. entwickelt; zu ihrer Popularisierung in der mystischen Bewegung des 14. Jhs. vgl. Anna Groh Seesholtz, Friends of God. Practical mystics of the 14th century. New York (Columbia Univ. Pr.) 1934.

ein.[4] In den Rechnungsbüchern der Meisterinnen erscheint sie seit 1482 regelmäßig als Kostgeldzahlerin und als Empfängerin einer Leibrente.[5] Das Kapital für die Leibrente dürften ihre Eltern beim Eintritt in den Konvent hinterlegt haben;[6] diese wurde dann jährlich von der Meisterin ausgezahlt. Eine weitere Leibrente in Höhe von 2 Mark empfing sie aus den Zinserträgen eines Hauses an der Johannisstraße, das einst Heinrich von der Heide, dann Heinrich van Wintem und schließlich Klaus Olten gehörte.[7] Und sie profitierte zusammen mit Beke Herders und Barbara Cletzen von der Rente, die Hinrik Oldehoff für die Beginen ausgesetzt hatte.[8] 1505 unterzeichnete sie mit einer Reihe weiterer Beginen die Ablassurkunde für die Unterstützung der Mission in Livland.[9] 1532 gehört sie zu den Ältesten des Konvents.[10] Im September 1546 überließ sie dem Konvent testamentarisch ihren gesamten Besitz mit Ausnahme eines kleinen silbernen Bechers, den sich ihr Blutsverwandter Albert von dem Borstel ausbedungen hatte.[11] Margarethe Wegener starb 1547.[12] Ihr mobiler Besitz an Kleidung, Bettzeug, Haushaltsgegenständen etc. wurde verkauft. Der Verkaufserlös sowie das Bargeld, das

4 Liber beginarum, Hamburgisches Staatsarchiv, 231-1 Hyp Amt I 5, Bd. 3, 200r, hier nach Nicolaus Staphorst, Historia ecclesiae Hamburgensis diplomatica. Hamburgische Kirchengeschichte. Teil 1, Bd. 1. Hamburg 1723, S. 240: *1479. Greteke Wegeners filia Marquardi beguina, vixit etiamnum 1544.* Hamburgisches Staatsarchiv im Folgenden abgekürzt HSA.

5 Rechnungen des Konvents der blauen Schwestern (Beginen) in Hamburg. Die mittelalterlichen Rechnungen 1481–1515. Bearb. v. Klaus-Joachim Lorenzen-Schmidt, aus dem Nachlass. Hrsg. v. Stefan Selzer (Contributiones 5). Münster 2017, passim in den Rechnungsbüchern der Meisterin Wybeke Wyge A (1482–1491, HSA, 611-5 Konvent III.1.a.1) und C (1504–1515, HSA, 611-5 Konvent III.1.a.3), siehe ebd., Register S. 249. Rente: 1482 März 23.

6 Nach den Statuten von 1440 musste jede Begine beim Eintritt eine lebenslänglich garantierte Leibrente in Höhe von zwei Mark nachweisen (vgl. Staphorst [Anm. 4]. Teil 1, Bd. 4. Hamburg 1731, S. 124). Aus den Rechnungsbüchern ist nicht ersichtlich, aus welcher Quelle sich die Rente für die einzelnen Beginen speiste. Zur Beteiligung der Hamburger Beginen am Rentenmarkt vgl. die Erläuterungen bei Monika Boese u. Kathrin Tiemann, Der Beginenkonvent im spätmittelalterlichen Hamburg. In: Zeitschrift des Vereins für Hamburgische Geschichte 82 (1996), S. 1–28, hier S. 24–27.

7 Staphorst (Anm. 4), Teil 1, Bd. 2. Hamburg 1725, S. 876: *Sequuntur Vitalicia* [...] *Item Gretke Wegeners 2. marcas ex domo quondam Henrici van der Heide, modò Henr. van Wintem, modò Clawes Olten, in platea Johannis.*

8 Liber beginarum, HSA, 231-1 Hyp Amt I 5, Bd. 3, fol. 202.

9 HSA, 710-1 I Threse I Ddd 14, 1505 März 1: *Gretteke Wegeners.*

10 HSA, 710-1 I Threse I Ddd 19, 26. Juni 1532.

11 HSA, 611-5 Konvent II.3.1, 11. Sept. 1546.

12 HSA, 611-5 Konvent III.1.a.17: Rechnungsbuch über den Erlös aus dem Totennachlass der Beginen, 1546–1573, angelegt von der Meisterin Sophia van Wintem, 17r–18r: Erlös aus dem Nachlass der Gretke Wegener, verstorben 1547; digitale Transkription von Katharina Wenzel, Hamburg: http://www.spaetmittelalter.uni-hamburg.de/hamburgisches_ub/quellen/amtsbuecher/beginen/Nachlass1547.html (Abruf: 15.03.2021): *Anno Domini 1547 is Gretke Wegeners in Godt denn heren vorstorven unde dith beschreven von erem tuge vorkofft unde entfangen.* [...] *Summa vann Gretkenn Wegeners erem vorscreven vorkofftem tuge sampt dem reden gelde gefunden entfang*[en] *is 55 m 13 ß. Dit vorscrevenn is tho rekenschup gebrocht int jar* [15]*47 na vormeldinge des bock*[es] *dar de entfanginge wardt in gescrevenn.*

man bei der Toten fand, alles in allem 55 Mark und 13 Schilling, gingen in den Besitz des Konventes über.

Von ihren Büchern ist weder im Testament noch im Verzeichnis der Verkaufserlöse die Rede. Zumindest zwei davon haben sich im Konvent erhalten: das Gebetbuch Cod. conv. 1, das sie das ganze Jahr über begleitet haben dürfte, und der Cod. conv. 5.[13] Cod. conv. 1 enthält in seinem Hauptteil fol. 1–184r Gebete für die Feste des Kirchenjahres. Dieser sog. ‚kleine Gebetszyklus' ist auch in anderen Hamburger Beginenhandschriften enthalten und in Gebetbüchern aus den sog. Lüneklöstern überliefert.[14] Der Gebetzyklus in Cod. conv. 1 wurde von zwei verschiedenen Händen in der ersten Hälfte des 15. Jahrhunderts geschrieben.[15] Das bedeutet, der Hauptteil der Handschrift ist weder von noch für Margarethe Wegener geschrieben worden. Vielmehr dürfte Mar-

13 Die Handschriften aus dem Hamburger Beginenkonvent erstmals verzeichnet von Conrad Borchling, Mittelniederdeutsche Handschriften in Norddeutschland und den Niederlanden. Erster Reisebericht. In: Nachrichten von der Königl. Gesellschaft der Wissenschaften zu Göttingen, Philol.-hist. Klasse, Geschäftliche Mittheilungen 1898. Göttingen 1899, S. 79–316, hier S. 97–111. Ergänzend: Boese u. Tiemann (Anm. 6), S. 6–9, und Christian Schmidt, Gebetszyklen der Hamburger Beginen im Kontext der Gebetbuchkultur der Lüneburger Frauenklöster. In: Jörg Voigt, Bernward Schmidt u. Marco A. Sorace (Hgg.), Das Beginenwesen in Spätmittelalter und Früher Neuzeit (Studien zur christlichen Religions- und Kulturgeschichte 20). Fribourg–Stuttgart 2015, S. 234–263, und Stork (Anm. 2). Aus den Codices conv. 6, 11, 12, 13 sind jetzt die Hymnen identifiziert im Berliner Online-Repertorium der mittelalterlichen deutschen Übertragungen lateinischer Hymnen und Sequenzen (https://repertorium.sprachen.hu-berlin.de/repertorium/browse/manuscript/location/Hamburg/repository/bde5e5b3159fb5c6663dce8a831031d1?_bc=S236.S156. Abruf: 29.05.2021).

14 Der Gebetszyklus ist großenteils auch in den Codices conv. 3, 4, 6, 7 und 12 enthalten. Zur Analyse der sog. ‚Kleinen Gebetszyklen' in den Hamburger Beginenhandschriften sowie für Nachweise zur Parallelüberlieferung in den Lüneklöstern vgl. Schmidt (Anm. 13), bes. S. 237–239, 256.

15 Borchling (Anm. 13), S. 98, datiert diesen Teil der Handschrift in die 1. Hälfte des 15. Jhs. Christian Schmidt dagegen vertritt die These, dass der ‚kleine Gebetszyklus' erst im Umfeld der Reform des Zisterzienserinnenklosters Medingen im Jahr 1479 entstanden sei und die Hamburger Beginen ihn von dort rezipiert hätten. Nun hat aber Carolin Gluchowski, Freiburg im Üchtland, im Rahmen ihrer Dissertation nachweisen können, dass das sog. ‚Medinger Osterorationale', das bislang ebenfalls in die Zeit der Reform datiert wurde, bereits 1409 geschrieben worden ist (https://www3.unifr.ch/gebetbuchliteratur/de/carolin-gluchowski.html, Abruf: 29.05.2021). Dies geht aus dem Kolophon der Schreiberin, der Nonne und Priorin Caecilia von dem Berge (Priorin: 1435–1445), unzweifelhaft hervor: *Anno domini M CCCC viiij. completus est liber iste* […] *scriptus per manum cecilie de monte humilis ancille cristi.* (Kopenhagen, Königliche Bibliothek, Ms GKS 3452 8°, 139v). Die Datierung der Medinger Handschriften und ihr angenommener genereller Entstehungszusammenhang im Kontext der Reform muss folglich grundlegend überdacht werden, vgl. hierzu auch den Beitrag von Gia Toussaint in diesem Band. Ich danke Christian Schmidt für den Hinweis auf diese derzeit in Arbeit befindliche Dissertation und auf das ausführliche Gespräch über den Cod. conv. 1 am 21.05.2021. Paläographisch ist der Gebetszyklus des Hamburger Cod. conv. 1 m. E. eindeutig der 1. Hälfte des 15. Jhs. zuzuordnen; beide Hände schreiben in einer Textualis und verwenden das für das 14. Jh. charakteristische doppelstöckige „a" abwechselnd mit dem im 15. Jh. gebräuchlichen Minuskel-„a". Hand 2 schreibt das „d" mit einer weit ausholenden Schleife; auch das ist typisch für die erste Hälfte des Jhs. Im Übrigen steht bislang der Beweis aus, dass die Hamburger Beginen Texte aus Medingen übernommen hätten.

garethe das Gebetbuch geerbt oder von einer anderen Begine übernommen haben.[16] In der zweiten Hälfte des 15. Jahrhunderts wurde der Codex von weiteren Schreibern um Gebete zu verschiedenen Heiligen, zum Abendmahl, zu Christus und Maria ergänzt, unter ihnen ein männlicher Schreiber, aber nicht Gretken Wegener.[17]

Der andere Codex aus dem Besitz der Margarethe, Cod. conv. 5,[18] entstand in der zweiten Hälfte des 15. Jahrhunderts. Er enthält eine umfangreiche Sammlung von Gebeten zum hl. Geist (fol. 1r–106r), geistliche Traktate und das sog. „Beginchen von Paris" (fol. 110r–125v), einen der bemerkenswertesten Texte über die Lebensform der Begine aus dem Spätmittelalter. Zeit und Kontext der Entstehung dieses Traktates sind in der Forschung umstritten.[19] Sofern die Vermutung, dass es sich um einen Text aus dem Umfeld sog. häretischer Beginen aus Holland oder Nordfrankreich handelt, zutrifft, diente er der loyalen Margarethe Wegener wohl eher als Anregung zur Meditation denn als eine Schrift, die sie zum Aufstand angestachelt hätte.

Wie der Gebetszyklus in Cod. conv. 1, so wurde auch die Cedula mit dem *Civitas*-Zitat geschrieben, bevor Gretke Wegener die Handschrift übernahm. Sie ist in einer Textualis des späten 14. / frühen 15. Jahrhunderts ausgeführt und verwendet ebenfalls das für das 14. Jahrhundert signifikante doppelstöckige „a". Vermutlich stammt sie nicht aus der Feder einer Begine, da diese zwar des Lesens und manche auch des

16 Die Weitergabe von Handschriften lässt sich anhand der Besitzeinträge nachvollziehen. Cod. conv. 4 gehörte zunächst der Begine Alleke Bruns (228v: *Alleke Bruns est possessor*), der Schwester des Arnt Bruns, der die Teile 2–5 des Codex geschrieben hat (siehe dazu unten Anm. 20), dann der Anke Petersen (199r: *Anken Petersen hort dyt bock to in deme kavent*) und schließlich der Geske Meyers (199r: *Dyt bok hort Gesken Meyres tho in dem kavente*). Auch Cod. conv. 12 ging durch mehrere Hände: Otte vann Campe (OFM), Luske (Lussie) van Gneißen, Katharyne Vann, Cathryne Krummelingh.

17 Die Hand Greteke Wegeners, die wir von ihren Besitzeinträgen auf der Vorder- und der Rückseite des Vorsatzblattes kennen, taucht später nicht mehr auf. Am stärksten ähnelt ihre Hand derjenigen, die die Gebete fol. 202v–212r eingetragen hat. Da diese jedoch mit einer Bitte um ‚ein Vater unser' für den Schreiber enden (212r: *‚Eyn pat(er) n(oster) vo(r) den armen scryver'*), kann Greteke diese Gebete nicht geschrieben haben.

18 Besitzeinträge in Cod. conv. 5, Vorsatzblatt: *Gretken Wegheners hort dyt bok to*; *Greteke Vegeners.*

19 Cod. conv. 5, 110r–125v = Sigle H nach Hartmut Beckers, Beginchen von Paris. In: Die deutsche Literatur des Mittelalters. 2. Aufl. Bd. 1 (1978), Sp. 667–671, hier Sp. 667; Edition: Reinhold Segebrecht, Von dem Beginchen zu Paris. Vergleichung der überlieferten Fassung und Herstellung eines kritischen Textes. Diss. Hamburg 1920, und Walther Niekerken, Vom Beginchen zu Paris. In: Jahrbuch des Vereins für niederdeutsche Sprachforschung 82 (1959), S. 99–112. Die Geschichte der Königstochter, die gegen den Willen ihrer Mutter in einen Beginenkonvent eintritt, besteht aus einem dreifachen gereimten Dialog zwischen dem Beginchen und seiner Mutter (4–33), zwischen dem Beginchen und der Meisterin des Konvents (34–38/43–73) und schließlich zwischen Christus und dem Beginchen (77–97). Zu den Forschungskontroversen vgl. Borchling (Anm. 13), S. 100; Thomas Schwickert, Das Gedicht von dem Beginchen von Paris. In: Jahrbuch des Kölnischen Geschichtsvereins 16 (1934), S. 78–107, hier S. 79; Beckers, ebd., Sp. 667. Zwei weitere mittelniederdeutsche Abschriften des ‚Beginchens' lagen bis 1945 in Lübeck und gelten als verschollen. Die Oldenburger Abschrift [O] aus der Zeit um 1470 ist in einer westniederdeutschen Variante geschrieben. Der Text wurde im 15. und 16. Jh. in einer Reihe von Drucken verbreitet.

Schreibens kundig waren,[20] aber nur über geringe Lateinkenntnisse verfügten. Darüber können auch die lateinischen Perikopen in manchen ihrer Gebetbücher nicht hinwegtäuschen.[21] Der Text dürfte von einem lateinkundigen und in der Liturgie versierten Kleriker kopiert worden sein; am ehesten ist hier an einen Seelsorger der Beginen aus der nahegelegenen Pfarrkirche S. Jacobi zu denken oder an einen Domgeistlichen.[22]

3. Das Zitat *Civitatem istam*

So klein und unscheinbar die Cedula Cod. conv. 15, Nr. 13 in ihren Ausmaßen 10 × 7 cm ist, so groß ist ihre inhaltliche Sprengkraft. Anders als Hans-Walter STORK vermutete, handelt es sich bei dem Text nicht um ein einfaches Gebet oder eine einfache Fürbitte, sondern um ein Responsorium und einen Versikel aus dem Stundengebet. Zudem ist der Text identisch mit dem ältesten bezeugten christlichen Architekturzitat aus dem norddeutschen Raum. Wir haben es hier also mit einer veritablen Pathosformel im Sinne Aby Warburgs zu tun.[23]

20 Schreibkundig waren die Meisterinnen des späten 15. und 16. Jhs, die die Rechnungsbücher führten. Einige Handschriften enthalten Schreibervermerke. Von der Hand einer Frau geschrieben ist Cod. conv. 9 (212^r: *denerynnen Christi de dit geschreuen heft*); da sie als Dienerin Christi bezeichnet wird, dürfte es sich um eine Begine handeln. Monika Müller vermutet, dass auch Cod. conv. 3 von einer Begine geschrieben worden ist (Mitteilung vom Mai 2021). Cod. conv. 4 wurde von Arnt Bruns, dem Bruder der Begine Alleke Bruns und Mitglied der Gesellschaft der Flandernfahrer geschrieben (199r: *scriptum et finitum mensis Maius Anno xxxv et pertinet Arnt Bruene*). Arnt / Arnd Bruns ist in den Rechnungsbüchern der Jahre 1485 ff. belegt (Nr. 1, S. 65 f.). 1485 findet er sich unter den Hamburger Flandernfahrern, 1491 unter den Schonenfahrern (vgl. Jürgen Bolland, Die Gesellschaft der Flandernfahrer in Hamburg während des 15. Jhs. In: Zeitschrift für Hamburgische Geschichte 41 (1951), S. 155–188, Anlage B: Mitglieder der Gesellschaft der Flandernfahrer in Hamburg nach dem Schafferbuch 1430–1493, S. 175–183, hier S. 177). In Anbetracht dieser Daten ist es offensichtlich, dass Arnt Bruns in der zweiten Hälfte des 15. Jhs. lebte. Daher dürfte die gekürzte Jahreszahl im Schreiberkolophon von Cod. conv. 4 – von Borchling (Anm. 13), S. 99 – mit „1435" falsch aufgelöst sein. Die Kürzung *xxxv* wäre demnach richtig mit [MCCCCL]*xxxv* = 1485 zu ergänzen. Dazu passt auch der paläographische Befund besser als zu 1435. Arnt Bruns schenkte den Codex seiner Schwester, der Begine Alleke Bruns (zu ihrem Vorbesitzereintrag vgl. oben Anm. 16). Cod. conv. 14 schrieb laut Kolophon Leo von Ratingen 1434 (*Finitus est Liber iste per me Leonem de Ratingen Sub anno domini M°CCCC°XXXIIII° In vigilia Johannis Baptista etc.*). Zum Schreiber des Cod. conv. 11 vgl. unten Anm. 21.

21 Vor allem in den Hymnen in Cod. conv. 11. Vgl. dazu Borchling (Anm. 13), S. 106 f., und die Analyse der einzelnen Hymnen im Berliner Online-Repertorium der mittelalterlichen deutschen Übertragungen lateinischer Hymnen und Sequenzen https://repertorium.sprachen.hu-berlin.de/repertorium/browse/manuscript/13766?_bc=S236.S156.S241 (Abruf: 29.05.2021), mit Digitalisat der Handschrift. Laut dem als Rätsel formulierten Kolophon wurde Cod. conv. 11 von Gherherdus Gogreue geschrieben (*Si tu scriptoris nomen scire velis, G h e r primo ponis, in medio h e r sociabis Et d u s addatur. Quis scripsit, ita vocatur. E u e r g o g verte: Agnomen habebis aperte*).

22 Zur Beziehung der Beginen nach S. Jacobi und zum Dom vgl. unten.

23 Vgl. dazu: Marcus Hurttig, Thomas Ketelsen (Hgg.), Die entfesselte Antike – Aby Warburg und die Geburt der Pathosformel in Hamburg. Ausstellung Hamburger Kunsthalle, 27. März bis

3.a) *Civitatem istam* als Zitat aus dem Stundengebet

Der Text auf der Cedula lautet vollständig und korrekt: *Civitatem istam tu circumda domine et / angeli tui custodiunt* [recte: custodiant] *muros / eius, exaudi domine populum tuum / cum misericordia.* [Ps 79, 2] *Avertatur / domine furor tuus a populo tuo et / a ciuitate tua, exaudi* [Dn 9, 16]. Er setzt sich zusammen aus einem Responsorium zu Psalm 79, 2 und einem Versikel zum Buch des Propheten Daniel 9, 16. Da beide im Stundengebet der Mönche wie der Weltkleriker am Fest der Propheten im November gelesen bzw. gesungen wurden,[24] dürften sie auch den Hamburger Domkanonikern und den Pfarrklerikern vertraut gewesen und auf diesem Weg an die Beginen gekommen sein.[25] Insbesondere Daniel 9 verweist auf die Apokalypse und das Ende der Welt.[26]

3.b) *Civitatem istam* als Architekturzitat

Das Responsorium *CIVITATEM ISTAM / TV CIRCVMDA DNE ET / ANGELI TVI CVSTO / DIANT MVROS EIVS* hat sich an prominenter Stelle als ältestes Architekturzitat im norddeutschen Raum erhalten. Es ziert als programmatische Inschrift das Westwerk der Klosterkirche zu Corvey an der Weser (Tafel VI, Abb. 5; Tafel VII, Abb. 6). Die Tabula, gefertigt aus rotem Sandstein, wurde vermutlich zwischen 836 und 844 angefertigt und sekundär in den zwischen 873 und 885 errichteten Westbau eingebaut.[27] In die Platte sind aus vergoldetem Kupferblech die Buchstaben in der Capitalis quadrata eingelegt, wie man sie in der Antike für repräsentative Monumente im öffentlichen Raum verwendete. Aus der Schriftart und dem Standort ist zu schließen,

26. Juni 2011 und Wallraf-Richartz-Museum & Fondation Corboud, 1. März bis 27. Mai 2012. Hamburg 2011.

24 Cantus Index: CAO 1815, 6291; René-Jean Hesbert, Corpus antiphonalium officii (CAO). Bd. 4: Responsoria, versus, hymni, et varia. Rom 1970, Nr. 6291, 6291a. Responsorium: *Civitatem istam tu circumda, Domine, et angeli tui custodiant muros eius; exaudi Domine populum tuum cum misericordia.* (Ps 79, 2) [...] Versiculus 2: *Avertatur furor tuus, Domine, a populo tuo, et a civitate sancta tua.* (Da 9, 16). Das Responsorium ist seit dem ausgehenden 9. Jh. in zahlreichen Handschriften überliefert sowohl im Cursus monasticus wie auch im Cursus romanus.

25 Zur Entwicklung des ‚Offizium divinum' und der ‚Horae canonicae' am Dom und an den Pfarrkirchen Hamburgs vgl. Peter Vollmers, Die Hamburger Pfarreien im Mittelalter. Die Parochialorganisation der Hansestadt bis zur Reformation (Arbeiten zur Kirchengeschichte Hamburgs 24). Hamburg 2005, S. 246–249.

26 Vgl. dazu unten, Kap. 5.

27 Christoph Stiegemann u. Matthias Wemhoff (Hgg.), 799 – Kunst und Kultur der Karolingerzeit. Karl der Große und Papst Leo III. in Paderborn. Katalog der Ausstellung Paderborn. Mainz 1999, Bd. 2, Nr. VIII. 52–55. Zur Deutung vgl. Kristina Krüger, Nicht verborgen, sondern goldgehöht – doch nur den Wenigsten verständlich: die Coveyer Fassadeninschrift. In: Tobias Frese, Wilfried E. Keil u. Kristina Krüger (Hgg.), Verborgen, unsichtbar, unlesbar – zur Problematik restringierter Schriftpräsenz. Berlin 2014, S. 59–84.

dass sich die Inschrift an ein breites Publikum richtete. Sie war so weit oben an der Fassade angebracht, dass Passanten, die außerhalb der Mauern am Kloster vorbeigingen, sie sehen konnten. Wenn sie von der Nachmittags- und Abendsonne angestrahlt wurde, leuchtete sie ihnen hell entgegen. Die Inschrift adressierte Außenstehende, gleich ob sie das Kloster betreten durften oder als Zaungäste draußen bleiben mussten, genauso wie die Bewohner innerhalb der Mauern. Sie hebt das Kloster und seine Bewohner in den Status einer *Civitas*, einer autonomen (Stadt-)Gemeinde.

Das Responsorium finden sich in einer Variante auch in hochmittelalterlichen Bauinschriften französischer Kirchen. Dort wurde das Wort *Civitas* durch *Domus* ersetzt.[28] Diese Bauinschriften spielten, wie Kristina KRÜGER vermutet, auf den Kirchweihritus an. Die Inschrift aus Corvey und der Text auf der Hamburger Cedula adressieren mit *Civitas* hingegen ein umfassenderes theologisches Programm, nämlich das der religiösen Gemeinschaft im Diesseits und der himmlischen Stadt (*civitas coelestis*) im Jenseits.[29]

Es fällt nicht schwer, sich vorzustellen, dass und wie sich die Corveyer Mönche in den Gefährdungen der Karolingerzeit hinter ihren Mauern wie in einer befestigten Siedlung, in einer autonomen Stadt geborgen fühlten. Doch was heißt das für die Hamburger Beginen? Lebten sie in einer ‚Stadt in der Stadt'? Sollte der Text auf der Cedula aus Cod. conv. 1 auf einer Bauinschrift angebracht werden, die, analog zu Corvey, von den Bewohnern wie von Außenstehenden wahrgenommen werden konnte?

Doch wie gelangte diese Cedula in Margarethe Wegeners Gebetbuch? Konnten sie und ihre Mitschwestern den lateinischen Text verstehen? Weshalb haben sie und alle ihr nachfolgenden Beginen, die das Gebetbuch benutzten, ihn aufgehoben? Eine Menge Fragen. Auch wenn sie sich nicht alle beantworten lassen werden, so steht eines fest: Allein die Tatsache, dass dieser unscheinbare Zettel aufgehoben wurde, zeigt, dass dieser Text der Begine Margarethe Wegener ebenso wie den Vorbesitzer(inne)n und Nachbesitzerinnen ihres Gebetbuchs einiges bedeutete.

4. Der Hamburger Beginenkonvent in der Steinstraße

4.a) Die Lage

Der Beginenkonvent an der Steinstraße wurde vor 1255 gegründet. Aus einer Urkunde vom 8. Januar 1255 (?) geht hervor, dass die Schauenburger Grafen Johann und Gerhard von Holstein als Stadtherren auf Bitten ihres Vaters Adolf IV. einen Großteil des

28 *Domum istam tu protege, domine, et angeli tui custodiant muros eius* [...] *et omnes abitantes in ea*, vgl. Hesbert (Anm. 24), Bd. 3: Invitatoria et antiphonae, Rom 1968, Nr. 2424. Die Belege für die romanischen Bauinschriften aus Frankreich bei Krüger (Anm. 27), S. 70 f.

29 Zur *Civitas*-Metaphorik auf Bauinschriften vgl. die Überlegungen von Krüger (Anm. 27), S. 72–84, und unten.

Apfelgartens gegenüber der Jacobikirche in der Steinstraße, den der Magister Otfried zu Lehen hatte und der neben dem Beginenkonvent gelegen war, den Beginen zur Vergrößerung ihrer Gebäude überließen.[30] Die Steinstraße, an der sich der sog. Schauenburger Hof befand, dessen nordwestliche Ecke nun den Beginen überschrieben wurde,[31] befand sich zu dieser Zeit in bester Lage des um 1250 neu errichteten Kirchspiels S. Jacobi östlich der Altstadt.[32] Das zunächst unbefestigte Viertel (*foris civitatem*) wurde 1258 in die erweiterte Ummauerung einbezogen. Es war im 13. Jahrhundert dünn besiedelt, zwischen den Gebäuden lagen größere landwirtschaftlich genutzte Flächen. Außer Wohnhäusern siedelten sich in diesem Stadtteil eine Töpferei und kleinere Handwerksbetriebe an.

Das Gelände der Beginen blieb bis in die Neuzeit nur teilweise bebaut. Neben den Haupt- und Funktionsgebäuden gab es genügend Raum für zwei gepflasterte Innenhöfe, eine große Rasenfläche (*Grasplatz*) und einen Garten für die Meisterin (*Garten der Jungfer Mesterin*) wie man auf einer Skizze von 1797 sehen kann (Abb. 7, S. 292).[33]

Der Konvent in der Steinstraße lag direkt gegenüber der Pfarrkirche S. Jacobi, wo die Beginen täglich zur Messe gingen, wo ihnen der Pfarrvikar die Beichte abnahm und wo sie ihre letzte Ruhestätte fanden.[34] Seit 1516 wurde ihnen erlaubt, sich selbst aus dem Kreis der Weltkleriker oder der Mendikanten einen Beichtvater zu wählen. In

30 Johann Martin Lappenberg (Hg.), Hamburgisches Urkundenbuch. Bd. 1. Hamburg 1842 (ND 1907), Nr. 589.

31 Zur Lage des Beginenkonvents auf dem Grundstück des Schauenburger Hofes in der Steinstraße vgl. Dagmar Hagemann-Tietjen, Hamburg, ein Stadtgrundriß im Spätmittelalter: Grundrißanalyse eines nicht mehr bestehenden Stadtgefüges. Diss. Univ. Hannover 1985, Plan XI: Strukturplan.

32 Zur Entwicklung Hamburgs in dieser Zeit vgl. Klaus Richter, Hamburgs Frühzeit bis 1300, Hamburgs Aufschwung im 13. Jahrhundert. In: Werner Jochmann u. Hans-Dieter Loose (Hgg.), Hamburg. Geschichte der Stadt und ihrer Bewohner. Bd. 1: Von den Anfängen bis zur Reichsgründung. Hamburg 1982, S. 17–100, hier der Abschnitt ‚Die Entwicklung zur Stadt', S. 75–95, zum Jakobikirchspiel S. 76 („zu beiden Seiten der Steinstraße befanden sich Höfe und Landhäuser, die vor allem von der führenden Grundeigentümerschicht Hamburgs erworben worden waren"), zum Beginenkonvent S. 95. Zur Lage des Beginenkonvents im Kirchspiel S. Jacobi vgl. Hagemann-Tietjen (Anm. 31), Plan II: Historische Entwicklungsphasen, S. Jakobi 1254.

33 Stiftung Hamburgische Museen Hamburg, Museum für Hamburgische Geschichte (im Folgenden abgekürzt MHG), Inv.nr. 2014–3193: *Grundrisz des Convents, 1797*. Diese Zeichnung stellt die Vorlage dar für HSA, 111-1 Senat, Cl. VII Lit. Q^b Nr. 1, Vol. 6, S. [27]: *Ungefähre Abzeichnung des Grundrißes des Conventes cum pertin*[entibus] *wie solcher dem Protocoll des Convents (B) N° 2 de Anno 1795 scqq. vorangeklebt ist. StadtArchiv Jan. 1851*. Von einer weiteren Zeichnung aus dem Jahr 1773 ist die Rede in HSA 111-1 Senat, Cl. VII Lit. Q^b Nr. 1, Vol. 6, S. 25: *Ein Grundriß des Konvents von 1773 von Major Kohlhardt, der mit dem hier* [...] *im wesentlichen übereinstimmt, befindet sich im Kämmereikonventtenbuch P zwischen S. 22 und 23 (25/3 1926)* [Handzeichen].

34 Statuten für die *viduæ et virgines simul habitantes in curia et domo Conventus S. Jacobi* vom 6. Juli 1360 (HSA 710-1 I Threse I Ddd 1a bzw. 1b, hrsg. v. Staphorst I/2 (Anm. 7), S. 640–644); Statuten der *Ehrlicken Zamelinghe des Conventes* vom 29. Nov. 1440 und 1443 (hrsg. v. Staphorst I/4 (Anm. 6), S. 123–125, 148 f.). Vgl. dazu Hedwig Röckelein, Hamburger Beginen im Spätmittelalter – „autonome" oder „fremdbestimmte" Frauengemeinschaft? In: Hamburgische Kirchengeschichte in Aufsätzen. Teil 1: Von der Christianisierung bis zur Vorreformation (Arbeiten zur Kirchengeschichte Hamburgs 21). Hamburg 2003, S. 175–202, hier S. 188 f.

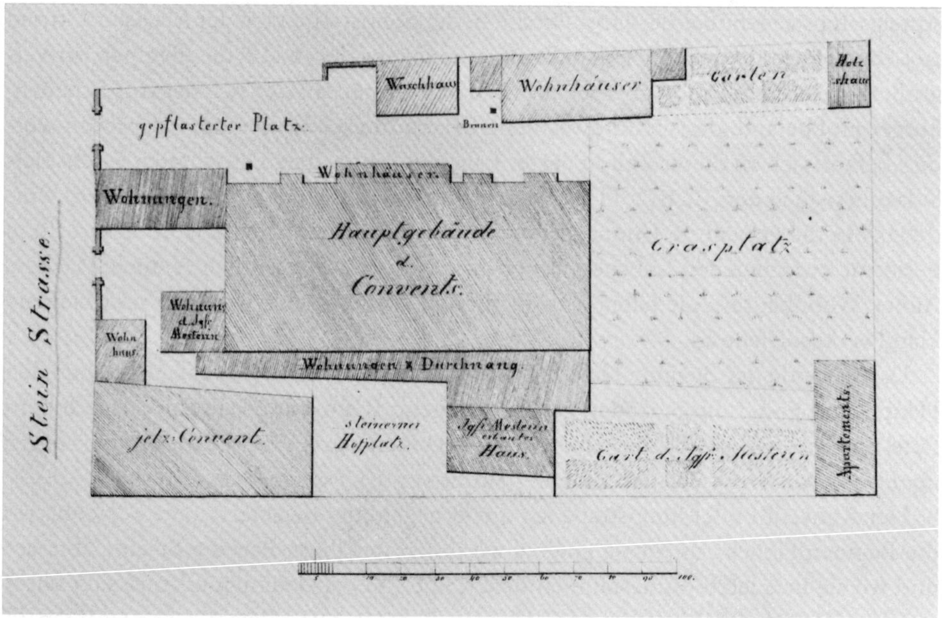

Abb. 7 *Grundrisz des Convents, 1797*, Stiftung Hamburgische Museen, Museum für Hamburgische Geschichte, Inv.nr. 2014–3193

weniger als fünf Minuten erreichten sie zu Fuß den Dom, wo sie in der Passionszeit die Predigt hören durften.[35] Sie unterstanden der juristischen Aufsicht des Domdekans, der das zweithöchste Amt an der Hamburger Hauptkirche innehatte.

Die Beginen lebten in ihrem Konvent keineswegs isoliert oder zurückgezogen. Ihr Grundstück lag direkt an der Hauptverkehrsader, die aus der Altstadt nach Osten führte, an der Domimmunität und der Pfarrkirche S. Jacobi vorbei über die Steinstraße bis zum Steintor.[36] Hamburg entwickelte sich im 13. Jahrhundert zu einer internationalen Drehscheibe des Handelsverkehrs zwischen West und Ost, zu einem Umschlagplatz der Waren vom Wasser- auf den Landweg. Die Fernkaufleute lieferten flandrische Tuche und Wein aus den Rheinlanden nach Brandenburg und Thüringen, in der Gegenrichtung führten sie Holz aus Brandenburg und Salz aus Lüneburg ein. Alle, die die Handelsmetropole in Richtung Osten verließen oder aus dieser Richtung in sie eintraten, passierten mit ihren Wagen unweigerlich das Grundstück und die Gebäude des Konvents.

Mit der Einführung der Reformation in Hamburg wurde der Beginenkonvent 1529 in ein ‚Jungfrauenstift' umgewandelt und der Aufsicht des städtischen Magistrats

35 Vgl. Röckelein (Anm. 32), S. 184 f., 188 f.
36 Lage des Beginenkonvents an der Hauptverkehrsachse nach Osten: Hagemann-Tietjen (Anm. 31), Plan IX: Haupterschliessungsachse.

unterstellt. 1797 bauten die ‚Jungfrauen' ein neues Haupthaus, das näher an die Straße rückte als der mittelalterliche ‚Alte Convent'. Dieser wurde 1850/51 abgerissen, die restlichen Gebäude und das gesamte Grundstück 1866 verkauft.[37] Die Jungfrauen siedelten ein Jahr später in ein von Martin HALLER entworfenes Haus in einer neu angelegten Seitenstraße der Wandsbeker Chaussee um, die seither Conventstraße heißt. Die Vermögensmasse des Konvents hatte bis in die 1940er Jahre Bestand;[38] erst 1949 wurde der Konvent als Rechtsinstitut aufgelöst.

4.b) Die Architektur nach den Bauzeichnungen

Wie das Gebäude aussah, das die Beginen vor 1255 bezogen, wissen wir nicht. Anders als in Köln oder Lübeck versammelten sich die Frauen jedenfalls nicht im Haus eines bürgerlichen Stifters, sondern sie erhielten unbebautes Gelände zur Errichtung eines Neubaus. Die Entwicklung der Konventsgebäude lässt sich erst seit der Mitte des 13. Jahrhunderts nachvollziehen, und zwar aus Architekturzeichnungen, Ablassurkunden, Rentenverschreibungen und Baurechnungen.

In der zweiten Hälfte des 18. Jahrhunderts, noch bevor der sog. ‚neue' oder ‚jetzige' Convent errichtet wurde, und unmittelbar vor dem Abriss des ‚Alten Convents' in den Jahren 1850/51 entstanden verschiedene Zeichnungen und Beschreibungen des Bauensembles, aus denen man die Struktur und Funktion der Gebäude, insbesondere des mittelalterlichen Haupthauses, detailliert erschließen kann. Darauf basiert auch die Beschreibung und Deutung von Klaus-Joachim LORENZEN-SCHMIDT in seinem Artikel zum Hamburger Beginenkonvent, der 2019 posthum im Schleswig-Holsteinischen Klosterbuch erschien: „Die Konventsanlage der Beginen bei S. Jacobi bestand zunächst aus einem einfachen Giebelhaus, das seinem Äußeren nach zu urteilen aus dem frühen 15. Jh. stammte. […] Architektonische Impulse gingen vom Konvent in der Steinstraße nicht aus. Das Haupthaus mit hohem Untergeschoss und fünf gestaffelten, spitzbogigen Hochblenden im Giebel entsprach der gängigen Form des spätmittelalterlichen städtischen Werk- und Speicherhauses."[39] Seine Einschätzung beruht vor allem auf einer Zeichnung aus dem Jahr 1851, die Cipriano Francisco GAEDECHENS 1868 in seiner Broschüre über den Beginenkonvent veröffentlicht hatte (Abb. 8, S. 294).[40]

37 C[ipriano] F[rancisco] Gaedechens, Der Konvent der Beginen in Hamburg und seine Umwandlung in ein Jungfrauenstift. Hamburg 1868, S. 26 f.
38 HSA, 111-1 Senat, Cl. VII Lit. Q^b Nr. 1, Vol. 18 für die Jahre 1940, 1944 und 1949.
39 Klaus-Joachim Lorenzen-Schmidt, Hamburg, Beginen. In: Oliver Auge u. Katja Hillebrand (Hgg.), Klosterbuch Schleswig-Holstein und Hamburg. Klöster, Stifte und Konvente von den Anfängen bis zur Reformation. Regensburg 2019. Bd. 1, S. 409–417, hier S. 416 f.
40 Die Zeichnung bei Gaedechens (Anm. 37), S. 14; bei Lorenzen-Schmidt (Anm. 39), S. 416.

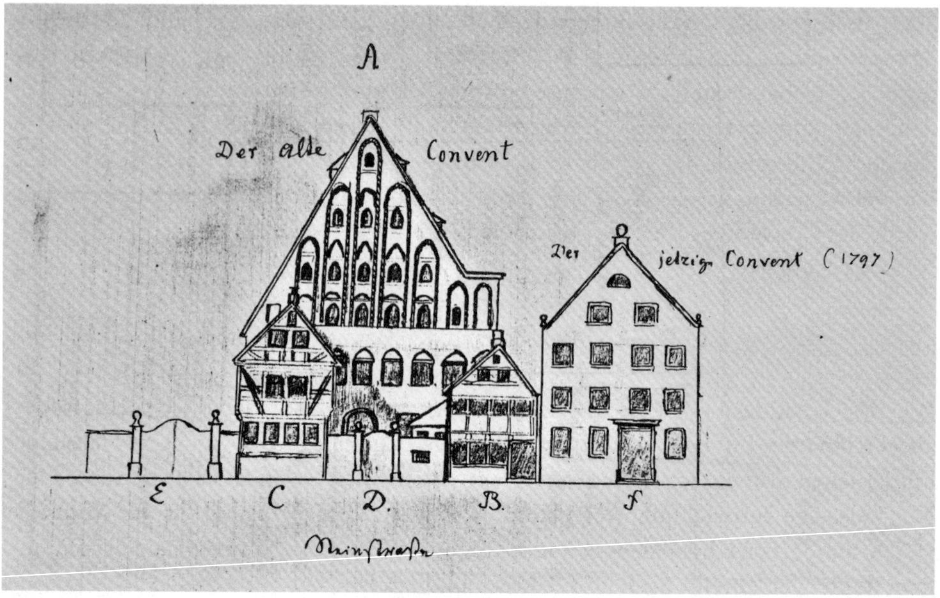

Abb. 8 *Abzeichnung der Darstellung des alten und neuen Conventsgebäudes, wie solche dem Protocoll des Convents (B) N° 2, de 1795 scqq. auf dem dort eingeklebten Grundriß beigefügt ist. Stadtarchiv 1851 Jan.* Hamburg, Hauptstaatsarchiv, 111-1 Senat, Cl. VII Lit. Q^{b} Nr. 1, Vol. 6, S. 26

GAEDECHENS hatte das mittelalterliche Haupthaus allerdings anders als LORENZEN-SCHMIDT in das 14. Jahrhundert datiert.[41]

Die seit GAEDECHENS immer wieder abgedruckte Zeichnung wird in den Akten des Beginenkonvents im Hamburgischen Staatsarchiv verwahrt.[42] Sie wurde kurz vor dem Abriss des Haupthauses 1850/51 angefertigt, möglicherweise von dem damaligen Archivar Johann Martin LAPPENBERG (1794–1865), seit 1823 Archivar der Stadt Hamburg.[43] Ich vermute, dass der Zeichner eine Vorlage benutzte, die sich heute im Museum für Hamburgische Geschichte befindet, und die das Ensemble nach der Errichtung des sog. „Neuen Konvents" im Jahr 1797 zeigt (Abb. 9, S. 295).[44]

41 Gaedechens (Anm. 37), S. 14.

42 HSA 111-1 Senat, Cl. VII Lit. Q^{b} Nr. 1, Vol. 6, S. 26: *Abzeichnung der Darstellung des alten und neuen Conventsgebäudes, wie solche dem Protocoll des Convents (B) N° 2, de 1795 scqq. auf dem dort eingeklebten Grundriß beigefügt ist. Stadtarchiv 1851 Jan.*

43 ‚Hamburger Tageszeitung' vom 19. November (ohne Jahr: 1850/1851?). Beilage zu HSA 111-1 Senat, Cl. VII Lit. Q^{b} Nr. 1, Vol. 6, zwischen S. 25 f.: „Herr Dr. Lappenberg hat den geschichtlichen Verhältnissen der Stiftung, auch der Anfertigung einer Zeichnung nach dem alten Gebäude, von dem vorläufig noch ein Theil mit dem zierlich gegliederten Giebel stehen bleiben wird, seine Aufmerksamkeit geschenkt".

44 MHG, Inv.nr. 2014–3192: *Ansicht des Convents, 1797.*

Abb. 9 *Ansicht des Convents, 1797.* Stiftung Hamburgische Museen, Museum für Hamburgische Geschichte, Inv.nr. 2014–3192

Weitaus detaillierter und aussagekräftiger als die Skizze aus dem Hamburger Hauptstaatsarchiv, auf deren Basis die Konventsbauten bislang sowohl hinsichtlich ihres Alters wie auch ihrer Qualität beurteilt worden sind, sind jedoch die professionellen Bauaufnahmen des Architekten Theodor BÜLAU (1800–1861) aus den Jahren 1848 und 1851, die bislang kaum zur Kenntnis genommen wurden. Erhalten sind nur die Vorzeichnungen und Skizzen BÜLAUS im Museum für Hamburgische Geschichte (MHG) und im Museum für Kunst und Gewerbe (MKG). Die ausgearbeiteten finalen Fassungen gingen Ende Juli / Anfang August 1943 im Hamburger Feuersturm unter.[45] Die Bauzeichnungen BÜLAUS hat bislang nur Ann-Kristin MAURER 1987 im Kontext einer Werkbiographie BÜLAUS gewürdigt.[46]

45 Der Nachlass Bülaus war im Haus der ‚Patriotischen Gesellschaft' gelagert, das er selbst entworfen hatte. Dort verbrannten sie während der ‚Operation Gomorrha'. Den Hinweis auf die Vorarbeiten Bülaus in den Akten des Vereins für Hamburgische Geschichte verdanke ich Dr. Hermann Hipp, mit dem ich die Zeichnungen diskutierte, nachdem ich sie am 22. April 1994 im MHG hatte einsehen können. Die hier wiedergegebenen Abbildungen beruhen auf den Fotografien dieser Zeichnungen, die das MHG auf meinen Wunsch hin anfertigte. Ich danke der Stiftung Historische Museen Hamburg für die Erlaubnis, diese Zeichnungen veröffentlichen zu dürfen.

46 Ann-Kristin Maurer (Theodor Bülau. Diss. Hamburg 1987) befasst sich mit dem Gesamtwerk Bülaus, nicht nur mit seiner Hamburger Periode. Den Beginenkonvent erwähnt sie nur am Rande: Zeichnungen aus dem MKG bei Maurer, S. 66–68 (im Anhang nicht verzeichnet), aus dem MHG

Besonders aussagekräftig für den Beginenkonvent sind die drei folgenden Zeichnungen:

1) Alter Convent, Fassade des Hauptgebäudes mit Mauerquerschnitt, ohne Titel. Datiert *Hbg d. 14ten Hornung 1848* (14.2.1848). Signiert: *Th*[eodor] *Bülau* (Abb. 10).[47]

Abb. 10: Alter Convent, Fassade des Hauptgebäudes mit Mauerquerschnitt, ohne Titel, datiert *Hbg d. 14ten Hornung 1848* (14.2.1848). Signiert: *Th*[eodor] *Bülau*

2) Alter Convent, Giebelseite des Hauptgebäudes, Querschnitt mit zugehörigem Längsschnitt, ohne Titel. Datiert *Hbg d. 14ten Hornung 1848* (14.2.1848). Signiert: *Th*[eodor] *Bülau* (Abb. 11, S. 297).[48]

ebd., S. 69 f. Die bei Maurer abgebildeten Zeichnungen aus dem MKG scheinen teilweise inzwischen an das MHG abgegeben worden zu sein.

47 MHG, Inv.nr. 2014–3191. Maurer (Anm. 46), Abb. 66 nach MKG, ohne Signatur. Den Verbleib der Zeichnungen aus dem MKG, soweit sie aktuell nicht im MHG verwahrt werden, konnte ich nicht ermitteln.

48 MHG, Inv.nr. 2014–3241. Maurer (Anm. 46), Abb. 67, mit Besitzangabe MKG.

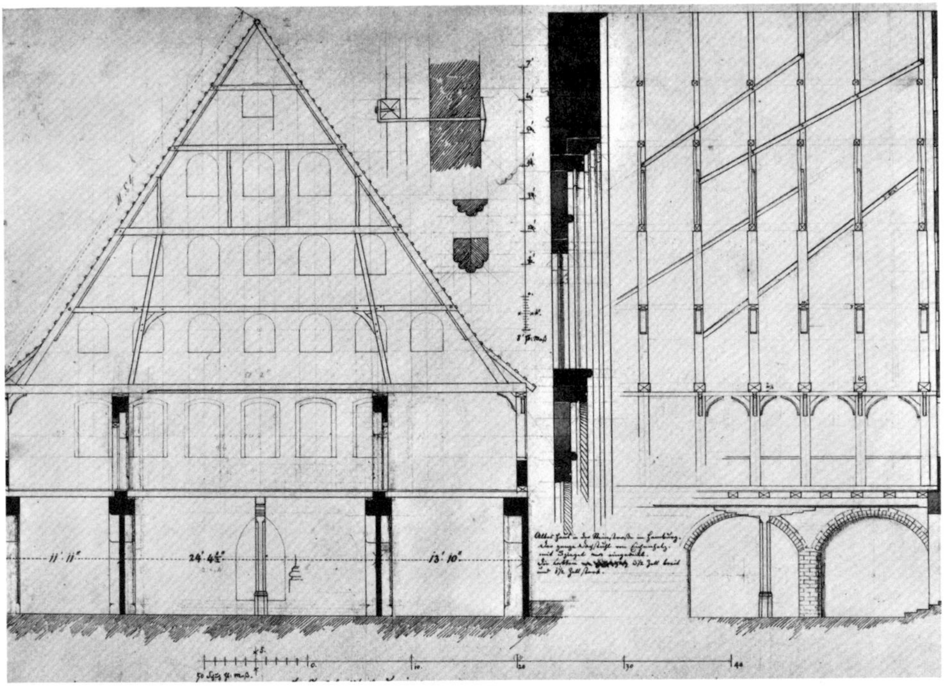

Abb. 11 Alter Convent, Giebelseite des Hauptgebäudes, Querschnitt mit zugehörigem Längsschnitt, ohne Titel. Datiert *Hbg d. 14ten Hornung 1848* (14.2.1848). Signiert: *Th*[eodor] *Bülau*

3) Theodor Bülau, *Grundrisz des alten Conventgebäudes in der Steinstrasze in Hamburg wie solches im iahr 1850 noch bestand aber in diesem und dem folgenden iahr abgebrochen wurde. Hamburg.h. den 6ten 7ber a. d. 1851 am tage des heiligen Magnus* (6.9.1851). Längsschnitt, Wandpartien in Ansichten und Schnitten (Fenster- und Türpartien), Grundriss des Hauptgebäudes, Keller (Abb. 12, S. 298).[49]

Auf der Grundlage der Bauzeichnungen BÜLAUS ergibt sich ein ganz anderes Bild von der Größe, dem Alter und der architektonischen Klasse des Alten Konvents. Nach der Einschätzung des Hamburger Kunsthistorikers Hermann HIPP, mit dem ich diese Zeichnungen diskutieren konnte, ist der ‚Alte Konvent' in seinem Grundbestand ein zweigeschossiger Saalbau. Er entspricht dem Typus des sog. ‚Englischen Hauses' (‚English Court'), der in Hamburg von den England- und Flandernfahrern für ihre Gildehäuser gewählt wurde,[50] während die Kaufleute sonst Dielenhäuser mit einem Wirtschaftsgebäude zur Straße und einer separaten Kemenate oder einem Wohnturm

49 MHG, Inv.nr. 2014–3190. Maurer (Anm. 46), Abb. 70, ohne Angabe der Signatur.
50 Vgl. das Englische Haus in der Gröninger Straße von 1478 (nach einer Lithographie von J. Bundsen, 1819, abgebildet bei Richter (Anm. 32) zwischen S. 240 f.

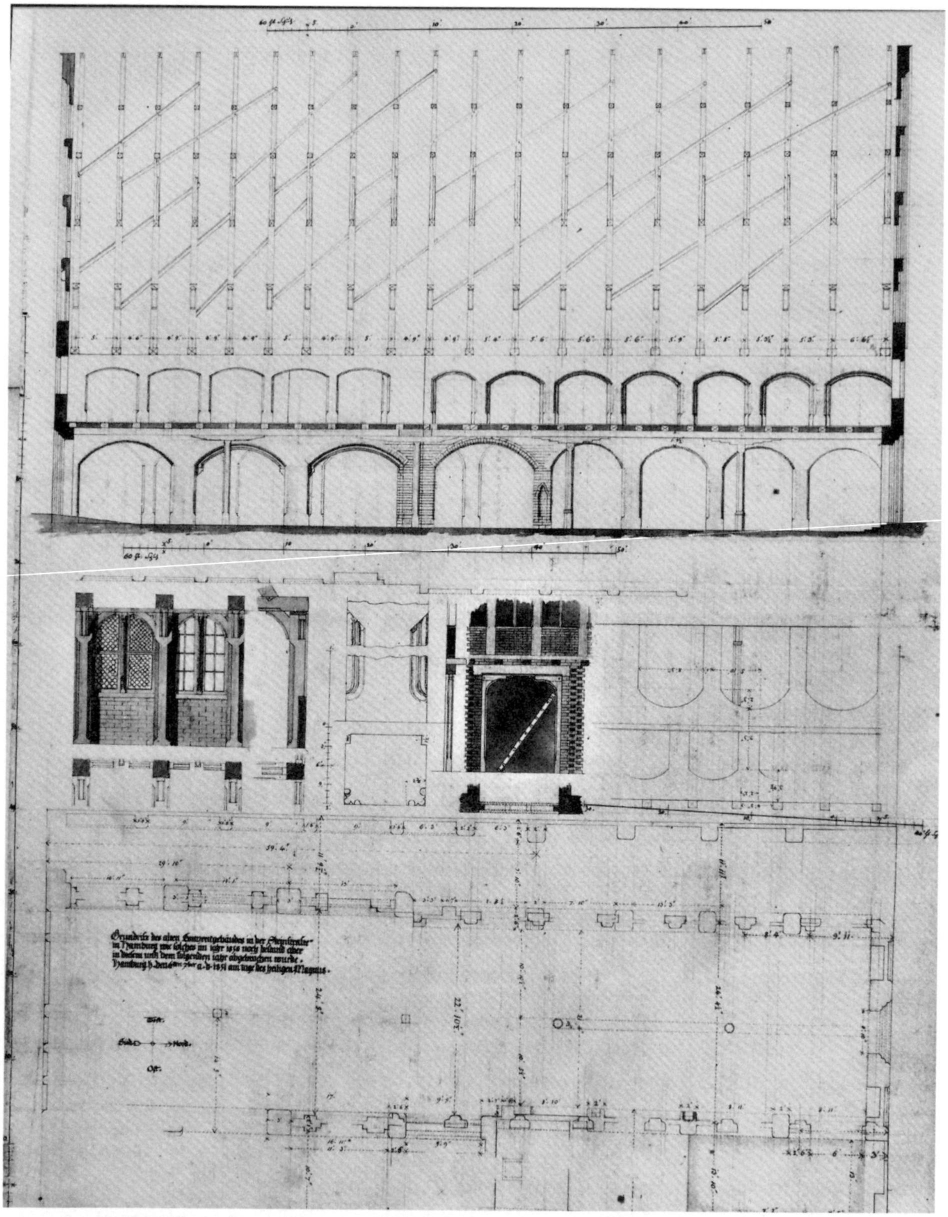

Abb. 12 Theodor Bülau, *Grundrisz des alten Conventgebäudes in der Steinstrasze in Hamburg wie solches im iahr 1850 noch bestand aber in diesem und dem folgenden iahr abgebrochen wurde. Hamburg.h. den 6ten 7ber a. d. 1851 am tage des heiligen Magnus* (6.9.1851). Längsschnitt, Wandpartien in Ansichten und Schnitten (Fenster- und Türpartien), Grundriss des Hauptgebäudes, Keller.

in Hofraum bevorzugten. Aus den Familien der Flandern- und Englandfahrer kamen im Übrigen auch die meisten Beginen im Hamburger Konvent.

Der Saalgeschossbau, den wir im Alten Konvent der Beginen vor uns haben, ist im 12. und 13. Jahrhundert die herrschaftliche Architekturform schlechthin. Charakteristisch für ihn ist die funktionale Zweiteilung zwischen dem Erdgeschoss mit den Wirtschaftsräumen und dem ersten Stock mit den repräsentativen Wohnräumen sowie die räumliche Distanz zur Straße. Auf der Basis der Zeichnung von 1797 hat GAEDECHENS den Konvent wie folgt beschrieben: „hinter einer hohen Mauer, vierzig Fuß von der Straße entfernt, ungefähr in der Mitte des Platzes ein 50 Fuß breites und 107 Fuß tiefes Haus mit einem hohen Giebel, der sich bis 78 Fuß über die Straße erhebt. Es bestand aus zwei Stockwerken und vier darüber befindlichen Böden."[51] Während die Handwerker und Gewerbetreibenden sowie die kleinen Leute im Jacobi-Viertel in dieser Zeit in reetgedeckten Holzpfostenhäusern wohnten, erhob sich der Saalgeschossbau der Beginen in Ziegelbauweise real und symbolisch aus dem Schmutz der Straße und seine Bewohner über die anderen Stadtbewohner.[52] Das Konventsgebäude der Beginen dürfte in etwa die Ausmaße des um 1290 errichteten Rathauses an der Trostbrücke und des Englischen Hauses in der Gröninger Straße von 1478 gehabt haben. Wie das Rathaus, so besaß auch der Beginenkonvent einen Dreiecksgiebel und einen mehrgeschossigen Dachstuhl; der Schaugiebel des Englischen Hauses hingegen war stufenförmig angelegt.[53]

Der Saalgeschossbau im gotischen Stil an der Steinstraße dürfte bereits in der 2. Hälfte des 13. Jahrhunderts errichtet worden sein. Seine spätmittelalterliche Anmutung ist nach Auffassung von Hermann HIPP auf einen großangelegten Umbau im 15. Jahrhundert zurückzuführen.[54] Die Taustab-Fenster im ersten Obergeschoss sind wohl nicht vor 1480 eingebaut worden. Auf dem Längsschnitt von BÜLAU ist zu erkennen, dass der Konvent im späten Mittelalter in doppelter Hinsicht erweitert wurde: Zum einen wurde der Saalgeschossbau über beide Stockwerke nach Süden verlängert – dort ist eine Baufuge zu sehen –, zum anderen wurde ein mehrgeschossiger Speicherdachstuhl mit Fensteröffnungen für die Durchlüftung, vermutlich für die Lagerung von Getreide,

51 Gaedechens (Anm. 37), S. 14.

52 Zur sozialen Distinktion der Wohnarchitektur in Hamburg im 13. Jh. vgl. Richter (Anm. 32), S. 87.

53 Nach Richter (Anm. 32), S. 84, war das Alte Rathaus an der Trostbrücke aus der Zeit um 1290 ein zweigeschossiges Backsteingebäude von 26 Metern Länge und 18 Metern Breite. Vgl. die Abbildungen von 1671 und 1769, ebd., vor S. 81. Zum Englischen Haus vgl. Richter, ebd., Abb. zwischen S. 240 und 241. Auf der Darstellung MHG Inv.nr. 2014–3192 von vor 1797 (siehe oben) ist der Schaugiebel in der untersten Stufe auf der rechten Seite getreppt (so auch übernommen in der Skizze HSA 111-1 Senat, Cl. VII Lit. Q^b Nr. 1, Vol. 6, S. 26); auf den Zeichnungen Bülaus von 1848 und 1851 fehlt diese Abstufung. Möglicherweise wurde der Schaugiebel des Beginenkonvents mehrfache umgebaut und einer neuen Mode angepasst. Ein solches Vorgehen war durchaus üblich und ist auch für den Lübecker Cranen-Konvent belegt (vgl. dazu unten).

54 Zur Ermittlung des Datums für den Umbau vgl. unten.

aufgesetzt. In der Nord-Ost-Ecke hatte der Saalbau einen Keller.[55] Aus den Rechnungsbüchern wird ersichtlich, dass die Beginen Getreide zu Brot und Bier verarbeiteten;[56] in dem geräumigen Dachboden konnte das Getreide trocken, im Keller das gebraute Bier kühlt gelagert werden.

Wie bereits ausgeführt, entsprach der ‚Alte Konvent' in der Steinstraße nicht dem Typus der Dielen- und Speicherhauses der Hamburger Kaufleute. Kunsthistorisch wird er vielmehr als ‚staufischer Saalgeschossbau' angesprochen, ein Gebäudetypus, der in erster Linie Wohn- und Repräsentationszwecken hochstehender und vermögender Stadtbürger und des Adels diente. Er lässt sich im Rheinland und im norddeutschen Raum vor allem in der zweiten Hälfte des 13. Jahrhunderts nachweisen.

Die Hamburger Beginen waren nicht die einzigen, die sich hier solch repräsentative Bauwerke leisteten. Vergleichbares findet sich auch in Lübeck und Hannover. Dem Hamburger Konvent am nähesten kommt der sog. Cranen-Konvent in Lübeck (Tafel VII, Abb. 13).[57] Benannt ist er nach seinem Stifter, dem Lübecker Bürger und Fernhändler Willekin Crane,[58] einem vermögenden Kaufmann, den seine Geschäfte vor allem nach Riga führten, der aber nicht zu den ratsfähigen Geschlechtern gehörte. Die Stiftung Cranes bestätigte der Lübecker Bischof Burchard I. von Serkem (1276–1317).[59]

55 Theodor Bülau: *Grundrisz des alten Conventgebäudes in der Steinstrasze in Hamburg wie solches im iahr 1850 noch bestand aber in diesem und dem folgenden iahr abgebrochen wurde. Hamburg.h. den 6ten 7ber a. d. 1851 am tage des heiligen Magnus: Die blau gefaszte ecke des hauses war kellerhohl.* Von Ausgaben für *treppen thom celler* ist im Baurechnungsbuch von 1527 die Rede (HSA, 611 B5 III.1.a.16, 18r).

56 Zur Getreideverarbeitung vgl. Boese u. Tiemann (Anm. 6), S. 14 f. Die Rechnungsbücher verzeichnen regelmäßig Ausgaben für einen Bäcker und gelegentlich eine Bäckerin; daher dürfte es auf dem Gelände auch einen Backofen gegeben haben. Ein Brauhaus und seit 1525 die Festanstellung eines Brauers sind ebenfalls bezeugt.

57 Zum Lübecker Cranen-Konvent in der Kleinen Burgstraße 22 vgl. Kulturdenkmale in Schleswig-Holstein, Bd. 5.1: Hansestadt Lübeck. Altstadt. Hrsg. v. Bereich Archäologie und Denkmalpflege der Hansestadt Lübeck, Abt. Denkmalpflege, bearb. v. Lutz Wilde unter Mitarbeit von Margrit Christensen. Kiel, Hamburg 2017, S. 492–494, mit Abbildungen; Diethard Meyer, Manfred Neugebauer, Archäologische und baugeschichtliche Untersuchungen im ehemaligen Kranenkonvent zu Lübeck. In: Lübecker Schriften zur Archäologie und Kulturgeschichte 3 (1980), S. 89–95; Wolfgang Erdmann, Zum staufischen Saalgeschoßbau Kleine Burgstraße 22 zu Lübeck, dem sogenannten „Cranenkonvent". In: Zeitschrift des Vereins für Lübeckische Geschichte und Altertumskunde 63 (1983), S. 9–23. Ich danke Dr. Dominik Kuhn, Stadtarchiv Lübeck, für die Abklärung der Archivalien und die Hinweise auf die neueste Forschungsliteratur.

58 Zu Crane vgl. Erdmann (Anm. 57), S. 19 f. Auch Cranes Wohnhaus in Lübeck, das sog. Drägerhaus in der Königstraße 9, war ein Saalgeschossbau.

59 Die bischöfliche Bestätigungsurkunde ist verloren und nur durch Aktenabschriften des 18. Jhs. gesichert. Vgl. dazu W. Brehmer, Beiträge zur Lübeckischen Geschichte 1: Die Lübeckischen Beginenhäuser. In: Zeitschrift des Vereins für Lübeckische Geschichte und Altertumskunde 4/1 (1884), S. 83–89, hier S. 84: „Die Behauptung Melle's daß die Fundation von dem Bischof Burchard bestätigt sei, stützt sich auf eine Notiz in dem von ihm eingesehenen, jetzt abhanden gekommenen Administrationsbuch, nach welcher früher ein Pergamentbrief jenes Bischofs über die Begründung der Stiftung vorhanden gewesen sein soll." Der Konvent wird dann erst wieder 1411 im sog. Oberstadtbuch, Bd. 4, 1401–1415, erwähnt (Codex diplomaticus Lubecensis. Lübeckisches Urkundenbuch. 1. Abt. Urkundenbuch der Stadt Lübeck. Hrsg. v. dem Vereine für Lübeckische

Der Cranen-Konvent in der Lübecker Kleinen Burgstraße 22 ist erhalten geblieben.[60] Die in den 1980er Jahren dendrochronologisch untersuchten Eichenbalken und Fichtensparren des Daches ergaben als Fälldatum den Winter 1281/1282.[61] Auch der Cranen-Konvent besitzt einen zur Straße gerichteten Schaugiebel mit für die zweite Hälfte des 13. Jahrhunderts typischen dekorativen Elementen.[62] Auch dieses Konventsgebäude wurde Anfang des 15. Jahrhunderts (1407–1409) verlängert und aufgehöht. Das Erd- und das Obergeschoss waren bewohnt, in den Dachgeschossen befanden sich die Speicher. Der dreischiffige Keller des Cranenkonvents war von vier Jochen überspannt, die auf Pfeilern ruhten.[63] Der Konvent lag direkt neben dem Grundstück des

Abb. 14 Hannover, Beginenhaus

Geschichte und Alterthumskunde, Bd. 5. Lübeck 1877, S. 394, Z. 1 f.: *domus dicti Tiderici Morkerken* [...] *sita immediate prope conuentum Cranonis beghinarum.*)

60 Vgl. die fotografische Aufnahme des straßensichtigen Schaugiebels bei Meyer, Neugebauer (Anm. 57), Taf. 30, Nr. 3; weitere Aufnahmen in Kulturdenkmale 5.1 (Anm. 57) S. 493 f.

61 Zum Ergebnis der dendrochronologischen Untersuchung vgl. Meyer, Neugebauer (Anm. 57), S. 92; ein Quer- und ein Längsschnitt durch das Dachwerk ebd. Abb. 35, 1 f.

62 Detaillierte Beschreibung des Giebels bei Erdmann (Anm. 57), S. 11. Zur sog. ‚Viertelstabgotik' und deren Datierungsansatz, ebd., S. 11 f.

63 Meyer, Neugebauer (Anm. 57), Abb. 33. Die Gewölbeform des mehrphasigen Kellers sei ursprünglich in Westfalen entstanden, so Erdmann (Anm. 57), S. 17. Zu kleineren Bauuntersuchungen im Keller im Rahmen des Einbaus einer Mensa vgl. die archäologischen Berichte in der Zeitschrift für Lübeckische Geschichte 90 (2010), S. 347 f., und 91 (2011), S. 343–346. Ob der Keller im Hamburger Beginenkonvent an der Steinstraße auch so aufwändig gebaut war, lässt sich anhand der Zeichnungen Bülaus nicht entscheiden.

Deutschordenshauses an einer der Lübecker Hauptverkehrsstraßen, die vom Koberg zur Großen Alten Fähre führte.

Im Gegensatz zu den beiden gotischen Backsteinbauten in Hamburg und Lübeck war das ‚Susternhaus' in der Pferdestraße zu Hannover aus Hausteinen errichtet (Abb. 14, S. 301).[64] Auch dieses massive, palasähnliche Gebäude hatte einen Keller. Es entsprach den Wohngebäuden der städtischen Ober- und Mittelschicht, der Kaufleute und Ratsangehörigen, aus deren Familien sich die Beginen zu Hannover rekrutierten. In den Schriftquellen wird das Konventsgebäude zwar erst 1311 erwähnt, aber es dürfte älter sein.[65] Es stand auf einem größeren Grundstück im Westen innerhalb der Stadtmauern; zum Areal gehörte auch ein Baumgarten.[66] Nachdem sich der Beginenkonvent in der Reformation (1533/34) aufgelöst hatte, richtete die Stadt dort 1580 eine Rechen- und Schreibschule[67] ein; sie erweiterte den Bau in der kostengünstigeren Variante in Fachwerktechnik. Wie in Hamburg so wurde auch hier das Gebäude fast um das Doppelte verlängert und um ein Stockwerk mit Dachgeschoss erhöht.

4.c) Schriftquellen zu den Umbauten des Beginenkonvents: Ablassurkunden, Baurechnungen, Mietzettel

Wie gesagt, wurde der ‚Alte Konvent' in der Steinstraße zu Hamburg nach den Bauzeichnungen BÜLAUS (vgl. Abb. 10–12) zu urteilen in der zweiten Hälfte des 13. Jahrhunderts errichtet. Daraus und aus weiteren Skizzen des 18. und 19. Jahrhunderts (vgl. Abb. 7–9) ist zu erschließen, dass das Gebäude in den folgenden Jahrhunderten erweitert und erhöht wurde. Zudem wurden auf dem Grundstück ein Wirtschaftsgebäude und ein Haus für die Meisterin errichtet. Indirekte Hinweise, die eine präzisere Datierung der Um- und Anbauten sowie der Renovierungen des ‚Alten Konvents' erlauben, finden sich in den Ablassurkunden von 1365 und 1487, in testamentarischen Stiftungen und in den Rechnungsbüchern der Meisterinnen aus dem späten 15. und 16. Jahrhundert.[68]

64 Vgl. Olaf Mußmann, Beginen – „Kommunardinnen" des Mittelalters? Die „via media" in Hannover. In: Angela Dinghaus (Hg.), Frauenwelten. Hildesheim 1993, S. 19–32, hier Abb. 1, S. 32, und E. Büttner, Die Kirche im spätmittelalterlichen Hannover. Organisation und Geist. In: Zeitschrift der Gesellschaft für niedersächsische Kirchengeschichte 38 (1933), S. 11–139, hier S. 63–67.

65 StA Hannover, B 8260 K: zweites Pfandregister der Stadt Hannover.

66 Mußmann (Anm. 64), S. 24.

67 Mußmann (Anm. 64), S. 31. Das Gebäude wurde bis ins 20. Jh. für soziale und karitative Zwecke genutzt.

68 Diese archivalischen Quellen waren Gegenstand meines Seminars an der Universität Hamburg im Wintersemester 1993/94, aus dem der Aufsatz von Boese u. Tiemann (Anm. 6) hervorging. Ich danke Dr. Klaus-Joachim Lorenzen-Schmidt, dem leider viel zu früh am 30. August 2015 verstorbenen Archivar am Hamburger Staatsarchiv, der meine Studierenden damals mit stupender Kenntnis des Materials und großer Geduld unterstützte. Mit den Methoden der Rechnungslegung

Nach einer Berechnung von Klaus-Joachim LORENZEN-SCHMIDT empfing der Konvent zwischen 1470 und 1530 aus den Legaten von Bürgern und Beginen Kapitalien in Höhe von 10.000 Mark. Diese legten sie auf dem städtischen Rentenmarkt an und bezogen dafür 666 Mark jährlich.[69] Das reichte zwar aus, um neben den laufenden Ausgaben kleinere Reparaturen am Haus zu finanzieren, nicht aber, um größere Baumaßnahmen zu schultern. Auch die Baulegate von Stadtbürgern und Beginen im 14. Jahrhundert und 15. Jahrhundert genügten dafür nicht, denn sie bewegten sich in der Regel im niedrigstelligen Mark-Bereich. So gaben Johann Wockendreger 1361 *ad structuram domus bagutarum in parrochia sancti Jacobi 1 marcam* und Ludeke Wandscherer 1386 der *bagynen to erm buwe*.[70] Nach den Statuten von 1360 mussten die Beginen die Hälfte ihres Vermögens dem Konvent hinterlassen, diese Legate wurden vor allem für Baumaßnahmen reserviert.[71] Auch die Verpachtung eines Gartens und des *Grasblicks* am Marienbrunnen erzielte nur geringfügige Summen für den Zweck.[72]

der Hamburger Beginen und den Problemen ihrer Deutung befassen sich Boese u. Tiemann, ebd., S. 10–13. Zu den in den Rechnungsbüchern und Rentenbriefen der Beginen genannten Münzwerte sowie zur Münzreform Anfang des 16. Jhs. und ihren Folgen für das Rentenvermögen vgl. Gerald Stefke, Geldgeschichtliche Forschung in Norddeutschland um 1500. Die währungspolitischen und geldhistorischen Aufzeichnungen des Hamburger Bürgermeisters Dr. Hermann Langenbeck (1452–1517) und die Hamburger „Münzchronik" aus dem späten 15. Jh. In: Rainer Albert u. Rainer Cunz (Hgg.), Wissenschaftsgeschichte der Numismatik. Beiträge zum 17. deutschen Numismatikertag, 3.–5. März 1995 in Hannover. Speyer 1995, S. 15–48, bes. S. 24–37.

69 Lorenzen-Schmidt (Anm. 39), S. 411–412.

70 Testament der Margarete, Witwe des Ratsherrn Bertram Schele, 1343 Mai 23–28: *Ad structuram conventus apud sanctum Iacobum I marcam.* (Jürgen Reetz [Hg.], Hamburgisches Urkundenbuch, Bd. 4 [1337–1350]. Hamburg 1967, Nr. 176, S. 148); Meinhard von der Mühlenbrück, 1347 April 16: *Item cuiuslibet bagute in conventu sancti Iacobi I solidum et VIII solidos ad structuram ibidem.* (HH UB IV, ebd., Nr. 302, S. 250). Weitere Baulegate an den Beginenkonvent: Johann Wockendreger, 1361 April 23, vgl. Hamburger Testamente 1351 bis 1400. Bearb. v. Hans-Dieter Loose (Veröffentlichungen aus dem Staatsarchiv der Freien und Hansestadt Hamburg 11). Hamburg 1970, Nr. 12, S. 17, Z. 4; Ludeke Wandscherer 1386 Okt. 18, ebd., Nr. 71, S. 77, Z. 12. Wahrscheinlich war auch die eine Mark im Testament von Marquard Berchstede, 1376 Sept. 21, für den Bau bestimmt (ebd., Nr. 37, S. 46, Z. 29: *Item dem convente jeghen sunte Jacobes hove 1 marc*), da die vorausgehenden und nachfolgenden Testate an andere Institutionen *to dem buwe* gegeben wurden. Im 14. Jh. unterstützten die Hamburger Bürgerinnen und Bürger allerdings vorrangig die Pfarrkirchen mit Baulegaten; die Beginen gehörten im Zeitraum von 1310–1400 zu den nachrangigen Empfängerinnen. Zu den Empfängern der Baulegate in diesem Zeitraum vgl. Marianne Riethmüller, „to troste miner sele". Aspekte spätmittelalterlicher Frömmigkeit im Spiegel Hamburger Testamente (1310–1400) (Beiträge zur Geschichte Hamburgs 47). Hamburg 1994, S. 50–64.

71 Statuten 6. Juli 1360 (HSA 710-1 I Threse I Ddd 1a bzw. 1b), c. 22: „Auch, daß eine kranke Schwester ihr Testament machen kann über die eine Hälfte ihrer Sachen. Die andere Hälfte ihrer Sachen aber, sei es Geld oder andere Güter, die sich im Konvent oder außerhalb befinden, verbleiben nach ihrem Tod beim Konvent, um die Gebäude ausbessern und erhalten zu können, und die Schwestern mögen sich bei der Verdammnis ihrer Seele hüten, in dieser Angelegenheit einen Betrug oder eine arglistige Täuschung zu begehen." (Übersetzung nach Staphorst I/2 [Anm. 7] S. 644).

72 Liber de hortis venditis, fol. 11b, nach Abschrift des 19. Jhs. in HSA, 111-1 Senat, Cl. VII Lit. Q^b Nr. 1, Vol. 1. Die Nutzfläche hatte ihnen Lubbe, die Witwe des Johannes Miles, mit dem Einverständnis ihrer Erben am 21. Juli 1340 hinterlassen.

Für kostspielige Um- und Anbauten mussten andere Geldquellen erschlossen werden. So gewährte der Bremer Erzbischof Albert von Braunschweig-Lüneburg (amt. 1360–1395) den Beginen auf Bitten am 12. April 1365 einen 40tägigen Ablass für Almosen und speziell für die Renovierung und den Bau ihres Wohnhauses (*elemosinas* [...] *et presertim ad reparacionem et edificacionem domus earum*).[73] Wir erfahren weder, wie hoch die aus dem Ablass eingespielte Summe war, noch, welche Umbauten damit finanziert wurden.

Die Rechnungsbücher der Meisterin Wybke Wyge von 1481–1515[74] verzeichnen mehrfach Bauausgaben. Unter der Rubrik *Uthgegeven to deme buwe* werden eine Reihe von Posten für Baumaßnahmen, Renovierungsarbeiten und Mobiliar aufgelistet. 1482 und 1483 handelte es sich um kleinere Reparaturen.[75] Für eine große Baumaßnahme sprechen die Ausgaben in den Jahren 1485 und 1486 in Höhe von ca. 700 Mark. Davon wurden Holz, Balken, Sparren, Dielen, Wagenschot,[76] Mauersteine, Dachziegel, Kalk, Nägel, Schaufeln, Siedeeimer bezahlt, zudem die Arbeitslöhne, von denen Säge-, Glaserei- und Schmiedearbeiten sowie das Kalkrösten explizit ausgewiesen sind.[77] Um diese Rechnungen zu begleichen, löste die Meisterin Wibke Wyge zu Ostern 1486 Renten aus;[78] am meisten steuerten jedoch einzelne Beginen, darunter auch Gretken Wegener, sowie Freunde und Verwandte von Beginen bei, deren Spenden sich alles in allem auf beachtliche 538 Mark summierten.[79] Ergänzend erwirkten die Beginen 1487

73 HSA, 710-1 I Threse I Ddd 2: *Copientes* [recte: Cupientes] *igitur sororibus dei in conventu parrochie sancti Jacobi in Hamborch nostre diocesis degentibus, et deo famulantibus que pauperes sunt misericorditer subuenire* [...] *confisi suffragiis omnibus vere penitentibus contritis et confessis, qui ipsis sororibus manus porrexerint adiutrices elemosinas quascumque erogando, et presertim ad reparacionem et edificacionem domus earum, quadraginta dies de vinculis eis penitenciis misericorditer relaxamus* [...] Vgl. Hamburgs Gedächtnis – die Threse des Hamburger Rates. Die Regesten der Urkunden im Staatsarchiv der Freien und Hansestadt Hamburg. Bd. 1: 1350–1399. Bearb. v. Nico Nolden, Jürgen Sarnowsky u. Jeanine Marquard. Hamburg 2014, Nr. 130, S. 232.

74 Die Edition von Lorenzen-Schmidt, Selzer (Anm. 5) umfasst die Rechnungsbücher der Meisterin Wybke Wyge: HSA, 611-5 Konvent III.1.a.1–3 (Einnahmen und Ausgaben 1482–1491, Einnahmen ca. 1485/90, Einnahmen und Ausgaben 1504–1515) und 11 (Einnahmen und Ausgaben 1481–1483).

75 Ausgaben *vor buwet* zum Jahr 1482: 78 m 12 ß 6d (HSA, 611-5 Konvent III.1.a.11, 3r–v [Einlagezettel], hrsg. v. Lorenzen-Schmidt, Selzer [Anm. 5], S. 236); 1483: 10 m 14ß und weitere kleinere Beträge (3r, ed. ebd., S. 230–31).

76 „Wagenschott" sind eichene Bretter ohne Knorren, feinadrig geflammt, die für feine Tischlerarbeit insbesondere für Wandtäfelungen, Türen, Schränke u. ä. verwendet wurden. Vgl. Hamburgisches Wörterbuch. Hrsg. von Hans Kuhn und Ulrich Pretzel auf Grund der Vorarb. von Christoph Walther und Agathe Lasch, Bd. 5. Neumünster 2006, Sp. 639.

77 HSA, 611-5 Konvent III.1.a.1, 24v–30r, 31v, 40r, hrsg. v. Lorenzen-Schmidt, Selzer (Anm. 5), S. 41–48, 52, 56–57. Die größte Summe fiel 1486 mit 671 m 10 ß 3 d (30r, S. 47) und 18 m 8 ß 6 d (31v, ebd., S. 48) an; kleinere Summen folgen in den Jahren 1487 (40r, ebd., S. 57: 27 m 1ß 7d) und 1489 (54r, ebd., S. 74: 41, 5 m) listenförmig oder als Einzeleinträge zwischen den sonstigen Ausgaben.

78 HSA, 611-5 Konvent III.1.a.1, 40v, hrsg. v. Lorenzen-Schmidt, Selzer (Anm. 5), S. 57.

79 HSA, 611-5 Konvent III.1.a.1, 30v–31r (hrsg. v. Lorenzen-Schmidt, Selzer [Anm. 5], S. 47 f.) ist zwischen die Listen der Ausgaben für den Bau eine Rubrik *Dit hebbe ik entfangen* eingefügt. Es wird nicht gesagt, wofür diese Gelder bestimmt waren. Der Vermerk 31r, dass *her Paridom Lutke gaff al*

erneut einen Ablass zur Bewältigung der Baulasten.[80] Die Mittel flossen nicht nur in die Arbeiten am Bau, sondern auch in die Ausstattung der Räume: Die Dornse (*dornse*), der einzige beheizbare Raum, wurde mit einem Kachelofen (*kachelaven*)[81] aufgerüstet und mit Schemmeln bestückt, das *slaphuse* mit Leuchtern.[82] 1490–91 ließ man die alten Fenster reparieren, Treppen und Luken erneuern sowie das Krankenhaus (*sekenhuse*) und den *torn*, das Abtritthaus über der Kloake, reparieren.[83] Danach ruhte die Bautätigkeit, bis 1505 erneut jährlich kleinere Reparaturen anfielen,[84] die aus den laufenden Einnahmen und aus Einzelspenden von Beginen bestritten werden konnten. Dazu gehörte ein rheinischer Gulden *van des huses weghen*, den Greteke Eggerdes 1504 der Meisterin zusätzlich zu ihrem Kostgeld überließ.[85]

Die größte Baumaßnahme seit der Errichtung des Konvents und den Aktivitäten in den 1480er Jahren wurde 1527–28 in Angriff genommen. Da die Ausgaben dafür alle Dimensionen sprengten, legte die Meisterin Katharina Alsterfagedes neben ihren Einnahmen- und Ausgabenbüchern für den täglichen Bedarf[86] eigens ein Baurechnungsbuch an.[87] Darin sind allein zum Jahr 1527[88] Ausgaben in Höhe von *1252 m 5 ß 7 d* ver-

den groten astrack („Herr Paridom Lutke übernahm die gesamten Kosten für den Estrich bzw. die Fliesen") lässt jedoch den Schluss zu, dass alle diese Zuwendungen dem Bau zugute kommen sollten. Die Stadt erließ dem Konvent die Bede (31r: *item van der bede aver de stadt also by veftich m penninge*). In der Liste *Unse sustere* (31r, S. 48) ist *Gretke Wegeners* mit *1 m* genannt. Eine Reihe von Zuwendungen kam anonym von *eyn gud frund*. Zur Rolle der ‚Freunde' (*friund*) im Sozialsystem der spätmittelalterlichen Stadt vgl. Kerstin Seidel, Freunde und Verwandte. Soziale Beziehungen in einer spätmittelalterlichen Stadt (Campus Historische Studien 49). Frankfurt a. M., New York 2009.

80 HSA, 710-1 I Threse I Ddd No. 10, 1487 April 10: Ablass zur Unterstützung der Bautätigkeit im Konvent.

81 1485: HSA, 611-5 Konvent III.1.a.1, 30r, hrsg. v. Lorenzen-Schmidt, Selzer (Anm. 5), S. 47.

82 1490: HSA, 611-5 Konvent III.1.a.1, 40r, hrsg. v. Lorenzen-Schmidt, Selzer (Anm. 5), S. 56 f.

83 1490-91: HSA, 611-5 Konvent III.1.a.1, 50v, hrsg. v. Lorenzen-Schmidt, Selzer (Anm. 5), S. 66 f.; 54r, S. 73; 67r, S. 91. *Torn* heißt „Turm" und bezeichnet ein hohes, schmales Bauwerk, alleinstehend oder Teil von Gebäuden (Hamburgisches Wörterbuch [wie Anm. 76], Sp. 121). Lorenzen-Schmidt (wie Anm. 39), 2019, S. 415 interpretiert den „Torn" als Abtritthaus über der Kloake.

84 1504–1510: HSA, 611-5 Konvent III.1.a.1 und III.1.a.3, hrsg. v. Lorenzen-Schmidt, Selzer (Anm. 5), S. 104, 113–116, 120 f., 123–125, 130, 136–138, 177, 188.

85 HSA, 611-5 Konvent III.1.a.3, hrsg. v. Lorenzen-Schmidt, Selzer (Anm. 5), S. 144: *item 1 r*[heinisch] *fl dat de Godes gelde was, van des huses weghen.*

86 Rechnungsbücher der Meisterin Katharina Alsterfagedes: HSA, 611-5 Konvent III.1.a.4 (Einnahmen 1525–1533); HSA, 611-5 Konvent III.1.a.5 (Ausgaben 1528–1532). Die Transkription der Einnahmenverzeichnisse durch Jürgen Sarnowsky und Katharina Wenzel: http://www.spaetmittelalter.uni-hamburg.de/hamburgisches_ub/quellen/HambUBBeginenkonvent.html (Abruf April 2021).

87 HSA, 611 B5 III.1.a.16: Baurechnungsbuch der Meisterin Katharina Alsterfagedes 1527–1528, 1r: *Anno 1527 yar hebbe yck dyt jegenwardige register betenget wes yck yn des caventes beste hebbe vor büeth.* Ich danke Katharina Wenzel, Hamburg, für die Überlassung ihrer noch nicht Online gestellten digitalen Transkription.

88 HSA, 611 B5 III.1.a.16, 12v: *summa de ganse utgyft: 1252 m 5 ß 7 d*. Ich habe die Summe anhand der Einzelauszahlungen nicht überprüft. Nach meiner Erfahrung ist die Rechnungslegung der Beginen nicht konsistent; daher muss mit Differenzen zwischen Einzelsummen und Gesamtsumme gerechnet werden.

bucht und zwar für Baumaterialien aus Holz (Balken, Sparren, Latten, Dielenbretter), Hausteine, Ziegel, Sand, Kalk, Lehm, Kupfer für Rohre, Nägel etc. sowie die Löhne für den Transport (unter den Trägern auch Frauen!) und die Handwerker (Zimmerleute, Maurer, Säger, Holzschneider, Nagelschmied, Steinbrecher, Kalkrösterinnen).

Erneut beteiligten sich Beginen, deren Freunde und Verwandte an der Finanzierung. Sie spendeten 1527 ganze 1207 Mark, zum Teil für konkrete Verwendungszwecke.[89] Die Begine Luschen Stigemeygers verbriefte im April 1527 zudem eine jährliche Rente von *4 m Geld grober Münze* für den Bau.[90] Aus diesen Spenden konnten die Bauausgaben des Jahres 1527 fast vollständig beglichen werden. Die Geldbeschaffung über Ablässe, wie sie in den Jahren 1365 und 1487 erfolgt war, entfiel am Vorabend der Reformation. Nun brachten private Spender allein die Mittel für die hohen Baukosten auf. Die Identität der Wohltäter, die zum Teil erhebliche Summen zur Verfügung stellten, gilt es noch zu ermitteln.[91]

Hermann HIPP hatte anhand der Bauzeichnungen Theodor BÜLAUS eine große Umbaumaßnahme im Konvent nach 1480 festmachen können; den zeitlichen Anhaltspunkt dafür lieferten ihm die Taustab-Fenster. Die Analyse der Baurechnungsbücher hat nun nicht eine, sondern zwei große Um- und Ausbauphasen am Konvent ergeben, die erste in den 1480er Jahren, die zweite 1527/28. Das Ergebnis war die Verlängerung des Hauptgebäudes, die Aufhöhung des Daches und der Einbau der Taustab-Fenster im Obergeschoss. Da die Meisterin Wybke Wyge im Rechnungsbuch zu Ostern 1486 von *in unsem nyen huse*[92] schreibt, müssen die Umbauten der 1480er Jahre so gravierend gewesen sein, dass man das Hauptgebäude des Konvents nun als ‚neues Haus' ansprach. Die enorme Summe, die 1527/28 unter der Meisterin Katharina Alsterfagedes in den Bau investiert wurde, legt weitere grundlegende Umgestaltungen der Gebäude nahe. Welche baulichen Veränderungen wann vorgenommen wurden, lässt sich aus den Baurechnungen nicht erschließen. Unsere Gewährsfrau Margarethe Wegener, die fast ihr ganzes Leben von 1479 bis 1547 im Konvent verbrachte, war Augenzeugin beider Umbauphasen. Da aber weder sie noch die Meisterinnen dazu detaillierte Auskünfte erteilen, wird es erforderlich sein, erneut die Expertise der Bauhistoriker in

89 HSA, 611 B5 III.1.a.16, 14r: *Item dyt ys dat ychk entfangen hebbe to dem buwete*; 16r: *summa aller entfangynge to dem bwte belop sichk: 1207 m 3 ß*. Einige Beginen stellten ihre Leibrenten zur Verfügung: *Item noch 100 un*[de] *20 m pennych van Luschen un*[de] *Angneten Nygemeyers dat ys ere kaventen rente* (14r). Agnes Nygemeyer gab weitere kleinere Beträge für Steine und Kalk. Sie wird 1532 unter den Ältesten genannt und war die Vorbesitzerin des Cod. conv. 3. Manche Externe beteiligten sich mit hohen Summen, etwa Hans Koster mit *200 m* (14v).

90 Vgl. den Zerter 1527 April 21–28, beglaubigt von der Meisterin Katharina Alstervagedes, HSA, 611-5 Konvent IV.2.b.3, abgebildet bei Lorenzen-Schmidt (Anm. 39), Abb. 2, S. 412.

91 Ich gehe davon aus, dass Katharina Wenzel, die Prosopographien in ihrer Dissertation ermitteln wird.

92 HSA, 611-5 Konvent III.1.a.1, 40v, hrsg. v. Lorenzen-Schmidt, Selzer (Anm. 5), S. 57.

Anspruch zu nehmen und sie zu den Bauaufnahmen BÜLAUS aus den Jahren 1848 und 1851 zu befragen.

Der Umbau 1527/28 fand zu einem Zeitpunkt statt, als in Hamburg die Vorboten der Reformation unübersehbar geworden waren: Seit 1522 gerieten kirchliche Praktiken wie Steuerbefreiung, mangelnde Präsenz der Kleriker, Wallfahrten und das Ablasswesen in das Kreuzfeuer der Kritik der städtischen Bevölkerung, seit 1523 traten die ersten Prediger der lutherischen Lehre auf Einladung von Bürgern in deren Privathäusern und in aller Öffentlichkeit auf. Es wurde mehrfach öffentlich über die rechte Lehre disputiert, die Franziskanermönche schlossen sich der Lehre Luthers an und im Frühjahr 1526 legte der Pfarrer von St. Jacobi sein Amt nieder.[93] Es scheint paradox, dass die Beginen wenige Monate, bevor die Bugenhagensche Kirchenordnung am 23. Mai 1529 durch den Rat promulgiert und damit die Aufhebung aller Klöster und ausdrücklich auch die des Beginenkonvents dekretiert wurde,[94] bevor deren Vermögen in den allgemeinen Kasten überführt und deren Ländereien beschlagnahmt wurden, im Konvent an der Steinstraße derart umfangreiche Bauarbeiten geplant und durchgeführt werden konnten. Während sich eine Reihe von Ratsherren sowie die Zisterzienserinnen von Harvestehude und das Domkapitel massiv gegen die Einführung der Reformation wehrten – die Nonnen bezahlten dies mit der Zwangsauflösung und Zerstörung ihres Klosters sowie ihrer Zwangsumsiedlung in das leerstehende innerstädtische Dominikanerkloster –, scheinen sich die Beginen schnell mit den neuen Verhältnissen arrangiert zu haben. Zwar wurde der Beginenkonvent 1530 in ein ‚Jungfrauenstift' umgewandelt. Neben der Finanzaufsicht, die schon länger beim Rat gelegen hatte, ging nun auch die juristische Aufsicht an die Stadt über. Trotz der Privatisierung der Räumlichkeiten – der gemeinsame Schlafsaal war bereits im späten 15. Jahrhundert aufgegeben worden – blieb das Zusammenleben der semireligiösen Frauen weitgehend unangetastet, ebenso der Schulunterricht. Weder aus den Rechnungsbüchern der Meisterinnen, die bis 1573 weiter fortgeführt wurden, noch in der Biographie unserer Zeitzeugin Margarethe Wegener machen sich irgendwelche Anzeichen radikaler Veränderungen ihres Lebens und ihres Lebensstils bemerkbar. Vielleicht wollte man mit der baulichen Erneuerung des Konvents der Überführung des Vermögens in den Allgemeinen Kasten zuvorkommen.

Da das Stiftungswesen und Ablässe verboten wurden, brachen den Frauen erhebliche Einnahmen weg. In den folgenden Jahrzehnten ging die Zahl der Bewohnerinnen des Konvents stark zurück. Die 1527/28 aufwändig renovierten Konventsgebäude wurden trotz der Einrichtung privater Wohnungen anstelle der Gemeinschaftsräume in dieser Größenordnung nicht mehr benötigt. Die Jungfrauen begannen in der zweiten

93 Zum Prozess der Reformation in Hamburg vgl. Richter (Anm. 32), S. 210–216.

94 Das 42. Kapitel der für Hamburg erarbeiteten Kirchenordnung Bugenhagens widmet sich der Frage, wie man mit den Beginen verfahren solle (vgl. dazu Gaedechens [Anm. 37], S. 15). Bugenhagen korrespondierte mit Luther über die ‚blauen Schwestern'; das Schreiben Bugenhagens, hrsg. v. Staphorst I/2 (Anm. 7), S. 75.

Hälfte des 16. Jahrhunderts, leerstehende Wohnungen und Kellerräume zu vermieten. Davon zeugen Entwürfe für Mietzettel, die sich aus dem Konvent unter den Fragmenten des Sammelkonvoluts Cod. conv. 15 erhalten haben (Tafel VIII, Abb. 15).[95]

5. Der Hamburger Beginenkonvent – eine himmlische Stadt?

Nachdem wir aus verschiedenen Zeugnissen die materielle Überlieferung des Hamburger Beginenkonvents erschlossen haben, komme ich auf das eingangs behandelte *Civitas*-Zitat zurück und frage nun nach der symbolischen Bedeutung der Architektur.

Die Bauten und die Struktur der Beginenkonvente in Hamburg, Lübeck und Hannover unterschieden sich signifikant von den Beginenhöfen in Flandern und in den Niederlanden[96]: Während dort ein großes Areal mit mehreren kleinen Häuschen und Wirtschaftsgebäuden bebaut war, den Schwestern zudem meist eine eigene Kapelle oder eine Kirche zur Verfügung stand, wohnten die Beginen in Hamburg, Lübeck und Hannover in zweigeschossigen Palästen, wie sie für den Adel und die Gildehäuser der Flandern- und Englandfahrer in norddeutschen Städten typisch waren. Das Hauptgebäude des Beginenkonvents an der Steinstraße war weder ein einfaches Giebelhaus noch ein Werk- und Speicherhaus wie LORENZEN-SCHMIDT meinte. Zum Zeitpunkt seiner Errichtung in der zweiten Hälfte des 13. Jahrhunderts gehörte es vielmehr zu den vornehmsten Häusern Hamburgs in dem jungen, aufstrebenden Quartier zu S. Jacobi.[97] Ein solches Haus, wie das, in dem die Beginen lebten, war nicht nur für das Diesseits errichtet, sondern verwies auf das Jenseits, auf das himmlische Jerusalem, das im deutschen Sprachraum in den Wandmalereien von Kirchen und in Handschriftenminiaturen seit dem 13. Jahrhundert im Kontext der Johannes-Apokalypse häufiger veranschaulicht wurde.[98]

95 Vermietungsangebote des Beginenkonventes, Anfang 16. Jh.: HH SUB Cod. conv. 15 Nr. 22: *dit hüß iß to huRe*. Cod. conv. 15, Nr. 23, Vorderseite: *dit hüß iß to hüre / desse keller iß to hüRe*; Rückseite: *desse keller iß to hüre / desse bode iß to hüre*. Vgl. dazu Stork (Anm. 2), S. 214 und Abb. 34 f., und Christian Walther, Miethezettel aus dem 16. Jh. In: Mittheilungen des Vereins für Hamburgische Geschichte 1 (1878), S. 48–52. Welchem Codex die Zettel ursprünglich beilagen, lässt sich nicht mehr feststellen.

96 Vgl. dazu Gabriele Witt, Beginenhöfe. Die Stiftungen der Johanna und Margareta von Konstantinopel, Gräfinnen von Flandern und Hennegau (Regentschaft 1206–1280). Diss. Univ. der Künste Berlin, Fak. Gestaltung – Architektur. Berlin 2005, und Florence W. J. Koorn, Begijnhoven in Holland en Zeeland gedurende de middeleeuwen (Van Gorkum's Historische Bibliotheek 97). Assen 1981.

97 Dem gehobenen Standard des Hauses entsprachen auch die Ernährungsgewohnheiten der Beginen im 15. Jh. Zu den anhand der Rechnungsbücher ermittelten Ausgaben für Lebensmittel vgl. den Beitrag von Sarah Bongermino „Verbrauchsgewohnheiten der Hamburger Beginen um 1500" in diesem Band.

98 Vgl. die Beispiele bei Gertrud Schiller, Ikonographie der christlichen Kunst. Bd. 5.2: Die Apokalypse des Johannes, Bildteil. Gütersloh 1990, hier Abb. 375, 773, 774a (aus der sog. Hamburger

Auf einen solchen Bau soll nach der Erzählung eines gelehrten Augustinerchorherrn aus Neumünster Ende des 12. Jahrhunderts auch der Bauer Gottschalk während seiner Vision gestoßen sein:

> Als sie aber etwa eine Meile dieses Weges zurückgelegt hatten, siehe, da tat sich die Straße vor ihnen auf, breiter und schöner in einem solchen Maße, daß sie mit ihrem reizvollen Farbengepränge jeglichen Purpurglanz ausstechen mochten. Am Wege lag ein Haus mit zwei Geschossen – es sah aus wie das Domizil eines steinreichen Mannes – und wenn auch von bescheidener Geräumigkeit, übertraf es doch in Gestaltung und Schönheit alle Gebäude der irdischen Welt; auf der Seite, die zur Straße blickte, hatte es im Obergeschoss eine Flucht von Fenstern, die durch zierliche Säulen gegeneinander abgegrenzt waren, wie es auf den meisten Söllner und in den Kreuzgängen von Klöstern der Aussicht wegen zu sein pflegt. An den einzelnen Fenstern standen Menschen, mit einem schneeweißen Gewand angetan [...] [Apc 4, 4]. Außerdem war das ganze Haus voll von einer Masse fröhlicher Menschen; bezeugte doch das Stimmengewirr die Menge der Bewohner, die man draußen nicht sehen konnte, und die lieblich klingende Tonfülle ihre Freude.[99]

Eine solche *Civitas coelestis* war nun, wie es in der Apc 21, 2 heißt, auf die Erde gekommen, von Gott bereitet, wie die Braut sich für ihren Gatten schmückt: *et civitatem sanctam Hierusalem novam vidi descendentem de caelo a Deo / paratam sicut sponsam ornatam viro suo* (Apc 21, 2).[100]

Apokalypse aus einem unbekannten Kloster in Hessen: Hamburg, SUB, Cod. in scrin. 87, 1. Viertel 14. Jh.) oder Abb. 766b, einer Darstellung aus dem Liber Floridus (Paris, BN, Ms. lat. 8865, 42v, um 1260).

99 Visio Godeschalci, Autor A, c. 30 (1): Godeschalcus und Visio Godeschalci. Hrsg. v. Erwin Assmann (Quellen und Forschungen zur Geschichte Schleswig-Holsteins 74). Neumünster 1979, S. 107; lateinisches Original ebd., S. 106: *Emenso autem quasi miliario vie huius, ecce via ipsa et latior et pulchrior apparuit in tantum, ut omnem purpuram viroris sui amenitate precellere videretur. Secus quam domus bicamerata erat constituta, quasi thalamus predivitis alicuius, mediocris tamen quantitatis, forma et decore suo mundana omnia precellens edificia; ex eo latere, quod viam respiciebat, fenestras continuas per columpnulas suas disterminatas, ut in solariis plerisque et porticibus claustrorum ad prospectandum fieri solet, in superiori habens camera. Ad singulas quoque fenestras singuli homines niveo amicti vestitu* [Apc 4, 4] *formam superpellici clericalis preferente apodiantes se stabant* [...]. *Preterea domus tota cetu letantium repleta erat; numerositate vocum multitudinem, que deforis videri non poterat, sonoritate dulcisona habitatorum leticiam testante.* Dem Verfasser dürften solche Häuser bekannt gewesen sein. Vgl. dazu Enno Bünz, Neue Forschungen zur Vision des Bauern Gottschalk (1189). In: Zeitschrift der Gesellschaft für Schleswig-Holsteinische Geschichte 120 (1995), S. 77–111, hier S. 83, und Gabriele Legant-Karau, Vom Großgrundstück zur Kleinparzelle. Ein Beitrag der Archäologie zur Grundstücks- und Bauentwicklung Lübecks um 1200. In: Manfred Gläser (Hg.), Archäologie des Mittelalters und Bauforschung im Hanseraum. Eine Fs. f. Günter P. Fehring (Schriften des Kulturhistorischen Museums in Rostock 1). Rostock 1993, S. 207–215, hier S. 213 mit Verweis auf die Vision Gottschalks.

100 Zum Konnex von Kirchenarchitektur und Apokalypse vgl. auch Monika E. Müller, Omnia in mensura et numero et pondere disposita. Die Wandmalereien und Stuckarbeiten von San Pietro al Monte di Civate. Regensburg 2009.

Der Giebel des ‚Alten Convents' in Hamburg ragte über die Ummauerung hinaus. Wie in Corvey, so könnte man sich auch hier das Architekturzitat *Civitatem istam* erhöht am Giebel und für Außenstehende sichtbar angebracht vorstellen.[101] Das Responsorium zum Ps 79, 2 und der Versikel zu Dn 9, 6 auf der Cedula in Gretke Wegeners Gebetbuch verweisen auf das Himmlische Jerusalem und das Jüngste Gericht. Der Prophet Daniel war der Erste, der über die Auferstehung der Toten sprach und ihm allein war versprochen worden, dass er von den Toten auferstehen werde (Dn 12, 5–13). In Kapitel 9 berechnet er die Zeit bis zum Wiederaufbau der Stadt Jerusalem.[102]

Eine Gemeinschaft, die sich an dem *Civitatem istam*-Responsorium orientierte, bildete innerhalb Hamburgs eine ‚Stadt in der Stadt'. Dort lebten den größten Teil des Tages Frauen abgesondert und herausgehoben aus der zivilen Gesellschaft nach ihren eigenen Regeln.[103] Die Beginen nahmen die Mahlzeiten gemeinsam ein, sie teilten sich einen Schlafsaal, sie trugen eine einheitliche Tracht und sie ließen sich in einer gemeinsamen Gruft bestatten.[104] Wie die Beginen im niederländischen Dendermonde, so dürften auch die Hamburger Beginen ihr ummauertes Areal als *civitas beghinarum* verstanden haben.

Verknüpft man reale und spirituelle Aspekte der Architektur des Hamburger Beginenhofs an der Steinstraße miteinander, so scheint hier eine soziale, religiöse und urbanistische Utopie auf,[105] die in gemeinsamer ökonomischer Anstrengung der Beginen, ihrer Verwandten und Freunde zur Wirklichkeit geworden war.[106] Ihre auf die Apokalypse und das himmlische Jerusalem verweisende Stadt kam keineswegs bescheiden daher. Vielmehr gab die diesseitige Architektur bereits einen Vorgeschmack auf die jenseitige Wohnstätte.

Der opulente, auf das himmlische Jerusalem vorausweisende Bau, den sie sich im Verlauf des 14. bis frühen 16. Jahrhunderts an der Steinstraße errichten ließen, geht konform mit ihrer religiösen Verehrung Marias, der Himmelskönigin. Die Statuten von 1490 empfehlen den Beginen und ihren Schülerinnen, sich an ihr zu orientieren:

101 Carl Schmidt, Die Straßburger Beginenhäuser im Mittelalter. In: Alsatia N. F. (1858–1861), S. 149–248, schreibt S. 161, dass die Straßburger Beginenhäuser außen durch gemalte oder steinerne Kreuze markiert gewesen seien.

102 Vgl. Oded Irshai, Dating the Eschaton: Jewish and Christian Apocalyptic Calculations in Late Antiquity. In: Albert I. Baumgarten (Hg.), Apocalyptic time (Studies in the history of religions 86). Leiden, Boston, Köln 2000, S. 113–153.

103 Zu den Ausgangsbestimmungen für die Hamburger Beginen vgl. Röckelein (Anm. 34), S. 192.

104 Zu den Indikatoren der Vita communis vgl. Röckelein (Anm. 34), S. 198 f. Das Stundengebet gehörte bei den Beginen nicht zwingend zu den Gemeinschaftsaufgaben; sie durften es auch einzeln verrichten.

105 Zu spätmittelalterlichen Beginenhöfen in Flandern als Idealstädten und Utopien vgl. Witt (Anm. 96), Kap. 6.3 f.

106 Ich verwende hier den Begriff ‚Wirklichkeit' nach Peter L. Berger, Thomas Luckmann, Die gesellschaftliche Konstruktion der Wirklichkeit: eine Theorie der Wissenssoziologie. Frankfurt a. M. 1996.

So schólen gi ansehen de hochgelaveden Hemmelschen Kóniginne, unde reinen kúschen Maget Marien, de alle kúsche und gestliken Kindern, túchtigen und vramen Frouwen, ock ehrlichen unde dógetsamen Wedewen en Exempel is gewesen.[107] Schon in den Statuen von 1360 werden die lesekundigen Beginen angewiesen, täglich die Marienhoren zu lesen.[108] Entsprechende Zyklen niederdeutscher (gereimter) Marientiden enthalten die Beginenhandschriften Cod. conv. 2[109] und Cod. conv. 9, 218r–220v; in den anderen Gebetbüchern machen die Anrufungen an Maria einen großen Teil aus. Die Beginen standen in Hamburg mit ihrer besonderen Verehrung für Maria allerdings nicht allein. Ausgehend vom Domkapitel verehrte schließlich die gesamte Hamburger Kirche, eine Reihe von Bruderschaften und seit dem späteren Mittelalter die städtische Elite der Ratsherren die Himmelskönigin als Patronin, und zwar über die Reformation hinaus, wie man an den Münzbildern bis in die Barockzeit und an der Marienstatue am Portal des Rathauses noch im 17. Jahrhundert sehen kann.[110] Die Marienhoren wurden im Dom, in den Pfarrkirchen St. Petri – dort eine Stiftung der Flandernfahrer –, St. Nicolai, St. Katharinen und in der Maria geweihten Kapelle am Schartor (am Elbufer gelegen) täglich von Altaristen gesungen. Dazu passt, dass das erste in Hamburg gedruckte Buch die ‚Laudes beate Marie Virginis' des Jacobus de Voragine enthielt.[111]

Trotz der luxuriösen Architektur und der opulenten Ausgaben für die tägliche Nahrung verstanden sich die Hamburger Beginen als Büßerinnen. Sie verehrten nicht nur die Himmelskönigin Maria als Symbol der Vita contemplativa, sondern auch die Büßerin Martha als Repräsentantin der Vita activa.[112] Sie verschrieben sich den Werken der Barmherzigkeit und dem Leiden mit den Armen und Schwachen der Gesellschaft. Sie pflegten kranke Bürgerinnen und Bürger in deren Privathäusern und beteten mit

107 Statuten 1490, Staphorst I/4 (Anm. 6), S. 160.

108 Statuten 1360, cap. 12, Staphorst I/2 (Anm. 7), S. 643.

109 Vgl. dazu den Beitrag von Philipp Stenzig (Stücke aus den Hamburger Beginen-Handschriften und die zugrundeliegenden Elemente der ‚offiziellen' ([lateinischen] Liturgie) in diesem Band.

110 Zum Marienkult einzelner Institutionen und im öffentlichen Raum im mittelalterlichen Hamburg vgl. Hedwig Röckelein, Marienverehrung im mittelalterlichen Hamburg. In: Volker Plagemann (Hg.), Kunst des Mittelalters in Hamburg. Aufsätze zur Kulturgeschichte. Hamburg 1999, S. 119–128, mit Quellenbelegen zu den hier genannten Indikatoren. Zu den aufeinander abgestimmten Marienhoren im Dom und an den Pfarrkirchen vgl. Vollmers (Anm. 25), S. 250–256.

111 1491 aus der Offizin von Johann und Thomas Borchard; vgl. dazu Werner Kayser (Hg.), Hamburger Bücher 1491–1850. Aus der Hamburgensien-Sammlung der Staats- und Universitätsbibliothek Hamburg. Hamburg 1973, S. 22.

112 Vgl. dazu Martina Wehrli-Johns, Haushälterin Gottes. Zur Mariennachfolge der Beginen. In: Hedwig Röckelein, Claudia Opitz, Dieter R. Bauer (Hg.), Maria – Abbild oder Vorbild? Zur Sozialgeschichte mittelalterlicher Marienverehrung. Tübingen 1990, S. 147–167, und Dies., Maria und Martha in der religiösen Frauenbewegung. In: Kurt Ruh (Hg.), Abendländische Mystik im Mittelalter. Symposion Kloster Engelberg 1984 (Germanistische Symposien, Berichtsbände). Stuttgart 1986, S. 354–367.

und für die Sterbenden.[113] Als „Spezialistinnen des Todes"[114] rangen sie mit ihren Fürbitten um die Rettung der Seelen vor dem Fegefeuer und der ewigen Verdammnis. Ihre Andachts- und Gebetbücher weisen ein breites Repertoire an Gebeten für Lebende, Sterbende und Verstorbene auf, mit denen sie Kranken und Sterbenden sowie deren Hinterbliebenen Trost spendeten.[115] Mit Beicht- und Bußgebeten, päpstlichen Ablässen zur Minderung der Fegefeuerstrafen[116] und Ars moriendi-Traktaten[117] versuchten sie, die Hamburger Bürger und Bürgerinnen bestmöglich auf einen guten Tod vorzubereiten. Diese freiwillig und unentgeltlich erbrachten Dienste an der städtischen Zivilgesellschaft[118] konfrontierten die Beginen tagtäglich mit dem Übertritt der Seele vom Diesseits in das Jenseits.

Epilog: Widmung an Agathe Lasch

Diesen Aufsatz widme ich Agathe Lasch (1879–1942). Sie ist die bislang einzige Forscherin, die sich näher mit den „Geschriebene[n] und gedruckte[n] Fragmente[n], welche in Hss. u. anderen Büchern des Convents gelegen haben oder gesteckt haben" beschäftigt hat, wie es auf dem Einbanddeckel von Cod. conv. 15/1 heißt (Tafel VIII, Abb. 16). Das geht aus dem Benutzerbogen zu Cod. conv. 15 hervor, in den sich „Fräulein Dr. A. Lasch, Privatdozentin Hamburg" mehrfach im Februar 1921 eingetragen hat. Ihr Interesse galt dem Fragment Cod. conv. 15, Nr. 6, das sie für ihre Studien zum Mittelniederdeutschen untersuchte.

Agathe Lasch (*4. Juli 1879 in Berlin; †18. August 1942 in Riga) gilt als (Mit-)Begründerin der Forschung zur niederdeutschen Sprache und hat darüber richtungswei-

113 Die Pflege von Kranken und Sterbenden und die Totenwache in städtischen Familien war eines der wichtigsten Betätigungsfelder der Hamburger Beginen, für die in Notfällen selbst der Gottesdienst zurückgestellt werden durfte; vgl. dazu Statuten 1360, cap. 12, hrsg. v. Staphorst I/2 (Anm. 7), S. 643.

114 Wehrli-Johns (Haushälterin [Anm. 112], S. 156) formulierte die These, dass die Beginen spätestens seit der kirchlichen Fixierung der Lehre vom Purgatorium (1274) in der mittelalterlichen Gesellschaft als „Spezialistinnen des Todes" galten.

115 Die Namen der Sterbenden und Toten, die mit diesen Gebeten bedacht werden sollten, sind Cod. conv. 3, fol. 24v–26v mit einem Platzhalter *‚ENE'* versehen.

116 Konzentriert in Cod. conv. 3 und 6.

117 Cod. conv. 12, fol. 134v–136v, 177r–178r.

118 In den Rechnungsbüchern sind, anders als für den Schulunterricht, keine Einnahmen aus den Diensten für Krankenpflege und Totenwachen verzeichnet. Allerdings vergalten manche Bürger diese Leistungen der Beginen mit Legaten. So vermachte Margarete, die Witwe des Ratsherrn Bertram Schele, in ihrem Testament von 1343 Mai 23–28 den Beginen ein Fass Hülsenfrüchte für die Krankenpflege, die sie ihr hatten angedeihen lassen: *Item unum dolium siliquarum pro locione infirmorum cum caldario, quod michi ad eundem usum servit, confero ibidem* (HH UB IV [Anm. 70], Nr. 176, S. 148). Für das Gebetsgedenken zu seinen Gunsten hinterließ Dietrich von Stade den Beginen und Begarden ein Talent, 1343 Juli 12: *Item bagutis et baggardis indigentibus unum talentum, quod equali divisione inter eos dividetur, ut recipiant me ad oraciones suas* (HH UB IV [Anm. 70], Nr. 181, S. 152).

sende Publikationen vorgelegt, die bis heute ihre Gültigkeit nicht verloren haben.[119] Nach der Habilitation berief die Universität Hamburg sie 1923 zur ersten Professorin im Fach Niederdeutsche Philologie. Als Jüdin wurde sie 1934 aus dem Staatsdienst entlassen. Einige ihrer letzten Schriften konnte sie nur in Finnland veröffentlichen. Am 13. August 1942 wurde sie in Berlin verhaftet, am 18. August in Riga ermordet.

Als ich am 30. Dezember 2019 im Lesesaal der Carl-von-Ossietzky-Bibliothek den *Civitatem istam*-Zettel studierte, traf ich auf Agathe Lasch. Das hat mich sehr berührt. Wir wollen sie und ihr Schicksal im Gedächtnis bewahren (Tafel IX, Abb. 17).

Bildnachweise

Abb. 1, 2, 5, 7–12, 15, 16: Archiv Röckelein.
Abb. 3, 4: SUB Hamburg.
Abb. 6: Christoph Stiegemann u. Matthias Wemhoff (Hgg.), 799 – Kunst und Kultur der Karolingerzeit. Karl der Große und Papst Leo III. in Paderborn. Katalog der Ausstellung Paderborn. Mainz 1999, Bd. 2, Nr. VIII.52 S. 571.
Abb. 13: Foto: Kresspahl, https://de.wikipedia.org/wiki/Datei:Kranen-Konvent.JPG, lizensiert unter CC BY-SA 3.0.
Abb. 14: Olaf Mußmann, Beginen – „Kommunardinnen" des Mittelalters? Die „via media" in Hannover. In: Angela Dinghaus (Hg.): Frauenwelten. Hildesheim 1993, Abb. 1, S. 32.
Abb. 17: Stolperstein zum Gedenken an Agathe Lasch († 1942) vor dem Hauptgebäude der Universität Hamburg, Edmund-Siemers-Allee 1. Foto: Galit Noga-Banai, Jerusalem.

Alle Abbildungen der SUB Hamburg mit freundlicher Genehmigung.

PROF. DR. HEDWIG RÖCKELEIN ist Professorin für Mittlere und Neuere Geschichte an der Georg-August-Universität in Göttingen.

119 Die Angaben zu ihrer Biographie und ihrem wissenschaftlichen Werdegang entnehme ich Jürgen Meier, Lasch, Agathe Luise Sara. In: Neue Deutsche Biographie 13 (1982), S. 645 f. (Onlinefassung: URL: https://www.deutsche-biographie.de/pnd116747668.html, abgerufen: 13.03.2021). Zu weiteren Forschungen über sie vgl. Mirko Nottscheid (Hg.), Die Germanistin Agathe Lasch (1879–1942). Aufsätze zu Leben, Werk und Wirkung (Bibliothemata 22). Nordhausen 2009; Ingrid Schröder, „... den sprachlichen Beobachtungen geschichtliche Darstellung geben" – die Germanistikprofessorin Agathe Lasch. In: Rainer Nicolaysen (Hg.), Das Hauptgebäude der Universität Hamburg als Gedächtnisort. Mit sieben Porträts in der NS-Zeit vertriebener Wissenschaftlerinnen und Wissenschaftler. Hamburg 2011, S. 81–111. Ich danke meiner Kollegin Galit Noga-Banai, Jerusalem, für die Überlassung des Fotos der Stolpersteine vor dem Hauptgebäude der Universität Hamburg an der Edmund-Siemers-Allee 1.

Die Handschriften der Hamburger Beginen als Spiegel der Identität?

MONIKA E. MÜLLER

Abstract: The contribution focusses on one of the most remarkable and rare illustations of a beguine preserved in the book illumination of the Late Medieval Ages – the coloured drawing of a Hamburg beguine called Tibekke in Cod. conv. 8. Departing from this drawing, the contribution deals with the question whether and to what extent the manuscripts of the Hamburg beguines reflect individuality or self-conception of their owners. In a comparatistic approach the author shows that Tibekke – who did not hold a high office in the community of the Hamburg beguines – is not represented in a humble way. This is all the more remarkable as modesty was an important virtue according to the rules of the beguines. Further attempts of the Hamburg beguines to appropriate visually their prayer books, most probably not written by themselves, are discussed in detail.

Keywords: book illumination, drawing, self-conception, individuality, prayer books

„Die Beginenregeln lassen auf eine eher strenge Lebensform schließen, die einer Eigenverantwortung oder gar Unabhängigkeit der Gemeinschaften nur wenig Raum gelassen haben kann … – … Eigenaussagen einzelner Beginen (in Form von Autobiographien oder Tagebüchern) konnten bisher nicht belegt werden“[1] – so äußerte sich Frank-Michael REICHSTEIN in seiner umfassenden Monographie über ‚Das Beginenwesen in Deutschland, Studien und Katalog‘, 2017 in zweiter Auflage erschienen, im Hinblick auf den normativen Charakter der Beginenregeln und die limitierte Rekonstruierbarkeit ihres Lebensalltags. Hans-Walter STORK kam 2015 bei der hier im Zentrum stehenden kolorierten Federzeichnung einer Begine in Cod. conv. 8 (Tafel X, Abb. 1) zum Schluss, dass von einer geistlichen Inbesitznahme der Gebetbücher (sc. in

1 Frank-Michael Reichstein, Das Beginenwesen in Deutschland. Studien und Katalog. Berlin 2017, 2., erw. Aufl., S. 145 und Anm. 708.

den Handschriften der Hamburger Beginen) noch nichts zu spüren sei.[2] Sind also Titel und Themenstellung des vorliegenden Beitrags schlecht gewählt? Wohl kaum.

Dass die aus dem um die Mitte des 13. Jahrhunderts gegründeten Hamburger Beginenkonvent[3] unweit der Jakobikirche überlieferten vierzehn spätmittelalterlichen Handschriften[4] in merklichem Kontrast zur Beurteilung durch die bislang erschienene Forschungsliteratur und der einführenden Zitate zu sehen sind, werden die folgenden Ausführungen zeigen. In den vierzehn Codices mit darin ursprünglich aufbewahrten Zetteln unterschiedlicher Beschaffenheit und Materialität – darunter auch eingenähte Kupferstiche sowie die erwähnte kolorierte Federzeichnung – haben sich sehr wohl Spuren vom Lebensalltag und vom Selbstverständnis sowie von der Einschreibung der Hamburger Beginen in den liturgischen Kontext ihrer Bücher erhalten, die bislang allerdings kaum ausführlicher in diesem Zusammenhang berücksichtigt wurden. Dabei soll es in diesem Beitrag nicht um die Klärung der Frage gehen, wie individuell das Textgut der Handschriften ist. Über die Position der Handschriften im liturgie- und frömmigkeitsgeschichtlichen Kontext des Spätmittelalters haben sich bereits Carl BORCHLING in seinem Beitrag von 1898[5] geäußert sowie jüngst Christian SCHMIDT in dem von Jörg VOIGT und anderen 2015 herausgegebenen Sammelband über das Beginenwesen.[6] Gleichwohl sind hier weitere Recherchen und Analysen der germanistischen und historischen Fachdisziplinen notwendig. Zudem stellt Philipp STENZIG in diesem Band einen minutiösen Beitrag zur Einordnung der Marientiden der Hamburger Beginen

2 Hans-Walter Stork, Die Handschriften des Hamburger Beginen-Konventes in den Sammlungen der Staats- und Universitätsbibliothek Hamburg – ein überlieferungsgeschichtlicher Überblick. In: Jörg Voigt, Bernward Schmidt u. Marco A. Sorace (Hgg.), Das Beginenwesen in Spätmittelalter und Früher Neuzeit. Stuttgart 2015, S. 199–233, hier S. 207.

3 Für die Gründungsgeschichte: Cipriano Francisco Gaedechens, Der Convent der Beguinen in Hamburg und seine Umwandlung in ein Jungfrauenstift. Hamburg 1868, S. 5–7, mit Verweis auf die im Hamburgischen Urkundenbuch (Bd. 1, hrsg. v. Johann Martin Lappenberg, Hamburg 1842, reprint 1907, Bd. 1, S. 486, Nr. 589) für dem 8. Januar 1255 überlieferte Überlassung eines Grundstücks von Johann und Gerhard, Grafen von Holstein, zur Errichtung der notwendigen Gebäude für die Kommunität der Beginen *contra ecclesiam sancti Jacobi sito*; Nicolaus Staphorst, Historia Ecclesiae Hamburgensis Diplomatica, das ist: Hamburgische Kirchen-Geschichte aus Glaubwürdigem und mehrentheils noch ungedruckten Urkunden, so wol Kaiserlichen, Königlichen, Fürstlichen, Gräflichen etc. … Concessionen, Indulten, Stifftungen, Vermächtnüssen, … und andern, Bd. I/2. Hamburg 1725, S. 33.

4 Genau genommen sind aus dem Hamburger Beginenkonvent 14 Handschriften, eine Sammlung von Papier- und Pergamentfragmenten sowie zwei Inkunabeln erhalten, vgl. Stork (Anm. 2), S. 205. Nur die handschriftlichen Überlieferungsträger werden hier berücksichtigt. In der Staats- und Universitätsbibliothek Hamburg bzw. in der damaligen Stadtbibliothek als ihrer Vorgängerinstitution werden sie seit 1875 aufbewahrt: Carl Borchling, Mittelniederdeutsche Handschriften in Norddeutschland und den Niederlanden. Erster Reisebericht. In: Nachrichten von der Königl. Gesellschaft der Wissenschaften zu Göttingen. Geschäftliche Mitteilungen. 1898 Heft 2. Göttingen 1899, S. 79–316, hier S. 97.

5 Borchling (Anm. 4), S. 97–115.

6 Christian Schmidt, Gebetszyklen der Hamburger Beginen im Kontext der Gebetbuchkultur der Lüneburger Frauenklöster. In: Voigt, Schmidt, Sorace (Anm. 2), S. 234–263.

vor. 2015 legte Hans-Walter STORK eine Analyse der Handschriften der Hamburger Beginen in ihrem kodikologischen Kontext vor, ohne dabei die Zeichnung der Tibekke umfassend zu würdigen.[7] Eva HORVÁTH widmete den Handschriften 2002 einen Eintrag im Ausstellungskatalog „Von Rittern, Bürgern und von Gottes Wort".[8]

Wirklich eingeordnet und auf ihre Funktion als Spiegel der Identität hin untersucht, wurden diese Stücke bislang nicht. Die Seltenheit der Überlieferung von Beginendarstellungen limitiert die Analyse in jedem Fall. Ein individualgeschichtlich prononcierter Eindruck von der Buchkultur der Hamburger Beginen soll hier dennoch versucht werden – Individuum und Individualität als Begrifflichkeiten verstanden, die nicht Typisierung,[9] sondern das Gegenteil, d.h. Persönlichkeit[10] und die Thematisierung oder Erkennbarkeit derselben in Bild und Buch meinen. Aufgrund der in das 14. Jahrhundert zu datierenden Genese des Porträts als Bildgattung[11] kann es sich jedoch in diesem, das 13.–15. Jahrhundert abdeckenden Rahmen nicht um eine Untersuchung porträthafter Züge bei den dargestellten Personen handeln. Vielmehr geht es um die Suche nach Identifikationsangeboten und individuell anmutenden Elementen, die im Bild auch additiv, z. B. per Beischrift, visualisiert sein können.

Dass hier letztlich eher der Eindruck von einer Buchkultur vermittelt wird, die von außen in die Kommunität der Hamburger Beginen hineingetragen und dort rezipiert wurde als ein Überblick über deren eigene Buchproduktion, ist bereits mit Blick auf die Lücken in der Überlieferungsgeschichte sehr wahrscheinlich. Aber auch ein solches Ergebnis vermag Licht auf die Frage nach der Buchkultur der Hamburger Begi-

7 Stork (Anm. 2), S. 206–209.

8 Eva Horváth, Mittelniederdeutsches Andachtsbuch aus dem Beginenconvent. In: Dieselbe u. Hans-Walter Stork (Hgg.), Von Rittern, Bürgern und von Gottes Wort. Schriften aus dem Antiquariat Dr. Jörn Günther, Hamburg, Bd. 2. Volkssprachige Literatur in Handschriften und Drucken aus dem Besitz der Staats- und Universitätsbibliothek Hamburg. Kiel, Hamburg 2002, Nr. 7.

9 Vgl. den Begriff der Typisierung als Kontrast zu „Individuum" und „Individualität" bei Aaron J. Gurjewitsch (Das Individuum im europäischen Mittelalter. München 1994, S. 9) am Beispiel der identischen Darstellung der Herrad von Landsberg und den Nonnen ihres Klosters Hohenburg im *Hortus deliciarum* (fol. 323r), einer nur noch mittels den 1818 ausgeführten, kolorierten Nachzeichnungen von Christian Moritz Engelhart fassbaren Enzyklopädie aus der Zeit um 1180 (allgemein: Rosalie Green, Michael Evans, Christine Bischoff u. a. [Hgg.], Herrad of Hohenbourg, Hortus deliciarum [= Studies of the Warburg Institute. 36]. Bde. 1–2. Leiden 1979), dort auch ein Abriss der Entwicklung des Individualitätskonzepts in Mittelalter und Neuzeit.

10 Gurjewitsch (Anm. 9), S. 24. Vgl. Harald Derschka (Individuum und Persönlichkeit im Hochmittelalter. Stuttgart 2014, S. 19–20, 47–62) für das mittellateinische Wort *individuum* als Bezeichnung für jedes individuell Seiende in einem logischen oder ontologischen Sinn, im Kontrast zur Reservierung des Begriffs für den Einzelmenschen erst im 18. Jahrhundert sowie für die Rolle der Mönchsorden bei der Förderung der Selbsterkenntnis und der Verfassung der wichtigsten persönlichkeitstheoretischen Schriften des hohen Mittelalters. Für den semantischen Wandel des antiken Wortes *persona* zur heutigen Bedeutung, der mit Augustinus (354–430) einsetzte und z. B. in den Predigten des Franziskanerpredigers Berthold von Regensburg (um 1210–1272) sehr gut fassbar ist: Gurjewitsch (Anm. 9), S. 116–128, 196–218.

11 Vgl. hierfür Andreas Beyer, Portraits. A History. New York 2003, S. 23–31.

nen zu werfen. Naheliegend ist es, mit der Einordnung der Zeichnung zu beginnen, ist sie doch die einzige Darstellung, die konkret mit einer Hamburger Begine in Verbindung zu bringen ist.

Die Begine Tibekke in Cod. conv. 8

In Cod. conv. 8 wurde eine Frau mittels farblich kolorierter Zeichnung zwischen zwei Gebeten für das Seelenheil an Gottvater, Maria und die Heiligen dargestellt, die ausdrücklich als Tibekke bezeichnet wird (Tafel X, Abb. 1). Der Namenszug wurde im 15. Jahrhundert geschrieben und ohne Rahmung oder Spruchband eingefügt, wahrscheinlich nicht von der Hand des Haupttextes. Die Vermutung liegt deshalb nahe, dass die Identifikation der Dargestellten mit einer Tibbeke nachträglich erfolgte.

Gezeigt wird Tibbeke als Frau jüngeren, letztlich aber unbestimmten Alters, mit blauem, gegürtetem Gewand und weißem Kopfschleier. Ihre Art zu stehen, deutet eine Demutshaltung an, die maßvoll ausfällt und nicht das völlige Niederknien impliziert. Tibekke fleht mit ihren in Gebetshaltung erhobenen Händen die neben ihr stehenden Figuren gemäß den Worten um Beistand an, die in einem von ihr ausgehenden Spruchband notiert sind: *Apostel Goddes biddet vor my*. Der unmittelbar bei Tibekke stehende Apostel lässt sich aufgrund seines Kreuzattributes als Apostel Andreas[12] deuten, die am rechten Seitenrand stehende Figur mangels spezifischer Merkmale nicht weiter bestimmen. Am Arm der Tibekke hängt gut sichtbar ein grüner Beutel, flankiert von zwei wesentlich kleineren, nicht farblich gefassten schmalen Beuteln.

Die Zeichnung scheint auf den ersten Blick einfach gestaltet zu sein: drei Figuren in kolorierter Federzeichnung, eine davon mit Hilfe des Nimbus und des Kreuzattributs relativ gut als Heiliger zu erkennen, eine Frau, namentlich bezeichnet und damit als

12 Allgemein: Martin Lechner, Andreas Ap., Mart. In: Lexikon der christlichen Ikonographie (fortan LCI). Freiburg 1984, Bd. 4, Sp. 138–152. Die Form des Kreuzes in der Hamburger Zeichnung erinnert an den Typus des byzantinischen Doppelkreuzes wie auch der Gesichtstypus des Andreas deutliche Anklänge an byzantinische Vorbilder zeigt, vgl. Erich Dinkler, Kreuz. II. Ikonographie. In: LCI, Bd. 2, Sp. 569–570.4, Sp. 569, II, Nr. 16; und ungeachtet der wesentlich früheren Datierung vgl. die hinsichtlich des Typus vergleichbaren Darstellungen des Apostels Andreas im Dom zu Cefalù (ca. 1139–1148: Ernst Kitzinger, I Mosaici del periodo normanno in Sicilia. VI: La cattedrale di Cefalù. La cattedrale di Palermo e il Museo Diocesano. Mosaici profani. Palermo 2000, Fig. 35) und im Katholikon von Hosios Lukas (Renate Pillinger, Der Apostel Andreas. Ein Heiliger von Ost und West im Bild der frühen Kirche. Wien 1994, S. 24 und Abb. 35). Generell war der Apostel Andreas auch Patron der Fischer, vgl. https://www.heiligenlexikon.de/Stadler/Andreas.html (Zugriff 18. 4. 2021). Ein Grund für die Darstellung gerade des Apostels Andreas in der Zeichnung von Cod. conv. 8 könnte die lokale Kultsituation sein: Im *Breviarium ecclesiae Hamburgensis* von 1508 (Rostock; VD 16 ZV 16642) ist sein Fest durch eine Vigil, neun Lesungen am Festtag und eine Oktav ausgezeichnet, vgl. ebd., fol. CXXXII r–CXXXVv, das Digitalisat bei: https://digital.staatsbibliothek-berlin.de/werkansicht?PPN=PPN80700409X&PHYSID=PHYS_0309&DMDID=DMDLOG_0005&view=overview-toc; Zugriff 18.04.2021).

Individuum fassbar. Ein zweiter, genauerer Blick verrät aber, dass hier weit mehr Bedeutungsgehalt angelegt ist und die Zeichnung einiges über das Selbstverständnis der Personen verrät, die das Gebetbuch benutzten und sie dabei betrachteten.[13]

Cod. conv. 8 und seine Besitzerinnen

Die Handschrift muss sich gegen Ende des 15. Jahrhunderts im Hamburger Beginenkonvent an der Steinstraße befunden haben, zumal darin diverse Besitzeinträge enthalten sind, die den Besitzwechsel bzw. die Buchweitergabe in diesem Umfeld dokumentieren. Die bisher erschienene Literatur ordnete diese Art der Bücherbewegung zu Recht als zeitgenössisch üblich ein. So ist auf fol. 40v notiert: *„Ave maria, biddet for Tibbeken Klesen"*, auf fol. 58r: *„Item Tybbeken Meyres der hort dyt bok / de dat vynt den hebbe yk leff / de dat stylt dat ys en def / amen"*.[14] Beide Beginen – die eine jung, die andere älter an Jahren – sind mehrfach in den Rechnungsbüchern des Konvents dokumentiert: Bereits Gustav Eduard NOLTE rekonstruierte in seinem Beitrag von 1868 das Jahr 1482 als Zeitpunkt der Nachweisbarkeit der beiden Beginen und 1491 als Todesjahr der älteren Tibbeke.[15] Die jüngere Forschung, darunter Monika BOESE und Kathrin TIEMANN[16] sowie Hans-Walter STORK[17] schlossen sich dieser Bestimmung an.

Die Disposition der Zeichnung

Ein genauer Blick auf die Gestaltung der Zeichnung und ihre Disposition auf der Seite lässt Zweifel daran aufkommen, dass die dargestellte Figur von Anfang an als Tibekke identifiziert wurde: weder das Spruchband noch der Name der Tibekke wirken organisch zwischen den gezeichneten Figuren. Anders ausgedrückt: Ob die Person, welche die Worte im Spruchband und den Namenszug der Tibekke geschrieben hat,

13 Fol. 190v, auf dem sich die Zeichnung erhalten ist, weist einen mittleren Verschmutzungsgrad auf, dürfte also bereits in historischer Zeit häufiger aufgeschlagen worden sein.

14 Stork (Anm. 2), S. 207. – Allgemein für das Phänomen der ‚Bücher in Bewegung': Kerstin Schnabel, Besitzeinträge in einem gedruckten Windesheimer Brevier (Winterteil). In: Rosenkränze und Seelengärten. Bildung und Frömmigkeit in niedersächsischen Frauenklöstern, hrsg. v. Britta-Juliane Kruse, Ausst.-Katalog. Wiesbaden 2013, S. 195 f.; Barbara Haggh-Huglo, From Hand to Hand: Transfers of Liturgical Books in the Diocese of Cambrai in the Late Middle Ages. In: Manuscripts Changing Hands, hrsg. v. Corine Schleif u. Volker Schier. Wiesbaden 2016, S. 165–180.

15 Nolte (Anm. 3), S. 31; vgl. auch Klaus-Joachim Lorenzen-Schmidt (Bearb.), Rechnungen des Konvents der Blauen Schwestern (Beginen) in Hamburg. Die mittelalterlichen Rechnungen 1481–1515. Aus dem Nachlass herausgegeben von Stephan Selzer (Contributiones 5). Münster 2017, S. 22, 87.

16 Monika Boese u. Kathrin Tiemann, Der Beginenkonvent im spätmittelalterlichen Hamburg. In: Zeitschrift des Vereins für Hamburgische Geschichte 82, 1996, S. 1–28, hier S. 9.

17 Stork (Anm. 2), S. 207.

identisch war, lässt sich so, ohne technische Hilfsmittel,[18] schwer sagen. Als sicher kann jedoch aufgrund der unterschiedlichen Tintenfarbe und des differenten Buchstabenbildes gelten, dass der/die Schreiber*in des Haupttextes nicht identisch mit dem/der Schreiber*in des Textbestandes im Bild war. Für den zeitgenössischen Betrachter war die junge Frau wahrscheinlich aufgrund ihres blauen Gewands unschwer als Begine erkennbar. Diese Indizien sprechen für eine nachträgliche Benennung der Figur mit dem Namen Tibekke, die dadurch in die in ihrer unmittelbaren Umgebung notierten Gebete um Seelenheil im wörtlichen Sinne eingeschrieben wurde. Geht man von einem lebendigen Bewusstsein der buchbesitzenden Beginen um die ‚Tradition' der Bücherweitergabe in der eigenen Kommunität aus, könnte man sogar sagen: Tibbeke und alle weiteren Beginen wurden so in das Gebet für das Seelenheil und die Fürsorge Mariens eingeschlossen.

Der Umstand, dass sich die Zeichnung der Tibekke schlecht zwischen die Textblöcke auf dieser Seite fügt, am oberen und unteren Rand zum Teil sogar die Schrift überschneidet, könnte ein Hinweis dafür sein, dass Schrift und Dekor in verschiedenen, nicht von den gleichen Personen ausgeführten Arbeitsschritten entstanden. Oder aber, der Dekor war in dieser Form primär gar nicht für diese Stelle konzipiert. Wenn letzteres der Fall ist, dann lässt sich die Einfügung zwischen diese Gebete noch stärker als intendierte Empfehlung der Dargestellten für die Gebetsfürsorge der Heiligen verstehen. Die sekundäre Einfügung des Schriftbandes mit dem Namen der Tibekke verleiht ihr auf jeden Fall diesen Charakter. Doch inwieweit korrespondiert diese Zeichnung mit der Realität und den Kleidungsusancen der Hamburger Beginen?

Die Beginen – ihre Darstellung – ihre Kleiderordnung

Wie selten figürliche Darstellungen von Beginen oder zum Beispiel auch von Mechthild von Magdeburg (1207–1282) als einer der namhaftesten Vertreterinnen dieser Form religiösen Zusammenlebens[19] im fraglichen Zeitraum sind, zeigt der Umstand, dass es hierfür keinen Eintrag im Lexikon der christlichen Ikonographie gibt. Von einer repräsentativen Studie oder einer umfassenden Beurteilung der Hamburger Begine im Kontext der zeitgenössischen Bildtradition kann hier demnach keine Rede sein – gleichwohl von einer Annäherung und einer Rekonstruktion der ikonisch gefassten Hinweise auf die Person der dargestellten Figur.

18 Gemeint ist eine Analyse der Tinte, die offensichtlich nur dann eindeutig ausfallen würde, wenn identische Tinten für beide Textstücke verwendet wurden. Andernfalls lässt sich nicht mit letzter Sicherheit bestimmen, ob die beiden Textstücke von der gleichen Person ausgeführt wurden, die zu unterschiedlichen Zeitpunkten und deshalb mit divergierender Zusammensetzung der Tinte schrieb, oder ob von verschiedenen Händen mit verschiedenen Tinten.

19 Allgemein: Gisela Vollmann-Profe, Mechthild. In: Otto zu Stolberg-Wernigerode: Neue deutsche Biographie, Bd. 16. Berlin 1990, S. 58 f.

Ein Blick in die lokale Beginenordnung von 1360, die Frank-Michael REICHSTEIN 2001 publizierte,[20] hilft bedingt weiter: In Artikel 9 der Hamburger Beginen-Ordnung heißt es: „Die Schwestern dieser Versammlung sollen eine blaue oder braune Kleidung und auf dem Haupte einen weissen Schleier tragen, sonsten aber in ihren Röcken weder viele Falten noch große Säume haben."[21] Die Kleidung der Tibekke erweist sich damit tatsächlich als Habit, das den Hamburger Beginen eigen war.[22] Eine blaue Beginentracht[23] ist auch für die Lüneburger Beginen oder für Mechthild von Magdeburg[24] als einer im 15. Jahrhundert noch selten dargestellten Begine überliefert.

Darüber hinaus zeigt die Zeichnung mit dem Beutel am Arm der Begine Tibekke einen Gegenstand, der in einer anderen Beginenkommunität wie dem Wormser Richardikonvent mit seinen relativ präzise formulierten Statuten gegen die Bekleidungsvorschriften verstoßen hätte. Dort sollten sich die Frauen hüten, „durch weltliches Gebaren Anstoß zu erregen ... darum sollen sie einfache graue Röcke tragen mit grauen Kapuzen, graue Mäntel, linnene Schleier, einfach nicht gefaltet [...] auch sollen sie keine Gürtel, Geldtaschen, Paternoster und andere seltsame Anhängsel tragen.[25] Vielleicht ist diese Aufzählung von Verboten als Hinweis darauf zu verstehen, dass solche Anhängsel zeitgenössisch tatsächlich in einem beträchtlichen Ausmaß getragen wurden und deshalb zu unterbinden waren. In der Hamburger Beginenordnung von 1360 werden sie jedenfalls nicht erwähnt und entsprechende Verbote nicht aufgeführt – auch nicht in den lokalen Ordnungen von 1440, 1443 und 1490.[26]

20 Reichstein (Anm. 1), S. 409 f.

21 Ebd., S. 393–394, 409. Allgemein für die Kleidung spätmittelalterlicher Sanctimonialen und ihre Versuche, Kleiderordnungen und Ordensregeln möglichst großzügig auszulegen: Eva Schlotheuber, Best Clothes and Everyday Attire of Late Medieval Nuns. In: Mode und Kleidung im Europa des späten Mittelalters, hrsg. v. Rainer C. Schwinges u. Regula Schorta unter Mitwirkung von Klaus Oschema. Basel 2010, S. 139–153.

22 Auch im Gebetbuch der Straßburger Nonne Ursula Begerin besteht der Habit der auf der gegenüberliegenden Seite als Mechthild von Hackeborn identifizierten Frau aus einem blauen Kleid mit weißem Schleier, analog zur Darstellung der Hamburger Tibbeke. Jeffrey Hamburger (Ders. u. Nigel F. Palmer [Hgg.], The Prayer Book of Ursula Begerin, Bd. 1–2. Dietikon-Zürich 2015, Bd. 1, S. 371–374, bes. 374) führt in diesem Zusammenhang kontrastiv zahlreiche Sanctimonialen-Trachten an, die Kleidung der Beginen, um die es sich auch bei der Darstellung im genannten oberrheinischen Gebetbuch handeln könnte, wurde nicht berücksichtigt.

23 Ebd., S. 149.

24 Vgl. die Darstellung in Paris, BN, Ms. Français 875, fol. 124v; allgemein: Hans Neumann, Art. Mechthild von Magdeburg. In: ²VL 6 (1987), Sp. 260–270; für den Habit der niederländischen Beginen in grauem, dunkelgrünem, himmelblauem und seit 1756 einheitlich schwarzem Stoff: Franz von Sales Doyé, Die alten Trachten der männlichen und weiblichen Orden. Leipzig 2012, Reprint von 1930, S. 51.

25 Ebd., S. 148 f.

26 Staphorst 1725, Bd. I/2 (Anm. 3), S. 640–644; Ders. 1731, Bd. I/4 (Anm. 3), S. 123–125; 148 f., 160 f.

De baghinē
Ich doet schone myner noch vmme ihesus willē Sus lange hebbe ick my erneret myt der spyllē Dar to hebbe ik gheknuttet vñ ghewracht Vñ myt klenen sorghē myn leuēt hen ghebracht Do myne vrunde my nicht kondē ryke beradē Do makedē se vā my eynē begynē dradē God heft my nu in dessem state so ghesterket. Nu ik ok d' werlde staet rechte hebbe ghemerket Dat ik my in god wol hebbe ghegeuē to vrede: wēte myn bichtuader my ok kortes sede Dat de here in dē ewangelio heft ghesecht Dat alle de de syne hant an de ploch lecht Suet he to rugge na der wertliken ere De is godes rikes nicht werdich spricket vnse leue here By dem ploghe is eyn gheystlik leuent bekant Dar an hebbe ik gheslaghen myne hant Hadde ik nu mynen trost an de werlde gheleyt Id were doch altomalen vorlorn arbeyt Dat merke ik wol nu myn leuent gheyt na dem ende Hir vmme leue ihesus ik beuele my dy in dyne hende Ik bydde dy vmme dyn lydent vnde wemoed marien Dattu my vā allem elende vñ kūmer willest vrien Vñ de wes du io nu myn ewighe trost De du my myt pynē swarliken hefst vorlost li

Abb. 2 Lübecker Dodes danz, Inkunabeldruck, Lübeck 1489 (Matthäus Brandis): Begine

Die Begine im Lübecker „Dodes dantz", der 1489 als Inkunabeldruck in der Mohnkopfdruckerei des Matthäus Brandis entstand,[27] ist sehr ähnlich wie die Hamburger Begine gekleidet, gleichfalls mit Gürtel, aber ohne Beutel (Abb. 2). Ob der Beutel der Tibbeke nun für die Aufbewahrung von Geld oder anderen Gegenständen des Alltags gedacht war, lässt sich nicht sicher ergründen. Zwar ist mit dem Berner Totentanz des Niklas Manuel (1484–1530) eine gerade in dem Punkt der „Beuteltasche" aussagekräftige und vergleichbare Darstellung fassbar, der allerdings aufgrund der Zerstörung der Originale im Jahre 1660 nur in Gouachen des Albrecht Kauw (1621 in Straßburg, bis ca. 1681 in Bern) überliefert ist (Abb. 3).[28] In dem für diesen Totentanz typischen Darstellungsmodus von jeweils zwei Figurenpaaren pro Bildtafel ist auf der rechten Seite eine Begine bedrängt vom Tod und gegenüber einem Einsiedler auf der linken Tafelseite dargestellt, der vom Tod festgehalten wird. Wilfried KETTLER beschreibt

27 Allgemein: Brigitte Schulte, Die deutschsprachigen spätmittelalterlichen Totentänze unter besonderer Berücksichtigung der Inkunabel „Des dodes dantz". Lübeck 1489. Köln 1990.

28 Zum Berner Totentanz: Wilfried Kettler, Der Berner Totentanz des Niklaus Manuel. Philologische, epigraphische sowie historische Überlegungen zu einem Sprach- und Kunstdenkmal der frühen Neuzeit. Bern 2009, S. 12–69, bes. 37.

Abb. 3 Berner Totentanz des Niklas Manuel (1484–1530; zerstört), Gouache des Albrecht Kauw: Begine und Tod

den Habit dieser Begine im Bereich des Obergewandes als grau, das Körpergewand als braun.[29] Den Beutel der Berner Begine deutet KETTLER nur als Behältnis für Geschenke. Dies ist umso bedauerlicher, als die Konturen eines oder mehrerer rechteckeckiger Gegenstände im Beutel zu erkennen sind, die gut und gerne mit einem oder mehreren Büchern gleichgesetzt werden könnten. Sieht man einmal von dem differenten thematischen und räumlichen Kontext und dem großen Altersunterschied[30] der gezeigten Akteurinnen ab, ist allgemein betrachtet der Darstellungsmodus der Berner Begine dem der Hamburger Tibbeke recht ähnlich.

Welche Funktion der Beutel der Hamburger Begine konkret hatte, lässt sich nicht mit letzter Sicherheit sagen. Wahrscheinlich ist bei Tibbekes Beutel nicht wie bei der Berner Begine an die Illustration eines „Beutelbuchs“ zu denken – die markanten Ecken eines Buches zeichnen sich nicht unter dem Beutel der Tibbeke ab. Von einem

29 Ebd., S. 37.

30 Allgemein für die semantischen und kulturellen Implikationen des Alters im Spätmittelalter: Kaspar von Greyerz, Passagen und Stationen: Lebensstufen zwischen Mittelalter und Moderne. Göttingen 2010; Jürgen Wiener (Hg.), Altersphantasien im Mittelalter und in der Frühen Neuzeit (Studia humaniora; Band 49). Düsseldorf 2015.

Beutel zur Aufnahme persönlicher Habe wie z. B. einer Geldbörse[31] darf allerdings mit Blick auf die relative Prosperität der Hamburger Beginen ausgegangen werden.[32]

Äußere und innere Bescheidenheit?

Die einzelnen Beginenordnungen weisen zwar durchaus eine gewisse Heterogenität in puncto Detailfreudigkeit bei der Beschreibung der Regel und des Aussehens der vorgeschriebenen Kleidung auf. Allen gemeinsam ist aber,[33] dass sie von den Frauen ein demütiges, zurückhaltendes und allem Kleiderluxus entsagendes Verhalten verlangten. So heißt es etwa im Aachener Statut von 1246 und 1333, dass keine Begine weltliche Kleidung zuschneiden oder Hauben, Pelzwerk bzw. Kopftücher tragen darf.[34] Generell werden in den Beginenordnungen die Einhaltung des Gehorsams und die Unterordnung unter die Oberin vorausgesetzt.[35]

Die Hamburger Darstellung der Tibbeke entspricht dieser Forderung nur insofern, als Tibbeke durch die angedeutete Kniebeuge und die erhobenen Hände in einer Art Demuts- oder Bitthaltung gezeigt wird, allerdings nicht eindeutig in der zeitgenössisch durchaus noch üblichen bedeutungsperspektivisch[36] motivierten Verkleinerung. Die

31 Motivgeschichtlich lassen sich diachron zwischen dem 12. und dem 15. Jahrhundert zahlreiche Varianten der Darstellung von Geldbörsen feststellen. Das Grundprinzip des Beutels ist aber ausnahmslos immer erkennbar, vgl. den Geldsack des Judas im Weltgerichtsportal von Conques (um 1140; allgemein: Michel Pastoureau, Storie di pietra, Turin 2014, S. 69) oder aus dem Umfeld von Köln erhaltene Geldbeutel aus Stoff (Köln, Kölnisches Stadtmuseum, Inv. Nr. [HM] 1888/4 a, b, c; 888/7 a–d; allgemein: Werner Schäfke u. Marcus Trier (Hgg.), Mittelalter in Köln. Eine Auswahl aus den Beständen des Kölnischen Stadtmuseums. Köln 2010, S. 155, Abb. II 5.7) sowie die Miniatur in Giovanni Colonnas Mare historiarum (Paris, BnF, Ms. lat. 4915, fol. 1; Jonathan J. G. Alexander, Medieval Illuminators and Their Methods of Work. New Heaven u. a. 1992, Abb. 49).

32 Reichstein (Anm. 1), S. 154 f., 165 f. erwähnt auf der Grundlage der von ihm analysierten Beginenordnungen, dass Beginen bei ihrem Eintritt in die Kommunität z. T. Geld zu entrichten hatten, Eigenvermögen besaßen und Beginenhäuser reich sein konnten. So musste z. B. für Dienste bei der Totenfürsorge ein Entgelt an die Beginen entrichtet werden: ebd., S. 172. Für Grenzen des Geldbesitzes bei den Beginen, v. a. des privaten: ebd., S. 402, Nr. 9 und 10; S. 410, Nr. 23, etc.; für die Hamburger Beginen zudem: Boese u. Tiemann (Anm. 16), S. 4; für die Herkunft der Hamburger Beginen aus dem besitzenden Bürgertum: Lorenzen-Schmidt (Anm. 15), S. 11, sowie vor allem die Beiträge von Bernicke, Bongermino, Sarnowsky und Wehrli-Johns in diesem Band.

33 Karl Christ, La règle des fins amans. Eine Beginenregel aus dem Ende des XIII. Jahrhunderts. In: Philologische Studien aus dem romanisch-germanischen Kulturkreise, Karl Voretzsch zum 60. Geburtstage und zum Gedenken an seine erste akademische Berufung vor 35 Jahren, hrsg. v. B. Schädel u. W. Mulert. Halle/Saale 1927, S. 173–213, bes. 209, Anm. 268; allgemein: Reichstein (Anm. 1), S. 147–149.

34 Ebd., S. 397.

35 Vgl. die Nachweise bei Reichstein in den überlieferten Beginenordnungen und -quellen, so z. B. ebd., S. 399, 401, Nr. 3; S. 402, Nr. 4; S. 404, Nr. 7 etc.

36 Allgemein: Ernst Seidl, Welche Bedeutung kann die Perspektive tragen? Anmerkungen zu Masaccios Trinitätsfresko in Florenz. In: Das Münster, 53 (2000), S. 356–359.

sie umgebenden Apostel wirken v. a. wegen ihres Nimbus und der frontalen Wiedergabe raumfordernder.

Der Zeichner verlieh Tibekke im Kontrast zu den volumenheischenden Darstellungen der Beginen im Lübecker und im Berner Totentanz (Abb. 2–3) einen gewissen Liebreiz und ein deutlich tailliertes Gewand. Im Kontrast dazu sind die Beginen in den beiden Totentanzdarstellungen geradezu von robuster bzw. matronenhafter Statur. Der nachfolgende Blick auf Darstellungen weiblicher Religiosen allgemein zeigt, dass diese heutzutage kaum noch auffallende Eitelkeit in der zweiten Hälfte des 15. Jahrhunderts doch deutlich über den von dem in der Beginen-Ordnung widergespiegelten Standard an körperlicher Zurücknahme und Bescheidenheit hinausging.

Ordensfrauen in der Buchkunst des Mittelalters

Diachron lassen sich erstaunliche Varianten bei der Darstellung von Ordensfrauen feststellen, die dennoch häufig eine ähnliche Intention visualisieren: die Einschreibung der dargestellten Figur in den jeweiligen Gebetskontext bzw. ihre Teilhabe an der im umgebenden Text thematisierten Fürsorge. Individualität bzw. Persönlichkeit oder Charakterisierung und Wiedererkennbarkeit der im Bild bezeichneten oder illustrierten Sanctimonialen sind unterschiedlich ausgeprägt.

Das Mainzer Lektionar Cod. in scrin. 1

In einem prachtvollen, jedoch nur fragmentarisch erhaltenen Lektionar, das in der Mitte des 13. Jahrhunderts im Raum Mainz für einen Zisterzienserinnen-Konvent gefertigt worden sein muss, hat sich ein Blatt mit dem Text zur Lesung am Pfingstfest von Papst Leo I. erhalten (Tafel XI, Abb. 4).[37] Als Autor mit der Niederschrift eines Textes bzw. einer seiner Sermones befasst, sitzt Leo an einem Schreibpult, ihm gegenüber kniet – deutlich kleiner und davon abgesetzt – eine Nonne im Zisterzienserinnenhabit[38] als Vertreterin der Kommunität, bei der aufgrund ihrer Darstellung per se ein höherer Rang zu vermuten ist. Was ihr Spruchband ursprünglich sagte, ist aufgrund

37 Für das Digitalisat: https://resolver.sub.uni-hamburg.de/kitodo/HANSh499 (Zugriff 16.03.2021).

38 Tilo Brandis ([Beschr.] Die Codices in scrinio der Staats- und Universitätsbibliothek Hamburg 1–110. Hamburg 1972, S. 23) hält mit Blick auf die graue Ordenstracht in Cod. in scrin. 1, fol. 4r die Herkunft aus den Zisterzienserinnenklöstern in Dalheimb, Altenmünster oder S. Agnes in Mainz für möglich. Allgemein geht Josef Braun (Tracht und Attribute der Heiligen in der deutschen Kunst. Berlin ³1988, Sp. 794) davon aus, dass bestimmte Typen der Trachten von Frauenorden erst im 14. Jahrhundert gefestigt waren. Franz von Sales Doyé (Anm. 24, S. 60, Abb. 242) gibt eine chronologisch nicht bestimmbare, aber wohl später zu datierende Beschreibung des Zisterzienserinnenhabits, dessen Bestandteile schwarz oder weiß, aber nicht grau sind. Der Beitrag von

des gerade an dieser Stelle reduzierten Erhaltungszustandes der Pigmentschicht unklar. Möglicher Weise enthielt es einst eine Fürbittformel, vielleicht auch den Namen der Zisterzienserin. Demut und Zurückhaltung kommen in der bedeutungsperspektivisch klein dargestellten Nonne zum Ausdruck. Gleichwohl ist sie nicht nur bildlich präsent, sondern generell auch durch ihr Spruchband in Kommunikation mit dem Autor und in die Aussage des für die Lesung an Pfingsten bestimmten Textes integriert.

Das Graduale Ms. D 11 der Dominikanerinnen von Soest

Anders sind hingegen die Art und Weise der Selbstdarstellung, welche die Dominikanerinnen von Paradies bei Soest in Westfalen wählten. Deren eigene Produktion an hochwertigen liturgischen Handschriften erlebte im ausgehenden 14. Jahrhundert eine herausragende Blüte.[39] Im Graduale D 11 der ULB Düsseldorf aus der Zeit um 1380 haben sich nicht nur über 200 in Deckfarbenmalerei ausgeführte historisierte Initialen und über 1000 Bildbeschriften erhalten, sondern auch die Namensinitialen von verschiedenen Nonnen, die mehr oder weniger sicher entschlüsselt und mit überlieferten Namen der Dominikanerinnen von Paradies in Verbindung gebracht werden können – so die Initialen E. L. eventuell mit der Dominikanerin Elisabeth von Lünen auf den Seiten 19 und 38 der Handschrift.[40] Die Identifikation dieser in Ms. D 11 gezeichneten Nonnen bereitet wahrscheinlich nur heute gewisse Schwierigkeiten,[41] im zeitgenössischen Kontext dürften sie ohne Weiteres dechiffrierbar gewesen sein. Im unteren Bildstreifen einiger Seiten finden sich auch einfache Federzeichnungen der Nonnen, die von theologisch angereicherten lateinischen Tituli flankiert werden (Tafel XII, Abb. 5). Dadurch wirken diese klein gezeichneten Nonnen räumlich und inhaltlich wie mit den Texten der Inschriftenbänder und mit dem liturgischen Formular der jeweiligen Seite verknüpft.[42]

Schlotheuber (Anm. 21) berücksichtigt nicht die Kleidung der Semireligiosen, sondern fokussiert den Habit der Nonnen im Spätmittelalter.

39 Grundlegend: Jeffrey F. Hamburger, Eva Schlotheuber, Susan Marti u. a., Liturgical Life & Latin Learning at Paradies bei Soest, 1300–1425. Münster 2016, Bd. 1–2.

40 Ebd., Bd. 1, S. 167–168, 187, dort auch die Diskussion, ob Elisabeth von Lünen tatsächlich Ms. D 11 geschrieben haben kann oder diese Initialen in D 11 vielleicht eher eine Würdigung ihrer generellen oder ihrer Leistungen als Koordinatorin darstellen können. Vgl. hier auch das entsprechend lautende Kolophon auf fol. 324v: *Hunc librum scripsit, notavit et cum labore complevit soror Elizabet de luenen ordinis fratrum predicatorum in paradyso fratribus eiusdem ordinis in tremonia ob perpetuam sui memoriam.* Das Digitalisat der Handschrift unter: urn:nbn:de:hbz:061:1-39664 (Zugriff 16.03.2021).

41 Vgl. Susan Marti, Schwester Elisabeth schreibt für ihre Brüder in Dortmund. Das Graduale für das Dortmunder Dominikanerkloster. In: Die Dortmunder Dominikaner und die Propsteikirche als Erinnerungsort, hrsg. v. Thomas Schilp u. Barbara Wenzel. Bielefeld 2006, S. 277–281; Hamburger, Schlotheuber, Marti (Anm. 39), Bd. I, S. 184.

42 Für die Vermutung, dass die mittels Initialen ausgezeichneten kleinen Nonnen in D 11 auch als vermögende Stifterinnen des liturgischen Buches und als Bittstellerinnen zu gelten haben: Ebd., Bd. 1, S. 185.

Dass die Dominikanerinnen von Paradies/Soest als Schöpferinnen der Tituli zu gelten haben und dass sie ihre für den eigenen Konvent bestimmten Chorbücher mit einem intellektuell deutlich höheren Anspruch schufen als die für ihre dominikanischen Brüder gefertigten, wurde jüngst in der umfassenden Monographie zu den liturgischen Handschriften aus Soest herausgearbeitet.[43] Inhaltlich changieren die Beischriften zwischen Zitaten aus Bibel und Liturgie, Zitaten aus den Schriften der Kirchenväter und hochmittelalterlicher Theologen wie Bernhard von Clairvaux oder Rupert von Deutz[44] sowie Inschriften, deren Autoren bislang nicht identifiziert werden konnten.[45]

Ein genauerer Blick auf die Beischriften lohnt sich, wird dadurch doch ihre theologisch versierte Abstimmung mit dem Kontext sichtbar: Auf Seite 19 von Ms. D 11[46] mit dem *Gloria patri* tragen die Spruchbänder der drei Nonnen vor allem Gott lobende Beischriften, auf Seite 23 und damit zu Beginn der Adventszeit[47] thematisieren sie die Bitten der Nonnen um Glaubensstärke sowie das immerwährende Reich König Davids und den keineswegs nur eschatologisch geprägten Wunsch, dass das Reich Gottes kommen und ewig währen möge. Die Beischriften von der im Kontext des vierten

43 Vgl. Literatur in Anm. 39.

44 Vgl. etwa mögliche Quellen (in Klammern) der Beischriften der hier berücksichtigten Seiten von Ms. D 11, die Transkriptionen und Quellenangaben stammen von der Verfasserin dieses Beitrags: Seite 19 im thematischen Kontext des *Gloria patri* der achten Kirchentonart (*De octavo tono*) und zur Austeilung des Weihwassers im Jahreskreis (*Ad aspersionem aque benedicte*): 1. Initiale G(loria): *tu rex glorie christe* (Hymnus); *pleni sunt celi et terra gloria tua* (Teil des Sanctus). Beischriften im rahmenden Fleuronnée: *Repleatur os meum laude ut cantem gloriam tua(m).* (Ps 70,8); *sit gloria domini in seculum* (Ps 103,31); *Afferte domino gloriam et honorem afferte gloriam* (Versikel, Dominica 4 post Pascha, Cantus ID: 006269a*); Nomini eius date gloriam laudi eius* (Ps 65,2; vgl. für die liturgische Verwendung an Dominica 5 post Pascha: Cantus ID 507009c). Beischriften der gezeichneten Nonnen: Nonne H. E.: *exurge gloria mea* (Introitus); Nonne H. D.: *videbitur deus in glaria* (!) *sua* (vgl. ähnlich den Versikel *Et gloria eius in te videbitur,* 1. Adventssonntag: Cantus ID: 007728a); Nonne E. L.: *psallam(us) in gloria mea.*
Seite 23: thematischer Kontext *Dominica prima in adventu domini, Ad te levavi animam meam*: Initiale: *In hoc apparuit caritas dei in nobis* (1 Joh 4, 9); *Benedictum quod venit regnum patris nostri david* (Mk 11,10); *Semen eius in eternum manebit et thronus eius sicut sol joseph* (Ps 89,36). Beischriften der Nonnen: *Deus meus in te confido* (Offertorium zu *Ad te levavi animam meam*); *Non confundar in eternum* (Ps 30,2).
Seite 38: Kontext der Seite: *Sabbato officium* (i. e. vor dem 4. Advent). Beischriften der Initiale, die im Binnengrund das Mandylion Christi zeigt: *Videbimus eum sicuti est* (1 Joh 3,2); *Non videbit me homo et vivet* (2 Ex. 33,20); *In quem desiderant angeli prospicerent* (1 Pt 1,12). Am linken Seitenrand flankierende Beischrift: *In muneribus vultum tuum deprecabuntur* (Ps 44,13). Beischriften der Nonnen am unteren Bildrand: Nonne L. E.: *Ne avertas faciem t(uam) a me* (Ps 68,18); Nonne h. D.: *Vultum tuum domine requiram* (Ps 26,8); Nonne E. L.: *Illumina domine vultum t(uum) sup(er) n(os)* (Ps 66,2).

45 Ebd., Bd. 1, S. 744–750; Bd. 2, S. 83–92.

46 Vgl. die Transkription in Anm. 44; für das Digitalisat der Seite: http://digital.ub.uni-duesseldorf.de/ms/content/pageview/274564 (Zugriff 16.03.2021).

47 Vgl. die Transkription in Anm. 44; für das Digitalisat der Seite: http://digital.ub.uni-duesseldorf.de/ms/content/pageview/274568 (Zugriff 16.03.2021).

Advents und damit unmittelbar vor der Ankunft des Messias stehenden Seite 38 (Tafel XII, Abb. 5)[48] thematisieren bemerkenswerter Weise in typologisch anmutender Entsprechung mit der Position des Formulars im Jahreskreis der kirchlichen Liturgie die Gottesschau, die aber erst dann möglich ist, wenn der Mensch seine leibliche Hülle verlassen hat.[49] Die Darstellung des Mandylions im Binnengrund einer Initiale dieser Seite – d. h. die Allusion auf ein „Wunderbild" Christi, dessen Spuren sich im Westen nach der Plünderung Konstantinopels 1204 verlieren, das aber in mehreren Repliken überliefert ist[50] – unterstreicht diese Textebene zusätzlich.

Die Nonnen sind zwar in diesen Beispielen klein und unscheinbar gehalten. Sie wurden in der bas-de-page-Zone platziert und damit in einem Layout-Bereich der Seite, der in der mittelalterlichen Buchmalerei generell nicht für Hauptbilder reserviert war. Vielmehr blieb dieser Bereich entweder häufig leer oder bot hierarchisch untergeordneten Bildthemen wie Drôlerien bzw. Randbildern Platz,[51] in liturgischen Handschriften zuweilen auch funktionalen Motiven wie einem liturgischen Kusskreuz,[52] seltener Stifterfiguren.[53] Neben pragmatischen Gesichtspunkten wie der Positionierung der Zeichnung am unteren Seitenrand als der einzig möglichen Zone auf den Seiten des Graduale Ms. D 11 dürfte diese Position deshalb entsprechend auch als bildtopographisch semantisierter Bescheidenheitsgestus[54] zu deuten sein. Gleichwohl erhielten auch diese Dominikanerinnen eigens einen Raum auf den Seiten des Graduale, wurden also überhaupt dargestellt.

Hinzukommt, dass die Dominikanerinnen von Paradies nicht einfach präsent sind wie in anderen Beispielen der Buchmalerei, die im neuen Opus magnum zu den Para-

48 Vgl. die Transkription in Anm. 44; für das Digitalisat der Seite: http://digital.ub.uni-duesseldorf.de/ms/content/pageview/274583 (Zugriff 16.03.2021).

49 Allgemein zum Thema der Gottesschau: Kurt Ruh, Geschichte der abendländischen Mystik, I. Die Grundlegung durch die Kirchenväter und die Mönchstheologie des 12. Jahrhunderts. München 1990, S. 103–105; Herbert L. Kessler, Real Absence: Early Medieval Art and the Metamorphosis of Vision. In: Settimane di Studio del Centro Italiano di Studi sull'Alto Medioevo, XLV, 2, 1998, S. 1157–1211; Cynthia Hahn, Visio Dei. Changes in Medieval Visuality. In: Robert S. Nelson (Hg.), Visuality before and beyond the Renaissance. Seeing as Others saw. Cambridge 2000, S. 169–196.

50 Hans Belting, Bild und Kult. Eine Geschichte des Bildes vor dem Zeitalter der Kunst, München [2]1991, S. 233–252, bes. 233–241, Abb. 15 und Tafel III, dort auch über die Replik in S. Bartolomeo degli Armeni in Genua, dort nachweisbar seit 1348, und das Mandylion des Vatikans, Cappella S. Matilda, aus S. Silvestro in Capite, 6. Jahrhundert.

51 Michael Camille, Image on the Edge. The margins of medieval art. London 1992; Peter K. Klein, Rand- oder Schwellenphänomen? Zur Deutung der Randbilder in der mittelalterlichen Kunst. In: Grenze und Grenzüberschreitung im Mittelalter, hrsg. v. Ulrich Knefelkamp. Berlin 2007, S. 166–187.

52 Vgl. z. B. Hamburg, SUB, Cod. Cath. 5, fol. 164v; Cod. Cath. 6, fol. 127v; Cod. Cath. 7, fol. 129v.

53 Z. B. Hamburg, SUB, Cod. Cath. 6, fol. 127v.

54 Die Frage, ob auch der Verzicht auf die Benutzung von Deckfarben für diese Darstellungen einem Bescheidenheitstopos gleichkommt, ist kaum zu klären. Immerhin gibt es auch materialästhetische Aspekte wie den Umstand, dass die in der bas-de-page-Zone gezeichneten Nonnen Teil des mit der Feder ausgeführten Fleuronnée sind.

dies-Handschriften von Soest anders als hier fokussiert vorgestellt wurden – sei es in demütiger, fürbittender oder betender Haltung, zuweilen inschriftlich individualisiert, zuweilen nicht: so z. B. die Nonnen im Graduale der Dominikanerinnen von St. Katharinenthal (dat. 1312)[55] oder die Dominikanerin Christina im Martyrolog und Nekrolog aus Heilig Kreuz, Regensburg, von 1307[56], ähnlich auch die Zisterzienserinnen Met<a> und Oda im Chorbuch von 1250 (Köln oder Mittelrhein).[57] Vielmehr kommunizieren und interagieren die Dominikanerinnen von Paradies mittels Spruchbändern auf einer bemerkenswerten liturgischen und intellektuellen Ebene mit dem sie umgebenden heiligen Text des Graduale und dadurch mittelbar auch mit dem Benutzer oder Betrachter der aufgeschlagenen Seiten.

Im Kontrast dazu sind in dem um einiges früher als Ms. D 11, d. h. um 1300 datierten Codex Gisle[58] die Zisterzienserinnen in der Initiale P im Introitus des ersten Weihnachtstages *Puer natus* mit Ausnahme einer ausdrücklich als Gisle erkennbaren Nonne nicht inschriftlich bezeichnet. Sie singen im Bild und damit ‚in actu' die Sequenz *Grates nunc omnes reddamus domino deo*,[59] so dass die Darstellungsweise den Grad an Integration ins liturgische Geschehen im Vergleich zum Graduale Ms. D 11 von Paradies noch zu übertreffen scheint. Die Nonnen spiegeln im Codex Gisle zusätzlich den himmlischen Chor der Engel wider, sind bildlich sozusagen damit verklammert und äquivalent gesetzt. Im Bild erscheinen sie jedoch weitgehend typisiert und als anonyme Repräsentanten des Konvents[60] – einzig besagte cantrix Gisle ausgenommen. In diesem Prachtgraduale, das sehr wahrscheinlich von zwei Buchmalern (!) ausgeführt und doch auf die speziellen Bedürfnisse des Zisterzienserinnenkonvents Rulle bei Osnabrück als Verwendungsort abgestimmt wurde, ist einzig diese Gisela von Kerssenbrock ausgezeichnet – wahrscheinlich, weil sie auch eine herausragende Rolle bei der Planung und Herstellung dieser Cimelie hatte.[61]

55 Zürich, Schweizerisches Landesmuseum, inv. no. LM 26117, fol. 161v; vgl. hierfür: Hamburger, Schlotheuber Marti (Anm. 39), Bd. I, S. 183 und Fig. 7.25.

56 Paris, BnF, ms. nouv. acq. lat. 772, fol. 111v: Ebd., Bd. I, S. 184, Fig. 7.27.

57 London, Victoria & Albert Museum, Dept. of Prints & Drawings, no. 246.1: Ebd., Bd. I, S. 185, Fig. 72.9.

58 Harald Wolter-von-dem Knesebeck, Kunsthistorische Beschreibung und Betrachtung des Codex Gisle. In: Der Codex Gisle. Ma 101, Bistumsarchiv, Osnabrück. Kommentar zur Faksimile-Edition. Mit Beiträgen von Beate-Braun-Niehr, Fabian Kolb, Hermann Queckenstedt, Harald Wolter-vondem Knesebeck. Luzern 2015, S. 37–91. hier S. 37 f.

59 Analecta Hymnica 10.16 und 53.15; datiert vor 1300; Osnabrück, Bischöfliches Diözesanmuseum, inv. no. Ma 101, S. 25: Hamburger, Schlotheuber, Marti (Anm. 39), Bd. I, S. 186 f.

60 In dem wesentlich älteren und der differenten Textgattung einer Enzyklopädie des 12. Jhs. zugehörigen *Hortus deliciarum* ist die Typisierung und die Inaktivität der Nonnen noch weitreichender: Einzig Herrad als Äbtissin interagiert mittels Beischrift mit den Dargestellten der Seite und dem Betrachter.

61 Wolter-von-dem Knesebeck (Anm. 58), S. 93–101.

Die Nonnen im Medinger Psalter Cod. in scrin. 149

Mit Cod. in scrin. 149 handelt es sich um einen bislang nicht umfassend analysierten Psalter, der in seinem Kernbestand bereits im 13. Jahrhundert ausgeführt wurde. Wohl in Medingen wurde die Handschrift im 15. Jahrhundert durch eine ganze Reihe von Modifikationen für den Gebrauch im religiösen Leben der Benutzerin modifiziert. Zu diesen sekundären Veränderungen gehören das Aufkleben von Fleuronnée-Initialen und Drôlerie-besetzten Initialen, die aus mindestens zwei anderen Handschriften herausgeschnitten wurden, in Text- und Randbereiche der Medinger Handschrift – wohl zum Schmuck und zur besseren Orientierung im Psalter[62] – sowie das Einfügen des konventseigenen Kalendars auf fol. 3r–8v und eines Einzelblatts mit einer Kruzifixus-Darstellung auf fol. 9v, die nicht in dem den Medinger Nonnen eigenen Stil,[63] sondern im ‚professionellen' Malstil des 15. Jahrhunderts gehalten ist.[64]

Im Medinger Psalter wirft die Gestaltung der übergroßen Johannesfigur auf der linken Seite ein bezeichnendes Licht auf die nebenstehende Nonne auf der rechten Bildseite und generell auf die mutmaßliche Benutzerin der Handschrift. Entsprechend eines zeitgenössisch beliebten Bildtypus und apokrypher Überlieferung hält Johannes auf fol. 10r einen Kelch in der Hand (Tafel XVI, Abb. 11). Daraus weichen die Dämonen bzw. das Gift in Form von Schlangen, die von der Glaubensstärke des Johannes besiegt sind.[65] Johannes wirkt androgyn, ‚unrealistisch' bzw. körperlos und im Gesicht fast puppenhaft – ein Gestaltungsmodus, der besonders auf die religiöse Wahrnehmungsweise weiblicher Religiosen abgestimmt zu sein scheint. Zu berücksichtigen ist in diesem Zusammenhang, dass es für Sanctimonialen, wie die in Wolfenbüttel aufbewahrte Handschrift Cod. Guelf. 1121 Helmst. anschaulich zeigt,[66] im 15. Jahrhundert durchaus möglich war, die Kindheitsgeschichte Jesu zu einer puppenähnlichen Mutter-Kind-Story zu erweitern. Auf diese Weise wurden im Bild nicht nur Maria, sondern auch die Nonnen selbst und teilweise sogar in bildlicher Konkurrenz zur Mutter Gottes einbezogen.

62 Vgl. etwa die aufgeklebten Fleuronnée-Buchstaben in Cod. in scrin. 149 auf den fol. 11v, 17r, 41r, oder die umgestaltete Beatus-vir-Seite von Psalm 1 auf fol. 11v (https://resolver.sub.uni-hamburg.de/kitodo/PPN1689289341, dort image 28; Zugriff 24.04.2021).

63 Vgl. allgemein zur Nonnenmalerei: Anne Winston-Allen, „Nonnenmalerei": Iconography in Convent Women's Art of the Upper Rhine Regio. In: Kulturtopographie des deutschsprachigen Südwestens im späteren Mittelalter. Berlin u. a. 2009, S. 141–156, bes. S. 141, mit Literatur.

64 Das Digitalisat von Cod. in scrin. 149, fol. 9v unter: https://resolver.sub.uni-hamburg.de/kitodo/PPN1689289341, dort image 24 (Zugriff 10.05.2021).

65 Martin Lechner, Johannes der Evangelist. In: LCI 7, Sp. 108–130, hier Sp. 109–113.

66 Ulrike Hascher-Burger u. Britta-Juliane Kruse, Medien devoter Sammelkultur. Musik, Gebet und Andachtsbilder in zwei spätmittelalterlichen Rapiarien aus Stift Steterburg. In: Kruse, Rosenkränze (Anm. 14), S. 91–98; Ulrike Hascher-Burger, Handschriften mit Notation aus den niedersächsischen Augustiner-Chrofrauenstiften Steterburg Heiningen und Dorstadt. In: Kruse, Rosenkränze (Anm. 14), S. 109–115, bes. 111; dort in Anm. 10 auch der Verweis auf Cod. in scrin. 209.

Die Medinger Zisterzienserinnen passten den über 200 Jahre alten Psalter und seine dekorative Ausstattung nicht nur ihren eigenen ästhetischen Ansprüchen an. Vielmehr stellte sich auf fol. 10r eine Nonne von mutmaßlich höherem Rang, wohl die Äbtissin, auch unter den Schutz der Fürbitte, die sie im Bild an den Apostel richtet: *O Sanctus Iohannes apostole dei Ora pro me*. Auch sie schrieb sich in den Gebetskontext der Handschrift ein – gleich wie die Zisterziensernonne des 13. Jahrhunderts in Cod. in scrin. 1 oder die Begine Tibekke in Cod. conv. 8.

Hinsichtlich der Körpergröße ist sie dem benachbarten Johannes untergeordnet, nimmt jedoch immer noch fast die Hälfte der Bildhöhe ein und ist damit von einer vergleichsweise stattlichen Größe. Der Literatur zufolge ist sie gleich wie die Medinger Äbtissin Margarete von Puffen dargestellt, die im ausgehenden 15. Jahrhundert amtierte.[67] Die Ausführung ihres Gewandes und v. a. der Kopfpartie lassen eine bemerkenswerte Sorgfalt erkennen: Ihr Habit ist faltenreich gestaltet und suggeriert ein merklich körperähnliches, realistischeres Volumen als es das räumlich flach anmutende Gewand des Johannes vermag. Im Kopfbereich wurde ausgebessert bzw. das Papier als Bildträger ausgeschnitten und die ursprüngliche Gestaltung gegen einen aufwendigen oder auch detailreich gemalten Schleier ausgetauscht.

Ein kurzes Gedankenspiel über die Hintergründe und Bedeutung dieses singulären Eingriffs sei gewagt: Um ein ähnliches Phänomen wie bei Mumienporträts, die, extra in die Binden der Mumie eingewickelt, den Eindruck des Lebendigen erzeugen sollten, dürfte es sich hier kaum handeln.[68] Auch gibt es wohl keine bildtheologische Implikation etwa von der Art, dass mittels Materialwechsel die Absenz der dargestellten Figur betont werden sollte. In diesem Zusammenhang sind Beispiele aus dem 9. Jahrhundert in der Monumentalkunst südlich der Alpen bekannt wie das Antlitz Christi, das in der Unterkirche von San Clemente in Rom oder wie in San Pietro al Monte di Civate am Ende des 11. Jahrhunderts aus Stuck anstatt Freskomalerei wie der zugehörige Körper gefertigt wurde.[69]

Vielleicht handelt es sich hier eher um einen als Aktualisierung zu verstehenden Eingriff, der in weniger einschneidender, aber nicht minder plakativer Form zum Beispiel aus dem Codex Aureus von St. Emmeram bekannt ist: Abt Ramwold (um 900–1000) ließ den Codex restaurieren und danach ein zweites „Stifterbild" mit der Darstellung seiner eigenen Person einfügen[70] – vermutlich Ausdruck dafür, am Glanz karolingischer Zeiten teilhaben zu wollen und die Leistungen der eigenen Person nicht in Ver-

67 Vgl. Stork (Anm. 2) und den Beitrag von Gia Toussaint in diesem Band.

68 Allgemein: Wilfried Seipel (Hg.), Bilder aus dem Wüstensand. Mumienporträts aus dem Ägyptischen Museum Kairo. Eine Ausstellung des Kunsthistorischen Museums Wien, Ausst.-Kat. Milano 1998; Belting (Anm. 50), S. 115 f.

69 Vgl. Kessler (Anm. 49); Monika E. Müller, Omnia in mensura et numero et pondere disposita. Die Wandmalereien und Stuckarbeiten von San Pietro al Monte di Civate. Regensburg 2009, S. 213–219.

70 Paul Gichtel, Der Codex Aureus von St. Emmeram. Die Restaurierung des Cod. lat. 14000 der Bayerischen Staatsbibliothek München. München 1971, S. 13.

gessenheit geraten zu lassen. In diese Richtung weitergedacht, könnte das neu in Cod. in scrin. 149 eingefügte Antlitz der Nonne auch eine Aktualisierung und einen Besitzerinnenwechsel dokumentieren, der in nicht allzu entfernter Zeit von der primären Ausführung des Blattes anzusetzen ist. Immerhin dürften die Gesichter der beiden Figuren auf dieser Seite von derselben Hand gemalt worden sein.

Zwischenresümee

Diese Beispiele der bildlichen Einschreibung in den Gebetskontext und der unterschiedlichen Grade an visualisierter Individualisierung ließen sich sicher noch mehren. An der hier vorgestellten Einordnung der Tibekke-Zeichnung als seltenes Beispiel, bei dem durch die namentliche Auszeichnung und die Darstellung der Begine als einzelne Figur – ohne weitere Angehörige ihrer Gemeinschaft – wie eine individuelle Person anmutet, würde sich jedoch kaum etwas ändern. Anders ausgedrückt: Es ist nicht unwesentlich, dass in den anderen hier zitierten Beispielen meist mehrere Sanctimonialen zusammen illustriert wurden. Selten sind hingegen Darstellungen einzelner Nonnen oder religiöser Frauen, die wie wahrscheinlich auch Tibekke keinen besonderen Status innerhalb ihrer Gemeinschaft bekleiden, in individuell, von jeweils nur einer Person genutzten Gebetbüchern. Quasi folgerichtig handelt es sich bei der weiblichen Einzelfigur im Medinger Psalter um eine hochgestellte Person, die Äbtissin. Selten sind gerade in diesem Zusammenhang auch Darstellungen einzelner religiöser, nicht durch Amt und Funktion ausgezeichneter Frauen, die nicht narrativ oder aber repräsentativ wie in Dedikationsbildern integriert sind. Abgesehen davon spielt die Nonne als individuierbare Person höchstens im Codex Gisle und im Graduale aus Paradies/Soest eine der Hamburger Tibekke ähnliche Rolle – allerdings wieder im Kollektiv.

Tibekke kann gut und gerne als herausragend unter diesen Vergleichsbeispielen bezeichnet werden. Spürt man der Frage nach, inwieweit die Darstellung bildliche Reflexe des von Beginen allgemein dokumentierten Selbstverständnisses als Nachfolgerinnen bzw. *ancillae Mariae*[71] aufweist, bleibt die Antwort recht vage: Zwar haben sich Darstellungen der betenden Maria im byzantinischen und von Byzanz beeinflussten Kunstkreis erhalten, die eine vergleichbare Handhabung wie die der Tibekke zeigen. Eindeutige, über generische Bezüge aufgrund des jeweils langen Habits hinausgehende Analogien zwischen der Zeichnung der Tibekke und Marienbildnissen lassen sich aber nicht aufzeigen.[72]

71 Martina Wehrli-Johns, Haushälterin Gottes. Zur Mariennachfolge der Beginen. In: Hedwig Röckelein, Claudia Opitz u. Dieter R. Bauer (Hgg.), Maria – Abbild oder Vorbild? Zur Sozialgeschichte mittelalterlicher Marienverehrung. Tübingen 1990, S. 147–167, bes. S. 147–150.

72 Byzantinische Elemente auch in der Darstellung der Tibekke zu vermuten, ist angesichts der byzantinisierenden Darstellung des benachbarten Apostels Andreas nicht allzu weit hergeholt, vgl.

Um eine diachron lineare Entwicklungslinie der Darstellungen des 13.–15. Jahrhunderts „von der typisierten anonymen Person zur zunehmend individualisierten Person“ belegen zu können, müsste diese Skizze auf eine breitere Basis gestellt werden. Auch dass die unterschiedliche Funktion bzw. der unterschiedliche Sitz im Leben der einzelnen hier zitierten Handschriften eine Rolle bei der bildimmanenten Differenzierung und Adressierung der Personen spielen würde, lässt sich nicht mit Sicherheit sagen: Alle hier berücksichtigten Handschriften, die der Feier der Gemeinschaftsliturgie dienten, adressieren zwar folgerichtig häufig auch im Bild die Kommunität, vertreten durch die Wiedergabe mehrerer geistlicher Frauen. Aber im Graduale Ms. D 11 sind dennoch mehrere Nonnen vermutlich auch um ihrer Verdienste sowie um einer eindeutigen Integration in das Gebet und der Jenseitsfürsorge[73] willen namentlich differenziert. Gebetbücher mit Darstellungen einzelner Figuren wie der Begine Tibekke oder der Äbtissin im Medinger Psalter wurden jeweils temporär wahrscheinlich nur von einer Person genutzt bzw. betrachtet. Von daher war die besondere Individualisierung der dargestellten Person mittels Beischrift und Gestaltung individueller Merkmale wie dem Gesicht naheliegend. Dies gilt umso mehr für die Entstehungszeit dieser beiden Beispiele des 15. Jahrhunderts, in dem die Kenntnis der Errungenschaften der Porträtmalerei prinzipiell möglich war.[74]

Weitere Spuren des Zuschnitts der Gebetbücher auf den persönlichen Gebrauch

Alle Hamburger Beginenhandschriften tragen Spuren des häufigen Gebrauchs. Aber gibt es außer der geradezu plakativ anmutenden Darstellung der Tibekke weitere Zeichen der Anpassung an die individuelle Benutzung?

Die Hamburger Beginen-Handschriften weisen generell nur wenig Dekor von anlegender Hand auf. Ausgeführt wurden außer der vorgestellten Figurengruppe um Tibekke in Cod. conv. 8 meist nur einfache Initialen, d. h. Lombarden ohne weiteren Schmuck.[75] Generell sind sie damit anderen Gebetbüchern ähnlich, die sich aus dem

Gertrud Schiller, Ikonographie der christlichen Kunst, Bd. 4,2 Maria. Gütersloh 1980, Abb. 444: Reliefikone, Konstantinopel, 11. Jh., heute Washington, oder auch die Verkündigungsmaria Giottos im Wandmalereizyklus der Cappella degli Scrovegni in Padua, um 1305: Ebd., Abb. 500.

73 Vgl. den Wortlaut des Kolophons in Düsseldorf, ULB, Ms. D 11, zitiert in Anm. 40.

74 Vgl. Beyer (Anm. 11).

75 Vgl. die einfachen, teilweise recht grob ausgeführten Lombarden in Cod. conv. 1, 3, 4, 9, 10 (dort z. T. mit Goldverwendung, das aber schlecht aufgetragen wurde, vgl. dort fol. 1r, 5r, 80r, 99r). Ähnlich minimalistisch ist der Dekor in Cod. conv. 12 und 13. In Cod. conv. 7 haben sich hingegen aufwendigere Fleuronnée-Initialen erhalten, die entsprechend dem Ausstattungsusus des 15. Jahrhunderts einen zweifarbig gespaltenen Stamm, im Binnengrund der Initiale Knospenfleuronnée und flankierende Fadenausläufer aufweisen, vgl. z. B. ebenda, fol. 1r, auch in Cod. conv. 2 (fol. 39v, 71r) und conv. 8 (fol. 192r) finden sich vereinzelt einfache Perl-Fleuronée-Initialen.

15. Jahrhundert aus Sanctimonialen-Niederlassungen erhalten haben.[76] Ausnahmen wie die reich dekorierten Medinger Bücher[77] scheinen dies zu bestätigen.

Vor diesem Hintergrund wird die Mutmaßung zentral, dass die Handschriften – die bis dato von der älteren Forschung nicht umfassend eingeordnet sind[78] – wahrscheinlich nur in Ausnahmefällen im Hamburger Beginenkonvent selbst geschrieben wurden. Dass die Schrift der nachweislich von Beginen stammenden Besitzeinträge oder der vermutlich von ihnen auf Zettel geschriebenen Gebete und Gebrauchstexte von Cod. conv. 15 qualitativ hinter der durchweg geübt und relativ professionell geschriebenen Schrift der Haupttexte dieser Gebetbücher zurücksteht, soll hier aufgrund der spekulativen Färbung solcher den Ausbildungsstand und das Schreibvermögen[79] der

76 Vgl. etwa die spätmittelalterlichen Gebetbücher niedersächsischer Frauenklöster, ohne Medinger Handschriften Kruse, Rosenkränze (Anm. 14).

77 Vgl. Hans-Walter Stork, Eine Gruppe von Medinger Handschriften in der Staats- und Universitätsbibliothek Hamburg. In: Jeffrey F. Hamburger u. a. (Hgg.), Frauen – Kloster – Kunst. Neue Forschungen zur Kulturgeschichte des Mittelalters. Turnhout 2007, S. 131–139 sowie die Publikationen von Henrike Lähnemann zum Thema und die Angaben in der vorausgehenden Anm.

78 Conrad Borchling (Ueber mittelniederdeutsche Handschriften des nordwestlichen Deutschlands. In: Jahrbuch des Vereins für niederdeutsche Sprachforschung 23, 1897, S. 103–124, bes. S. 106–107) geht ohne weitere Fundierung davon aus, dass die erhaltenen Hamburger Beginenhandschriften „alle an Ort und Stelle entstanden" seien. Monika Boese u. Kathrin Tiemann (Anm. 16, S. 6) vermuten mit Verweis auf Besitzeintragungen und die in den Handschriften erhaltenen Schriftstücke sowie die Personalisierung von Überschriften und Gebetseinleitungen in Cod. conv. 1, dass die Handschriften nicht im Konvent angefertigt, sondern als Privatbesitz einzelner Beginen in die Gemeinschaft eingebracht wurden. Christian Schmidt (Anm. 6, S. 238) verweist im Anschluss an Boese und Tiemann und bei Cod. conv. 1 auf „Beziehungen zwischen Schreibern und Auftraggebern". Wie die anonym gehaltenen Gebetsanweisungen in Cod. conv. 12 zeigen, kommt Schmidt (ebd.) zufolge allerdings auch das Gegenteil vor. Ohne weitere Argumentation scheint Klaus-Joachim Lorenzen-Schmidt (Anm. 15, S. 11) davon auszugehen, dass die Gebetbücher der Hamburger Beginen von diesen selbst geschrieben worden seien. Vgl. auch die Ausführungen in nachfolgender Anmerkung.

79 In Cod. conv. 1 ist der Besitzeintrag der Greteke Wegener (vgl. auch Staphorst 1723, Bd. I/1 (Anm. 3), S. 240 für den *liber Beguinarum: 1479 Greteke Wegeners, filia Marquardi beguina, vixit etiamnum 1544*; Borchling (Anm. 4), S. 98; Stork [Anm. 2], S. 208) im Kontrast zur durchaus soliden Textualis des Haupttextes grob ausgeführt, ähnlich in Cod. conv. 2, in dem ein eher ungelenk geschriebener Besitzeintrag von Margrete Gotkens (Staphorst 1721, Bd. I/1 [Anm. 3], S. 241 mit Verweis auf den Eintrag im *liber Beguinarum: 1529 Margarethe, filia. Hans Götkens, professa*; Borchling [Anm. 4], S. 98 f.; allgemein: Stork [Anm. 2], S. 209) dem solide in Textualis geschriebenen Haupttext gegenübersteht. Dieser Trend lässt sich in mehreren Beginenhandschriften mit Besitzeinträgen von Beginen verfolgen. Davon hebt sich der Besitzeintrag von *Angnete Rygemeygrs hort dit boeck tho* auf dem vorderen Spiegelblatt in Cod. conv. 3 ab (allgemein: Borchling [Anm. 4], S. 99; Digitalisat: https://resolver.sub.uni-hamburg.de/kitodo/PPN1043482105, dort image 2), der nicht nur kalligraphische Qualitäten, sondern eine gewisse Nähe zum Schriftduktus im Haupttext aufweist. Auch die solide Schrift in Cod. conv. 9 dürfte zum Teil von einer Begine stammen, zumindest lässt darauf ein anonymer Eintrag in der Handschrift auf fol. 212v darauf schließen, in dem das Schreiben im Rahmen eines Gebetes thematisiert wird: *denerynnen christi de dit geschreven heft* (Boese u. Tiemann [Anm. 16], S. 7; ähnlich Stork [Anm. 2], S. 209; für die Stelle in der Handschrift, vgl. https://katalogplus.sub.uni-hamburg.de/vufind/Record/1043486259, dort image 426 (Zugriff 02.04.2021).

Frauen tangierenden Überlegungen nicht einmal stark bewertet werden. Auch der für 1360 in der Hamburger Beginenordnung dokumentierte ‚Status quo' des 14. Jahrhunderts – „§ 12 Eine jegliche gelehrte Schwester wäre gehalten, alle Tage den Cursum, oder die horas Mariae zu lesen; die aber ungelehret, könnte Morgens und Abends mit 20 Pater noster und so vile Ave Maria auf jedesmal zukommen"[80] – soll hier allein schon wegen des zeitlichen Abstands zu den erhaltenen Beginenhandschriften nur am Rande bedacht werden.[81] Denn viel beweiskräftiger für die oben angestellte Vermutung – dass die Hamburger Gebetbücher eher nicht von den Beginen selbst geschrieben wurden – ist der in der Literatur verschiedentlich erwähnte Umstand, dass sich einige Einträge von Schreibern in den Handschriften erhalten haben, die ausdrücklich von Männerhänden stammen, so z. B. in Cod. conv. 12 der Besitzeintrag des Franziskanermönchs Otte vam Campe.[82] Auf der gleichen Seite ist auch die Weitergabe des Buches bzw. die Änderung der Besitzverhältnisse dokumentiert. Oben links hat sich besagter Otte vam Campe eingetragen, oben rechts Lussie van Gneißen, in der Mitte: Katharyne Vann (?) und darunter Cathryne Krumelingh. Am Ende von Cod. conv. 14 (fol. 152v) hat sich der Name des Schreibers Leo de Ratingen aus dem Jahr 1434 erhalten.[83] Auch das Namensrätsel in Cod. conv. 11, das bereits von Carl BORCHLING als

Weitet man den Vergleich auf den eindeutig aus dem Konventsbesitz der Hamburger Beginen stammenden Schriftzeugnisse abschließend auf Cod. conv. 15 aus (Ersterwähnung bei Borchling [Anm. 4], S. 110–111; Stork [Anm. 2], S. 213–215), dann wird dieser Trend bestätigt. Mit Cod. conv. 15 handelt es sich um eine Schachtel mit Zetteln, die zum Großteil mit Hand geschriebenen, z. T. aber auch mit gedruckten Texten bedeckt sind und aus den Conventshandschriften 1 bis 14 oder auch Büchern des Konvents stammen, wobei der Verbleib der Drucke – die beiden eingangs erwähnten Inkunabeldrucke ausgenommen – bis dato unklar ist. Die sog. Mietzettel datieren wahrscheinlich erst vom Anfang des 16. Jahrhunderts und damit aus einer nach der hier relevanten Zeit liegenden Periode. Sie zeigen formelhafte Anpreisungen von mietbaren Räumlichkeiten wie die Vermietung eines Hauses, eines Kellers, eines Dachbodens. Neben den Rechnungsbüchern gelten sie als Beleg für die Einnahmequellen des Konvents.
Generell besteht die Versuchung, einige Schriftzeugnisse von krakelig-unbedarfter Qualität aus Cod. conv. 15 den Beginen zuzuordnen, über deren Ausbildungsweg wir allerdings nur ungenügend informiert sind – so z. B. Nr. 5 mit einem in Versform formulierten Gebet, Papierstück Nr. 4 aus Cod. conv. 4 mit einem Gebet an die göttliche Weisheit oder Papierstück Nr. 13 aus Cod. conv. 1 mit der an der Johannes-Apokalypse inspirierten Antiphon *Civitatem istam tu circumda domine et angeli tui* [...] (vgl. Abb. 1, Beitrag Röckelein). Jedoch ist bei den Papierstücken in Cod. conv. 15, Nr. 20, 17 und 14, die aus Cod. conv. 1 stammen, keineswegs klar, wer der schreibende Urheber bzw. die Urheberin waren. Die eben genannten Stücke sind alle in einer gepflegten Kursive bzw. Bastarda des 15. Jahrhunderts geschrieben.

80 Zitiert nach Reichstein (Anm. 1), S. 410, die Unterstreichungen stammen von der Verfasserin dieses Beitrags.

81 Die Ergänzungen zur Beginenordnung, die Domdekan Johannes Bennyn um 1462 erließ, fokussieren v. a. Aspekte des Gehorsams und der Hierarchie, vgl. Staphorst 1731, Bd. I/4 (Anm. 3), S. 148.

82 Borchling (Anm. 4), S. 107; für das Digitalisat von Cod. conv. 12, vgl.: https://digitalisate.sub.uni-hamburg.de/recherche.html.

83 Vgl. Borchling (Anm. 4), S. 109 f.; Stork (Anm. 2), S. 209.

Eintrag eines Schreibers namens Gherherdus Gogreve aufgelöst wurde,[84] lässt darauf schließen, dass die Beginenhandschriften nicht von den Religiosen selbst geschrieben wurden. In Cod. conv. 4 haben sich ein Besitz- und ein Schreiberkolophon des Arnt Brun, des Bruders der Hamburger Begine Alleke, erhalten, der auf die Tätigkeit dieses als Mitglied in der Gesellschaft der Flandernfahrer überlieferten Angehörigen schließen lässt.[85]

Dehnt man den Blick auf die buchbinderische Seite des Herstellungskontextes aus, so fällt auf, dass in einigen der Konventshandschriften Pergamentmakulatur verwendet wurde, die wesentlich älter als die Stammhandschriften ist und bereits im 12./13. Jahrhundert entstand. Zumindest die Pergamentmakulatur wird deshalb kaum aus dem Konvent der Hamburger Beginen selbst stammen, deren Kommunität erst seit 1255 nachgewiesen ist.[86] Unter den dezidiert aus dem Beginenkonvent erhaltenen, in der SUB Hamburg aufbewahrten Fragmenten befindet sich auch ein Pergament-Doppelblatt, das ursprünglich als Einband eines der Bücher des Beginenkonvents gedient haben dürfte. Darauf befinden sich am Rand Zeichnungen von Tieren, die durchaus künstlerische Qualität haben. Der lateinische Text wurde wahrscheinlich im 12. Jahrhundert und damit ebenfalls lange vor Gründung der Hamburger Beginenkommunität aus einer anonymen Fabelsammlung kopiert.[87] Für das hintere Vorsatz von Cod. conv. 5 hat sich zudem die angeschnittene Zeichnung eines Kapitells erhalten,[88] für die das Gleiche gilt.

Auf der Grundlage dieser Indizien wird die Produktionsgeschichte der Beginen-Handschriften wohl am ehesten folgendermaßen vorzustellen sein: Nach der primären Herstellung dieser Bücher an bislang nicht sicher identifizierten Orten[89] gelangten sie in die Hände von Hamburger Beginen. Sie wurden – wie oben ausgeführt – benutzt und weitergegeben. Bemerkenswerter Weise wurden in einigen Beginen-Handschriften nachträglich Kupferstiche eingeheftet und damit die zuvor bilderlosen Gebetbücher mit zeitgenössisch wahrscheinlich breit verfügbaren Mitteln, gleichwohl auf persönliche Bedürfnisse zurechtgeschnittene Art für die eigene Frömmigkeitsübung angereichert. In dem einst ebenfalls im Besitz von Gretken Vegener[90] befindlichen Gebetbuch Cod. conv. 5[91] ist auf fol. 56v das kleine Einzelblatt eines Kupferstichs mit

84 Cod. conv. 11, fol. 103r (Digitalisat: https://resolver.sub.uni-hamburg.de/kitodo/PPN104348664X, dort image 207); Borchling (Anm. 4), S. 107.
85 Boese u. Tiemann (Anm. 16), S. 7.
86 UB Hamburg (Anm. 3), Bd. 1, Nr. 589; Günter Peters, Norddeutsches Beginen- und Begardenwesen im Mittelalter. In: Niedersächsisches Jahrbuch für Landesgeschichte 41/42 (1969/70), S. 50–118, hier S. 53 f.
87 Vgl. Abb. 22 bei Stork (Anm. 2).
88 Vgl. https://resolver.sub.uni-hamburg.de/kitodo/PPN104348518X, vgl. dort image 408 mit dem ersten hinteren Vorsatzblatt und Kapitellzeichnung.
89 Vgl. die Ausführungen in Anm. 78 und 79.
90 Vgl. die Angaben zu Cod. conv. 1 hier in diesem Beitrag.
91 Für die Handschrift allgemein: Borchling (Anm. 4), S. 100–102.

dem stigmatisierten Franziskus im Kontext eines Gebetes an alle Heiligen eingeheftet (Tafel XIII, Abb. 6).[92] Solche Hinzufügungen sind auch aus einer weiteren Hamburger Beginenhandschrift[93] sowie aus anderen spätmittelalterlichen Gebetbüchern wie z. B. aus den niedersächsischen Frauenklöstern oder aus süddeutschen Klöstern bekannt.[94] Die bislang trotzdem eher dünne Forschungslage erlaubt leider keine Aussage darüber, welche Rolle das Bildthema des stigmatisierten Franziskus in diesem Kontext spielte.[95] Dass aber Franziskus als volksnaher Vertreter von Demut und Armut besonders gut zu den Idealen der gleichwohl nicht mittellosen Beginen[96] gepasst haben dürfte, ist eine naheliegende Vermutung. Darüber hinaus lässt sich für die Klärung dieses Aspekts zwar keine enge seelsorgerische Betreuung der Beginen durch die Franziskaner rekonstruieren. Denn diese lag bei den Geistlichen der Pfarrkirche St. Jakobi, die oberste, auch die Abfassung der Statuten betreffende Vertretung der Beginen hingegen beim Hamburger Domdekan.[97] Gleichwohl bestanden zwischen dem Hamburger Franziskanerkloster und den Beginen enge Beziehungen,[98] die sich neben der allgemeinen Franziskusverehrung auf diese Bildwahl ausgewirkt haben dürfte.

Fazit

Eine eigene Buchkultur im Sinne der Produktion im eigenen Konvent lässt sich bei den Hamburger Beginen nicht nachweisen, dafür aber deutliche Anzeichen dafür, dass sich die Beginen die Gebetbücher auch gestalterisch anzueignen oder zumindest den eigenen Wünschen und Vorstellungen anzupassen suchten. Es sind gerade diese

92 Das Digitalisat der Handschrift unter https://resolver.sub.uni-hamburg.de/kitodo/PPN1043485 18X; einführend für das Phänomen: Stork (Anm. 2), S. 213–215.

93 Vgl. Stork (Anm. 2), S. 213 und Abb. 31 für den aus Cod. conv. 13 herausgelösten Neujahresgruß des Meisters E. S. aus dem Jahr 1467.

94 Vgl. für das Phänomen Beispiele aus niedersächsischen Frauenklöstern im Bestand der Herzog August Bibliothek Wolfenbüttel: Andreas Uhr, Graphische Raritäten. Teigdrucke in Büchern aus niedersächsischen Frauenklöstern, heute in der Herzog August Bibliothek Wolfenbüttel. In: Kruse, Rosenkränze (Anm. 14), S. 63–80; Hascher-Burger u. Kruse (Anm. 66); Peter Schmidt publizierte bereits 2003 zum Thema am Beispiel ausgewählter süddeutscher Klöster: Ders., Gedruckte Bilder in handgeschriebenen Büchern. Zum Gebrauch von Druckgraphik im 15. Jahrhundert. Köln, Weimar, Wien 2003.

95 Bei Schmidt (ebd.) finden sich nur drei Beispiele, vgl. dort Abb. 112, 117, 179, und zum Thema: Peter Schmidt, Vervielfältigung, Heilsvermittlung und „Wahrheit". Die Anfänge der gedruckten Gnadenbildreproduktion. In: Media Salutis. Gnaden- und Heilsmedien in der abendländischen Religiosität des Mittelalters und der Frühen Neuzeit, hrsg. v. Berndt Hamm, Volker Leppin u. Gury Schneider-Ludorff. Tübingen 2011, S. 145–185.

96 Vgl. den Beitrag zu den Rechnungsbüchern von Boese u.Tiemann (Anm. 16), außerdem die Beiträge von Bongermino, Sarnowsky und Röckelein in diesem Band.

97 Ebd., S. 4–5; Hedwig Röckelein, Hamburger Beginen im Spätmittelalter – „autonome" oder „fremdbestimmte Frauengemeinschaft? In: Das Mittelalter I (1996/2), S. 73–88, bes. S. 78–80.

98 Röckelein (Anm. 97), S. 81.

sekundären Hinzufügungen wie die inschriftliche Auszeichnung der blaugewandeten Figur als Tibekke und ihre Ausstattung mit einem Fürbittband oder die in die Handschrift eingenähte Graphik des Franziskus, welch die individuelle Note der jeweiligen Besitzerin anklingen lassen. Diese Eingriffe sind auf abstrakter Ebene durchaus ähnlich wie die Modifikationen, die im Medinger Psalter vorgenommen wurden. So prachtvoll wie gerade der zuletzt genannte Psalter oder so anspruchsvoll wie das auch nach außen gerichtete Repräsentationsstreben des Konventsgebäudes der Hamburger Beginen[99] ist das Erscheinungsbild der von ihnen verwendeten Handschriften und Gebetbücher offensichtlich nicht. Dass aber eine einzelne Begine dargestellt und obendrein als Tibekke erkennbar gemacht wurde, obwohl sie nicht die Meisterin des Konvents war,[100] könnte wie ein Ausdruck von Selbstbewusstsein anmuten. Mit dem allgemein überlieferten Selbstbild der Beginen als *ancilla Dei*[101] kontrastiert dies jedenfalls auf reiz- und spannungsvolle Art – selbst wenn – und dies ist nicht bekannt – eine der beiden Tibekken in einem näheren Zusammenhang mit der Ausführung der Handschrift an sich zu sehen wäre. Bei Besitzerinnenwechsel ließ sich das Textgut der vermutlich bereits fest gebundenen Handschriften kaum an die neue Situation anpassen, der Dekor hingegen – wie die Hamburger Handschriften zeigen – schon.

Bildnachweise

Abb. 1: Hamburg, SUB, Cod. conv. 8, fol. 190v.
Abb. 2: Inkunabeldruck, Lübeck 1489 (Matthäus Brandis).
Abb. 3: Gouache des Albrecht Kauw: Begine und Tod, aus: Paul Zinsli, Der Berner Totentanz des Niklaus Manuel (etwa 1484 bis 1530) in den Nachbildungen von Albrecht Kauw (1649), Bern 1953.
Abb. 4: Hamburg, SUB, Cod. in scrin. 1, fol. 4v.
Abb. 5: Düsseldorf, ULB, Ms. D 11, Seite 38.
Abb. 6: Hamburg, SUB, Cod. conv. 5, fol. 56v.

PD DR. MONIKA E. MÜLLER ist Kunsthistorikerin, Buchwissenschaftlerin und Leiterin der Abteilung Sammlungen, Bestandserhaltung und Auswandererbriefsammlung der Forschungsbibliothek Gotha der Universität Erfurt.

99 Vgl. den Beitrag von Hedwig Röckelein in diesem Band.
100 Vgl. Literatur in Anm. 15–17.
101 Für das Selbstverständnis der Beginen als *ancillae Dei* im Kontrast zum Selbstbild regulierter Nonnen als *sponsae Christi*: Röckelein (Anm. 97), S. 86; Wehrli-Johns, Haushälterin Gottes (Anm. 71).

Die Selbstdarstellungen der Nonnen im Medinger Konvent

GIA TOUSSAINT

Abstract: The nuns' pictorial self-portrayals in the prayer book MS J 29 (Hildesheim, Dombibliothek) from the Cistercian monastery of Medingen, completed in September 1478, document scenes from convent life before the introduction of the reform in 1479. Nuns are shown playing the organ and encountering the local lay community on Easter morning. Interestingly, the nuns are shown not in the traditional black and white Cistercian habit (that they almost certainly wore in reality) but in white garments reminiscent of the depictions of angels in this manuscript; thus, their special spiritual, angel-like status is highlighted. The reform, imposed from the outside to restore strict Cistercian discipline and not actually welcomed by the convent, restricted organ play, eliminated participation in lay processions, and perhaps brought the adoption of a new headdress. The prayer book's illustrations give us a glimpse of a lost world of relative freedom.

Keywords: Nuns, self-portrayals, Medingen, Reform, 15th century

Aus dem Zisterzienserinnenkloster Medingen – gelegen in der Lüneburger Heide, in der Nähe von Bad Bevensen – sind heute noch etwa vierzig Handschriften erhalten, größtenteils Gebetbücher.[1] Mehrheitlich sind sie im letzten Drittel des 15. Jahrhunderts und Anfang des 16. Jahrhunderts im hauseigenen Scriptorium des Klosters entstanden. Das Scriptorium wurde nicht von professionellen Künstlern betrieben, sondern von den Nonnen selbst, die zumeist für ihren eigenen Gebrauch gemäß ihrer künstlerischen und materiellen Möglichkeiten die Handschriften schrieben und illuminierten. Die den ästhetischen und stilistischen Normen der Kunstgeschichte zuwiderlaufenden Arbei-

1 Vgl. das Verzeichnis der Medinger Handschriften von Henrike Lähnemann auf ihrer Homepage: http://medingen.seh.ox.ac.uk/index.php/manuscripts/ (Zugriff 27.06.2021). Bei manchen Handschriften ist die Zuschreibung nach Medingen nicht gesichert. Weiterhin ist bemerkenswert, dass in Medingen die Überlieferungslage für Gebetbücher ausgezeichnet ist. Bücher für den Chordienst sind nicht erhalten, was mit der Reformation im 16. Jh. zusammenhängen mag.

ten aus Laienhand wurden in der Forschung seit den 1930er Jahren häufig als „Nonnenmalerei“ oder „Nonnenkunst“ diskreditiert.[2] Die jüngere Forschung hat jedoch gezeigt, dass es sich bei diesen Handschriften um wertvolle Dokumente spirituellen Lebens handelt, die Einblicke in die Komplexität visueller Kultur eines Konventes eröffnen.[3]

Als Referenzstück für die zahlreichen Gebetbücher aus Medingen kann eines der kostbarsten dienen: die heute in der Dombibliothek, Hildesheim, aufbewahrte Handschrift MS J 29, die auch die Grundlage aller weiteren Ausführungen bilden soll.[4] Mit 133 Miniaturen, Schmuckinitialen und üppiger Vergoldung ist dieses für die Osterzeit eingerichtete Gebetbuch das am reichsten ausgestattete der Medinger Überlieferung. Eckdaten wie Provenienz, Datierung und Besitzerin sind gesichert. So gehört der kleine Codex zu jenen Handschriften, die die Medinger Äbtissin Margarete von Stöterogen während der Reformationszeit im Jahr 1542 vor dem Zugriff des Herzogs Ernst von Braunschweig und Lüneburg nach Hildesheim rettete. Weiterhin bekannt ist die Besitzerin namens Winheid,[5] die sich selbst auf fol. 118r nennt und deren Name 1481 im

2 Bewertungen wie kindlich, puppenhaft, ungelenk, dilettantisch dieser als qualitativ bescheiden bezeichneten Arbeiten sind keine Seltenheit und gehören keineswegs der Vergangenheit an, vgl. etwa Jan Gerchow und Susan Marti, „Nonnenmalereien“, „Versorgungsanstalten“ und „Frauenbewegungen“ – Bausteine einer Rezeptionsgeschichte der mittelalterlichen Religiosen in der Moderne. In: Kunst- und Ausstellungshalle der Bundesrepublik Deutschland, Bonn (Hg.), *Krone und Schleier*. Kunst aus mittelalterlichen Frauenklöstern (Ausstellungskatalog). München 2005, S. 142–154.

3 Aus der Vielzahl an Beiträgen seien die Forschungen von Jeffrey F. Hamburger hervorgehoben; seine grundlegende Studie: Nuns as Artists. The Visual Culture of a Medieval Convent. Berkeley 1997 ist als Initialzündung für die gesamte anschließende internationale Forschung zum Thema „Kloster – Kunst – Frauen“ anzusehen.

4 Zur Handschrift vgl. die Beschreibung in: Renate Giermann u. Helmar Härtel unter Mitarbeit von Marina Arnold, Handschriften der Dombibliothek zu Hildesheim, 2. Teil Hs 700–1050; St. God. Nr. 1–51; Ps 1–6; J 23–95 (Mittelalterliche Handschriften in Niedersachsen 9). Wiesbaden 1993, S. 177–184. Die Handschrift wird auch unter der Sigle für die Medinger Handschriften, HI 1, geführt.

5 Fol. 118r: *bene fac et sanctifica me indignam famulam tuam Winheydem et omnes amicos et benefactores meos et cunctum populum christianum* (tu mir Gutes und heilige mich, deine unwürdige Dienerin Winheyd und alle meine Freunde und Wohltäter und das ganze Christenvolk). Der Eintrag ist sehr unspektakulär in schwarzer Tinte ausgeführt und der Name der Besitzerin durch Zeilenumbruch getrennt: *Wi-heydem*. Winheid ist mit großer Wahrscheinlichkeit Empfängerin des Buches, ein Schreibereintrag im Kolophon fehlt. Vielmehr geht aus den Schlusszeilen hervor: Ich bitte darum, dass derjenige, der die Lust am Schreiben geweckt hat (Christus), auch denen Kraft gebe, die in diesem Buch lesen (*petens, vt, qui vires perficiendi donauit, omnibus in hoc libro legentibus infundat*). Winheid wird diese Leserin gewesen sein; die Schreiberin bleibt anonym. Winheid kommt als Schreiberin nicht infrage, weil ihr Name nicht im Kolophon, der typischen Stelle der Schreibernennung, auftaucht. In Gebetbüchern des späten Mittelalters fehlt der Kolophon häufig. In diesem Fall ist zwar eine Datierung verzeichnet, jedoch ohne Namensnennung. Eef Overgaauw weist darauf hin, dass „scribes of the Late Middle Ages hardly ever wrote their names in the manuscripts they wrote for the use of others, or, in the case of Books of Hours and prayer books, in the manuscripts they wrote for (sometimes) anonymous clients.“ Eef Overgaauw, Where are the Colophons? On the Frequency of Dating in Late-Medieval Manuscripts. In: Sources for the History of Medieval Books and Libraries. Hrsg. v. Rita Schlusemann, Jos Hermans und Margriet Hoogvliet. Groningen 1999, S. 81–93, hier S. 88.

Konvent nachweisbar ist;[6] das Datum der Fertigstellung, 11. September 1478, ist im Kolophon auf fol. 212r genannt (*Anno domini M°CCCC°LXXVIII° completus est liber iste*).

Besondere Aufmerksamkeit ziehen in diesem von Nonnen für Nonnen produzierten Gebetbuch die bildlichen Selbstdarstellungen auf sich. Die Schwestern zeigen sich anbetend, feiernd, orgelspielend. Stets sind sie in einer scheinbar weißen mit Blauhöhungen akzentuierten Tracht dargestellt, die nur wenig zum gängigen Habit der Zisterzienserinnen passt. Wie verhält sich diese Darstellung zur traditionellen Tracht der Zisterzienserinnen, und was könnte diese ungewöhnliche Farbgebung bedeuten?

Die Ordenstracht der Zisterzienserinnen

Traditionell sind die Ordensfarben der Zisterzienserinnen schwarz und weiß, in der Regel weiße Tunika, schwarzes Skapulier, dazu ein ebenfalls schwarzer Schleier sowie eine weiße Kukulle.[7] In der Gründungszeit des Frauenordens war das Ordenskleid für Nonnen nicht einheitlich geregelt, „so dass lange verschiedene Versionen von Nonnenkleidung nach benediktinischer Art nebeneinander existierten".[8] Im späten Mittelalter ist zumeist das oberste Schleiertuch schwarz – *velaminibus nigris semper*[9] –, der Rest des Habits häufig weiß.[10] Auffälligkeiten und Abwandlungen in der Ordenstracht stan-

6 In der Medinger Urkunde des sog. Türkenablasses vom 27. Juli 1481 werden zwei Konventualinnen mit demselben Vornamen genannt: „Wynheydi Dusterhope" und „Wynheydi de Wynsen". Eine dieser beiden wird für die Gestaltung des Orationales verantwortlich gewesen sein. Urkundenbuch des Klosters Medingen. Bearb. v. Joachim Homeyer. Hannover 2006, S. 487 (Nr. 534).

7 Zur Ordenstracht der Zisterzienserinnen vgl. Ernst Günther Krenig, Mittelalterliche Frauenklöster nach den Konstitutionen von Cîteaux unter besonderer Berücksichtigung fränkischer Nonnenkonvente (Phil. Diss. Würzburg 1953). In: Analecta Sacri Ordinis Cisterciensis, Romae, 10 (1954), 1/2, S. 1–105. Vgl. auch den Erlass von 1235: *Universae moniales Ordini nostro sociatae* [...] *in singulis domibus habitum habeant uniformem; videlicet cucullam sine mantello, vel mantellum sine cuculla, ita quod illae quae mantellos hactenus habuerunt habeant ipsos, sed cucullis de cetero non utantur; quae vero cucullis hactenus sunt usae, utantur in posterum, a mantellis penitus abstinentes, velaminibus nigris semper et scapularibus tempore laboris utantur, et sint sine caputiis tam scapularia quam cucullae* (Alle Nonnen, die mit unserem Orden verbunden sind [...] tragen in ihren jeweiligen Häusern eine einheitliche Tracht, nämlich eine Kukulle ohne Mantel oder ein Übergewand ohne Kukulle. So sollen jene, die bisher Mäntel hatten, diese behalten, jedoch Kukullen fortan nicht mehr tragen. Wo jedoch bisher Kukullen üblich waren, sollen sie weiterhin in Gebrauch bleiben, doch auf Mäntel ganz verzichten. Sie sollen stets schwarze Schleier und bei der Arbeit Skapuliere tragen. Die Skapuliere wie die Kukullen sollen stets ohne Kapuze sein). Joseph-Marie Canivez, Statuta capitulorum generalium Ordinis Cisterciensis ab anno 1116 ad annum 1786. Paris 1934, Bd. 2, S. 139 (1235: 3; zit. n. Krenig, S. 90, Anm. 1).

8 Sebastian Slawik u. Alkuin Schachenmayr, Art. Zisterzienser, Zisterzienserinnen (A. Geschichte – Tracht – Siegelwesen, Heraldik). In: RDK Labor (2019), URL: <http://www.rdklabor.de/w/?oldid=101696> (Zugriff 27.06.2021).

9 Canivez (Anm. 7), Bd. 2, S. 139 (1235: 3; zit. n. Krenig (Anm. 7), S. 90, Anm. 1); vgl. den gesamten lat. Text in Anm. 7).

10 Slawik u. Schachenmayr (Anm. 8).

den immer wieder in der Kritik des Generalkapitels der Zisterzienser. Insbesondere im 15. Jahrhundert nahmen die Verstöße eklatant zu. Kritisiert wurden nicht nur lange Schleppen an den Gewändern und bunte Farben. In Wechterswinkel etwa erschienen die Nonnen „in Kleidern, die auf Brust und Rücken ausgeschnitten waren, schmückten sich mit Schleifen und Schnüren und trugen der Mode entsprechend lange, spitze Schuhe".[11] Ein Erlass des Generalkapitels aus dem Jahre 1493 „zielte eindeutig auf die Abstellung modischer Unarten ab. Was da von einzelnen Äbtissinnen und Nonnen für erlaubt gehalten wurde, erfahren wir aus dem nun ergehenden Verbot von Tuniken in schwarzen, roten, blutroten, grünen, grauen und anderen auffallenden Farben."[12]

Die Ordenstracht der Zisterzienserinnen in Medingen

Zwar war die Zisterze Medingen nicht in den Zisterzienserorden inkorporiert und genoss damit zumindest vor der Klosterreform einige Freiheiten gegenüber der Zisterzienserregel, was sich z. B. im Aussehen des Habits niederschlagen konnte. Eine farbenfrohe Tracht, die den Argwohn des Generalkapitels auf sich gezogen hätte, ist aus dieser Zisterze nicht bekannt. Glücklicherweise ist überliefert, wie die spätmittelalterliche Tracht der Medinger Nonnen ausgesehen hat. Der Historiograph Johann Ludolph LYSSMANN berichtet im Jahr 1772 über das Kloster Medingen in seinem aus Urkunden zusammengetragenen Bericht auch über den mittelalterlichen Habit der Schwestern: Die Kleidung der Konventualinnen bestand aus Schepeler (Skapulier), Gürtel, Mantel und Schleier. Das Scapulier war schwarz, darum wurde ein Gürtel gebunden. Darüber trugen sie den „sogenannten Mantel, welcher ein weisses wollenes Gewand mit sehr langen und weiten Ermeln, fast wie ein Schlafrock gestalt war".[13] Das Haupt zierte ein Schleier, dessen Farbe LYSSMANN an dieser Stelle nicht erwähnt. Beim anschließenden Bericht über die Nonnenkrönung beschreibt er schließlich auch die Kopfbedeckung, *corona* und Schleier: Die *corona* (Nonnenkrone) bestand aus schmalen weißen Wollbändern, eines führte um das Haupt, die beiden anderen kreuzförmig über den Kopf, vorne an der Stirnseite war ein scharlachrotes Kreuz.[14] Die Schleier waren aus schwarzer Wolle.[15] Charakteristisch ist die Nonnenkrone als

11 Krenig (Anm. 7), S. 90, Anm. 4.

12 Ebd., S. 92.

13 Johann Ludolph Lyßmanns, gewesenen Predigers zu Closter Meding, und nachherigen Superintendenten zu Fallersleben, Historische Nachricht von dem Ursprunge, Anwachs und Schicksalen des im Lüneburgischen Herzogthum belegenen Closters Meding, dessen Pröbsten, Priorinnen und Abbatißinnen: auch fürnehmsten Gebräuchen und Lutherischen Predigern [et]c. nebst dazu gehörigen Urkunden und Anmerckungen, bis auf das Jahr 1769 fortgesetzt. Mit Kupfern. Halle 1772, S. 240. Bei dem „Mantel" ist sicher die sog. Kukulle gemeint.

14 Lyßmann (Anm. 13), S. 257–258.

15 Ebd., S. 258.

Abb. 1 Codex Gisle (MS Ma 101, Bistumsarchiv, Osnabrück), fol. 13v,
Detail: Zisterzienserinnen aus dem Kloster Rulle in ihrer Ordenstracht mit *corona*

Zeichen der Jungfräulichkeit; sie war besonders in spätmittelalterlichen norddeutschen Klöstern verbreitet.[16] Neben dem „Zeichen der Jungfräulichkeit, die als unblutiges Martyrium verstanden wurde", stand „die geweihte Nonnenkrone auch für die vorweggenommene himmlische Krönung". Letztere würde die Nonne erst nach der Auferstehung als himmlischen Lohn für ihre irdischen Verdienste erhalten.[17] Die Nonnenkrone ist Zeichen der irdischen und zugleich der prospektiven himmlischen Erwähltheit.

Wie eine *corona* mit Schleier in etwa ausgesehen hat, dokumentiert die Darstellung von Nonnen des Zisterzienserinnenklosters Rulle bei Osnabrück. Der dort um 1300 angefertigte sog. Codex Gisle (MS Ma 101, Bistumsarchiv, Osnabrück) enthält ebenfalls Selbstbildnisse der Schwestern (Abb. 1); ihr Kopfschmuck entspricht recht genau der Beschreibung LYSSMANNS.[18] Deutlich sind in Rulle die roten Kreuze der *corona* zu sehen, die in Medingen auf ein Stirnkreuz reduziert sind (Tafel XIV, Abb. 2).

Neben den geweihten Konventualinnen lebten in Medingen auch Laienschwestern (Conversen), deren Habit sich farblich an der Tracht der Schwestern orientierte. Die Laienschwestern erhielten nach gewisser Zeit und guter Führung ohne Weihe Skapulier, Gürtel und Mantel sowie eine Haube.[19] Ihre Skapuliere waren im Gegensatz zu

16 Eva Schlotheuber, Ausbildung und Klostereintritt. Katja Lembke u. Jens Reiche (Hgg.), Schatzhüterin (Anm. 5), S. 82–86, hier S. 84.

17 Schlotheuber (Anm. 16), S. 84.

18 Zum Codex Gisle vgl. zuletzt die Beiträge in: Der Codex Gisle. Kommentar zur Faksimile-Edition. Luzern 2015.

19 Lyßmann (Anm. 13), S. 261, 267.

den schwarzen der geweihten Schwestern grau. Besonders unterschieden sie sich jedoch durch ihre Haube, das sogenannten *stelken*,[20] wie ihre weiße, lange Leinenhaube bezeichnet wurde, und das Fehlen der Nonnenkrone.[21]

Beide Gruppen, Conversen und Konventualinnen, sind in der Nachzeichnung einer Tafel eines sich über 15 Tafeln erstreckenden, heute verlorenen spätmittelalterlichen Bilderzyklus abgebildet. Auf den Tafeln wird die Klostergeschichte von der Gründung des Klosters, über die Reformereignisse bis zur Wahl der Reformpriorin Margaretha Puffen zur Äbtissin festgehalten. Die neue Äbtissin ließ die mit Inschriften versehenen 15 Gemälde im Jahr 1499 für ihr soeben erbautes Haus anfertigen. 1659 wurden die Tafeln, so überliefern es die Quellen, nicht sonderlich fachgerecht restauriert und „mit neuen Farben" versehen.[22] Schließlich verbrannte der Zyklus 1781 und ist deshalb nur noch in Nachzeichnungen und Rekonstruktionen der den Bildern beigegeben Texten überliefert.[23] Die Aussagekraft dieser Umzeichnungen unterliegt daher gewissen Einschränkungen.

Für das tatsächliche Aussehen des Habits sind die Nachzeichnungen jedoch aufschlussreich. Deutlich sind auf der vorletzten Zeichnung (Abb. 3) die weißen Gewänder zu erkennen: Unter dem weißen Gewand (*witterok*) der links im Bild stehenden Celleraria blitzt sogar das schwarze Skapulier (*swarte schepeler*) hervor. Ihr Schleier scheint schwarz zu sein, wird aber entsprechend der am Tisch sitzenden Nonnen als *grawe kappen* bezeichnet. Ob der dunkle Farbwert des Schleiers von dem laienhaften Umzeichner im 18. Jahrhundert, als das Kloster längst evangelisch geworden war und die Schwestern eine ganz andere Tracht trugen, richtig erfasst wurde, ist zweifelhaft. Klar erkennbar ist jedoch, dass es sich um einen dunklen, oben recht spitz zulaufenden Schleier gehandelt haben muss. Einen Gegensatz dazu bildet die der Celleraria gegenüber stehende Converse, die im Kochtopf rührt. Sie trägt einen *witterok* und darunter, nicht sichtbar, ein *grawe schepeler*, also ein graues Skapulier. Ihre Kopfbedeckung entspricht der bereits beschriebenen weißen Haube. Nonnen und Laienschwestern sind eindeutig an ihrer Tracht zu unterscheiden. Soweit der in Archivalien und Bildzeugnissen auffindbare Befund, der die zwei im Zisterzienserorden dominierenden Farben Weiß und Schwarz für das Kloster Medingen bestätigt.

20 Die Schreibweise variiert zwischen *Stelken* und *Steelken*.

21 Lyßmann (Anm. 13), S. 272.

22 Götz J. Pfeiffer, Tradition und Veränderung. Kunstwerke in Medingen als Zeugnisse der Klostergeschichte. In: Hans Otte (Hg.), Evangelisches Klosterleben. Studien zur Geschichte der evangelischen Klöster und Stifte in Niedersachsen. Göttingen 2013, S. 361–394, hier S. 363 mit einem Vorschlag, wie man sich die ursprünglichen Tafeln vorstellen kann (S. 365, Abb. 2); Susanne Wehking (Hg.), Die Inschriften der Lüneburger Klöster (Deutsche Inschriften 76). Wiesbaden 2009, S. 125 (Nr. 58 †, Kloster Medingen 1499).

23 Inge Mager, Bemühungen um die Reform der Klosterkonvente im fünfzehnten Jahrhundert. Grundzüge der Windesheimer und Bursfelder Reform. In: Jobst Reller u. Martin Tamcke (Hgg.), Trinitäts- und Christusdogma. Ihre Bedeutung für Beten und Handeln der Kirche. Münster 2001, S. 241–243.

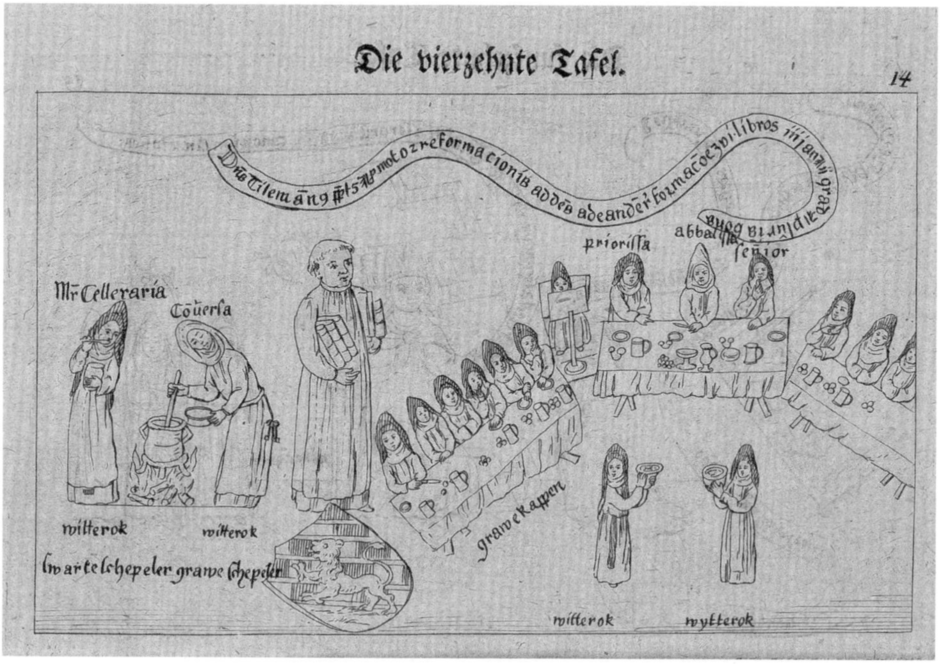

Abb. 3 Nachzeichnung der 14. Tafel des 15-teiligen, heute verlorenen spätmittelalterlichen Bilderzyklus mit der Klostergeschichte Medingens von der Gründung bis zur Klosterreform: Gemeinsame Mahlzeit des gesamten Konvents

Selbstdarstellung

Ganz offensichtlich widerspricht dieser Befund jedoch den Darstellungen der Schwestern in den Medinger Gebetbüchern. Irritierend wirken ihr weiß anmutender, auffällig blau akzentuierter Habit und die wenig kunstvoll angelegten, wie mit einem grau karierten Netz überzogenen Schleier über weißem Gebende (Tafel XIV, Abb. 2). Im Vergleich zu der stets in Vollfarben ausgeführten Kleidung der zahlreichen Personen im Fußsteg vieler Seiten – Kirchenväter, Gestalten des Alten und Neuen Testaments und Adelige – ist die künstlerische Gestaltung der Nonnengewänder bemerkenswert. Farbige Höhungen eines scheinbar weißen Kleides sind in den Gebetbüchern nur bei den Gewändern der Nonnen und Engel vertreten, bei letzteren auch mit roter Akzentuierung (Tafel XIV, Abb. 4). Diese Art der Darstellung nimmt die Körperlichkeit stark zurück. Bei genauerer Betrachtung sieht man, dass die Bekleidung von Nonnen und Engel nicht weiß ist, sondern für ihre Darstellung gar keine Farbe verwendet wurde; die Farbe der Kleidung ist die des reinen Pergaments;[24] sie scheint nur weiß zu sein. Um optisch einen Gewandeindruck zu vermitteln, wurden die Kleider lediglich mit dünnem Stift vorgezeichnet und die Linien mit blauer Farbe nachgezogen. Diese Technik lässt die Kleider der Nonnen und Engel im Kontrast zu den sonst für Kleidung verwendeten Vollfarben transluzide wirken. Handelt es sich bei der Darstellung der Gewänder überhaupt um materielle Stofflichkeit, oder soll nicht vielmehr der Eindruck einer transzendenten Materialität vermittelt werden?

Nonnen und Engel

Die auffällige Parallele in der „Immaterialität" der Bekleidung von Nonnen und Engeln kann als Hinweis auf einen spirituellen, und im Vorgriff auf einen engelgleichen, verklärten Leib im himmlischen Dasein zu verstehen sein, auch wenn die mangelnde künstlerische Qualität das transluzid-lichthafte nicht a prima vista zum Ausdruck bringt. Die Engel mit ihren Lichtleibern gelten den Nonnen als Vorbild.[25] Sie führen nicht nur ein engelgleiches Leben (*vita angelica*), auch ihr Habit wird als Gewand der Engel (*vestis angelica*) aufgefasst.[26] Die Vorbildfunktion der Engel wird den Nonnen in Gebetbüchern über Texte und Bilder vermittelt.

Am Beginn der Osterfeierlichkeiten steht das in der Osternacht ertönende *Exultet*, ein zentraler Schlüsseltext zum spirituellen Verständnis der folgenden Osterfeier. Bereits in der ersten Zeile wird der Jubelgesang der Engel eingeführt. Noch vor der Auferstehung präludiert das *Exultet* das Frohlocken der Engel über die Auferstehung Christi und zielt auf das Einstimmen der Nonnen in den österlichen Jubelgesang. Sie sollen es den Engeln gleichtun, sie als Vorbild erkennen, denn es handelt sich, wie es in der Rubrik heißt, um einen freudigen und köstlichen Gesang, der wertvoller als Gold

24 An dieser Stelle soll nur darauf verwiesen werden, dass das reine Pergament mit Vorstellungen der Haut Christi, das (Evangelien)buch mit dem Leib Christi verbunden ist. Vgl. Bruno Reudenbach, Der Codex als Verkörperung Christi. Mediengeschichtliche, theologische und ikonographische Aspekte einer Leitidee früher Evangelienbücher. In: Joachim Friedrich Quack u. Daniela Christina Luft (Hgg.), Erscheinungsformen und Handhabungen Heiliger Schriften. Berlin 2015, S. 229–244, hier S. 236–241. Der Frage nachzugehen, ob und inwieweit diese Metaphorik auch auf Gebetbücher zutrifft, sprengt den Rahmen der vorliegenden Untersuchung.

25 Zum Lichtleib der Engel vgl. Mt 28, 3: „Sein Anblick (sc. des Auferstehungsengels; Ergänzung der Vf. des Beitrags) aber war wie der Blitz, und sein Gewand weiß wie der Schnee."

26 „Das Gewand der Mönche mit dem Gewand der Engel zu vergleichen, entspricht einer bis in die alte Kirche zurückreichenden Tradition. Das ‚Engelskleid' (*vestis angelica*) war *terminus technicus* für das Gewand der Mönche. […] Kirche und Kloster von Cluny III wurden gerühmt als *deambulatorium Angelorum*." Klaus Schreiner, Gemeinsam leben. Spiritualität, Lebens- und Verfassungsformen klösterlicher Gemeinschaften in Kirche und Gesellschaft des Mittelalters. Münster 2013, S. 12. Vgl. weiter Karl Suso Frank, Angelikos bios. Begriffsanalytische und begriffsgeschichtliche zum „engelgleichen" Leben der frühen Mönche. Münster 1964, S. 30.

und Silber ist.[27] Darauf beginnt das *Exultet* mit den Worten: *Exsultet iam angelica turba caelorum | exsultent divina mysteria | et pro tanti regis Victoria | tuba insonet salutaris.*[28] Im Fortgang des *Exultets* werden wiederholt die Qualitäten dieser besonderen Nacht gepriesen, bis es schließlich heißt, dass dies die Nacht ist, in der sich Himmel und Erde sowie Gott und Menschen verbinden: *O vere beata nox, | in qua terrenis caelestia, | humanis divina iunguntur!*[29]

Das Geheimnis dieser einzigartigen Nacht erfüllt sich für alle Menschen, insbesondere aber für die Schwestern, die ihr Leben dem geistlichen Dienst widmen. Sie stehen dem Himmel und seinen Bewohnern näher als andere. Im Gebetbuch MS J 29 ist der Beginn des *Exultets* auf fol. 10v mit einer Schmuckinitiale prächtig illuminiert (Abb. 5). Musizierende Engel füllen die Binnenfelder der geschlossenen E-Initiale; ihre weißen, blaugehöhten Gewänder entsprechen denen der Schwestern. Bereits an dieser Stelle können sich die Nonnen durch das Übereinstimmen ihrer Kleidung visuell mit den Engeln identifizieren.

Abb. 5 Beginn des *Exultet*; MS J 29, Dombibliothek Hildesheim, fol. 10v, Detail

27 Dombibliothek Hildesheim, MS J 29, fol. 10v, Rubrik unmittelbar vor dem Beginn des *Exultet*: *Sequitur iocundum et deliciosum canticum, super aurum et argentum preciosum.* Wenn nicht anders angegeben, beziehen sich alle weiteren Verweise auf diese Handschrift.

28 Dombibliothek Hildesheim, MS J 29, fol. 10v: Frohlocket, ihr Chöre der Engel, / frohlocket, ihr himmlischen Scharen, / lasset die Posaune erschallen, / preiset den Sieger, den erhabenen König!

29 Dombibliothek Hildesheim, MS J 29, fol. 12v: O wahrhaft selige Nacht, / die Himmel und Erde versöhnt, / die Gott und Menschen verbindet!

Die Begegnung zwischen Himmlischem und Irdischem ist am Ostermorgen ins Bild gesetzt. Engel, Nonnen und Gemeinde (fol. 52r; Tafel XIV, Abb. 2, 4) feiern und musizieren miteinander und begrüßen den Ostertag: die Konventualinnen mit dem Gesang *Illuxit dies quam fecit Dominus, mortem devastans et victor suis apparens dilectoribus vivus* (es erstrahlte der Tag, den der Herr gemacht hat, und er vernichtete den Tod und erschien lebendig als Sieger denen, die ihn liebten) aus den *Laudes salvatori*, dann die Engel mit verschiedenen Musikinstrumenten. Unverkennbar ist die Übereinstimmung der Kleidung von Nonnen und Engeln, die sich mit ihrer lichten Transparenz von der farbenfrohen üppigen Gewandung der Bürger absetzt. Die Anordnung der Engel auf dem oberen Teil dieser Seite weist auf ihre himmlische Herkunft. Die Schwestern und die ihnen gegenüberstehende Menge hingegen sind unten auf der Seite platziert, in irdischer Umgebung, einer Wiese mit erblühender Natur. Und doch steht der Konvent den Engeln näher. Er spricht oder singt wie die Engel in der liturgischen lateinischen Sprache, während das Volk seinen Jubel in der Volkssprache zum Ausdruck bringt: *Also heylich is desse dach dat den nemen* (so heilig ist dieser Tag, dass sie diesen […]).

Am Osterfest sind sich Himmel und Erde nah. Die Medinger Schwestern agieren, so macht es die Illumination deutlich, als Bindeglied zwischen irdischer und himmlischer Sphäre. Das drückt sich nicht nur in der Anordnung der Protagonisten dieses Blattes aus, sondern auch in ihrem Habit, der den Gewändern der Engel angepasst ist. Die Nonnen sind Medien der Osterbotschaft; ihre monastische Gemeinschaft bringt durch Liturgie, Gebet und Gesang das Mysterium des Osterfestes auf die Erde.

Nonnen an der Orgel

Anders als in vielen Handschriften aus Frauenklöstern sind die Selbstdarstellungen der Medinger Schwestern nicht bloß marginales Beiwerk, vielmehr treten sie als Hauptakteure auf. Sie malten sich in verschiedenen Kontexten, so auch beim Musizieren. Sehr beliebt war das Orgelspiel. Allein im Gebetbuch MS J 29 finden sich zwei Darstellungen orgelspielender Nonnen: Auf fol. 44r spielen zwei Nonnen (Tafel XV, Abb. 6), auf fol. 119r eine Nonne (Tafel XV, Abb. 7), während der Kalkant seinen Dienst verrichtet. Dass Nonnen sich an der Orgel darstellen, ist im Kontext dieses Gebetbuches außerordentlich bemerkenswert, kann es doch als Beleg dafür verstanden werden, dass die Handschrift vor der Klosterreform entstanden sein muss: Die Klosterreform ging energisch gegen Orgelmusik vor.

Klosterreform

Bevor auf die Orgeldarstellungen im Gebetbuch MS J 29 näher eingegangen wird, etwas zur Geschichte des Klosters in jener Zeit, gilt doch diese Geschichte in der aktuellen Diskussion als Schlüssel zum Verständnis der Handschrift und ihrer Illuminationen.[30] Geprägt ist diese Geschichte durch Wandel, insbesondere durch die in der zweiten Hälfte des 15. Jahrhunderts durchgeführte Klosterreform. Grund für die Reform waren die inneren Zustände und zahlreichen Regelverstöße in den Klöstern. Vorgeworfen wurden:

> ausschweifendes weltliches Leben, Missachtung der Klausur, Besuch von weltlichen und geistlichen Personen beiderlei Geschlechts im Kloster sowie der Besuch von Nonnen in Privatwohnungen, Abweichungen von der schlichten Ordenstracht, eigene Haushaltsführung an Stelle des gemeinsamen Tisches, Übertretung von Essensvorschriften und nicht zuletzt die Verletzung von Liturgievorschriften, insbesondere des gemeinsamen Chorgebets.[31]

Vielfach wurden die Ordensregeln nicht mehr beachtet. In zahlreichen Klöstern hatte sich in der Praxis ein Leben wie in „unregulierten Kanoniker- bzw. Kanonissenstiften" durchgesetzt, „das nach alten karolingischen Bestimmungen Eigenbesitz und eingeschränktes Privatleben erlaubte".[32] Mit dem Privateigentum schwand der Gemeinschaftssinn. Jeder wirtschaftete für sich und bereitete gemäß seiner finanziellen Möglichkeiten Mahlzeiten zu und trug Schmuck und Gewänder aus kostbaren Stoffen; das verpflichtende *divinum officium* – das gemeinsame Chorgebet – wurde zur Nebensache. In der Konsequenz führte dieses Verhalten zur Vernachlässigung des gemeinschaftlichen Klostervermögens und Misswirtschaft. So wirtschaftete unmittelbar vor der Klosterreform der für die Zisterze Medingen verantwortliche Propst Johannes Mahler (amt. 1464 – Oktober 1467) in die eigene Tasche und führte damit das Kloster in den finanziellen Ruin.

In einer groß angelegten Klosterreform sollten diese Zustände korrigiert und eine strenge Ordensdisziplin durchgesetzt werden. Alle Lüneburger Heideklöster wurden von den 1460er bis in die 1480er Jahre der Reform unterworfen. In das Zisterzienserinnenkloster Medingen gelangte die Reform im Jahr 1479. Medingen wurde unter Einwirkung des bereits reformierten Wienhausener Konvents vom Propst Tilemann von Bavenstedt reformiert, und zwar im Sinne der in der Tradition der *devotio moderna* stehenden Windesheimer Kongregation.[33] Geprägt wurde diese Reformbewegung von

30 In den vergangenen Jahrzehnten hat sich eine breite interdisziplinäre Forschung insbesondere mit den Vorgängen während der Reform in Nonnenkonventen bemüht. Vgl. vor allem die zahlreichen Beiträge von Henrike Lähnemann zum Kloster Medingen, auf die im Folgenden hingewiesen wird.

31 Ida-Christine Riggert-Mindermann, Die Klosterreform und ihre Auswirkungen auf die Lüneburger Klöster. In: Wolfgang Brandis u. Hans-Walter Stork (Hgg.), Lebensbild und Lebenswirklichkeit in den Lüneburger Klöstern. Berlin 2015, S. 119–128, hier S. 119.

32 Mager (Anm. 23), S. 227.

33 Zur Reform in niedersächsischen Klöstern vgl. Nicolaus Heutger, Windesheim und Niedersachsen. In: Ders., Niedersächsische Ordenshäuser und Stifte. Hrsg. v. Viola Heutger. Berlin 2009, S. 221–226.

dem Augustiner-Chorherrn Johannes Busch (1399–1479), der als führender Reformer neben vielen anderen Klöstern auch das Kloster Wienhausen reformiert hat.[34]

Die Reformer drängten auf gravierende bauliche und wirtschaftliche Maßnahmen; auch sollte das Klosterleben zum gemeinsamen Gotteslob zurückgeführt werden. Was das in der Praxis bedeutete, wird aus dem Reformbericht des Klosters Ebstorf deutlich:

> Sowohl alle Gesangbücher als auch Lektionare, Gradualien und die Antiphonarien mussten sie [die Nonnen] abgeben, damit diese vernichtet und alles neu geschrieben wurde. Diese Änderung des divinum officium, die Abschaffung des Orgelspiels, die Trennung vom Volk und dem Kirchen(schiff) führte bei manchen zu großer Verwirrung und bereitete ihnen Schmerzen.[35]

Auch in Wienhausen wurde das Orgelspiel untersagt. Das Stundengebet sollte schlicht und ohne Instrumentalmusik vonstattengehen.[36] Der Reformer Johannes Busch führt die Maßnahmen in Wienhausen, das das Muster für die Reform für Medingen abgab, noch genauer aus; er erwähnt auch ein Verbot von weltlichen, gemeint ist wohl: volkssprachlichen Liedtexten:

> Ich [sc. Johannes Busch] habe vom ehrwürdigen Vater Abt Hennig im Kloster Marienrode aus demselben Orden (OCist), nahe bei Hildesheim, ein Kollektar als sofort zu schreibendes in Auftrag gegeben, damit sie, unter Verzicht auf weltlichen Gesang (*cantus secularis*), den Gesang ihres Ordens pflegen können, und sich nach und nach in allem nach den Bräuchen des Zisterzienserordens richten können.[37]

34 Horst Appuhn, Kloster Wienhausen. Wienhausen 1986, S. 48. – Die Zisterze Wienhausen war ebenso wie Medingen nicht inkorporiert, d. h. sie war nicht dem Generalkapitel in Cîteaux unterstellt. Zu Johannes Busch vgl. die umfassende Studie von Bertram Lesser, Johannes Busch, Chronist der Devotio Moderna. Werkstruktur, Überlieferung, Rezeption. Frankfurt/M. u. a. 2005.

35 Conrad Borchling, Litterarisches und geistiges Leben in Kloster Ebstorf am Ausgange des Mittelalters. In: Zeitschrift des Historischen Vereins für Niedersachsen 4 (1905), S. 361–407, hier S. 389: *Omnes libri cantuales quam lectionales gradalia et antiphonarij oportebant deponi, que incidebantur ac delebantur et ex nouo omnia scribebantur. Hec autem mutacio in diuino seruicio, amissio organorum, separacio a populo et ab ecclesia aliquibus fuit magna perturbacio et stimulus doloris.* Übersetzung der Vf.

36 Appuhn, Chronik des Klosters Wienhausen, eingeleitet und erläutert von Horst Appuhn. 2. Aufl. Celle 1968, S. 26.

37 Johannes Busch, Liber de reformatione monasteriorum. In: Geschichtsquellen der Provinz Sachsen und angrenzender Gebiete, Bd. 19: Des Augustinerpropstes Johannes Busch chronicon Windeshemense und Liber de reformation monasterium. Bearb. v. Karl Grube. Halle 1886, S. 634: *Ad rogatum ergo patrum abbatum prefatorum procuravi eis ordinis sui collectarium a venerabili patre Hennigo abbate in monasterio Marienrode eiusdem ordinis prope Hildensem statim excribendum, ut seculari cantu pretermisso cantum ordinis sui possent assumere et ordini suo cisterciensi in omnibus successive se conformare.* Deutsche Übersetzung der Vf.

Der Hinweis auf den Verzicht des *cantus secularis* zeigt, dass vor der Reform auch volkssprachige Lieder im *divinum officium* üblich waren. Die Reform forderte jedoch einen *cantus ecclesiasticus*, der in schnellstens anzufertigen Büchern niedergeschrieben wurde, wie der Reformbericht aus Ebstorf weiter zeigt:

> Ganz zu Beginn unserer heiligen Reform bestand bei den Nonnen ein großer Mangel an Büchern. Oftmals schrieben die Schwestern auf Zettel und Blätter das, was sie am Tage singen oder lesen sollten – eine Quelle großer Verwirrung und Unmut. Der Herr Propst ließ daher sogleich in der (bischöflichen) Kurie von einem Schreiber vier Bücher anfertigen – zwei Gradualien und zwei Antiphonalien, zusätzlich noch ein Ordinarium auf Papier.[38]

Im Reformbericht werden weitere Schriften genannt, die nun nicht mehr extern in Auftrag gegeben, sondern von den Schwestern selbst ausschließlich für den Chordienst geschaffen wurden: Cantuale, Lektionare, Prozessionale und Hymnare. Gebetbücher, Bücher, die die Schwestern für ihre private oder paraliturgische Andacht benötigen, werden in diesem wie in anderen Berichten nicht erwähnt. Offensichtlich standen private Gebetbücher nicht ganz oben auf der Prioritätenliste der Reformer, waren sie doch nicht so streng normiert wie liturgische Bücher. Nicht neue private Gebetbücher waren für die Reform nötig, sondern Bücher für das *divinum officium*. Tatsächlich gab es „Modellbücher" für die Umsetzung der Reform, und zwar solche, die das gemeinsame Gotteslob regelten. Diese Bücher – Antiphonarien usw. – wurden für die Reform neu angeschafft und abgeschrieben.

Ob es für private Gebetbücher im Zusammenhang mit der Reform neue Richtlinien gab, ist aus den Quellen nicht belegbar und bleibt reine Spekulation. Vielmehr verdichten sich Hinweise darauf, dass, wie im Folgenden gezeigt wird, die Text- und Bildausstattung von Gebetbüchern einer langen Tradition folgt und diese ungebrochen weitergeführt wird. Allenfalls werden in den nach der Reform entstandenen Gebetbüchern punktuelle Anpassungen dort vorgenommen, wo sich bestimmte Vorgänge verändert haben, wie z. B. die Tilgung des Orgelspiels (s. u.).

Gebetbuch MS J 29 (Dombibliothek, Hildesheim) und die Klosterreform

Dennoch wird in der aktuellen Forschung wiederholt betont, die Entstehung des heute in Hildesheim aufbewahrten Gebetbuchs MS J 29 sei als „Modellgebetbuch" für die

38 Borchling (Anm. 35), S. 391: *In prima inchoacione sancte reformacionis nostre matres habebant magnam carenciam librorum; sepius sorores in sedulis et cartis scribebant que per diem cantare aut legere tenebantur, quod magnam uecordiam ac tedium inducebat. Dominus prepositus pro primo fecit scribi in curia per scriptorem quatuor libros, duo gradalia et duos antiphonarios, et eciam j. ordinarium in papiro.* Übersetzung der Vf. Weitere Aufzählungen S. 406 f.

Klosterreform hergestellt worden.[39] Tatsächlich ist die Handschrift, wie nun gezeigt werden soll, von der Reform unberührt.[40] Dafür sprechen bereits die Datierung von Gebetbuch und Beginn der Reform. Glücklicherweise ist der Tag der Fertigstellung des Gebetbuchs im Explicit (fol. 212 r) genannt: *11. September 1478*. Unstrittig ist ebenfalls das Datum der für das Kloster Medingen ausgestellten Visitationsurkunde mit der Forderung von Reformen: der *4. Februar 1479*. Die Umsetzung der Reform begann also frühestens ein halbes Jahr *nach* Fertigstellung des Gebetbuches.[41] Wenn man damit rechnet, dass Konzeption und Arbeitszeit an dem umfangreich geschmückten Manuskript mindestens ein halbes Jahr betragen hat, so wäre der Arbeitsbeginn mindestens *ein Jahr vor der Reform* anzusetzen.

Trotzdem nimmt Henrike LÄHNEMANN an, das Gebetbuch habe in Hinblick auf die am Horizont erscheinende Klosterreform als eine „Modellhandschrift für die eigene Textproduktion" gedient.[42] Dass die Schwestern in vorauseilendem Gehorsam bereits „Modellgebetbücher" für eine Zeit nach der Reform angefertigt haben sollen, steht im Gegensatz zu allem, was über die erzwungene Durchsetzung der Reform und die Widerstände der Schwestern in den Nachbarklöstern bekannt ist. Auch das Argument, die eigentliche Klosterreform habe in Form kleinerer Maßnahmen ihre Schatten vorausgeworfen, verfängt nicht.[43] Im Fall von Medingen hatte es nur geringe Maßnahmen zur Vorbereitung der Klosterreform gegeben, die nicht die im Kloster verbreiteten liturgischen Handschriften oder Gebetbücher betrafen. Vorbereitende Maßnahmen wurden unauffällig ergriffen. Johann Ludolph LYSSMANN[44] berichtet in seiner Geschichte des Klosters Medingen, dass Propst Tilemann von Bavenstedt

39 Diese These wird vor allem von Henrike Lähnemann vertreten. Vgl. zuletzt Henrike Lähnemann, Psalterien und Andachtsbücher aus Medingen. In: Katja Lembke u. Jens Reiche (Hgg.), Schatzhüterin (Anm. 5), S. 333–335, hier S. 333 sowie Dies., From Devotional Aids to Antiquarian Objects. The Prayer Books of Medingen. In: Evanghelia Stead (Hg.), Reading Books and Prints as Cultural Objects. Cham 2018, S. 33–55, hier S. 35–36.

40 Medingen wurde unter Einwirkung des bereits reformierten Wienhausener Konvents und des Propstes Tilemann von Bavenstedt reformiert, und zwar im Sinne der in der Tradition der *devotio moderna* stehenden Windesheimer Kongregation; zur Reform in niedersächsischen Klöstern vgl. Nicolaus Heutger, Windesheim und Niedersachsen. In: Ders., Niedersächsische Ordenshäuser und Stifte. Hrsg. v. Viola Heutger, Berlin 2009, S. 221–226. Die Reformer verlangten gravierende bauliche und wirtschaftliche Veränderungen und nicht zuletzt auch die Restaurierung des gemeinsamen Gotteslobes, nicht jedoch das Umschreiben privater Gebetbücher.

41 Homeyer, Urkundenbuch (Anm. 6), Nr. 517 (S. 461–463).

42 Lähnemann, Psalterien (Anm. 39), S. 333.

43 Selbst wenn reformatorische Maßnahmen wie z. B. in Ebstorf getroffen wurden, konnten sie zunächst nicht vollständig durchgesetzt werden. Der Widerstand in den Klöstern war zu groß. Es bedurfte besonderer Maßnahmen, wie etwa der Zwangseinsetzung einer der Reform gewogeneren Äbtissin, um das Vorhaben endgültig durchzuführen. Zu Ebstorf vgl. Ida-Christine Riggert, Die Lüneburger Frauenklöster. Hannover 1996, S. 317–319.

44 Lyßmanns Bericht gilt als „sehr glaubwürdig, da Lyßmann noch das 1781 zu großen Teilen verbrannte Klosterarchiv vorlag". Riggert-Mindermann (Anm. 31), S. 121. Das Klosterarchiv verbrannte neun Jahre nach Lyßmanns Publikation beim großen Klosterbrand im Jahr 1781.

bereits clandestin Schritte unternommen hatte, die von den Schwestern unbemerkt bleiben sollten:

> Bevor er aber noch jemanden von den Conventualinnen sein Vorhaben merken ließ, so machte er [Tilemann von Bavenstedt] bereits Ao. 1477 einige Anstalten, welche zu der gemeinen Speisung nöthig, damit das Werk [sc. die geplante Reform; Ergänzung der Vf.] nicht etwa dadurch künftig verhindert werden möchte.[45]

Die Aktionen Tilemanns betrafen lediglich Veränderungen am Refektorium sowie Reparaturarbeiten an Keller und Speisekammern sowie das Graben eines Brunnens. Es ist offenkundig, dass diese Arbeiten keinen Verdacht auf sich ziehen sollten, schon um die eigentliche Reform nicht zu gefährden und Unruhen wie in Wienhausen zu vermeiden. In Unkenntnis dieser Quellen, der Datierungen und dem nachfolgend aufgeführtem hat sich in der Forschung eine falsche Datierung für den Beginn der Reformbestrebungen im Hinblick auf die Handschriftenproduktion festgesetzt, die oft wiederholt wurde: „Der Aufschwung des Skriptorium [sic] setzte demnach unter der Ägide von Propst Tilemann von Bavenstedt (1469–1494) ein, der seit 1477/1478 intensiv die Reform des Klosters betrieben hat."[46]

45 Lyßmann (Anm. 13), S. 68.

46 Regina Cermann, Niederdeutsches Osterorationale aus dem Zisterzienserinnenkloster Medingen. In: Peter Jörg Becker u. Eef Overgaauw (Hgg.), Aderlass und Seelentrost. Die Überlieferung deutscher Texte im Spiegel Berliner Handschriften und Inkunabeln. Mainz 2003, S. 272–275, hier S. 274. Diese Fehleinschätzung wurde vielfach übernommen, z. B. von Hans-Walter Stork, Eine Gruppe von Medinger Handschriften in der Staats- und Universitätsbibliothek Hamburg. In: Jeffrey F. Hamburger u. a. (Hgg.), Frauen – Kloster – Kunst. Neue Forschungen zur Kulturgeschichte des Mittelalters. Turnhout 2007, S. 131–139, hier S. 132, 137. Grundlage für diesen Irrtum bildet ein immer wieder zitierter, aber offensichtlich nur ansatzweise verstandener Aufsatz von Gerard Achten, De Gebedenboeken van de Cistercienserinnenkloosters Medingen en Wienhausen. In: Miscellanea Neerlandica 3 (1987), Opstellen voor Dr. Jan Deschamps ter Gelegenheid van zijn zeventigste verjaardag, S. 173–188, Achten konstatiert auf S. 186 lediglich: „Naar de codicologische kenmerken te oordelen schijnt zich de produktie van gebedenboeken in de beide kloosters omstreeks 1470/80 geconcentreerd te hebben, en een tweede maal, in het Nederduits, rond de jaren 1510/20. Maar op dit punt kan een nauwkeuriger studie van de onderlinge verwantschap der handschriften grotere klaarheid brengen. Hier zij alleen nog aan toegevoegd dat ook de banden die rond de gebedenboeken zitten en die ik in de hand heb gehad, omstreeks 1470/80 en 1510/20 kunnen zijn vervaardigd." Auch Henrike Lähnemann bezieht sich immer wieder auf Achtens Aufsatz und betont, z. B. in: Also do du ok. Andachtsanweisungen in den Medinger Orationalien. In: Text und Normativität im deutschen Mittelalter. Hrsg. v. Franz-Josef Holznagel u. a. Berlin 2012, S. 437–452, hier S. 448, Anm. 21: Gerard Achten habe „nachgewiesen, dass die beiden Trierer Handschriften, ebenso wie alle anderen Orationalien, erst nach der Klosterreform 1479 entstanden sind." Das ist ein grobes Missverständnis von Achtens Aufsatz, in dem er neben dem oben Angeführtem einschränkend sagt: „In de annalen van deze kloosters (sc. die Heideklöster; Ergänzung der Vf.) staat niets directs over de private gebedenboeken" (S. 181). Gerad Achtens Aufsatz als Beleg für die Datierung aller Orationalien nach der Reform anzuführen, leitet in die Irre.

Sollte das Gebetbuch MS J 29 tatsächlich als ein „Modellgebetbuch“ für die Klosterreform konzipiert gewesen sein, hätten sich Darstellungen von orgelspielenden Schwestern verboten.

Klosterreform und Orgel

Die Reformer argwöhnten, die Musik wirke sich zu stark auf menschliche Affekte aus.[47] Grund für das „Verbot des Orgelspiels war die drohende *excitatio* – Erregung –, die durch das Orgelspiel hervorgerufen werden konnte“.[48] Zwar sind aus Medingen keine direkten Anordnungen zum Verbot des Orgelspiels überliefert, doch sind die Reformberichte der benachbarten Klöster Ebstorf und Wienhausen mitteilsamer. Im Reformbericht des Klosters Ebstorf heißt es:

> Sowohl alle Gesangbücher als auch die Lektionare, Gradualien und Antiphonarien mussten sie [die Nonnen] abgeben, damit diese vernichtet und alles neu geschrieben wurde. Diese Änderung des *divinum officium*, die Abschaffung des Orgelspiels (*amissio organorum*), die Trennung (sc. der Nonnen; Ergänzung der Vf.) vom Volk und dem Kirchen(schiff) führte bei manchen zu großer Verwirrung und bereitete ihnen Schmerzen.[49]

Auch in Wienhausen wurde das Orgelspiel untersagt. Das Stundengebet sollte schlicht und ohne Instrumentalmusik von statten gehen, wie die Wienhausener Chronik berichtet: „Auch das keine Orgel oder ander instrumental Music in der Mette [Matutin] und Vesper mehr sollte gehöret werden.“[50]

Dass in Medingen das Orgelspiel ebenfalls verboten wurde, geht indirekt aus dem bischöflichen Antwortschreiben von Ende Oktober 1483 auf eine (nicht überlieferte) Anfrage der Medinger Reformpriorin hervor. Offenbar kam es in Medingen aufgrund der Reformauflagen zu Unruhen, so dass eine Anfrage an den Bischof regeln sollte, wie u. a. mit dem Orgelspiel zu verfahren sei. Um die Gemüter zu beruhigen, erteilte der Bischof eine Dispens und erlaubte, dass eine darin ausgebildete Schwester an hohen Fest-und Aposteltagen sowie zur Chorstunde die Orgel spielen dürfe.[51] Demnach er-

47 Ulrike Hascher-Burger, Orgelspiel versus Orgelverbot. Ein Paradigmenstreit im Umfeld der norddeutschen Klosterreform im 15. Jahrhundert? In: Thomas Drescher u. Martin Kirnbauer (Hgg.), Monodien: Paradigmen instrumental begleiteten Sologesangs in Mittelalter und Barock. Winterthur 2018, S. 69–86, hier S. 70.

48 Hascher-Burger: Orgelspiel (Anm. 47), S. 71.

49 Borchling (Anm. 35), S. 389: *Omnes libri cantuales quam lectionales gradalia et antiphonarij oportebant deponi, que incidebantur ac delebantur et ex nouo omnia scribebantur. Hec autem mutacio in diuino seruicio, amissio organorum, separacio a populo et ab ecclesia aliquibus fuit magna perturbacio et stimulus doloris*. Übersetzung der Vf.

50 Chronik des Klosters Wienhausen (Anm. 36), Kap. 26.

51 Urkundenbuch Medingen (Anm. 6), S. 497 (Nr. 576): [...] *et insuper* [*gratiose concedimus*] *ut diebus festivis apostolorumque et sollempnioribus festis in organis tempore divinorum, ut apud vos solitum*

klang von 1479, der Einführung der Reform in Medingen, bis 1483 (Anfrage an den Bischof) keine Orgel in diesem Kloster; erst nach der bischöflichen Genehmigung wurde zu bestimmten Anlässen wieder die Orgel gespielt.

Auch der direkt im Zusammenhang mit der Reform verfasste *Liber ordinarius* (sog. Propsthandbuch, Oxford, Bodleian Library, MS. Lat. liturg. e. 18), der für Medingen die neue, nach der Reform gültige Liturgie vorschreibt, erwähnt trotz seines Detailreichtums kein Orgelspiel und bestätigt damit das Orgelverbot für das Kloster Medingen.[52] Illustrationen orgelnder Nonnen sind in nach der Klosterreform 1479 entstandenen Gebetbüchern zumindest bis zum Jahr 1483 unwahrscheinlich, wenn nicht ganz auszuschließen. Das 1478 entstandene Gebetbuch MS J 29 hingegen ist *vor* der Reform entstanden und auch nicht auf die Reform hin konzipiert; die Darstellung orgelnder Nonnen ist deshalb unproblematisch.

fuit, cantent per unam ex eisdem monialibus ad hoc instructam et edoctam, presentibus usque ad specialem nostram revocationem [...] (außerdem erlauben wir gnädig, dass [...] die Orgel von einer der Nonnen gespielt wird, die dazu ausgebildet und erfahren ist – wörtlich: dass sie die Orgel spielen, und zwar durch eine der Nonnen [...]).

52 Henrike Lähnemann, die die Handschrift intensiv untersucht hat, stellt fest: „Auffallend ist, dass im Propst-Handbuch kein Orgelspiel und keine Mehrstimmigkeit [...] erwähnt wird." Ulrike Hascher-Burger u. Henrike Lähnemann, Liturgie und Reform im Kloster Medingen. Edition und Untersuchung des Propst-Handbuchs Oxford, Bodleian Library, MS. Lat. liturg. e. 18. Tübingen 2013, S. 95. – Um das Orgelspiel trotzdem für die Zeit nach der Klosterreform plausibel zu machen, zieht Henrike Lähnemann eine weitere, allerdings, wie sie selbst bemerkt, problematische Quelle heran: „Aber in Medingen kam auch nach der Reform sicher zumindest an Ostern eine Orgel zum Einsatz. Im ‚Rituale' heißt es, dass während der Kommunion der Novizinnen (*dum puelle communicant*) mit Orgelbegleitung (*cantetur in organis*) der Hymnus *Hec est sponsa summi regis* gesungen werden solle." In der zu dieser Passage gehörigen Anmerkung wird jedoch einschränkend hinzugefügt: „CA2 (= Cambridge, University Library, Ms. Add. 8850), f. 2r; [...] Die stark redigierte liturgische Handschrift enthält ab f. 2v die lateinischen und deutschen Ordinarien für Äbtissinnenweihe, Novizinnenweihe, Ordo in oblatione puellarum und Laienschwesternweihe. Zu welcher Art von Gottesdienst das auf dem ersten beschriebenen Recto-Blatt erhaltene Stück gehörte, ist unklar, nur dass der Abschlusssegen von einem Bischof an Ostern gesprochen werden sollte; der Hymnus wurde eigentlich zum Kirchweihfest gesungen." Henrike Lähnemann, Per organa. Musikalische Unterweisung in Handschriften der Lüneburger Klöster. In: Dies. u. Sandra Linden (Hgg.), Dichtung und Didaxe. Lehrhaftes Sprechen in der deutschen Literatur des Mittelalters. Berlin, New York 2009, S. 397–412, hier S. 402 mit Anm. 11. Bei dem zitierten Textstück auf dem „ersten beschriebenen Recto-Blatt" handelt es sich um ein früher entstandenes Textfragment, wahrscheinlich ein Stück Makulatur, welches der Handschrift vorgesetzt wurde. Als Beleg für die Verwendung der Orgel nach der Reform kann es deshalb nicht herangezogen werden. – Wie große Kreise die These Lähnemanns von der Orgelnutzung in Medingen nach der Klosterreform gezogen hat, ist ersichtlich aus den Publikationen von Ulrike Hascher-Burger, die sich unkritisch auf Lähnemann stützt und ebenfalls keine Belege beibringt, sondern den Sachverhalt noch verunklärt. Vgl. z. B. Hascher-Burger, Orgelspiel (Anm. 47), S. 77 mit Anm. 38: „Tatsächlich deuten zahlreiche Hinweise in Handschriften aus dem Kloster Medingen auf eine lebendige Tradition des liturgischen Orgelspiels in Medingen auch in der Zeit nach der Reform." Die Hinweise werden jedoch nicht beigebracht, auch nicht in dem in Anm. 38 erwähnten Werk. Es handelt sich um Behauptungen, die durch Wiederholung zu Tatsachen werden.

Schwestern an der Orgel im Gebetbuch MS J 29 in Hildesheim

Kommen wir auf die Zeit vor der Klosterreform zurück. Was genau ist auf den beiden Bildern (fol. 44r, 119r; Tafel XV, Abb. 6, 7) mit den orgelspielenden Nonnen zu sehen? Obwohl es sich um äußerst schlichte Darstellungen handelt, ist manches bemerkenswert, so z. B. dass zwei Nonnen gleichzeitig zu spielen scheinen (fol. 44r). Ist das tatsächlich der Fall?

Der auffällig rubrizierte Text oberhalb des Bildes (fol. 44r; Abb. 6) verweist auf die Stelle innerhalb der Liturgie, an dem die Orgel einsetzt: *Post matutinas per organa* (nach der Matutin mit der Orgel).[53] Wie die den Nonnen beigegebenen Schriftbänder zeigen, orgeln die beiden Klosterfrauen jedoch nicht gemeinsam, sondern zu unterschiedlichen Anlässen mit zeitlichem Abstand. Zunächst spielt die links sitzende Nonne. Ihr Spruchband weist mit *Te deum laudamus te domine*[*um,* verschrieben?] (dich loben wir als Gott, dich Herr) auf „den Beginn des Hymnus, der täglich am Ende der Matutin und der Vesper gesungen wurde".[54] Das Spruchband folgt damit der Anweisung der Rubrik, die sich auf das Ende der Matutin bezieht: *Post matutinas per organa.* Der daran anschließende Text zeigt, dass es sich um die Matutin des Ostersonntags handelt. Die goldene „I"-Initiale, eine Zäsur bezeichnend, hebt folgendes hervor: *Illuxit dies quam fecit dominus,* ein Versikel aus der Ostersequenz *Laudes salvatori.* Auch das Spruchband der rechten Nonne weist auf Ostern, aber auf einen späteren Zeitpunkt: *Ergo die ista exultemus qua nobis viam vite re*[surgens patefecit Jesus] (also lasst uns an jenem Tage frohlocken, an welchem uns den Weg des Lebens eröffnet hat der auferstandene Jesus). Der kurze Text ist ebenfalls der Ostersequenz *Laudes salvatori* entnommen, doch wurde er „in Medingen während der Tagesmesse am Ostersonntag gesungen".[55]

Hochfeste wie Ostern bieten die Möglichkeit, an einem einzigen Tag die Orgel zweimal erklingen zu lassen: zunächst beim morgendlichen Stundengebet der Schwestern nach der Matutin; später am Tag, während der Ostermesse mit Klerus und Laien, erklingt sie erneut.[56] Um diesen Ausnahmefall vor Augen zu führen, hat die Illuminatorin zwei Schwestern an die Orgel gesetzt, die freilich nicht miteinander, sondern nacheinander am Ostertag das Instrument bedienen.

Die zweite Orgeldarstellung auf fol. 119r illustriert das Ende des Ostertags nach der Vesper (Rubrik: *Post vesperas*). Als Beischrift unterhalb der Orgel wurde ein Zitat das den letzten Zeilen der *Laudes salvatori* gewählt: *Ergo die ista exultemus* (so lasst uns

53 Es handelt sich um genaue jene Stelle – die Matutin –, in der in Wienhausen nach der Reform Orgelverbot galt, s. o., S. 354. In Medingen, das sich im gesamten Reformgeschehen am bereits reformierten Kloster Wienhausen orientierte, wird es nicht anders gewesen sein. Auch dies ein weiterer Beleg, dass nach der Reform in Medingen zunächst keine Orgel erklang, und das Gebetbuch J 29 den Liturgieverlauf *vor* der Reform abbildet.

54 Hascher-Burger, Orgelspiel (Anm. 47), S. 81.

55 Ebd., S. 81. Versikel 11a der Ostersequenz *Laudes salvatori.*

56 Ebd., S. 81.

an diesem Tag frohlocken). Irritierend ist die grobe, stilisierte malerische Ausführung der Orgel mit gleichmäßig langen Pfeifen, die nur durch Silberauflage als solche zu identifizieren sind. Offensichtlich wurde dieselbe Bildvorlage wie auf fol. 44r benutzt; die links sitzende Schwester entspricht sich recht genau auf beiden Bildern. Dass auf fol. 119r die Orgelpfeifen verknappt dargestellt sind, ist wohl dem Ungenügen der Illustratorin geschuldet. Überhaupt stellt sich die Frage, ob die Illustratorin tatsächlich eine Orgel gesehen hat, oder ob sie nicht vielmehr von einer (unverstandenen?) Vorlage abgemalt hat. Das Instrument kann allenfalls als orgelähnlich gelten. Dieser Eindruck wird vor allem durch die seltsamen runden Gegenstände verstärkt, zu denen die Nonne mit ihrer Linken greift. Wahrscheinlich sind Tonschieber gemeint, mit denen die Luftzufuhr zu den Pfeifen reguliert wird.[57] Es handelt sich bei der dargestellten Orgel nicht um ein Tasteninstrument, was für das ausgehende 15. Jahrhundert bemerkenswert und ungewöhnlich ist. „Instrumente (sc. mit Tonschiebern; Ergänzung der Vf.) baute man im 12., vielleicht noch im 13. Jahrhundert."[58] Angesichts der hohen Unterhalts- und Reparaturkosten ist äußerst unwahrscheinlich, dass in Medingen im Jahr 1478 immer noch ein solches altertümliches Instrument gespielt wurde.

Das Gegenteil war der Fall. Medingen verfügte über zwei moderne Orgeln, die Propst Ludger Tölner (amt. 1416–1446) modernisieren oder neu anschaffen ließ:

> Daher ließ er [...] ein Positiv auf den Jungfrauenchor setzen, und die grosse Orgel in der Kirche mit etlichen neuen Stimmen vermehren, hielt daneben etliche von den jüngern Conventualinnen und alle seine Capellanos zur Music an, und brachte es so weit damit, daß sie hernach an den Fest- und Aposteltagen sowol bey dem öffentlichen Gottesdienste, als unter ihren Horis eine angenehme Music machen konnten.[59]

Auch eine Tafel des bereits erwähnten Bilderzyklus' von 1499, der rückblickend die Klostergeschichte schildert, stellt eine moderne Orgel mit Tastatur dar. (Abb. 8). Tafel 12 zeigt den Umzug der älteren Nonnen vom Kloster Altenmedingen in den Klosterneubau, aus dem ihnen die jüngeren Nonnen mit Kruzifix, Heiligenfiguren und Fahnen entgegenziehen.[60] Parallel ertönen zum festlichen Einzug Orgelspiel und Glockengeläut. Es ist davon auszugehen, dass das Vorbild der auf dieser Tafel dargestellten Orgel in der von Propst Ludger Tölner für den Jungfrauen(=Nonnen)chor in der ersten Hälfte des 15. Jahrhunderts gestifteten zeitgemäßen Orgel zu suchen ist.

57 Franz Körndle, e-mail vom 11. Juni 2020. – Für seine ausführlichen Auskünfte (e-mail 19. April 2019 und 11. Juni 2020) zu Aufbau und Betätigung einer mittelalterlichen Orgel dankt die Vf. dem Experten für historische Tasteninstrumente, insb. der Orgel, Prof. Dr. Franz Körndle, Universität Augsburg, sehr herzlich.

58 Franz Körndle, e-mail vom 11. Juni 2020.

59 Lyßmann (Anm. 13), S. 50.

60 Beischrift Tafel 12: *Alse se nu tho nyen Meding qwemen. gunghen de junghen junckvrouwen jum entjegen mit vanen. crutze un eren patronen alse de moder godes un sunte Mauricius. un halden se vrolicken in mit orghelen sange und alle Klocken klyngheden.*

Abb. 8 Nachzeichnung der 12. Tafel des 15-teiligen, heute verlorenen spätmittelalterlichen Bilderzyklus mit der Klostergeschichte Medingens von der Gründung bis zur Klosterreform: Umzug des Konvents in den Klosterneubau in Medingen

Eine Orgel mit Tonschiebern, wie sie die Illustration auf fol. 119r (Abb. 7) vermittelt, gehörte schon lange der Vergangenheit an.[61] Gleiches trifft für den altmodischen schlauchartigen Blasebalg zu, den der Kalkant tritt.[62] Aus dem Blasebalg wird die Luft mit Hilfe eines Schlauchs in die Windlade der Orgel geleitet. Die Funktionsweise der dargestellten Orgel ist alles andere als klar. Als Vergleichsobjekt eignet sich die Orgeldarstellung im Stuttgarter Psalter (Tafel XVI, Abb. 9; Cod. bibl. fol. 23, fol. 163v). Auch dort führt ein Schlauch vom Blasebalg in den oberen Teil der Orgel.[63] Die Illustratorin

61 Auch die von Theophilus Presbyter beschriebene und nach seinen Angaben rekonstruierte Orgel würde dem im 15. Jh. veralteten Modell auf fol. 119r entsprechen. Vgl. Erhard Brepohl, Theophilus Presbyter und das mittelalterliche Kunsthandwerk. Köln, Weimar, Wien 2013, S. 450.

62 Die von Lähnemann (Per organa [Anm. 52)], S. 404) geäußerte Vermutung, dass der Kalkant gleichzeitig eine Glocke läutet, ist unbegründet. Ein Kalkant bedient unter körperlicher Anstrengung den Blasebalg und ist nicht parallel als Glockenläuter tätig. Es gibt keine Darstellungen oder Berichte, die diese beiden Tätigkeiten in einem Instrument verbinden. Selbstverständlich können aber während des Orgelspiels die Glocken geläutet werden; das sind jedoch zwei getrennte, parallel vollzogene Vorgänge (Franz Körndle, e-mail vom 11. Juni 2020); vgl. die Darstellung auf Tafel 12 der Umzeichnung des verlorenen Gemäldezyklus (Abb. 8).

63 Peter Williams (The Organ in Western Culture. Cambridge 1993, S. 167–169) beschreibt den komplizierten Vorgang der Luftzufuhr wie folgt: „On the contrary, this bellows speaks for a type known far and wide for many centuries, and used for many purposes. From the bellows two trunks, evidently flexible but too thin for them to be realistic, lie below the pipes and take the wind to the

folgt der Vorlage eines Orgelmodells, wie es z. B. aus dem im frühen 9. Jahrhundert entstandenen Stuttgarter Psalter bekannt ist;[64] die Bildvorlagen dieses Psalters reichen bereits in die Spätantike zurück.[65] In Medingen wurden ganz offensichtlich sehr alte Bildvorlagen verwendet, deren ikonographische Vorgaben nicht der aktuellen Ausstattung im Kloster entsprachen.

Welcher Art die Veränderungen in Gebetbüchern nach der Reform waren, zeigt gerade in Hinblick auf das Orgelspiel ein anderes Gebetbuch aus Medingen, dass mit Sicherheit der Zeit nach der Reform zuzurechnen ist. Es weist eine signifikante Änderung in der Beschreibung des Geschehens nach der Matutin auf. Im heute im Hildesheimer Stadtarchiv (Best. 52, Nr. 379, fol. 48v–49r) aufbewahrten Gebetbuch heißt es nur lapidar (fol. 48v–49r): *Post matutinas dum exis de choro canta in cordis jubilo* (Nach der Matutin, wenn du den Chor verlässt, singe jubelnd im Herzen): *Illuxit dies quam fecit dominus*. Eine Orgel wird nicht mehr erwähnt, *post matutinas per organa* entfällt, stattdessen soll die Nonne den Chor verlassen und in ihrem Herzen jubelnd *Illuxit dies* singen. Der Orgelklang wurde getilgt, ein sicherer Hinweis darauf, dass das Gebetbuch aus dem Stadtarchiv tatsächlich nach der Reform geschrieben wurde und zwar wahrscheinlich in dem Zeitraum von 1479 bis 1483, in dem in Medingen die Orgel verstummte. Auch die Materialität dieser Handschrift – es handelt sich um Papier – spricht für die Sparmaßnahmen, die mit der Reform ins Kloster einzogen. Der Vergleich zwischen beiden Gebetbüchern macht deutlich, dass J 29, das sog. Modellgebetbuch für die Reform mit der Reform nichts zu tun haben kann, denn es erwähnt und zeigt die Nonnen beim Orgelspiel. Im schlichten Papiergebetbuch aus dem Stadtarchiv hingegen fehlt die Orgel. Es beweist damit, was die Reform bewirkt hat – das Verstummen der Orgel.

Traditionalismus

Dass alte Bildtraditionen in den Heideklöstern beibehalten und nicht von der Klosterreform getilgt wurden, zeigen die auffälligen Inszenierungen von Frauen z. B. in ihrer Begegnung mit Christus in der Osterzeit.[66] Bereits weit vor der Klosterreform sind

chest. (One of the trunks is difficult to see in reproductions.) The third male figure may be treading a second skin-bellows from which a third trunk curves up to another part of the chest, but only two pairs of legs are visible."

64 Württembergische Landesbibliothek Stuttgart, Cod. bibl. fol. 23, fol. 163v, Illustration zu Ps 150: *Laudate eum in firmamento virtutis eius* [...] *Laudate eum in tympano et choro: laudate eum in chordis et organo* (Ps 150, 4).

65 Vgl. Florentine Mütherich, Die Stellung der Bilder in der frühmittelalterlichen Psalterillustration. In: Der Stuttgarter Bilderpsalter, Bd. 2. Stuttgart 1968, S. 151–222, hier S. 191–202.

66 Vgl. Henrike Lähnemann, Der Auferstandene im Dialog mit den Frauen. Die Erscheinungen Christi in den Andachtsbüchern des Klosters Medingen. In: Linda Maria Koldau (Hg.), Passion und Ostern in den Lüneburger Klöstern. Ebstorf 2010, S. 105–134.

Ausschmückungen derartiger Szenen im Kloster Wienhausen in der Ausmalung des Nonnenchores und seinen Bildwerken breit überliefert.[67] Nach der Reform wurden diese Artefakte nicht getilgt. Das Gebetbuch MS J 29 schließt auch in diesem Punkt an eine alte, ungebrochen fortgesetzte Bildtradition an und stellt keine reformbedingte Neuschöpfung dar. Wie bei der Verwendung einer veralteten Schriftart liegt auch hier wieder ein Rückgriff auf traditionelles, etabliertes Formenrepertoire vor.[68]

Zumindest was die Darstellungen von Nonnentracht, Orgeln und Schriftart betrifft, kann die bildliche Ausstattung des Gebetbuchs MS J 29 nicht als innovativ gelten. Im Rekurs auf vielleicht jahrhundertealte Traditionen spiegeln sich Kontinuität und Stabilität klösterlichen Daseins und eine konservative Haltung. Es ist deshalb nicht erstaunlich, dass frühere Handschriftenexperten zahlreiche Medinger Gebetbücher als deutlich älter eingeschätzt haben – eine Einschätzung, die inzwischen dank der Auffindung von Datierungen und Wasserzeichen relativiert werden konnte.[69]

Das Zusammentreffen von Konvent und Bevölkerung

Eine weitere Selbstdarstellung der Nonnen beschreibt ein anderes Geschehen, dass wie das Orgelspiel in dieser Weise nur vor der Reform stattgefunden haben kann: das Zusammentreffen von Konvent und Bevölkerung außerhalb des Klosters am Ostermorgen. Die prächtig ausgestattete Seite fol. 52r (Tafel XIV, Abb. 4) des Hildesheimer Gebetbuchs zeigt neben dem von einem Engelsorchester begleiteten Aufgang der goldenen Christus-Sonne in der Osternacht die Begegnung zweier Gruppen am unteren Bildrand: Auf grüner Wiese bewegen sich von links der Medinger Konvent und von rechts vornehm gekleidetes (Gemeinde)Volk aufeinander zu. Der Konvent präsentiert sich in doppelter Reihung, einheitlich geordnet im Habit. Im Kontrast dazu steht die weltliche Gruppe mit kostbaren bunten Gewändern. Die pelzverbrämten Mäntel, die edlen Hauben der Damen und der Blütenkranz des Jünglings an der Spitze lassen auf Lüneburger Adelige und Patrizier schließen, deren Töchter häufig als Nonnen in Medingen lebten; am rechten Bildrand folgen diesem Zug vermutlich zwei Beginen, die sich in Lüneburg durch einen blauen Mantel und weiße Hauben auszeichneten.[70]

67 Vgl. Lähnemann, Der Auferstandene (Anm. 66), S. 116 f., sowie den Beitrag von Susanne Wittekind, Passion und Ostern im Bildprogramm des Wienhäuser Nonnenchores. In: Koldau (wie Anm. 66), S. 157–186.

68 Vgl. etwa Stork (Anm. 46), S. 137: „Nun ist besonders auffällig, dass die verwendeten Schriftformen durchgehend altertümlich, retardierend sind und auf den ersten Blick frühere Datierungen provozieren, wovon ja Walther Lipphardt in reichem Maße Gebrauch machte, dabei aber die eindeutigen Aussagen der Wasserzeichen außer Acht ließ. 1470 schrieb man in Medingen wie im Jahre 1380."

69 Vgl. die Zusammenstellung von Cermann (Anm. 46), S. 274.

70 Für den Hinweis danke ich Martina Wehrli-Johns, Zürich. Zu der Beziehung der Lüneburger Klöster insb. vom Kloster Medingen zu den Hamburger Beginen vgl. Christian Schmidt, Andacht

Den Gruppen sind Spruchbänder zugeordnet: *Illuxit dies quam fecit dominus* (hell erstrahlte der Tag, den der Herr gemacht hat), tönt es von den Schwestern, und niederdeutsch schallt es von der Gemeinde: *Also heylich is desse dach dat den nemen* (so heilig ist dieser Tag, dass sie diesen [...]). Die Szene am unteren Blattrand – die Begegnung von Schwestern und Bürgern in einer Prozession – scheint einem realen Vorgang zu entsprechen. Doch ist nach der Klosterreform eine solche Prozession nicht mehr denkbar. Vorgeschrieben waren eine strenge Klausur, Einrichtung eines Sprechfensters und, wo nötig, Erneuerung der Klostermauern. Die Nonnen durften das Kloster nicht verlassen und konnten somit nicht direkt dem feiernden Volk (in gemeinsamer Prozession) begegnen.[71] In dieser Szene spiegelt sich mit Sicherheit keine Begebenheit *nach* der Reform, allenfalls kann es sich um eine Imagination handeln. *Vor* der Klosterreform scheint der Konvent zu Ostern außerhalb des Klosters gemeinsam mit dem Gemeindevolk (*populus*) eine Prozession durchgeführt zu haben.[72] Auf diese gemeinsame Feier von Konvent und Bevölkerung vor der Reform bezieht sich die Darstellung auf fol. 52r.

Die Illustration kann auch unabhängig von äußeren Gegebenheiten gelesen werden. Tiefere Sinnschichten werden freigelegt, etwa wenn man sie als Gegensatz zwischen Kloster und Welt, zwischen innen und außen, und schließlich zwischen geistlichem Adel und weltlichem Adel versteht. Trotz aller Polaritäten ist den Gruppen etwas Entscheidendes gemein – die Freude über den Ostertag, die alle Menschen (spirituell) miteinander verbindet.

und Identität. Selbstbilder in Gebetszyklen der Lüneburger Frauenklöster und des Hamburger Beginenkonvents. In: Mirko Breitenstein u. a. (Hgg.), Identität und Gemeinschaft. Vier Zugänge zu Eigengeschichten und Selbstbildern institutioneller Ordnungen. Berlin 2015, S. 125–148; Ders., Gebetszyklen der Hamburger Beginen im Kontext der Gebetbuchkultur der Lüneburger Frauenklöster. In: Bernward Schmidt u. a. (Hgg.), Das Beginenwesen in Spätmittelalter und Früher Neuzeit. Fribourg. Stuttgart 2015, S. 234–263.

71 Vgl. den Reformbericht von Ebstorf, der die Trennung von Volk und Kirche vorsieht: *separacio a populo et ab ecclesia* [...], Borchling (Anm. 35), S. 389.

72 Einen Hinweis auf die gemeinsame Feier mit Prozession von Nonnen und Volk findet sich in MS J 29, fol. 65r–65v: *Salue glorificata hora tercia diei solaris', radius tue claritatis et iocunditas tue festiuitatis est amabilis angelis et hominibus nec non creaturis insensibilibus, (65v) iam in te congregatvs est totus cristianus populus', vt digne celebret altissimum diem festum regis sui, sicut precepit Resurgens rex dominus et festinat progredi ad processionem, ad laudem ipsius et honorem* (Sei gegrüßt, glorreiche dritte Stunde des Sonntags! Das Strahlen deines Lichts und die Freude deines Festes sind liebreich für Engel und Menschen und selbst für Kreaturen ohne Gefühl. Für dich hat sich das gesamte christliche Volk versammelt, um würdig zu feiern das Fest seines Königs, wie es anordnet der auferstehende Herr und König, und eilt zu schreiten in Prozession [*ad processionem; ad* später ergänzt; muss eigentlich heißen: *in processione*] zu dessen Lob und Ehre). Zur eigentlichen Prozession kommt es erst ab fol. 68v; auf fol. 69v erklingt dann der Prozessionshymnus *Also heylich is desse dach*, der in der bildlichen Darstellung dem Volk zugeordnet wird.

Die Selbstdarstellung der Nonnen nach der Klosterreform

Hat sich die Selbstdarstellung der Nonnen nach der Klosterreform verändert? Diese Frage ist schwer zu beantworten, nicht zuletzt, weil es keine schriftlichen Quellen gibt, die von einer Veränderung des Medinger Habits berichten. Im Medinger Visitationsbericht ist nichts über neue Kleidervorschriften vermerkt.[73] Da der Habit der Medinger Nonnen den Zisterzienserstatuten entsprach (s. o. S. 342–345), gab es keinen Grund, reformbedingte Modifikationen vorzunehmen. Ausgehend von den Ausführungen LYSSMANNS (s. o.) sowie der Darstellung auf Tafel 14 (Abb. 3), die die Errungenschaften der Klosterreform zeigt, waren die Nonnen nach wie vor schwarzweiß gekleidet. In den Illustrationen der Gebetbücher tragen die Schwestern durchgehend, auch in den späteren, durch Wasserzeichen datierbareren Papierhandschriften, ihre blau akzentuierte weiße Tracht – die Bedeutung dieser farblichen Verschiebung ist oben erläutert worden. Dennoch fällt ein kleiner Unterschied auf: Aus einem rund über den Kopf gelegten Schleier wie im Gebetbuch MS J 29 ist in den späteren, gegen Ende des 15. Jahrhunderts entstandenen Darstellungen ein spitz zulaufendes Arrangement geworden (Abb. 11 und 12). Auch auf Tafel 14 erscheinen die Konventualinnen mit einem eher zugespitzten Schleier.

Aus der Diskrepanz zwischen dem runden Schleier im vor der Reform entstandenen Gebetbuch MS J 29 von 1478 und der Darstellung der Schwestern mit spitzem Schleier auf der späteren Nachzeichnung von Tafel 14 des Gemäldezyklus von 1499 könnte gefolgert werden, dass die Klosterreform eine Veränderung in der Tracht bewirkt habe. Als weiterer Beleg ist das Äbtissinnenbildnis auf der Grabplatte der Reformäbtissin Margarete Puffen herangezogen worden (Abb. 10). Margarete Puffen war verantwortlich für die Klosterreform in Medingen, zunächst als Priorin 1479–1494, dann von 1494–1513 als Äbtissin. Ob die kleine zipfelige Erhebung des Schleiers am Oberkopf tatsächlich als spitzer Schleier angesehen werden kann?[74] Diese Indizien haben genügt, um festzustellen: „die Tracht mit weißem, spitzem Schleier, auf dem sich ein rotes Kreuz befindet […], ist die Tracht, die in Medingen nach der Klosterreform 1479 eingeführt wurde."[75]

73 Urkundenbuch des Klosters Medingen (Anm. 6), S. 461–463 (Nr. 517).

74 Die Meinung ist zumindest Hans-Walter Stork (Anm. 46), S. 134.

75 Henrike Lähnemann, Schnipsel, Schleier, Textkombinatorik. In: Martin Schubert (Hg.), Materialität in der Editionswissenschaft. Berlin, New York 2010, S. 347–358, hier S. 352. Diese These wird in einem anderen Text wiederholt (Lähnemann, Also do du ok (Anm. 46), S. 444), wo zwei Handschriften aus Medingen angesprochen werden, die „direkt mit der Reform in Zusammenhang" stehen. Bei der ersteren handelt es sich um Cod. in scrin. 149, fol. 10r, Staats- und Universitätsbibliothek, Hamburg, in der einer Nonne ein spitz zulaufender Schleier nachträglich auf das Haupt appliziert wurde. Vgl. meine Diskussion der Darstellung, unten, S. 364. Lähnemanns Hypothese mag zutreffen, bedeutet in der Konsequenz aber, dass eine andere ihrer Thesen problematisch

Abb. 10 Grabplatte der Reformäbtissin Margarete Puffen, Detail

Dass eine neue Tracht eingeführt wurde, zumindest was den Wechsel von einem runden zu einem spitzen Schleier betrifft, heißt jedoch nicht, dass dieser in ursächlichem Zusammenhang mit der Klosterreform steht. Selbst wenn der Wechsel vom runden zum spitzen Schleier in den Zeitraum der Klosterreform fällt, ist Vorsicht vor vorschnellen Schlüssen geboten. Auch modische Gründe oder regionale Veränderungen z. B. können ausschlaggebend gewesen sein. Wie, wann und wo sich die Kopfbedeckung verändert haben könnte, soll im Folgenden rekonstruiert werden.

wird, nämlich jene oft wiederholte, dass Gebetbücher, wie MS J 29 (runde Schleier!) ein „Modellgebetbuch" für die Reform gewesen seien. Vgl. Anm. 39. Konsequenterweise müsste man alle Handschriften, in denen sich Nonnen mit rundem Schleier darstellen, als *vor* der Klosterreform entstandene ansehen.

Spitze Schleier: Das Psalterium Cod. in scrin. 149

Ein ausgeprägt spitzer Schleier bedeckt das Haupt einer Schwester in einem letztlich aus Medingen stammenden Psalterium (Abb. 11; Cod. in scrin. 149, SUB Hamburg).[76] Das Psalterium selbst ist eine Arbeit des 13. Jahrhunderts und der „thüringisch-sächsischen Malerschule" zuzurechnen; ursprünglicher Entstehungs- und Gebrauchsort sind unbekannt.[77] Wann die Handschrift in welchem Zustand nach Medingen gekommen ist, kann nicht mehr festgestellt werden. Sicher ist, dass die Handschrift grundlegend umgearbeitet wurde; Text- und Bildseiten wurden hinzugefügt. Nachträgliche Eintragungen im Kalendarium lassen auf späteren zisterziensischen Besitz schließen, der auf Medingen weist.

Zu den ergänzten Bildern in der Handschrift gehört eine auf Papier ausgeführte Anbetungsszene auf fol. 10r (Tafel XVI, Abb. 11): Eine verkleinert dargestellte kniende Nonne erhebt betend die Hände zu dem wesentlich größeren stehenden Apostel Johannes, der einen Kelch in Händen hält, dem Schlangen entweichen – ein Hinweis auf die Johanneslegende in der Legenda Aurea. *O sante johannes apostole dei ora pro me* bittet die Schwester den Apostel. Angesichts der für Medingen nachweisbaren Apostelverehrung wirkt die Szene als typisch für das Kloster. Bei genauerer Betrachtung wird jedoch klar, dass dieses Bild überarbeitet und (für Medingen?) angepasst wurde. Die Schnittlinien lassen genau erkennen, dass neben dem Schleier auch das Gesicht ergänzt wurde. Dafür wurde ein älterer Kopf entfernt. Um die Schnitt- und Klebeflächen zu kaschieren, ist die Rückseite des Blattes vollständig und bündig mit einem exakt der Seitengröße angepassten Papier so hinterlegt, dass nur schattenhaft durch das Papier hindurch die Veränderungen zu erahnen sind. Große Sorgfalt wurde darauf verwendet, eine kunstvolle grau-weiße, spitz zulaufende Schleierkonstruktion mit *corona* in den vorhandenen Bildbestand einzufügen. Ebenfalls ergänzt wurden das Spruchband sowie die mit roter Tinte geschriebene Gebetsbitte.[78] Ein roter Farbfleck am Ende der Beischrift liegt oberhalb des Schleiers, der Text muss also beim Abschluss der Arbeit hinzugefügt worden sein. Die verwendete rote Tinte der Schrift ist genau dieselbe wie die zur Markierung des *corona*-Kreuzes benutzte.

Ob diese Bildbearbeitung für die in Medingen im ausgehenden 15. Jahrhundert nachweisbare Apostelverehrung vorgenommen wurde ist ebenso unklar wie das vor-

76 So ist die Litanei ergänzt und mit *Bernardus pater noster, Mauricius patronus noster versehen worden.*

77 Stork (Anm. 46), S. 132. Die Vermutung, das Erfurter St. Peterskloster sei der Entstehungs- oder erste Nutzungsort, die Stork ([Anm. 46], S. 135) äußert, bleibt ohne Begründung. So unkritisch übernommen von Lähnemann, Also do du ok (Anm. 46), S. 444.

78 Ob die Banderole selbst neu hinzugefügt wurde, kann nicht wirklich entschieden werden, weil es auch Spruchbänder gibt, die bei ihrer Entstehung nicht (mehr) mit Text ausgefüllt wurden.

herige Aussehen des Bildes.[79] Das Nonnengesicht wirkt recht zart im Verhältnis zum voluminösen Schleier, was die Frage aufwirft, ob vorher dort eine Gestalt ohne Schleier den Apostel anbetete, vielleicht sogar eine männliche? Auszuschließen ist es nicht. Auch das rötlich-braune schlichte Gewand verträgt sich schlecht mit einem Zisterzienserhabit; es ist also zu vermuten, dass das Blatt aus einem ganz anderen Kontext stammt und für Medingen adaptiert wurde.

Spitze Schleier: Weitere Handschriften aus Medingen und Wienhausen

Tatsächlich gibt es in einer Handschrift aus Medingen eine ähnlich konzipierte Andachtsszene, und zwar in einem Gebetbuch zu Ehren des Apostels Bartholomäus und des Johannes Baptista, das zwischen 1481 und den ersten Jahrzehnten des 16. Jahrhunderts entstanden sein muss (MSL/1886/2629, London, National Art Library at the V&A, fol. 48r [= LO2]).[80] In ähnlicher Weise wie im Psalterium kniet eine Nonne betend vor dem heiligen Bartholomäus, der als Zeichen seines Martyriums seine Haut über den Arm trägt (Abb. 12). Trotz der schlichten Zeichnung ist deutlich, dass die Schwester einen spitz zulaufenden grau-schwarzen Schleier mit *corona* trägt.

Spitz zulaufende Schleier sind in Medingen neben den erwähnten Handschriften in Osterorationalien überliefert, die Gebete für die Äbtissin beinhalten. Da eine Äbtissin erst 1494 in Medingen eingesetzt wurde, kann dieses Jahr für die Entstehung der Codices als *terminus post quem* angesehen werden.[81]

Aber nicht nur aus Medingen sind verschiedene Schleiertypen bekannt, im Zisterzienserinnenkloster Wienhausen stößt man auf dasselbe Phänomen. Eine sehr ähnliche Bildkonzeption wie bei der Verehrung des Apostels Johannes und der Verehrung des Apostels Bartholomäus weist ein kleines Andachtsbild auf, das im 20. Jahrhundert bei Renovierungsarbeiten auf dem Wienhausener Nonnenchor aufgefunden wurde (Abb. 13);[82] wie in Medingen handelt es sich um eine ganzseitige Darstellung. Wann das Einzelblatt entstanden ist, kann nicht mehr präzise festgestellt werden, aber sicher geht eine Datierung in die 2. Hälfte des 15. Jahrhunderts nicht fehl. Die Illustration

79 Zur Apostelverehrung in Medingen vgl. Henrike Lähnemann, Saluta apostolum tuum. Apostelverehrung im Kloster Medingen. In: Wolfgang Brandis u. Hans-Walter Stork (Hgg.), Weltbild und Lebenswirklichkeit in den Lüneburger Klöstern. Berlin 2015, S. 41–64.

80 Zu diesem Gebetbuch vgl. Lähnemann, Schnipsel (Anm. 75), S. 349–353. Zur Datierung vgl. Dies., Saluta (Anm. 79), S. 41.

81 Das betrifft die Handschriften MS. Lat. liturg. f. 4, Bodleian Library, Oxford (O1); Ms 301 des Alterthums Vereins, Staatsarchiv Münster (M), beide mit Gebeten für die Äbtissin. Nicht datieren lässt sich das in mehreren Herstellungsschichten (Radierungen und Palimpsesten) überarbeitete Osterorationale Ms. germ. oct. 48, Staatsbibliothek, Berlin (BE2), das zwar in seiner letzten Bearbeitungsschicht Nonnen mit spitzen Schleiern aufweist (fol. 60v), aber kein Gebet für die Äbtissin beinhaltet.

82 Horst Appuhn, Der Fund vom Nonnenchor. Wienhausen 1973, S. 33.

Abb. 12 Verehrung des heiligen Bartholomäus; MSL/1886/2629, London, National Art Library at the V&A, fol. 48r

Abb. 13 Andachtsbild vom Wienhausener Nonnenchor: Verehrung des heiligen Bernward, Wienhausen, Klosterarchiv

Abb. 14 Marginalillustration in einem Wienhausener Responsoriale: Nonne mit schwarz-grauem, spitz zulaufenden Schleier mit *corona*; HS 29, Wienhausen, Klosterarchiv, fol. 18v, Detail

zeigt eine Zisterzienserin mit *corona,* von der drei von vier Kreuzen sichtbar sind, kniend vor einem heiligen Bischof, vermutlich dem heiligen Bernward von Hildesheim, da das Kloster Wienhausen zur Diözese Hildesheim gehörte. Von der Bildanlage – stehender Heiliger links, kniende Schwester rechts – entsprechen die beiden Bilder aus

Medingen der Verehrung des heiligen Bischofs Bernward, so dass man eine ähnliche unter den Klöstern kursierende Vorlage nicht ausschließen kann.

Ebenfalls aus Wienhausen stammt ein um 1500 entstandenes Responsoriale, das in der Marginalillustration eine Schwester zeigt, die genauso dargestellt ist, wie die Medinger Nonnen; auch sie trägt einen schwarz-grauen, spitz zulaufenden Schleier mit *corona* (Abb. 14; HS 29, Wienhausen, Klosterarchiv, fol. 18v).[83] Sowohl aus Medingen als auch aus Wienhausen sind runde und spitze Schleier bildlich überliefert. Zeitlich scheinen die runden Schleier vor der Reform entstanden zu sein. Legt man als Datierungsgrundlage das Medinger Gebetbuch MS J 29 von 1478 zugrunde, wäre das ein Anhaltspunkt für die „Schleiermode" vor der Klosterreform. Dem zuzuordnen wären weitere, in Text- und Bildausstattung dem Gebetbuch MS J 29 eng verwandte Medinger Osterorationalien, die wahrscheinlich kurz vor oder kurz nach diesem um 1478 entstanden sind.[84] Alle Darstellungen mit spitz zulaufenden Schleiern scheinen erst nach Einführung der Klosterreform entstanden zu sein, was aber, wie schon gesagt, nicht in kausalem Zusammenhang mit der Reform selbst stehen muss. Es bleibt eine qualitative Bewertung: Runde Schleier sind, ausgehend vom Gebetbuch MS J 29, zu einem frühem Zeitpunkt anzutreffen – in Medingen um den Zeitpunkt kurz vor Einführung der Reform; die spitzen Schleier erscheinen später, wie die Apostelgebetbücher und die Gebetbücher belegen, die Gebete für die Äbtissin beinhalten.

Zusammenfassung

Zusammenfassend kann gesagt werden: Das im September 1478 fertiggestellte Gebetbuch MS J 29 (Dombibliothek Hildesheim) kann mit Sicherheit nicht als „Modellhandschrift" für die Zeit nach der Klosterreform in Medingen (nach Februar 1479) gedient haben. Vielmehr dokumentieren die Selbstdarstellungen in diesem Gebetbuch das gemeinsame monastische Leben *vor* Einführung der Reform. Da die Klosterreform mit Widerständen verbunden war, ist die Datierung ein unerschütterlicher Beleg dafür, dass Illustrationen, in denen sich Nonnen beim Orgelspiel oder in einer direkten Begegnung mit der Gemeinde am Ostermorgen zeigen, Ereignisse widerspiegeln, die der Zeit *vor* der Reform zuzurechnen sind; nach der Reform wurden Orgelspiel und gemeinsame Prozession mit der Gemeinde eingeschränkt, wenn nicht untersagt.

83 Zu der Handschrift vgl. Ulrike Hascher-Burger, Verborgene Klänge. Inventar der handschriftlich überlieferten Musik aus den Lüneburger Frauenklöstern bis ca.1550. Mit einer Darstellung der Musik-Ikonographie von Ulrike Volkhardt. Hildesheim 2008, S. 110–112.

84 K2 und Es handelt sich um die beiden Ostergebetbücher: Ms. I 74, Niedersächsische Landesbibliothek Hannover (HV2) und Ms Thott 120-8°, Dänische Königliche Bibliothek, Kopenhagen (K2).

Bemerkenswert ist die Selbstdarstellung des Habits. Die Schwestern malten sich nicht im traditionellen Zisterzienserinnenhabit, den sie mit Sicherheit getragen haben. Vielmehr wählten sie ein Erscheinungsbild, das dem der Engel entspricht und betonen damit ihren besonderen Status als Auserwählte. Ob sich der Habit, insbesondere die Form des Schleiers nach Einführung der Klosterreform verändert hat, ist schwer abzuschätzen. Zumindest kann für den Zeitraum nach der Reform bis ins 16. Jahrhundert hinein eine Veränderung der Schleierform von einem rund über das Haupt geführten zu einem zugespitzten Schleiertuch beobachtet werden. Ob diese Verschiebung ursächlich in der Reform begründet liegt oder anders motiviert war, bedarf weiterer Forschung.

Bildnachweise

Abb. 1: MS Ma 101, Bistumsarchiv, Osnabrück.
Abb. 2: MS J 29, Dombibliothek Hildesheim, fol. 52r.
Abb. 3: HAB Wolfenbüttel.
Abb. 4: MS J 29, Dombibliothek Hildesheim, fol. 52r.
Abb. 5: MS J 29, Dombibliothek Hildesheim, fol. 10v.
Abb. 6: MS J 29, Dombibliothek Hildesheim, fol. 44r.
Abb. 7: MS J 29, Dombibliothek Hildesheim, fol. 119r.
Abb. 8: HAB Wolfenbüttel.
Abb. 9: Württembergische Landesbibliothek, Stuttgart, Cod. bibl. fol. 23, fol. 163v.
Abb. 10: Klosterkammer Hannover.
Abb. 11: Cod. in scrin. 149, SUB Hamburg, fol. 10r.
Abb. 12: MSL/1886/2629, London, National Art Library at the V&A, fol. 48r.
Abb. 13: Wienhausen, Klosterarchiv.
Abb. 14: HS 29, Wienhausen, Klosterarchiv, fol. 18v.

Alle Abbildungen mit freundlicher Genehmigung der besitzenden Institutionen

PD DR. GIA TOUSSAINT ist Kunsthistorikerin und arbeitet im Rahmen eines DFG-Projekts („Private Gebetbücher aus niedersächsischen Frauenklöstern: Instrument und Interaktion") an der Herzog August Bibliothek, Wolfenbüttel.

Abkürzungsverzeichnis

AH	= Analecta Hymnica
BN	= Bibliothèque nationale de France, Paris
BSB	= Bayerische Staatsbibliothek, München
CAO	= Corpus antiphonalium officii
Cod.	= Codex
HAB	= Herzog August Bibliothek, Wolfenbüttel
Hs.	= Handschrift
KB	= Klosterbibliothek
LA	= Landesarchiv
LB	= Landesbibliothek
LCI	= Lexikon der christlichen Ikonographie
MS/Ms.	= Manuskript
RDK	= Reallexikon zur deutschen Kunstgeschichte
SB	= Stadtbibliothek
SBB	= Staatsbibliothek Preußischer Kulturbesitz Berlin
StA	= Staatsarchiv
StAHH	= Staatsarchiv Hamburg
SUB	= Staats- und Universitätsbibliothek
ULB	= Universitäts- und Landesbibliothek
UB	= Universitätsbibliothek, kontextabhängig auch: Urkundenbuch
VL	= Die deutsche Literatur des Mittelalters. Verfasserlexikon
WLB	= Württembergische Landesbibliothek, Stuttgart

Zitierte Handschriften

Tafeln

Martina Wehrli-Johns

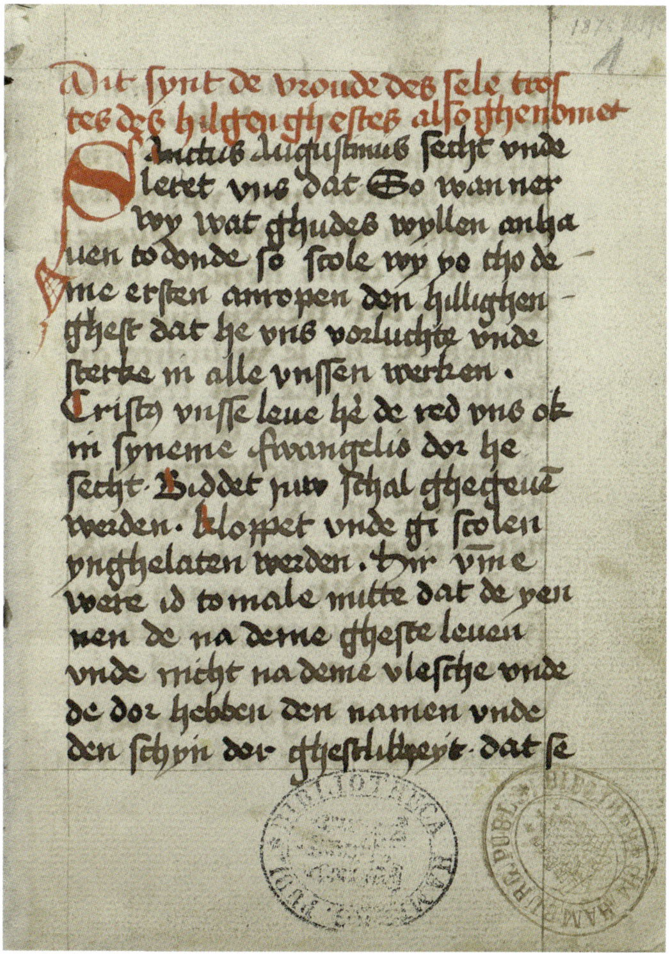
Dit synt de vroude des sele tros
tes des hilligen ghestes also ghenomet
Sanctus Augustinus secht unde
leret uns dat So wanner
wy wat ghudes wyllen anha
uen to donde so scole wy yo tho de
me ersten anropen den hilligen
ghest dat he uns vorluchte unde
sterke in alle unssen werken.
Cristus unse leue here de red uns ok
in syneme ewangelio dor he
secht. Biddet juw schal ghegheuen
werden. kloppet unde gi scolen
yngelaten werden. Hir ume
were id tomale nutte dat de yen
nen de na deme gheste leuen
unde nicht na deme vlesche unde
de dor hebben den namen unde
den schyn der ghestlicheyt. dat se

Abb. 3 Hamburg, SUB, Cod. conv. 5, f. 1r: Vorwort zu den ‚Freuden des Seelen Trostes des hl. Geistes'

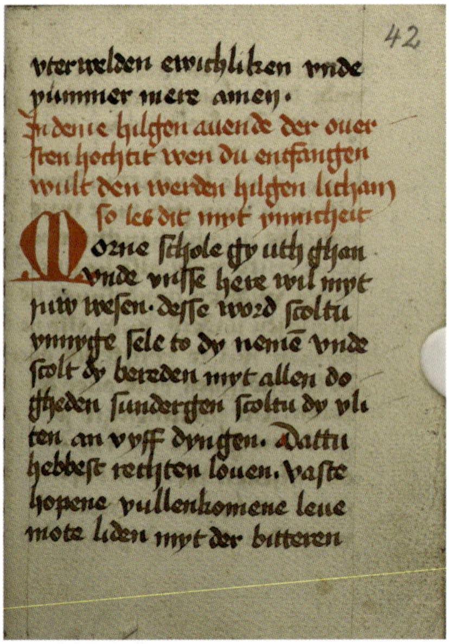
vterwelden ewichliken vnde
ymmer mere amen.
In deme hilgen auende der ouer
sten hochtit wen du entfangen
wilt den werden hilgen licham
so les dit myt innicheit
Moene schole gy uth ghan
vnde vnse here wil myt
iuw wesen. desse word scoltu
ynnyghe sele to dy neme vnde
scolt dy bereden myt allen do
ghedeen sundergen scoltu dy vli
ten an vyff dyngen. Dattu
hebbest rechten louen. vaste
hopene vullenkomene leue
mote liden myt der bitteren

Abb. 4 Hamburg, SUB, Cod. conv. 5, f. 42r: Beginn der Vorbereitung auf den Empfang der Eucharistie am hl. Abend

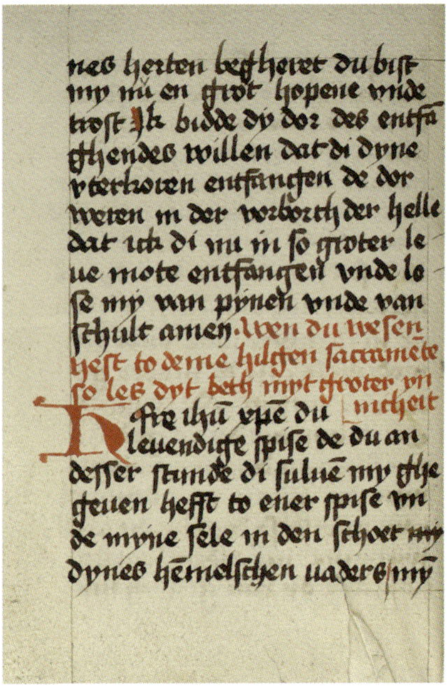
nes herten begheret du bist
my nu en grot hopene vnde
trost. Ik bidde dy dor des entfa
ghendes willen dat di dyne
vterkoren entfangen de dor
weren in der vorborth der helle
dat ich di nu in so groter le
ue mote entfangen vnde lo
se my van pynen vnde van
schult amen. Wen du wesen
hest to deme hilgen sacramente
so les dyt beth myt groter in
nicheit
Here ihu xpe du
leuendige spise de du an
desser stunde di sulue my ghe
geuen hefst to ener spise vn
de myne sele in den schoet my
dynes hemelschen uaders my

Abb. 5 Hamburg, SUB, Cod. conv. 5, f. 69v: Nach Empfang der Eucharistie in roter Schrift: *Wen du wesen hest to deme hilgen sacramente so les dyt beth myt groter innicheit*

Petra Bernicke

Abb. 2 Essen, Domschatz, Hs. 27, fol. 14v

Martina Bick

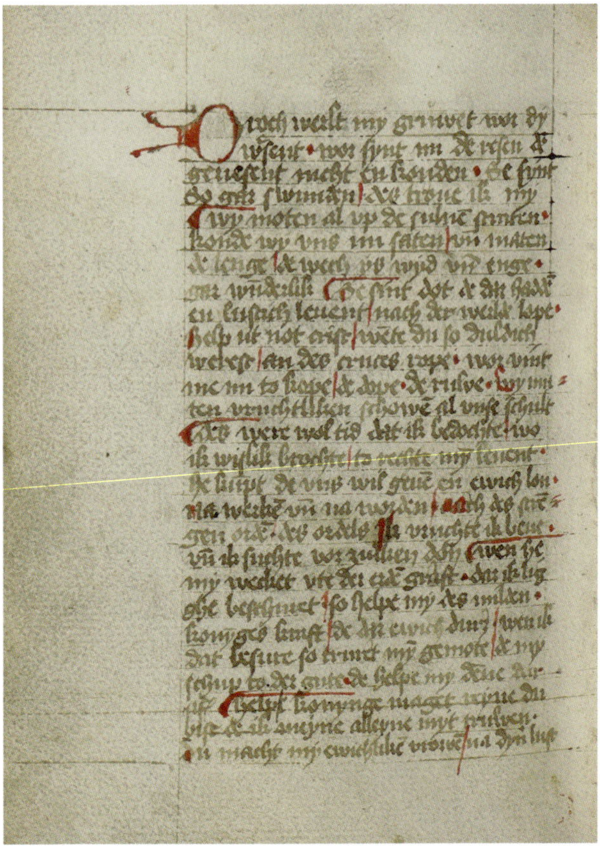

Abb. 1 Hamburg, SUB, Cod. conv. 1, f. 184b

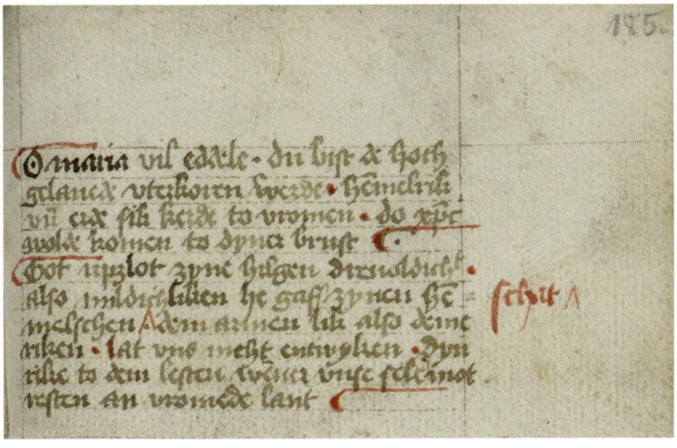

Abb. 2 Hamburg, SUB, Cod. conv. 1, f. 185a

Hedwig Röckelein

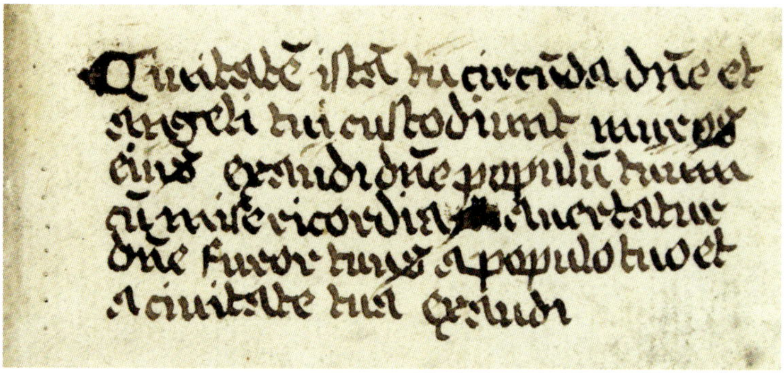

Abb. 1 Hamburg, SUB, Cod. conv. 15, Nr. 13, recto

Abb. 2 Hamburg, SUB, Cod. conv. 15, Nr. 13, verso

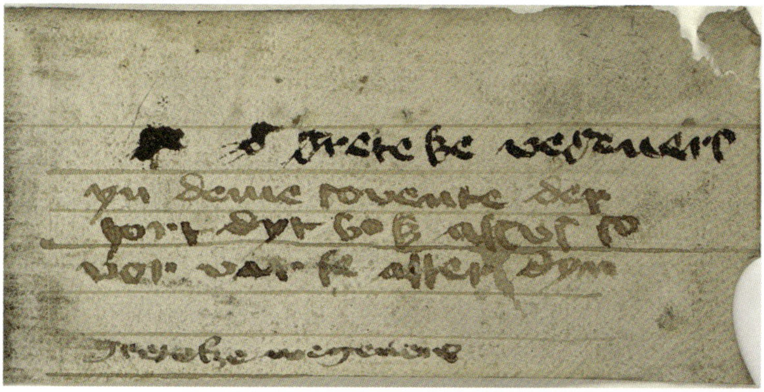

Abb. 3 Hamburg, SUB, Cod. conv. 1, Vorsatzblatt r/v:
Besitzeintrag der Gretke Wegener

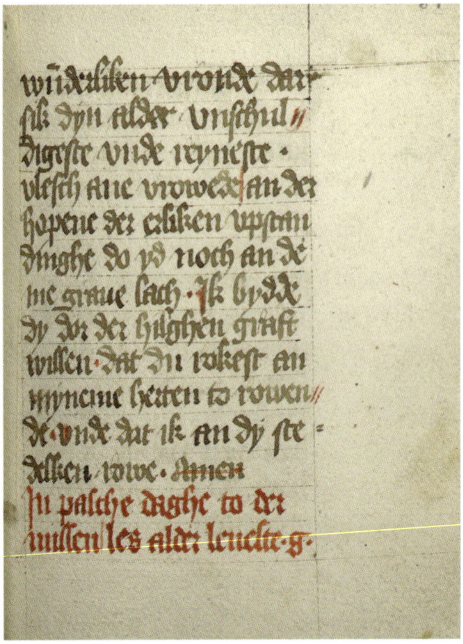
wundeliken vrowe der
ik dyn alder vnschul
digeste vnde reyneste
vlesch ane vrowede an der
hopene der ewiken upstan
dinghe do yd noch an de
me graue lach. Ik bydde
dy dor der hilghen geist
willen. dat du rokest an
mynenie herten to rowen
de. vnde dat ik an dy ste
deliken rowe. Amen
In pasche daghe to der
missen les alder leueste .g.

Abb. 4 Hamburg, SUB, Cod. conv. 1, 84r: Anweisung an eine Leserin:
‚In pasche daghe to der missen les alder leueste .g.‘

Abb. 5 Corvey, Westfassade der Klosterkirche, errichtet zwischen 873 und 885, mit Replika der Inschriftentafel

Abb. 6 Tabula vom Westbau der Klosterkirche in Corvey, Original, zwischen 836 und 844

Abb. 13 Lübeck, Kranen-Konvent, straßenseitiger Giebel

Abb. 15 Mietangebote des Beginenkonventes. Hamburg, SUB, Cod. conv. 15, Nr. 23

Abb. 16 Hamburg, SUB, Cod. conv. 15 (I)

Abb. 17 Stolperstein zum Gedenken an Agathe Lasch († 1942) vor dem Hauptgebäude der Universität Hamburg, Edmund-Siemers-Allee 1. Foto: Galit Noga-Banai, Jerusalem

Monika E. Müller

Abb. 1 Hamburg, SUB, Cod. conv. 8, fol. 190v: Tibekke

Abb. 4 Hamburg, SUB, Cod. in scrin. 1, fol. 4v: Papst Leo I. und Zisterzienserin

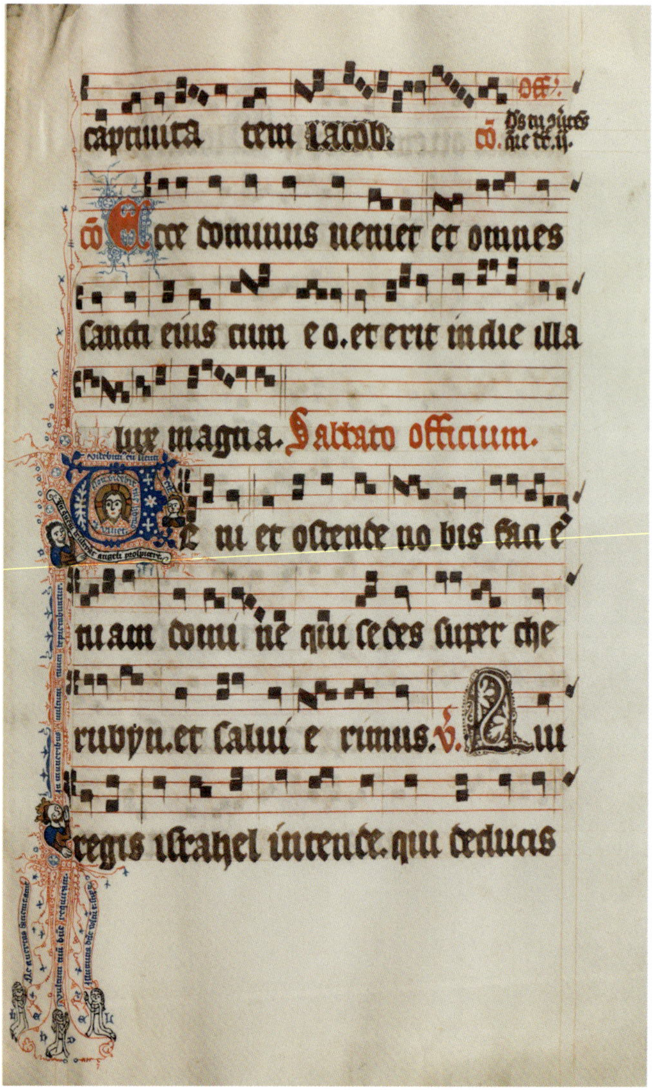

Abb. 5 Düsseldorf, ULB, Ms. D 11, Seite 38

Abb. 6 Hamburg, SUB, Cod. conv. 5, fol. 56v: Kupferstich mit Franziskus

Gia Toussaint

Abb. 2 Medinger Nonnen und das Volk begrüßen den Ostertag; MS J 29, Dombibliothek Hildesheim, fol. 52r, Detail

Abb. 4 Engel, Medinger Nonnen und das Volk begrüßen den Ostertag; MS J 29, Dombibliothek Hildesheim, fol. 52r

Abb. 6 Zwei orgelspielende Nonnen, MS J 29, Dombibliothek Hildesheim, fol. 44r, Detail

Abb. 7 Orgelspielende Nonne mit Kalkant; MS J 29, Dombibliothek Hildesheim, fol. 119r, Detail

Abb. 9 Illustration zu Ps 150; Stuttgarter Psalter, WLB, Stuttgart, Cod. bibl. fol. 23, fol. 163v, Detail

Abb. 11 Verehrung des Apostels Johannes; Cod. in scrin. 149, SUB, Hamburg, fol. 10r